BARRY EICHENGREEN

DIE GROSSEN CRASHS 1929 UND 2008

WARUM SICH GESCHICHTE WIEDERHOLT

BARRY EICHENGREEN

DIE GROSSEN CRASHS 1929 UND 2008

WARUM SICH GESCHICHTE WIEDERHOLT

FBV

Bibliografische Information der Deutschen Nationalbibliothek
Die Deutsche Nationalbibliothek verzeichnet diese Publikation in der Deutschen Nationalbibliografie.
Detaillierte bibliografische Daten sind im Internet über **http://dnb.d-nb.de** abrufbar.

Für Fragen und Anregungen:
info@finanzbuchverlag.de

1. Auflage 2015

ein Imprint der Münchner Verlagsgruppe GmbH
Nymphenburger Straße 86
D-80636 München
Tel.: 089 651285-0
Fax: 089 652096

Übersetzung: Horst Fugger
Redaktion: Veit Ladstetter
Korrektorat: Leonie Zimmermann
Umschlaggestaltung: Maria Wittek, München
Bildquelle und -bearbeitung: Shutterstock und Getty Images, Pamela Machleidt
Satz: inpunkt[w]o, Haiger
Druck: GGP Media GmbH, Pößneck
Printed in Germany

ISBN Print: 978-3-89879-890-7
ISBN E-Book (PDF): 978-3-86248-685-4
ISBN E-Book (EPUB, Mobi): 978-3-86248-686-1

Inhalt

Einführung

Dies ist ein Buch über Finanzkrisen. Es beschreibt die Ereignisse, die solche Krisen verursachen. Es handelt auch davon, warum Regierungen und Märkte so reagieren, wie sie es tun. Und es handelt von den Konsequenzen.

Es schildert die große Rezession von 2008 und 2009 und die große Depression von 1929 bis 1933 – die beiden großen Finanzkrisen unseres Zeitalters. Nicht nur in politischen Kreisen weiß man, dass es Parallelen zwischen diesen beiden Episoden gibt. Viele Kommentatoren haben beschrieben, wie das Wissen über das frühere Ereignis – die »Lektionen aus der Großen Depression« – die Reaktionen auf die Ereignisse 2008 und 2009 beeinflusst hat. Weil diese Ereignisse so auffällig denen der 1930er-Jahren ähnelten, lieferte diese Erinnerung an die Vergangenheit eine Art Objektiv, durch das man sie betrachten konnte. Die Tendenz, die Krise aus der Perspektive der 1930er-Jahre zu sehen, wurde noch dadurch verstärkt, dass Politiker von Ben Bernanke – Vorsitzender des Board of Governors der Federal Reserve – bis Christina Romer – Vorsitzende des ökonomischen Beratungskomitees des Präsidenten Barack Obama – diese Geschichte in ihren früheren Karrieren als Akademiker studiert hatten.

Infolge dieser Lektionen verhinderten die Politiker das Schlimmste. Nachdem die Pleite von Lehman Brothers das globale Finanzsystem an den Rand des Abgrunds geführt hatte, versicherten sie, dass sie keine weitere Pleite einer für das System äußerst wichtigen Finanzinstitution mehr zulassen würden, und sie hielten dieses Versprechen. Sie widerstanden einer Politik unter dem Motto: »Bettle deinen Nachbarn an«, die in den 1930er-Jahren den Zusammenbruch der internationalen Transaktionen verursacht hatte. Die Regierungen erhöhten ihre öffentlichen Investitionen und senkten die Steuern. Die Zentralbanken fluteten die Finanzmärkte mit Liquidität und gewährten einander solidarisch Kredite in einer Weise, die es so noch nie gegeben hatte.

Diese Entscheidungen waren vor allem vom Wissen über die Fehler der Vorgänger beeinflusst. In den 1930er-Jahren unterlagen die Regierungen der Verführung des Protektionismus. Sie ließen sich von einem veralteten ökonomischen Dogma leiten, kürzten ihre öffentlichen Ausgaben zum denkbar schlechtesten Zeitpunkt und versuchten, ihre Budgets ins Gleichgewicht zu bringen, als stimulierende Investitionen notwendig gewesen wären. Es machte keinen Unterschied, ob die betreffenden Politiker Englisch sprachen, wie Herbert Hoover, oder Deutsch, wie Heinrich Brüning. Ihre Maßnahmen verschlimmerten nicht nur den Niedergang, sondern sie scheiterten sogar an der Aufgabe, das Vertrauen in die öffentlichen Finanzen wiederherzustellen.

Die Zentralbanker hielten an der Idee fest, dass sie nur so viele Kredite bereitstellen müssten, wie es für die legitimen Bedürfnisse der Unternehmen erforderlich war. Sie gewährten mehr Kredite, wenn die Wirtschaft expandierte, und weniger, wenn es einen Rückgang gab, womit sie Booms und Krisen noch verstärkten. Sie vernachlässigten ihre Verantwortung für finanzielle Stabilität und schritten nicht als Kreditgeber in Notfällen ein. Das Ergebnis war ein sprunghaftes Ansteigen von Bankenpleiten und ein verkümmerndes Kreditgeschäft. Man ließ zu, dass die Preise kollabierten und Schulden nicht mehr zu managen waren. Milton Friedman und Anna Schwartz geben in ihrem einflussreichen Werk über die Geschichte der Geldpolitik den Zentralbanken die Schuld an diesem Desaster. Sie kommen zu dem Fazit, die unfähige Politik der Zentralbanken sei mehr als jeder andere Faktor für die ökonomische Katastrophe der 1930er-Jahre verantwortlich gewesen.

Da die Verantwortlichen die Lektionen aus dieser früheren Episode gelernt hatten, gelobten sie, es diesmal besser zu machen. Wenn damals die Welt in Deflation und Depression gestürzt war, weil ihre Vorgänger weder die Zinsen gesenkt noch die Finanzmärkte mit Liquidität geflutet hatten, würden sie diesmal mit einer expansiven Geld- und Finanzpolitik reagieren. Wenn die Finanzmärkte zusammengebrochen waren, weil ihre Vorgänger panische Anstürme auf die Banken nicht verhindert hatten, würden sie auf ganz entschiedene Weise mit den Banken umgehen. Wenn Bemühungen, den Staatshaushalt auszugleichen, den Niedergang in den 1930er-Jahren verstärkt hatten, würden sie finanzielle Anreize schaffen. Wenn der Zusammenbruch der internationalen Kooperation die Probleme der Welt verschlimmert hatte, würden sie persönliche Kontakte und multilaterale Institutionen nutzen, um sicherzustellen, dass es diesmal eine angemessene Koordination politischer Maßnahmen gab.

Als Resultat dieser ganz anderen Reaktionen erreichte die Arbeitslosenquote in den USA 2010 einen Spitzenwert von 10 Prozent. Das war immer noch besorgniserregend hoch, aber die Quote lag doch weit unter den katastrophalen 25 Prozent während der großen Depression. Hunderte Banken gingen pleite, aber nicht Tausende. Es gab viele Verwerfungen an den Finanzmärkten, aber deren völliger und äußerster Kollaps wie in den 1930er-Jahren wurde mit Erfolg abgewendet.

Das war nicht nur in den USA so, sondern auch in anderen Ländern. Jedes unglückliche Land ist auf seine eigene Weise unglücklich und ab 2008 gab es unterschiedliche Grade der wirtschaftlichen Unzufriedenheit. Aber abgesehen von einigen fehlgeleiteten europäischen Ländern erreichte dieses Unglück nicht das Niveau der 1930er-Jahre. Weil die politischen Maßnahmen besser waren, fielen die sozialen Verwerfungen, die Schmerzen und das Leid geringer aus.

So sagt man jedenfalls.

Diese nette Geschichte ist leider zu einfach.

Sie lässt sich nicht mit der Tatsache in Einklang bringen, dass man die Risiken nicht antizipiert hat. Bei einem Besuch der London School of Economics 2008 hat Königin Elisabeth II. eine später berühmt gewordene Frage gestellt: »Warum hat das niemand kommen sehen?«, fragte sie die versammelten Experten. Sechs Monate später schickte eine Gruppe prominenter Wirtschaftswissenschaftler der Königin einen Brief und entschuldigte sich für »den Mangel an kollektiver Fantasie«.

Es mangelt ja nicht an Parallelen. In den 1920er-Jahren gab es in Florida einen Grundstücksboom und auch einen Boom im Bereich der Gewerbeimmobilien im Nordosten und im mittleren Norden der USA, die eine starke Ähnlichkeit mit den enormen Preisanstiegen der Immobilien in den USA, Irland und Spanien im frühen 21. Jahrhundert aufwiesen. Es gab einen starken Anstieg der Aktienbewertungen bei Unternehmen aus dem Bereich der Informationstechnologie; Radio Corporation of America (RCA) in den 1920er-Jahren, Apple und Google 80 Jahre später. Es gab das explosive Kreditwachstum, das den Boom an den Immobilien- und Aktienmärkten noch verstärkte. Es gab die Entwicklung eines wachsenden Spektrums dessen, was man höflich als dubiose Praktiken im Banken- und Finanzsystem bezeichnen könnte. Und es gab die Funktionen des

Goldstandards nach 1925 und des Euro-Systems nach 1999, welche die Probleme verstärkten und in andere Länder übertrugen.

Vor allem aber gab es den naiven Glauben, die Politik habe die Wirtschaftszyklen gezähmt. In den 1920er-Jahren hieß es, die Welt sei durch die Schaffung der Federal Reserve und unabhängiger Zentralbanken in anderen Ländern in eine »neue Ära« der ökonomischen Stabilität eingetreten. Die Phase vor der großen Rezession galt als »große Mäßigung«, in der die Volatilität der Konjunkturzyklen durch Fortschritte des Zentralbankwesens eingedämmt worden sei. Ermutigt durch den Glauben, es gebe keine extremen Schwankungen der wirtschaftlichen Aktivitäten mehr, verschuldeten sich die Geschäftsbanken stärker und die Investoren gingen höhere Risiken ein.

Man könnte annehmen, dass jeder, der halbwegs etwas über die Große Depression wusste, die Parallelen und ihre Implikationen erkennen musste. In der Tat gab es einige Warnsignale, aber nicht viele. Und sie waren nicht besonders deutlich. Robert Shiller, Professor an der Yale University, hatte die Immobilienmärkte der 1920er-Jahre studiert und wies darauf hin, dass sich nun eine ausgewachsene Immobilienblase entwickelte. Aber nicht einmal Shiller sah die katastrophalen Folgen des Platzens dieser Blase voraus. Nouriel Roubini, der als Student in Harvard mindestens ein Seminar über die Geschichte der Großen Depression absolviert hat, wies auf die Risiken eines immer größer werdenden US-Budgetdefizits und der Akkumulation von Auslandsschulden in US-Dollar hin. Aber die Krise, vor der Roubini warnte, nämlich ein Zusammenbruch des Dollar, war nicht die Krise, die dann folgte.

Man muss dazu bemerken, dass Experten auf dem Gebiet der Geschichte und Ökonomie der Großen Depression auch nicht besser abschnitten. Und in Kreisen von Wirtschaftswissenschaftlern wurden insgesamt nur gedämpfte Warnungen geäußert, dass eine Katastrophe bevorstünde. Sie glaubten an die frohe Botschaft von der großen Mäßigung. Die Politiker waren mit sich selbst zufrieden, wurden von den Märkten bestätigt und taten nichts, um sich auf das bevorstehende Desaster vorzubereiten.

Vielleicht ist es zu viel verlangt, wenn man von Analysten die Vorhersage finanzieller Krisen erwartet. Krisen entstehen nicht nur durch Kreditbooms, Asset-Blasen und den Irrglauben, die Marktteilnehmer hätten gelernt, Risiken sicher zu managen, sondern auch durch Zusammenhänge, die niemand vorhersagen kann. Sei es der gescheiterte Versuch eines deutschen Bankenkonsortiums 1931, die Danatbank zu retten, eine deutsche Finanzinstitution, oder die Weigerung der britischen Finanzaufsichtsbehörde, Barclays die Abgabe eines Übernahmeangebots für Lehman Brothers zu erlauben, die an einem schicksalhaften Wochenende 2008 zustande kam. Wie der Erste Weltkrieg können auch Finanzkrisen durch die unerwarteten Folgen eigenwilliger Entscheidungen entstehen – ohne vollständige Kenntnis ihrer Auswirkungen. Sie entstehen nicht nur durch systemische Faktoren, sondern auch durch menschliches Handeln – vom überbordenden Ehrgeiz und den fragwürdigen Skrupeln eines Roger Coldwell, der sich in den 1920er-Jahren für den J. P. Morgan des Südens hielt, bis zum sportlichen, übermäßig selbstbewussten Adam Applegarth, der Northern Rock, eine zuvor kaum bekannte britische Baufirma, auf einen unhaltbaren Expansionspfad führte. Ihre Aktivitäten ruinierten nicht nur die von ihnen geführten Firmen, sondern untergruben die Fundamente des Finanzsystems selbst. Wäre Benjamin Strong, der überaus kompetente Gouverneur der Federal Bank of New York, nicht 1928 gestorben oder wäre Jean-Claude Trichet 1999 nicht als Resultat einer Vereinbarung zwischen Frankreich und Deutschland Präsident der Europäischen Zentralbank (EZB) geworden, dann hätte die Geldpolitik vielleicht anders ausgesehen. Genauer gesagt: Möglicherweise wäre sie besser gewesen.

Ähnlich verstörend ist dies in der fortschrittlichen Perspektive, dass die Politik bei der Bekämpfung finanziellen Leids nicht erfolgreicher war, zum Beispiel was den Anstieg der Arbeitslosigkeit und die Unterstützung einer kräftigen Erholung betrifft. Der Subprime-Hypothekenmarkt kollabierte Mitte 2007 und die Rezession in den USA begann im Dezember desselben Jahres. Nur wenige Beobachter, falls überhaupt welche, sahen voraus, welch schwere Erschütterungen des Finanzsystems bevorstanden. Sie erkannten nicht, wie schlimm die Produktion und der Arbeitsmarkt betroffen sein würden. Die große Depression war zunächst und vor allem eine Banken- und Finanzkrise, aber die Erinnerungen an diese Erfahrung alarmierten und motivierten die Zuständigen nicht ausreichend, um eine weitere Banken- und Finanzkrise zu verhindern.

Vielleicht war es gerade die Überzeugung, dass Bankenpleiten der entscheidende Faktor dabei waren, dass aus einer ganz normalen Rezession die Große Depression wurde, die die Politiker dazu brachte, sich auf die Geschäftsbanken zu konzentrieren – auf Kosten des sogenannten Schattenbankensystems der Hedgefonds, Geldmarktfonds und der Emittenten von Derivaten. Das Baseler Abkommen (Basel II), das Kapitalstandards für international tätige Finanzinstitute setzte, konzentrierte sich auf die Geschäftsbanken.[1] Ganz allgemein bezog sich die Regulierung nur auf die Geschäftsbanken.

Zudem war die Einlagensicherung auf die Geschäftsbanken begrenzt. Weil der Ansturm der Privatkunden, der in den 1930er-Jahren die Banken destabilisiert hatte, zur Schaffung der Einlagensicherung geführt hatte, glaubte man, das Anrennen der Gläubiger sei nun keine Bedrohung mehr. Jeder hatte *Ist das Leben nicht schön?* gesehen und glaubte, ein moderner Banker würde nie in die Situation von George Bailey geraten. Aber eine Einlagensicherung von 100.000 Dollar nützte Firmen nicht viel, deren Bilanzsumme ein Mehrfaches davon betrug. Sie trug nichts zur Stabilisierung von Banken bei, die sich nicht auf Einlagen verließen, sondern sich hohe Summen von anderen Banken liehen.

Die Einlagensicherung schuf auch kein Vertrauen in Hedgefonds, Geldmarktfonds und für einen bestimmten Zweck konzipierte Investments. In diesen neuen und neuartigen Teilen des Finanzsystems leistete sie nichts für die Verhinderung einer Panik wie in den 1930er-Jahren. Die Geschichte der Großen Depression war der Rahmen, in dem die Politiker diese Ereignisse sahen, und das führte dazu, dass sie nicht erkannten, wie grundlegend sich das Finanzsystem verändert hatte. Das wies sie zwar auf aktuelle und präsente Gefahren hin, erlaubte ihnen aber, andere Probleme zu übersehen.

Vor allem verkannten sie dadurch die Folgen, als sie die Pleite von Lehman Brothers zuließen. Lehman war keine Geschäftsbank. Das Unternehmen hatte keine Kundeneinlagen. Man konnte sich daher vorstellen, dass ihr Zusammenbruch keinen Ansturm auf andere Banken auslösen würde, so wie der Kollaps von Henry Fords Guardian Group 1933.

Aber das zeugte von mangelndem Verständnis des Schattenbankensystems. Geldmarktfonds hielten Lehmans kurzfristige Schuldverschreibungen. Als Lehman unterging, erlitten diese Fonds einen Ansturm erschrockener Anteilseigner. Das wiederum führte zu einem beschleunigten Ansturm großer Investoren auf die Investmentbanken, die diese Geldmarktfonds emittiert hatten. Und das wiederum löste den Zusammenbruch der bereits wackelnden Verbriefungsmärkte aus.

Offizielle, von US-Finanzminister Henry Paulson abwärts, betonten, es stehe nicht in ihrer Macht, einer insolventen Institution wie Lehman

Brothers Geld zu leihen, und sie hätten auch keinen Mechanismus zur Verfügung, um sie langsam und ruhig abzuwickeln. Ein unkontrollierter Bankrott war die einzige Option. Aber Lehmans Probleme kamen ja nicht überraschend. Die Regulierer hatten Lehman schon seit der Rettung von Bear Stearns sechs Monate zuvor beobachtet. Bear Stearns war ebenfalls eine wichtige Investmentbank. Man hatte es versäumt, das Schatzamt und die Fed mit der Autorität auszustatten, die Insolvenz einer Finanzinstitution zu managen, die keine Bank war, und das war der schlimmste politische Fehler in dieser Krise. 1932 fehlte der Reconstruction Finance Corporation, die man zur Lösung der landesweiten Bankenprobleme gegründet hatte, ebenfalls die Autorität, einem insolventen Finanzinstitut Geld zukommen zu lassen. Diese Einschränkung wurde erst gelockert, als die Krise von 1933 eingetreten war und der Kongress den Emergency Banking Act verabschiedete. Chairman Bernanke und andere waren sich dieser Geschichte vielleicht bewusst, aber das änderte nichts am Lauf der Dinge.

Teilweise war dieser politische Fehler sowohl durch den Glauben an die Lehren aus der Geschichte geprägt als auch durch deren Verfälschung. Man dachte, dass man die Folgen der Lehman-Pleite eingrenzen könne. Aber er zeugte auch von den Sorgen der Offiziellen wegen moralischer Bedenken. Man nahm an, weitere Rettungen von Finanzinstituten könnten zum Eingehen höherer Risiken verleiten.[2] Wegen der Rettung von Bear Stearns wurden die Politiker bereits kritisiert. Dass man die Lehman-Pleite zuließ, war eine Art Reaktion auf diese Kritik. Dieser »Liquidationismus« war die Idee, in den Worten von Präsident Hoovers Finanzminister Andrew Mellon, dass Pleiten nötig seien, um »die Verdorbenheit aus dem System zu putzen«. Diese Sichtweise war wegen der katastrophalen Folgen in den 1930er-Jahren zwar nicht mehr sehr geschätzt, aber in ihrer subtileren Ausprägung war sie durchaus noch vorhanden.

Und schließlich war den Politikern auch klar, dass jede Bemühung, das Schatzamt und die Fed mit zusätzlichen Befugnissen auszustatten, auf Widerstand im Kongress treffen würde, wo man der Rettung von Unternehmen überdrüssig war. Die Republikaner, die Interventionen der Regierung feindlich gegenüberstanden, würden dagegen sein. Letztlich würde eine voll ausgeprägte Banken- und Finanzkrise erforderlich sein, um die Politik zum Handeln zu zwingen.

An diesem Punkt, nach der Lehman-Pleite, erkannten die Politiker, dass sie am Rande einer neuen Depression standen. Die Führer der

Industrienationen erklärten ihrerseits, dass sie keine Pleite eines systemrelevanten Finanzinstituts zulassen würden. Der US-Kongress verabschiedete zögerlich das Troubled Asset Relief Program, um das Banken- und Finanzsystem zu stützen. Eine Regierung nach der anderen ergriff Maßnahmen, um notleidenden Finanzinstitutionen Kapital und Liquidität zur Verfügung zu stellen. Massive Programme zur finanziellen Stimulierung wurden gestartet. Die Zentralbanken fluteten die Finanzmärkte mit Liquidität.

Die Resultate dieser politischen Initiativen waren allerdings alles andere als triumphal. In den USA verlief die Erholung nach der Krise nur sehr schleppend; sie enttäuschte in jeder Hinsicht. Europa schnitt noch schlechter ab. Dort gab es eine Rezession mit zwei Tiefpunkten und 2010 begann eine erneute Krise. Das war nicht die erfolgreiche Stabilisierung, die jene Leute versprochen hatten, welche die Lektionen der Geschichte gelernt hatten.

Manche argumentierten, die Erholung nach einer starken Abwärtsbewegung verlaufe notwendigerweise langsamer als die nach einer ganz normalen Rezession.[3] Das Wachstum wird gebremst, weil das Bankensystem geschädigt ist. Die Banken vergeben nur zögerlich Kredite, weil sie ihre Bilanzen in Ordnung bringen wollen. Haushalte und Firmen, die untragbar hohe Schulden angehäuft haben, kürzen ihre Ausgaben, weil sie versuchen, die Verschuldung auf ein erträgliches Maß zu reduzieren.

In die andere Richtung wirkt die Tatsache, dass die Regierung eingreifen kann. Sie kann Kredite vergeben, wenn die Banken es nicht tun. Mit ihren Ausgaben kann sie die Rückgänge bei Haushalten und Firmen ausgleichen. Sie kann Liquidität zur Verfügung stellen, ohne angesichts des wirtschaftlichen Abschwungs Inflation zu riskieren. Sie kann Haushaltsdefizite verzeichnen, ohne Schuldenprobleme zu verursachen, weil die Zinsen wegen der schlechten wirtschaftlichen Situation niedrig sind.

Und sie kann das weiterhin tun, bis Haushalte, Banken und Firmen ihre üblichen Geschäfte wieder aufnehmen können. Zwischen 1933 und 1937 wuchs das reale Bruttoinlandsprodukt (BIP) in den USA mit einer Jahresrate von 8 Prozent, obwohl die Regierung bei den genannten Aufgaben nur einigermaßen gut abschnitt. Zum Vergleich: Zwischen 2010 und 2013 wuchs das BIP im Schnitt nur um 2 Prozent. Das soll nicht heißen, dass das Wachstum nach 2009 viermal so schnell hätte verlaufen können. Wie schnell man wachsen kann, hängt auch davon ab, wie tief man im vorangegangenen Zeitraum gefallen ist. Dennoch hätten die US- und die Weltwirtschaft besser abschneiden können.

Warum das nicht geschah, ist kein Geheimnis. Ab 2010 hatten die USA und Europa deutliche Einschränkungen erlebt. Im Rahmen von Präsident Obamas Anreizprogramm American Recovery and Reinvestment Act erreichten die Ausgaben im Fiskaljahr 2010 ihren Höhepunkt, ehe sie sich konstant nach unten bewegten. Im Sommer einigten sich die Obama-Administration und der Kongress auf eine Ausgabenkürzung um 1,2 Billionen Dollar.[4] 2013 liefen Ex-Präsident Bushs Steuerkürzungen für Top-Einkommen aus, hinzu kamen das Ende der Kürzung von Arbeitnehmerbeiträgen zum Social Security Trust Fund und die allgemeine Kürzung von Ausgaben der Regierung der USA um 8,5 Prozent. Alles das wirkte sich sehr negativ auf die Nachfrage und das Wirtschaftswachstum aus.

In Europa ging es sogar noch stärker bergab. In Griechenland, wo die Staatsausgaben außer Kontrolle geraten waren, war deren Kürzung offensichtlich nötig. Aber das Anpassungsprogramm, das das Land 2010 unter den wachsamen Augen der Europäischen Kommission, der EZB und des IWF begann, war beispiellos, was sein Ausmaß und seine Strenge betraf. Es erforderte, dass die griechische Regierung eine Ausgabenkürzung und eine Steuererhöhung um außergewöhnliche 11 Prozent des BIP in drei Jahren vornahm, also letztlich mehr als ein Zehntel aller Ausgaben in der griechischen Wirtschaft eliminierte. Die Euro-Zone in ihrer Gesamtheit vollzog 2011 bescheidene und 2012 starke Haushaltskürzungen, obwohl sie sich erneut in einer Rezession befand und andere Arten von Ausgaben stagnierten. Selbst das Vereinigte Königreich, ausgestattet mit der Flexibilität, die eine eigene Landeswährung und eine eigene Notenbank gewährleistete, unternahm ein ehrgeiziges Programm zur fiskalischen Konsolidierung, kürzte die Staatsausgaben und erhöhte die Steuern um insgesamt 5 Prozent des BIP.

Die Zentralbanken hatten während der Krise mehrere außergewöhnliche Maßnahmen ergriffen und waren auf ähnliche Weise bestrebt, ihre normalen Geschäfte wieder aufzunehmen. Die Fed startete drei Runden des *Quantitative Easing* – sie kaufte monatelang Staatsanleihen und hypothekengesicherte Wertpapiere –, zögerte aber, diese Käufe weiter aufzustocken, trotz einer Inflationsrate, die mehrmals unter der Zielmarke von 2 Prozent lag, und obwohl das Wachstum weiterhin enttäuschte. Gerüchte über einen Rückgang dieser Käufe führten im Frühling und im Sommer 2013 zu deutlich höheren Zinsen. Diese Medizin würde man keiner Volkswirtschaft verschreiben, die Mühe hatte, ein Wachstum von 2 Prozent zu erreichen.

Die EZB zögerte nicht nur, mehr zu tun, sie wollte sogar noch weniger tun. 2010 kam sie vorzeitig zu dem Schluss, eine Erholung stehe bevor, und stoppte nach und nach ihre Sondermaßnahmen. Im Frühling und im Sommer 2011 erhöhte sie zweimal die Zinsen. Wer verstehen will, warum die europäische Wirtschaft sich nicht erholte und stattdessen ein zweites Mal absackte, braucht keine weiteren Gründe zu suchen.

Welche Lehren, seien es historische oder sonstige, prägten diesen ungewöhnlichen Verlauf der Ereignisse? Bei den Zentralbanken gab es wie immer eine tief verwurzelte Furcht vor Inflation. Diese Furcht war nirgends stärker als in Deutschland aufgrund der Erinnerung an die Hyperinflation 1923. Die Angst der Deutschen übertrug sich nun auf die europäische Politik – wegen der Struktur der EZB, die der Bundesbank ähnelt, und wegen des Wunsches ihres französischen Präsidenten Jean-Claude Trichet, zu beweisen, dass er ebenso entschlossen gegen die Inflation kämpfte wie ein Deutscher.

In den USA gab es weder in den 1920er-Jahren noch irgendwann sonst eine Hyperinflation, aber das hinderte überreizte Kommentatoren nicht daran, zu warnen, Weimar stehe kurz vor der Tür. Die Lehren aus den 1930er-Jahren – dass nämlich die Zentralbanken ihre Bilanzen ausweiten können, ohne Inflation auszulösen, wenn die Wirtschaft sich beinahe in einer Depression befindet, die Zinsen bei null stehen und es jede Menge freie Kapazitäten gibt – waren aus dem Blickfeld geraten. Erfahrene Zentralbanker wie Chairman Bernanke und mindestens einige seiner Kollegen im Offenmarktkomitee der Fed wussten es besser. Aber zweifellos wurden sie durch die Kritik beeinflusst. Je hysterischer die Kommentare wurden, desto lauter beschuldigte der Kongress die Fed, die Währung zu entwerten, und desto stärker befürchteten die Fed-Gouverneure dann den Verlust ihrer Unabhängigkeit. Deshalb wollten sie damit beginnen, die Bilanz der Fed auf ein normales Niveau zu kürzen, noch bevor es etwas gab, das einer normalen Konjunkturentwicklung ähnelte.

Diese Kritik war so intensiv, dass unkonventionelle politische Maßnahmen Zentralbanker an Orte gebracht hatte, wo sie nicht hingehörten, zum Beispiel an den Markt für hypothekengesicherte Wertpapiere. Je länger die Fed hypothekengesicherte Wertpapiere kaufte – und das tat sie auch

2014 noch –, desto stärker beklagten die Kritiker dieser Institution, dass diese Politik eine weitere Immobilienblase und letztlich einen weiteren Crash auslösen werde.

Diese Furcht wurde zum Symbol der Besorgnis, niedrige Zinsen würden zum Eingehen exzessiver Risiken ermutigen. Das war natürlich genau die gleiche Besorgnis wegen moralischer Bedenken, die zur katastrophalen Entscheidung geführt hatte, Lehman Brothers nicht zu retten.

Im Fall der EZB bezogen sich die moralischen Bedenken nicht auf die Märkte, sondern auf Politiker. Wenn die Zentralbanken mehr unternähmen, um das Wachstum zu fördern, würde das nur Druck von den Regierungen nehmen und dazu führen, dass sich die Exzesse fortsetzten, Reformen stagnierten und die Risiken wuchsen. Die EZB ließ zu, dass sie in eine Ecke gedrängt wurde, in der sie sich für fiskalische Konsolidierung und strukturelle Reformen einsetzte. In dieser Rolle wurde Wirtschaftswachstum zum Feind.

Was die Fiskalpolitik betrifft, wurde die Argumentation für fortgesetzte Anreize dadurch geschwächt, dass nichts von dem erreicht wurde, was man sich davon versprochen hatte. Möglicherweise neigten die Politiker zu überzogenen Versprechungen oder die Wirtschaft hatte mehr Schaden genommen, als man damals wahrhaben wollte. Man unterschied nicht zwischen der Beurteilung, wie schlecht die Situation war und um wie viel schlechter sie ohne diese politischen Maßnahmen gewesen wäre. Man unterschied auch nicht zwischen der Notwendigkeit einer mittelfristigen Konsolidierung und dem Bedürfnis, kurzfristig die Nachfrage zu stützen. Man unterschied fiskalische Konsolidierung in Ländern mit enormen Defiziten wie Griechenland nicht von Ländern mit größerem Handlungsspielraum wie Deutschland und die USA. So kamen zahlreiche Faktoren zusammen. Und was sie alle gemeinsam hatten, war das Scheitern.

Was fiskalische Anreize betrifft, hätte man viel von John Maynard Keynes und anderen Fachleuten lernen können, deren Arbeiten von der Großen Depression beeinflusst wurden, aber es wurde auch vieles vergessen. Keynes verließ sich hauptsächlich auf die Macht der Sprache, seine Nachfolger überprüften ihre Intuitionen mit mathematischen Methoden. Irgendwann führte diese Mathematik ein Eigenleben. Die Akademiker der vergangenen Jahrzehnte bevorzugten repräsentative, rationale und prognostische Modelle, teils wegen ihrer Nachvollziehbarkeit, teils wegen ihrer Eleganz. In rationalen Modellen, die alles maximieren, kann nicht viel schiefgehen – außer wenn die Regierung eingreift. Aufgrund dieser Neigung zu Modellen wurde der Regierung die Schuld an der Krise und an der Langsamkeit der Erholung gegeben. Die Einmischung der halbstaatlichen Institute Freddie Mac und Fannie Mae war für die Exzesse am Hypothekenmarkt verantwortlich, welche die Krise verstärkten. Und die Unsicherheit über die Regierungspolitik war die Erklärung für die zögerliche Erholung.

Daher mussten, so sagte die Intuition, auch fiskalische Anreize ebenso schädlich sein wie jede andere Einmischung seitens der Regierung. Die Verfechter dieser Ideen entwickelten Modelle, in denen die Haushalte ihre Ausgaben kürzten, weil sie wussten, dass zusätzliche Staatsausgaben später durch höhere Steuern refinanziert werden mussten.[5] Diese Logik legte nahe, dass die Auswirkungen vorübergehender finanzieller Anreize geringer sein könnten, als die Keynes-Anhänger glauben. Aber nicht einmal diese Modelle besagten, dass vorübergehende Anreize keinerlei Auswirkungen haben würden.[6] Aber die Süßwasser-Ökonomen (so benannt, weil sie hauptsächlich in der Region der großen Seen lebten) kamen schnell zu dieser Schlussfolgerung. George Bernard Shaws Aphorismus, man könne alle Wirtschaftswissenschaftler nebeneinanderlegen und sie würden trotzdem zu keinem Fazit gelangen, war selten treffender. Diese Unfähigkeit, sich wenigstens über die Grundlagen der Wirtschaftspolitik zu einigen, untergrub die intellektuellen Argumente für eine effektive Reaktion.

In großen Teilen Europas konnten diese keynesianischen Theorien jedenfalls niemals Fuß fassen. Die außer Kontrolle geratenen Staatshaushalte und die Inflation während der Weimarer Republik hatten deutsche Ökonomen skeptisch werden lassen, was höhere Staatsausgaben betraf. Sie vertraten vielmehr die Ansicht, die Regierungen sollten sich darauf konzentrieren, dass Verträge eingehalten und der Wettbewerb gestärkt werde.[7] Das war eine anspruchsvollere Position als die Botschaft von den großen Seen, die da lautete: »Die Regierung ist schlecht, der private Sektor ist gut.« Aber auch sie stand Ausgaben für wirtschaftliche Anreize misstrauisch gegenüber und sprach sich für einen frühen Wechsel zu mehr Sparsamkeit aus.

Wenn dabei die Theorie zweifelhafter Relevanz eine Rolle spielte, dann galt das auch für die empirische Analyse der dubiosen Allgemeingültigkeit. Zwei amerikanische Ökonomen legten Belege vor, dass Wachstum tendenziell langsamer wird, wenn die Staatsverschuldung 90 Prozent des

BIP erreicht.[8] Niemand bezweifelte, dass hohe Schulden das Wirtschaftswachstum belasten, doch die Vorstellung, 90 Prozent seien eine Grenze, ab der das Wachstum drastisch abnimmt, wurde schnell infrage gestellt. Aber die Tatsache, dass die Staatsverschuldung der USA und Großbritanniens sich dieser roten Linie näherte und die Relation zwischen Schulden und BIP in der Euro-Zone bereits darüber lag, ließ es politisch ratsam erscheinen, diese Einschätzung zu zitieren, um einen schnellen Wechsel zu mehr Sparsamkeit zu forcieren. Der EU-Kommissar für ökonomische und geldpolitische Angelegenheiten, Olli Rehn, rechtfertigte zum Beispiel die Politik der Europäischen Union, indem er sich auf diese Regel berief, die er fälschlicherweise als »90-Prozent-Regel« bezeichnete.

Derweil legten zwei italienische Wirtschaftswissenschaftler Belege dafür vor, dass Sparsamkeit, vor allem wenn sie nicht das Ergebnis von Steuererhöhungen, sondern von Kürzungen öffentlicher Ausgaben war, kontra-keynesianische, expansive Auswirkungen haben konnte.[9] Solche Ergebnisse waren für eine Volkswirtschaft wie Italien in den 1980er- und 1990er-Jahren plausibel, mit enormer Staatsverschuldung, hohen Zinsen und massiver Besteuerung. Unter diesen Umständen konnten Kürzungen der Staatsausgaben das Vertrauen stärken und diese Vertrauenseffekte konnten Investitionen ankurbeln. Aber so plausibel solche Prognosen für Italien auch waren – für Länder mit geringeren Staatsschulden waren sie es eben nicht. Sie waren nicht plausibel, als die Zinsen nahe null lagen. Sie waren nicht plausibel, wenn das betreffende Land als Mitglied der Euro-Zone keine eigene Landeswährung hatte, die es abwerten konnte, und nicht in der Lage war, Exporte durch Binnennachfrage zu ersetzen. Und sie waren auch nicht plausibel, als sämtliche hoch entwickelten Volkswirtschaften unter Druck standen und es keinen Abnehmer für Exporte mehr gab.

Das hinderte den Kongressabgeordneten Paul Ryan, den selbst ernannten Defizitexperten im US-Repräsentantenhaus, allerdings nicht daran, die Doktrin der expansiven fiskalischen Konsolidierung in all ihrer fadenscheinigen Allgemeingültigkeit zu loben. Es hinderte auch die EU-Finanzminister nicht daran, sie in Pressekonferenzen und Verlautbarungen nach ihren Gipfeltreffen zu beschwören. Die Idee, dass fiskalische Konsolidierung zur Expansion beitragen kann, erlaubte Politikern die Behauptung, man könne mit wirtschaftlichen Einschränkungen nur gewinnen und habe dabei keine Schmerzen zu befürchten. In der Realität lief es dann allerdings anders. Und das war ein harter Schlag, außer für diejenigen, denen es nicht um Schmerzen und Gewinne, sondern um die wirtschaftlichen Einschränkungen selbst ging.

Der wichtigste Faktor bei dieser Wende hin zur Sparsamkeit war sicherlich, dass die Politiker das Schlimmste verhinderten. Sie vermieden eine zweite große Depression. Sie konnten den Notstand für beendet erklären und früh wieder zu ihrer normalen Politik zurückkehren. Es steckt eine Menge Ironie in der Tatsache, dass gerade die erfolgreiche Abwendung eines wirtschaftlichen Zusammenbruchs wie in den 1930er-Jahren verhinderte, dass die Politiker für eine stärkere Erholung sorgen konnten.

Was für die makroökonomische Politik galt, das galt auch für Finanzreformen. In den USA führte die Große Depression zum Glass-Steagall Act, der das Geschäftsbankenwesen vom Investmentbanking trennte. Sie führte auch zur Entstehung der Finanzaufsichtsbehörde Securities and Exchange Commission (SEC), um finanzielle Exzesse zu zügeln. Nun wurden die Rufe nach einem neuen Glas-Steagall Act lauter, denn den alten hatte man 1999 abgeschafft, aber es gab nichts, was einer derart weitreichenden Reform der Regulierung auch nur im Entferntesten ähnelte. Die Dodd-Frank Wall Street Reform und der Consumer Protection Act von 2010 enthielten einige einigermaßen nützliche Maßnahmen, von der Begrenzung spekulativen Tradings durch Finanzinstitutionen bis zur Schaffung einer Behörde zum Schutz der Kundenrechte. Aber die Großbanken wurden nicht zerschlagen. Das Problem der Finanzunternehmen, die zu groß waren, um scheitern zu können, wurde nicht angepackt. Es gab nichts, was der fundamentalen Neugestaltung der Finanzlandschaft nahe kam, die der Glass-Steagall Act durch die strikte Trennung von Bankkundengeschäft, Wertpapieremissionen und Versicherungsleistungen bewirkt hatte.

Die grundlegende Erklärung dieses Unterschieds ist wiederum, dass die Politiker es geschafft hatten, das Schlimmste abzuwenden. In den 1930er-Jahren diskreditierten das Ausmaß der Depression, der Zusammenbruch der Banken und der Wertpapiermärkte das vorherrschende Finanzwesen vollständig. Jetzt aber hatte man eine Depression und einen Finanzkollaps verhindert, wenn auch nur knapp. Das sprach für die Auffassung, dass das jetzige Finanzsystem weniger fehlerhaft war. Und es schwächte die Argumente für radikale Veränderungen. Es nahm den Reformern den Wind aus den Segeln. Und es ermöglichte belanglose Meinungsverschiedenheiten zwischen Politikern, wodurch Reformen verzögert wurden. Auf diese Weise wurde der Erfolg zur Mutter des Scheiterns.

Aber die Herausforderungen, vor denen Amerika stand, um die politischen Parteien zu einer Einigung über regulatorische Reformen zu bewegen, verblassten gegen die Herausforderungen in Europa. In den USA erforderte eine Einigung über Reformen ein gewisses Einverständnis zwischen zwei Parteien. Aber für Fortschritte in der EU war eine Einigung zwischen 27 Regierungen erforderlich. Obwohl alle Regierungen gleich waren, waren doch einige, zum Beispiel die deutsche, gleicher als die anderen. Aber selbst in diesem Orwell-Europa konnten kleine Länder für Ärger sorgen, falls sie sich weigerten, einen gemeinsamen Weg mitzugehen, wie es Finnland tat, als es gebeten wurde, unter dem EU-Rettungsschirm – dem Europäischen Stabilitätsmechanismus – Spanien zu helfen. Reformen konnten eine Einigung zwischen Ländern innerhalb und außerhalb der Euro-Zone erfordern, wie im Fall der Maßnahmen zur Begrenzung der an Banker ausgeschütteten Bonuszahlungen, die scheiterten, weil das Vereinigte Königreich wegen der Gehalts- und Bonusregulierung gegen die EU vor den Europäischen Gerichtshof zog.

Für diese Probleme gibt es kein typischeres Beispiel als die Auseinandersetzung um die Bankenunion. Mit der Schaffung des Euro wurden die Verbindungen der Banken innerhalb Europas noch stärker. Aber diese Banken und ihre nationalen Regulierungsbehörden bedachten nicht die Auswirkungen ihrer Handlungen auf benachbarte Länder und deren Banken. Die Lehre aus dieser Krise lautete, dass es Wahnsinn war, eine Einheitswährung und einen gemeinsamen Finanzmarkt, aber 27 nationale Finanzregulierungsbehörden zu haben. Die Lösung war ein einziger Überwacher, eine einheitliche Einlagensicherung und ein einziger Lösungsmechanismus für in Not geratene Banken. Man betrachtete eine vollständige Bankenunion als entscheidend, um das Vertrauen in die Institutionen der EU wiederherstellen zu können.

Im Sommer 2012, auf dem Höhepunkt der Krise, einigten sich die politisch Verantwortlichen Europas auf die Schaffung dieser Bankenunion. Sie beschlossen, eine einheitliche Bankenaufsichtsbehörde zu schaffen. Aber dann fielen weitere Fortschritte schwerer. Länder mit starken Bankensystemen zögerten, die Aufsicht einer Zentralbehörde zu übergeben. Andere beklagten sich, ihre Banken und deren Kunden würden in einen gemeinsamen Versicherungsfonds einzahlen, um Länder mit schlecht geführten Finanzinstituten zu retten. Wieder andere wandten ein, ihre Steuerzahler müssten die gemeinsame Behörde finanzieren. Was alle drei

Gruppen gemeinsam hatten, war Deutschland, denn Kanzlerin Angela Merkel verlangte Änderungen der EU-Verträge, um festzulegen, wie diese Mechanismen funktionieren und finanziert werden sollten. Aber andere Regierungen waren gegen eine Veränderung der Verträge, denn das erforderte die Zustimmung der Parlamente, in einigen Fällen auch Volksabstimmungen, und dadurch konnte das grundlegende Einverständnis innerhalb der EU in Zweifel gezogen werden.

Man einigte sich daher auf einen Kompromiss. Die gemeinsame Aufsichtsbehörde sollte sich auf die 130 größten Banken Europas beschränken. Die gemeinsame Einlagensicherung verschob man auf später.[10]

Das verdeutlichte die Probleme der Entscheidungsfindung in einer aus 27 Staaten bestehenden Europäischen Union. Es zeigte aber auch, dass die EU nur das Nötigste tat, um ihre Währungsunion zusammenzuhalten. Über Notfallkredite und den Ankauf notleidender Staatsanleihen tat sie gerade eben genug, um den Zerfall des Euro-Systems zu verhindern. Dieser Erfolg machte es wiederum weniger dringend, weitere Schritte auf dem Weg zu einer Bankenunion zu gehen. Auch dieser Erfolg wurde zur Mutter des Scheiterns.

Für viele war es eine der größten Überraschungen während der Krise, dass Europa gerade genug tat, um seine Währungsunion zu wahren und der Euro nicht den Weg des Goldstandards in den 1930er-Jahren einschlug. In den späten 1920er-Jahren galt der Goldstandard als Garant der wirtschaftlichen und finanziellen Stabilität, weil das Jahrzehnt, in dem er außer Kraft gesetzt war – 1914 bis 1924 – alles andere als stabil war. Es erwies sich allerdings, dass der nach dem Ersten Weltkrieg wieder eingeführte Goldstandard weder dauerhaft noch stabil war. Er verhinderte die Finanzkrise von 1931 nicht, sondern trug zu ihrer Entwicklung bei. Zunächst weil er zu einem falschen Verständnis von Stabilität führte, wodurch große Mengen von Krediten in Länder flossen, die schlecht für den Umgang mit ihnen gerüstet waren. Das Ergebnis waren Anstürme auf die Banken und Zahlungsbilanzkrisen, weil die Investoren an der Fähigkeit der Behörden zweifelten, ihre Banken und Währungen zu verteidigen. Die Befreiung vom Goldstandard versetzte diese Länder dann in die Lage, die Kontrolle über ihr finanzielles Schicksal wieder selbst in die Hand zu nehmen. Sie konnten Geld drucken, als Geld rar war. Sie konnten ihre Banksysteme stützen und auch noch andere Maßnahmen treffen, um die Depression zu beenden.

Die Architekten des Euro waren sich dieser Geschichte bewusst. Man erinnerte sich sogar noch intensiver an sie, weil 1992 bis 1993 der Wechselkursmechanismus zusammenbrach, der die europäischen Währungen miteinander verband wie ein Seil eine Gruppe von Bergsteigern. Daher bemühten sie sich um ein stärkeres währungspolitisches Arrangement. Es sollte auf einer Einheitswährung basieren und nicht von den Wechselkursen zwischen einzelnen Landeswährungen abhängig sein. Die Abwertung einer Landeswährung sollte nicht mehr möglich sein, weil die einzelnen Länder dann keine nationale Währung mehr haben würden, die sie abwerten könnten. Dieses Euro-System sollte nicht von nationalen Notenbanken reguliert werden, sondern von einer supranationalen Institution, der Europäischen Zentralbank.

Wichtig ist, dass der Vertrag zur Einrichtung der Währungsunion keine Möglichkeit zum Ausstieg vorsah. In den 1930er-Jahren konnte ein Land durch eine unilaterale Entscheidung seiner nationalen Legislatur oder seines Parlaments den Goldstandard abschaffen. Im Gegensatz dazu wäre die Abschaffung des Euro in einem Land ein Vertragsbruch und würde das gute Verhältnis dieses Landes mit seinen Partnerstaaten innerhalb der EU gefährden.

Die Architekten des Euro vermieden zwar einige Probleme des Goldstandards, sorgten dafür aber für andere Probleme. Indem das Euro-System ein trügerisches Bild der Stabilität schuf, setzte es große Kapitalströme in die südeuropäischen Länder in Gang, welche schlecht dafür gerüstet waren, mit ihnen umzugehen – wie schon in den 1920er-Jahren. Als diese Ströme die Richtung wechselten, führten die Unfähigkeit der nationalen Zentralbanken, Geld zu drucken, und der nationalen Regierungen, sich dieses Geld zu leihen, zu tiefen Rezessionen – wie schon in den 1930er-Jahren. Der Druck, etwas zu verändern, wurde immer stärker. Die Unterstützung von Regierungen, die das nicht taten, wurde schwächer. Es häuften sich die Prognosen, der Euro werde ebenso scheitern wie der Goldstandard; Regierungen in notleidenden Ländern würden ihn verlassen. Und falls sie zögern sollten, dies zu tun, würden sie von anderen Regierungen und politischen Führern abgelöst werden, die zum Handeln bereit wären. Schlimmstenfalls könnte sogar die Demokratie in Gefahr sein.

Es stellte sich heraus, dass dies ein falsches Verständnis der Lehren aus der Geschichte war. Als Regierungen in den 1930er-Jahren den Goldstandard aufgaben, waren der internationale Handel und das Kreditwesen schon zusammengebrochen. Diesmal taten die europäischen Länder gerade genug, um dieses Schicksal zu vermeiden. Daher musste man den Euro verteidigen, um den gemeinsamen Markt, den Handel innerhalb Europas und den Zahlungsverkehr zu bewahren. In den 1930er-Jahren zählte die politische Solidarität zu den frühen Opfern der Depression. Trotz der Belastungen durch die Krise setzten die Regierungen diesmal ihre Konsultationen und ihre Zusammenarbeit mithilfe internationaler Institutionen fort, die stärker und besser entwickelt waren als die in den 1930er-Jahren. Die wirtschaftlich und finanziell starken EU-Länder vergaben an ihre schwachen europäischen Partner weiterhin Kredite. Diese Kredite hätten zwar höher sein können, aber verglichen mit den 1930er-Jahren waren sie dennoch umfangreich.

Und schließlich kam es nicht zu einer Krise der Demokratie, wie sie diejenigen prognostiziert hatten, die mit dem Kollaps des Euro rechneten. Es gab Demonstrationen, auch solche, bei denen es zu Gewalttaten kam. Regierungen stürzten. Aber anders als in den 1930er-Jahren überlebte die Demokratie. Die Kassandras des Zusammenbruchs hatten die Wohlfahrtsstaaten und die sozialen Sicherheitsnetze übersehen, die infolge der Depression aufgebaut worden waren. Sogar dort, wo die Arbeitslosenrate bei mehr als 25 Prozent lag, wie es in den am schlimmsten betroffenen Teilen Europas der Fall war, kam es nicht zu offenkundiger Verzweiflung. Das schwächte die politische Gegenreaktion. Es begrenzte den Druck, das bisherige System zu verlassen.

Es ist allgemein bekannt, dass die Erfahrung der Großen Depression die Wahrnehmung und die Reaktionen auf die große Rezession stark geprägt hat. Aber um zu verstehen, wie diese Geschichte genutzt – und missbraucht – wurde, muss man sich nicht nur die Depression genauer ansehen, sondern auch die Entwicklungen, die sie ermöglicht haben. Wir müssen also ganz am Anfang beginnen, nämlich im Jahr 1920.

Teil I
Die beste aller Zeiten

Kapitel 1
Die Ökonomie eines neuen Zeitalters

Mit etwa 165 cm und einem runden Gesicht war Charles Ponzi nicht gerade eine imposante Erscheinung. Als er mit 21 Jahren aus dem italienischen Parma in den USA ankam, sprach er nicht Englisch mit der Autorität eines führenden amerikanischen Finanziers. Aber obwohl er von kleinem Wuchs war, sollte er in der Literatur über Finanzkrisen eine wichtige Rolle einnehmen. Bald wurde »Ponzi-Schwindel« zu einem unauslöschlichen Teil des Lexikons finanzieller Instabilität, noch wichtiger als »Greenspan-Put« und »Lehman-Brothers-Moment«.

Ponzi machte sich mit einem Schwindel bei der Arbitrage auf dem Markt internationaler postalischer Antwortcoupons einen Namen. Diese Instrumente wurden 1906 beim Universal Postal Union Congress eingeführt, der in Italien abgehalten wurde. Sie sollten als Vehikel dienen, Geld ins Ausland schicken zu können, und es dem Empfänger ermöglichen, Briefmarken zu kaufen und eine Antwort zu verschicken.

Dieser Weltpostkongress 1906 wurde in der Ära des Goldstandards einberufen, als die Wechselkurse fixiert waren. Die Delegierten ahnten daher nichts von den Komplikationen, die eine Abschaffung des Goldstandards für ihre Vereinbarung schaffen würde. Aber beim Ausbruch des Ersten Weltkriegs verhängten die Regierungen Embargos für Goldexporte. Gold zu kaufen, wenn es billig, und es zu verkaufen, wenn es teuer war – das war der Mechanismus gewesen, mit dem die Wechselkurse stabil gehalten wurden. Aber mit den Embargos, die Transaktionen am Goldmarkt praktisch unmöglich machten, begannen die Wechselkurse zu schwanken.

Von den unerwarteten Konsequenzen waren auch die Postcoupons betroffen. Die USA waren das einzige am Krieg teilnehmende Land, dessen Währung während des Kriegs und danach ihren Wert gegenüber dem Gold behielt. Die europäischen Währungen werteten gegenüber dem Dollar ab, weil die Regierungen Geld druckten, um ihre Militärausgaben zu finanzieren. Dieser Trend drehte sich erst mit dem Waffenstillstand um. Folglich waren Coupons, die im Ausland (USA) mit europäischen Währungen gekauft wurden, mehr wert als ihr Gegenwert in amerikanischen Marken. 1919 witterte Ponzi eine Chance und lieh sich Geld von Geschäftspartnern, das er mit dem Auftrag an italienische Kontaktpersonen schickte, postalische Antwortcoupons zu kaufen und sie ihm nach Boston zu schicken.

Warum Ponzi diese Chance als Einziger entdeckte, ist – gelinde gesagt – unklar. Natürlich waren substanzielle Gewinne nur eine Illusion. Ponzis Kontaktpersonen konnten nur eine begrenzte Menge an Coupons kaufen und dennoch kostete die Transaktion Zeit, in der die für das Projekt vorgesehenen Mittel stockten.

Und Ponzi hatte nicht im Überfluss Zeit, denn er hatte versprochen, das Geld seiner Investoren in 90 Tagen zu verdoppeln. Um diese Zahlungen leisten zu können, war er gezwungen, Kapital zu verwenden, das er von neuen Interessenten erhielt. Für die Coupon-Arbitrage, die das »Ponzi-Schema« ausgelöst hatte, blieben keine Finanzmittel übrig. Das wiederum machte es entscheidend, zusätzliche Investoren anzuwerben. Ponzi tat das, indem er eine Firma mit dem eindrucksvoll klingenden Namen Securities Exchange Commission gründete und eine Phalanx von Verkäufern anheuerte. Das System kollabierte im August 1920 nach der Veröffentlichung eines Artikels in der *Boston Post*, geschrieben von William McMasters, einem Journalisten, den Ponzi angeheuert hatte, um Publicity für seine Unternehmung zu schaffen.[11]

Dass Ponzis Versprechen, das Geld seiner Investoren in 90 Tagen zu verdoppeln, keine Warnlampen aufleuchten ließ, sagt einiges über die Bereitwilligkeit der Investoren aus, in der giftigen finanziellen Atmosphäre der 1920er-Jahre jedes Misstrauen fahren zu lassen. Man muss unweigerlich an die Unfähigkeit der Investoren denken, die Fähigkeit Bernie Madoffs zu durchblicken, in den ähnlich turbulenten 2000er-Jahren Jahr für Jahr ohne merkliche Schwankungen abnormal hohe Gewinne zu erzielen.

Ponzi wurde wegen Postbetrug angeklagt, bekannte sich schuldig und wurde zu dreieinhalb Jahren im Bundesgefängnis verurteilt. Die Anleger in New England ließen sich aber nicht so billig abspeisen. Noch als er im Gefängnis saß, wurde Ponzi vom Bundesstaat Massachusetts des Diebstahls in 22 Fällen beschuldigt. Der jetzt mittellose Angeklagte trat als sein eigener Verteidiger auf, und zwar anfangs mit großem Geschick. Aber als ein Prozess dem anderen folgte, wurde er müde. Wenn ihn die erste Jury freisprach, erwies sich die zweite als festgefahren und die dritte sprach ihn schuldig. Als er gegen Kaution freigelassen wurde, floh Ponzi in die abgelegenen Gebiete Floridas, wo er unter falschem Namen Geschäfte machte.

1925 bedeuteten Geschäfte in Florida Immobilientransaktionen. Ponzi verwandelte sich in den Promoter einer Parzelle in der Nähe von Jacksonville. »Nähe« bedeutet in diesem Fall 65 Meilen westlich der Stadt. Ponzi machte sich daran, ein Gebiet zu entwickeln – wenn man das in diesem Fall sagen kann –, das mit Gebüsch, Palmwedeln, Unkraut und wenigen Eichen bewachsen war. Die Unterteilung bedeutete, Grenzpfosten in den Boden zu treiben, um den Eigentümern zu helfen, ihre Heimstatt zu identifizieren. Dann wurden diese Grundstücke für 30 Dollar pro Hektar angeboten.

Das nötige Kapital für den Kauf wurde von Investoren in Ponzis »Charpon« (= *Char*les *Pon*zi) Land Corporation zur Verfügung gestellt. Den Subskribenten wurden 30 Dollar für jedes 10-Dollar-Investment innerhalb von 60 Tagen versprochen – eine noch eindrucksvollere Rendite als bei der früheren Operation mit den Postcoupons. Das war natürlich nichts anderes als ein Schneeballsystem. Die ersten Anleger wurden mit den Einkünften aus dem Verkauf von Anteilen an neue Investoren ausbezahlt. Es dauerte nicht lange, bis der Betrug entdeckt und die Identität des Betrügers enthüllt wurde. Ponzi wurde angeklagt, die Gesetze Floridas bezüglich Trusts gebrochen zu haben, kam vor Gericht und wurde wieder für schuldig erklärt.[12]

Es war kein Zufall, dass Ponzi nach seiner Ankunft in Florida eine Heimat im Immobiliengeschäft fand, denn Florida befand sich mitten in einem Immobilienboom, den man in den USA in dieser Form noch nie gesehen hatte.

Das Land hatte schon mehrere Immobilienbooms und deren Zusammenbrüche erlebt, aber diese bezogen sich auf Farmland. Dieser war der erste Boom in den Städten oder besser gesagt in den Vorstädten, angetrieben vom Automobil. Als immer mehr Amerikaner billige und zuverlässige Autos kauften, das Musterbeispiel ist Henry Fords T-Modell, wurde das Leben außerhalb der Städte möglich. Und da Florida nun auch motorisierten Besuchern zugänglich war, stellten sein mildes Klima und die billigen Grundstücke eine große Versuchung dar. Die Leute aus dem Norden, die im Winter 1920/21 in großer Zahl hereinströmten, wurden als »Blechdosentouristen« bekannt wegen ihrer nicht gerade eleganten Fortbewegungsmittel, die manchmal auch zeitweise als Wohnsitz dienten.[13]

Die Immobilienpromoter, in vielen Fällen Autofans, erkannten schnell den Zusammenhang. Carl Fisher, der mit seinem Bruder die Prest-O-Lite Corporation und dann Fisher Body gründete, um Acetylen-Scheinwerfer und Karosserien für die junge Autoindustrie herzustellen, war so ein Fall. Fisher kam 1910 bei einem Yachtausflug während der Hochzeitsreise mit seiner 15-jährigen Braut erstmals auf die Halbinsel, die man später Miami Beach nennen sollte. In der Endphase der Verhandlungen über den Verkauf von Prest-O-Lite an Union Carbide war er in der Lage, ein elegantes Heim für den Urlaub und seinen Ruhestand zu kaufen, auf der anderen Seite der Halbinsel an der Biscayne Bay.

Aber der Ruhestand langweilte Fisher, der noch keine 40 Jahre alt war. 1913 stieg er ins Immobiliengeschäft ein, 1915 war er der führende Immobilienentwickler der Region. Und wenn es nicht genug Grundstücke gab, die Fisher entwickeln konnte, schuf er welche. Er ließ in Biscayne Bay Sand aus dem Meer pumpen und den Strand verlängern. Wie üblich hat Will Rogers das am besten beschrieben: »Carl entdeckte diesen Sand, konnte ein Immobilienschild aufstellen, und das war alles, wofür er den Sand brauchte. Carl suchte seine Kunden auf dem Meer, ließ sie ein schönes Grundstück aussuchen, wo sie bauen wollten, ersetzte das Wasser durch eine Insel – und schon war man sein eigener kleiner Robinson Crusoe.«[14]

Um die Verbindungen zwischen dem Automobil und Immobilien in Florida zu stärken, setzte sich Fisher für den Bau des Dixie Highway ein, der Florida mit dem oberen mittleren Westen verband. Er gründete die Dixie Highway Association und versorgte Zeitungen mit Artikeln, die das Projekt feierten. Er beruhigte Konflikte zwischen rivalisierenden Städten, die an der Straße liegen wollten, indem er eine Ost- und eine Westroute entwarf. Kein Opfer war zu groß, um den ersehnten Verkehrsfluss zu erreichen.

Natürlich trugen auch andere Faktoren zum Immobilienboom in Florida bei, darunter die starke Erholung der amerikanischen Wirtschaft von der Rezession nach dem Ersten Weltkrieg und die Erwartung, es werde nun eine ständige Beschleunigung des Wachstums geben. In den 1920er-Jahren gab es eine Revolution im Fabrikdesign, weil die Produktion umgestellt wurde, um Elektrizität nutzen zu können. Traditionell hatte man in Fabriken Dampfkraft genutzt. Die Elektrifizierung erlaubte die Entfernung der Dampfkraftapparaturen, was es ermöglichte, mit Kränen die Montagebänder zu bewegen. Die Elektrizität machte es auch möglich, dass sich die Arbeiter mit tragbaren Elektrowerkzeugen frei entlang den

Montagebändern bewegen konnten. Im Vergleich zu ihren Vorgängern, die praktisch am Fabrikboden festgenietet waren, so wie ihre dampfgetriebenen Maschinen, erreichten sie eine höhere Produktivität. Auf diese Weise konnten die Angestellten wissenschaftliche Managementpraktiken anwenden, um die Produktivität der Arbeit zu optimieren, hauptsächlich anhand der Zeit- und Bewegungsstudien des Managementberaters Frederick Winslow Taylor.

Das volle Potenzial des Förderbands, symbolisiert durch Henry Fords riesigen Fabrikkomplex River Rouge in Dearborn, Michigan, dessen Bau 1917 begonnen wurde, konnte nun realisiert werden. Dies wiederum erfüllte das Versprechen von Produktivitätssteigerungen in einem Ausmaß, das es noch nie gegeben hatte. Die Tatsache, dass das reale BIP zwischen 1922 und 1929 jährlich um fast 5 Prozent stieg, schneller als je zuvor in den USA über einen vergleichbaren Zeitraum, scheint diese optimistische Sichtweise zu bestätigen.

Schnelleres Produktivitätswachstum bedeutete nicht nur höhere Einkommen, sondern auch höhere Preise für Finanzinstrumente. Zumindest redete man den Investoren das ein. Mit anderen Worten: Was für Immobilien galt, das galt auch für andere Investments. Die führenden Unternehmen, die 1920 in den Dow Jones Industrial Average aufgenommen wurden, wie American Telephone and Telegraph, Western Union, International Harvester und Allied Chemical, waren Beispiele für diese technologische Revolution. Das ist eine offensichtliche Parallele zum Vorlauf zur Krise 2008/2009, als es hieß, dass sich das Produktivitätswachstum beschleunigen werde, weil die Firmen lernten, neue Informationstechnologien zu kommerzialisieren. Die transformierende Allzwecktechnologie der 1920er-Jahre war vielmehr die Elektrizität und nicht der Computer, aber der psychologische Einfluss auf die Investoren war der gleiche.

Dann goss die Geldpolitik Öl ins Feuer. Die Gründung des Federal Reserve System 1913 stärkte den Glauben, dass die konjunkturellen Schwankungen, die das Land traditionell geplagt hatten, nun gezähmt waren. Die Fed hatte die Aufgabe, die Zinsschwankungen zu verhindern, die in früheren Jahren Finanzmärkte und ökonomische Aktivitäten gestört hatten, indem sie, in den Worten der Fed, für eine »elastische Währung« sorgten. Da die Fed wahrscheinlich Erfolg haben würde, wären Investments sicherer, was die Spekulanten ermutigen würde. Die 1920er-Jahre wurden als »Neue Ära« bekannt, was die Idee ausdrückte, das Land sei in ein neues

Zeitalter eingetreten, nicht nur mit schnellerem Produktivitätswachstum, sondern auch mit größerer ökonomischer und finanzieller Stabilität. Erste Anzeichen der »großen Mäßigung«, vor allem die erwartete Abschwächung des Konjunkturzyklus, leiteten die Krise von 2008/2009 ein.

Obwohl die Fed ihre neuen Instrumente rasch nutzte, wendete sie diese nicht in der erwarteten Art und Weise an. Die Erwartung der Gründer war, dass die neue Zentralbank ihre Kreditkonditionen den Bedürfnissen der heimischen Wirtschaft anpassen würde. In gewisser Weise unerwartet passte sie diese aber auch den Umständen im Ausland an. In der Mitte des Jahres 1924 senkte die Fed den Diskontsatz, also den Zinssatz, den sie für Kredite an Geschäftsbanken verlangte, von 4,5 auf 3,0 Prozent, um Großbritannien zurück zum Goldstandard zu helfen.[15] Zentralbanken pumpten damals Kredite in die Wirtschaft, indem sie von Banken und Firmen gehaltene Schuldscheine diskontierten. Das bedeutet, dass sie diese Schuldscheine für Bargeld mit einem Preisabschlag relativ zum Nennwert kauften. Daher kommt auch die Bezeichnung »Diskontsatz«. In England war die Inflation während des Ersten Weltkriegs höher als in den USA, was die Wettbewerbsfähigkeit der Briten schwächte. Daher war das Land nicht in der Lage, den Goldpreis in Pfund zu fixieren oder den traditionellen Wechselkurs zwischen Pfund und Dollar wiederherzustellen, nachdem die Kontrollen nach dem Krieg aufgehoben worden waren. Daher schaffte das Vereinigte Königreich im März 1919 die Konvertibilität ab. Nun konnten die Wechselkurse frei fluktuieren, was Leuten wie Ponzi Chancen bot.

Sehr seriöse Leute in Großbritannien und den USA betrachteten die Rekonstruktion des Vorkriegs-Goldstandards mit hoher Priorität. Unter ihnen ragte Benjamin Strong hervor, Gouverneur der Federal Reserve Bank of New York. Strong war fest davon überzeugt, dass Schwankungen der Wechselkurse und die dadurch verursachte Instabilität den Handel schwächten.[16] Für die USA war der Zustand des Handels, im Ausland wie im Inland, wichtig, zumal sie Großbritannien als weltgrößter Exporteur abgelöst hatten. Eine »ausgewogene Prosperität« erforderte, dass ausländische Märkte den US-»Produktionsüberschuss« absorbierten, wie es im stark von Strong geprägten Jahresbericht der Fed von 1925 hieß.[17] Und eine Steigerung dieser Absorptionsfähigkeit hing wiederum von einer finanziellen Normalisierung ab, die nur der Goldstandard gewährleisten konnte. Strong schätzte die Bedeutung dieser internationalen Verbindungen, und zwar sowohl als Sekretär, Vorsitzender und dann Vorstandsvorsitzender der

Bankers Trust Corporation und Vertrauter von John Pierpont Morgan, dessen Firma J. P. Morgan & Co. eine eigene Schwesterorganisation in London hatte. Strong war Gründer und erster Gouverneur einer öffentlichen Institution, die ihr Mandat darin sah, New York zu einem führenden internationalen Finanzzentrum zu machen. Er betrachtete die Wiederherstellung eines stabilen internationalen Geldsystems als zentral für dieses Ziel.

Unter dem Vorkriegs-Goldstandard war das Pfund Sterling die Sonne, um welche die anderen Währungen kreisten. Ein Großteil des Welthandels wurde in Pfund finanziert und abgewickelt und London war das führende internationale Finanzzentrum. Im Ersten Weltkrieg und in den 1920er-Jahren gab es eine beträchtliche Expansion des internationalen Finanzgeschäfts in New York. Daher sah man die neue internationale Rolle des Dollar. Dennoch war Großbritanniens Rückkehr zur Goldkonvertibilität – die ermöglichte, dass das Pfund wieder zu einem festgelegten Kurs in Gold getauscht werden konnte – immer noch die Voraussetzung dafür, dass auch andere Länder wieder in den Goldstandard einsteigen würden. Darum war der Wechselkurs, zu dem das Pfund stabilisiert wurde, entscheidend dafür, wie schnell und zu welchen Kursen die Goldkonvertibilität wieder eingeführt werden konnte.

Daher setzten US-Offizielle Großbritannien unter Druck, diesen extrem wichtigen Schritt zu tun. Vor allem Strong betonte die Wichtigkeit, dass Großbritannien nicht nur die Goldkonvertibilität wieder einführte, sondern bestand auch auf dem Vorkriegs-Wechselkurs von 4,86 Dollar zum Pfund. Das war wichtig für das Prestige des Pfund und, nach Strongs Ansicht, auch für die Glaubwürdigkeit der Bank of England. Die nachteiligen Folgen für das internationale System, sollte dieses Vorhaben scheitern, waren, wie Strong warnte, »zu ernst, um sie wirklich in Erwägung zu ziehen«.[18]

Montagu Norman, seit 1920 Gouverneur der Bank of England, teilte die Meinung seines Freundes. In Briefen an Strong betonte er, wie wünschenswert es wäre, zu einem Goldstandard wie vor dem Ersten Weltkrieg zurückzukehren. Aber im Gegensatz zu einem modernen Zentralbanker gab Norman sich wenig Mühe, seine Gedanken zu erklären. Seine Äußerungen in der Öffentlichkeit waren für ihre Undeutlichkeit berühmt, was seinen politischen Entscheidungen einen Hauch von Mysterium, wenn nicht gar Konfusion verlieh. H. G. Wells sah in seinem 1933 am Tiefpunkt der Depression erschienenen fiktionalen Buch *The Shape of Things to Come* in Norman eine unwiderstehliche Zielscheibe. Wells schrieb im Rückblick aus einer imaginären Zukunft: »Anstelle des klaren Wissens über ökonomischen Druck und Bewegungen, das wir heute besitzen, waren seltsame, geheimnisvolle Männer durch einen Nebel von Abschweifungen und missverständlicher Äußerungen kaum noch sichtbar, manipulierten die Preise und die Börsen. Besonders ragte dabei ein gewisser Mr. Montagu Norman hervor, Gouverneur der Bank of England von 1920 bis 1935. Er gehört zu den am wenigsten glaubwürdigen Figuren der Geschichte und um ihn ranken sich viele Legenden. In Wahrheit war das einzig Mysteriöse an ihm, dass er mysteriös war.«

Wells sah viele Dinge richtig, unter anderem die Bedeutung von Transparenz und Kommunikation für einen modernen Zentralbanker.[19] Er irrte sich nur, was Normans Ruhestand betraf. In Wirklichkeit trat der geheimnisvolle Mann erst 1944 als Gouverneur der Bank of England zurück.

Ob Norman sich nun zusammenhanglos äußerte oder nicht, er war der Vater der konstruktiven Ambiguität, der Kunst des Zentralbankers, Dinge im Unklaren zu lassen. Das perfektionierte später Alan Greenspan. Deutlich äußerte er sich aber, wie wünschenswert es wäre, die Konvertibilität des Goldes zum Vorkriegs-Wechselkurs gegenüber dem Dollar wiederherzustellen. Für dieses Ziel musste die Bank of England angemessene Goldreserven erwerben – oder Assets, die gegen Gold konvertibel waren. Und falls dafür die Hilfe der Fed erforderlich war, war Strong bereit, sie zu leisten.

Daher hatte die von Strong unterstützte Niedrigzinspolitik den Zweck, England den Kauf der nötigen Reserven zu ermöglichen, die es für die Rückkehr zum Gold brauchte. New York sorgte dafür, dass Finanzmittel nach London flossen, wo die Zinsen viel höher waren. Ein großer Teil dieser Mittel landete bei den großen Londoner Banken, ein Teil aber auch in den Tresoren der Bank of England. Und wenn die Marktkräfte keine angemessene Menge Gold nach London brachten, konnte man sie immer noch ergänzen. Mit diesem Hintergedanken kaufte die New Yorker Fed US-Staatsanleihen, trieb die Renditen nach unten und sorgte dafür, dass weitere Finanzmittel über den Atlantik flossen.[20]

Aber diese finanziellen Operationen konnten alleine nicht ausreichen, um Großbritannien sicher zum Goldstandard zurückzubringen. Es musste auch eine neue Balance der Wettbewerbsfähigkeit geschaffen werden. Obwohl die Preise in Großbritannien seit dem Ausbruch des Ersten Weltkriegs stärker gestiegen waren als in den USA, gab es keinen entsprechenden Anstieg der Produktivität. Großbritannien würde seine Wettbewerbsfähigkeit im Export einbüßen, wenn man das Pfund gegenüber dem Dollar am früheren Wechselkurs fixierte. Das Land würde ein chronisches Handelsdefizit aufweisen und das so mühsam erworbene Gold der Bank of England würde wieder abfließen. Um das zu vermeiden, müssten die britischen Preise sinken oder die amerikanischen steigen. Schon vor dem Krieg waren die britischen Produktionskosten gegenüber denen in den USA gestiegen, nach Strongs Schätzung um 10 Prozent. Andere Beobachter kamen zu ähnlichen Ergebnissen. John Maynard Keynes, bekannt für seine Expertise in diesem Bereich, gab den Unterschied mit 9 Prozent an.[21]

Strong hoffte, niedrige Zinsen würden den Konsum ankurbeln, die Preise in den USA unter Druck setzen und helfen, die Lücke in der Wettbewerbsfähigkeit zu korrigieren.[22] Die Manipulation der Preise zeigte sich aber schwieriger als erwartet. In den USA stiegen die Preise zwischen Mitte des Jahres 1924 und Mitte des Jahres 1925, aber nicht stark genug, um den Kostenunterschied auszugleichen. Als Großbritannien im April 1925 zum Goldstandard zurückkehrte, blieb das Problem der unzureichenden Wettbewerbsfähigkeit bestehen. Norman kämpfte fast sechs Jahre lang dagegen an.

Strong brachte mit niedrigen Zinsen eher die US-Wirtschaft aus dem Gleichgewicht anstatt die Weltwirtschaft in ein neues Gleichgewicht. Das zeigte sich in der Immobilienblase mit Zentrum in Florida; bald folgten Chicago, Detroit und New York. Der Boom an der Wall Street, der den letzten Teil der Dekade dominierte, hatte ebenfalls damit zu tun.

Strong wurde von Adolph Miller vehement dafür kritisiert, Erwägungen zur finanziellen Stabilität im Inland internationalen Zielen unterzuordnen. Miller war Gründer und erster Gouverneur der Federal Reserve und hatte 1887 die University of California in Berkeley absolviert. Dann studierte er in Cambridge, Paris und München. Später lehrte er in Cornell und Chicago (zwei Universitäten, die in diesem Buch noch eine Rolle spielen werden), ehe er nach Berkeley zurückkehrte, um das College of Commerce zu etablieren. Schließlich zog er nach Washington, D. C., arbeitete im Innenministerium und dann als Mitglied des Board of Governors, nachdem er 1914 von seinem Studienfreund Woodrow Wilson dazu berufen worden war.

Miller glänzte mit seiner didaktischen Art und dem umfangreichen Vokabular eines Professors. Wie George Norris, Gouverneur der Federal

Reserve Bank of Philadelphia, schrieb, war Miller fasziniert von seinen eigenen verbalen Fähigkeiten, die er in aller Pracht bei den Sitzungen des Federal Reserve Board und des Open Market Investment Committee zur Schau stellte.[23] Miller nutzte seine Wortmacht vor allem, um gegen die »Doktrin vom echten Geld« zu argumentieren, die diktierte, dass die Zentralbank nur für so viel Kredite sorgen sollte, wie es für die legitimen Bedürfnisse der Unternehmen erforderlich war – und nicht mehr.[24] Diese Doktrin, zu deren Schöpfern der schottische Geldtheoretiker John Law gehörte, sollte eine Richtlinie der Kreditvergabe für die 1694 gegründete Bank of England sein.

Da er mit seiner Rolle bei der Prägung der Bank of England nicht zufrieden war, ging Law nach Frankreich und gründete dort mit der Banque Générale eine Art Quasi-Zentralbank. Er spielte eine Rolle bei der Mississippi-Blase und dem anschließenden Crash, ehe er sich in Schande zurückzog, aber das spielte keine Rolle. Seine Doktrin beeinflusste die Politik der Zentralbanken noch mehr als zwei Jahrhunderte später.

Insbesondere traf das auf den Federal Reserve Act von 1914 zu, bei dem es um das Bedürfnis nach einer »elastischen Währung« ging; ein System, in dem sich das Währungs- und Kreditangebot den legitimen Bedürfnissen der Unternehmen anpasste. Die Tatsache, dass es eine solche Anpassung bislang nicht gab, hatte in der gesamten Geschichte der USA zu scharfen Ausschlägen bei den Zinsen und zu chronischer finanzieller Instabilität geführt. Dieses Problem sollte durch die Schaffung der Fed 1914 gelöst werden.

Als Anhänger der Doktrin vom wahren Geld kam Miller schnell zu der Schlussfolgerung, dass es der Gipfel der Verantwortungslosigkeit sei, die Politik der Fed an den Problemen der britischen Wirtschaft auszurichten, wie Strong es getan hatte, statt sich von den legitimen Bedürfnissen der Unternehmen leiten zu lassen. Der Professor nahm in seiner Kritik am Gouverneur der Federal Reserve Bank of New York kein Blatt vor den Mund. Seine Unzufriedenheit wurde zweifellos noch dadurch verstärkt, dass die anderen Mitglieder des Board of Governors und die Direktoren der Reservebanken in der Regel Geschäftsleute waren, nicht versiert in richtiger monetärer Analysen und sich Akademikern wie ihm nicht fügten, die theoretisch bestens geschult und daher besser qualifiziert waren, Ratschläge in technischen Angelegenheiten zu geben.

Millers Stimme war die lauteste, aber er war nicht allein. Seine Kritik wurde geteilt, unter anderem von Charles Hamlin, dem früheren Staatssekretär im Finanzministerium, der ohne Erfolg als Gouverneur von Massachusetts kandidiert hatte und jetzt Chairman des Federal Reserve Board war. Und von Herbert Hoover, Strongs früherem Verbündeten, sowie von Präsident Calvin Coolidges, Handelsminister und Millers Nachbar in Georgetown. Wie Strong war auch Hoover ein überzeugter Internationalist, aber sogar für ihn ging Strongs Initiative 1924 und 1925 zu weit. Sie vernachlässigte die Auswirkungen dieser Politik im Inland. Strong hatte sich nach Hoovers Meinung von seinem Freund Norman überreden lassen; der Chef der New Yorker Fed war jetzt nur noch »ein mentales Anhängsel Europas«.[25] Strongs Politik drohte, Inflation auszulösen und finanzielle Exzesse anzufachen. Wenn es wünschenswert war, Großbritannien zurück in den Goldstandard zu helfen, dann konnte man das auch mit anderen Mitteln erreichen, so Hoovers Schlussfolgerung, und nicht durch eine Zinssenkung in den USA, die unerwünschte Nebenwirkungen haben könnte.

Millers und Hoovers instinktives Eintreten für die Doktrin vom wahren Geld war eine Manifestation der Macht historischer Erfahrungen, was die Prägung des Ausblicks und der Handlungen der Offiziellen betraf. Scharfe Ausschläge der Zinsen, die zu weitverbreiteten Schwierigkeiten der Unternehmen und im schlimmsten Fall zu Finanzkrisen führten, waren schon seit der Unabhängigkeit des Landes kennzeichnend für die monetäre und finanzielle Situation der USA. Der Zukunftsausblick vieler Gründer und erster Gouverneure des Federal Reserve System war daher von einer Doktrin geprägt, die dazu riet, die Geldversorgung und die Kredite den legitimen Bedürfnissen der Unternehmen anzupassen und auf das Zinsniveau zu achten, um sicherzustellen, dass diese Bedürfnisse erfüllt wurden. Die Doktrin warnte vor künstlichen Zinssenkungen, um anderen Ländern zu helfen, wie Strong es getan hatte. Insofern hätte ihre striktere Befolgung die Entstehung gefährlicher Ungleichgewichte an den amerikanischen Immobilien- und Aktienmärkten verhindert. Aber diese Doktrin besagte auch, dass die Fed nicht einzugreifen brauchte, als die Zinsen nach 1929 von einem hohen Niveau aus sanken. Die niedrigeren Zinsen zeigten ja, dass die US-Unternehmen alle Kredite und die Wirtschaft all die monetäre Unterstützung hatten, die sie brauchten.

Die eindeutige Schlussfolgerung lautete, dass es keine einzelne monetäre Doktrin gibt, die in jeder Situation die richtige ist. Das war eine Lektion, welche die Offiziellen der Fed und die USA letztlich für sehr viel Geld lernen mussten.

Zunächst zeigte die Kritik dieser Männer wenig Wirkung. Strong war die dominante Persönlichkeit in der Fed. Mit seinem Hintergrund als rechte Hand von J. P. Morgan und aufgrund seiner Arbeit an vorderster Front der Finanzkrise von 1907 sprach er mit Autorität über Finanzpolitik, obwohl er keine formale akademische Ausbildung hatte. Er war die Stimme der Erfahrung. Wenn Strong die Ereignisse in London für wichtiger hielt als die in Miami, dann war es eben so.

Und obwohl die Politik der Fed zu den damaligen finanziellen Exzessen beitrug, war sie nicht der einzige Verursacher. Hinzu kam die tragende Rolle eines Finanzsystems, das nur lose reguliert war. Es gab Anstrengungen der Regierung, die Aktivitäten im Immobilien- und Bausektor anzukurbeln. Es gab die Tatsache, dass die Bautätigkeit während des Ersten Weltkriegs stark nachgelassen hatte. Jetzt hatte sich Nachfrage angehäuft, die gedeckt werden wollte.

Ehrgeizige Promoter in Florida, die nichts weniger mochten als aufgestaute Nachfrage, taten ihr Bestes, um sie zu befriedigen. Niemand war ehrgeiziger als George Merrick, Spross eines Kongregationsministers und Besitzers einer Grapefruitplantage. Merricks Leidenschaft war die Poesie. 1920 pries er seine Heimat in Florida und veröffentlichte einen Gedichtband mit dem Titel *Song of the Wind on a Southern Shore.*

Ich kenne einen Strand
Der mich anzieht und wärmt!
Wo der Gumbo-Limbo wächst
Und die kleinen Echsen dösen.
Wo der Wind weht
Durch die Palmen am Strand von Biscayne.[26]

Merricks Haupttalent lag gewiss in der Immobilienentwicklung. Er wurde 1915 als Landrat von Miami Dade eingesetzt. Sein Haupterfolg war ein Netz von Straßen, die Miami mit seinen zukünftigen Außenbezirken verbanden und nicht zuletzt mit seiner eigenen geplanten Siedlung Coral Gables in der Mitte der ehemaligen Plantage seiner Familie. Die Poesie schob er beiseite und entwarf Coral Cables, eine Stadt im spanischen Stil, wo »Ihre spanischen Schlösser Wirklichkeit werden« sollten Der

Steinbruch, aus dem er das Baumaterial für die Häuser holte, wurde in eine venezianische Lagune verwandelt, komplett mit Brücken, Grotten und Loggias. Merrick annoncierte in landesweiten Magazinen und in Zeitungen außerhalb Floridas, wobei er den größten Teil der Texte selbst schrieb. Er lockte Kunden in seine immer noch weithin unerschlossene Vorstadt mit kostenlosen Vorstellungen von Mabel Codys Flying Circus, einer beliebten Flugshow. Wer ein Grundstück kaufte, wurde mit der Möglichkeit belohnt, sich sein Eigentum von oben anzusehen.[27] Er eröffnete opulente Verkaufsbüros in New York und Chicago und kaufte Busse. Um potenzielle Käufer zu transportieren, organisierte er Ausflüge aus New York, Philadelphia und Washington, D. C.

Und nicht zuletzt engagierte Merrick William Jennings Bryan, den früheren Präsidentschaftskandidaten, Staatssekretär und berühmten Redner, um das Projekt anzupreisen. Bryan war nach Florida gezogen, um seiner an Arthritis leidenden Frau das Leben zu erleichtern, und wurde sofort zum berühmtesten Einwohner Floridas. 1896 hatte er als Präsident kandidiert, auf der Plattform seines Kampfes für den kleinen Mann und gegen den Goldstandard. Jetzt wurde er von Merrick dafür bezahlt, auf einer anderen, über dem Wasser errichteten Plattform zu stehen und nicht über den Goldstandard, sondern über die Goldküste zu sprechen. Für ein Jahr Arbeit erhielt er 100.000 Dollar, zur Hälfte in Bargeld, zur Hälfte in Land.

Coral Gables war von Anfang an ein Erfolg. Mehr als 5000 Kunden besuchten die erste Grundstücksauktion 1921. Nach knapp einem Jahr kaufte Merrick zusätzliches Land, um seine Vision und seine Entwicklung zu vergrößern. Zwischen November 1924 und März 1925, dem Höhepunkt der Touristensaison, verzeichnete Merrick bemerkenswerte vier Millionen Dollar Umsatz pro Monat für Landverkäufe.

Vertreter der Regierung reagierten begeistert auf den Boom. Das war keine Überraschung, weil eine erhebliche Zahl von Immobilienentwicklern, wie Merrick, von ihren Bankern ganz zu schweigen, gnädig zustimmten, im öffentlichen Dienst zu arbeiten. Sie nutzten die stark steigenden Einnahmen aus der Grundsteuer, um Straßen zu finanzieren und den öffentlichen Dienst auszuweiten, was zum Anschein noch größeren Wohlstands führte. 1923, als der Boom in voller Blüte stand, stellten Floridas Gesetzgeber einen Gesetzentwurf zur Abstimmung, die Einkommen- und die Erbschaftsteuer abzuschaffen, mit dem Ziel, die Einwanderung aus dem Norden zu fördern.[28] Die dankbaren Wähler begrüßten diese Maßnahme mit überwältigender Mehrheit. Sie wählten den früheren Bürgermeister von Jacksonville, John Wellborn Martin, zum Gouverneur, nach einem Wahlkampf, der sich auf sein Versprechen konzentrierte, ein staatsweites Straßenbauprojekt zu realisieren. Das war einer der Faktoren, auf die Ponzi vermutlich baute, als er sein fiktives Projekt in der Nähe von Martins Heimatstadt vermarktete.

Zunehmend zeigte der Immobilienmarkt in Florida alle Anzeichen eines unhaltbaren Booms im Endstadium. Landbesitzer engagierten junge Männer, die sich dann in die heiße Sonne stellten, um mögliche Käufer anzulocken. Diese jungen Männer in weißen Anzügen, von denen etliche Tennis- und Golfprofis waren, forderten potenzielle Käufer auf, eine nicht rückzahlbare Anzahlung von 10 Prozent zu leisten.[29] Am Höhepunkt des Booms zirkulierten die entsprechenden Quittungen wie eine Währung. Hotels, Nachtclubs und Bordelle akzeptierten sie als Zahlungsmittel für Dienstleistungen.

Die jungen Verkäufer erhielten eine fixe Gebühr, wenn das Geld des Käufers auf dem Bankkonto des Entwicklers angekommen war. Wie die Hypothekentrader im Vorfeld des Immobiliencrashs 2006 bis 2007 interessierte es sie wenig, ob ein Käufer den Vertrag verstand, mit dem er sich verpflichtet hatte, oder ob er in der Lage war, die Transaktion vollständig abzuwickeln. Die typische Finanzinstitution vergab nur dann einen Hypothekenkredit, wenn der Käufer 50 Prozent Eigenkapital einbrachte.[30] Die zehnprozentige Anzahlung beinhaltete daher die Verpflichtung, weitere 40 Prozent aufzubringen, was für viele hoffnungsvolle Käufer leichter gesagt als getan war.

Weiteres Geld aufzubringen war natürlich nicht nötig, wenn das mit der Anzahlung verbundene Vorkaufsrecht auf ein attraktives Stück Land zuvor an einen anderen Investor verkauft wurde. Je schneller die Preise stiegen, desto stärker wuchs die Praxis, diese Rechte zu verkaufen. Erfolgreiche Verkäufer stiegen zu Immobilienspekulanten auf und handelten selbst mit diesen Rechten. Sie zahlten 10 Prozent an, um etwas zu kaufen, das im Prinzip eine Option auf ein noch nicht entwickeltes Stück Land war. Sie wollten diese Option sofort und mit Gewinn wieder verkaufen. Im Sommer 1925, auf dem Höherpunkt des Booms, wechselten die Rechte oft acht Mal täglich ihre Besitzer.[31] In den 1920er-Jahren hatten die Einwohner Floridas natürlich nichts, aus dem sie lernen konnten. Vor der

Subprime-Krise 2007 und 2008 hätten sie den Immobilienspekulanten aber einige Tricks beibringen können.

Ohne die Rolle der Banken wären diese hektischen Aktivitäten natürlich nicht möglich gewesen. »Alle finanziellen Ressourcen der existierenden Banken und Finanzinstitutionen wurden in vollem Umfang für die Finanzierung dieser spekulativen Bewegung eingesetzt«, schrieb Herbert Simpson, ein zeitgenössischer Experte für den Immobilienboom in Florida, in einem Artikel mit der bezeichnenden Überschrift »Real Estate Speculation and the Depression«, 1933 veröffentlicht in *American Economic Review*.[32]

Versicherungsunternehmen kauften, was sie für die besten Hypotheken hielten, konservative Banken vergaben problemlos Immobilienkredite und weniger konservative Banken und Finanzhäuser vergaben Kredite für fast alles. Immobilienzinsen dominierten die Politik vieler Banken. Tausende neue Banken wurden organisiert und auf den speziellen Zweck ausgerichtet, die Kreditmengen für vorgesehene Immobilienwerbung zu gewährleisten. Eine wichtigere Rolle spielten staatliche Banken und Trustunternehmen. Viele von ihnen hatten ihren Sitz in den Außenbezirken der großen Städte oder in Vorstadtregionen, die noch nicht vollständig von älteren und etablierteren Banken besetzt waren. In dem Ausmaß, in dem sie ihre Einlagen und Finanzmittel für die Ausbeutung des Immobilienmarkts einsetzten, was dann von anderen fortgesetzt wurde, schreckten diese Banken in der Regel vor nichts mit Ausnahme des Strafrechts zurück – und manchmal nicht einmal davor.

Zu den Schlimmsten dabei gehörten die Building and Loan Associations oder B & Ls. Im Prinzip betrieben diese Institute, wie Sparkassen auf Gegenseitigkeit, das Geschäft, Kredite an ihre Mitglieder zu vergeben.[33] Zwangsläufig dachte man an die Rolle von Northern Rock, die ebenfalls als Baugesellschaft gegründet wurde, in der Krise 2008 und 2009, das britische Äquivalent zu einer B & L, aber ich will der Geschichte nicht vorgreifen.

B & Ls waren das Ziel etlicher variabler und oft leicht verschärfter staatlicher Regulierungen.[34] Das Fehlen einer stringenteren Regulierung war teilweise Ausdruck des Glaubens, dass deren Finanzausstattung sicher war. Die Mitglieder hielten eher Anteile als Einlagen, die sie nicht nach Belieben liquidieren konnten. Das schützte die B & Ls vor einem Bankenansturm. Kredite waren, so glaubte man, durch grundsolide Immobilien abgesichert. B&Ls wendeten nur minimale Hebelwirkung an, sie gaben keine Obligationen aus, um die Anteile ihrer Mitglieder zu ergänzen.

Leider ignorierten diese beruhigenden Überlegungen die Tatsache, dass die Kreditkunden selbst mit hoher Hebelwirkung arbeiteten. Und sie ignorierten auch die Tatsache, dass nicht alle Immobilieninvestments grundsolide waren.[35]

Das B & L-Modell hatte im 19. Jahrhundert gut funktioniert. Jetzt aber wurde es von Immobilienentwicklern dazu verwendet, ihre Ambitionen zu füttern und ihre Ziele voranzutreiben. Da B & Ls leichter einzubeziehen waren als Geschäftsbanken, wählten Immobilienprofis sie aus, um Wohnbauprojekte zu finanzieren.[36] Es gab vielleicht ein unfreiwilliges Direktorium, aber es bewies wenig Überblick. Und schon flog die Vorstellung aus dem Fenster, dass B&Ls Immobilienkredite nur an zuverlässige Schuldner vergeben sollten, um Einkommen für ihre Mitglieder zu erwirtschaften. B&Ls wurden führend bei der Ausgabe von Krediten an Kunden mit wenig Eigenkapital. Sie vergaben Zweithypotheken für 30 Prozent des Werts einer Immobilie, wenn sich der Kunde, typischerweise für 50 Prozent, schon einen Erstkredit von einer Bank oder einer Versicherung besorgt hatte, was die Anzahlung auf 20 Prozent reduzierte.[37]

Eine weitere, zunehmend wichtiger werdende Finanzquelle der Immobilienentwicklung war die Verbriefung. Die Entwickler emittierten im Lauf der 1920er-Jahre Immobilienanleihen im Nennwert von etwa zehn Milliarden Dollar. Ein Drittel davon war mit Zahlungen auf Hypothekenzinsen abgesichert, der Rest durch zukünftige Mieteinnahmen aus Gewerbeimmobilien-Projekten. Die meisten dieser Bonds bezogen sich auf ein einziges Projekt und wurden emittiert, um einzelne Bürohochhäuser, Appartements oder Theater zu finanzieren, obwohl es komplexere Instrumente gab, zum Beispiel garantierte Hypothekenzertifikate. Sie wurden von Hypothekengarantiefirmen emittiert und waren mit Gewerbeimmobilien-Projekten abgesichert. Diese komplexeren Anleihen waren nicht leicht zu handeln. Um Investoren zum Kauf zu verleiten, garantierte der Emittent dem Inhaber eine Anleihenverzinsung von 5 Prozent. Das bedeutete natürlich, dass ein Versicherungsunternehmen am Haken hing, wenn die Renditen der zugrunde liegenden Investments niedriger ausfielen als erwartet.[38]

In der Praxis garantierten die Versicherungsunternehmen die Anleihen nicht nur, sondern hielten sie auch selbst in ihren Depots. Angesichts der niedrigen Zinsen auf Staatsanleihen, die Strongs international ausgerichtete Politik verursacht hatte, waren Immobilienanleihen eine attraktive Alternative. Zwischen 1920 und 1930 stieg der Anteil der Assets, die durch Immobilienhypotheken abgesichert waren, bei den Versicherungen von 35 auf 45 Prozent. Die besagten Wertpapiere wurden von den Anleihehäusern, die sie geschaffen und vertrieben hatten, auch an Privatanleger verkauft. Investoren vertrauten auf den guten Namen des Emittenten, wenn es denn einer war. Es gibt kaum Hinweise darauf, dass sie zwischen diesen Anleihen einen Unterschied machten und höhere Renditen als Funktion des Risikos des Hypothekenpools verlangten.[39] Auf diese Weise wurden große Kapitalmengen der Privatanleger in die Entwicklung von Gewerbe- und Wohnimmobilien gelenkt. Die besagten Anleihen, vor allem diejenigen, die man auf dem Höhepunkt des Booms emittiert hatte, schnitten in den 1930er-Jahren nicht gut ab.

Dieser Markt der auf ein einzelnes Projekt bezogenen Bonds erinnert daran, dass es neben dem Hausbauboom in Florida auch einen Gewerbeimmobilienboom gab, vor allem in Chicago, New York und Detroit.[40] Die 1920er-Jahre waren das Jahrzehnt des Wolkenkratzers. Es wurden mehr Hochhäuser gebaut als in irgendeiner anderen Dekade des 20. Jahrhunderts. Der Wolkenkratzerboom spiegelte die Fortschritte der Bautechnik wider, darunter haltbarere Stahlrahmenstrukturen, verbesserte Aufzugmotoren und die Anwendung Taylor'scher Zeit-und Bewegungsmethoden auf die Bauarbeiter. Aber er war auch von einem neuen Finanzmodell getragen, bei dem Gebäude nicht nur als Firmenhauptquartiere, sondern auch als Finanzinvestments errichtet wurden, in der Hoffnung, man könne die Gebäudeflächen vermieten. New Yorks berühmtes Chrysler Building, Baubeginn 1928, war das Hauptquartier der Chrysler Corporation, hatte aber auch einige andere Bewohner, von Pan American Airways bis zu Adams Hats.

Der Markt für Gewerbeimmobilien erreichte seinen Höhepunkt später als der für Wohnimmobilien, aber auch hier widersprachen die Preise jeder Vernunft. Und auch er verursachte bedeutende Erschütterungen, als die Blase platzte.

Dennoch war nichts mit den Extremen des Immobilienmarkts in Florida zu vergleichen. In Miami gab es die fieberhafteste Spekulation. In Orlando war der Boom nicht so stark und Jacksonville erreichte er erst spät, was zu Ponzis Scheitern beigetragen mag. Die Bevölkerung von Dade County verdreifachte sich zwischen 1920 und 1925. Der geschätzte Wert aller Immobilien in Miami stieg noch schneller, von 63 Millionen Dollar 1922 auf 421 Millionen Dollar 1926. An diesem Punkt war einer von drei

Einwohnern der nun 80.000 Einwohner zählenden Stadt auf die eine oder andere Weise in der Immobilienentwicklung tätig. Auf dem Gipfel des Booms »schritten Immobilienmakler langsam durch große Menschenmengen die Flagler Street (...)entlang und bellten ihre Angebote hinaus, begleitet von Musikkapellen, die von den großen Entwicklern engagiert worden waren (...). Und manchmal waren die Gehsteige unpassierbar, weil so viele Immobilienmakler dort ihre Geschäfte durchführten.«[41] Agenten befestigten Prospekte in den Bahnhöfen, wenn sie aus den Zügen stiegen. Zeitungen wurden wegen der vielen Immobilienanzeigen immer dicker. Ende 1925 umfasste die tägliche Ausgabe des *Miami Herald* statt früher höchstens 20 nun 88 Seiten.

Arbeitskräfte wurden rar, obwohl Bauarbeiter zuwanderten, von denen viele in Zelten leben mussten. George Merrick zeigte sein Talent für Werbung und baute ein Camp mit 375 Zelten am Rand seines Entwicklungsprojekts, das er »Cool Canvas Cottages at Coral Gables« nannte. Zum Mangel an Arbeitskräften kam noch ein Mangel an Baumaterial, verschlimmert durch die Entscheidung von Florida East Coast Railway, ein Transportmoratorium zu verhängen. Das Eisenbahnlager in Miami verstopften 2200 Frachtwaggons, aber der Gütertransport wurde durch die verzweifelten Anstrengungen der Eisenbahn zum Stillstand gebracht, auf den bestehenden Linien jeweils noch ein zweites Gleis zu verlegen. Daher mussten Dampfschiffe und Segelschiffe das Baumaterial heranschaffen. Schon bald waren die Docks in Miami und Miami Beach so überfüllt, dass das Ausladen der Fracht unmöglich wurde. Im September folgten die Dampfschiffunternehmen dem Beispiel der Eisenbahn und verhängten ein Embargo über den Transport von Möbeln, Baumaschinen und Baumaterial.

Alles das waren Anzeichen für eine Spekulationsblase im Endstadium. Was sie zum Platzen brachte, ist umstritten, wie es bei Blasen immer der Fall ist. Eine Korrektur am Aktienmarkt war ein möglicher Auslöser: Zwischen Februar und Mai 1926 sank der S&P Composite um 11 Prozent. Ein ungewöhnlich kalter Winter, gefolgt von einem heißen Sommer, beruhigte die Hauskäufer nicht gerade, was Floridas gemäßigtes Klima betraf. Im Dezember 1925 traf ein tropischer Zyklon auf die Küste, verwüstete die unberührten Strände im Nordosten und versetzte dem Markt buchstäblich einen weiteren Schlag. Darauf folgte ein Wirbelsturm der Kategorie 4, den das US-Wetteramt als »wahrscheinlich zerstörerischsten Hurrikan, der die USA jemals getroffen hat«, bezeichnete. Am 18. September

1926 traf er auf Miami. Drei Einwohner von Miami Beach starben in den Fluten, weitere 100 in Miami selbst.[42] Das Dach von Carl Fishers Ferienhaus wurde abgerissen. Die Kongregationskirche in Coral Cables wurde zu einem Hilfszentrum – nicht gerade der Zweck, für den Merrick sie konzipiert hatte.

Die Sorgen über die Ereignisse in Florida blieben nicht in Florida. 20.000 Einwohner von Savannah, Georgia, waren in den Staat des Sonnenscheins gezogen, angelockt durch die Attraktionen des Immobilienbooms, aber Anlass zur Besorgnis der Stadtväter. Investoren, die es nach Florida zog, hatten 20.000 Dollar von Sparkassen in Massachusetts abgezogen. Banker im ganzen Nordosten und Mittelwesten machten sich Sorgen über den Verlust von Einlagen und Einkünften.

Weil die Offiziellen ebenso besorgt über den Verlust von Einwohnern und Bankeinlagen wie um das Wohlergehen der Bewohner waren, gingen sie gegen diese Exzesse vor. Banker in Ohio platzierten Zeitungsanzeigen, in denen sie davor warnten, mit Immobilienentwicklern aus Florida Geschäfte zu machen. Der Chef der staatlichen Handelsbehörde, Cyrus Locher, und der Leiter der Wertpapierabteilung, Norman Beck, reisten selbstlos nach Florida, um den Markt aus erster Hand zu untersuchen. Zum Schutz von Kleinanlegern empfahlen sie, dass Unternehmen, die mit Florida-Immobilien abgesicherte Wertpapiere verkauften, in ihrem Staat keine Geschäfte mehr abschließen durften. Die Legislative in Ohio erließ gehorsam ein Gesetz, das diese Praxis verbot.[43] Zur Propaganda gegen Florida gehörten auch die Behauptungen, es gebe dort kein gutes Fleisch zu kaufen und große Reptilien seien in den großen Städten eine Bedrohung.[44] Das Better Business Bureau, das Praktiken in Florida untersuchte, entdeckte weitverbreiteten Betrug und veröffentlichte seine Erkenntnisse. Ponzis Verhaftung und Strafverfolgung waren eine weitere unwillkommene Quelle der Publicity.

Wie es für Immobilienmärkte typisch ist, sank zunächst die Zahl der Transaktionen, dann folgten die Preise. Die Einnahmen der lokalen Behörden kollabierten und ehrgeizige gemeindliche Entwicklungsprojekte wurden aufgegeben. Die Zahl der Banktransaktionen in Miami sank um zwei Drittel.[45] 150 Banken in Florida und im benachbarten Georgia brachen zusammen. Die meisten von ihnen gehörten zur Manley-Anthony-Kette, so bezeichnet, weil die besagten Banken alle im Besitz oder unter der Kontrolle von zwei Partnern waren, James R. Anthony und Wesley D. Manley.

Diese waren heftig in Immobilienspekulationen verstrickt, nicht zuletzt in Form von Investitionen im Merricks Coral-Gables-Projekt.[46] Die Bankkunden erlitten Verluste in Höhe von 30 Millionen Dollar. Manley selbst wurde wegen Beteiligung an betrügerischen Transaktionen verhaftet, mit denen er sein verbliebenes Vermögen vor dem Bankrott schützen wollte. Zu seiner Verteidigung plädierten seine Anwälte auf Geisteskrankheit.

Die finanziellen Rückschläge reichten nicht über Florida und Georgia hinaus, aber dennoch verdarb diese Episode Bankern und Käufern auf dem Wohnimmobilienmarkt die Stimmung. Die Zahl neuer Hausbauten sank landesweit von 850.000 im Jahr 1926 auf 810.000 1927 und 50.000 1929, obwohl die Wirtschaft keine vergleichbare Schwäche zeigte.

Im Rückblick argumentierten einige, die Federal Reserve hätte mehr tun können, um den Immobilienboom einzugrenzen. Das hätte die Exzesse im Finanzsystem limitiert und die zerstörerischen Bankenpleiten im Süden verhindert. Die Fed hätte eine wichtige Quelle des Abwärtsdrucks auf die Wirtschaftstätigkeit begrenzen können, der zum schlimmsten möglichen Zeitpunkt begann, nämlich Ende der 1920er-Jahre.

Aber das Abzielen auf einen bestimmten Sektor, den Hausbau, hätte viele der gleichen Probleme geschaffen wie die Konzentration auf den Wechselkurs zwischen Pfund und Dollar. Die Offiziellen der Fed hätten ihre Aufmerksamkeit von ihrer fundamentalen Aufgabe abgelenkt, nämlich von der Versorgung mit einer elastischen Währung, und das hätte nachteilige Folgen für die wirtschaftliche Stabilität gehabt. Die Nutzung der Geldpolitik zur Abdämpfung finanzieller Ungleichgewichte hätte am Ende vielleicht nur die Wirtschaft niedergeknüppelt.

Ein paar Jahre später tauchte mit dem Boom an der Wall Street das gleiche Dilemma wieder auf. Damals lautete die Frage, ob die Fed als Reaktion auf den Anstieg des Aktienmarkts die Zinsen erhöhen sollte, um die Entwicklung noch ernsterer finanzieller Ungleichgewichte und Risiken zu verhindern. Alternativ hätte sie weiterhin die Geldpolitik den Bedürfnissen der Realwirtschaft anpassen und finanziellen Ungleichgewichten mit anderen Mitteln begegnen können. Sie hätte auf direkten Druck bauen können, also mit dem Versuch, die Kreditvergabe der Banken an die Finanzmärkte direkt zu beschränken.[47]

Letztlich wählte die Fed die erste Alternative, also Zinserhöhungen. Das sollte weitreichende Konsequenzen haben.

Kapitel 2
Der goldene Globus

Es dauerte nicht lange, bis die finanziellen Exzesse von der Flagler Street in die Wall Street abwanderten. Die gleichen niedrigen Zinsen, welche die Immobilienspekulationen befeuert hatten, förderten jetzt Investitionen in Aktien und Anleihen. Die Begeisterung für Aktien wurde durch übertriebene Erwartungen an die zukünftige Profitabilität einer, wenn ein Anachronismus erlaubt ist, neuen Generation von Informationstechnologiefirmen angeheizt. So wie das Internet in den 1990er-Jahren verwendet wurde, um die Weisheit von Aktien hinauszutrompeten, die mit dem Internet zu tun hatten, wurde das Radio in den 1920er-Jahren dazu verwendet, um zu Engagements in Radioaktien aufzufordern. Radio Corporation of America war schon seit dem Börsengang 1924 eine der am meisten gehandelten Aktien an der Wall Street.

RCA und die anderen Höhenflieger wurden von Wall-Street-Insidern wie Walter Chrysler und den Fisher-Brüdern von Fisher Auto Body gestützt. Diese Männer, meist Veteranen aus der Autoindustrie, wurden angeführt von Billy Durant, dem unberechenbaren Gründer von General Motors, der zum Finanzspekulanten geworden war. Unter Durants Führung bildeten sie Syndikate, um RCA-Aktien zu kaufen. Sie machten aus dem stark steigenden Kurs von RCA Nachrichten auf den Titelseiten der Zeitungen, zogen Kleinanleger an und trieben die Kurse noch weiter nach oben. An diesem Punkt verkaufte das Syndikat seine Aktien, nahm seine Gewinne mit und löschte damit frühere Gewinne wieder aus.[48]

Aber sogar diese Manipulationen unterbrachen den Aufwärtstrend des Börsenfavoriten nicht. Von 1925 bis zum Hoch 1929 stieg der Kurs splitadjustiert um mehr als das Zehnfache. Das Kurs-Gewinn-Verhältnis der ersten echten Wachstumsaktie lag schließlich bei über 70. Und das Unternehmen zahlte bis 1937 keine Dividende.

Was auf die RCA-Aktie zutraf, traf auch allgemein zu. Von Anfang 1926 bis Mitte 1929 stieg der Dow Jones Industrial Average ohne signifikante Unterbrechungen. Ob und an welchem Punkt man das als Blase betrachten sollte, wird bis heute diskutiert. Es ist doppeldeutig, dass der Dow und die Unternehmensdividenden 1927 im Gleichschritt stiegen, als sei der Anstieg der Aktienkurse der Ausdruck höherer Unternehmensgewinne. Aber 1928 koppelten sich die Kurse von den Dividenden ab. Ab diesem Punkt begann der Boom an der Wall Street – manche würden sagen: die Blase.[49]

Es gab so viele Erklärungen für den Anstieg der Kurse, wie es Experten gab. Kommentatoren wiesen auf die Erwartung eines schnelleren Dividendenwachstums hin, die zunehmende Verwendung von Elektromotoren und Fließbandarbeit. General Motors war führend bei der Nutzung dieser technischen Innovationen. Geführt wurde GM von Alfred P. Sloan, der am MIT zum Ingenieur ausgebildet worden war. Er hatte die Kontrolle übernommen, nachdem der überforderte Durant 1920 zum Rücktritt gedrängt worden war.[50] 1928 meldete GM außergewöhnlich hohe Gewinne, was den Glauben stärkte, dies treffe auch auf andere technisch progressive Firmen zu. Wenn das so war, dann übersahen die Investoren die Möglichkeit, dass Henry Ford seine Fabrik in Highland Park geschlossen hatte, um sie von der Produktion des T-Modells auf die des A-Modells umzurüsten, was Käufe auf die Wettbewerber umleitete. Wenn erfahrene Investoren diesen Punkt nicht verstanden, dann deswegen, weil das GM-Management unter Sloan ein Pionier nicht nur bei wissenschaftlicher Unternehmensführung, sondern auch auf dem Gebiet der Investor Relations war. Man tat alles, um die Anleger davon zu überzeugen, dass der Gewinnanstieg das Werk von GM war.[51]

Die weitere offensichtliche Unterstützung kam, wie üblich, von der Fed. 1927 senkte die Reservebank wieder einmal die Zinsen, um Druck von der Bank of England zu nehmen. Großbritannien kämpfte immer noch mit den hohen Arbeitskosten, die es wegen der Rückkehr zum Gold belasteten. 1926 wurde es von einem Streik der Arbeiter in den Kohleminen getroffen. Sie protestierten gegen ihre Arbeitgeber, weil sie von ihnen verlangten, Lohnkürzungen von 25 Prozent zu akzeptieren. Hinzu kam: Der Dawes-Plan, der 1924 die deutschen Kriegsreparationszahlungen neu ordnete, erlaubte Deutschland, diese Zahlungen durch Kohleexporte zu leisten.[52] Deutschlands Wiedereintritt in den internationalen Kohlemarkt drückte nun auf die Preise, was den Druck auf die britische Industrie erhöhte, mit allen Mitteln die Kosten zu senken.

Der Streik dauerte sechs Wochen, während deren Produktion und Exporte unterbrochen waren. Das Ergebnis war eine abbröckelnde britische Zahlungsbilanz und Goldverluste für die Bank of England. Die Bergarbeiter waren aber nicht Montagu Normans einziges Problem. Er stand auch im Wettbewerb mit der Reichsbank und der Banque de France. Zunächst die Reichsbank, dann auch die Banque de France begannen, Gold aus London abzuziehen. Die Zentralbanken Deutschlands und Frankreichs vertrauten nicht auf Großbritanniens umstrittene industrielle Beziehungen. Nicht ohne Grund hielten sie Gold für eine bessere Wette als das Pfund.

Die daraus resultierenden Goldverluste zwangen Norman, die Zinsen hoch zu halten, was für ein stringenteres Finanzumfeld sorgte. Das wiederum machte es noch schwerer für die britische Wirtschaft, die darum kämpfte, ihre finanzielle Basis wiederzuerlangen.

Um zu verstehen, wie diese Spannungen zustande kamen, muss man einen Schritt zurück machen und das Problem aus Sicht der Finanzexperten betrachten, die versuchten, Handel und Zahlungen in Europa nach dem Ersten Weltkrieg zu rekonstruieren. Wie Benjamin Strong waren sie überzeugt, dass der Goldstandard das einzige stabile Fundament war, auf dem man aufbauen konnte. Sie befürchteten aber, dass es nicht genug Geld gab, um die Pfeiler fest zu verankern. Löhne und Preise waren im Ersten Weltkrieg stark gestiegen, aber die Goldreserven konnten dem infolge der Schwäche der Bergbauindustrie nicht folgen. Die traditionelle Methode der Quadratur des Kreises war eine Senkung der Löhne und der Preise. Aber das war nach dem Ersten Weltkrieg politisch nicht mehr durchführbar. Die Wählerschaft war größer geworden. Den Männern, die in den Schützengräben tapfer gekämpft hatten, konnte man das Wahlrecht nicht mehr vorenthalten. Die Arbeiterbewegungen wurden militanter, wie der britische Bergarbeiterstreik zeigte.

Aus allen diesen Gründen war eine Politik von Lohn- und Preissenkungen nicht mehr einfach durchzuführen. Und man konnte auch nicht mehr Gold zur Erhöhung der Geldmenge, höheren Preisen angemessen, aus der Luft und aus dem Boden holen. Die einzige Lösung war, einen Ersatz zu finden, den die Zentralbanken dazu nutzen konnten, ihre existierenden Reserven zu ergänzen und ihre Geldemissionen und Kredite zu stützen. Der naheliegende Ersatz waren amerikanische und britische

Staatsanleihen, die im Prinzip so gut wie Gold waren und die, mit anderen Worten, problemlos in Gold getauscht werden konnten, sobald der internationale Goldstandard wiederhergestellt war.

Die Idee, dass Zentralbanken ihre Goldreserven mit Staatsanleihen ergänzen konnten, wurde 1922 bei der internationalen Konferenz in Genua von der britischen Delegation begeistert vorgeschlagen. Er wurde von den anderen europäischen Ländern mit gemischten Gefühlen aufgenommen, weil sie voraussahen, dass ihre Wertpapiere nicht denselben privilegierten Status genießen würden. Zudem war alles, das die Goldstandarddisziplin aufweichte, ein Warnsignal in den Ländern, die in der ersten Hälfte der 1920er-Jahre eine ungezügelte Inflation erlebt hatten, wofür Deutschland natürlich das klassische Beispiel war. Die Hyperinflation, die in Deutschland 1923 ihren chaotischen Höhepunkt erreichte, hat sich offensichtlich für immer im kollektiven Gedächtnis des Landes festgesetzt. Sie fand statt, als der Goldstandard außer Kraft war. In der Tat ist es unvorstellbar, dass es zu einer derart hohen Inflation gekommen wäre, als die Geldmenge noch an die Goldreserven gebunden war. In Frankreich erreichte die Inflation nie das Niveau einer Hyperinflation, aber dennoch hatte sie die gleichen schädlichen Folgen. Auch in Frankreich fand die Inflation statt, als der Goldstandard ausgesetzt war. Auch dort fiel die Stabilisierung zeitlich mit der Wiedereinführung des Goldstandards zusammen. Französische und deutsche Offizielle, höchst sensibel gegen Inflation, verschrieben sich in der Folge einer besonders rigiden Form der Goldstandard-Doktrin. Die Politik, die dieser Doktrin folgte, schuf schließlich unkontrollierbare Probleme; nicht nur für Deutschland und Frankreich, sondern auch für das Vereinigte Königreich, die USA und die ganze Welt.

Inflation ist vielleicht immer und überall ein monetäres Phänomen, aber in Frankreich und Deutschland war sie in erster Linie ein politisches Phänomen. Da gab es die Streitigkeiten zwischen beiden Ländern über Reparationen und die Trennung zwischen den Unternehmen und der Arbeiterschaft wegen der Frage, wer die Kosten nicht nur dieser Transfers, sondern auch die für grundlegenden sozialen Dienste tragen sollte. Nach der Unterzeichnung der Versailler Verträge im berühmten Spiegelsaal hatte die Reparationskommission der Alliierten die Reparationen auf 269 Milliarden Goldmark festgelegt, fast 200 Prozent des BIP.[53] Diese immense Summe war unrealistisch und unerreichbar, wie John Maynard Keynes, Repräsentant des britischen Finanzministeriums, 1919 in *The Economic*

Consequences of the Peace feststellte, der Publikation, die ihn zu einer öffentlichen Person machte. Aus ökonomischer Sicht wurde Deutschland gezwungen, ein Vielfaches von dem zu exportieren, was importiert wurde, um diese riesigen Transfers (der Reparationszahlungen) ins Ausland leisten zu können. Zu diesem Zweck müsste Deutschland seine Handelsbilanz verschlechtern, indem es den Preis der Exporte im Verhältnis zum Preis der Importe senken müsste. Dadurch würden diese Transfers noch schwieriger und letztlich unerreichbar.[54] Aus politischer Sicht heizten die Reparationen die Spannungen zwischen den Nationen an, um es zurückhaltend zu formulieren.

Was die Alliierten verlangten, war nicht nur von der Höhe, sondern auch von der Dauer enorm, die Zahlungen sollten 42 Jahre lang anhalten. Diese schwere Last zukünftigen Generationen aufzubürden warf erneut die Frage auf, wer für den Ausbruch des Kriegs verantwortlich war – und für die Niederlage. Das wiederum fachte die Debatte an, wer die Kosten für die Reparatur dieses Schadens tragen sollte. Die Sozialisten bestanden darauf, dass die Unternehmen zahlen sollten, und zwar mit einer einmaligen Abgabe auf ihre Assets oder einem Zugriff auf reale Werte. Im Frühjahr 1921 schlug der sozialdemokratische Wirtschaftsminister Robert Schmidt vor, dass die Reichen 20 Prozent ihrer Aktien und Anleihen abgeben müssten, verbunden mit einer Steuer von 5 Prozent auf den Wert ihrer Immobilien. Unternehmer und Grundeigentümer waren entsetzt. Als Alternative machten sie den konstruktiven Vorschlag, die Umsatz- und Verbrauchsteuern zu erhöhen, die bequemerweise den Arbeitern zur Last fielen.

Es war vorhersehbar: Die Tatsache, dass ein großer Teil der Steuereinnahmen dafür vorgesehen war, Transfers ins Ausland zu finanzieren, verstärkte den Widerstand beider Seiten gegen jede Steuererhöhung. Am Ende fiel die Entscheidung, sich auf Umsatz- und Verbrauchsteuern zu verlassen, die aber nicht stark genug erhöht wurden, um die fiskalische Lücke zu schließen.

Trotz dieser Einschränkungen erfüllte die deutsche Regierung ihre Verpflichtungen. Sie bemühte sich, den Vereinbarungen aus dem Vertrag nachzukommen, in der Hoffnung, dass Wohlverhalten belohnt werden würde. Aber die Franzosen dachten kaum an eine solche Belohnung, denn sie hatten ihre eigenen Probleme, an denen sie den Deutschen die Schuld gaben. Vor allem die französische Rechte sah ökonomische und finanzielle Konzessionen als Zeichen der Schwäche, das nur nationalistische

Tendenzen in Deutschland fördern würde. Folglich machte die politische Stärke der Mitte-Rechts-Partei Bloc National, die ab 1919 an der Macht war, einen Kompromiss unwahrscheinlich.

Im Januar 1923 beantworteten die Franzosen deutsche Anfragen nach Zugeständnissen auf unmissverständliche Weise. Auf Befehl des Premierministers und Außenministers Raymond Poincaré marschierte die französische Armee erneut im Ruhrgebiet ein, Deutschlands westliche industrielle Flanke, um sich die Reparationen mit Gewalt zu holen. Die Eisenbahn- und die Bergbauarbeiter legten die Arbeit nieder und auf Anweisung der Regierung druckte die Reichbank das Papiergeld, mit dem die Unternehmen ihre Arbeiter bezahlten.

Poincarés Rolle bei diesen Ereignissen und bei der folgenden Inflation und Stabilisierung in Frankreich ist umstritten. Der spätere Premierminister wurde 1860 in Bar-le Duc geboren, nicht weit von der französischen Ostgrenze entfernt. Schon als Kind war er klug und vorsichtig. So heißt es, er habe immer einen Regenschirm in der Schule dabeigehabt, ganz unabhängig vom Wetter. Preußische Truppen besetzten seine Heimat Lothringen nach der Niederlage der kaiserlichen französischen Armee 1871. Das Zimmer des jungen Raymond wurde von einem preußischen Offizier in Beschlag genommen und die Familie wurde gezwungen, fast drei Jahre lang im Obergeschoss ihres Hauses zu wohnen.

Darauf gründete sich, wie man annahm, die unbeugsame Einstellung des erwachsenen Poincaré gegenüber Deutschland, seine Weigerung, beim Thema Reparationen Zugeständnisse zu machen, und seine Bereitschaft, sie mit militärischen Mitteln zu erzwingen. Der britische Premierminister David Lloyd George beschrieb ihn so: »M. Poincaré war Lothringer, geboren in einer Provinz, die mehrmals von den Teutonen überrannt und verwüstet worden war. (…) Er selbst wurde zwei Mal Zeuge einer Besetzung seines eigenen geliebten Hauses durch deutsche Truppen (zum zweiten Mal im Ersten Weltkrieg) (…) M. Poincaré ist kalt, reserviert, rigide und von fantasielosem, unbeherrschbarem Legalismus geprägt. Er hat weder Humor noch ist er jemals gut gelaunt.«[55]

Dieses Urteil war hart und herablassend, wie es oft der Fall war, wenn Lloyd George über seine politischen Rivalen sprach.[56] Dennoch vermittelt es ein Gefühl für den breiteren Kontext, der Frankreichs Politiker dazu brachte, das Thema Reparationen so zu handhaben, wie sie es taten.

Zu den Opfern der Besetzung gehörten Weimars fragile Finanzen. Obwohl die Kosten von Gütern und Dienstleistungen im gleichen Maß wie das Preisniveau stieg, wurden Steuern für frühere Einkommen gezahlt und hinkten der Entwicklung hinterher. Die an der Quelle abgeschöpfte Lohnsteuer von 10 Prozent blieb zwei Wochen lang in der Hand der Arbeitgeber, erst dann wurde sie an die Regierung abgeführt. Das hatte teure Folgen für die öffentlichen Finanzen, weil sich die Preise alle zwei Wochen verdoppelten.

Am 23. März 1923 verhängte Berlin eine zusätzliche Strafe für jeden, der seine Steuerzahlungen verzögerte. Aber diese neue Maßnahme löste das Problem nicht. Die Finanzen der Regierung schmolzen weiter dahin, was sie dazu zwang, sich mehr und mehr auf die Gelddruckmaschine zu verlassen. Firmen, Banken und Privatleute wendeten immer mehr Zeit dafür auf, die Einflüsse der Inflation auf ihre persönlichen und Firmenfinanzen zu minimieren – und immer weniger für produktive Aktivität.

Jemand musste dafür geradestehen. Letztlich waren dies in Frankreich dann die öffentliche Meinung und in Deutschland die Unternehmen. Für deutsche Kohle- und Stahlmagnaten, wie Hugo Stinnes, mit Investitionen im Ruhrgebiet war der passive Widerstand ein Desaster. Ganz ähnlich wie der schottisch-amerikanische Industrielle Andrew Carnegie hatte Stinnes sich aus bescheidenen Umständen nach oben gearbeitet und ein Firmenkonglomerat gekauft mit Konzentration auf Kohle, Stahl und Schiffbau. Er erhöhte ihre Effizienz, indem er sie einem gemeinsamen Management unterwarf. Die Größe seines Geschäftsimperiums bedeutete, dass Stinnes vor großen Verlusten stand, sollte der Kohlebergbau für längere Zeit lahmgelegt werden.

Im September 1923 erklärten sich Stinnes und andere führende Industrielle bereit, Steuern zurückzuzahlen und Kohletransporte direkt nach Frankreich durchzuführen. Berlin war bereit, den passiven Widerstand zu beenden. Paris signalisierte seine Bereitwilligkeit, die Reparationsrechnung zu überdenken. Diese neuen Verhandlungen folgten mit der Formierung der Dawes-Kommission Ende November 1923.

Rudolph Havenstein, der Anwalt und Beamte, der seit 1908 als Präsident der Reichsbank gedient hatte, leugnete lange einen Zusammenhang, zwischen seiner Politik, im Tausch gegen Staats- und Unternehmensanleihen Bargeld zur Verfügung zu stellen einerseits, und der Inflation anderseits. Lieber gab er ausländischen Spekulanten die Schuld für die

Preissteigerungen. Havenstein hatte eine starke Position, weil er auf Lebenszeit ernannt worden war. Aber die Beweise gegen seine Überzeugung waren inzwischen überwältigend. Nachdem der passive Widerstand zusammengebrochen war, wandte sich sein Aufsichtsrat gegen ihn. Er kündigte an, dass die Reichsbank kein Bargeld und keine Kredite im Tausch gegen das von deutschen Firmen emittierte Notgeld mehr ausgeben werde.[57] Und um sicherzustellen, dass die Zentralbank ihre neue Stärke nicht aufgeben würde, schuf die Regierung das Büro des Währungskommissars und bevollmächtigte ihn, eine parallele und hoffentlich stabile Währung zu schaffen: die Rentenmark. In dieses Amt wurde ein bekannter Banker mit politischen Verbindungen berufen, Hjalmar Schacht. Schacht übernahm die Position am 13. November 1923.

Das bedeutete das Ende für die Hyperinflation und, wie sich erwies, auch den Tod von Havenstein selbst, der am 20. November 1923 einen tödlichen Herzinfarkt erlitt, genau an dem Tag, an dem die deutsche Währung gegenüber dem Dollar stabilisiert wurde. Nun ernannte die Regierung Hjalmar Schacht auch zum Chef der Reichsbank. Schacht zögerte nie, für sich selbst zu werben, und so behauptete er, die Stabilisierung in die Wege geleitet zu haben. In Wirklichkeit hatte er das Glück gehabt, seine Position als Zentralbanker genau zu dem Zeitpunkt angetreten zu haben, als das Problem bereits gelöst war.

Als die Gelddruckmaschinen langsamer liefen, wuchsen die Kontostände der Regierung aus eigener Kraft. Die Hyperinflation war Geschichte. Aber es war ein Stück Geschichte, das man nicht so schnell vergaß. Dieser Hintergrund erklärt, warum die Reichsbank eine unverfälschte Version des Goldstandards vertrat. Es erklärt auch, warum ihre Nachfolgerin, die Deutsche Bundesbank, die Welt weiterhin durch die Brille der 1920er-Jahre sah, nicht nur nach dem Zweiten Weltkrieg, sondern erstaunlicherweise bis hinein ins 21. Jahrhundert – und sogar, nachdem sie ins europäische Zentralbankensystem integriert worden war.

Auch Frankreich litt an chronischen Haushaltsdefiziten. Die Koalitionsregierung, geformt vom Bloc National der konservativen Parteien, die von 1919 bis 1924 an der Macht waren, hatte manchmal Erfolg beim Ausgleich des »gewöhnlichen« Haushalts der laufenden Ausgaben, aber man konnte sich nicht darüber einigen, wie man den Haushalt der Wiederaufbaukosten finanzieren konnte, von dem man hoffte, er könne von den Deutschen getragen werden. Ab einem bestimmten Niveau waren

Haushaltsdefizite nicht völlig unerwünscht, weil sie zeigten, dass Frankreich nicht in der Lage war, den Wiederaufbau allein zu finanzieren. Der britische Haushaltsexperte Ralph Hawtrey sagte, für eine französische Regierung wäre der Ausgleich dieses Haushalts »ein unpatriotischer Akt gewesen, ein Ausdruck des Zweifels, dass die Reparationszahlungen wieder in voller Höhe fließen werden«.[58]

Abgesehen von den Reparationen wäre es für die Linken die offensichtliche Lösung gewesen, sich auf eine Erhöhung der Verbrauchsteuern zu einigen, für die Rechten dagegen, bescheidene Abgaben auf Einkommen und Vermögen zuzugestehen. Mit ein wenig Kompromissbereitschaft hätte das Problem gelöst werden können. Aber unter diesen Umständen gab es wenig Bereitschaft dazu. Das ähnelte der Situation in Deutschland, abgesehen von der Last der Reparationen.

In der Zwischenzeit musste das französische Schatzamt die Rechnungen bezahlen. Langfristige Verschuldung war keine Option. 1923 lag die öffentliche Verschuldung bei mehr als 170 Prozent des BIP – wegen während des Kriegs ausgegebener Obligationen und eines Defizits beim die Reparationen umfassenden Haushalt, das nun jedes Jahr die Verschuldung um 7 Prozent des BIP erhöhte. Die Investoren waren nur zum Kauf kurzfristiger Anleihen bereit, deren Laufzeit vorbei war, ehe sich potenzielle Probleme bezüglich eines Zahlungsausfalls oder der Inflation zeigten. Daher emittierte das Schatzamt kurzlaufende Anleihen, bekannt als nationale Verteidigungsbonds, um ihren Zusammenhang mit dem Ersten Weltkrieg hervorzuheben. Und wenn Investoren zögerten, sie zu kaufen, bat man die Banque de France, als Käufer einzuspringen.

Kurzfristige Verschuldung stellt ein Risiko für die finanzielle Stabilität dar, wie im 20. und 21. Jahrhundert viele Emerging Markets schmerzlich erfahren haben. Weil ständig kurzfristige Anleihen fällig werden, muss die Regierung in der Lage sein, sie durch neue zu ersetzen. Wenn Investoren befürchten, dass die Inflation sich beschleunigen wird, und daher zögern, die neuen Anleihen zu kaufen, wird die Regierung eine Liquiditätskrise erleben. Sie wird die Zentralbank um Geld bitten müssen. Dieses Geld, das die Zentralbank zur Verfügung stellt, indem sie die neuen Anleihen der Regierung kauft, erhöht die Geldmenge. Die Inflation verstärkt sich, was die Befürchtungen der Investoren bestätigt. Daher gilt: Ebenso wie ein Ansturm auf eine Bank durch panische Investoren eine sich selbst erfüllende Prophezeiung sein kann, kann dies auch ein Ansturm auf kurzfristige Staatsanleihen sein.

Das Ergebnis dieser Abhängigkeit von kurzfristigen Schulden und Geldspritzen der Banque de France führte, wie nicht anders zu erwarten, zu wiederholten Inflationsausbrüchen, von denen jeder schlimmer ausfiel als der vorherige. Ein wenig Inflation war seitens der Diplomaten nicht ganz unerwünscht, denn sie bezeugte die Unfähigkeit des Landes, seine Wiederaufbaukosten zu finanzieren. Aber die französische Öffentlichkeit sah das anders, die wie jede Öffentlichkeit die Inflation in der Brieftasche spürte. Im ersten Quartal 1924, am Höhepunkt der Ruhrbesetzung, hatte die Inflation im Einzelhandel alarmierende 36 Prozent erreicht.[59] Die Aktienkurse reagierten übel: Der Index 300 französischer Aktien brach im März scharf ein. Mehr als ein Jahr nach dem Beginn der Ruhrbesetzung war klar, dass Frankreich nicht in der Lage sein würde, noch mehr aus den Deutschen herauszuquetschen.

Gezwungen, sich zwischen Kompromiss und Hyperinflation zu entscheiden, entschied sich das Parlament, immer noch dominiert vom Bloc National unter der Führung Poincarés, für den Kompromiss, wenn auch nur knapp. Nach einer stürmischen Diskussion, die zwei Monate dauerte, entschieden sich die Gesetzgeber für eine allgemeine Steuererhöhung von 20 Prozent; eine Maßnahme, die als *double decime* bekannt wurde. Da es eine Weile dauern würde, bis sich die zusätzlichen Steuereinnahmen materialisierten, erklärte sich J. P. Morgan, der Banker der französischen Regierung, dazu bereit, einen Kredit von 100 Millionen Dollar zur Verfügung zu stellen – unter der Voraussetzung, dass das Parlament zuvor das Steuergesetz verabschiedete. Weitere vier Millionen Pfund (etwa (19 Millionen Dollar zum damaligen Wechselkurs) wurden dann von der Investmentbank Lazard Frères zur Verfügung gestellt.

Das genügte, um den Franc für den Moment zu stabilisieren.[60] Es war aber zu wenig, um die Fortsetzung der Inflation zu verhindern, denn der zugrunde liegende Konflikt war nicht gelöst. Es war nicht klar, ob *double decime* ausreichen würde, um den Haushalt einschließlich der Wiederaufbaukosten ins Gleichgewicht zu bringen. Die Antwort würde unter anderem davon abhängen, ob sich die Steuerzahler an das neue Gesetz hielten. Und es war nicht klar, ob die Mittelklasse, welche die neuen Steuern tragen musste, bereit wäre, sie zu akzeptieren. Der Streit, wer die Last tragen musste, wurde hitziger, als klar war, dass, nach dem Scheitern der Ruhrinvasion, die Antwort lautete: »Deutschland nicht.«

Bei den Wahlen im Mai 1924 verlor der Bloc National seine Mehrheit in der Abgeordnetenkammer, weil die unzufriedenen Wähler aus der Mittelklasse, die den Großteil von Poincarés Steuern trugen, sich in großer Zahl abwendeten. Die Radikalen (im Prinzip reformistische bürgerliche Liberale) bildeten mit Unterstützung der Sozialisten eine Mitte-Links-Regierung, das Cartel des Gauches, angeführt von Édouard Herriot, einem langjährigen Politiker der Radikalen, und versuchten, die fiskalische Frage neu aufzurollen. Als der Beschluss von 1924 wieder diskutiert wurde, war erneut unsicher, ob der Haushalt ausgeglichen werden könnte. Herriot sympathisierte mit dem bolschewistischen Experiment, er hatte 1922 die Sowjetunion besucht.[61] Obwohl er kein Kommunist war, alarmierte seine Wahl zum Premierminister die Rechten. Die Investoren beeilten sich, ihre Staatsanleihen zu verkaufen, weil sie befürchteten, die Regierung werde versuchen, das Defizit durch eine Vermögensteuer zu decken. Der Franc stürzte an den Devisenmärkten ab, weil sich Anleihenbesitzer beeilten, ihr Geld aus dem Land zu bringen. Die Inflation beschleunigte sich wieder und die Steuereinnahmen hielten mit den Ausgaben im öffentlichen Sektor nicht Schritt, wie 1923 in Deutschland, weil die Regierung nun nicht einmal kurzlaufende Anleihen verkaufen konnte und zögerte, die Zinsen zu erhöhen – aus Angst, dies würde Inflationsängste bestätigen und die Haushaltssituation verschlechtern. So blieb nur noch die Banque de France als letzter Anleihenkäufer übrig.

Die Zentralbank stand also vor einem Dilemma. Das Parlament hatte 1920 eine Obergrenze gezogen, in welchem Umfang wie viele Schuldverschreibungen die Bank emittieren konnte, um zu verhindern, dass spätere Regierungen zu einer inflationären Finanzpolitik zurückkehrten. Der Kauf von Regierungsanleihen im großen Stil konnte nun dazu führen, dass diese Grenze überschritten wurde. In einer außergewöhnlichen Entwicklung entschied sich die Banque de France, ihre Veröffentlichungen zu verfälschen, um die Tatsache zu verbergen, dass sie die Grenze schon überschritten hatte. Die Täuschung war elegant in ihrer Einfachheit: Die Überschreitung wurde einfach unter der Überschrift »Verschiedenes« (frz. »*divers*«) auf zwei Seiten der Bankbilanz versteckt.

In der Tat hatte diese Überschreitung schon im März begonnen, unter der früheren Mitte-Rechts-Regierung unter der Führung Poincarés.

Generalsekretär Albert Aupetit, der eigensinnige und zweite Mann der Banque de France, ergriff die Initiative in einer Bemühung, das Stabilisierungsprogramm der Poincaré-Regierung nicht zu torpedieren.[62] Die Übergangsdefizite der Regierung nicht zu finanzieren hätte eine Liquiditätskrise ausgelöst, die Poincarés Stabilisierungsbemühungen abrupt beendet hätte. Aupetit betrachtete Poincarés Stabilisierung als die beste verbliebene Hoffnung des Landes und wollte ihr Zeit geben. Einen Gesetzesbruch hielt er für das geringere Übel.

Poincarés Stabilisierung hatte vorübergehend Erfolg. Daher fiel die Anleihenzirkulation wieder deutlich unter das gesetzliche Maximum. Aber Aupetit verfälschte weiterhin die wöchentlichen Statements der Bank, weil er verstand, dass die Anleihenemission, um die Spekulanten zu überzeugen, und die Stabilisierung Erfolge waren. Im Oktober 1924, als die Stabilisierung nach dem Regierungswechsel an Schwung verlor, stieg das Emissionsvolumen ein zweites Mal über die gesetzliche Obergrenze. Unter Aupetits Führung verbarg die Zentralbank diese Tatsache wiederum vor der Öffentlichkeit.

An diesem Punkt informierten Offizielle der Banque de France Premierminister Herriot und dessen Finanzminister Etienne Clémentel über die besorgniserregende Situation. Aber sie erwähnten nicht, dass das Problem schon unter der Regierung des Bloc National entstanden war. Sie wollten stattdessen die Anführer des *Cartel* davon überzeugen, dass deren eigene Haushaltspolitik daran schuld war. Dies erklärt vielleicht, warum Herriot zögerte, damit an die Öffentlichkeit zu gehen, obwohl er sich der Täuschung nun bewusst war.

Je länger der Status quo andauerte, desto größer wurde die Lücke zwischen der veröffentlichten Bilanz der Bank und dem tatsächlichen Geldkreislauf. Und je größer die Diskrepanz wurde, desto schwerer war sie zu verbergen. Anfang 1925 war ihre Existenz den Mitgliedern des Finanzkomitees der Abgeordnetenkammer und des Senats allgemein bekannt.[63] Die Situation führte zu beträchtlichen Spannungen innerhalb der Banque de France bis zu dem Punkt, an dem Francois de Wendel, ein führendes Aufsichtsratsmitglied der Zentralbank, wegen dieser Sache seinen Rücktritt androhte.

De Wendels Drohung ließ die Waage zugunsten der Fraktion ausschlagen, die für saubere Verhältnisse sorgen wollte. Als die Verfälschung der Bankbilanz endlich aufgedeckt wurde, beschuldigte Herriot die Bank. Er betonte, dass die Handlungen seiner Regierung sich von denen der Vorgängerinnen unterschieden, aber das spielte keine Rolle. Er wurde durch ein Misstrauensvotum im Senat zum Rücktritt gezwungen.

Spezialisten werden hier erkennen, was Ökonomen als »fiskalische Dominanz« bezeichnen.[64] Wenn sich die Fiskalpolitiker in ihrer Weisheit für ein Haushaltsdefizit entscheiden und die Zentralbank nichts dagegen tun kann, hat die Zentralbank keine andere Wahl, als die Regierungsanleihen zu kaufen und eine höhere Inflationsrate zu tolerieren, die sie bevorzugen würde, wenn es ansonsten unmöglich wäre, das Defizit zu finanzieren, und die Alternativen Zahlungsausfälle und finanzielles Chaos wären. Im Fall Frankreichs ging die Zentralbank so weit, das Gesetz zu missachten.

Es gibt eine Parallele zum Statut der EZB, das verbietet, die neu emittierten Regierungsanleihen zu kaufen. Diese Vorschrift soll die EZB vor fiskalischer Dominanz und die europäische Öffentlichkeit vor Inflation schützen. Es gibt auch insofern eine Parallele, als die EZB sich 2012 gezwungen fühlte, die Vorschrift wenn schon nicht direkt zu missachten, so doch umzudeuten, als sie angesichts einer Krise am Anleihenmarkt begann, Anleihen am Sekundärmarkt zu kaufen.[65] Manchmal sind sogar Zentralbanker zu der Erkenntnis gezwungen, dass es Schlimmeres gibt als ein wenig Inflation.

Das Problem in Frankreich war, dass es mehr als nur ein wenig Inflation gab. Sie dauerte fast zwei Jahre, als ein Premierminister nach dem anderen – es gab insgesamt sieben von Juni 1924 bis Juli 1926 – mit der Unwilligkeit der Rechten und der Linken zu kämpfen hatte, einen Haushaltskompromiss zu schließen. Die Rechten schlugen dann neue Verbrauchsteuern vor und die Arbeiter gingen auf die Straße.

Die daraus resultierende Inflation war ruinös für Kleinsparer, Rentner und Armeepensionäre, also die Gesellschaftsmitglieder, die sich am wenigsten schützen konnten. Im Juli 1926 gab es Proteste von mehr als 20.000 ehemaligen Armeeangehörigen und ihrer Sympathisanten vor der Abgeordnetenkammer. Der Mob beschuldigte Ausländer, den Franc zu manipulieren und die Inflation anzuheizen, und machte seinem Ärger Luft, indem er Paris-bei-Nacht-Busse attackierte, das bevorzugte Transportmittel amerikanischer Touristen. Reiche französische Familien, die soziale Unruhen befürchteten, brachten nicht nur ihre Ersparnisse, sondern auch ihre Angehörigen ins Ausland.

An diesem Punkt war die Inflation wirklich störend. In manchen Kreisen sah man sie als Bedrohung der französischen Demokratie selbst. In ihrer Verzweiflung entschied sich die linkslastige Abgeordnetenkammer am 22. Juli 1926, Poincaré zu ermöglichen, als Chef einer Regierung der nationalen Union zurückzukehren.

Poincaré galt – trotz seiner harten Politik gegenüber Deutschland – als klug und vorsichtig. Er war »der Mann der Stabilität«, der sich einen Namen gemacht hatte, indem er half, während des Ersten Weltkriegs die Finanzen des Landes zu organisieren. Er hatte schließlich die zeitweise erfolgreiche Stabilisierung 1924 geleitet. Indem er kurz vor einer Parlamentswahl die Steuern erhöhte, räumte er den Finanzen der Nation einen höheren Stellenwert ein als politischen Gewinnen und zahlte den Preis dafür.

Poincaré war auch ein Mann der Stabilität, weil er sich weder mit den Rechten noch mit den Linken identifizierte. In der Abgeordnetenkammer brachte man ihn mit den Gemäßigten in Verbindung. Der Bloc National war vielleicht ein Mitte-Rechts-Bündnis, aber Poincaré hatte auch Freunde und Verbündete bei den Sozialisten, nicht zuletzt Léon Blum, den späteren Premier. Als Abkömmling einer Mittelschichtfamilie identifizierte er sich mit den Kleinsparern, die am wenigsten in der Lage waren, sich gegen die Auswirkungen der Inflation zu schützen. Die Umstände erforderten Mäßigung und im Gegensatz zu seinem Verhalten Deutschland gegenüber war es das, was Poincaré zu bieten hatte.

Man bat Poincaré, eine Unionsregierung zu bilden, die seine Mitte-Rechts-Wählerschaft mit Elementen der Linken kombinierte. Es gab nun einen Konsens, dass die Politisierung der Fiskalpolitik zu weit gegangen war. Poincarés Ernennung und seine Bildung einer nationalen Unionsregierung waren Ausdruck dieser Tatsache. Offensichtlich hatten die Politiker auf die harte Weise gelernt, dass Haushaltslösungen durch Konsens erreicht und nicht durch Druck der Rechten auf die Linken oder umgekehrt erzwungen werden müssen.

Es war nun Poincarés Aufgabe, diesen Konsens zu stärken. Die Prozeduren zur Überwachung der Einkommen und der Einziehung der Steuern wurden modernisiert, um die Einnahmen zu erhöhen. Man straffte die öffentliche Verwaltung durch die Schließung lokaler Gerichte und anderer administrativer Büros. Die Einnahmen aus dem staatlichen Tabakmonopol wurden für die Versorgung des Militärs und der Ruheständler verwendet. Das bestätigte, dass es keine Enteignungen der Reichen geben würde, was die Bildung einer Unionsregierung eigentlich bereits klargemacht hatte. Und schließlich schlug Poincaré vor, die kurzfristigen nationalen Verteidigungsbonds, welche die unmittelbare Quelle der finanziellen Verletzlichkeit waren, in stabile langfristige Obligationen umzuwandeln. Der Wunsch, die Lasten der Stabilisierung, ob von Kapital oder Arbeit, von der Mittelschicht auf die Reichen oder von Frankreich auf Deutschland zu übertragen, hatte sich im Feuer der Inflation erledigt. Daher genügten Poincarés gemäßigte Maßnahmen, die Stabilisierung von 1926 zu zementieren, die im August zum Stillstand kam. Die Preise stiegen nicht mehr; der Wechselkurs, der zuvor gesunken war, begann jetzt zu steigen, zum Missfallen der französischen Exporteure, die ihre neuen Wettbewerbsvorteile zu schätzen gelernt hatten, was die Banque de France dazu verleitete, ausländische Währungen gegen Francs zu kaufen, um den Anstieg der Währung zu verlangsamen. Ende 1926 wurde der Franc dann an das Pfund und den Dollar gekoppelt und die Goldkonvertibilität wurde 1928 wiederhergestellt.

Frankreichs Goldstandard war so hart wie der Deutschlands. Der Zentralbank war untersagt, ausländische Staatsanleihen auf dem offenen Markt zu kaufen und auf andere Weise direkt die Regierung zu finanzieren. Wie in Deutschland warfen die Inflation und die sozialen Trennungen, die sie bloßlegte, lange Schatten.

Das Aufhalten der Inflation führte dazu, dass zunächst in Deutschland, dann in Frankreich Fluchtkapital zurück ins Land floss. Nachdem die Inflation unterdrückt war, gab es mehr Vertrauen, dass Investments ihren Wert behalten würden. Die Verpflichtung zu einem dauerhaften Goldstandard zwang die Regierungen, ihren Haushalt auszugleichen. Daher hatten die Anleger neuen Grund zur Hoffnung, dass die lange Folge von Defiziten und Steuerkonflikten endlich ihr Ende finden würde. Schon bald erwies sich diese Vorstellung, dass die Stabilisierung verantwortliches fiskalisches Verhalten irgendwie garantieren würde, als Irrtum. Es war natürlich der gleiche Fehler, den diejenigen begingen, die nach der Einführung des Euro Anleihen südeuropäischer Länder kauften. Und er hatte die gleichen Konsequenzen.

Der Zufluss von ausländischem Geld war für die deutsche und die französische Volkswirtschaft ein zweifelhafter Segen, denn er drückte ihre Währungen nach oben. Um zu verhindern, dass zum größten Schaden der Exporteure der Wechselkurs durch die Decke schoss, kauften die

Reichsbank und die Banque de France dieses ausländische Kapital gegen Mark und Francs auf. Aber die ausländischen Wertpapiere, besonders Anleihen, die auf Pfund lauteten, waren offensichtlich nicht so gut wie das Gold, gegen das man sie tauschen konnte.

Das war die Ursache für Normans Problem. In der zweiten Hälfte des Jahres 1926 begann die Reichsbank, ihre Pfundbestände gegen Gold der Bank of England zu tauschen. In den sechs Monaten bis Februar 1927 betrugen die britischen Goldexporte nach Deutschland fast 60 Millionen Dollar, eine beträchtliche Summe. Schacht war nun fest im Sattel als Chef der deutschen Zentralbank. Er war sich der konstruktiven Rolle wohl bewusst, die Norman bei der Neuverhandlung des Dawes-Plans gespielt hatte, als die Reparationen reduziert und eine Stabilisierungsanleihe abgesichert wurden. Schacht war aber, trotz seiner Dankbarkeit, in erster Linie für das deutsche Portfolio verantwortlich. Sein Glaube an die Bedeutung, die Regeln des Goldstandards zu befolgen, war nicht von Emotionen beeinflusst. Schacht präsentierte daher die Pfundbeträge, die er gekauft hatte, der Bank of England zum Umtausch in Gold.

Norman war für die Banque de France nicht so hilfreich, als sie 1923,1925 und 1926 ineffektiv mit Verschuldungs- und Währungskrisen kämpfte. Er sah Frankreich als besonderen Quertreiber bei den Verhandlungen über ein Reparationsabkommen. Zudem rangen die Bank of England und die Banque de France um Einfluss in Mittel- und Osteuropa, weil sie die Finanzgeschäfte dieser Länder nach London und Paris ziehen wollten. Norman hatte Frankreichs Bemühungen zurückgewiesen, konkrete Hilfe zur finanziellen Stabilisierung zu erhalten, obwohl Émile Moreau, Robineaus Nachfolger als Gouverneur der Banque de France von 1926 bis 1930, seinen englischen Kollegen als »liebenswürdig und charmant« bezeichnete.[66]

Jetzt, da britisches Kapital nach Frankreich floss, hatten sich die Vorzeichen umgekehrt. Die ausländischen Wertpapiere, welche die Banque de France gekauft hatte, lauteten auf Pfund und waren in London emittiert worden. Moreau nutzte die erste Gelegenheit, sie einzutauschen, und reagierte damit auf die gleichen Unsicherheiten wie die Reichsbank. Ihm war klar, dass seine Anfrage, indem er Gold aus der Bank of England abzog, Norman zwingen würde, den Diskontsatz zu erhöhen, also den Zinssatz, den die Bank of England in Rechnung stellte, wenn sie Anleihen für andere Banken diskontierte. Dieser Nebeneffekt war nicht unerwünscht. Wenn das Ergebnis straffere Bedingungen in London waren, die

Quelle eines signifikanten Einbruchs des Stroms kurzfristigen Kapitals nach Frankreich, dann hatte diese Politik aus französischer Sicht Vorteile. Wenn sie der Bank of England Probleme bereitete, dann war es eben so.

Großbritanniens einziges Druckmittel waren die Schulden Frankreichs gegenüber Großbritannien nach dem Ersten Weltkrieg. Daher schlug Norman dem Finanzminister Winston Churchill vor, eine schnellere Rückzahlung zu verlangen. Diese kaum verhüllte Drohung brachte Moreau dazu, im Juni 1927 einen Kompromiss auszuhandeln. Die Banque de France begrenzte den zukünftigen Umtausch in Gold auf 32 Millionen Pfund. Normans aggressive Politik löste oder verschob zumindest das unmittelbare Problem. Aber sie verbesserte nicht die Aussichten auf freundliche monetäre Beziehungen in der Zukunft.

Strong beobachtete die französisch-britischen Verhandlungen von New York aus. Er erwartete eine Unterbrechung und verbrachte das Jahresende 1926 in Biltmore, North Carolina, wo er sich von einer Lungenentzündung erholte. Über Kabel und Briefe stand er fast ständig in Kontakt mit seinem Freund Norman. Da er wusste, dass die Meinung des amerikanischen Zentralbankchefs von Gewicht war, schickte Moreau Strong seinen eigenen Bericht über die Verhandlungen der Banque de France und der Bank of England, um sicherzustellen, dass Strong sich eine ausgewogene Meinung bildete.

Der Netto-Effekt war, Strong die Lockerheit der britischen Position zu verdeutlichen. Die beständige Stabilität des Pfunds hing von der Kooperation mit der Reichsbank und der Banque de France ab, aber diese sollte man nicht für selbstverständlich halten. Gleichzeitig verstanden diese sensiblen Männer, dass sie zusammenarbeiten mussten. Strong führte freundliche bilaterale Diskussionen mit Norman, Schacht und verschiedenen Offiziellen der Banque de France. Im Fall von Norman und Strong gab es nicht nur freundliche Diskussionen. Die beiden Männer hatten sich schon während des Ersten Weltkriegs bei Strongs Antrittsbesuch in Europa getroffen, anlässlich seiner Wahl zum Gouverneur der New Yorker Fed, und sie knüpften persönliche Verbindungen. Sie wurden Brieffreunde und fuhren in den 1920er-Jahren meist zweimal im Jahr zusammen in Urlaub, wenn es die Gesundheit erlaubte. Wenn Norman es geschafft hatte, so eine fruchtbare Beziehung zu Strong aufzubauen, warum konnten die beiden anderen Zentralbanker dann kein ähnlich harmonisches Verständnis in den Vier-Augen-Gesprächen erreichen?

Daher schlug Norman vor, er und Strong sollten sich mit Schacht und Moreau treffen. Strong gab die Einladung heraus – er erholte sich immer noch von seiner Lungenentzündung, was erforderte, dass das Treffen in den USA stattfand. Moreau, der kein Englisch sprach, obwohl es damals schon die Universalsprache der Zentralbanker war, übergab die Einladung an seinen Stellvertreter Charles Rist.

Strong, Norman, Schacht und Rist trafen sich in der ersten Juliwoche 1927 in Woodbury auf Long Island im Haus des stellvertretenden Leiters des US-Schatzamts Ogden Mills. Dieser monumentale Landsitz, entworfen von John Russell Pope, war einer der großzügigsten auf Long Island, mit Ausblick in alle Richtungen und einem zentralen Abschnitt, der »sich über zwei Stockwerke zog, im italienischen Stil (...) flankiert und sorgfältig gehalten von wohlproportionierten Flügeln, deren Gesimse die Linie des ersten Stockwerks rund um das ganze Gebäude trugen.«[67]

Das war eine opulente Architektur, einem Treffen der führenden Zentralbanker der Welt mehr als angemessen. Ob die internationale Finanzarchitektur ihren Zweck erfüllte, war eine andere Frage. Die Zentralbanker konferierten fünf Tage lang. Es war, wie einen Sack Flöhe zu hüten. Strong schaffte es nicht einmal, alle drei Kollegen gleichzeitig in einem Raum zu versammeln. Norman betonte die Schwierigkeit seiner Position und seine begrenzten Goldreserven. Schacht und Rist wiederholten so streng wie möglich die Bedeutung der Befolgung der Regeln des Goldstandards.

Letztlich musste eine Zentralbank die Initiative ergreifen. Das Ergebnis war ein weiterer Versuch Strongs, die Regionalbanken der Federal Reserve davon zu überzeugen, die Zinsen zu senken, um das Pfund zu stützen. Im Ergebnis steckte einiges an Ironie. Strong war bereit gewesen, das Treffen abzuhalten, um Anpassungen der europäischen Banken zu fördern, aber dann musste er diese Anpassungen selbst vollziehen.

Um das zu schaffen, sorgte Strong dafür, dass Norman, Schacht und Rist nach Washington und New York weiterreisten, um sich mit dem Aufsichtsrat der Fed und mit Daniel Crissinger zu treffen, dem Chairman der New Yorker Fed. Diese Offiziellen der Fed waren offensichtlich überzeugt. Bis Ende August stimmten acht Reservebanken dafür, die Zinsen um ein halbes Prozent zu senken. Adolph Miller wäre dagegen gewesen, aber er verbrachte den Sommer in Kalifornien. Später kritisierte er die Entscheidung, denn sie schaffe »einen großen und gefährlichen Impetus in einer bereits übermäßig expandierten Kreditsituation, vor allem was das Kreditvolumen an den Aktienbörsen betrifft«.[68]

Die Mehrheitsentscheidung wurde dann gegen die Reservebanken durchgesetzt, die eine andere Meinung vertraten, vor allem gegen die Federal Bank of Chicago. Das war das erste Mal in der Geschichte des Federal Reserve System, dass der Aufsichtsrat seinen Willen opponierenden Reservebanken überstülpte. Strong war zweifellos erfreut, als er sah, dass der Aufsichtsrat die anderen Banken in eine Linie zwang. Höhere Zinsen im Mittleren Westen als im Osten hatten den Banken in der Mitte des Landes ermöglicht, sich in New York Geld billiger auszuleihen, um es ihren eigenen Kunden zu leihen, was zu einem Abfließen von Reserven von der New Yorker Fed führte. Diese Durchsetzung von Autorität durch den Aufsichtsrat war ein wichtiger Schritt hin zu einer integrierten Politik der Federal Reserve, in der Entscheidungen nicht von einzelnen Reservebanken getroffen wurden, die ihren eigenen provinziellen Interessen folgten, sondern koordiniert über die einzelnen Distrikte, immer mit dem Gedanken an die Volkswirtschaft.

Leider war das nur ein Schritt. Als es 1929 zum Zusammenbruch kam, fehlte die Koordination. Und die Konsequenzen sollten nicht schön sein.

Kapitel 3
Wettbewerb in gewaltsamem Ausmaß

Das Motiv für die Zinssenkung der Fed im Jahr 1927 war vielleicht, den Goldtransfer nach London zu fördern, aber es gab auch noch andere Effekte. Eine weitere unmittelbare Folge war, dass amerikanische Investoren nun außerhalb der Vereinigten Staaten nach Rendite suchten. In einer Phase, in der US-Staatsanleihen 3,5 Prozent Rendite brachten, warfen ausländische Staatsanleihen das Doppelte oder Dreifache ab. Die Wiederherstellung des Goldstandards schuf den Eindruck, es werde keine Veränderungen der Wechselkurse mehr geben, welche die Renditen stören könnten. Das erinnert an die Reaktion auf den Euro, als große Mengen an Kapital aus Nordeuropa, wo die Zinsen niedrig waren, nach Südeuropa flossen, wo sie zwei bis drei Mal so hoch waren. In beiden Fällen nahm die Geschichte kein glückliches Ende.

Ausländische Anleihen waren keine Asset-Klasse, die amerikanische Anleger traditionell bevorzugten. Vor dem Federal Reserve Act war es US-Banken verboten, Filialen im Ausland zu gründen. Folglich fehlten ihnen die Verbindungen, um ausländische Anleihen zu schaffen und zu garantieren. Vor der Jahrhundertwende gab es nur begrenzte Emissionen ausländischer Dollar-Anleihen in New York, hauptsächlich für kanadische und mexikanische Schuldner. Montreal platzierte 1899 Anleihen im Volumen von drei Millionen Dollar und später im selben Jahr verkaufte die Hamilton Electric Light and Cataract Power Company Anleihen im Wert von 750.000 Dollar. 1898 und 1899 verkauften der mexikanische Staat Jalisco und die Stadt Saltillo Dollar-Anleihen im Volumen von 1,7 Millionen Dollar für den Bau von Kläranlagen und Wasserwerken.

Es gab auch vereinzelte US-Bestände europäischer Schuldverschreibungen in der Währung des Schuldners, die in London oder einem anderen europäischen Finanzzentrum emittiert und an amerikanische Investoren verkauft worden waren. Aber Investments in solche Wertpapiere erforderten finanziellen Scharfsinn und Wissen über ausländische Börsen; Attribute, die in den USA nicht weit verbreitet waren. Folglich waren hier nur geringe Summen im Spiel. Nach einer Schätzung wurden Ende 1899 lediglich 1,5 Millionen Dollar an Wertpapieren, die auf ausländische Währungen lauteten, von US-Anlegern gehalten.[69] Man kann das in Beziehung dazu setzen, dass die U. S. Steel Corporation bei ihrer Gründung 1901 sofort Anleihen im Volumen von 300 Millionen Dollar herausgab.

Zwischen 1900 und 1913 nahm die Platzierung ausländischer Anleihen in New York zu. US-Investoren kauften Bonds der Londoner U-Bahn. Sie kauften Papiere, mit denen die japanische Regierung den Krieg gegen Russland finanzierte. Aber die Bilanz des Asset-Handels zeigte in die andere Richtung.

Beim Ausbruch des Ersten Weltkriegs suchten die kriegführenden Länder Zugang zum New Yorker Markt. Das löste bei amerikanischen Offiziellen gemischte Reaktionen aus. Der neu gewählte Präsident Woodrow Wilson ernannte den Demokraten und langjährigen Parteifavoriten William Jennings Bryan zu seinem Staatssekretär. Es handelte sich größtenteils um ein Ehrenamt, weil das State Department nur 150 Angestellte in Washington hatte. Dennoch konnte Bryan seine Stellung und seine rhetorischen Fähigkeiten dazu nutzen, seine Ansichten zu äußern. Sogar der Moralist Bryan (seine Rolle auf dem Immobilienmarkt in Florida vielleicht ausgenommen) war entsetzt über die Ereignisse in Europa und überzeugt, dass die USA um jeden Preis neutral bleiben sollten. Vor allem war er gegen Anleiheverkäufe im Namen der kriegführenden Länder und bezeichnete sie als unvereinbar mit der amerikanischen Neutralität. Um seinen Widerstand zu umgehen, waren Bankhäuser wie J. P. Morgan & Co. gezwungen, ihre Anleihen als nichts weiter als vorübergehende Kredite darzustellen, obwohl sie schnell verbrieft und ans Publikum verkauft wurden.

Nachdem im Mai 1915 ein deutsches U-Boot das US-Linienschiff *Lusitania* versenkt hatte, wobei 128 Menschen ihr Leben verloren, wurde Bryans Position unhaltbar. Er spekulierte, dass das Passagierschiff vielleicht Munition an Bord hatte, und meinte, dies könnte das Handeln der Deutschen rechtfertigen. Fast ein Jahrhundert später konnten Taucher endlich bestätigen, dass Bryan recht hatte.[70] Aber damals konnte man das noch nicht überprüfen. Als er sah, dass Wilsons Kabinett sich gegen ihn wandte, gab Bryan seinen Posten auf.

Sein Rücktritt öffnete die Schleusentore. Zwischen Mitte 1915 und Anfang 1917 wurden an ausländische Regierungen, vor allem an die Frankreichs und Großbritanniens, Kredite von mehr als zwei Milliarden Dollar vergeben. Sogar nach den Maßstäben von U. S. Steel war das ein großes Emissionsvolumen. Unter anderem wurden dadurch US-Investoren daran gewöhnt, ausländische Anleihen zu halten.

Nach der amerikanischen Kriegserklärung im April 1917 wurden die Auslandskredite des Landes durch die Regierungen geleitet, einschließlich der Kredite der US-Regierung an ihre europäischen Verbündeten. Amerikanische Investoren kauften die Liberty Bonds des US-Schatzamts und die Einnahmen dienten der Finanzierung von Kriegskrediten. Im späten 19. und im frühen 20. Jahrhundert hatte es einen Mangel an US-Staatsanleihen zum privaten Kauf gegeben. Jetzt, infolge des Kriegs, traf das Gegenteil zu. Es gab Propaganda, um Nachfrage zu schaffen, die dem neuen Angebot entsprach. Die Kampagne für die Liberty Loans setzte den Kauf von Staatanleihen mit Patriotismus und Unterstützung für amerikanische Soldaten in den Schützengräben gleich. Charlie Chaplin drehte einen zehnminütigen Film mit den Titel »The Bond«, um den Verkauf zu fördern. Darin wurden sechs Arten von Anleihen porträtiert, wobei nicht nur deren finanzielle Aspekte, sondern auch die der Freundschaft und der Sexualität erwähnt wurden. Zur Unterstützung der Kampagne wurden neun Millionen Plakate gedruckt und verteilt. Kleinsparer wurden dazu verleitet, zum ersten Mal in Anleihen zu investieren, und gewöhnten sich an diese Praxis. Das sollte weitreichende Folgen haben.

Nach dem Waffenstillstand erholten sich die internationalen Kapitalströme nur langsam, was angesichts der immer noch chaotischen Situation verständlich war. Doch ab 1923 wurden der amerikanischen Öffentlichkeit in steigender Zahl Wiederaufbau- und Stabilisierungsanleihen im Namen der ausländischen Regierungen angeboten. Am wichtigsten dabei waren die vom Völkerbund verhandelten Anleihen an die bargeldarmen europäischen Regierungen. Die erste solcher Anleihen wurde 1923 an Österreich ausgegeben, gefolgt von Anleihen an Ungarn und Griechenland 1924. Die USA waren nicht Mitglied des Völkerbunds, weil ein isolationistischer Kongress sein Einverständnis verweigerte. Aber der semi-offizielle Status der Anleihen und ihre Ähnlichkeit mit den Liberty Bonds erhöhten ihren Reiz für US-Investoren. Ganz ähnlich wie die heutige Annahme, ein Staat werde seine Zahlungsverpflichtungen in Verbindung mit Obligationen an den IWF nicht vernachlässigen, dachte man damals über Völkerbund-Anleihen. Zugegebenermaßen gab es die unbequeme Tatsache, dass der Völkerbund selbst kein Kapital in diese Unternehmung investierte. Aber für Anleger, die durch die Verbindung mit dem Bund nicht völlig beruhigt waren, gab es auch die Tatsache, dass die Völkerbund-Anleihen mehr als doppelt so hohe Zinsen boten wie US-Staatsanleihen.

Das entscheidende finanzielle Ereignis von 1924 war die Dawes-Anleihe an Deutschland. Wegen des amerikanischen Interesses am Ergebnis wurde dies nicht durch den Völkerbund verhandelt, sondern von einem Ad-hoc-Expertenkomitee, bestehend aus jeweils zwei Vertretern jedes Gläubigerlandes. Geleitet wurde das Komitee vom geschwätzigen amerikanischen Bankier Charles Dawes. Dawes entstammte einer gut vernetzten Familie aus dem mittleren Westen. Sein Vater, der die Dawes Lumber Company zu einem florierenden Konzern gemacht hatte, saß im Kongress zusammen mit dem jungen William McKinley. McKinley hatte Charles und seine Überzeugungskraft als Spendensammler im Präsidentschaftswahlkampf 1896 eingesetzt. Die Wahl gewann McKinley gegen Bryan. McKinley belohnte Charles, der damals erst 31 war, mit der Ernennung zum Chef der US-Bankenaufsichtsbehörde. Später gründete Dawes die Central Trust Company of Illinois, diente als Gründungsdirektor des Haushaltsbüros, kehrte wieder in die Bankbranche zurück und diente später als erster Chairman der Reconstruction Finance Corporation, wobei er vollen Gebrauch von der Drehtür zwischen dem öffentlichen und dem privaten Sektor machte. Diese Verbindungen waren ihm von Nutzen, als Dawes' Bank 1932 an den Rand des Bankrotts geriet.[71]

Der zweite Vertreter der US-Delegation war ein anderer, jüngerer Banker, der lakonische Owen D. Young, den Dawes wegen seines Scharfsinns, aber auch wegen seiner kurzen Äußerungen schätzte, was dem beredten Chairman mehr Redezeit verschaffte. Young hatte 1911, als junger Anwalt, eine Tochterfirma von General Electric in einem Rechtsstreit um Grundstücksrechte besiegt. GE engagierte ihn als Chefjuristen, weil man sein Talent entdeckte. Schnell stieg er zum Vorstandsvorsitzenden des Unternehmens auf. Young half dabei, die National Broadcasting Company (NBC) zu etablieren, einen führenden Player im Radioboom der 1920er-Jahre. Mit der Erfahrung des Dawes-Plans ausgerüstet, leitete er 1929 die zweite Restrukturierung der deutschen Reparationen und war während der Krise 1930 und 1931 Direktor der Federal Reserve Bank of New York. 1932 war er die treibende Kraft bei der Übernahme des Veteranenbonus, der einer ansonsten extrem schwachen Wirtschaft einen nützlichen Stimulus gab. Er spielte eine Rolle bei der Rettung von Dawes' Central Republic Bank and Trust Company, ebenfalls 1932. Man sagte, er habe spezielle Gefälligkeiten von J. P. Morgan erhalten. 1933 nahm ihn die Pecora-Commission wegen Finanzbetrug und Fehlverhalten ins Kreuzverhör. Er war zwar nicht gerade der Forrest Gump der Finanzkrisen, aber Young spielte bei praktisch jedem wichtigen Finanzgeschehen der 1920er- und 1930er-Jahre eine Rolle.

Dawes, Young und sein Team formulierten ihre Strategie, während sie auf dem Weg nach Frankreich waren. Der Kapitän des Passagierschiffs *America* stellte ihnen für ihre Konferenzen das Spielzimmer für Kinder zur Verfügung. Dawes meinte später: »Die Bedeutung dieser Wahl entging uns nicht völlig.«[72] Die Delegation arbeitete ruhig. Young war nicht nur ein guter Zuhörer, er hatte auch die Fähigkeit, simple Lösungen für komplexe Probleme zu liefern.

Unter Anleitung Youngs wollten sie darauf drängen, Deutschlands Schuldenlast neu zu verteilen. Sie wussten, dass die Franzosen jeden Vorschlag ablehnen würden, die gesamte Schuldenlast zu reduzieren, und daher versuchten sie, die kurzfristigen Transfers zu begrenzen und die Zahlungen dann ansteigen zu lassen, wenn die deutsche Wirtschaft wuchs.[73]

Das war der Vorschlag, den Dawes nach seiner Ankunft den europäischen Gesprächspartnern vorlegte. Die europäischen Delegierten waren nicht begeistert, aber er überwand ihren Widerstand, indem er die Sitzungen derart in die Länge zog, dass sie schließlich erschöpft aufgaben.[74] Das erklärt wahrscheinlich die Tatsache, dass der Abschlussbericht des Komitees einstimmig ausfiel, was andererseits erklärt, dass seine Empfehlungen dann bei einer Konferenz politischer Führer in London akzeptiert wurden.

Die Stabilisierung der deutschen Währung erforderte jedoch nicht nur eine Anpassung der Reparationslasten, sondern auch das Arrangement einer Notfallanleihe, denn die Reichsbank hatte keine flüssigen Mittel mehr. Die an diese Auslandshilfe geknüpften Bedingungen waren selbst nach den Maßstäben Griechenlands im frühen 21. Jahrhundert beängstigend. Von der Regierung wurde nicht nur verlangt, einschließlich der Reparation den Haushalt ins Gleichgewicht zu bringen, sondern es wurde auch noch ein ausländischer Generalbevollmächtigter mit weitreichenden Kompetenzen ernannt, um die Forderungen durchzusetzen. Die Reichsbank durfte dem Staat kein Geld geben und die Investoren in die

Dawes-Anleihen hatten den ersten Zugriff auf die Einnahmen der staatlichen deutschen Eisenbahnen.

Diese Maßnahmen sollten ausländische Investoren beruhigen, womit in der Praxis amerikanische Investoren gemeint waren. Die französische und die britische Regierung finanzierten ihre Anteile an der Dawes-Anleihe durch Steuergelder. Die USA, marktorientiert wie immer, verließen sich beim Verkauf der Anleihen an die Öffentlichkeit auf J. P. Morgan. Die Banker waren besorgt, dass die skeptischen Privatanleger, die nie zuvor ausländische Staatsanleihen gekauft hatten, zögern würden, die Anleihen eines Landes zu kaufen, das noch kurz zuvor eine feindliche Macht war und nun mit Reparationsverpflichtungen belastet war, die sich noch über Jahrzehnte in die Zukunft erstreckten.

Solche Befürchtungen waren unbegründet. An dem Morgen, an dem die Anleihen emittiert wurden, hatte Morgan schon doppelt so viele Kaufangebote, wie erforderlich waren. Die amerikanische Öffentlichkeit entwickelte ganz offensichtlich einen gesunden Appetit auf ausländische Anleihen.[75]

Für seine Bemühungen erhielt Dawes 1925 den Friedensnobelpreis, zusammen mit Sir Austin Chamberlain, dem britischen Außenminister. Er hatte die Vereinbarungen von Locarno in die Wege geleitet, die nach Meinung seiner Zeitgenossen jeden weiteren Krieg in Europa unvorstellbar machten. Damals war Dawes zum Vizepräsidenten der USA gewählt worden. Eine Position, die er auf einzigartig ineffektive Weise ausfüllte, sogar angesichts der bescheidenen Anforderungen an dieses Amt.

Wie der Friedensnobelpreis für Obama basierte auch die Auszeichnung von Dawes mehr auf Hoffnung als auf den bereits erbrachten Leistungen. Sogar diese Hoffnung wurde enttäuscht. Als die Wirtschaft sich erholte, wurden deutsche Politiker und die Öffentlichkeit zunehmend aufsässig, was die im Plan vorgesehenen höheren Zahlungen betraf. Die deutsche Schuldenlast stieg, was Fragen zur Nachhaltigkeit aufwarf.[76] Die Unterstützung für den Dawes-Plan war, sogar noch vor dem Beginn der Depression 1929, zusammengebrochen. Er wurde durch den Young-Plan ersetzt, 1924 von Dawes' Partner erdacht, der Deutschlands Zahlungsverpflichtungen weiter reduzierte.

Aber das alles galt für die Zukunft. Aktuell war die Nachfrage nach deutschen Anleihen hoch. Die Zinssenkung der New Yorker Fed 1924, die zum Ziel hatte, Großbritannien wieder in den Goldstandard zu helfen, weckte den Appetit der Investoren nach den renditestarken Anleihen, die man emittiert hatte, um die Dawes-Kredite zu finanzieren. Das erhöhte ganz allgemein den Appetit amerikanischer Anleger auf ausländische Anleihen. Neue Dollar-Kredite an ausländische Staaten, fast komplett finanziert durch die Ausgabe von Anleihen in den USA, kamen zwischen 1921 und 1923 auf ein durchschnittliches Jahresvolumen von 600 Millionen Dollar. In den beiden folgenden Jahren 1924 und 1925 verdoppelte sich, angeregt durch den Dawes-Plan und die Fed, dieses Volumen. In der zweiten Jahreshälfte 1927 und in den ersten sechs Monaten 1928 stieg es, nach Strongs zweiter international motivierten Zinssenkung, noch weiter.[77]

Ursprünglich war der US-Markt für ausländische Anleihen das Revier derselben Handvoll Investmentbanken, die sich schon vor dem Ersten Weltkrieg darin bewegt hatten. Bekannte Namen wie J. P. Morgan & Co, oder Kuhn, Loeb & Co. Diese illustren Institute kannten den Markt und hatten Kontakte zu ausländischen Kunden. Sie erwarteten, dass Kaufwillige zu ihnen kommen würden. Aber die Atmosphäre wurde nach 1924 weniger gemütlich, weil andere Investmentbanken in dieses Geschäft einstiegen. Zu den neuen Teilnehmern gehörten alte Bankhäuser aus Boston und New York, die nun von einer ehrgeizigen jüngeren Generation geleitet wurden, ebenso wie neue Finanzfirmen. Geschäftsbanken mit Kundeneinlagen mischten ebenfalls mit und schufen Wertpapierabteilungen, die in ihrem Namen Anleihen emittierten.

Ein Unternehmen wie J. P. Morgan hatte einen Ruf zu wahren. Die Emission einer Anleihe mit signifikanten Ausfallrisiken konnte die über Jahre kultivierte Fähigkeit gefährden, andere Banken dazu zu bringen, einem Syndikat zur Emission einer Anleihe beizutreten und das Vertrauen der Investoren zu fördern. Die Neulinge in diesem Geschäft hatten dagegen kaum Reputation zu verteidigen. Ihre Aufmerksamkeit galt den Gebühren, die bis zu 4,5 Prozent des Anleihevolumens betragen konnten. Die Gebühren wurden durch die Platzierung des Wertpapiers verdient. Sie konnten nicht zurückgefordert werden, wenn eine Emission in die Zahlungsunfähigkeit abstürzte.[78]

Und die hoffnungsvollen Emittenten warteten auch nicht, bis die Kreditnehmer zu ihnen kamen. Stattdessen gingen sie in die Büros und Privathäuser ausländischer Regierungsbeamter, auch zu etlichen, denen zuvor niemals eingefallen war, dass sie einen Kredit brauchten. Max Winkler, selbst ernannte Chronist dieser abenteuerlichen Phase, beschreibt den Fall einer bayerischen Stadt, die 125.000 Dollar für eine Verbesserung ihres Kraftwerks leihen wollte, von ihrem amerikanischen Emittenten aber dazu ermutigt wurde, drei Millionen Dollar an Krediten aufzunehmen, um zusätzlich ein Schwimmbecken, ein Badehaus und eine Sporthalle zu bauen.[79] Ein Zeuge vor dem Finanzkomitee des Senats, das 1932 untersuchte, warum so viele von diesen Krediten ausfielen, beschrieb, wie »gleichzeitig (...) 29 Repräsentanten amerikanischer Finanzhäuser allein in Kolumbien waren, um über Kredite an die Staatsregierung, die einzelnen Departments und andere potenzielle Kreditnehmer auszuhandeln«.[80] Diese wurden mit Essen, Wein und anderen, weniger legalen Vergnügungen überhäuft, finanziert von den Spesenkonten der betreffenden Banker. Politisch gut vernetzten Personen bot man eine Art Finderlohn für ihren Einfluss an. Der Senat erfuhr, wie eben diese Spesenkonten auch dazu benutzt wurden, Präsidenten und Regierungsvertreter zu »fixieren«. Altmodische Bankiers wie Thomas Lamont, ein führender Morgan-Partner, warnten vor »amerikanischen Bankern, die einen fast gewaltsamen Wettbewerb austrugen, um sich Anteile an verschiedenen ausländischen Geldmärkten zu sichern«. Ein Wettbewerb von einer Art, die »zur Unsicherheit und zu ungesunden Praktiken tendiert«.[81] Aber die altmodischen Bankiers waren immer mehr in der Minderheit gegenüber ihren jüngeren, weniger erfahrenen und aggressiveren Wettbewerbern.

Nachdem der Emittent die Geschäfte der Kreditnehmer gesichert hatte, musste er immer noch den Privatanleger interessieren. Die Banken hatten Anleiheabteilungen aufgebaut, um Liberty Bonds zu platzieren, und nun rüsteten sie um, weil sie ausländische Papiere vermarkten wollten. Sie nutzten ihre Wertpapiertöchter, um Gesetze zu umgehen, die ihnen verboten, Transaktionen über Staatsgrenzen hinweg durchzuführen, und sie verkauften ihre Anleihen im Inland. Sie platzierten Artikel in *Harper's und The Atlantic Monthly*, in denen die positiven Eigenschaften der neuen Instrumente hervorgehoben wurden. Sie eröffneten Büros, um Laufkundschaft zu gewinnen. Sie engagierten Verkäufer, die darin geschult waren, Verkaufstaktiken mit hohem Druck anzuwenden.[82]

Und schließlich bildeten die Promoter Investment-Trusts, die Vorläufer der Fonds im frühen 20. Jahrhundert, um Anteile an Kleinanleger zu verkaufen, die ansonsten Probleme gehabt hätten, die Vorteile eines diversifizierten Portfolios ausländischer Anleihen zu erhalten, und die Dienstleistungen eines professionellen Managements anzubieten, so dubios diese auch sein mochten. Einige wenige Investment-Trusts, ein britischer Import aus der jüngsten Vergangenheit, waren schon vor den 1920er-Jahren eingerichtet worden, aber jetzt wurden sie in großer Zahl gegründet. Es gab auch die Tendenz, dass die Investment-Trusts mit den Banken, die sie sponserten, »eng verbunden« waren, wie es Eugene White höflich formulierte. Das ermutigte Bankkunden dazu, über den angeschlossenen Trust in Wertpapiere zu investieren.[83] Während die frühen Investment-Trusts dazu tendiert hatten, ein fixes Wertpapierportfolio zu halten, wurden die jüngeren Wettbewerber aktiv gemanagt. Es kam zu »churning« im Portfolio. Das bedeutet: Investment-Trusts investierten in andere Investment-Trusts. Und das verdoppelte die Gebühren, die ihre Kunden bezahlen mussten.[84]

Der Werbedruck, in Kombination mit den angebotenen hohen Zinsen, war effektiv. Paul Einzig, der produktive britische Finanzjournalist, schrieb 1931: »In den vergangenen sieben Jahren scheuten die Banken, die Anleihen verkauften, keinen Aufwand, den amerikanischen Investor dazu zu erziehen, die Vorteile der Anlage in ausländischen Anleihen zu schätzen. Durch die Anwendung jedes Werkzeugs ihrer hoch entwickelten Verkaufskunst hatten sie zwischen 1923 und 1928 Erfolg damit, eine erschreckende Menge ausländischer Anleihen jeder Art bei den Amerikanern zu platzieren.«[85]

Erschreckend ist das richtige Wort. Die Amerikaner stellten volle 80 Prozent des Geldes zur Verfügung, das sich deutsche öffentliche Kreditinstitute zwischen 1925 und 1928 ausborgten. Sie lieferten 75 Prozent der Kredite an die lokalen Behörden des Landes und 50 Prozent der Kredite an große Unternehmen.[86] Ein Kredit an Österreich finanzierte den Bau eines Wasserkraftwerks. Eine Anleihe an Belgien garantierte Investitionen in Straßen und Häfen im Kongo. Alles in allem waren europäische Regierungen und Unternehmen die Empfänger fast der Hälfte aller amerikanischen Auslandskredite in den 1920er-Jahren.

Ein weiteres Viertel der in den USA emittierten ausländischen Papiere ging nach Lateinamerika. In Argentinien stellten US-Investoren langfristige Kredite zur Verfügung, um der Regierung zu ermöglichen, einen kurzfristigen Kredit von der britischen Regierung zurückzuzahlen. Dollar-Bonds wurden in Umlauf gebracht, um die argentinische Regierung zu befähigen, Gold zu kaufen, um die Landeswährung zu stärken. Dollar-Anleihen finanzierten die Konstruktion und die Verbesserung öffentlicher Anlagen, einschließlich der Eisenbahnen, und verlängerten die Laufzeiten der bereits bestehenden kurzfristigen Schulden. Dollar-Anleihen wurden an Provinzregierungen vergeben, um die auslaufenden Pfund-Kredite zu ersetzen und in Erwartung von Steuereinnahmen. Lokalregierungen verschuldeten sich, um Straßen, Brücken, Schulen, Wasserwerke, Klärsysteme und – sehr wichtig für ein Fleisch exportierendes Land – Kühlhäuser zu bauen. Argentinische Gemeinden nahmen Kredite auf, um Krankenhäuser, Kraftwerke, Parks und Straßen zu bauen.

Das war ein riskantes Geschäft, obwohl man argumentieren könnte, dass es nicht unlogisch war. Da die amerikanische Wirtschaft rasant wuchs, war die Sparquote in den USA hoch. Wie im China des frühen 21. Jahrhunderts, das ebenso hohe Sparquoten sah, hatten Arbeiter im besten Alter, in der Sparphase des Lebenszyklus, höhere Einkommen als ältere Menschen, die jetzt im Ruhestand waren und ihre Ersparnisse aufbrauchten. In Europa, wo die Einkommen durch den Krieg und die Erschütterungen nach dem Krieg gedrückt waren, gab es niedrige Sparquoten. Es gab einen Mangel an Kapital, um Straßen, Brücken und Fabriken zu reparieren. Dass die Zinsen in Europa höher waren als in den USA, was die US-Investoren zu ausländischen Wertpapieren zog, war eine direkte Folge dieser Kombination von Fakten.

Es war schwieriger, für eine Investition in Lateinamerika zu argumentieren. Aber die Länder, die während des Kriegs ihre Produktion und ihre Exporte landwirtschaftlicher Rohstoffe gesteigert hatten, konnten argumentieren, dass sie ihre Kapazitäten erweitert hatten, Devisen einzunehmen und so ihre Kredite zu bedienen. Mit so viel Geld im Angebot fiel die Entscheidung nicht schwer.

Aber selbst einen logischen Prozess kann man zu weit treiben – eine Tendenz, die in der Finanzbranche nicht unbekannt ist. Auslandskredite zum Wiederaufbau im Krieg beschädigter Eisenbahnen und Häfen oder für den Bau von Kühlhäusern für argentinische Rindfleischexporte war das eine; Kredite für den Bau gemeindlicher Schwimmbäder und Badehäuser waren etwas anderes. Da die Finanzierung so einfach war, waren die Regierungen in Versuchung, sich in zusätzliche Ausgaben zu stürzen. Schon 1926 sorgte sich Schacht, dass all das Kapital, das nach Deutschland floss, zu Exzessen seitens der Staats- und der lokalen Regierungen führen könnte.[87] Im Mai 1927 instruierte er die Banken, ihre Kredite einzuschränken, um den Boom zu dämpfen. Aber obwohl dies zu einem starken Einbruch am Aktienmarkt führte, hielt es die deutschen Gemeinden nicht davon ab, sich zu verschulden. Und die höheren Zinsen, die

Schachts Politik auslöste, machten Deutschland für ausländische Kreditgeber nur noch attraktiver.

S. Parker Gilbert warnte vor den Risiken, die durch den Strom von ausländischem Kapital entstanden. Er war der frühere Vizesekretär des US-Schatzamts, den man damit beauftragt hatte, die Ausführung des Dawes-Plans zu überwachen. Die deutschen Regierungen, so warnte er, »geben zu viel aus und verschulden sich zu stark«. Die Wirtschaft riskiere »übermäßige Stimulierung und Expansion«. Früher oder später würden Zweifel an der Nachhaltigkeit dieses Prozesses aufkommen. An diesem Punkt würde der Zufluss ausländischen Kapitals ein plötzliches Ende finden, was zu »schwerwiegenden ökonomischen Reaktionen und zu Depression« führen werde.[88]

Die Parallelen zur jüngsten Krise sind fast schon zu offensichtlich. Ab 2004 warnte ein anschwellender Chor von Stimmen vor dem ständigen Kapitalzufluss aus China, Deutschland und den Öl exportierenden Nationen in die USA. Das fördere die Verschwendungssucht der US-Regierung, warnten die Stimmen, weil die USA ermutigt würden, sich zu künstlich niedrig gehaltenen Zinsen zu verschulden. Der Zufluss billigen ausländischen Kapitals werde nicht unbegrenzt anhalten, und wenn er stoppte, wären die Konsequenzen problematisch. Die Krise, von der die Stimmen sprachen, wurde jedoch von einer anderen überdeckt, vom Zusammenbruch der US-Immobilienpreise und dem Markt für minderwertige Hypothekenkredite 2006 und 2007. Dennoch hatten sie recht.

Es gab auch Unterschiede. Einer bestand darin, dass die globalen Ungleichgewichte in den 1920er-Jahren in die andere Richtung neigten. Das Kapital floss aus den USA, nicht in die USA. Der andere ist, dass die Kassandras, die warnten, der Prozess könne sich nicht unbegrenzt fortsetzen und werde einer Krise die Bühne bereiten, bei beiden Gelegenheiten richtig lagen. Als 1928 der Kapitalabfluss plötzlich zum Stillstand kam, stürzte dies zunächst Deutschland, dann Lateinamerika und schließlich die ganze Welt in genau die »schwerwiegende ökonomische Reaktion und Depression«, vor der Parker Gilbert zwei Jahre zuvor gewarnt hatte.

So oberflächlich es auch am Markt für Auslandsanleihen ausgesehen haben mag, an der Wall Street war es noch schlimmer. An drei der ersten sieben Handelstage 1928 überstieg die Zahl der an der New York Stock Exchange gehandelten Aktien die Marke von drei Millionen Stück; ein

Niveau, das in den zehn Jahren zuvor nur acht Mal erreicht wurde. Von da an wurden die Aktivitäten noch stärker.

Offensichtlich hatten die in Pools versammelten Großinvestoren, angeführt von Billy Durant, Gesellschaft von immer mehr Kleinsparern bekommen. Menschen, die sich beim Management ihrer Portfolios auf die Profis von Investment-Trusts verlassen hatten, kauften und verkauften Wertpapiere nun direkt. Brokerfirmen eröffneten Zweigstellen mit Räumen für Kunden, ausgestattet mit Plüschteppichen und riesigen Sesseln, die entworfen wurden, um ein Ambiente von Komfort und Sicherheit zu schaffen. 1928 und 1929 wurden 600 neue Kundenbüros eröffnet.[89] Zusätzliche Räume wurden für Kundinnen geschaffen – ein weiteres Zeichen der Zeit.[90]

Der Grund der Anziehungskraft ist kein Geheimnis. 1927 brachten Aktien eine Rendite von 38 Prozent; außergewöhnlich viel im historischen Vergleich. 1928 waren es noch eindrucksvollere 44 Prozent. Für jeden, der an diesen hohen Renditen teilhaben wollte, waren Kredite erhältlich.[91] Der Prozess finanzierte sich auf perverse Weise selbst, so wie es bei Kreditbooms üblich ist. Je höher die Aktienkurse stiegen, desto attraktiver wurde es für Unternehmen, ihre Operationen statt mit Bankkrediten mit der Ausgabe zusätzlicher Aktien zu finanzieren. Dies zwang die Banken, nach anderen Kreditmöglichkeiten zu suchen, die sie am Aktienmarkt fanden. Als die Aktienkurse dann weiter stiegen, wurden die Sicherheiten, auf denen Wertpapierkredite basierten, wertvoller, was weitere Kreditvergabe rechtfertigte.[92]

Die Kritiker der Fed im Inland und im Ausland beschuldigten sie, das Feuer noch anzufachen. Im November 1927 sprach sich James McDougal von der Chicagoer Fed (dessen Bank, wie erwähnt, am Beginn des Jahrs Widerstand gegen Strongs Vorschlag geleistet hatte, die Zinsen zu senken, aber überstimmt wurde) zusammen mit George Norris aus Philadelphia für höhere Zinsen aus, um den Kreditfluss in den Markt aufzuhalten. Die Brokerkredite waren in den fünf Monaten zuvor um mehr als 300 Millionen Dollar gestiegen. Im Dezember und im Januar stiegen sie dann noch einmal um 500 Millionen Dollar.

Für das Open Market Investment Committee war das schließlich zu viel. Ab Januar 1928 kaufte es Wertpapiere gegen Bargeld, um dem Markt Liquidität zu entziehen. Der nächste Schritt war, Kredite zu verteuern, mit dem Ziel, den Kauf von Aktien auf Kredit teurer zu machen. Vom

25. Januar bis Ende Februar erhöhte eine Federal Reserve Bank nach der anderen ihren Diskontsatz. Eine zweite Erhöhungsrunde folgte im April. Die New Yorker Fed erhöhte ihren Diskontsatz im Mai ein drittes Mal.

Obwohl die Zinserhöhungen dazu gedacht waren, den überhitzten Aktienmarkt in den USA abzukühlen, waren ihre Auswirkungen am stärksten in Europa spürbar. Nun bewahrheiteten sich die Warnungen vor unhaltbaren Auslandskrediten. Während die Aktionen der Fed die Renditen kurzfristiger Investments in den USA steigen ließ, stürzte die Emission ausländischer Anleihen ab. Die US-Kapitalexporte fielen von 300 Millionen Dollar im zweiten Quartal 1928 auf 120 Millionen Dollar im dritten. Die US-Kredite an Deutschland, mehr als 150 Millionen Dollar im zweiten Quartal, fielen im dritten praktisch auf null. Diese Ereignisse antizipierten die vom Sommer 2013, als die Fed über die Möglichkeit nachdachte, ihre Käufe von US-Staatsanleihen einzuschränken, was die Investoren dazu verleitete, höhere US-Zinsen zu erwarten, und die Emerging Markets, Empfänger der Kapitalströme aus den USA, sahen, wie diese Ströme stockten und die Richtung wechselten. Der Schock war unbequem, reichte aber bei Weitem nicht an die Stärke des Schocks heran, den Europa und Lateinamerika 1928 erlebten.

Das war jetzt der plötzliche Stopp, vor dem Schacht, Gilbert und andere gewarnt hatten. Die deutsche Industrie, an diesem Punkt fast völlig abhängig von ausländischem Kapital, wurde ins Mark getroffen. Die Produzenten waren nicht in der Lage, die Mittel zu leihen, die sie für Material und Arbeitskräfte brauchten, während die Kunden nicht in der Lage waren, sich die Kredite zu beschaffen, die sie zur Finanzierung ihrer Käufe brauchten. Die industrielle Produktion wurde von beiden Seiten getroffen und sank in der zweiten Jahreshälfte um fast 10 Prozent. Die Frachttransporte der staatlichen deutschen Eisenbahnen sanken sogar noch schneller. Die Zahl der Arbeitslosen stieg um mehr als das Doppelte.

Eine normale Zentralbank hätte die Zinsen gekürzt und der sich abschwächenden Wirtschaft Kredite verfügbar gemacht. Aber die Reichsbank war keine normale Zentralbank. Ihre Priorität war die Bewahrung der Goldkonvertibilität als Bollwerk gegen die Inflation. Um den Verlust an Reserven zu begrenzen, hielt sie den Diskontsatz beständig bei 7 Prozent, viel höher als in anderen europäischen Finanzzentren.

Im Januar 1929 erkannte Schacht die sich verschlechternden ökonomischen Bedingungen endlich an und reduzierte den Diskontsatz der

Reichsbank um einen halben Prozentpunkt auf 6,5 Prozent. Als infolgedessen Gold abzufließen begann, wechselte er die Richtung und erhöhte den Diskontsatz um 100 Basispunkte (also ein volles Prozent) auf 7,5 Prozent. Das versetzte nicht nur der sich bereits abschwächenden Wirtschaft einen weiteren Schlag. Während das Vertrauen sichtlich abbröckelte, hatte die Zinserhöhung nicht einmal Erfolg dabei, den Abfluss von Kapital aus Deutschland oder den Goldverlust der Reichsbank zu bremsen.

Andere europäische Länder, die von US-Krediten abhängig waren, wurden ähnlich hart getroffen. Ende 1928 befand sich nicht nur Deutschland in einer Rezession, sondern auch große Teile Mitteleuropas. Nur Großbritannien war anders. Die britische Wirtschaft, die begonnen hatte, sich vom Verlust an Dynamik durch den Bergarbeiterstreik 1926 zu erholen, befand sich immer noch in der Expansionsphase des Zyklus. Aber ab September 1928 begann die Bank of England ebenso wie die anderen europäischen Zentralbanken, wegen der engeren Kreditbedingungen Gold an die USA zu verlieren. Früher oder später, das war klar, wäre Norman gezwungen, die Zinsen zu erhöhen.[93] Und es wurde, so gesehen, zunehmend fraglich, ob und, wenn ja, wie lange die britische Wirtschaft weiter wachsen würde.

Dieses aus Europa repatriierte Geld wurde bei US-Banken eingezahlt, die es Brokern und Händlern liehen, was neuen Brennstoff für das Feuer an der Wall Street lieferte. Die Fed hätte versuchen können, diese Verwendung von Krediten weniger attraktiv zu machen, indem sie die Zinsen weiter erhöhte. Aber weil die Erntesaison im Herbst und die Präsidentschaftswahlen 1928 bevorstanden, war das problematisch. Die Kreditnachfrage erreichte in der Regel nach der Ernte ihren Höhepunkt. Da die Preise landwirtschaftlicher Produkte ohnehin schon niedrig waren, würde jeder weitere Versuch einer Zinserhöhung mit Sicherheit Proteste im Süden und im mittleren Westen auslösen. Und wie jede Zentralbank zögerte die Fed, irgendetwas zu tun, das die Öffentlichkeit im Vorfeld einer Wahl in Wallung bringen konnte.

Stattdessen mischte sich die Fed direkt in die Kreditvergabe der Banken an Broker und Händler ein. Das war die Politik des »direkten Drucks«, mit der sie die Mitgliedsbanken zwang, ihre Kreditvergabe für spekulative Zwecke zu begrenzen. New Yorker Banken, die Kredite an Aktienbroker vergaben, wurden gewarnt, dass sie aus dem Diskontfenster ausgeschlossen werden könnten. Das war der Versuch der Fed, auf chirurgische Weise Luft aus der Blase zu lassen, ohne dabei auch die Wirtschaft zu schädigen.

Das Gehirn dahinter war der oft geschmähte Adolph Miller, der als treuer Anhänger der Doktrin vom wahren Geld die Wichtigkeit betonte, die Zinsen auf einem Niveau zu halten, das den Bedürfnissen der Wirtschaft angemessen war. Der direkte Druck war eine Möglichkeit, mit der Bedrohung umzugehen, die von einem überreizten Aktienmarkt ausging – mit »wild gewordenem Optimismus und volltrunkener Habgier«, wie Miller es ausdrückte –, ohne die Zinsen bis auf ein Niveau zu erhöhen, das mit den legitimen Bedürfnissen der Wirtschaft nicht vereinbar war.[94]

Einige Federal-Reserve-Banken, angeführt von der Federal Reserve Bank of New York, favorisierten weitere Erhöhungen des Diskontsatzes. Die Direktoren der New Yorker Fed, viele von ihnen Wall-Street-Veteranen, waren besonders beunruhigt darüber, was dort vor sich ging. Sie verstanden besser als ihre Kollegen aus Washington, dass Geld austauschbar war. Daher wussten sie einzuschätzen, dass jede Kreditreduktion der Mitgliedsbanken in New York abgefangen würde, zumindest in gewissem Ausmaß, durch Kredite von Nichtmitgliedsbanken, Mitgliedsbanken irgendwo sonst im Land, Versicherungsunternehmen, Unternehmenskassen und sogar von ausländischen Banken und Privatpersonen.[95]

Wie prognostiziert sprang dieses Schattenbankensystem schnell in die Bresche. Im ersten Quartal 1928 finanzierten Nichtbanken fast die Hälfte aller Brokerkredite. In der ersten Jahreshälfte 1929, als das Kreditwachstum der Großbanken durch den Druck der Fed begrenzt war, kamen volle 72 Prozent der Kredite von Nichtbanken. Das Volumen der Brokerkredite wuchs ständig. Es stieg allerdings langsamer, als es gestiegen wäre, hätten die New Yorker Banken nicht den offiziellen Druck der Fed verspürt, und es wuchs auch zu langsam, um die Nachfrage zu decken. Ein Anzeichen dafür ist, wie die Zinsen dieser Kredite weiterhin stiegen und auch andere kurzfristige Zinsen mit nach oben zogen.

Aber diese höheren Zinsen machten das Leben auch für die Wirtschaft schwerer. In Reaktion auf teureres Geld und teurere Kredite zeigte die Wirtschaft Mitte 1929 Bremssignale. Die Bautätigkeit ließ nach. Die Staats- und die Regionalregierungen verschoben Bauprojekte wegen der höheren Kreditkosten. Die schlechte Lage im Ausland, ein Ergebnis des Ausbleibens von US-Krediten, zeigte sich in schwachen amerikanischen Exporten.

Es ist viel darüber diskutiert worden, wer bei diesem Wettkampf zwischen den Verfechtern des direkten Drucks und höherer Zinsen recht oder unrecht hatte. Im Licht der jüngsten Ereignisse ist die Antwort klar.

Heute verstehen wir: Die beste Reaktion einer Zentralbank, die mit diesem Dilemma konfrontiert wird, ist die Anwendung der Geldpolitik, in diesem Fall ihrer Kreditzinsen, auf die Bedürfnisse der Wirtschaft, während regulatorische Maßnahmen, wie die Deckelung von Anleihe-Wert-Relationen für Eigenheimhypotheken, und Begrenzungen der Kreditvergabe an bestimmte Sektoren zur Bekämpfung finanzieller Risiken dienen. Das war exakt die Intuition derjenigen, die sich 1929 für den direkten Druck aussprachen: Belasse die Zinsen auf einem für die Wirtschaft angemessenen Niveau und verwende andere Mittel, um die Kreditvergabe an den Aktienmarkt zu begrenzen.

Heute wissen wir den Wert dieser Intuition mehr zu schätzen, denn genau das haben die Fed und andere US-Behörden 2005 und 2006 nicht getan, als sie es versäumten, den Strom von Krediten in den US-Häusermarkt einzudämmen. Dies ist ein klarer Fall, bei dem die Ereignisse 2007 und 2008 unsere Sichtweise von 1929 verändert haben. Die Doktrin vom wahren Geld mag diskreditiert sein, aber in diesem Licht sieht die von Adolph Miller propagierte Politik deutlich weiser und sinnvoller aus.

Das Problem 1929 war die Umsetzung. Die Instrumente der Zentralbanken waren schwach. Die Fed konnte nur auf ihre Mitgliedsbanken direkten Druck ausüben, was dazu führte, dass Nichtmitgliedsbanken und Nichtbanken für Bankkredite an die Börse sorgten. Das ist auch heute noch ein Problem: Wenn die Behörden versuchen, die Kreditvergabe der Banken an einen bestimmten Markt zu begrenzen, zum Beispiel an den Immobilienmarkt, dann gibt es einen gewissen Ersatz der Bankkredite durch Kreditvergabe seitens der Nichtbanken.[96] Man braucht also regulatorische Autorität über die Nichtbanken unter den Instituten, die Kredite vergeben – über Versicherungen etc. –, ebenso wie über die Banken. Man muss den »regulatorischen Rand« so breit wie möglich gestalten.

Das war 1929 in ähnlicher Weise auch ein Problem für die Verfechter des direkten Drucks. Aber angesichts des wackeligen regulatorischen Systems des Landes – Mitgliedsbanken wurden von der Fed überwacht, ausländische Banken von ausländischen Regulierern und Versicherungen von den staatlichen Versicherungsbehörden und -agenturen, wenn überhaupt – war das ein Problem, das man unmöglich lösen konnte. Weil weiter Kredite in einem Ausmaß an die Börsen flossen, das die Offiziellen für gefährlich hielten, fühlte sich die Fed im Sommer 1929 gezwungen, ihre

Politik des direkten Drucks durch eine Zinserhöhung zu ergänzen, was die Aussichten auf Wirtschaftswachstum beeinträchtigte.

Fed-Gouverneur Ben Bernanke hielt 2002 eine Rede, in der er davor warnte, Geldpolitik beim Anstechen einer Blase anzuwenden, und ging auf die desaströsen Folgen ein, als die Fed das 1929 versuchte. Aber dann lehnte er kurioserweise auch die Politik des direkten Drucks als ineffektiv ab.[97] Eine bessere Methode sei es für die Zentralbank, sich nicht gegen eine Blase aufzulehnen, sondern die Märkte mit Liquidität zu fluten, wenn sie platzt. Heute wissen wir, dass die Überflutung des Markts mit Liquidität oder zumindest desjenigen Teils des Markts, den die Fed zu überfluten in der Lage ist, unzureichend sein kann, um das Schlimmste abzuwenden. Es ist besser, Instrumente wie den direkten Druck zu stärken, als sie abzulehnen, weil ihre Wirkung schwach ist. Aber diese Lektion musste Bernankes Fed auf die harte Tour lernen.

Kapitel 4
Durch Gesetzgebung oder Einverständnis

Countrywide Credit war ein Kreditgeber im Epizentrum des Häuserbooms und Angelo Mozilo war das öffentliche Gesicht von Countrywide. Er wuchs als Sohn von Italo-Amerikanern der ersten Generation in der Bronx auf. Mozilo hatte mit zwölf Jahren in der Metzgerei seines Vaters zu arbeiten begonnen, später arbeitete er als Bote für einen Kreditvergeber in Manhattan. Mit 16 hatte er sich schon so weit hochgearbeitet, dass er kein Papier mehr herumtrug, sondern Kredite bearbeitete. Das sprach entweder für seinen außergewöhnlichen Ehrgeiz oder für die einfache Art, in einer Ära simpler Hypotheken Verträge herauszugeben.

Mozilo blieb während seiner High-School- und Collegejahre bei derselben Firma, ehe sie sich mit Lomax Realty Securities zusammentat, geleitet vom Branchenveteran David Loeb. Mitte der 1960er-Jahre schickte Loeb Mozilo nach Zentralflorida, das fest im Griff eines Immobilienbooms war, ähnlich wie in den 1920er-Jahren. Als er beobachtete, dass der Boom durch die Zuwanderung von Raumfahrtingenieuren nach Cape Canaveral angetrieben wurde, empfahl er die Beteiligung an einem Entwicklungsprojekt in Brevard County. Als sich die Wette auszahlte, machte Loeb Mozilo zu seinem Assistenten.

Als Lomax Securities 1968 aufgekauft wurde, stiegen Lob und Mozilo aus, um ihre eigene Hypothekenfirma zu gründen, die sie Countrywide Credit Industries nannten. Am Anfang drückte der Name eher den Ehrgeiz der Partner als die Realität aus. Das Duo arbeitete in einem einzigen Büro in Anaheim, Kalifornien, das Inland Empire im Osten galt als äußerste Grenze. Loeb diente als Stratege der Firma, Mozilo als Ein-Mann-Verkaufsteam.[98]

Obwohl das Geschäft an Schwung gewann, zeigten die Kosten eine beunruhigende Tendenz, zu eskalieren. Verkäufer zu rekrutieren und in der Firma zu halten erforderte die Zahlung großzügiger Kommissionen. Der Umsatz war hoch, teilweise deshalb, weil Mozilo ein anspruchsvoller Chef war – ein »Hurensohn«, wie er stolz formulierte. Loeb schlug deshalb vor, die Verkäufer zu entlassen und Anzeigen zu schalten, um Interessenten anzuwerben. Das hatte es in der Hypothekenbranche noch nie gegeben. Mozilo, selbst ein Verkäufer, war dagegen, aber schließlich dann doch einverstanden, den Sprung zu wagen.

Geschäfte durch Annoncen anzuziehen bedeutete einen Wettbewerb über den Preis, der wiederum erforderte, die Kosten niedrig zu halten. Die Verkaufsbüros der Firma waren standardisiert, in kleinen Einkaufszentren gelegen und beschäftigten nicht mehr als zwei Vollzeitkräfte. Allmählich begann sich die Strategie auszuzahlen. Im Lauf der 1970er-Jahre eröffnete Countrywide Credit vier zusätzliche Büros in Kalifornien. 1980 gab es 40 Büros in neun Staaten. Keine schlechte Leistung in einer Zeit, in der Hypotheken- und Häusermärkte durch Zinsen von 20 Prozent geplagt wurden. Bis Mitte der 1980er-Jahre waren aus den 40 Büros 104 und aus neun Staaten 26 geworden. 1992 war Countrywide mit fast 400 Zweigstellen die größte Hypothekenbank des Landes, ja sogar die größte der Welt. Als Reaktion auf die Betonung niedriger Kosten und der Standardisierung wurde Countrywide als McDonald's des Hypothekenbankwesens bekannt. Dieses Etikett verdeutlichte das Ausmaß, in dem die Firma mit Erfolg die Haushypothek zu einer Art Rohstoff gemacht hatte, zum finanziellen Äquivalent eines Hamburgers, und den Bankangestellten zum Weißer-Kragen-Äquivalent eines Hamburgerbraters. Countrywide wandte schon früh Informationstechnologie an, um Anträge zu bearbeiten. Mitte der 1990er-Jahre liefen volle 70 Prozent der Hypotheken über ein automatisches Bearbeitungsprogramm. Menschliches Eingreifen war nicht erforderlich. Standardisierung und der Einsatz von Informationstechnologie, zusammen mit Vertrauen in Angestellte mit Zeitverträgen erlaubte es der Firma, aufzustocken, wenn sich Chancen boten, und Personal abzubauen, wenn die Nachfrage schwächer wurde. Countrywide begann mit dem Wiederverkauf von Hypotheken, die das Unternehmen für Freddie Mac und Fannie Mae entwickelt hatte, schon kurz nachdem den beiden halbstaatlichen Agenturen erlaubt worden war, Hypotheken zu kaufen, die nicht staatlich abgesichert waren.[99] Es diversifizierte in Kreditservice und kaufte die Servicerechte für Hypotheken anderer Kreditgeber, um sich vom Auf und Ab der Hypothekenkreation unabhängig zu machen. Wenn die Zinsen niedrig waren, war die Hypothekenkreation das große Geschäft. Lagen sie aber tief, dann waren Vorauszahlungen eher unüblich, was den Service profitabler machte. Mozilo nannte das Countrywides »Macro Hedge«.

Später wurden einige dieser Innovationen in weniger positivem Licht gesehen. Dass die meisten dieser Innovationen ohne menschliche Intervention bearbeitet wurden, bedeutete, dass es keine unabhängige Überprüfung des angeblichen Einkommens des Schuldners gab. Weil sie wussten, dass ihr Aufenthalt in der Firma wahrscheinlich begrenzt war, bemühten sich die Zweigstellenmanager, so viele Hypotheken zu schaffen wie möglich, ohne angemessene Beachtung ihrer Qualität. Der Hypothekenservice brachte weniger Unabhängigkeit vom Auf und Ab der Zinsen und des Häusermarkts, als Mozilo postuliert hatte. Aber das waren Probleme für die Zukunft.

In den 1990er-Jahren war organische Expansion für den größten Player in der Hypothekenbankenindustrie schwieriger geworden. Das führte Mozilo zu der schicksalhaften Entscheidung, nun Hypotheken auch an Leute mit niedrigem Einkommen zu vergeben. 1993 startete Countrywide ein Programm, dem es den ehrgeizigen Namen »House America« gab. Mozilo vermarktete die Initiative als die Erfüllung des amerikanischen Traums vom Hauseigentum für Leute mit niedrigem Einkommen und Angehörige von Minderheiten. Werbevideos wurden vom stimmgewaltigen Hollywood-Schauspieler James Earl Jones gesprochen, der über die gleiche stimmliche Autorität verfügte wie William Jennings Bryan.

In der Praxis ermöglichte House America Haushalten mit niedrigem Einkommen, eine größere Last an Hypothekenschulden zu tragen. Countrywide übernahm »flexible Emission« und programmierte sein automatisiertes Emissionssystem so um, dass auch Kreditanträge von Personen und Haushalten akzeptiert wurden, denen die gut dokumentierte Arbeits- und Kredithistorie fehlte, die man brauchte, um konventionelle Hypotheken zu erhalten. »Flexible Emissionspraktiken« war das Codewort für Anzahlungen von lediglich 3 Prozent, die im Gegenzug zu höheren Zinsen angeboten wurden.

Dies war nicht die Geburtsstunde zweitklassiger Kredite. Die Ehre dieser Erfindung gebührt Long Beach Savings & Loan, einer kleinen Sparkasse in Orange County, die später zu Ameriquest Mortgage wurde. Aber jetzt sprang Countrywide, der führende Player bei der Schaffung von Hypotheken, mit beiden Füßen auf den Zug auf.

Countrywide steht als Symbol für das, was später als Schattenbankensystem von Finanzinstituten bekannt wurde, die keine Banken waren. Sie engagierten sich in Hypothekenemissionen, Verbriefung und anderen Dienstleistungen, die früher das Revier von Banken und Spar- und Darlehenskassen (S & Ls) waren, den Abkömmlingen der Bau- und Darlehenskassen der 1920er-Jahre. Das Wachstum der Schattenbanken verdeutlichte wiederum einen Prozess der Liberalisierung, der schon in den 1970er-Jahren begonnen hatte. Nicht zufällig zum gleichen Zeitpunkt, als Loeb und Mozilo in Kalifornien ihr Emissionsgeschäft gründeten.

Der Crash an der Wall Street 1929 und die folgenden Bankkrisen, die die US-Wirtschaft erschütterten, lösten die Annahme einer ganzen Palette neuer Regulierungsmaßnahmen aus, die das Banken- und Finanzsystem betrafen.[100] Der Glass-Steagall Act trennte das Investmentbanking vom Geschäftsbankwesen und verbot Geschäftsbanken, die Kundeneinlagen verwalteten, die Emission von Wertpapieren und Versicherungen. Ebenfalls 1933 erließ die Fed die »Regulation Q«, die Banken verbot, Zinsen auf Kontokorrentkonten (im Prinzip Girokonten) zu zahlen, und begrenzte die Zinsen auf Sparkonten.[101] Der Securities and Exchange Act schuf eine Regierungskommission, um die Aktien- und Anleihemärkte zu überwachen. Der Commodity Exchange Act dehnte die Regulierungsautorität auf die Futures-Märkte aus.

Aus einiger Entfernung betrachtet, erscheint das Ergebnis wie das goldene Zeitalter der finanziellen Stabilität. Zwischen dem Ende des Ersten Weltkriegs und den 1970er-Jahren waren Bankenpleiten selten. Finanzinstitute spezialisierten sich auf besondere Arten der Kreditvergabe. Banken vergaben mehr Kredite an Unternehmen und Verbraucher. Die S & Ls spezialisierten sich auf Hypothekenkredite. Jede Art der Institute wurde von einem eigenen Regulierer überwacht. Der Aktienmarkt stieg und fiel, wie Aktienmärkte es eben tun. Aber wenn er fiel, riss er nicht das gesamte Finanzsystem und die Wirtschaft mit nach unten.

Im Lauf der Zeit wurde das finanzielle Establishment aufsässig. Die Erinnerungen an die instabilen 1930er-Jahre verblassten. Die Sparkassen, die hinsichtlich Steuern und Regulierung Vorteile genossen, gewannen auf Kosten der Banken Marktanteile. Konten und Kreditvergabe in London – was später als Eurodollar-Markt bekannt wurde – unterwarf die Banken internationalem Wettbewerb.

Eine weitere Quelle des Wettbewerbs, deren Existenz 2008 massive Auswirkungen haben würde, kam in Form der Geldmarktfonds. Der erste davon, der Reserve Fund, wurde 1971 von zwei gescheiterten New Yorker Finanzberatern gegründet, Harry Brown und Bruce Bent.[102] Geldmarktfonds investierten in kurzfristige Staatsanleihen und Schuldtitel, nicht aber wie eine Bank in Unternehmensanleihen und Hypothekenanleihen. Frei von den Einschränkungen der Regulation Q konnten sie Sparern eine attraktivere Kombination von Liquidität und Zinsen bieten als Bankkonten, aber – das muss festgehalten werden – ohne den Schutz einer Kontenabsicherung.

Die Innovation wurde als signifikanter Schritt hin zur finanziellen Demokratie gefeiert – angesichts der mageren Renditen, die Bankkonten boten. Der MIT-Ökonom Paul Samuelsson, selbst Nobelpreisträger, verkündete, dass Bent und Brown für ihre Innovation ebenfalls den Nobelpreis verdient hätten. Die Gründer charakterisierten ihre Leistung bescheidener. »Ich wünschte, ich könnte sagen, dass unsere ›Erfindung‹ das Ergebnis irgendwelcher Brillanz unsererseits war«, bemerkte Brown später, »aber sie war eigentlich eine Kombination aus Angst vor dem Verhungern und reiner Gier, die uns antrieb, es zu tun.«[103]

Das Fehlen einer Depotabsicherung und jeder Erfordernis, dass Geldmarktfonds Reserven als Schutz gegen Risiken halten mussten, wurde damit gerechtfertigt, dass die Fondsmanager nur in sichere Assets investierten und das Geld ihrer Anteilseigner konservativ verwalteten. Ein in einen Geldmarktfonds investierter Dollar werde immer einen Dollar wert sein, so wurde argumentiert. Diese Annahme antizipierte nicht die Tendenz der Fondsmanager, auf riskantere Investments auszuweichen, als Regulation Q gelockert wurde. Und der Wettbewerb erzeugte Druck, höhere Renditen zu erzielen. Das bemerkten die Regulierer zunächst nicht und dann zeigten sie sich zurückhaltend dabei, sich damit zu beschäftigen, weil es eine immer mächtigere Fondslobby gab. Die Annahme, Anteile an Geldmarktfonds würden nie unter den Nennwert fallen, antizipierte nicht die Pleite von Lehman Brothers. Lehman war ein wichtiger Emittent der kurzfristigen und renditestarken Schuldverschreibungen, deren Kauf die Manager von Geldmarktfonds unwiderstehlich fanden.

Die Geschäftsbanken waren besorgt wegen der Erosion ihrer Einlagenbasis und hatten daher seit Wochen Lobbyarbeit für die Abschaffung von Regulation Q geleistet. Wegen der neuen Konkurrenz und erst recht, als die Inflation stieg, was ihre Fähigkeit minderte, um Kundeneinlagen zu werben, wurden ihre Appelle dringlicher. Die Begrenzung durch Regulation Q wurde durch den ironischerweise so benannten Depository Institutions Deregulatory and Monetary Control Act von 1980 abgelöst. Ironisch deshalb, weil er verabschiedet worden war, nachdem die Fed die Kontrolle über den Geldmarkt verloren hatte.

Die Abschaffung von Regulation Q führte zu einer Kaskade unbeabsichtigter Konsequenzen. Eine erste Konsequenz war die Erhöhung des Drucks auf die S & Ls, denen zuvor erlaubt war, höhere Einlagenzinsen zu zahlen als andere Finanzinstitute.[104] Zur Schadensbegrenzung gestattete der Garn-St. Germain Act von 1982 den S & Ls, einige Geschäftsbankaktivitäten durchzuführen, zum Beispiel solche, die mit Konsumentenkrediten zu tun hatten, jenseits ihrer traditionellen Aufgabe, Kundeneinlagen anzunehmen und Hypothekenkredite zu verlängern. Nun waren sie auch ermächtigt, die Verlängerung von Hypothekenkrediten mit variablen Zinsen zu übernehmen. Beim Unterzeichnen des Gesetzentwurfs nannte ihn Präsident Reagan den ersten Schritt zu einem »umfassenden Programm der finanziellen Deregulierung.«[105] Er hatte keine Ahnung.

Garn-St. Germain bereitete die Bühne für die S & L-Krise der 1980er-Jahre, indem Sparkassen erlaubt wurde, zusätzliche Risiken einzugehen, ohne gleichzeitig etwas für deren Begrenzung zu tun. Ebenso wichtig war aber, dass das Erbringen zusätzlicher Finanzdienstleistungen durch die Sparkassen den Druck auf die Banken erhöhte.[106] Die Geschäftsbanken waren lange frustriert wegen ihrer Unfähigkeit, Unternehmensanleihen und Kommunalobligationen zu emittieren. Da sich die Wertpapiermärkte von den 1930er-Jahren und dem Zweiten Weltkrieg erholt hatten, gaben große Kreditnehmer unter den Unternehmen kurzfristige Schuldtitel und Junk Bonds heraus. Diese Instrumente boten den Unternehmen neue Möglichkeiten, sich selbst zu finanzieren, was ihre Abhängigkeit von Bankkrediten reduzierte, und die Gewinne der Banken gerieten unter Druck.[107] Die Großbanken als traditionelle Ansprechpartner der Großunternehmen traf das am härtesten.

Zunächst fanden die Großbanken, mit der Citibank (der umbenannten National City Bank aus Kapitel 3) als Aushängeschild, einen neuen Markt mit den syndizierten Krediten an Regierungen in Lateinamerika und Osteuropa; eine Art Echo des Booms der Auslandskredite in den 1920er-Jahren. Aber in den frühen 1980er-Jahren waren diese Kredite faul geworden.

Für die Regulierer war es aber keine Option, dass die Banken ihre Verluste anerkannten. Das hätte die Federal Deposit Insurance in den Bankrott getrieben. Stattdessen wurde den Banken gestattet, sich durch Gewinne wieder zu erholen, und die Regulierung wurde gelockert, um ihre Bemühungen zu erleichtern.

Im Dezember 1986 reagierte die Fed auf eine Petition von J. P. Morgan, Bankers Trust und Citicorp (die Holding der Citibank), und interpretierte den Glass-Steagall Act auf kreative Weise neu, indem sie den Geschäftsbanken erlaubte, bis zu 5 Prozent ihrer Einkünfte durch Investmentbank-Aktivitäten zu erzielen. Diese beinhalteten die Emission von Kommunalobligationen, kurzfristigen Schuldtiteln und, schicksalhaft, hypothekengesicherten Wertpapieren. Das Federal Reserve Board gestattete 1987 einigen Großbanken, ihr Emissionsgeschäft auszuweiten. Es überwand dabei den Widerstand des kurz vor dem Ruhestand stehenden Chairman Paul Volcker, der einer Deregulierung skeptisch gegenüberstand. Wenn es ein Beispiel dafür gibt, wie der Status einer lahmen Ente einen Fed-Chef schwächen kann, dann ist es dieses. Unter Volckers Nachfolger Alan Greenspan, der Anhänger einer Liberalisierung war, erlaubte die Fed den Bankenholdings, bis zu 25 Prozent ihren Einnahmen aus Investmentbanking-Aktivitäten zu generieren.

In den 1990-er-Jahren war Glass-Steagall schon geschwächt. Der Todesstoß war die Fusionswelle, die am Ende des Jahrzehnts über die Investmentbanken und die Brokerhäuser schwappte. Morgan Stanley, eine Investmentbank, fusionierte 1997 mit Dean, Witter, Discover & Co., einer Broker- und Kreditkartenfirma, während das Trust-Unternehmen und Derivatehaus Bankers Trust »Alex. Brown & Sons« aufkaufte, eine Investment- und Brokerfirma. Diese Konsolidierung von Investmenthäusern, Brokern und Versicherungsunternehmen drohte die Banken noch weiter zu benachteiligen, die nun noch intensivere Lobbyarbeit betrieben, um die bestehenden Beschränkungen ihrer Aktivitäten abzuschaffen.

Und wenn Lobbyarbeit nicht genügte, gab es andere Wege, die Sache zu forcieren. Citicorp kaufte 1998 die Travellers Insurance Group, obwohl der Glass-Steagall Act verlangte, innerhalb von zwei Jahren Travellers Versicherungssparte zu verkaufen. Die Fusion ermöglichte Travellers, den Privatkunden von Citicorp nicht nur Versicherungen, sondern auch die hauseigenen Geldmarktfonds zu verkaufen. Citicorp hatte nun Zugang zu einem größeren Pool an Investoren und den Inhabern von Versicherungspolicen.

Der einzige Nachteil war, dass die Fusion nicht mit Glass-Steagall kompatibel war.

Die führenden Köpfe des fusionierten Unternehmens, John Reed und Sanford Weill, führten eine furiose Kampagne für die Abschaffung der ärgerlichen Einschränkungen durch Glass-Steagall, ehe sich das Zwei-Jahres-Fenster schloss. Weill bildete eine Allianz mit David Komansky von Merrill Lynch und Phil Purcell von Morgan Stanley, um Lobbyarbeit für eine Veränderung zu leisten. Ihre Argumente wurden von der Greenspan-Fed verständnisvoll angehört. Auch vom Weißen Haus, in Person von Gene Sperling, dem Berater für Finanzreformen von Präsident Clinton. Ebenso vom Schatzamt, vor allem als Lawrence Summers Mitte 1999 Robert Rubin als Sekretär ablöste.[108] (Rubin wechselte als Berater ausgerechnet zu Citicorp; er fing im Oktober dort an.) Sie wurden in den Hallen des Kongresses freundlich empfangen, wo Banklobbyisten ein- und ausgingen.

Der Hauptwiderstand kam von Phil Gramm, der beklagte, dass keine große Bank oder Versicherung ihr Hauptquartier in Texas hatte. Unermüdlich versuchte Weill, Gramm zu überzeugen. In seiner 2006 erschienenen Autobiografie erzählt Weill, wie er Gramm bei einer Dinner Party 2004 über den Weg lief, wo Gramm bemerkte: »Der Kongress hat einen Fehler gemacht. Er hätte das neue Gesetz Weill-Gramm-Leach-Bliley-Act nennen sollen.«[109]

Glass-Steagall wurde schließlich durch Gramm-Bleach-Bliley abgelöst, was im November 1999 die Beschränkungen aufhob, Geschäftsbankwesen, Investmentbanking und die Emission von Versicherungen zu kombinieren. Weill befestigte stolz eine 1,20 m hohe Holzplatte an der Wand seines Büros, geschmückt mit seinem Porträt und der Inschrift »Der Mann, der Glass-Steagall zerstörte.« Als er viel später, 2012, über die Krise nachdachte, gestand er ein, dass die Abschaffung der Glass-Steagall-Restriktionen ein schrecklicher Fehler war.[110]

Die Abschaffung von Glass-Steagall schloss ein Kapitel in der US-Finanzgeschichte. Sie war aber auch ein Anzeichen eines breiteren deregulatorischen Trends. Zu den weiteren Beispielen zählen der Riegle-Neal Interstate Banking and Branch Efficiency Act von 1994, der Beschränkungen aufhob, in anderen Bundesstaaten Bankfilialen zu eröffnen und Mega-Banken Tür und Tor öffnete. Ebenso der Commodity Futures Modernization Act (CFMA), der die staatliche regulatorische Überwachung von Finanzderivaten eliminierte. CFMA befreite Emittenten von Kreditausfall-Swaps von der Pflicht, Reserven gegen die Möglichkeit zu halten, dass sie tatsächlich Zahlungen an die Käufer solcher Instrumente leisten mussten. Kreditausfall-Swaps (CDS) waren entwickelt worden, um Anlegern, die in hypothekengesicherte Wertpapiere investierten, die Möglichkeit zu geben, sich gegen den Ausfall von Hypotheken im zugrunde liegenden Pool abzusichern. Jetzt aber wurden CDS von Leuten gekauft, die nicht auch die Assets kauften, gegen deren Ausfall die Absicherung emittiert worden war, sondern einfach gegen den Häusermarkt wetten wollten. Die 2000 getroffene Entscheidung, die Emittenten davon zu befreien, Reserven gegen Zahlungsverpflichtungen zu halten, die mit diesen Kontrakten verbunden waren, sollte schwere Implikationen für das nach sich ziehen, was dann folgte.

Und wo eine Deregulierung nicht durch die Gesetzgebung erreicht werden konnte, ging sie durch eine offizielle Genehmigung über die Bühne. Brooksley Born, der aktivistische Chairman der Commodity Futures-Trading Commission, wurde 1999 von einem ihm feindlich gesinnten Fed-Chairman und Sekretär des Schatzamts aus dem Amt gedrängt, nachdem er sich gegen eine weitere Deregulierung von Derivaten ausgesprochen hatte. Die Börsenaufsichtsbehörde Securities and Exchange Commission (SEC) unter den eher entgegenkommenden Harvey Pitt und William Donaldson lockerte dann ihre Regeln für finanzielle Reserven, die von den Brokerabteilungen der Banken gehalten werden mussten.

Die Deregulierung war nicht auf die USA beschränkt. Viele Jahre hatten die Europäer ihre Banken und Wertpapiermärkte gewissenhaft reguliert. 1986 wandte sich die britische Premierministerin Margaret Thatcher, schon berühmt für ihr Bekenntnis zur Deregulierung, den Finanzmärkten zu. Zuvor hatte sie schon den Höchststeuersatz reduziert, die Arbeitsmärkte liberalisiert und einen großen Teil des staatlichen Häuserbestands verkauft. Thatcher startete ihre »Big Bang«-Finanzreform. Sie reduzierte die regulatorischen Restriktionen mit dem Ziel, Londons Position als internationales Finanzzentrum zu stärken.

Gleichzeitig bemühte sich die Europäische Union, einen integrierten Markt für Handelsgüter, Arbeit und Finanzkapital zu schaffen. Nach einer allgemein akzeptierten Diagnose war übermäßige Regulierung an dem langsamen Wachstum und der hohen Arbeitslosigkeit schuld, die den Kontinent plagte. Der gemeinsame Markt war die entscheidende Reform, die europäische Staaten dazu zwingen könnte, sich dieser regulatorischen Last zu entledigen, indem er grenzüberschreitendem Wettbewerb

Tür und Tor öffnete. Die Diagnose, dass andere Sektoren und Aktivitäten unter exzessiver Regulierung litten, wurde auf die Finanzmärkte ausgedehnt. Folglich erlaubte der Single European Act mit seinem Ziel, bis 1992 einen kontinentweiten Markt zu schaffen, den großen europäischen Banken, in benachbarte Länder zu expandieren.

Zunächst reagierten die Banken nur langsam und die Regulierer zögerten, sie reagieren zu lassen. Das änderte sich allerdings mit der Einführung des Euro 1999, der Wechselkursschwankungen eliminierte, die früher von grenzüberschreitenden Geschäften abgeschreckt hatten. Als der Wettbewerb bei der Versorgung mit finanziellen Dienstleistungen intensiver wurde, erhöhten die europäischen Banken ihre Wetteinsätze. Banken in Nordeuropa, wo die Zinsen niedrig waren, fanden es unmöglich, den höheren Kreditzinsen südeuropäischer Banken und Investments in südeuropäische Anleihen zu widerstehen. Die südeuropäischen Banken wiederum begrüßten die billigen Finanzmittel, die ihre nordeuropäischen Pendants lieferten. Sie verwendeten diese Mittel, um spekulative Immobilienkredite zu vergeben oder um Anleihen des eigenen Staats zu kaufen.

Das Ergebnis war ein explosives Wachstum des Bankgeschäfts in Irland und ganz Südeuropa. In manchen Ländern überstiegen die Assets und Zahlungsverpflichtungen der Banken das Bruttoinlandsprodukt (BIP) um ein Mehrfaches. In Irland erreichten die Forderungen an das Bankensystem am Höhepunkt 2007 und 2008 400 Prozent des BIP.[111] In Zypern erreichten die Zahlungsverpflichtungen an ihrem Höhepunkt außergewöhnliche Werte: das Achtfache des Nationaleinkommens.[112]

Man kann die Deregulierung des Bankenwesens und der Finanzdienstleistungen nicht mit einem einzigen Faktor erklären. Erinnerungen an die Bankenpleiten der 1930er-Jahre verblassten mit der Zeit. Der internationale Wettbewerb erzeugte Druck, die Restriktionen aufzuheben, die das Ausmaß erlaubter Bankaktivitäten einschränkten. Finanzielle Innovationen von der Entwicklung neuer Kreditinstrumente bis zur Etablierung von Geldmarktfonds untergruben die Effektivität der existierenden Regulierung.

Die Politiker standen nun vor dem Dilemma, ob sie die existierenden Regulierungen auf diese neuen Einheiten und Märkte ausdehnen oder die Restriktionen für Banken und andere Amtsinhaber lockern sollten, die sich beklagten, von den Spielregeln benachteiligt zu werden. Eine ganze Reihe von Argumenten sprach für die letztgenannte Lösung. Die

Banken wiesen auf technologische Fortschritte hin, die es erleichterten, die Daten eines Geschäftsbereichs zu verwenden, um einen anderen zu fördern. Computer machten es möglich, Informationen und Produkte zu teilen, wie es Citibank und Travelers Insurance taten. Das machte die regulatorischen Mauern, die das Bank- vom Versicherungsgeschäft trennten, ärgerlich und wahrscheinlich auch weniger effizient.[113] Automatische Kreditbewertungstechniken wie diejenigen, die von Countrywide Credit ausgegangen waren, sorgten für eine routinemäßige Bearbeitung nicht nur von Bankkrediten, sondern auch der Verbriefung von Hypotheken, Anleihen und Krediten. Das schuf ein weiteres Argument, den Kreditgebern zu erlauben, ins Emissionsgeschäft einzusteigen. Die Geschäftsbanken konnten die Erfahrungen aus den 1990er-Jahren anführen, als begrenzte Abstecher ins Investmentbanking die Profitabilität steigerten, ohne nennenswerte Probleme zu verursachen.[114]

Theoretische Modelle der Effizienz frei funktionierender Finanzmärkte lieferten derweil Akademiker, wie der bereits erwähnte Paul Samuelson, gemeinsam mit Eugene Fama von der University of Chicago und Robert Merton aus Harvard. In der Realität waren ihre Modelle nur ein intellektueller Ausgangspunkt. Sie identifizierten die restriktiven Bedingungen, unter denen Asset-Preise alle Informationen beinhalteten, die für Markteffizienz erforderlich sind. Erst kurz zuvor hatten Forscher einen Katalog empirischer Anomalien zusammengestellt, die mit dem Bild des effizienten Markts kaum zu vereinbaren waren. Die Väter der Theorie von den effizienten Märkten mögen sich dieser Begrenzungen bewusst gewesen sein, aber das traf nicht allgemein auf Politiker und andere zu, die die Theorie verwendeten, um ihre Positionen zu rechtfertigen. Insbesondere bei Leuten wie Fed-Chairman Greenspan, traf die Theorie von den effizienten Märkten auf offene Ohren.

Aber die Rolle der Ideologie ging über die Hallen der Fed und die Person ihres Chefs hinaus. 1992 bewegte sich die demokratische Partei in eine unternehmensfreundliche Richtung, weil man die politische Mitte wieder für sich gewinnen wollte. Als Reaktion auf zwölf Jahre republikanischer Herrschaft im Weißen Haus begrüßte die Partei, die traditionell gegen finanzielle Deregulierung war, jetzt Bill Clintons »dritten Weg« ausgeglichener Haushalte, Private-Public-Partnerschaften und den Einsatz von Finanzmitteln für Wachstum. Die Politikwissenschaftler Sandra Suarez und Robin Kolodny betonten die Rolle dieser ideologischen Konvergenz zwischen Linken und Rechten beim Vorhaben, finanzielle Deregulierung voranzutreiben. Während man von der demokratischen Partei 1992 erwartet hatte, zumindest eine gewisse Reserviertheit gegenüber den Zugeständnissen auszudrücken, die sich bis zu Finanzinstituten verbreiteten, war sie bemerkenswert still, wenn es um die Frage der Deregulierungen ging.[115] Der Riegle-Neal-, der Gramm-Leach-Bliley- und der Commodity Futures Modernization Act wurden alle von einem Präsidenten unterzeichnet, der einer Partei angehörte, die früher, aber jetzt nicht mehr, eine Deregulation des Finanzsektors abgelehnt hatte. Es war die Partei, die während der Präsidentschaft von Franklin Delano Roosevelt dafür verantwortlich war, die Elemente einer modernen Finanzregulation in Kraft zu setzen.

Das Resultat dieser Maßnahmen war ein massiver Anstieg der Größe, der Komplexität und der Verschuldung der US-Finanzinstitute. Der Anteil der Finanzdienstleistungsbranche am BIP verdoppelte sich von 4 Prozent in den frühen 1970er-Jahren auf 8,3 Prozent 2006, nachdem er mehr als zwei Jahrzehnte stabil geblieben war.[116] Ein Teil dieses Wachstums war der natürlichen Erholung nach den turbulenten 1930er-Jahren und der Zeit nach dem Zweiten Weltkrieg zuzuschreiben. Man kann es so sehen, dass der Finanzsektor sich seine Rolle zurückeroberte, bei der Allokation von Ressourcen in einer komplexen und modernen Wirtschaft zu helfen. Aber den Rest, vor allem die halsbrecherischen Finanzgeschäfte in den Jahren kurz vor der Krise, kann man mit Standardmodellen der Effizienzvorteile eines gut funktionierenden Finanzsektors nicht adäquat erklären.

Zudem wurde das Wachstum des Sektors in beträchtlichem Ausmaß nicht durch die Kapitalaufnahme der Banken, sondern mit Schulden finanziert. Diese Schulden entstanden durch Kreditaufnahme für einen bestimmten, typischerweise kurzen Zeitraum von Unternehmen, Fonds, staatlichen und kommunalen Gremien, Regierungsagenturen und nicht zuletzt anderen Banken. Die Großbanken hatten den besten Zugang zu diesem sogenannten Ausverkaufs-Geldmarkt.[117] Nachdem sie ihre Geschäfte diversifiziert und in internationale Kontrollen investiert hatten, argumentierten sie, sie seien bestens positioniert, das Risiko zu managen, sich auf geliehene Mittel zu verlassen.

Große Banken waren auch in der besten Position, die speziellen Instrumente zu kreieren, riskante Assets aus ihren Bilanzen auszugliedern und die Kapitalmenge zu minimieren, die das Mutterunternehmen aufbringen musste. Außerdem gab es für sie einen Anreiz, ihr Eigenkapital zu reduzieren und die Verschuldung zu erhöhen, weil sie wussten, dass sie wichtig für das System waren. Weil sie zu groß waren, um unterzugehen, würde man sie retten, sollte es Ärger geben. Das wiederum ermutigte sie, weitere Schulden und Risiken auf sich zu nehmen.

Und was für die Banken in den USA zutraf, galt auch für Banken in anderen Teilen der Welt, vor allem in Europa. Obwohl die regulatorischen Bevorzugungen und die Subventionen auch auf kleinere Banken ausgedehnt wurden, die sich auf Spezialitäten wie Hypothekenkredite konzentrierten, waren es in einem Land nach dem anderen die großen Institute, die am dramatischsten ihre Bilanzen erhöhten und ihre Verschuldung steigerten.

Die extremsten Fälle waren Brokerhändler wie Bear Stearns und Lehman Brothers, deren traditionelles Geschäft es war, im Kundenauftrag Wertpapiere zu handeln. In der Vergangenheit hatten diese Firmen hohe Reserven gehalten und die Risiken ihrer Investmentportfolios begrenzt. Wegen des Wettbewerbsdrucks durch die Geschäftsbanken bewegten sie sich nun von einem Extrem zum anderen. 2007 hatte eine typische US-Geschäftsbank eine Verschuldungsquote von 12 zu 1, als ungeschmückte Relation zwischen Assets und Eigenkapital. Nur zum Vergleich: Bei Lehman Brothers betrug diese Relation 30, bei Bear Stearns 33.[118] Eine Verschuldungsrelation von 33 bedeutete, dass ein Wertverlust der Assets von 3 Prozent das Eigenkapital und die Firma selbst auslöschen konnte, wenn sie gezwungen war, diese Verluste zu realisieren.[119] Wie die folgenden Ereignisse zeigen sollten, war dies für jedes Finanzinstitut eine schwache Position.

Wie sich diese außergewöhnliche Situation entwickeln konnte, wurde nach den folgenden Ereignissen zu einer entscheidenden Frage. Die Antwort beginnt mit dem Niedergang des Modells des Investmentbankings, das man »Private Partnership« nennt. Traditionell hatte die New York Stock Exchange die Investmentbanken als zu riskant von der öffentlichen Notierung ausgeschlossen. Stattdessen waren die Investmenthäuser als private Partnerschaften organisiert. Sie gehörten einer Handvoll Partnern und wurden auch von ihnen geführt. Ihre Interessen waren nicht leicht zu kaufen und zu verkaufen. Die Partner waren also am langfristigen Überleben des Instituts interessiert. Traditionell saßen sie rund um einen Tisch im »Partnerraum« und hatten einander buchstäblich im Auge. Druck von den Partnern und eine genaue Übersicht schreckten so vor dem Eingehen exzessiver Risiken ab.

Im Lauf der Zeit erhöhten technologische Veränderungen – zum Beispiel die Entwicklung teurer neuer Computersysteme zur Abwicklung der Transaktionen – die Größenvorteile und machten das Modell der privaten Partnerschaft problematisch, in dem die Größe der Bank durch die Kapitalressourcen der Partner begrenzt war. Es erfordert nicht viel Anstrengung, sich vorzustellen, wessen Lobbyarbeit dafür sorgte, dass der Bann über die Börsennotierung 1970 abgeschafft wurde. (Antwort: die Investmentbanken). Merrill Lynch war der erste Broker-Händler, der 1971 an die Börse ging. Gefolgt von Bear Stearns, Morgan Stanley, Lehman Brothers und Goldman Sachs, den vier anderen Mitgliedern des Clubs, der als »the Big Five« bekannt wurde.

Jetzt berichteten der CEO als Chef eines börsennotierten Unternehmens und diejenigen, die für ihn arbeiteten (wenn überhaupt), an den obersten Risikobeauftragten im Verwaltungsrat. Das Interesse des Managements an der Firma war weder illiquide noch langfristig. Wenn ihre riskanten Wetten aufgingen, verdienten sie enorme Boni. Und wenn auf die hohen Gewinne von heute morgen hohe Verluste folgten, war nicht vorgesehen, die Boni von gestern zurückzufordern (eine Praxis, die Regulierer und Aktionäre erst nach 2008 zu ändern versuchten). Im Prinzip sollte der Verwaltungsrat, der die Aktionäre vertrat, das Eingehen exzessiver Risiken unterbinden. Aber die Direktoren, die nicht aus dem Unternehmen kamen, hatten nur begrenzte Informationen und in vielen Fällen auch begrenzte Fähigkeiten, die Risiken einzuschätzen. In der Praxis überwachte niemand das Geschäft.

Die Regulierer waren auch in keiner besseren Position, um Verschuldung oder das Eingehen von Risiken einzuschränken. Sie erhielten ihre Hinweise von den Banken statt umgekehrt. Die Börsenaufsichtsbehörde Securities and Exchange Commission (SEC) lockerte ihre Kapitalanforderungen für Brokerhändler 2004 als Reaktion auf eine ähnliche Aktion der EU und durch Lobbyarbeit der Big Five, deren Mitglieder fürchteten, gegenüber ihren ausländischen Rivalen an Boden zu verlieren. 30 Jahre lang mussten die US-Brokerhändler das anwenden, was man »Nettokapitalregel« nannte. Diese verpflichtete sie, wie die Geschäftsbanken ihre Verschuldung auf eine Relation von 12 zu 1 zu beschränken. Die Entscheidung der SEC von 2004 ermöglichte ihnen nun, ihre internationalen Modelle einzusetzen, um die Risiken ihrer Investments einzuschätzen oder, in der Praxis, zu unterschätzen. Die Brokerhändler reduzierten ihre Kapitalkissen entsprechend.

Die Big Five waren auch führend dabei, Special Purpose Vehicles (SPVs) zu verwenden, um Assets aus der Bilanz zu verschieben, wo sie frei von Kapitalerfordernissen waren. SPVs waren Roboterfirmen ohne Angestellte und physischen Sitz. Sie existierten nur, um die Hypothekenforderungen einer Bank, fällige Kreditkartenzinsen und andere Forderungen zu verbriefen und die resultierenden Instrumente an andere Investoren zu verkaufen. Wenn ein SPV wegen Zahlungsausfällen im zugrunde liegenden Pool von Haushypotheken nicht in der Lage war, Zinsen auf seine Wertpapiere zu zahlen, dann war dies das Problem der Eigentümer dieser Wertpapiere. So wurde zumindest argumentiert. Die Sponsorbank war rechtlich nicht verpflichtet, zusätzliche Mittel bereitzustellen, damit das SPV seinen Verpflichtungen nachkommen konnte. Das war die Begründung, warum die Banken kein Kapital vorhalten mussten, um die Verpflichtungen ihrer SPVs abzusichern.

Aber jeder wusste, wer schuld war, wenn ein SPV wie ein Fahrzeug von der Straße abkam. Die Schuld lag nicht beim Vehikel, sondern beim Fahrer, in diesem Fall bei der Mutterbank. Wenn diese keine Hilfe leistete, schadete das ihrem Ruf und konnte ihren Zugang zu den Kapitalmärkten erschweren.[120] Wenn es bei dem zugrunde liegenden Pool von Hypotheken Zahlungsausfälle gab, fiel die Verantwortung, den Schaden auszugleichen, auf das dahinterstehende Finanzinstitut zurück. Die Verpflichtungen außerhalb der Bilanz kehrten wieder in dessen Bilanz zurück.[121] Vor diesem Hintergrund betrachtet, ist es, zurückhaltend ausgedrückt, unklar, warum die Regulierer einer Mutterbank erlauben sollten, Hypothekenpools an ein SPV zu transferieren, um weniger Kapital zu halten.[122]

Das Wachstum der SPVs war nur eine Manifestation des größeren Prozesses der Asset-Verbriefung. Statt Hypothekenkredite, Studienkredite, Autokredite und Unternehmenskredite in ihren Bilanzen zu halten, poolten die Banken ihre Kredite und verwandelten sie in Wertpapiere, die an andere Investoren verkauft wurden. Der Pool wurde in Tranchen unterteilt, wobei die Senior-Tranche den ersten Zugriff auf den Cashflow der zugrunde liegenden Kredite hatte. Die Junior-Tranchen erhielten erst Zahlungen, wenn die Ansprüche der Senior-Tranche befriedigt waren. Die so entstandenen Wertpapiere nannte man Collateral Debt Obligations oder CDOs. Die Zahlungen nannte man prosaischer »Cashflow-Wasserfall«.

Die Grundannahme lautete, dass die Senior-Tranche sicher war, falls nichts Außergewöhnliches passierte. Diese Fassade der Sicherheit ermöglichte, dass die Senior-Tranche ein AAA-Rating erhielt und an Pensionsfonds und Versicherungen verkauft werden konnte, deren Mandate ihnen nur die Investition in hoch bewertete Papiere erlaubte.

Die Verbriefung von Hypotheken war kein neues Phänomen. Bei den »garantierten Hypotheken-Partizipationszertifikaten« der 1920er-Jahre versprach das Versicherungsunternehmen, das die hypothekengesicherten Wertpapiere emittierte, dem Käufer eine bestimmte Rendite. Sie hatten mehr als nur eine flüchtige Ähnlichkeit mit der Senior-Tranche der Hypothekenverbriefungen der frühen 2000er-Jahre (siehe Kapitel 1). Nun aber erreichte der Prozess ein Ausmaß und eine Komplexität, die man noch nie gesehen hatte. Die CDOs wurden ein zweites Mal in Tranchen unterteilt und in Wertpapiere umgewandelt, die man »geviertelte CDOs« nannte. »Gewürfelte CDOs« folgten wenig später.

Die von einem Kreditpool abgesicherten CDOs machten dann »synthetischen CDOs« Platz, deren Zahlungsströme nicht von realen Hypothekenkrediten abgesichert waren, sondern von Credit Default Swaps. Das sind Versicherungskontrakte, die im Fall spezieller Kreditereignisse zahlen, zum Beispiel beim Zahlungsausfall einer Hypothekenanleihe. In der Praxis wurden sie von vielen der gleichen Banken emittiert, die im Verbriefungsgeschäft aktiv waren. Abgesichert waren sie durch nicht mehr als das Versprechen des Emittenten, zu zahlen, sollte das Ereignis des besagten Zahlungsausfalls eintreten.

Nach einer Schätzung lag der Nennwert der CDOs 2005 bei mehr als 1,5 Billionen Dollar.[123] Die Formulierung »eine Schätzung« ist wichtig, weil in Wahrheit niemand den Wert der umlaufenden CDOs kannte. Wer sie hielt, wusste erst recht niemand. Ähnliches galt für die Credit Default Swaps. Eine von der International Swaps and Derivatives Association durchgeführte Umfrage legte nahe, dass CDS im Wert von 17 Billionen Dollar im Umlauf waren. Aber genau wusste das niemand.

Das Ergebnis war ein enormer Anstieg der Kreditströme in die US-Finanzmärkte, speziell in den Häusermarkt. Hypotheken- und Nichthypothekenschulden waren drei Jahrzehnte lang im Gleichschritt gestiegen.[124] Ab 2000/2001 aber blieben die Nichthypothekenschulden als Teil des BIP gleich, während das Wachstum der Hypothekenschulden explosionsartig stieg. Am Höhepunkt 2006 waren die Hypothekenschulden mehr als eineinhalb Mal so hoch wie die privaten Nichthypothekenschulden. Offenbar passierte etwas Seltsames an den Märkten der Hypotheken und Finanzen.

Assoziiert mit diesem Finanz-Tsunami war ein Häuserpreisboom, wie man ihn seit Florida in den 1920er-Jahren nicht mehr gesehen hatte. Inflationsbereinigt waren die Häuserpreise landesweit von den 1950er- bis in die 1980er-Jahre im Prinzip trendlos verlaufen. Ab 1999 schossen sie nach oben und stiegen inflationsbereinigt um zwei Drittel in nur sieben Jahren.[125] Wie in den 1920er-Jahren war der Anstieg in bestimmten Regionen Floridas und diesmal auch Arizonas und Kaliforniens am stärksten.[126]

Dann nährte sich die Spekulationsblase selbst, wie Blasen es eben tun. Mehr Hauskäufe bedeuteten höhere Immobilienpreise, die Kreditgeber aus Banken und von außerhalb dazu ermutigten, Kredite zu vergeben, die mit höher bewerteten Häusern abgesichert waren. Das bedeutete weitere Käufe, noch höhere Preise und mehr Sicherheiten, gegen die man Kredite vergeben konnte. Subprime-Schuldner mit noch nie gesehenem Zugang zu Krediten kauften Häuser, die sie sich nur leisten konnten, wenn ihr Eigentum an Wert zulegte. Das erlaubte ihnen eine Refinanzierung und sie konnten auch noch Geld aus dem Investment ziehen.

Immer mehr Häuser wurden mit niedrigen Anzahlungen, wenn überhaupt, gekauft, bekamen einen frischen Anstrich und wurden wieder zum Verkauf angeboten. Es verbreiteten sich Geschichten über Leute, die mit bescheidenen Mitteln mehrere Häuser kauften, was für einen spekulativen Markt typisch ist. Der Discovery Home Channel sendete ein Programm mit dem Titel »Flip That House«. Jede Episode erzählte die Geschichte eines Mannes oder einer Gruppe, die mit geringer oder keiner Anzahlung ein heruntergekommene Haus kauften, ihm einen frischen Anstrich verpassten und es mit erheblichem Gewinn wieder verkauften. In der typischen Episode wurden Details wie die Abschlusskosten und die Notwendigkeit erläutert, eine Versicherung abzuschließen; nicht aber die Folgen für hoch verschuldete Immobilienspekulanten, falls die Häuserpreise sinken sollten. Diese Auslassung verriet mehr als die intrinsischen Einschränkungen des 30-Minuten-Formats.

Kapitel 5
Wo Kredite fällig werden

Außergewöhnliche finanzielle Ereignisse wie der Häuserboom in den USA haben selten nur eine einzige Ursache. Unter den Ursachen dieses Ereignisses waren Anreizprobleme entlang der ganzen Kette von Erschaffung, Verlängerung und Verbriefung von Hypotheken. Hypothekenbroker, die nicht von der Regierung der USA, sondern, wenn überhaupt, von einem Staat lizenziert waren, interessierten sich kaum für die Fähigkeit eventueller Käufer, ihre Zahlungsverpflichtungen zu erfüllen. Wie die Binder Boys der 1920er-Jahre ging es ihnen um ihre Provision. Hypothekenverkäufer, die die Abschlusskosten und andere Gebühren verdienten, wenn sie einen Kredit verlängerten, neigten auf ähnliche Weise dazu, sich nicht um Probleme zu kümmern insofern, als die Anleihen verbrieft und an andere Investoren verkauft wurden.

Dass sinkende Kreditstandards den Kreditfluss in den Häusermarkt und speziell in dessen Subprime-Segment begleiteten, ist unumstritten. Wohnviertel mit ungewöhnlich hohen Anteilen von Subprime-Kreditnehmern vor dem Boom erlebten zwischen 2002 und 2005 das schnellste Wachstum von Hypothekenschulden. Auf ähnliche Weise war der Anstieg des Anteils an Hypothekenschulden, die verbrieft oder an Finanzinstitute verkauft wurden, die mit dem ursprünglichen Kreditgeber nichts zu tun hatten, in solchen Gegenden am stärksten, wo es schon zu Beginn des genannten Zeitraums eine große Zahl von Subprime-Hypotheken gab. All das geschah trotz eines stagnierenden Einkommenszuwachses in den genannten Wohnvierteln.[127]

Die Ratingagenturen kassierten als mutmaßliche Weichensteller des Verbriefungsprozesses großzügige Gebühren dafür, dass sie Kreditgeber berieten, wie man CDOs strukturieren muss, um sich ein AAA-Rating zu sichern. Als Ergebnis zögerten sie, einem Wertpapier ein niedriges Rating zu geben, das sie früher gebilligt hatten. Kreditgeber konnten die

Prospekte konkurrierender Agenturen studieren und nur das Rating veröffentlichen, das ihre Emission im vorteilhaftesten Licht zeigte.[128]

Das Justizministerium verklagte viel später, 2013, Standard & Poor's auf fünf Milliarden Dollar, weil die Agentur ihre Ratings von Wohnimmobilien gesicherter Wertpapiere und CDOs aufgebläht hatte. Der Agentur war schon Anfang 2007 bewusst, so stand es in der Anklageschrift, dass ein abbröckelnder Häusermarkt die Performance von Wertpapieren unterminierte, die durch Wohnimmobilien gesichert waren. Sie habe aber aus Furcht, konkurrierende Firmen das Geschäft zuzutreiben, gezögert, ihre Ratings herunterzuschrauben. Das Justizministerium zitierte eine internationale E-Mail, mit der ein S & P-Analyst den Song »Burning Down the House« als Beweis dafür parodierte, dass diejenigen, die in der Unternehmenshierarchie nicht ganz oben standen, vollständig verstanden, was damals passierte.[129] Die E-Mail nahm Bezug auf einen Artikel im *Fortune*-Magazin, in dem die Frage gestellt wurde, ob die Ratingagenturen der Zeit hinterherhinkten. S & P würde als Reaktion auf diesen Artikel darüber nachdenken, eine PR-Firma zu beauftragen, statt die eigenen internen Modelle zu überprüfen.[130]

Investoren hätten es besser wissen sollen, statt auf Weichensteller mit derart dubiosen Anreizen zu vertrauen. Aber die Komplexität der besagten Wertpapiere machte es schwierig, die Risiken unabhängig zu evaluieren. Wie in jeder Boomphase machte es der steigende Anteil naiver Investoren im Markt, darunter schläfrige Regionalbanken in Deutschland, noch unwahrscheinlicher, dass die Ratingagenturen erwischt wurden.[131]

Man könnte auch denken, dass sie entmutigt wurden, sich in zweifelhaften Praktiken zu engagieren, weil sie riskierten, damit ihrem Ruf zu schaden. Aber Neulinge im Geschäftsbereich der Kreditvergabe, in der Regel Nichtbanken, die von einem einzelnen Staat und nicht von einer Bundesbehörde reguliert wurden, hatten kaum einen Ruf zu verteidigen.[132] Der Boom der Subprime-Kredite und der Verbriefungen in den Jahren vor 2007 litt daher am gleichen »Reputationsdefizit« wie Auslandskredite in den 1920er-Jahren. Und selbst dort, wo es Werte zu bewahren galt, hatte das Management andere Anreize. Angelo Mozilo nahm durch den Verkauf von Countrywide Credit-Aktien, die ein Teil seines Kompensationspakets waren, mehr als 400 Millionen Dollar ein.[133]

Broker hatten den Anreiz, Schuldner durch eine Struktur zu Krediten mit höheren Zinsen zu steuern, die man »Renditespreadprämie« nannte.

So erhielt der Broker einen Teil des Gewinns, den der Kreditgeber einstrich, indem er einen Schuldner in einen teureren Kredit lockte. Diese Struktur war im Subprime-Segment des Markts am weitesten verbreitet, weil die Kunden dort am schlechtesten informiert waren. Eine 2008 vom Center for Responsible Lending durchgeführte Studie ergab, dass ein Subprime-Schuldner der sich von einem Broker beraten ließ, in den ersten vier Jahren der Laufzeit eines Kredits im Schnitt 5222 Dollar mehr zahlte, als wenn er sich den Kredit direkt von einer Bank oder einem anderen Finanzinstitut besorgt hätte.[134]

Das soll nicht heißen, dass die Banken weniger schuldig waren. Elisabeth Jacobson, die für Wells Fargo in Baltimore arbeitete, beschrieb in einer eidesstattlichen Erklärung, wie Kreditbeauftragte in armen, vorwiegend von Schwarzen bewohnten Vierteln die Kunden in hochverzinsliche Subprime-Kredite lockten, selbst wenn der Schuldner für eine bessere Einstufung qualifiziert war.[135] Die Schuldner waren entmutigt, weil sie Einkommensbescheide vorlegen und Anzahlungen leisten mussten, also landeten sie bei einem teureren Kredit. Countrywide, Branchenführer und Pionier der automatisierten Kreditvergabe, programmierte seine Systeme so, dass die Bargeldreserven von Subprime-Schuldnern nicht aufgelistet wurden, was dazu führte, dass sie von Krediten mit niedrigeren Kosten weggelenkt wurden.[136] Während Countrywides Gewinn bei konventionellen Hypotheken im Schnitt bei 1 bis 2 Prozent der Kreditsumme lag, erreichte er bei Subprime-Krediten angeblich bis zu 15 Prozent.[137] Viele dieser teureren Kredite wiesen einen niedrigen Lockzins für einen begrenzten Zeitraum auf. Danach stiegen die Zinsen und es gab vorsorglich hohe Vorfälligkeitsentschädigungen, die eine Refinanzierung unmöglich teuer machten. Wenn dies die hohe Wahrscheinlichkeit eines Zahlungsausfalls implizierte, war es das Problem von jemand anderem, denn die Hypothek war Teil eines Pools, denn man verbrieft, tranchiert und an andere Investoren transferiert hatte.

Das Federal Reserve Board schloss 2009 die Stalltür, nachdem das Pferd schon weggelaufen war, und erließ einen regulatorischen Beschluss, der Zahlungen an Hypothekenbroker und Kreditbeauftragte untersagte, wenn sie auf dem Zinssatz basierten, den man dem Schuldner auferlegt hatte.[138] Wells Fargo legte 2012 eine Klage des Justizministeriums bei, die besagte, die Bank habe mehr als 30 000 Kunden einen zu hohen Zins abverlangt. Wells Fargo war bereit, 125 Million Dollar zur Entschädigung der

Schuldner zu zahlen und 50 Millionen Dollar für ein Programm zu stiften, das Privatleuten dabei half, Anzahlungen zu leisten und ihre Häuser zu renovieren.

Kein Aspekt der Krise ist umstrittener als die Rolle der halbstaatlichen Hypothekenagenturen Freddie Mac und Fannie Mae. Fannie, formell die Federal National Mortgage Association, wurde 1938 gegründet, um Hypotheken von Banken zu kaufen, deren Ressourcen freizusetzen und ihnen zu ermöglichen, neue Kredite zu schaffen. Freddie, formell die Federal Home Loan Mortgage Corporation, wurde 1970 etabliert, um Konkurrenz für Fannie zu schaffen und enger mit S & Ls zu kooperieren, während Fannie mit Hypothekenbanken arbeitete.[139]

Die beiden halbstaatlichen Institute weiteten 1980 ihre Operationen aus, mehr oder weniger zum gleichen Zeitpunkt, als die S & L-Branche in die Krise abrutschte. Sie installierten, ähnlich wie Countrywide, automatische Systeme zur Akzeptanz und zum Kauf von Hypotheken. Sie verbrieften Hypotheken, garantierten die so entstehenden Instrumente und gaben sie an andere Investoren weiter. Die kauften hypothekengesicherte Wertpapiere von anderen Finanzinstituten und fügten sie ihren Portfolios mit Hypotheken verbundener Investments hinzu.

Der Anteil aller Hypotheken, die von Fannie und Freddie verbrieft wurden, war die ganzen 1970er-Jahre hindurch mit etwa 10 Prozent stabil geblieben. Aber in den 1980er-Jahren schoss, als Reaktion auf diese Initiativen, dieser Anteil raketengleich in die Höhe. Als der Anstieg Mitte der 1990er-Jahre aufhörte, entfielen auf Freddie und Fannie etwa 40 Prozent des Hypothekenmarkts.

An und für sich beweist dieses Wachstum gar nichts. Die Expansion von Fannies und Freddies Aktivitäten beim Kauf von Hypotheken und bei der Verbriefung von Assets konzentrierte sich auf den Zeitraum von 1981 bis 1994. Mit anderen Worten: Sie beschützten die Spekulationsblase auf dem Häusermarkt für lange Zeit. Aber die beiden halbstaatlichen Institute oder GSEs waren immer noch da, sagten ihre Kritiker, und sie lieferten zusätzliche Hypothekenkredite, nachdem der Häusermarkt in den späten 1990er-Jahren seine Verankerung verloren hatte. Obwohl die GSEs formell Privatunternehmen waren, war klar, dass die Regierung hinter ihnen stand. Freddie war das von Anfang an, während Fannie 1968 von einer Firma mit gemischten Eigentumsverhältnissen, an der die Regierung der USA Anteile hielt, zu einem vollständig privaten

Unternehmen umgewandelt wurde. Wenn Fannie und Freddie Probleme bekamen, konnte man damit rechnen, dass der Kongress ihnen aus der Patsche helfen würde, denn die beiden Unternehmen erfüllten eine öffentliche Aufgabe.

Weil die Regierung stets eine helfende Hand reichen würde, hatten Freddie und Fannie die Genehmigung, weniger Kapital zu halten als konventionelle Finanzinstitute. Sie mussten ihre Kreditwertpapiere nicht bei der Securities and Exchange Commission registrieren. Das verstärkte den Eindruck einer Regierungsinstitution, denn eine solche Behandlung war, im Gegensatz zu privaten Unternehmen, normalerweise Regierungsagenturen vorbehalten. Dieser Eindruck ermöglichte Fannie und Freddie auch, ihre Aktivitäten billiger zu finanzieren. Das wiederum machte Hypothekenkredite leichter verfügbar.

Der Housing and Community Development Act von 1992, von Präsident George H.W. Bush kurz vor einer heiß umkämpften Wahl abgezeichnet, änderte die Statuten von Fannie und Freddie dann so, dass sie »die Finanzierung erschwinglicher Wohnhäuser erleichtern«. 30 Prozent der von den GSEs gekauften oder garantierten Hypotheken mussten nun an Menschen in Gegenden mit niedrigen und bescheidenen Einkommen vergeben werden. Die Clinton-Administration forderte 1999, als wieder die Amtszeit eines Präsidenten zu Ende ging, Fannie dazu auf, die Käufe von Krediten an Hauseigentümer in Gegenden mit niedrigen oder bescheidenen Einkommen in problembeladenen Innenstadtbezirken zu erhöhen. Die Richtlinie für Hypotheken an Menschen mit niedrigen bis bescheidenen Einkommen wurde nur eine Woche vor den Wahlen im November 2000 auf 50 Prozent erhöht.

Die Ziele der Regierung bezüglich erschwinglicher Häuser stimmten mit denen von Fannies ehrgeizigem neuen CEO Franklin Delano Raines überein. Er war in bescheidenen Verhältnissen aufgewachsen, in einem Haus, das sein Vater mit eigenen Händen gebaut hatte, und besaß Abschlüsse vom Harvard College und der Harvard Law School. Nachdem er unter Nixon und Carter im Weißen Haus gearbeitet hatte, was keine ganz kleine Leistung war, sowie im Office of Management and Budget, wurde Raines Generalpartner der Investmentfirma Lazard Frères. Als CEO von Fannie Mae war er der erste Afroamerikaner an der Spitze eines Fortune-500-Unternehmens. Er wollte schnell ein Zeichen setzen mit dem Ziel, Fannies Gewinne in fünf Jahren zu verdoppeln. Angesichts der hauchdünnen Margen in seiner Branche wollte er das hauptsächlich dadurch erreichen, dass die billige Finanzierung dazu genutzt wurde, die Expansion von Fannies Hypothekenportfolio zu bezahlen.

Von 1995 bis 2003 stieg der Anteil der von Fannie und Freddie verbuchten Hypotheken weiter an. Von knapp unter 40 auf 50 Prozent des ausstehenden Volumens. Geschäftstüchtige Unternehmen wie Countrywide gründeten engagierte Tochterfirmen mit dem Zweck, Hypotheken an die GSEs zu verkaufen. 2003 kaufte Fannie Mae mehr als 70 Prozent aller von Countrywide emittierten Hypotheken. Als die Wall Street dann anbot, Countrywides Hypotheken zu kaufen und zu verbriefen, die die Garantiekriterien der GSEs nicht erfüllten (Subprime- und andere Hypotheken), setzte Fannie Mae seine Standards nach unten, um keine Marktanteile zu verlieren. Fannie und Freddie hätten der Wall Street folgen können, statt sie anzuführen, wie Phil Angelides, Vorsitzender der Financial Crisis Inquiry, es später formulierte.[140] Aber ihre Handlungen waren deshalb nicht weniger wichtig. Die beiden halbstaatlichen Institute gehörten, so gesehen, zu denen, die den Hypothekenboom erst möglich machten.

Andere Hinweise stützten diesen Vorwurf weniger. Zwischen 2003 und 2006 fiel der Anteil der von Freddie Mac und Fannie Mae gekauften Hypotheken von 50 auf 30 Prozent zurück.[141] 2003 enthüllte Freddie Mac, dass es seine Gewinne um fast fünf Milliarden Dollar falsch dargestellt hatte. Ähnliche Buchungsprobleme kamen bei Fannie Mae ans Licht. Der Skandal zwang Raines im Dezember 2004 zum Rücktritt.[142] Als Reaktion auf diese Skandale unterwarfen die Regulierer die Kreditvergabeaktivitäten der GSEs strengeren Einschränkungen. Der Anteil der Hypotheken, die in Form von Asset-gesicherten Wertpapieren von anderen Instituten als Fannie und Freddie gehalten wurden, verdreifachte sich dann in den drei Jahren nach 2003, weil andere Finanzinstitute in die Bresche sprangen. In der Spätphase des Booms trieben nicht die GSEs den Prozess voran, sondern andere Finanzinstitute.

Was auf den Markt ganz allgemein zutraf, galt für sein Subprime-Segment erst recht. Der Anteil der Subprime- und Fast-Subprime-Hypotheken (Rating: Alternative A oder Alt-A), die von anderen Finanzinstituten als Fannie und Freddie geschaffen und verbrieft worden waren, vervierfachte sich in diesem Zeitraum. Zwischen 2004 und 2006 sank der Anteil der von Fannie und Freddie verbrieften und verkauften Subprime-Hypotheken von fast 50 auf weniger als 25 Prozent. Mit anderen Worten: Auf dem Höhepunkt des Häuserbooms kam ein wachsender Anteil der Hypothekenkredite allgemein und insbesondere im Subprime-Segment aus anderen Quellen – das heißt: von Hedgefonds, Investmentbanken und ausländischen Banken, die ihre Bestände an CDOs aufstockten, die mit Hypotheken verbunden waren.

Wenn jemand Fannie und Freddie die Schuld am Häuserboom geben will, ist eine kompliziertere Logik erforderlich. Der Privatsektor könnte sich riskanteren Hypotheken zugewendet haben, nachdem er von den GSEs aus den konventionellen Hypothekenmärkten hinausgedrängt wurde. Man könnte auch argumentieren, dass Fannies und Freddies Portfolios so groß geworden waren, dass ihr Kollaps den Häusermarkt und die Wirtschaft destabilisiert hätte, was die Administration unter George W. Bush trotz ihrer Neigung zu freien Märkten unbedingt verhindern wollte. Von der Fed als Agentur der Regierung konnte man daher erwarten, dass sie alles Erforderliche tun würde, um einen signifikanten Rückgang der Häuserpreise zu verhindern. Das ermutigte Investoren, die sich der Situation bewusst waren, mit dem Kopf voran in das tiefe Ende der Hypothekenverbriefung abzutauchen.

Die Vorstellung, der »Greenspan-Bernanke-Put« würde nicht nur unter den Aktienmarkt, sondern auch unter die Häuserpreise einen Boden ziehen, erwies sich als schrecklicher Irrtum.

Vielleicht gab es reichlich perverse Anreize, die Kreditvergabekriterien abzusenken, aber die Kredite mussten immer noch finanziert werden.

Der Beitrag der Fed lässt sich bis zum Ende der Tech-Spekulationsblase und zu den Attacken Al Qaidas auf das World Trade Center zurückverfolgen. Das Federal Open Market Committee (FOMC) befürchtete, dass diese Erschütterungen des Vertrauens zu einer schwachen Wirtschaft führen würden. Daher senkte es die Federal Funds Rate (den Zinssatz, zu dem Banken einander Reserven leihen und den die Fed als Zinsziel verwendet) von mehr als 6 auf weniger als 2 Prozent.[143]

Hinzu kam: Weil die Inflation ohnehin schon niedrig war, machten sich die FOMC-Mitglieder Sorgen, die USA könnten bei einer Abschwächung der Wirtschaft in eine Deflation wie in Japan abrutschen, aus der es kein Entkommen gab. Angestellte des Federal Reserve Board publizierten im Juni 2002 eine Analyse, wie Japan der Deflation zum Opfer gefallen war. Dabei stellten sie die halbherzige politische Reaktion der Bank of Japan in den Vordergrund. Ben Bernanke hielt eine häufig zitierte Rede über die Gefahr der Deflation, nachdem er erst kurz zuvor in das Board of Governors berufen worden war. In seiner Rolle als Professor in Princeton hatte Bernanke eine Reihe von Schriften verfasst, in denen er die Bank of Japan dafür kritisierte, dass sie nicht mehr getan hatte, um dem Problem entgegenzutreten.[144] Indem er die Analyse der Angestellten zitierte, argumentierte Bernanke nun: »Wenn die Inflation bereits niedrig ist und die Fundamentaldaten der Wirtschaft sich plötzlich verschlechtern, sollte die Zentralbank beim Senken der Zinsen vorausschauender und aggressiver vorgehen als üblich.«[145] Er setzte sich in den Versammlungen des FOMC für vorbeugende Aktionen ein und gewann die Unterstützung des Vorsitzenden Alan Greenspan, der das Komitee warnte, man habe es mit einer »latent deflationären Art der Wirtschaft« zu tun. Das seien »ziemlich erschreckende Aussichten«, warnte Greenspan seine Kollegen, »und solche, die wir mit Sicherheit vermeiden wollen«.[146]

Aber der Zinssatz der Fed lag schon bei relativ niedrigen 2 Prozent. »Vorbeugend und aggressiv« zu reagieren, wie es die Bernanke-Doktrin verlangte, erforderte daher, die Zinsen zu senken und sie auf einem extrem niedrigen Niveau zu halten, bis das Deflationsrisiko vorbei war. Folglich wurde die Fed Funds Rate bis Mai 2004 auf dem bescheidenen Niveau von 1 Prozent im Monatsdurchschnitt gehalten. Schließlich gab das National Bureau of Economic Research als offizielle Instanz für solche Angelegenheiten bekannt, dass das Tief des Konjunkturzyklus schon zehn Quartale zuvor im November 2001 erreicht worden war.[147] Fairerweise sollte man dazu anmerken, dass das für die Datierung von Zyklen zuständige Komitee des Instituts auf definitive Daten wartet, ehe es sich auf den Zeitpunkt von Hoch und Tief eines Konjunkturzyklus festlegt. Ganz im Gegensatz zum FOMC, das Politik in Echtzeit macht. Rückblickend lässt sich sagen, dass die Fed das Deflationsrisiko überschätzte und *zu* vorbeugend und aggressiv reagierte. Weil Bernanke Japan und die große Depression studiert hatte, war er vielleicht ein wenig zu sensibel, was die Deflationsgefahr zu diesem Zeitpunkt betraf. Mit anderen Worten: Die Geschichte mag vielleicht nützlich sein, um Politiker darüber zu informieren, wie man auf bestimmte Risiken reagiert, aber sie kann auch eine Sichtweise der Zukunft prägen, die andere Risiken erhöht. Das allerdings hätten die Historiker der Federal Reserve im Rückblick auf die Erfahrungen der Zentralbank mit der Doktrin vom wahren Geld wissen sollen.

Auch verfälschte Daten mögen mit den übertriebenen Deflationssorgen der Fed zu tun gehabt haben. Die zeitgenössischen Daten zeigten, dass der Deflator für persönliche Konsumausgaben, bereinigt um die volatilen Nahrungsmittel- und Energiepreise, 2003 auf weniger als 1 Prozent fiel, gefährlich nahe am negativen Terrain. Spätere Revisionen enthüllten, dass die Inflation schon bei 1,5 Prozent den Boden erreicht hatte und nun zuverlässig anstieg.[148] Die wahre Deflationsgefahr sollte sich erst später entwickeln, nämlich erst 2009, nachdem die Häuser-Spekulationsblase geplatzt war. An diesem Punkt, so kann man sagen, erwies sich Bernankes erhöhte Aversion gegen Deflation als nützlich.

Mitte 2004 hatten sich die Deflationsängste verflüchtigt. Das FOMC unternahm erste Schritte, die Zinssätze zu normalisieren. Aber die Geschwindigkeit, mit der sie das tun konnte, war durch den Wunsch eingeschränkt, die wirtschaftliche Erholung nicht abzuwürgen. 2004 war wieder ein Jahr mit Präsidentschaftswahlen. Eine Zinserhöhung mit einer Geschwindigkeit, die auch nur eine milde Bedrohung der Erholung bedeutete, hätte man, ob berechtigt oder nicht, als Beeinflussung politischer Ergebnisse sehen können.

Folglich blieben 2004 bis Anfang 2005 die Zinsen deutlich unter dem Niveau, das die Taylor-Regel empfahl. Diese wurde so genannt, weil sie vom Ökonomen John Taylor entwickelt wurde, der an der Stanford University tätig war. Taylors Daumenregel berücksichtigte die historischen Beziehungen zwischen dem politischen Ziel der Fed und der Federal Funds Rate auf der einen Seite und der Inflation und den Ausfall von Produktionspotenzial auf der anderen Seite. Diese Daumenregel hatte in der Vergangenheit recht gut funktioniert und wurde schnell zur Richtlinie für angemessene Politik. Nach Taylors Regeln lag die Fed Funds Rate Anfang 2004 volle drei Prozentpunkte unter dem normalen Niveau und die Fed brauchte mehr als zwei zusätzliche Jahre, um diese Diskrepanz zu eliminieren.[149]

Anders als von 1925 bis 1927, ein weiterer Zeitraum, in dem die US-Zinsen ungewöhnlich niedrig waren, bezog sich die Motivation diesmal nicht auf das Ausland, sondern auf das eigene Land. Es ging darum, Deflation zu vermeiden, und nicht darum, anderen Ländern bei ihren Zahlungsbilanzproblemen zu helfen. Aber obwohl die Motivation anders war, so waren die finanziellen Implikationen doch die gleichen. Angesichts niedriger Renditen auf kurzlaufende Staatsanleihen und andere kurzfristige Investments streckten sich die Investoren nach Renditen. Sie kauften langlaufende Wertpapiere, nicht nur Staatsanleihen, sondern auch Instrumente, die mit Häuserhypotheken gesichert waren, was die langfristigen Renditen nach unten drückte – einschließlich der Hypothekenzinsen. Die Zinssensivität von Häuserpreisen und dem Bau neuer Häuser ist bekannt. Daher das Argument, das erst nach dem Eintritt des Ereignisses populär wurde, die Fed trage einen großen Teil der Verantwortung für den Bauboom und die Häuserblase.[150]

Die Architekten dieser Politik waren davon überzeugt, dass sie eine katastrophale Deflation abgewendet hatten, während sie nur marginal zu den Exzessen am Häusermarkt beigetragen hatten. Die Analyse der Fed-Angestellten legte nahe, dass niedrige Zinsen nur begrenzten Einfluss auf den Häusermarkt hatten. Wichtiger war, was die Forscher der Fed »häuserspezifische Schocks« nannten; ein Code für Bewegungen der Häuserpreise, die anders nicht zu erklären waren.[151] Es sah so aus, als bevorzugten die Haushalte langfristige Obligationen in Form von Hypotheken mit 30-jähriger Laufzeit, und Investoren bevorzugten riskante Investments in Form hypothekengesicherter Wertpapiere – und zwar in einem höheren Ausmaß, als allein durch das historische Verhalten von Zinsen, Wachstumsraten und Inflationsraten zu erklären wäre.

Die Erklärung war nicht so sehr, dass die Zinsen niedriger waren, als vielmehr, dass die Wirtschaft stabiler und die Einkommen besser vorhersagbar geworden waren. So schlussfolgerten Offizielle, wie Donald Kohn, Fed-Chairman unter Bernanke, nach Eintreten der Fakten.[152] Die Tatsache oder zumindest der Glaube, dass Produktion und Arbeitsmarkt weniger volatil geworden waren, ermutigte zum Eingehen von Risiken. Weil die Haushalte dachten, ihre Einkommen seien nun stabiler, fühlten sie sich wohler dabei, sich zu verschulden, und die Investoren fühlten sich wohler, wenn sie nach Renditen jagen konnten. Die Parallelen zu den 1920er-Jahren, als man auf ähnliche Weise dachte, der Konjunkturzyklus sei gezähmt, wären klar erkennbar gewesen waren, wenn sich jemand die Mühe gemacht hätte, hinzusehen.

Statistiker datieren die große Mäßigung, wie man diese Verminderung der Volatilität der Konjunkturzyklen nannte, auf die späten 1980er-Jahre. Dass der Wechsel auf der Annahme eines operativen Rahmens durch die Fed folgte, die das Streben nach niedriger und stabiler Inflation zu einer Priorität machte, verstärkte den Glauben, dass die Verbesserungen der Geldpolitik für den Stabilitätszuwachs verantwortlich waren. Auch hier sind die Parallelen mit der falschen Stabilität der 1920er-Jahre und der Fähigkeit zu Innovationen im Zentralbankwesen zu deren Erklärung offensichtlich.

Ob die Veränderungen der Arbeitsprozeduren der Fed tatsächlich in der Hauptsache für die große Mäßigung verantwortlich waren, wird immer noch debattiert. Eine Sichtweise ist, dass sie es war, eine andere besagt, dass die geringen Schwankungen des Konjunkturzyklus eher dem Glück zu verdanken waren – vor allem dem Ausbleiben von Ölschocks.[153] Sobald man die große Mäßigung als Teil des Problems zu sehen begann, waren die Politiker froh, jede Verantwortung von sich weisen zu können.

Aber selbst wenn die langfristigen Zinsen ein Teil des Problems waren, lagen diese Zinsen niedriger, als sich allein durch die Politik der Fed erklären ließ. Das war das »Rätsel« des Anleihemarkts, von dem Chairman Greenspan im Februar 2005 in seinem Bericht vor dem Kongress sprach und auf das er später immer wieder zu sprechen kam. Die Renditen zehnjähriger Staatsanleihen hatten von Mitte 2004 bis Mitte 2005 nicht zum Steigen tendiert trotz der Tatsache, dass die Fed die kurzfristigen Zinsen erhöhte. Im Gegenteil, die Renditen zehnjähriger Staatsanleihen fielen tatsächlich von 4,7 auf 4,0 Prozent.[154] Und die Verzinsung konventioneller Hypotheken sank ebenfalls.[155]

Die Erklärung, so argumentierte Greenspan, war die »tektonische Verschiebung« in China und anderen sich entwickelnden Ländern, von der zentralen Planung hin zu marktgetriebenem Wachstum.[156] In diesen schnell wachsenden Volkswirtschaften waren die Sparquoten hoch, weil die Arbeiter nun höhere Einkommen hatten, von denen sie einen Teil sparen konnten. Im Fall Chinas war das nicht die einzige Quelle des Problems, (sofern man exzessives Sparen als Problem bezeichnen kann). Außerdem trugen die staatseigenen Unternehmen zu den hohen Sparquoten im Inland bei, weil sie ihre Gewinne horteten. Diese Unternehmen profitierten vom privilegierten Zugang zu den heimischen Märkten. Die Offiziellen übten wenig Druck auf sie aus, ihre Gewinne zu distribuieren oder sie in den Haushalt der Regierung zu transferieren. Das Management war hauptsächlich daran interessiert, sich ein Imperium aufzubauen, was es erreichen konnte, indem es seine Kredite reinvestierte. Wenn man das Viertel des chinesischen Nationaleinkommens, das von den Haushalten gespart wurde, mit dem Viertel kombiniert, das von den Firmen zurückgehalten wurde, sparte und investierte China am Höhepunkt 2006 ungewöhnliche 50 Prozent des BIP.

Diesen Reichtum vernünftig zu investieren war nicht leicht. Andere Länder, die »Wirtschaftswunder« erlebt hatten, wie Thailand und Südkorea, hatten das versucht, erhielten aber eine schmerzhafte Lektion über die Gefahren unproduktiver Investitionen. Ihr Boom Mitte der 1990er-Jahre, begleitet von Banken, die zweifelhafte Investmentprojekte kommerzieller Immobilienentwickler und Unternehmenskonglomerate finanzierten, war in der asiatischen Krise 1997 und 1998 krachend zusammengebrochen. Die Lehre daraus war, dass es sicherer ist, moderat zu investieren und sich auf Projekte von hoher Qualität zu konzentrieren. Wenn dies langsameres Wachstum zur Folge hatte, dann war es diesen Preis wert, vor allem wenn das bedeutete, dass man nicht zum Internationalen Währungsfonds kriechen musste, um dort Hilfe zu finden.

Aber weniger zu investieren erforderte, dass man andere Verwendungsmöglichkeiten für Asiens überquellende Ersparnisse fand. Eine vorstellbare Möglichkeit war der Markt für Regierungsanleihen, aber in Asien selbst gab es nur wenige davon. Die asiatischen Regierungen erwirtschafteten eher Überschüsse als Defizite. Das geringe Angebot von Anleihen wurde von Pensionsfonds und Versicherungsunternehmen absorbiert, die sie bis zur Fälligkeit hielten. Das machte die asiatischen Anleihenmärkte relativ illiquide.

Auf die USA traf natürlich das Gegenteil zu. Der US-Anleihenmarkt war der größte und liquideste Finanzmarkt der Welt. Die Regierung der USA pumpte Anleihen heraus, um die Defizite zu finanzieren, die aus der Rezession von 2001, den Steuersenkungen Bushs und den Kriegen in Irak und Afghanistan resultierten. Und wenn das nicht genügte, um die Nachfrage zu befriedigen, gab es immer noch die hochrentierlichen Wertpapiere von Fannie und Freddie Mac.

Daher stürzten sich die asiatischen Länder auf US-Staatsanleihen und auf die Wertpapiere von Fannie und Freddie. Weil der Kauf von US-Schuldverschreibungen den Dollar nach oben und die lokalen Währungen nach unten zwang, hielt dies die asiatische Exportmaschine in Gang. Vor allem in China half diese Praxis dabei, die Exportbranchen zu stützen, die der Motor des Wachstums waren.[157]

Schätzungen des Einflusses dieser »globalen Ersparnisschwemme« auf die langfristigen Zinsen, wie Gouverneur Bernanke das nannte, reichten bis zu vollen zwei Prozentpunkten.[158] Und zwei Prozentpunkte bei langfristigen Zinsen waren mehr als genug, um den Häusermarkt massiv zu beeinflussen. Das war Greenspans und Bernankes Verteidigung. China, nicht sie, hatte den Tsunami des Kreditflusses in den Häusermarkt ausgelöst. Wenn China und andere Emerging Markets weniger investierten, als sie sparten, musste jemand anderer mehr investieren. In diesem Fall übernahmen die USA die Rolle dieses anderen, weil die zusätzlichen Investments in den Bau von Häusern flossen.

Die Fed hätte versuchen können, diese Effekte durch eine Zinserhöhung abzuwenden, aber die Dauerhaftigkeit der Erholung war unsicher. Als 2003 amerikanische Zentralbanker und andere begannen, die Aufmerksamkeit auf die Auswirkungen chinesischer Käufe von Staatsanleihen zu lenken, lag das BIP-Wachstum unter 3 Prozent und war damit deutlich langsamer, als es für eine typische Erholung von einem Wirtschaftseinbruch üblich ist. Gegen diesen Rückschlag war der Anstieg der Bautätigkeit willkommen. Obwohl die Steigerung der Häuserpreise Risiken barg, war die Geldpolitik dagegen eine stumpfe Waffe, vor allem wenn sie die Arbeitslosenquote zu erhöhen und das Deflationsrisiko zu steigern drohte. Erinnerungen an das letzte Mal, als die Fed die Zinsen dazu verwendet hatte, um die Luft aus einer Asset-Blase zu lassen, 1929, dienten als mahnende Erzählung. Vor allem gab es einen ideologisch tief verwurzelten Widerwillen, die Entwicklung der Märkte vorherzusagen. Im Gegenteil könnte man argumentieren, dass dies insgesamt ein glückliches Ergebnis war. Dank umfangreicher ausländischer Ersparnisse konnten die USA ihre Haushaltsdefizite und die Bautätigkeit billiger finanzieren. Die niedrigen einheimischen Ersparnisse bedeuteten keine so große Begrenzung mehr für die Ausgaben der Regierung und die Baukosten. Wenn die US-Haushalte ihre Ausgaben steigerten, so hieß es, dann war das ein Ausdruck für eine voraussichtliche Beschleunigung des Produktivitätswachstums und höhere Einkommen in der Zukunft, versprochen durch die einzigartige Fähigkeit des Landes, neue Informationstechnologien anzuwenden. All das erinnerte auf verstörende Weise an die 1920er-Jahre, als man argumentierte, die Elektrifizierung und das Fließband würden ein permanentes Produktivitätswachstum und steigende Einkommen verheißen. Aber das spielte hier keine Rolle. China konnte exportieren, sich ein höheres Produktionsniveau sichern und seine Ersparnisse in liquider Form halten. Die USA importierten chinesische Waren und exportierten sichere und liquide Assets, während China das Gegenteil tat. Das war die beste aller Welten.

Einige wenige Beobachter stellten die Dauerhaftigkeit dieses Prozesses infrage. Sie warnten, es gebe Grenzen, wie viel Geld Peking verleihen würde, um die Vereinigten Staaten in die Lage zu versetzen, chinesische Güter zu kaufen. Früher oder später würde China seine Leistungsfähigkeit bei der Produktion in mehr Konsum umsetzen wollen und an diesem Punkt werde der Geldfluss in die US-Märkte austrocknen.

Aber es gab keine Vereinbarung über den Zeitpunkt. Die Skeptiker merkten an, dass die USA nur begrenzte Kapazitäten hatten, sichere Assets hervorzubringen. Wenn man zu viele davon erzeugte, wären sie nicht mehr sicher, was China dazu verleiten könnte, den Stöpsel zu ziehen. Das gab Grund zur Sorge, was geschehen würde, wenn, wie es Chuck Prince in seiner Zeit als Chairman und CEO von Citigroup formulierte, die Musik aufhörte.

Leider konzentrierte sich fast jeder, der einen Zusammenhang zwischen den chinesischen Ersparnissen und den US-Zinsen sah, darauf, was geschehen würde, falls Chinas Bereitwilligkeit, die laufenden Haushaltsdefizite der USA zu finanzieren, abrupt enden würde, ähnlich wie die Bereitwilligkeit der USA, die deutschen Defizite zu finanzieren, 1928 geschwunden war. Die US-Zinsen würden nach oben schießen. Da ausländische Finanzmittel nicht mehr verfügbar wären, müsste das laufende Defizit der USA mit einem einzigen Schlag eliminiert werden. Der Dollar würde an den Devisenmärkten zusammenbrechen, weil er keine Unterstützung aus dem Ausland mehr erhielte.

Wir wissen wegen der folgenden Ereignisse, dass die Kritiker mit ihrer Besorgnis recht hatten. Aber sie lagen falsch damit, sich auf die Risiken für die Wechselkurse und die Zahlungsbilanz zu konzentrieren. Die kritischen Ungleichgewichte entstanden nicht am Devisenmarkt, sondern im Hausbau und bei der Verbriefung. Leider konzentrierten sich nur wenige, die die Frage nach der Nachfrage stellten, auf diese Bereiche.

Kapitel 6
Schlösser in Spanien

Zur Jahrhundertwende waren die USA nicht das einzige Land, das einen Boom im Häuserbau erlebte. Irland und Spanien standen keinem Land nach, was Exzesse am Häusermarkt betraf. Die Preise von Wohnimmobilien stiegen in den USA zwischen 1997 und 2006 um 125 Prozent. Aber das war ein Kinderspiel im Vergleich zu Spanien, wo sie um 175 Prozent, und Irland, wo sie um außergewöhnliche 260 Prozent stiegen.[159] In den zehn Jahren vor 2005 wurden in Irland 550 000 Häuser gebaut, einem Land mit nur 4,5 Millionen Einwohnern, das überall die schöne Landschaft zeigte, die William Butler Yeats so eloquent gefeiert hat.

Auch wenn die Konsequenzen die gleichen waren, so waren die Ursachen doch unterschiedlich. Weder in Spanien noch in Irland gab es in nennenswertem Umfang Hypothekenverbriefungen.[160] Beide Länder hatten keine halbstaatlichen Hypothekeninstitute wie Freddie Mac und Fannie Mae.

In Irland war der Häuserboom vielmehr ein ungeplantes Stiefkind des wirtschaftlichen Erfolgs. Noch Mitte der 1980er-Jahre hielt man die Republik für einen wirtschaftlich kranken Staat Europas. Das Land litt an niedriger Produktivität und anämischem Wachstum. Ab 1986 begann die irische Regierung, ihren Haushalt auszugleichen, die Steuern zu senken und die Landeswährung abzuwerten, was die Wettbewerbsfähigkeit der Exporte steigerte. Ausländische Unternehmen wurden durch die Möglichkeit angezogen, technische Produktion und Dienstleistungen in eine Wirtschaft mit niedrigen Löhnen auszulagern. Sie war bevölkert von Menschen, deren Muttersprache Englisch war, ganz zu schweigen von einer vorteilhaften Besteuerung von Unternehmensgewinnen. Das Wachstum der Einkommen und der Wirtschaft beschleunigte sich in den 1990er-Jahren als Reaktion auf diesen Anstieg ausländischer Investitionen. Ob dieses rapide Wachstum und der Anstieg der Einkommen einen Zuwachs der Nachfrage nach Häusern im beobachteten Ausmaß rechtfertigten, ist eine andere Frage.

In Spanien wurde der Boom des Häuserbaus teilweise von Nordeuropäern angetrieben, die Ferienhäuser in einem sonnigeren Klima kauften. Auf ähnliche Weise, wie sich die Bewohner Neuenglands in den 1920er-Jahren von Florida angezogen fühlten. Das erklärte aber nicht den Bau von Projekten mit vielen Einheiten, die auf einheimische Haushalte in den Vorstädten der großen Städte des Landes abzielten. Manche, wie Ciudad Valdeluz, gleich nördlich von Madrid, wurden zu Geisterstädten, als die Blase platzte. Das Verdienst dafür gebührt der enthusiastischen Kreditvergabe der spanischen Banken, vor allem der regionalen Sparkassen oder *cajas*.

Die Rolle der Bankkredite deutet auf die wichtigste Sache hin, die Irland und Spanien mit den USA teilten, nämlich auf einen enormen Kreditboom, der riesige Mengen billiger Finanzmittel in den Immobilienmarkt pumpte. Der Unterschied war die Quelle der Kredite. In den USA wurde der Kreditboom durch Deregulierung und Verbriefung angetrieben, unterstützt durch eine lockere Geldpolitik und globale Ungleichgewichte. In Irland, Spanien und weiten Teilen Südeuropas war der Euro der wichtigste Faktor.

Dass der Einfluss des Euro sich am stärksten an den Immobilienmärkten und an der Peripherie der europäischen Wirtschaft bemerkbar machen würde, hatten die Gründerväter der europäischen Währung nicht vorhergesehen. Das Euro-Projekt, ebenso wie der größere Prozess der europäischen Integration, hatte sich immer auf Deutschland und Frankreich konzentriert. Für Frankreich war die Integration der europäischen Volkswirtschaften immer eine Möglichkeit, Deutschlands wirtschaftliche Macht an die Kette zu legen. Das war ein Ziel, das die politischen Führer Frankreichs nach dem Zweiten Weltkrieg verfolgten. Und sie wandten ihre Aufmerksamkeit nach der deutschen Wiedervereinigung wieder diesem Ziel zu, denn die Expansion der Bundesrepublik drohte jeden Anschein von Parität zwischen der französischen und der deutschen Volkswirtschaft zu zerstören.

Die französischen Politiker verstanden, dass alles, was den innereuropäischen Handel stärkte, den deutschen Unternehmen die Chance zur friedlichen Koexistenz geben würde. Der Aufbau von Institutionen zur Überwachung der wirtschaftlichen Aktivitäten, so argumentierten sie, würde die deutsche Wirtschaftspolitik unter internationale Aufsicht stellen.[161] Schnell identifizierten sie eine gemeinsame Währung als entscheidenden Teil des Apparats zur Vertiefung der wirtschaftlichen Integration bis zu dem Punkt, an dem sie unumkehrbar wurde. Wie Jacques Rueff, der Experte für den Geldmarkt und später Ratgeber von Charles de Gaulle in

Wirtschaftsfragen, es ausdrückte: »Europa wird aus Geld entstehen oder es wird gar nicht entstehen.« Oder, in den erstaunlichen Worten von Francois Mitterand, des französischen Staatspräsidenten von 1992 und 1993, als die Entscheidung für eine Währungsunion gefallen war: »Ohne ein gemeinsames monetäres System gibt es kein Europa.«[162]

Im Lauf der Zeit haben diese Statements eine ironische Färbung angenommen. Die monetäre Integration scheint alles andere als unumkehrbar zu sein.

Ein Prozess, der vorsah, Europa und insbesondere Deutschland zu einer tieferen Integration zu zwingen, drohte später den Kontinent zu zerreißen. Aber damals sah man das nicht so. Das Bekenntnis der französischen politischen Führer zu einer wirtschaftlichen und monetären Integration war aufrichtig. Verwurzelt war dies in sehr realen Erinnerungen an mehr als ein Jahrhundert französisch-deutscher Konflikte.

Die deutschen Politiker ihrerseits sahen Europa als Vehikel, mit dem die Nachkriegs-Bundesrepublik, befreit von den Privilegien der Souveränität, seine außenpolitischen Ambitionen verfolgen konnte, ohne seine Nachbarn zu bedrohen. Eine europäische Außenpolitik, ein Außenminister und eine Armee sorgten für eine Schutzhülle, hinter der das Land seine außenpolitischen Ziele vorantreiben konnte. Das war Deutschlands Strategie, zunächst seine Souveränität und dann seinen Platz auf der globalen Bühne zu erreichen, schon seit diese Methode vom ersten Nachkriegskanzler Konrad Adenauer formuliert worden war. In den 1960er-Jahren stellte Willy Brandt, ein ebenso schlauer deutscher politischer Führer, eine Währungsunion als Teil des Pakets von Maßnahmen zur Integration heraus, das man Paris als Gegenleistung dafür anbot, dass Frankreich Deutschlands außenpolitischen Ambitionen zustimmte. Das machte die Währungsunion zu einem logischen Zugeständnis, als Helmut Kohl, Deutschlands Kanzler mit der längsten Amtszeit nach dem Krieg und Schüler Adenauers, die Zustimmung Frankreichs zur deutschen Wiedervereinigung erhalten wollte.

Jede Kurzbeschreibung eines so komplexen Prozesses wie der europäischen Integration ist notwendigerweise zu simpel. Die relevante Vereinfachung ist hier, dass Frankreich ökonomische Integration wollte und Deutschland politische Integration suchte. Zusammengenommen waren diese Elemente die Basis für einen Deal. Natürlich gab es in Deutschland auch Leute, vor allem Offizielle der Zentralbank, der Deutschen

Bundesbank, die gegen eine monetäre Integration vor einer politischen Integration waren, und in Frankreich gab es Leute, unter ihnen führende Technokraten, die sowohl die politische als auch die ökonomische Integration begrüßten. Das war schließlich der Kern des Deals. Die Franzosen erreichten schnelle Erfolge mit der Schaffung der Europäischen Wirtschaftsgemeinschaft (EWG) 1957, des gemeinsamen Markts ohne Barrieren für den Austausch von Gütern, Kapital und Arbeitskräften 1992 und des Euro 1999. Die Deutschen machten langsamere Fortschritte, blieben aber ihrem Ziel verpflichtet.

Deutsche Politiker verstanden natürlich, dass es leichter war, sich in einigen ökonomischen Maßnahmen zu engagieren, als das Schmieden einer politischen Union. Den Entwurf einer Freihandelszone, eines einzigen Markts und selbst einer gemeinsamen Währung konnte man an die Technokraten delegieren. Wenn es nationale Empfindlichkeiten gab, konnte man Schutzmechanismus einbauen. Um mächtige feindselige Spezialinteressen zu vermeiden, konnten deutsche und französische Landwirte mit einer speziellen Behandlung rechnen, wenn Europa seine Freihandelszone schuf. Obwohl ein einzelner Markt eine mächtige europäische Kommission erfordern konnte, um die allgemeinen Wettbewerbsregeln umzusetzen, konnte man sensible Bereiche wie die Bankenregulierung den nationalen Behörden überlassen. Um Deutschland zu versichern, dass der Euro keine Inflationsmaschine sein würde, konnten die Mitgliedstaaten unabhängig sein, so wie die Bundesbank, worauf Kohl bestand.

Wie vorhergesagt, stellte die politische Union eine härtere Nuss dar, die es zu knacken galt. Die Übertragung der Souveränität war sogar in Deutschland ein sensibles Thema, obwohl sich mehrere aufeinander folgende politische Führer an vorderster Front für diese Idee einsetzten. Obwohl Nationalismus in der zweiten Hälfte des 20. Jahrhunderts keine ehrbare deutsche Haltung war, gab es ihn dennoch. Die französischen Politiker waren nur unter der Voraussetzung bereit, die politische Integration voranzutreiben, dass sie hohe Positionen einnehmen und die Regeln bestimmen konnten. Daher verstand jeder, dass im Vergleich zum Übergang in eine monetäre Union, die von der Unterzeichnung der Maastrichter Verträge 1992 bis zur Einführung des Euro 1999 sieben Jahre gedauert hatte, der Übergang zu einer politischen Union länger dauern würde.

Das Problem war, dass Deutschland ohne eine politische Union nicht für eine ökonomische und monetäre Union zu haben war. Und was politisch problematisch war, das war auch ökonomisch problematisch. Eine problemlos funktionierende monetäre Union erfordert ein zwischenstaatliches System von Steuern und Transferleistungen wie in den USA. Eine gemeinsame Währung und ein gemeinsamer Finanzmarkt erfordern einen gemeinsamen Regulierer, ein gemeinsames Einlagensicherungssystem und einen Bad-Bank-Fonds – was später als Bankenunion bekannt wurde.[163] Aber wenn fiskalpolitische Entscheidungen auf europäischem Niveau getroffen werden sollten, wäre das nur dann zu tolerieren, wenn es auch ein Europäisches Parlament gäbe, ausgestattet mit der nötigen Autorität, um Entscheidungsträger für ihre Handlungen zur Verantwortung zu ziehen. Sollte es fiskalische Transfers an problembeladene Mitgliedstaaten geben, bräuchte man strengere Regeln für die nationale Fiskalpolitik und einen angemessenen Überblick über diejenigen, die sie umsetzen. Sollte es eine Bankenunion geben, müssten politische Institutionen existieren, die die Regulierer der internationalen Banken für ihre Handlungen zur Verantwortung ziehen könnten.

Die führenden europäischen Politiker dachten, sie könnten den Prozess durch die Einführung des Euro beschleunigen. Sobald die monetäre Union eine Tatsache wäre, müssten sogar nationalistische Politiker einräumen, dass die politische Union nötig war, damit die monetäre Union funktionierte. Wie Joschka Fischer, der charismatische Grünen-Politiker, deutscher Vizekanzler und Außenminister es 1999 in einer Rede vor dem Europa-Parlament ausdrückte: »Mit der Einführung des Euro (...) wurde ein wichtiger Teil der nationalen Souveränität, nämlich die monetäre Souveränität, an eine europäische Institution abgegeben. (...) Die Einführung einer gemeinsamen Währung ist nicht so sehr ein ökonomischer, sondern ein mit Souveränität verbundener und somit eminent politischer Akt. (...) Die politische Union muss von jetzt an unser Leitstern sein; sie ist die logische Folge einer Wirtschafts- und Währungsunion.«[164]

Das war keineswegs eine ausschließlich deutsche Sichtweise. Romano Prodi, der italienische Politiker, der als Präsident der Europäischen Kommission diente, als der Euro eingeführt wurde, lieferte in einem Interview mit der *Financial Times* 1999 eine klare Aussage: »(Mein reales) Ziel ist, die Konsequenzen der Einheitswährung (zu ziehen) und ein politisches Europa zu schaffen.« Jean-Luc Dehaene, der in Frankreich geborene belgische Premierminister, drückte es noch klarer aus: »Die monetäre Union ist der Motor der politischen Union.«

Ein Motor neigt dazu, Schaden zu nehmen, wenn er aus dem Stand zu schnell auf volle Drehzahl gebracht wird. Der blinde Glaube der europäischen Politiker an den Euro ähnelte dem Glauben an den Goldstandard in den 1920er-Jahren: Wenn man monetäre Institutionen schafft, werden die politischen Anpassungen folgen, die ihr problemloses Funktionieren erfordert. Das waren die funktionalistischen Argumente, mit denen Ökonomen aufnahmebereite Offizielle überzeugten.

Spezialisten für europäische Politik, welche die Realität vielleicht besser beurteilen konnten, standen dieser funktionalistischen Logik skeptischer gegenüber. Dass ein bestimmtes Set politischer Institutionen nötig war, um ökonomische Arrangements zu stützen, war keine Garantie, dass sie ihre Funktion erfüllen würden.[165] Im Gegensatz zur ökonomischen Logik führt die Politik ein Eigenleben.

Die Gründerväter des Euro hatten angenommen, dass Europa mehrere Jahrzehnte zur Verfügung hatte, um die Banken-, die fiskalische und die politische Union zu vollziehen. Leider wurde die Euro-Region von der Finanzkrise und der großen Rezession beiseitegeschoben, was die immer noch andauernde Natur des Konstrukts bloßlegte. Die Annahme, die monetäre Union könne ohne eine politische Union voranschreiten, erwies sich als fataler Irrtum.

Dass Irland, Spanien und andere Länder an der Peripherie Europas zu den Gründungsvätern des Euro-Gebiets gehörten, war eine weitere Überraschung für die Architekten der Einheitswährung. Eine Studie nach der anderen zeigte, dass es einem Kern starker und stabiler nordeuropäischer Länder – Deutschland, Frankreich, Belgien, die Niederlande, Luxemburg und vielleicht Dänemark – am leichtesten fallen würde, sich mit einer gemeinsamen Währungspolitik abzufinden. Irland, Spanien, Portugal, Italien und Griechenland, wo die Bedingungen anders waren, würden die Konsequenzen einer gemeinsamen Geldpolitik weniger komfortabel finden. Man nahm daher an, dass die monetäre Union zunächst auf diesen Kern starker und stabiler nordeuropäischer Länder beschränkt bleiben werde.

Aber Irland war schon dabei, sich von der Peripherie zum Kern Europas vorzuarbeiten. Mit einer durchschnittlichen Wachstumsrate von mehr als 6,5 Prozent zwischen 1990 bis 1998 hatte es schon eines der höchsten Pro-Kopf-Einkommen des Kontinents. Im Gegensatz dazu wuchs Spanien nur halb so schnell, was Argumente des Landes problematischer machte, dass es ähnlich gut auf den Euro vorbereitet war.[166]

Hier besiegte allerdings die Prozedur die Vorsicht. Die Entscheidung, die Währungsunion voranzutreiben, wurde, wie die meisten Entscheidungen der EU, einvernehmlich getroffen. Wenn Einstimmigkeit erforderlich war, konnten Länder wie Spanien, wenn man ihnen die Mitgliedschaft verweigerte, den ganzen Prozess blockieren. Und es gab keine Möglichkeit, sich ohne deren Partizipation nach vorn zu bewegen.[167]

Sogar Griechenland, dessen Haushaltsdefizit viel zu hoch war, um durch die großzügigen Maschen der Maastrichter Verträge zu schlüpfen, konnte die Zusage aushandeln, nach einigen Jahren beitreten zu können, wenn es wenigstens kosmetische Fortschritte an der fiskalischen Front machte. Das Land bekam Unterstützung von Goldman Sachs, was der griechischen Regierung dabei half, den Anschein zu erwecken, die Schulden seien zu managen. Zu diesem Zweck arrangierte man einen Deal, mit dem man sofort Geld erhielt. Dadurch war man von der Notwenigkeit befreit, zusätzliche Anleihen zu emittieren. Dafür versprach das Land, die Einnahmen aus der staatlichen Lotterie und den Landegebühren an den Flughäfen weiterzuleiten. Die besagten Deals wurden nicht als Kredite, sondern als Währungstrades verbucht, was sie vor offenem Einblick oder zumindest vor der Europäischen Union verbarg.[168]

Und so kam der Euro in die Peripherie. Er stimulierte die Häusermärkte durch Zinssenkungen, die wiederum die Kreditkosten für Haushalte, Baufirmen und Immobilienentwickler senkten, mit denen Immobilienspekulationen durchgeführt werden konnten. In den 1990er-Jahren waren Spanien, Portugal und Italien gezwungen, auf zehnjährige Staatsanleihen doppelt so hohe Zinsen zu zahlen wie Deutschland und der Rest von Nordeuropa.[169] Diese zweistelligen Renditen sanken nun wegen der Einführung der monetären Union. Die Investoren glaubten, dass die Mitglieder der Euro-Zone nicht mehr in der Lage waren, ihre Probleme durch Inflation zu lösen, weil sie nun hartes deutsches Geld hatten, determiniert durch eine deutsche Zentralbank. Die europäischen Regeln würden von den Regierungen Spaniens, Portugals und Italiens verlangen, eine disziplinierte Fiskalpolitik auszuführen, ganz zu schweigen vom Fehlen einer nationalen Zentralbank, die das Geld zur Finanzierung von Haushaltsdefiziten liefern könnte. Wenn man die Stabilität erhöht hätte, würde sich das Wachstum beschleunigen. Die Pro-Kopf-Einkommen würden sich dem europäischen Durchschnitt annähern. Schnelleres Wachstum und stärkere Haushalte würden die Nachhaltigkeit der öffentlichen Verschuldung sichern.[170] Diese

Annahmen waren die Basis der populären Strategie, Anleihen südeuropäischer Staaten zu kaufen, weil man erwartete, ihre Kurse würden steigen, weil die Renditen sanken. Diese Strategie erhielt einen eigenen Namen, wie es bei modernen Investmentstrategien üblich ist. Man nannte sie »Konvergenzwette«.[171]

Das Resultat war ein massiver Zufluss von Kapital in die Anleihenmärkte und Bankensysteme Spaniens, Portugals, Griechenlands und Irlands aus dem Rest Europas und dem Rest der Welt.[172] Zwischen 2004 und 2007 übertrafen diese Zuflüsse bei Weitem die 4-Prozent-Richtlinie des BIP, die der internationale Währungsfond als Warnsignal eines Risikos der Stabilität verwendete. Dass der IWF trotz der Verletzung historischer Normen keinerlei Warnungen über die Konsequenzen herausgab, wirft ein bezeichnendes Licht auf die Grundannahme, dass die Situation in Europa anders war. Die monetäre Union war eine Tatsache. Sie war unumkehrbar. Es gab keinen Grund mehr, sich über aktuelle Konten-Ungleichgewichte und Kapitalflüsse zwischen den Mitgliedstaaten der Euro-Zone Sorgen zu machen, ähnlich wie bei den 50 Bundesstaaten der USA. Den größten Teil des Auslandskapitals, das von den südeuropäischen Ländern importiert wurde, verwendete man, um private Investments zu finanzieren und nicht etwa Haushaltsdefizite der Regierung, wenn man Griechenland einmal ausnimmt. Diese privaten Investitionen versprachen, die Volkswirtschaften der Empfängerländer produktiver zu machen und sie in die Lage zu versetzen, ihre Schulden zurückzuzahlen.

Daher konnte man die Tatsache als gute Sache bezeichnen, dass Kapital von Ländern mit hohen Einkommen, wie Deutschland, in Länder floss, die ein geringeres Einkommensniveau hatten, wie Spanien, Portugal und Griechenland. Länder mit niedrigen Einkommen, aber der Fähigkeit, schnell zu wachsen, hatten die besten Möglichkeiten, zusätzliches Kapital einzusetzen. Und mit der Ankunft des Euro wurde vermutet, dass die früher zurückgebliebenen Volkswirtschaften Südeuropas diese Fähigkeiten nun im Überfluss zur Verfügung hatten. Das war der Art und Weise ganz ähnlich, wie man den Kapitalfluss von China in die USA betrachtete. Auch dies wurde als ein Anzeichen der besten aller möglichen Welten betrachtet.

Im Gegensatz dazu führte die Bundesrepublik Deutschland als schwacher Performer den Euro ein. Sie war immer noch dabei, das frühere Ostdeutschland zu verdauen. Die Arbeitslosigkeit war hoch, vor allem in den östlichen Bundesländern. Die Arbeitsmärkte waren unflexibel. Ein weiterer

Grund, so argumentierte man, lieber in den kleinen Ländern der Peripherie Europas zu investieren als im großen, untergehenden Deutschland.

Wenig später übernahm Deutschland die »Agenda 2010«-Reformen von Gerhard Schröders Koalition aus Sozialdemokraten und Grünen. Schröder war ein unwahrscheinlicher Kandidat, die radikalen Reformen des deutschen Arbeitsmarkts durchzusetzen. Sein Vater war im Zweiten Weltkrieg als Soldat an der Ostfront gefallen. Und so war er ab seinem 15. Lebensjahr als Bauarbeiter der Haupternährer seiner Familie und begrüßte die militante Pro-Gewerkschaftspolitik seiner Arbeitskollegen. Dann studierte Schröder Jura, bevor er bei den Jungsozialisten aktiv wurde, und arbeitete als Assistent für Horst Mahler, den berüchtigten Mitbegründer der Baader-Meinhof-Bande, einer Gruppe radikal antikapitalistischer Studenten und Terroristen. Als er in den Bundestag gewählt wurde, stellte er seine Mann-des-Volkes-Referenzen zur Schau, indem er statt des üblichen Anzugs einen Pullover trug.

Im Lauf der Zeit bewegte sich Schröder hin zur Mitte, wie Politiker mit nationalen Ambitionen es oft tun. Als er 1998 zum Bundeskanzler gewählt wurde, war die deutsche Öffentlichkeit, die Jahre mit hoher Arbeitslosigkeit durchlitten hatte, bereit für etwas anderes. Um Klassenkampf zu vermeiden, präsentierte sich der nun konservativ gekleidete Kanzler als Modernisierer und vertrat eine Strategie, die soziale Gerechtigkeit mit ökonomischer Effizienz verband, ähnlich wie Bill Clinton und Tony Blair. So wie nur Nixon nach China reisen konnte, konnte nur Schröder die mächtigen deutschen Gewerkschaften davon überzeugen, dass Zurückhaltung bei den Lohnforderungen, dezentralisierte Lohnverhandlungen und ein reformierter Wohlfahrtsstaat in ihrem Interesse waren. Die Bewegung hin zur Mitte ergab auch politisch einen Sinn: Schröders Sozialdemokraten hatten kaum Konkurrenz von weiter links und daher gab es einen Anreiz, sich zur Mitte zu bewegen, um bei Wahlen mit den konservativeren Christdemokraten und den liberalen Freien Demokraten konkurrieren zu können.

Aber in den frühen Jahren des Euro hatte man Schröders Reformen noch nicht übernommen und sie hatten erst recht keine Zeit, um zu funktionieren.[173] Die Produktivität wuchs in Südeuropa schneller als im immer noch kränkelnden Deutschland. Dies alles nährte die Erwartungen einer Konvergenz zwischen Europas Süden und Norden, was den Süden zur offensichtlichen Destination ungebremsten Finanzkapitals machte.

Allerdings sprachen drei beunruhigende Fakten dagegen.[174] Erstens sanken die Sparquoten in Südeuropa in diesem Zeitraum starker Kapitalzuflüsse. Offensichtlich wurde die Region immer stärker von Finanzen aus dem Ausland abhängig. Das war das Gegenteil des Musters in China und anderen schnell wachsenden asiatischen Volkswirtschaften, wo die Sparquoten nicht nur hoch waren, sondern noch stiegen. Das war insofern besorgniserregend, weil die Kapitalzuflüsse und somit auch die Investments, die sie finanzierten, jederzeit versiegen konnten.

Ein zweiter beunruhigender Trend war der Verlust an Wettbewerbsfähigkeit in ganz Südeuropa. Nach den Schröder-Reformen von 2003 stiegen die Produktionskosten je Einheit in Deutschland nicht mehr, was ein Zeichen war für starkes Produktivitätswachstum und die neue Akzeptanz mäßiger Lohnforderungen durch die Gewerkschaften. In Ländern wie Spanien dagegen stiegen die Löhne weit schneller als die Produktivität. Der Euro verspreche schnelleres Wachstum, sagte man den spanischen Gewerkschaftsvertretern. Wenn ihre zukünftigen Einkommen höher wären, so dachten sie, dann konnten sie ja jetzt schon einen Teil der Wohltaten genießen. In Wahrheit war schnelleres Wachstum natürlich nicht garantiert. Die Produktionskosten je Einheit in der spanischen Industrie stiegen zwischen 1999 und 2008 im Vergleich zu denen in Deutschland um erstaunliche 40 Prozent. Spanische Firmen waren in keiner Weise wettbewerbsfähig.

In Griechenland, Portugal und Italien waren die Bedingungen nicht besser. Die Produktionskosten stiegen genau dann, als Deutschland seine Kosten nach unten drückte, weil man die Reformen der Agenda 2010 anwendete. Früher wären die Auswirkungen niedrigerer Arbeitskosten und erhöhter Wettbewerbsfähigkeit in Deutschland durch eine stärkere D-Mark ausgeglichen worden. Aber das war nicht mehr der Fall, denn Deutschland hatte ja den Euro.

Und das Problem war nicht nur die deutsche Konkurrenz. Hinzu kam China. Das war, als die chinesischen Exporteure von Kleidung, Schuhen und anderen Handelsgütern Marktanteile gewannen und in die Produktsphäre von griechischen, portugiesischen und italienischen Firmen eindrangen.[175] Von den politischen Führern Europas war es zu viel verlangt, als sie Pläne für den Euro entwarfen, die Intensivierung des chinesischen Wettbewerbs zu antizipieren. Chinas Eindringen nach Europa war eine weitere Überraschung, die den Euro bedrohte.

Der dritte verstörende Trend war, dass der Kapitalfluss in die Peripherie Europas die heimische Produktion förderte, nicht aber fixe Investitionen.[176] Heimische Produktion trägt wenig zur Steigerung der Produktivität bei. Der Anstieg der Bautätigkeit hätte ein Warnsignal sein können.

Noch mehr als in den USA waren die Banken in Europa die Leitungsrohre für die Kapitalzuflüsse. Obwohl schon die US-Banken mit hohen Fremdkapitalquoten arbeiteten, wurde dies von den europäischen Banken noch übertroffen. Bei den US-Banken betrug der Fremdkapitalfaktor zwölf nach der konventionellen Messung von Bank-Assets zum Kapital.[177] Nach demselben Maßstab betrug der Fremdkapitalanteil europäischer Banken 20.[178] In der Tat hielten die europäischen Banken nur ein Kapitalkissen von 5 Prozent als Schutz vor Verlusten. Dieser zwanzigfache Hebel war nur der Branchendurchschnitt. Einige der größten Banken, darunter der Gigant Deutsche Bank, hatten eine Fremdkapitalrelation von 40 zu 1.

Das bedeutete mehr Ausleihungen und Investitionen, als man nur durch Kundeneinlagen finanzieren konnte. Noch mehr als in den USA ergänzten die europäischen Banken ihre Einlagenverpflichtungen, indem sie sich in den Geldmarkt wagten. Sie emittierten kurzlaufende Schuldverschreibungen. Sie borgten von anderen Banken und Nichtbanken und erneuerten diese Kredite jede Nacht. Im ersten Quartal 2007 lag die Relation zwischen Krediten zu Einlagen europäischer Banken bei fast 175 Prozent, weit über den entsprechenden Quoten in den USA. Dass dies für ganz Europa galt, bedeutete, dass das Phänomen nicht nur Banken in Südeuropa betraf, die sich von nordeuropäischen Banken Geld liehen. Die europäischen Banken liehen sich als Gruppe auch in anderen Teilen der Welt Geld, einschließlich der USA, und sie nutzten die Finanzmittel, um spekulative Investitionen zu finanzieren.

Dieser Prozess hatte einige wichtige Implikationen. Erstens finanzierten die Banken illiquide Immobilieninvestitionen, die anfällig für Liquiditätskrisen waren. Obwohl Zeitkonten liquide sind – wie schon ihr Name nahelegt, kann dort Geld auf Verlangen abgezogen werden –, kann es sein, dass die Leute, die diese Einlagen halten, nur langsam auf Ereignisse reagieren. Nicht so das Ausverkaufsgeld, das von einer Bank an eine andere verliehen wird und nicht durch die Einlagenabsicherung gedeckt ist. Nachrichten über Probleme mit den Krediten und Investitionen einer Bank können es unmöglich machen, Kredite zu verlängern. Sogar wenn die Nachricht übertrieben war – selbst wenn die Bank in Wirklichkeit solvent war –, konnte sie trotzdem eine Liquiditätskriese erleben und gezwungen sein, ihre Assets zu Ausverkaufspreisen zu verkaufen oder sich um staatliche Hilfsmaßnahmen zu bemühen.

Eine zweite Implikation war, dass Bankensysteme und vor allem einzelne Banken die Möglichkeit hatten, sehr stark zu wachsen. Als die Krise 2007 erstmals nach Europa überschwappte, überstiegen die Zahlungsverpflichtungen von BNP Paribas und der Deutschen Bank 80 Prozent des französischen beziehungsweise des deutschen BIP. Die Verbindlichkeiten der belgisch-luxemburgischen Bank Dexia und der niederländischen Bank Fortis überstiegen bei Weitem die BIPs ihrer jeweiligen Herkunftsländer. Es ist keine Überraschung, dass alle diese Banken in der folgenden Krise eine wichtige Rolle spielten.

Drittens erlaubte die dramatische Entwicklung der Bankbilanzen, dass Kredite in die boomenden Häusermärkte der Eurozonen-Peripherie flossen. Dies verlieh dem Anstieg der Häuserpreise und dem Bauboom noch einen weiteren Schub. Das führte dazu, dass die regionalen spanischen Sparkassen sich noch stärker am Häusermarkt engagierten. Und besonders gierige Banken, denen selbst diese Engagements nicht genug waren, konnten noch mehr erreichen, indem sie sich in den mit Hypotheken verbundenen Wertpapieren der US-Banken engagierten. Das Resultat war die bizarre Situation, in der europäische Banken sich Dollars von amerikanischen Finanzinstituten ausliehen, um derivative Wertpapiere zu kaufen, die eben diese Institute emittiert hatten. Das war eine Straßenverkäufer-Finanzierung, die sich rächen sollte.[179]

Im Vorfeld der Krise konzentrierten sich amerikanische Offizielle wie Gouverneur Bernanke auf die Verbindungen zwischen den Handels- und Haushaltsdefiziten der USA. Sie betonten einen einzigen Faktor, nämlich den Nettozufluss von Kapital von den Ländern mit hohen Sparquoten in Asien und im Nahen Osten. Sie finanzierten die amerikanischen Handels- und Haushaltsdefizite und lösten störende Fragen aus, was geschehen würde, wenn diese Länder aus irgendwelchen Gründen diese Defizite plötzlich nicht mehr finanzieren wollten. Aber weil sie sich auf die Handels- und Haushaltsdefizite und auf den Netto-Kapitalfluss konzentrierten, verpassten sie etwas, das sich als wichtiger erweisen sollte, nämlich den Netto-Kapitalfluss aus Europa in die immer riskanter werdenden Wertpapiere, die Investments in den US-Häusermarkt absicherten. Es gab keinen Netto-Kapitalfluss zwischen den USA und Europa. Der Handel zwischen beiden Regionen war allgemein im Gleichgewicht. Es gab einen immensen Kapitalzufluss europäischer Finanzmittel in amerikanische hypothekengesicherte Wertpapiere und ihre Derivate, der durch einen ebenso großen Zufluss von Bankkrediten aus den USA nach Europa ausgeglichen wurde.

Es war die »Bankenschwemme« und nicht Mr. Bernankes »Ersparnisschwemme« und ihre Implikationen für den Häusermarkt, nicht für das Haushaltsdefizit, die für die folgenden Ereignisse eine wichtige Rolle spielte.[180] Aber die USA hatten eine umfangreiche jüngere Geschichte von Haushaltsdefiziten und Handelsdefiziten und daher achtete man auf diese Ungleichgewichte. Im Gegensatz dazu gab es keinen Präzedenzfall, historisch oder wie auch immer, für die Art des Booms am Häusermarkt, die sich nach der Jahrhundertwende entfaltete, und ebenfalls keinen Präzedenzfall für die Straßenverkäufer-Finanzen, die ihn antrieben. Ihre historische Perspektive zeigte somit die Risiken, welche die Politiker wahrnahmen, und auch diejenigen, die sie übersahen.

Wie konnten sich diese außergewöhnlichen finanziellen Umstände derart entwickeln? Warum übersahen so viele angeblich schlaue Beobachter die Risiken dieses außer Rand und Band geratenen Finanzsystems?

Antworten auf diese Fragen beginnen mit der Beobachtung, dass das europäische Finanzsystem schon immer mehr auf Banken basierte als das amerikanische. In den USA lieferten die Banken nur 30 Prozent der Hypothekenkredite und 30 Prozent der Unternehmensfinanzierung. In Europa entfielen 80 Prozent der Hypothekenkredite und fast 90 Prozent der Unternehmenskredite auf die Banken. Sollte es in Europa eine Expansion der finanziellen Aktivitäten geben, dann würden die Banken, die das Finanzsystem dominierten, an der Spitze stehen.

Außerdem waren die großen europäischen Banken universell. Weil sie nicht von etwas wie den Glass-Steagall-Restriktionen behindert wurden, boten sie ihren Kunden das gesamte Spektrum oder das »Universum« von Finanzdienstleistungen an. Die Regulierer hatten traditionell die Angemessenheit des Bankenkapitals beurteilt, indem sie Investments in Körbe einteilten, die sich durch die damit verbundenen Risiken voneinander unterschieden und jeden von ihnen mit einer einfachen Fremdkapitalquote versehen. Dann berechnete der Regulierer den Anteil der Assets der Bank in jedem Korb und das maximale Ausmaß der Hebelwirkung für das ganze Portfolio. Das war die Methode, auf die man sich in der

Vereinbarung über die Angemessenheit des Kapitals geeinigt hatte, die 1988 vom Baseler Komitee zur Bankenaufsicht verhandelt wurde.

Aber die großen europäischen Banken beklagten sich, dass diese Faustregeln die Diversifizierung ihrer Geschäfte nicht berücksichtigten. Wenn gleichzeitig die Asset-Verluste in einem Korb wuchsen und die Verluste eines anderen Korbs sanken, dann wäre das Gesamtportfolio kaum betroffen. In einer Rezession, wenn die Zinsen und die Unternehmensgewinne gleichzeitig sanken, konnten die Banken Kapitalgewinne mit ihren Positionen von Staatsanleihen erzielen (deren Kurse stiegen, wenn die Zinsen sanken), und zwar zur gleichen Zeit, als sie mit Unternehmenskrediten Verluste erlitten. Europas große und breit diversifizierte Banken argumentierten, dass sie aus diesen Gründen weniger Kapital als Schutz vor Verlusten halten mussten. Sie konnten die Risiken ihrer Portfolios mit internen Modellen berechnen und die Regulierer konnten diese Ergebnisse dazu nutzen, um die Kapitalerfordernisse entsprechend festzulegen.

Das Baseler Komitee zur Bankenaufsicht akzeptierte diese Argumente, als es seine Kapitalerfordernisse revidierte, was 2004 als Basel II bekannt wurde. Das Europäische Parlament unterstützte 2005 die Kapitalerfordernis-Direktive, autorisierte die Annahme von Basel II und die EU-Regulierer setzten die Vorschriften 2007 um. Die US-Regulierer begrüßten Basel II nicht so schnell, was im Rückblick wie ein außergewöhnlich kluger Akt aussieht.

Allgemein gesagt behaupteten sie mit einigem Stolz, sie seien die geschicktesten Regulierer auf diesem Planeten. Die spanischen Regulierer priesen ihr System der dynamischen Bereitstellung, das Banken zwang, in guten Zeiten Reserven zu bilden, um Verluste in schlechten Zeiten ausgleichen zu können.[181] Es stellte sich heraus, dass dieses System wenig dazu beitrug, den Boom einzugrenzen, und nur ein unzureichendes Schutzkissen gegen die Verluste bot, die dann folgen sollten. Das gab Offiziellen und Bankern ein falsches Gefühl der Sicherheit. Bei der Bankenregulierung, so scheint es, ist ein hohes Niveau keine Tugend.

Aber die Wurzel des Problems war der Euro. Befreit von Währungsrisiken fühlten die Banken sich nun frei, im Ausland Kredite aufzunehmen und zu vergeben. Der Wettbewerb über Grenzen hinweg wurde intensiver. Früher schläfrige Regionalbanken, deren Gewinne dahinschmolzen, gingen im Wettbewerb des Überlebens höhere Risiken ein. Quasi-öffentliche

Institute wie die deutsche Bank IKB, die kaum Möglichkeiten bei Industrie- und Infrastrukturkrediten sahen, kauften im großen Stil hochrentierliche amerikanische CDOs. Sie verstanden, dass ihre Regierungen, obwohl sie die Rhetorik des gemeinsamen Markts und eines ungehinderten Wettbewerbs vertraten, in das Überleben ihrer nationalen Champions investiert hatten. Sie vertrauten darauf, dass der öffentliche Sektor ihnen helfen würde, sollten ihre Wetten scheitern.

In den USA begründete die Krise von 2007 und 2008 das Schattenbankensystem, in dem Hedgefonds, SPVs und die Derivatemärkte größtenteils außerhalb des regulatorischen Netzwerks operierten, ehe sie zu den Geschäftsbanken abwanderten. In Europa dagegen entstand die Krise in den Finanzinstituten, die fest innerhalb des regulatorischen Rahmens verankert waren. Europas Krise war von Anfang an eine Bankenkrise.

Dieser Aufbau von Verletzlichkeiten hatte mehr als eine vorübergehende Ähnlichkeit mit den 1920er-Jahren. Es gab die rapide Kreditexpansion in einem US-Finanzsystem, das von regulatorischen Einschränkungen befreit war. Der Kreditboom in den USA wurde von einer ebenso dramatischen Kreditexpansion in Europa gespiegelt. Es gab einen härteren Wettbewerb zwischen Banken und Finanzinstituten aus dem Nichtbanken-Bereich und es gab die Risiken, die Finanzfirmen eingingen, um zu überleben. Die Länge der Kreditkette, die Hypothekenbroker und Banker mit den Schöpfern von Wertpapieren und ausländischen Investoren verband, förderte auf der ganzen Strecke den Opportunismus.

Der Kreditboom wurde von der laxen Geldpolitik in den USA angefeuert, was wiederum der Situation in den 1920er-Jahren ähnelte. Er wurde von den grenzüberschreitenden Kapitalflüssen verstärkt, die durch die chronischen Ungleichgewichte zwischen den USA und China hervorgebracht wurden. Europa replizierte diese Ungleichgewichte auf regionalem Niveau und verlagerte große Mengen an Kapital vom Norden des Kontinents in den Süden. Politiker hatten in den 1920er-Jahren naive Investoren davon überzeugt, das Währungsrisiko sei eine Sache der Vergangenheit, nachdem der Goldstandard wiederhergestellt war. Die Einführung des Euro ermöglichte nun, ca. 80 Jahre später, wiederum Politikern, gegen jede Logik, die Argumentation, dass nicht nur das Währungsrisiko, sondern auch das Kreditrisiko verschwunden war. Und die Investoren schluckten diesen Köder.

Wie schon in den 1920er-Jahren war der Hausbau wiederum der Hauptprofiteur des Kreditbooms. Aber während sich der Häuserboom der 1920er-Jahre auf den dünn besiedelten Bundesstaat Florida konzentriert hatte, infizierte dieser nicht nur die USA, sondern auch Spanien, Irland und andere europäische Länder. Folglich bedrohten der Boom und der Zusammenbruch nicht nur die Stabilität einzelner Banken und Finanzinstitute aus dem Nichtbanken-Bereich, sondern das gesamte System. Vor allem in den Finanzinstituten, die mit höherem Fremdkapitaleinsatz und mit weniger Eigenkapital arbeiteten als 80 Jahre zuvor.

Wer die Ereignisse der 1920er-Jahre gründlich studiert hatte, war sich der Parallelen vielleicht bewusst. Aber nicht einmal diese Leute waren auf das vorbereitet, was dann folgen sollte.

Teil II
Die schlechteste aller Zeiten

Kapitel 7
Verschossene Patronen

Im Frühjahr 1929 wurden die Zinsen der Fed, gestärkt durch die Politik des direkten Drucks, an der Börse als hoch erachtet. Brokerkredite waren zwar noch zu haben, wurden aber teuer. Billy Durant zeigte sich alarmiert und trug seine Besorgnis an den höchsten Stellen vor, weil ihm bewusst war, wie wichtig billige Kredite für die Wall Street waren. Einmal, nach einem Abendessen Anfang April, kam Durant im Weißen Haus an, und zwar im Taxi und nicht mit Chauffeur, um keine Aufmerksamkeit zu erregen. In einem Gespräch mit Präsident Hoover argumentierte er, die Fed schlachte durch die Erhöhung der Kreditzinsen die Gans, die goldene Eier legte.[182] Hoover ließ sich nicht überzeugen, denn er sah die frühere Niedrigzinspolitik der Fed kritisch, weil sie die Inflation anheizte.

Da Durant Hoover nicht überzeugen konnte, versuchte er, sich über den Chef des Weißen Hauses hinwegzusetzen und die öffentliche Meinung zu mobilisieren. Er kaufte 15 Minuten Sendezeit im CBS-Radio und hielt eine Ansprache. Der Höhepunkt war die Forderung, die »Autokraten« des Federal Reserve Board sollten die Finger von der Geschäftswelt lassen.[183] Obwohl die Sendung für Aufsehen sorgte, hatte sie keinen Einfluss auf die Politik der Fed.

Da Durant die Zentralbank nicht beeinflussen konnte, zog er sich geräuschlos aus dem Markt zurück. Die Frage war, wie viele andere Investoren ihm folgen würden. Im Lauf des Sommers lautete die Antwort anscheinend »nicht viele.« Zwischen Juni und August 1929 stieg der Dow Jones Industrials um weitere 16 Prozent. Die Aktienmanie breitete sich von der Wall Street in alle Lebensbereiche aus. Die Börsenberichterstattung wechselte vom Wirtschaftsteil auf Seite 1 der Tageszeitung.

Am 5. September hielt Roger Babson seine jährliche Rede vor der National Business Conference. Er war ein Investment-Guru mit Spitzbart, Amateur-Konjunkturzyklen-Theoretiker und prominenter Verfechter der

Prohibition. Die Hauptaussage lautete: »Früher oder später kommt ein Crash und er kann fürchterlich ausfallen.« Babson war ein begeisterter Anhänger Sir Isaac Newtons. Bei einer Reise nach London war seine Frau Grace so weit gegangen, einen Salon zu kaufen, den man aus Newtons Haus gerettet hatte. Sie ließ ihn zum Babson Institute bringen, Rogers noch im Aufbau befindliches Wirtschaftsinstitut in Wellesley, Massachusetts. Babson glaubte, Newtons drittes Gesetz der Physik lasse sich auch auf die Finanzmärkte anwenden: Auf jede Aktion gibt es eine Reaktion und deshalb muss sinken, was zuvor gestiegen ist. Babson hatte schon seit Beginn des rasanten Kursanstiegs 1927 einen Rückgang der Aktienbewertungen vorhergesagt. Er erkannte als Erster, dass dieser Pessimismus keine Neuigkeit war. In der Einführung zu seiner Argumentation am 5. September formulierte er es so: »Ich werde jetzt wiederholen, was ich schon im vergangenen Jahr und im Jahr zuvor gesagt habe.« Auch eine kaputte Uhr zeigt zwei Mal am Tag die richtige Zeit. Babsons Zeit sollte bald kommen.

Irving Fisher, Wirtschaftswissenschaftler an der Yale-Universität, war wie Babson Anhänger der Prohibition und teilweise auch des Spitzbarts. Aber während sich Babson mit Physik beschäftigte, war Fisher fasziniert von Wasserfällen, die in Bergseen stürzten, wie er es im Sommerurlaub in der Schweiz gesehen hatte. Jetzt versuchte er, die Prinzipien der Hydraulik auf die Wirtschaft zu übertragen. Die Tatsache, dass trotz Durants Zukunftswarnungen immer noch reichlich Liquidität vorhanden war, bildete die Basis für Fishers Proklamation am 17. Oktober – die bald berühmt-berüchtigt werden sollte –, dass »die Aktienkurse offenbar ein dauerhaft hohes Niveau erreicht haben«. Am Montag, dem 21. Oktober, nahm Fisher ein wenig davon zurück und behauptete, jede Korrektur schüttele nur den verrückten Rand der Börse ab.

Der Dow Jones Average erreichte sein Hoch am Dienstag, dem 3. September, auf einem Niveau, das dann 25 Jahre lang nicht mehr erreicht werden sollte. Am 4. September sanken die Kurse leicht, am 5. September brachen sie scharf ein. Donnerstag der 5. September war der Tag, an dem Babson seine Rede hielt, in der er die Wall Street mit dem Immobilienboom in Florida verglich und das Schlimmste prophezeite. Der »Babson Break«, wie man den fünfprozentigen Kurseinbruch an diesem Tag später nannte, war eine Erinnerung daran, dass alles sinken musste, was zuvor gestiegen war, wie Babsons Held Newton es genannt hätte.

Sieben Wochen lang tendierten die Aktienkurse nach unten. Es gab vereinzelte Aufwärtstage und auch scharfe Kurseinbrüche, wie am Donnerstag, dem 3. Oktober, als der Dow um 4,5 Prozent fiel. Trader, die Aktien auf Kredit gekauft hatten, wurden getroffen. »Die Sterblichkeit bei spekulativen Börsenkonten war enorm«, schrieb die *New York Times* am folgenden Wochenende. »Zahlreiche Konten, die am Montag noch sechsstellige Guthaben aufgewiesen hatten, waren am Freitagabend komplett ausgelöscht.«[184]

Aber die Investoren waren immer noch nicht auf das vorbereitet, was dann folgen sollte. Am 24. Oktober, dem »Schwarzen Donnerstag«, fiel der Dow Jones schon zur Handelseröffnung um 11 Prozent. In den ersten 30 Minuten wechselten 1,6 Millionen Aktien den Besitzer. Das war mehr als der Gesamtumsatz eines normalen Handelstages. Der Kursticker und das transkontinentale Kabelsystem waren überfordert.

Einen Markt in einem derart panischen Zustand konnte man nicht seinen eigenen Mechanismen überlassen. Thomas Lamont, der führende Partner von Morgan, befolgte einen Rat aus dem Buch von J. P. Morgan dem Älteren und versammelte Charles Mitchell, den Chairman der National City Bank, Albert Wiggin, den Chairman der Chase National Bank, William Potter, den Vorsitzenden der Guarantee Trust Company, und Seward Prosser, den Chairman von Bankers Trust, um sich. Jack Morgan selbst war in Europa, weil er sich mehr Sorgen über die dortige Situation machte. Nach einer nur 20-minütigen Besprechung am Mittag wandte sich Lamont der versammelten Finanzpresse zu. Die wirtschaftliche und finanzielle Situation sei »fundamental gesund«, versicherte er und wandte die Standardphrase an, in die sich Bankiers und Politiker flüchten, wenn die Märkte Anzeichen von Schwäche zeigen. Um einen Ausdruck aus der modernen Luftfahrt zu verwenden: Er tat den Kurseinbruch vom Vormittag so ab, als sei der Markt nur auf ein Luftloch gestoßen.

Die Kurse stabilisierten sich am Nachmittag, ob das nun mit Lamonts Anmerkungen zu tun hatte oder auf der Hoffnung beruhte, die Banker stünden bereit, seine Worte mit Taten zu untermauern. Dann allerdings wurde der Markt von einer Welle von Verkaufsaufträgen von der Westküste getroffen, wo man erst jetzt die Nachrichten über das Gemetzel am Vormittag erhalten hatte. Die Umsätze waren mit fast 13 Millionen Aktien fast doppelt so umfangreich wie das Volumen des Vortags. Erst drei Stunden nach Handelsschluss hatte der Kursticker alle Transaktionen dieses Tages übermittelt.

Am Freitag fluktuierten die Kurse auf nervöse Weise und im verkürzten Handel am Samstag kamen Gerüchte auf, ein Pool von Bankern um Lamont werde Unterstützung bieten. Die Umsätze blieben hoch. Am Sonntag war die normalerweise verlassene Wall Street ein Bienenstock der Aktivität, weil Bankangestellte die Verluste addierten und hastende Botenjungen die Nachrichten übermittelten. Touristen »hoben ein Stück Papierband vom Kursticker auf, wie Besucher verschossene Patronen auf einem Schlachtfeld als Souvenirs einstecken«.[185]

Der Dow Jones Industrial verlor weitere 12 Prozent am »Schwarzen Montag«, dem 28. Oktober 1929, und 9 Prozent am »Schwarzen Dienstag«, weil sich die erhoffte Unterstützung durch die Banker nicht einstellte. Die 16 Millionen Aktien, die am Dienstag den Besitzer wechselten, bedeuteten einen Rekord, der für vier Jahrzehnte Bestand hatte. Wieder waren Trader und Buchhalter überfordert. Die Wall Street Bowling League verkündete, sie werde weitere Wettkämpfe verschieben, weil viele Mitglieder abwesend waren.

Für Margin-Trader, die alles verloren hatten, war die neue Ära vorbei. »Die Wall Street war eine Straße der verschwundenen Hoffnungen, der seltsam schweigsamen Angst einer Art paralysierter Hypnose«, schrieb die *New York Times* in ihrem Leitartikel am 30. Oktober. Für Will Rogers allerdings, der am 24. Oktober von New York aus nach Westen flog, handelt es sich um viel Lärm und Wut, die nichts bedeuteten.

Den ganzen Tag hat man nur auf schöne Landschaften und wohlhabende Städte geblickt, dann liest man über diesen sensationellen Zusammenbruch an der Wall Street. Was bedeutet das? Nichts. Wenn die Kühe dieses Landes einmal nicht auftauchen und nicht gemolken werden können, warum löst das dann eine größere Panik aus, als wenn Morgan und Lamont noch nie ein Meeting abgehalten hätten? Warum verschaffen ein paar Schweine mehr Leuten ihren Lebensunterhalt als alle diese Stahl- und General-Motors-Aktien? Warum sind alle 120 Millionen von uns vom Gackern einer Henne abhängiger als davon, dass sich die Aktienbörse in einen Nachtclub verwandelt?[186]

Nicht jeder war in der Lage, die Landschaft mit solchem Gleichmut zu betrachten. Aber viele Leute stimmten Rogers zu. Die Einzelhändler rechneten noch immer mit einem starken Weihnachtsgeschäft. Der einzige Hinweis auf das, was noch kommen sollte, war der Bericht eines Finanziers von der Wall Street, der in einer Bar neben seinem Milchmann zu sitzen kam. Als der Banker bemerkte, das Milchgeschäft müsse eines der wenigen sein, die unversehrt durch den Crash gekommen waren, antwortete der Milchmann: »Nichts ist unversehrt geblieben. Wissen Sie, dass ich in den letzten drei Wochen genug Absagen und Reduzierungen von Sahnelieferungen habe, um mein Geschäft um 400 Dollar pro Monat zu reduzieren? Die Leute kaufen immer noch die gleiche Menge Milch, aber sie haben offenbar beschlossen, dass sie ohne Sahne auskommen können.«[187]

Der Einsatz von Krediten wurde lange als wichtiger Faktor des Crashs bezeichnet. Als die Kurse fielen, verlangten Broker, die Kredite an ihre Kunden vergeben hatten, weitere Sicherheiten, was die Kunden zwang, in einen fallenden Markt hinein zu verkaufen. Der darauf folgende Schlussverkauf nährte sich dann selbst. Der zeitgenössische Investmenthandel ist voll von Geschichten über Konten mit weit überhöhten Sicherheitsleistungen und von Investoren, die vom Markt gefegt wurden. Es war nicht das erste Mal, dass die Märkte von dieser leicht entflammbaren Mischung aus Fremdkapitaleinsatz und Volatilität niedergezwungen wurden, und es sollte auch nicht das letzte Mal sein.

Auch der Mangel an Informationen spielte eine Rolle. Das war nicht einfach ein Ostküsten-Westküsten-Phänomen oder die Tatsache, dass der Kursticker Verspätung hatte. An den schlimmsten Tagen waren exakte Kursquotierungen sogar auf dem Handelsparkett nicht erhältlich. In seinem klassischen Bericht über den Schwarzen Donnerstag beschreibt Maury Klein einen verzweifelten Telefonisten. Als er von einem Broker nach den Kursquotierungen eines Brokers gefragt wurde, rief er voller Panik: »Ich bekomme sie nicht. Ich bekomme überhaupt keine Informationen. Die ganze Börse fällt auseinander.«[188] Dieses chaotische Umfeld ist ein fruchtbarer Brutkasten für Panik. Wenn die Kurse eine Sache der Spekulation sind, wie es damals der Fall war, werden Investoren in Versuchung geraten, sie vor den Aktionen anderer Investoren zu verbergen. Wenn sie Investoren hören, die »ich verkaufe« rufen, werden sie schlussfolgern, es sei die einzig kluge Vorgehensweise, dasselbe zu tun. An diesem Punkt reißt sich die Herde los und beginnt zu rennen.

Stimmungsveränderungen von Investoren können selbstverstärkend sein, aber sie sind wahrscheinlicher, wenn sie auf Fakten basieren. Man versteht sie systematischer, wenn man ihre Übereinstimmung mit einer sich abschwächenden Wirtschaft erkennt. Der August markierte das Hoch des Konjunkturzyklus, so ergaben es die späteren Berechnungen des

National Bureau of Economic Research. Der Handel und die Offiziellen des Schatzamts waren sich dessen nicht bewusst, aber die Manager wussten, dass Firmen, und wenn es auch nur ihre eigenen waren, zurücksteckten. Die Autoproduktion sank im August 1929 auf 500.000 Einheiten, nachdem es im April und im Mai noch jeweils mehr als 600.000 gewesen waren.[189] In ihrer Chronologie der klassischen Konjunkturzyklen datieren Arthur Burns und Wesley Mitchell die Hochs der Beschäftigtenzahlen in den Branchen Eisen, Bauholz und Maschinenbau im August. Ihre Schätzungen basierten auf den Statistiken, die damals verfügbar waren.[190] Die Anzahl der Baugenehmigungen und Bauaufträge sank dann deutlich. Obwohl einige von ihnen sich auf das Tief im Hochsommer bezogen haben mögen, war der Rückgang deutlicher ausgeprägt als in den Vorjahren.

Solche Beobachtungen hätten die Zweifel an der Annahme eines neuen Zeitalters nähren können, die besagte, dass die Rezession keine Bedrohung mehr für die Profitabilität und kein Faktor der Aktienmarktbewertung war. Das nahm man auch vonseiten der Federal Reserve an. Das Entstehen der Fed, belastet mit der Aufgabe, für eine elastische Währung zu sorgen, war, dass diese Art der Rezession in die Abfalltonne der Geschichte verbannt werden sollte. Aber in der Tat war es das Federal Reserve System und vor allem seine Filiale in Lower Manhattan, die versuchten, die Verfügbarkeit von Krediten einzugrenzen. In einer Reaktion auf den Anstieg der Aktienkurse erhöhte die New Yorker Fed am 9. August die Leitzinsen von 5 auf 6 Prozent. Die Zustimmung des Board zu dieser Aktion war im Prinzip eine schweigende Übereinkunft, dass die frühere Politik des direkten Drucks nicht genug war. Obwohl die 6 Prozent immer noch unter den Kreditzinsen lagen, ließ diese Maßnahme den Banken kaum noch Raum für Fehler. George Harrison, Absolvent der Harvard Law School und langjähriger Angestellter der Fed, der nach dem Tod Strongs 1928 Gouverneur der New York Reserve Bank wurde, argumentierte, die Zinserhöhung werde »als Warnung gegen den exzessiven Einsatz von Krediten« gesehen.[191] Das erinnert daran, dass die Europäische Zentralbank, die ähnlich ahnungslos war, dass sich ein ökonomischer und finanzieller Sturm zusammenbraute, ihre Zinsen im April 2008 erhöhte.

Teurere Kredite in New York bedeuteten höhere Kreditzinsen im Ausland. Die europäischen Zentralbanken mussten feststellen, dass ihre Währungen schwächer wurden und ihre Goldvorräte dahinschwanden, weil sich die Bewohner ihrer Länder dem Fest an der Wall Street anschlossen.

Sie taten es der Fed gleich. Die Zentralbanken Italiens, der Niederlande, Deutschlands, Österreichs und Ungarns erhöhten in der ersten Jahreshälfte ihre Leitzinsen trotz der Tatsache, dass ihre Wirtschaftsleistungen sanken oder sich, in manchen Fällen, schon in einer Rezession befanden. Dänemark, Schweden und Norwegen erhöhten im August die Leitzinsen als Reaktion auf die Zinserhöhung der Fed.

Die Bank of England hatte zuletzt im Februar ihren Diskontsatz erhöht. Überraschenderweise nahm sie bis zum Ende des Sommers 1929 keine weiteren Maßnahmen mehr vor. Zwischen Juni und Mitte September schrumpften die Goldreserven der Bank of England um weitere 133 Millionen Dollar, aber Norman bewegte sich immer noch nicht. Die britische Wirtschaft war schwach und eine Zinserhöhung würde eine bereits schwierige ökonomische Situation noch verschlimmern.[192] Norman verstand, dass eine Erhöhung von der neu gewählten Labour-Regierung nicht gerade begrüßt würde. Die Konferenz von Den Haag, die zu einer durch den Young-Plan vermittelten Restrukturierung der deutschen Reparationen führen sollte, war noch nicht beendet. Und daher zögerte Norman, einen Schritt zu tun, mit dem er sich Frankreich zum Feind machen konnte, weil er Gold aus Paris abziehen würde.

Normans Eingreifen wurde dann durch den Hatry-Skandal erzwungen. Clarence Hatry war erfahren darin, den Verlauf der britischen Geldpolitik zu diktieren. Als Sohn eines Seiden- und Samthändlers, der die Hutindustrie belieferte, war Hatry von untersetztem Wuchs, wie sein Zeitgenosse Charles Ponzi, mit dem er eine gewisse Ähnlichkeit hatte. Er teilte mit Ponzi auch ein gewissermaßen unternehmerisches Flair und die Fähigkeit, Geld für dubiose Projekte aufzutreiben. Und wie Ponzi hatte er eine erstaunliche Fähigkeit, sich zu rehabilitieren, wenn seine früheren Geschäftsinitiativen scheiterten.

1910 erbte der damals 22-jährige Hatry von seiner Mutter die Kontrolle über die Seidenfirma der Familie. Innerhalb weniger Monate ging das Geschäft bankrott, und weil er sein eigenes Vermögen verpfändet hatte, um Lieferungen im Wert von 8000 Pfund zu bezahlen, wurde Hatry für insolvent erklärt. Er war so leicht nicht zu entmutigen. Zunächst verkaufte er Versicherungen an österreichische Emigranten, die England durchquerten, um ab Liverpool in die USA zu reisen. Hatry gründete die Austrian Immigrants Insurance Association und bot Policen an, welche die Rückreise und eine Ansiedlung anderswo abdeckten, sollte dem Halter der Police der Eintritt ins gelobte Land verweigert werden. Er übertrug die Risiken, indem er die Policen an einen etablierten Versicherer verkaufte und als seine Kommission die Differenz zwischen dem, was die Emigranten bezahlten, und dem Wert der Rückversicherung für sich behielt.

Der Erste Weltkrieg unterbrach die Migration von Mitteleuropäern in die USA und beendete die Geschäftschance, eröffnete dafür aber andere. 1914 kombinierte Hatry die bescheidenen Gewinne aus seinem Geschäft mit den österreichischen Immigranten mit einem Kredit von 30.000 Pfund, um den Rückversicherer City Equitable zu kaufen. Das Rückversicherungsgeschäft wurde, damals wie heute, von deutschen und österreichischen Firmen dominiert. Und daher bot der Krieg eine Marktlücke. Hatry reorganisierte City Equitable so, dass man die Chance nutzen konnte. Innerhalb von sechs Monaten verkaufte er für 250.000 Pfund eine Mehrheitsbeteiligung an Gerald Lee Bevan, einen schillernden britischen Finanzier, und an Bevans Partner Peter Haig-Thomas.[193] Bevans Vorfahren hatten Barclays gegründet. Ihr Nachkomme, bekannt als Jerry, war ein lebenslustiger Aktienbroker mit Vorlieben für Frauen und chinesisches Porzellan. City Equitable kollabierte im Februar 1922, als man entdeckte, dass die Firma gefälschte Bilanzen vorgelegt hatte, in denen die Kredite an andere mit Bevan verbundene Firmen zu niedrig ausgewiesen worden waren. City hatte seine spekulativen Investitionen verborgen und nicht gemeldet, dass einige dieser Assets als Sicherheiten gegen Kredite ausgewiesen worden waren. Bevan wurde persönlich dafür verantwortlich gemacht, weil er seinen von ihm selbst auswählten Verwaltungsrat nie über diese Manipulationen informiert hatte. Er floh erst nach Frankreich und dann nach Wien, wo er heimlich lebte, ehe er entdeckt und verhaftet wurde. Man lieferte ihn an Großbritannien aus, wo er zu sieben Jahren Zwangsarbeit in den Wormwood Scrubs verurteilt wurde.[194]

Mit den Gewinnen aus dem Verkauf von City Equitable kaufte Hatry dann die Commercial Bank of London, die er dazu verwendete, weitere Akquisitionen zu finanzieren. Das Ergebnis war Amalgamated Industrials, ein Geschäftsimperium, das Schiffbau, Baumwollverarbeitung, Kohle, Eisen und Schweinezucht umfasste. Hatrys Firmen waren überkapitalisiert. Er emittierte mehr Aktien, als er brauchte, um zusätzliche Akquisitionen zu finanzieren. Das machte es leider schwieriger, den Investoren in die frühen Firmen eine respektable Rendite zu bieten. Jedenfalls war die Schweinezucht die profitabelste all dieser Aktivitäten. Schiffbau, Baumwollverarbeitung,

Kohle und Stahl litten sämtlich unter den Überkapazitäten und den niedrigen Preisen in den 1920er-Jahren. Hatry vermied das Schlimmste, indem er einen großen Teil von Amalgamated Industries kurz nach dem Krieg verkaufte.

Dann setzte er die Commercial Bank, umbenannt in Commercial Corporation, wegen seiner Ambitionen außerhalb des Bankenbereichs ein, um Firmen in der Glas- und der Juteindustrie zu konsolidieren. Die Nachfrage nach beiden Produkten war während des Ersten Weltkriegs hoch gewesen. Für Glas gab es im Krieg eine enorme Vielzahl von Nutzungen, Jutefasern wurden dazu verwendet, die Sandsäcke herzustellen, die für den Grabenkrieg so wichtig waren. Die Jutebranche wurde von sieben britischen Familienbetrieben im schottischen Dundee dominiert, wo etwa 90 Prozent der britischen Firmen ihren Sitz hatten. Die Branche hatte Walöl verwendet, um die Fasern weich zu machen, ehe sie weiterverarbeitet wurden, und Dundee war ein bedeutendes Walfangzentrum. Die Branche litt bereits an chronischen Überkapazitäten, als die kriegsbedingte Nachfrage nachließ. Hatry fasste die sieben Firmen zusammen, eliminierte überschüssige Kapazitäten und brachte sie an die Börse, um den Gründerfamilien die Möglichkeit zu geben, ihr Kapital herauszuholen. Leider war die Nachfrage nach Jute und Glas in den 1920er-Jahren schwächer als während des Ersten Weltkriegs. Hatry und seine Direktoren »verstanden die Künstlichkeit des Booms nach dem Waffenstillstand nicht vollständig« und auch nicht die »Heftigkeit der Reaktion, die darauf folgte«. So lauteten die Worte des Liquidators, den man damit beauftragt hatte, die Commercial Bank 1923 abzuwickeln.[195]

Aber Hatry ließ sich nicht so leicht entmutigen und war 1926 wieder im Geschäft, nachdem er die Corporation and General Securities Ltd. gegründet hatte. Schon wie er das Vertrauen der Investoren wiedergewonnen hatte, war eine Art Mysterium. Er scheint einige Bemühungen unternommen zu haben, seine früheren Kreditgeber auszuzahlen. Er war bekannt für seinen scharfen Verstand und behielt den verschwenderischen Lebensstil eines erfolgreichen Unternehmers bei, indem er einen Pferderennstall kaufte, die größte Yacht in den britischen Gewässern und ein elegantes Haus. Genauer gesagt sogar zwei Häuser. Das erste, in dem früher der britische politische Ökonom David Ricardo gewohnt hatte, hatte einen Swimmingpool auf dem Dach, wo Hatry verschwenderische Partys organisierte.[196] Das andere Haus stand im prestigeträchtigen Distrikt Mayfair, wo

Hatry eine Cocktailbar im Erdgeschoss einrichtete sowie einen weiteren Swimmingpool, diesmal im zweiten Geschoss.

Corporation and General Securities bot Emissionsdienstleistungen für mittelständische Unternehmen und Gebietskörperschaften an, wobei man über den Preis mit den etablierten Firmen konkurrierte, die den Markt dominierten. Wie Angelo Mozilo und Countrywide Credit nutzte die Firma Direktmarketing zur Kundengewinnung. Schon bald übernahm Hatry Anteile an den Firmen, deren Papiere er emittierte. Seine Anteilsbestände wuchsen über Corporation and General Securities hinaus. Das Unternehmen wurde nun von Lord Henry Paulet geführt, dem 16. Marquess of Winchester, und umfasste auch den Drapery Trust, der sich auf die Zusammenlegung von Kaufhäusern spezialisierte, und die Photomaton Corporation, die Münzfotokabinen in Bahnhöfen und Vergnügungsparks aufstellte.

1929 verfolgte Hatry noch höhere Ziele und versuchte, United Steel Companies zu kaufen, ein Unternehmen, das mit sieben Millionen Pfund bewertet wurde. United Steel war 1917 als Kombination mehrerer Stahlfirmen entstanden, unter der Leitung des gleichnamigen Harry Steel. Das Konglomerat war heftig verschuldet und daher anfällig gegen mangelnde Nachfrage. Da die Nachfrage in den 1920er-Jahren mager war, zeigte sich Steel empfänglich, als Hatry vorschlug, das Unternehmen und seine Tochterfirmen mit geborgten Mitteln zu kaufen, redundante Assets zu veräußern und den resultierenden Kern an die Londoner Börse zu bringen. Diese Strategie ähnelte der, die er bei der Formung von Jute Industries angewendet hatte. Und sie ähnelte auch der, die moderne Private-Equity-Firmen wie Bain Capital verwenden.

Die größte Herausforderung war, sich die erforderlichen acht Millionen Pfund zu borgen. Normans Entscheidung vom Februar, den Diskontsatz der Bank of England zu erhöhen, machte die Kreditaufnahme schwieriger, als Hatry erwartet hatte, als er den Unternehmenskauf lancierte. Die Banken verlangten Sicherheiten, die Hatry schon wegen seines verschwenderischen Lebensstils nicht im Überfluss zu bieten hatte.

Als ihm immer noch 90.000 Pfund fehlten und der letzte Termin für den Abschluss der Transaktion näher kam, entschloss sich Hatry zu verzweifelten Maßnahmen. Da Corporate and General Securities einige Kommunalobligationen emittiert hatte, besaß Hatry immer noch Exemplare von Anleihen der betreffenden Städte. Er druckte nun nicht autorisierte Anleihenurkunden von Gloucester, Swindon und Wakefield als Sicherheiten für zusätzliche Kredite. Er sammelte Geld ein, indem er die Städte anrief, für die Corporate and General Emissionen durchgeführt hatte, und informierte sie, dass nur ein Teil ihrer Obligationen mit Erfolg platziert worden sei, obwohl die Platzierung in Wirklichkeit vollständig war, und behielt die Differenz der Subskriptionen für sich. Zusätzlich druckte Hatry Zweitexemplare von Wertpapieren, die eine seiner Firmen, Associated Automatic Machines, emittiert hatte und die von einer anderen, Austin Friars Trust, gehalten wurden. Dieselben Aktienzertifikate, die Zahlungen der Barclays Bank absicherten, wurden genutzt, um eine Anleihe von Parsons and Co. und dann eine weitere von der Lloyds Bank zu sichern.[197]

Verzweiflung führte zu Gewissenlosigkeit und Harry schreckte nicht einmal davor zurück, verschiedene Wertpapiere unterschiedlichen Abteilungen derselben Bank anzubieten. Während das Aufsichtsratskomitee der Lloyds Bank 100.000 Aktien von Associated Automatic Machines als Sicherheit akzeptierte, bot Harry der Filiale in St. James Duplikate als Sicherheit für eine weitere Anleihe an. Es dauerte nicht lange, bis ein Bankangestellter das Problem entdeckte und Lloyds den Buchprüfer Sir Gilbert Garnsey engagierte, um dessen Ausmaß zu untersuchen. Und es dauerte auch nicht lange, bis Garnseys Engagement sich herumsprach und die Aktien von Hatrys Firmen zusammenbrachen.

In der Zwischenzeit hatte Hatry zusätzliches Geld geborgt, um Aktien seiner Unternehmen zu kaufen, die Insolvenz abzuwenden und sich Zeit zu kaufen, um die Tilgung zu erreichen, aber damit grub er sich nur ein noch tieferes Loch. Dieses Muster erreichte eine weite Verbreitung, als die Krise schlimmer wurde: Einzelpersonen und Institutionen, die finanziell unter Druck standen und in einem schwach regulierten Umfeld operierten, kauften Aktien ihrer eigenen Unternehmen, um Hinweise auf ihre Insolvenz zu unterdrücken und Zeit zu gewinnen, um eine Rettung zu erreichen. Aber damit erhöhten sie nur die Verluste für sich selbst und für die Gesellschaft. Es war die gleiche Praxis, welche die Bank of United States 1929 anwendete, als andere Investoren begannen, ihre Aktien zu verkaufen, weil es Gerüchte über eine mögliche Insolvenz gab, und die auch Albert Oustric 1930 anwendete, um die Pleite seiner Banque Adam abzuwenden. Zu neuen Höhen getrieben wurde die Praxis 2008 vom Management der großen isländischen Banken.[198]

Am 20. September gab der Marquess of Winchester eine Meldung heraus, in der er bestätigte, dass eine Untersuchung von Hatrys Affären im

Gang war. Norman, dem der extravagante Financier schon lange suspekt war, informierte also die Londoner Börse, die noch am selben Vormittag den Handel von Aktien der Hatry Group aussetzte. Am Ende des Handelstags wurde Hatry verhaftet und ins Gefängnis gebracht. Er wurde rasch angeklagt und Anfang Januar 1930 vor Gericht gestellt. Sein Anwalt sagte, dass der Betrug, der Harry zu Fall gebracht hatte, nicht von ihm selbst ausgeheckt worden sei, sondern von seinem geschwätzigen italienischen Kollegen John Gialdini, der in Wirklichkeit der Schuldige sei. Gialdini hatte gedroht, Hatry das Hirn aus dem Kopf zu schießen, sollte die Akquisition von United Steel scheitern, woraufhin er bequemerweise aus dem Land floh. Hatry wurde trotzdem zur Höchststrafe für Wirtschaftskriminalität verurteilt – zu 14 Jahren Haft.[199] Später wurde Gialdini ebenfalls verhaftet, von einem Gericht in Mailand für schuldig befunden und zu fünf Jahren und zehn Monaten Haft verurteilt. Der Unterschied zum Umgang mit Wirtschaftsverbrechern nach der Krise 2008 und 2009 ist zu offensichtlich, als dass man ihn kommentieren müsste.

Hatrys Aktionäre verloren natürlich alles. Außerdem wurden ungesicherte Verbindlichkeiten in Höhe von 12,5 Millionen Pfund eingefroren, weil man seine Unternehmen vom Handel suspendiert hatte.[200] Einige Londoner Aktienbroker wurden insolvent, mehrere Banken, darunter Barclays, verkündeten, ihre Gewinne würden fallen.[201] Einer der wenigen Profiteure war ironischerweise United Steel, das wegen der nachfolgenden Insolvenz seine finanziellen Verpflichtungen abschreiben konnte und aus der Reorganisation in einer stärkeren finanziellen Position hervorging.[202]

Kurzfristig aber lösten diese Ereignisse einen scharfen Einbruch an der London Stock Exchange und Goldverluste der Bank of England aus. Am 26. September beugte sich Norman dem Unvermeidlichen und kündigte eine Diskontsatzerhöhung um 1 Prozent an.

Das Resultat, höhere Kreditkosten, war nicht hilfreich für Großbritannien, das ohnehin schon genug Probleme hatte. Aber im Vordergrund stand die Verteidigung der Parität des Goldstandards. Goldverluste, egal aus welchem Grund – zum Beispiel wegen Hatry –, verlangten eine Reaktion. Die Situation änderte sich nach dem September 1931, als es keinen Goldstandard mehr zu verteidigen gab. Und sie war auch in der globalen Krise 2008 und 2009 anders, als die Bank of England, ebenso wie die Fed, nicht eingeschränkt durch eine Wechselkursbegrenzung, die Zinsen bis auf ein extrem niedriges Niveau senkte. Für den Moment aber blieb die Priorität der Zentralbank die Verteidigung des Pfund-Wechselkurses. Und das zwang Norman, die Zügel anzuziehen.

Anders als die Bank of England besaß die Fed noch immer umfangreiche Goldreserven. Aber obwohl sie in ihrem Handeln frei war, musste sie den nötigen Willen demonstrieren. Nach einem tumultartigen Schwarzen Montag am 28. Oktober 1929 sprang die New Yorker Fed schnell in die Bresche. Harrison versammelte seinen Verwaltungsrat zu einer ungewöhnlichen Uhrzeit, nämlich um drei Uhr morgens. Vor der Handelseröffnung am Vormittag und ohne vorherige Zustimmung des Board of Governors in Washington, D. C., verkündete er, die New Yorker Fed werde für 100 Millionen Dollar kurzlaufende Staatsanleihen kaufen. Diese Käufe wurden von der New Yorker Bank auf eigene Rechnung getätigt, abgetrennt vom Konto des Open Market Investment Committee.

Dann kaufte die New Yorker Fed noch für 150 Millionen Dollar Staatspapiere. Sie hielt »ihr Discountfenster weit offen«, wie Harrison es ausdrückte, und gab Banken Bargeld im Tausch gegen Commercial Papers.[203] Diese Schritte verhinderten einen steilen Anstieg der Zinsen, wie er in anderen Finanzkrisen aufgetreten war. Die Verhinderung solcher Anstiege war der Hauptgrund für die Gründung des Federal Reserve System 1914. Indem sie das Leid der Broker und Börsenhändler begrenzte, verhinderte die New Yorker Fed ein noch stärkeres Abschmelzen. Die *New York Times* lobte die Fed, weil sie »eine sichere und vernünftige Sicht der Geschäftssituation besaß, als die spekulativen Märkte auf Grund liefen«.[204]

Selbst nach den Maßstäben Ben Bernankes war dies eine eindrucksvoll schnelle Aktion. Man kann kaum erkennen, dass die Reserve Bank of New York noch mehr hätte tun können. In ihrer Geschichte der US-Geldpolitik beschuldigen Milton Friedman und Anna Schwartz die Fed, Ausmaß und Dauer der Großen Depression verursacht zu haben. Sie schreiben diese Untätigkeit der Fed dem Tod von Benjamin Strong zu, der dominanten Persönlichkeit innerhalb des Systems und der Person, die am besten wusste, wie man auf eine Krise reagiert. Die Ereignisse im Oktober legen eine nuanciertere Interpretation nahe. Die New Yorker Fed war sich vielleicht des Chaos nicht bewusst, dass durch frühere Maßnahmen zur Erhöhung der Zinsen hätte verhindert werden können. Aber nachdem das Chaos erst einmal ausgebrochen war, reagierten Harrison und seine Kollegen schnell. Da ihre Aktionen von der Doktrin vom wahren Geld beeinflusst waren, wussten sie, wie sie auf Anzeichen von Kreditsparmaßnahmen und Problemen reagieren mussten. Vor allem Harrison verstand die Dringlichkeit. Es lag nicht außerhalb seiner Fähigkeiten, eine Antwort zu formulieren und sich die Unterstützung seines Verwaltungsrats zu sichern. Er war zu entschiedenen Reaktionen in der Lage und handelte entsprechend.

Man könnte denken, ein Board of Governors, das ebenso von der Doktrin vom wahren Geld beeinflusst war, wäre beruhigt gewesen. In Wirklichkeit aber waren dessen Mitglieder, die sich eher für ihre Privilegien als für Politik interessierten, wütend darüber, dass man sie nicht konsultiert hatte. Unter der Führung von Adolph Miller ergriff das Board Maßnahmen, um Harrisons Möglichkeiten zu beschränken, auf diese Art zu reagieren. Der Präzedenzfall hatte sich 1927 ereignet, als das Board die Direktoren der Chicagoer Fed übergangen und die Bank gezwungen hatte, ihren Diskontsatz zu verändern. Nun hielt das Board den Zinssatz der New Yorker Fed in Geiselhaft und lehnte Harrisons Anliegen ab, den Diskontsatz zu senken, um Banken und Brokern in Not zu helfen, bis die New Yorker Direktoren sich bereit erklären würden, dass zukünftige Käufe von Staatspapieren nur mit vorheriger Zustimmung des Board stattfinden durften. Friedman und Schwartz behaupten: Wäre Strong noch auf Harrisons Platz gesessen, wäre er in der Lage gewesen, das Board zu zügeln. Die Tatsache, dass die Art der Interaktion zwischen dem Board und den Reservebanken schon durch die Ereignisse von 1927 verändert worden war, legt eine andere Antwort nahe. Es handelte sich nicht um ein personelles, sondern um ein strukturelles Problem.

Aber obwohl Harrison und seine Kollegen die Notwendigkeit verstanden hatten, schnell auf die durch den Aktiencrash verursachten Probleme zu reagieren, verstanden sie weniger gut, wie sie auf die folgenden Ereignisse reagieren sollten. Solange finanzielles Leid das Problem war, wussten sie, dass sie dafür verantwortlich waren, Liquidität für Notfälle zur Verfügung zu stellen – eine elastische Währung, in der heutigen Ausdrucksweise. Die New Yorker Fed begriff sofort, dass ein Aktiencrash Risiken für die New Yorker Banken nach sich zog.

Aber sobald Deflation und Depression zum Problem wurden, war man sich, wenn überhaupt, deutlich weniger einig, was man tun sollte. Das Federal Reserve System war geschaffen worden, um schnelle Zinsanstiege zu verhindern. Seine Offiziellen wussten, wie sie reagieren mussten, wenn infolge finanzieller Verschiebungen Kredite, relativ zu den Bedürfnissen der Unternehmen, zeitweise rar wurden. Es gab jedoch keinen Konsens, was zu tun war, wenn das Preisniveau die Tendenz zeigte, für eine gewisse Zeit zu sinken. Das Preisniveau in den USA war schon früher gesunken, in den 1870er- und 1880er-Jahren und dann noch einmal kurz nach dem Ersten Weltkrieg, ohne zu einer voll ausgeprägten Finanzkrise zu führen. Für die Gouverneure der Federal Reserve, deren Sichtweise durch die genannten historischen Erfahrungen geprägt war, war nicht offensichtlich, dass die Abwärtsbewegung der Preise jetzt ein Problem war. Als die Stringenz am Geldmarkt abebbte und die Zinsen sich normalisierten, wurden Aktionen als weniger dringlich angesehen. Jetzt deckte sich die Sichtweise Harrisons und seiner Kollegen mit der im Board of Governors. Die New Yorker Fed leistete gegen die Instruktionen aus Washington, D. C., keinen Widerstand mehr. Im Gegenteil, die Bank war vollständig willens, ihre Käufe am offenen Markt zu beenden und darauf zu verzichten.[205] Die Wirtschaft würde bald den Preis dafür zahlen.

Kapitel 8
Der nächste Schritt nach unten

Nach dem Crash beschleunigte sich die Kontraktion. Die Produktion von Öl, Gusseisen und Stahl sank im vierten Quartal 1929. Die Autoproduktion sank noch weiter. Die Industrieproduktion fiel zwischen Anfang Oktober und dem Jahresende um 9 Prozent – also mit einer Jahresrate von 30 Prozent.[206] Zum Vergleich: 2008 fiel die US-Industrieproduktion in den drei Monaten nach der Pleite von Lehman Brothers nur mit zwei Dritteln dieser Geschwindigkeit.

So schlecht die Dinge auch waren, eine große Depression war das noch nicht. Ganz ähnlich wie beim Ausbruch der Subprime-Krise 2007 beschränkte sich das Schlimmste auf die USA und man konnte immer noch argumentieren, dass das Schlimmste bald vorüber sein würde. Die Kursverluste an den ausländischen Börsen hielten sich in Grenzen. Andere Länder, die nicht von einer solchen Erschütterung des Vertrauens betroffen waren, erlebten im vierten Quartal 1929 nur kleine Rückgänge der Industrieproduktion. Kanada, obwohl eng mit den USA verbunden, verbuchte bis zum Dezember keinerlei Rückgang der Industrieproduktion. In Frankreich, wo die Stabilisierung und dann die Erholung erst spät begonnen hatten, expandierte die Wirtschaft weiter.

Lateinamerika und andere Regionen, die von Rohstoffexporten abhängig waren, spürten die Auswirkungen der Abschwächungen in den USA am stärksten. US-Firmen fuhren ihre Einkäufe von Kaffee, Kakao, Kautschuk und Seide zurück. Da die Nachfrage von Kundenseite und aus der Industrie sich abschwächte, gab es einen geringeren Bedarf für Vorräte. Finanzielle Probleme machten es schwieriger, Handelskredite zu bekommen.[207] Was auch immer der Grund war, jedenfalls importierten die USA weniger.

Aber die Rohstoffproduktion folgt ihrem eigenen Rhythmus; die Planung von Pflanzung und Ernte erfolgt weit im Voraus. Nun sanken zwar die Preise, nicht aber die Produktion. Die Kaffeepreise sanken im vierten

Quartal 1929 um 30 Prozent, die Maispreise um 15 Prozent.[208] Die Rohstoffpreise waren schon während des größten Teils der 1920er-Jahre schwach gewesen, aber hier handelte es sich um »eine akute Attacke im Rahmen einer chronischen Krankheit«.[209] Dennoch führte dies nicht zu einer Welle von Zahlungsausfällen lateinamerikanischer Länder, die sich in den 1920er-Jahren heftig verschuldet hatten und nun drückende Verbindlichkeiten bedienen mussten. Aber die Zahlungen kamen.

In den letzten Monaten von 1929 konnte man noch argumentieren, dass der durch den Crash verursachte Schaden begrenzt sein würde – in der von den Offiziellen von 2007 bevorzugten Sprache hieß das, man habe die Konsequenzen »unter Kontrolle«. Die Fed hatte verhindert, dass die scharfe Marktkorrektur das Bankensystem infizierte. Zumindest hatte sie ernsthafte Bankenpleiten verhindert. Einige kleine Banken wurden zwar nach dem Crash am Aktienmarkt insolvent, aber Insolvenzen kleiner Banken hatte es in den gesamten 1920er-Jahren gegeben.

Anfang 1930 war allerdings nicht zu übersehen, dass sich die Wirtschaft abschwächte. Die Weihnachts-Einkaufssaison war enttäuschend und die Verkäufe der Kaufhäuser fielen in der ersten Jahreshälfte 1930 mit einer annualisierten Rate von 10 Prozent. Es gab keinen Zweifel mehr, dass dies nun eine Rezession war.

Die Zentralbanken reagierten entsprechend. Das Open Market Investment Committee autorisierte die New Yorker Fed, im Februar und im März ihren Diskontsatz in Schritten von je einem halben Prozent zu senken.[210] Die Bank of England und die deutsche Reichsbank senkten solidarisch ebenfalls ihre Zinsen. Sogar die Banque de France, die immens hohe Reserven hielt und ihre Politik selten anpasste, senkte ihren Diskontsatz Ende Januar um einen halben Punkt. Das war die erste solche Veränderung in zwei Jahren.

Zunächst reagierten die Finanzmärkte freundlich. In den ersten vier Monaten von 1930 stiegen die Aktienkurse in New York um 16 Prozent. Zwischen Januar und März wurden in den USA ausländische Staatsanleihen im Volumen von 100 Millionen Dollar emittiert. Das war zwar nur ein Bruchteil der Niveaus von 1927 und 1928, aber es war mehr als in jedem Quartal von 1929. In den USA, Kanada und den wichtigsten europäischen Ländern blieb die Industrieproduktion in den ersten drei Monaten von 1930 stabil.

Aber selbst wenn Firmen ihre Produktion aufrechterhielten, sanken die Preise weiter und signalisierten, dass die Nachfrage nicht Schritt hielt. Im Mai wurde klar, dass die Arbeitslosigkeit den Konsum in den USA, Großbritannien und Deutschland belastete. Die Nachfrage nach Produkten der französischen Industrieproduktion war »schwach«. Die ökonomischen Bedingungen in Belgien waren »unbefriedigend«. Die japanische Geschäftslage war »inaktiv«.[211]

An diesem Punkt beschleunigte sich der Niedergang der Industrieproduktion dramatisch. In den USA sank sie von Dezember 1929 bis Dezember 1930 um 21 Prozent. In Deutschland waren es 23 Prozent.[212] Die Lage in anderen Ländern war nicht viel besser.

Das war natürlich der Wendepunkt, an dem eine ganz normale Rezession zu etwas Größerem wurde. Charles Kindleberger untersucht in seinem klassischen Bericht vier Erklärungen für den Einbruch: unzureichende monetäre Unterstützung in den USA, Handelsbeschränkungen, schwache Rohstoffpreise und Ereignisse im Ausland.[213] Sie sind einer nochmaligen Untersuchung wert.

An der monetären Front ist es wieder nicht richtig, zu sagen, die Federal Reserve habe nichts getan. Zwei Mal, im Mai und im Juni 1930, genehmigte das Board of Governors weitere Senkungen des Diskontsatzes der New Yorker Fed. Zur Jahresmitte betrug dieser Zinssatz nur noch die Hälfte des 6-Prozent-Niveaus vom vorherigen August. Das war zumindest ein Schritt in die richtige Richtung. Aber an diesem Punkt beschloss das Board, dass seine Arbeit getan war. Da die Kreditkosten niedrig waren, so waren sich seine Mitglieder einig, war die Verfügbarkeit von Krediten nun kein Hindernis mehr auf dem Weg zur Stabilisierung und zur Erholung.

In Wirklichkeit aber waren die Kreditkosten gar nicht so niedrig. Die Zinsen waren zwar gesunken, die Preise aber auch. Und das erhöhte die Kosten der Rückzahlung (was Ökonomen als realen Zinssatz bezeichnen). Im Juni lagen die Großhandelspreise um volle 7 Prozent niedriger als Ende 1929.[214]

Vielleicht wurde das Absinken der Preise allgemein nicht antizipiert. Wenn das so war, dann hätte es kein Zögern bei der Aufnahme von Krediten auslösen können. Die Kurse von Rohstoff-Futures, eines Indikators der erwarteten zukünftigen Preise, lagen über den tatsächlichen Kursen in der ersten Jahreshälfte 1930, konsistent mit der Wahrnehmung, dass der Rückgang nicht vollständig antizipiert wurde. Aber obwohl die

Futures-Kurse über den tatsächlichen Preisen lagen, fielen sie ebenfalls. James Hamilton hat die Verbindung zwischen den Kursen von Rohstoff-Futures und dem allgemeinen Preisniveau analysiert. Er kam zu dem Ergebnis, dass die Marktteilnehmer in den ersten beiden Trimestern 1930 einen Preisrückgang erwartet hatten, wenn auch keinen so starken.[215] Und obwohl die Renditen drei- und sechsmonatiger Schatzanweisungen Mitte des Jahres auf weniger als 2 Prozent gefallen waren, blieben die für Anleiheninvestitionen relevanten langfristigen Zinsen hartnäckig hoch.[216] Was hätte die Fed noch tun können? Zunächst hätte sie ihre Zinsen noch weiter senken können. Bei einem Diskontsatz von 2,5 Prozent gab es noch Raum für Kürzungen. Das traf nach den Standards der 1930er-Jahre zu, wenn man bedenkt, dass sie den Diskontsatz Ende des Jahrzehnts auf 1 Prozent senkte, ebenso nach den Standards der 2000er-Jahre, als die Bernanke-Fed nach der Krise 2008 und 2009 den Zinssatz bis auf 0,25 Prozent zurücknahm.

Aber die zeitgenössische monetäre Doktrin besagte, dass Finanzinstitute sich nur im Notfall Geld von der Zentralbank leihen sollten und dass die Fed nur zu einem Strafzinssatz Geld verlieh. Sonst würden die Banken billige Finanzierungen für spekulative Investments verwenden. Firmen würden zu viel produzieren. Zumindest war das die Sichtweise der Fed-Gouverneure, die die Zukunft durch die Brille der Vergangenheit sahen. Obwohl überstürztes Vorgehen in der Vergangenheit ein Problem war, galt das für 1930 offensichtlich nicht, weil die Blase erst vor Kurzem geplatzt war. Wie dem auch sei, die Mitglieder des Federal Reserve Board erkannten lange nicht an, dass sich die Umstände geändert hatten.

Einige Mitglieder des Board, an herausgehobener Stelle Adolph Miller, waren in jeden Fall davon überzeugt, dass die Senkung der Zinsen eine Kettenreaktion auslösen könnte. Wie wir wissen, war Miller ein Verfechter der Doktrin vom wahren Geld. Nach seiner Meinung waren Zentralbankkredite nützlich zur Finanzierung der legitimen Bedürfnisse von Unternehmen, konnten aber nichts ausrichten, wenn die Firmen kürzertraten. Monetäre Operationen konnten »den Zufluss von Geld und dessen Nutzung stimulieren«, wenn Unternehmen expandierten, aber sie konnten wenig tun, um Kreditaufnahme und Aktivitäten anzuregen, wenn die Unternehmen Einsparungen vornahmen.[217] Unter diesen Umständen gab es keine andere Möglichkeit, als sich auf die sich selbst ausgleichenden Markttendenzen zu verlassen. Das geschäftliche Umfeld musste sich stabilisieren durch »reduzierte Produktion, reduzierte Vorräte, die allmähliche Zurückführung von Verbraucherkrediten, die Liquidierung von Wertpapierkrediten und die Ansammlung von Ersparnissen durch Sparsamkeit«, wie es George Norris formulierte, der frühere Direktor der Abteilung für Kais, Docks und Fähren der Stadt Philadelphia, der nun als Gouverneur der Federal Reserve Bank dieser Stadt arbeitete.

Das Open Market Investment Committee genehmigte im März 1930 Wertpapierkäufe im Gegenwert von bescheidenen 50 Millionen Dollar, signalisierte dann aber seine Abneigung, mehr zu tun.[218] Im Juni erlaubte das Exekutivkomitee der Open Market Policy Conference (der neue Name des kurz zuvor reorganisierten Open Market Investment Committee) der New Yorker Fed für zwei Wochen, für weitere 25 Millionen Dollar Staatsanleihen zu kaufen. Aber diese Entscheidung fiel hauptsächlich aus technischen Gründen. Und sogar dann fiel die Abstimmung noch knapp aus, was andeutete, dass weitere Genehmigungen unwahrscheinlich waren. Nach zwei Wochen schlug Harrison vor, das Programm auszuweiten, aber das Komitee wies das Anliegen mit vier zu einer Stimme ab. (Diese eine Stimme kam von Harrison selbst.) Harrison hätte auf einem ambitionierteren Programm bestehen oder damit drohen können, die Käufe wie schon einmal auf Rechnung der New Yorker Fed vorzunehmen. Benjamin Strong wäre kühner gewesen, lautet die Folgerung daraus. Wir werden es nie erfahren.

Das andere schlagzeilenträchtige Ereignis 1930, so steht es in den Geschichtsbüchern, war der Smoot-Hawley Tariff Act. Dieser Zoll, so sagen die Lehrbücher, hatte deutlich negative Auswirkungen auf die Wirtschaft. Leider liegen diese Bücher damit falsch.

Der Zoll war im Präsidentschaftswahlkampf 1928 ein Thema. Die Republikaner waren die Partei des Protektionismus und Hoover versprach den Farmern im mittleren Westen, Rohstoffimporte zu besteuern. Das House Ways and Means Committee eröffnete seine Anhörungen am 7. Januar 1929, zwei Monate und einen Tag nach der Wahl. Geleitet wurde es von Willis Hawley, einem altgedienten Abgeordneten aus Oregon. Hawley hatte sich vom Farmgehilfen zum Professor für Wirtschaft und Geschichte und Chef des Willamette College hochgearbeitet, ehe er in die Politik einstieg. Sein Eintreten für den Zoll war weniger erfolgreich. Nach 13 Wahlperioden im Kongress wurde er 1932 von der eigenen Partei nicht mehr nominiert.[219] Reed Smoot wurde nach fünf Wahlperioden im Senat im Wahlkampf um seine Wiederwahl in gleicher Weise vom Demokraten Elbert Thomas besiegt.

Die Zollgesetzgebung, die auf ewig mit Smoot und Hawley assoziiert wurde, brauchte für den Weg durch den Kongress fast eineinhalb Jahre. Am 17. Juni 1930 wurde das Gesetz dann von Präsident Hoover unterzeichnet, der zeremoniell mit sechs Füllfederhaltern aus reinem Gold seines Amtes waltete. Das Gesetz erhöhte den Einfuhrzoll auf zollpflichtige Importe von 38 auf 45 Prozent.[220] Die Schaffung einer Koalition im Kongress hatte es erfordert, zusätzliche Wählerschichten zu erreichen, auch die im industriell geprägten Osten. Das Zollschema, das dabei herauskam, war ein Mischmasch, das der Industrie sogar noch großzügigeren Schutz gewährte als der Landwirtschaft.

Es stellt sich die Frage, welche Auswirkungen das hatte. Die Preise zollpflichtiger Importe zu erhöhen verschob einige Ausgaben zu in den USA gefertigten Ersatzprodukten, was die einheimischen Produzenten unter diesen Umständen begrüßten. In die andere Richtung wirkte die Tatsache, dass höhere Zölle auch geringere Kaufkraft der Verbraucher bedeuteten. Aber dieser Effekt war gering, weil 1929 nur 5 Prozent des US-BIP auf Importe entfielen und zwei Drittel aller Importe überhaupt keinen Einfuhrzöllen unterlagen. Zusammenfassend errechnete Douglas Irwin, dass Smoot-Hawley die US-Einkommen nur um höchstens 116 Millionen Dollar oder 0,1 Prozent des BIP von 1929 reduziert hat. Das war ein Klacks im Vergleich zur Großen Depression.[221]

Der Zoll wurde auch beschuldigt, für Unsicherheit gesorgt zu haben, die Investments bremste. Das ähnelt dem Argument, der Obama-Stimulus und die Gesundheitsreform von 2009 hätten für Unsicherheit gesorgt und die geschäftlichen Investitionen behindert. Robert Edgerton, Direktor der National Association of Manufacturers, beklagte sich im November 1929, Industrie und Handel seien »in vielen Fällen nicht in der Lage, Pläne zu beschließen, und viele Entwicklungsprogramme warten oder drohen aufgegeben zu werden, während Parteipolitik, Blockpolitik, persönliche Politik und sektionale Politik manövrieren, um sich diesen oder jenen Vorteil zu sichern, sich für diese oder jene Niederlage zu rächen oder dieser und jener politischen Persönlichkeit Schaden zuzufügen«.[222]

Aber selbst wenn das zutraf, wurde die Unsicherheit, vor der Edgerton warnte, Mitte 1930 beseitigt. Robert Archibald und David Feldman analysierten die Unsicherheitshypothese, indem sie die Investitionen in

15 Branchen mit ihrer Exponiertheit gegenüber dem Auslandshandel in Beziehung setzten.[223] Ihre Ergebnisse besagten, dass die Investitionen in der Tat schwächer waren, als man 1929 erwartet hatte, als das Resultat der Beratungen im Senat am wenigsten klar war. Aber es gab keine entsprechenden Beweise für 1930, in dessen erster Hälfte die Umrisse der Gesetzgebung allmählich klar wurden und in dessen Mitte die Unsicherheiten über den Zoll geklärt waren. Auch hier muss die Schlussfolgerung lauten, dass alle negativen Effekte gering und vorübergehend waren.

Und wenn Smoot-Hawley sich nicht stark auf die US-Wirtschaft auswirkte, dann hatte das neue Gesetz auf den Rest der Welt erst recht keinen großen Einfluss. Damit soll die Existenz negativer Auswirkungen auf einzelne Produzenten nicht geleugnet werden. Italien widersetzte sich höheren Zöllen auf seine Ausfuhren von Strohhüten und Olivenöl. Die Schweizer Uhrenhersteller waren in hellem Aufruhr. Die spanischen Exporteure von Trauben, Orangen und Zwiebeln wurden von der amerikanischen Maßnahme getroffen. In ganz Lateinamerika beklagten sich die Exporteure über die Protektion, die US-Farmern gewährt wurde. Dort und anderswo verstärkte der Zoll das Problem niedriger Rohstoffpreise. Smoot-Hawley machte es den Rohstoffproduzenten also schwerer, Dollars zu verdienen und ihre Schulden zu bedienen.

Die Frage lautet: wie viel schwerer? Ken Carey hat in der Reaktion der Kurse von Staatsanleihen im Juni 1930, in dem Monat also, als der Zoll zum Gesetz wurde, nach diesem Effekt gesucht.[224] Wenn der Zoll Rohstoffexporteuren tatsächlich bedeutende Probleme bereitet hat und die Wahrscheinlichkeit erhöhte, dass sie zu Zahlungsausfällen gezwungen wurden, dann hätten die Kurse ihrer Anleihen fallen sollen. Es gibt zwar einige Hinweise darauf, aber der Effekt ist auch hier wieder gering.

Allerdings spielte Smoot-Hawley eine Rolle bei der Unterminierung internationalen Einvernehmens. Er löste Proteste von 30 ausländischen Regierungen aus. Er »intensivierte den Nationalismus in der ganzen Welt«, wie es Morgan-Partner Thomas Lamont ausdrückte.[225] Er provozierte Vergeltungsmaßnahmen und führte zum Kollaps einer vom Völkerbund einberufenen Konferenz mit dem Ziel, über koordinierte Senkung von Einfuhrzöllen zu verhandeln. Die Depression war ein globales Phänomen. Und sie in den Griff zu bekommen erforderte eine globale Reaktion. Jede Bemühung, eine Reaktion zu koordinieren, ob in der Form synchronisierter Zinssenkungen, eines Schuldenmoratoriums oder eines Notfallkredits, war nun viel schwieriger, weil sich die Regierungen wegen Smoot-Hawley gegenseitig an den Hals gingen.

Die Lehrbuchversion, Smoot-Hawley habe die Depression in den USA verschlimmert, ist also eine schlechte Geschichte im Dienst guter Politik. Obwohl es keine Beweise gibt, dass der Zoll signifikant negative Auswirkungen auf die amerikanische Wirtschaft hatte, half dessen rituelle Beschwörung den Politikern 2009, der protektionistischen Versuchung zu widerstehen. Das wiederum machte es leichter, eine koordinierte internationale Reaktion aufzubauen. In jedem Bericht über die Depression ist Herbert Hoover eine umstrittene Figur. Er begann die Legislaturperiode nach dem Triumph seiner siegreichen Wahlkampagne 1928 und wurde für seine persönlichen Eigenschaften, wie Aufrichtigkeit, Fleiß und Selbstvertrauen, ebenso bewundert wie für seine Errungenschaften. Er kam aus bescheidenen Verhältnissen, machte seinen Weg an der Stanford University und nutzte seine Fähigkeiten als Bergbauingenieur und Unternehmer, um unabhängig und wohlhabend zu werden. Dann machte er sich einen Namen als Humanist, indem er das Committee for Relief of Belgium und dann die U. S. Food Administration im Ersten Weltkrieg anführte. Vor seiner Wahl zum Präsidenten war er ein höchst erfolgreicher Staatssekretär im Handelsministerium.

Vier Jahre später war er ein geschlagener Mann oder, genauer gesagt, ein besiegter Präsidentschaftskandidat und ein verbitterter Mensch. Er war verbittert darüber, dass man ihn für eine Depression verantwortlich machte, die ihre Wurzeln schon in der Zeit seines Vorgängers Calvin Coolidge hatte und für die Hoover selbst anderen die Schuld zuwies, etwa Benjamin Strong. Er war enttäuscht über sein eigenes Scheitern, die Herausforderungen der Krise zu meistern. Dieses Scheitern verdeutlichte ein Missverhältnis zwischen den Weltanschauungen des Präsidenten einerseits und andererseits dem, was unter den außergewöhnlichen Umständen der 1930er-Jahre erforderlich war. Hoover glaubte fest an monetäre und fiskalische Orthodoxie, und das in einer Zeit, als die Anforderungen an die Wirtschaftspolitik alles andere als orthodox waren. Als Quäker glaubte er an Selbsthilfe, persönliche Verbindungen und eine begrenzte Rolle des Staats, wurde aber mit einer Krise konfrontiert, deren ganze Art die Grenzen der Selbsthilfe und die Notwendigkeit staatlichen Eingreifens aufzeigte. Er war alles andere als ein inspirierender Anführer, war distanziert und empfindlich gegen Kritik – in Sachen Temperament das Gegenteil von Franklin Delano Roosevelt.

Hoovers Strategie, das Vertrauen zu stärken, war die Bewahrung des vorherrschenden Lohnniveaus. Wie die *New York Times* die Argumente des Präsidenten zusammenfasste, würde die Bewahrung des bisherigen Lohnniveaus den Frieden zwischen Arbeitgebern und Arbeitnehmern sichern. Das war aus humanitären Gründen wünschenswert. Und die Vermeidung von Lohnkürzungen würde »die Konsumkraft des Landes« erhalten.[226] Hoover berief eine Reihe von Besprechungen mit prominenten Wirtschaftsvertretern ein, darunter Henry Ford und Owen D. Young, Letzteren wegen dessen Stellung als President und Chairman von General Electric. Die Arbeiterführer erklärten sich als Gegenleistung damit einverstanden, keine Streiks auszurufen und auch nicht für Lohnerhöhungen zu kämpfen.

Als während des Ersten Weltkriegs die Aufrechterhaltung der Produktion um jeden Preis Priorität hatte, hatte sich Präsident Wilson auf diesen proto-korporatistischen Pakt verlassen. Wilson drängte die Arbeitgeber, hohe Löhne zu zahlen als Gegenleistung für das Versprechen der Arbeiter, den Frieden zu bewahren. Hoover hatte, wie erwähnt, als Anführer von Wilsons Food Administration gearbeitet und sprach sich für Opfer und Zusammenarbeit aus. Nun griff er nach der Art von Wilson instinktiv nach einer Reaktion auf die Krise. Aber ein korporatistischer Pakt, der im Ersten Weltkrieg angemessen gewesen war, erwies sich in der aktuellen Abwärtsbewegung offensichtlich als weniger angemessen. Die Bedrohung durch Streiks und Arbeitsniederlegungen war angesichts der schlechten wirtschaftlichen Bedingungen geringer. Jedenfalls waren die Auswirkungen dieser Politik unsicher. Obwohl die Arbeiter mehr ausgaben, weil die Lohnkürzungen ausgeblieben waren, waren die Gewinne der Firmen unter Druck, weil sie höhere Löhne zahlen mussten. Das zwang die dazu, die Kosten zu senken, indem sie Arbeiter entließen und die Stundenzahlen reduzierten. Die Politik war wichtig, um einen schnelleren Rückgang der Nachfrage zu verhindern. Gleichzeitig behinderte sie jedoch die nötigen Anpassungen der Kosten und verringerte das Angebot. Da die Nebeneffekte von Angebot und Nachfrage in entgegengesetzten Richtungen wirkten, war der Gesamteffekt begrenzt.

Die Industrieproduktion sank weiter, da die Politik wenig zu ihrer Stützung unternahm.. Die Verschuldung gescheiterter nicht finanzieller Unternehmen erreichte im Dezember 1930 ein Rekordniveau von 84 Millionen

Dollar. Für andere Unternehmen, die der Pleite entgangen waren, war es ebenfalls schwierig, ihre Schulden zurückzuzahlen. Kleine Banken auf dem Land waren in den 1920er-Jahren pleitegegangen. Jetzt, 1930, kam es zu einer Dürre, in der es in 15 Staaten vom Atlantik bis zu den Flusstälern des Ohio und des Mississippi nur 57 Prozent der normalen Regenfälle gab.[227] Die Einkommen in der Landwirtschaft fielen um die Hälfte. Die Einlagen der gescheiterten Banken stiegen von ihrem früheren Niveau bei 20 Millionen Dollar pro Monat auf 180 Millionen Dollar im November und 370 Millionen Dollar im Dezember.

Das war die erste von mehreren Gelegenheiten, als die Fed daran scheiterte, die Finanzkrise zu überwinden. Zumindest wird diese Episode von Friedman und Schwartz so charakterisiert. Im Gegensatz dazu erreichten die Ereignisse Ende 1930 nach der Meinung anderer Analysten nicht das Niveau einer Krise. Sie wiesen auf die Tatsache hin, dass die Hälfte der Einlagen der gescheiterten Banken nur auf zwei Fälle zurückzuführen waren: die Bank of United States und eine Bankenkette im Süden, die von Caldwell and Company kontrolliert wurde.[228]

Rogers Caldwell war der extravagante Sohn eines alteingesessenen Bankers aus Nashville. (Hier wird ein Muster erkennbar werden.) Der jüngere Caldwell verließ 1910 die Vanderbilt University, um das Versicherungsgeschäft seines Vaters zu leiten. Dass Clarence Hatry im selben Jahr begann, das Unternehmen seiner Eltern zu führen, ist vermutlich ein Zufall. Ebenso wie die Tatsache, dass beide Männer Rennställe kauften, was einiges über ihren Persönlichkeitstyp aussagt.

Vom Verkauf normaler Versicherungen ging Caldwell dann zum Verkauf von Sicherheitsanleihen für Bauprojekte über. Diese Bonds waren Garantien der Rückzahlung, unseren heutigen Credit Default Swaps nicht unähnlich. Später emittierte Caldwell die Anleihen selbst. Wie im Fall Hatrys handelte es sich dabei meist um Kommunalobligationen und solche von lokalen Regierungsagenturen, zu denen der Emittent persönliche und politische Beziehungen geknüpft hatte. Caldwell spezialisierte sich auf die Anleihen der Dürrebezirke, die Gräben aushoben, Steuern einzogen, sich verschuldeten, um die Arbeiten zu finanzieren, und ihre Anleihen mit Steuereinnahmen bedienten. Ende der 1920er-Jahre emittierte er auch auf einzelne Projekte bezogene Anleihen zur Finanzierung von Hotels, Hospitälern und Bürogebäuden. Die meisten von ihnen rutschten, wie vorherzusehen war, in die Pleite, als der Boom der kommerziell genutzten Immobilien 1929 zusammenbrach.

1919, vier Jahre nachdem Hatry die Commercial Bank gekauft hatte, gründete Caldwell die Bank of Tennessee, die er nutzte, um die Gelder einzulagern, die er mit seinen Anleihenverkäufen verdient hatte. Statt sie sofort an die Dürrebezirke oder die Hoteliers weiterzuleiten, die sich verschuldet hatten, setzte er sie zu seinem persönlichen Nutzen ein.[229] Caldwell kaufte Versicherungsunternehmen, Textilfabriken und einen Asphaltproduzenten, Molkereien, Wäschereien, eine Kaufhauskette und ein unterklassiges Baseballteam. Das war sogar für Hatrys Verhältnisse eine bunte Mischung von Unternehmen. Manchmal kaufte er genau diejenigen Unternehmen, mit denen er Verträge zur Anleihenemission geschlossen hatte. Offenbar war es leichter, sich einen stetigen Zufluss im Emissionsgeschäft zu sichern, wenn der Emittent während der Laufzeit der Anleihen auch Eigentümer der Firmen war, der er Kredite besorgte. Das Eigentum an Versicherungsunternehmen hatte den zusätzlichen Vorteil, dass man die Anleihen auch dem Versicherer verkaufen konnte, wenn es schwierig war, sie bei anderen Investoren unterzubringen. Wertvoll in dieser Ansammlung von Firmen war auch Kentucky Rock and Concrete, die Asphalt für Straßenbauprojekte lieferte. Oft genau für die, die sich durch Caldwells Emissionsgeschäft finanzierten.

Im Zentrum dieser Firmengruppe stand eine Bankenkette. Mehrere eigenständige Banken werden als Kette bezeichnet, wenn sie von derselben Eigentümergruppe kontrolliert werden (denken Sie daran, dass Bankenketten auch die Basis der Manley-Anthony-Bankengruppe waren, die 1926 pleiteging, als die Immobilienblase in Florida platzte).[230] Der Vorteil von Kettenbanken ist, dass sie dem Eigentümer ermöglichen, in mehreren Staaten Geschäfte zu betreiben, wenn es Einschränkungen der Gründung von Filialen über Staatsgrenzen hinaus gibt. Das entsprechende Problem ist, dass die Regulierer vielleicht die gegenseitigen Zahlungsverpflichtungen der einzelnen Banken nicht bemerken. Das Bankenwesen in einigen Staaten wird vielleicht von Regulierern überwacht, die nicht daran gewöhnt sind, Informationen auszutauschen.

Caldwell nutzte diese Tatsache nun aus. Seine Kette erstreckte sich von Tennessee aus nach Kentucky, Arkansas und North Carolina. Als er 1930 Anteile der BancoKentucky Company in Louisville (formell die National Bank of Kentucky) kaufte, umfasste sein Imperium Banken mit Einlagen von 225 Millionen Dollar und Versicherungen mit 216 Millionen Dollar an ausgewiesenen Assets. Kurzfristig war sein Konglomerat die größte Investmentbankfirma der Region. Caldwell ließ sich ein verschwenderisch ausgestattetes Landgut nach dem Muster von The Hermitage, dem Haus seines Idols Andrew Jackson, bauen und richtete es mit europäischen Spiegeln und offenen Kaminen ein. Genauer gesagt baute es die Bank of Tennessee für ihn. Der Bau wurde mit 350.000 Dollar aus dem Vermögen der Bank bezahlt und das Haus tauchte als Asset in der Bilanz der Bank auf, ehe es am 1. Juni 1930 unter mysteriösen Umständen auf Caldwells persönliches Konto überschrieben wurde.

Damals waren schon viele Investments des Caldwell-Imperiums in einer Schieflage. Caldwell and Companys Portfolio von Immobilienanleihen entwickelte sich schlecht und seine industriellen Investitionen machte der wirtschaftliche Niedergang unrentabel. Um liquide zu bleiben, baute die Firma zunehmend auf die Einnahmen aus Anleiheverkäufen im Namen der Dürreregionen, auf Kommunalobligationen, die die Bank of Tennessee verwaltete, und die Fähigkeit der Caldwell-Banken, Einlagen argloser Haushalte, Firmen und, nicht zuletzt, auch des Staates Tennessee einzusammeln. Zudem ermöglichte Caldwell der Kauf von BancoKentucky Mitte 1930, seine Tresore wieder aufzufüllen, indem er sich von der frisch gekauften Bank 2,4 Millionen Dollar borgte.

Das Ereignis, das die Risse in dieser Fassade offenlegte, war die Schließung der Bank of Tennessee am 7. November 1930. Staatliche Prüfer waren schon zu dem Ergebnis gekommen, dass die Bank unterkapitalisiert war, und instruierten sie, zusätzliche vier Millionen Dollar an Wertpapieren verfügbar zu machen, um die Konteninhaber zu schützen. Anschließend entdeckten sie, dass Wertpapiere von geringerem Wert ersetzt worden waren, was die Aktion im November auslöste.

Das Timing betonte die Bedeutung politischer Verbindungen für Caldwells Geschäfte. Der 7. November 1930 war der erste Freitag nach den Gouverneurswahlen in Tennessee, bei der Henry Hollis Horton für eine zweite zweijährige Amtszeit zum Gouverneur gewählt wurde. Zuvor war Horton Senatssprecher in Tennessee. Er wurde 1927 Gouverneur, weil sein Vorgänger Austin Pay während seiner Amtszeit starb. Schon während Hortons erster Kandidatur 1928 wurden die engen Verbindungen zwischen der Horton-Administration und Caldwells Kentucky Rock and Concrete thematisiert, die staatliche Aufträge ohne Ausschreibung erhielt. Caldwell konnte von Glück reden, dass er in Tennessee noch einen zweiten mächtigen Verbündeten hatte: den Zeitungsverleger und Immobilienentwickler Colonel Luke Lea.[231] Lea beriet Gouverneur Horton und seine Zeitungen, *Nashville Tennessean* und *Knoxville Journal*, gewährten dem Kandidaten begeisterte Unterstützung. Aber der Colonel war auch Caldwells Geschäftspartner. Zusammen kauften beide Männer einen Kontrollanteil der Holston National Bank in Knoxville. Bequemerweise war Lea auch Direktor der Federal Reserve Bank von Atlanta. Jetzt, 1930, war es mutmaßlich Lea, der das Versprechen einer Unterstützung Hortons ausgenutzt hatte, um Caldwell weitere Verträge zur Asphaltlieferung für staatliche Bauprojekte zu gewähren. Die Anklage stellte jedenfalls klar, dass Lea und Caldwell eng miteinander verbunden waren und dass ihre Verbindungen direkt ins Büro des Gouverneurs führten.

Es war daher kein Zufall, dass man die Schließung von Caldwells Bank of Tennessee bis auf den Freitag nach den Gouverneurswahlen verschob. (Die Bankenregulierer hatten gelernt, Bankschließungen auf das Wochenende zu verlegen, um Panik zu begrenzen und den Kontoinhabern Zeit zu geben, wieder zu klarem Verstand zu kommen.) Die Pleite der Bank of Tennessee führte zu verständlichen Befürchtungen, dass die Holston Bank nach dem Wochenende folgen könnte. Es gab Gerüchte, Holston National habe große Kredite an Caldwell and Company vergeben, die sie mit von anderen Banken geliehenem Geld finanziert hatte. Am folgenden Montag standen die Kunden in langen Schlangen vor der Bank, um ihre Guthaben abzuheben. Wegen der Hinweise auf schlechtes Management bei der Bank of Tennessee und der Verbindungen von Holston National mit Caldwell hatten die Anleger gute Gründe, sich um die Zahlungsfähigkeit der Knoxville Bank Sorgen zu machen. Darüber hinaus war unklar, welche anderen Banken betroffen sein könnten. Sicher ist sicher – also rissen sich die Kunden darum, ihr Geld aus anderen Banken in Knoxville und benachbarten Städten abzuziehen. An diesem Punkt zeigten die Ereignisse alle Anzeichen, sich zu einer voll ausgeprägten Krise auszuwachsen.

Somit lag der Ball im Spielfeld der lokalen Filiale der Federal Reserve, der Federal Reserve Bank of Atlanta. Deren Offizielle schienen sich der Rolle einer Zentralbank als letzter Kreditgeber in Notfällen voll bewusst gewesen zu sein. (Lea trat am 15. November von seinem Amt als Direktor zurück. Als Grund gab er an, er sei nicht in der Lage, an den Sitzungen teilzunehmen.) Die Fed von Atlanta war schon lange eine der aktiveren

Filialen des Federal Reserve Systems.[232] Sie hatte schon früh Erfahrungen mit Finanzkrisen gesammelt, als Ergebnis des Baumwollbooms und dessen Zusammenbruchs, der ihren Distrikt unmittelbar nach dem Ersten Weltkrieg infiziert hatte. Über eine Filiale in Jacksonville, Florida, war sie auch für die Währungszirkulation auf Kuba verantwortlich, dem Land, das nach dem Spanisch-Amerikanischen Krieg den Dollar eingeführt hatte. Als im April 1926 Gerüchte über die Insolvenz einer kanadischen Bank, die auf der Insel tätig war, eine Panik und eine Liquiditätskrise auslösten, brachte die Fed von Atlanta 42 Postsäcke voller Dollars nach Havanna. Das ermöglichte anderen Banken, Bargeld an ihre Kunden auszuzahlen und sich mit Erfolg gegen den Bankenansturm zu stemmen.[233]

Wegen solcher Erfahrungen verstand die Fed von Atlanta ebenso wie die New Yorker Fed, wie wichtig volle Bargeldkassen für das Vertrauen waren. Ihre Reaktion bestand also in der Vereinbarung von Arrangements, mehrere Millionen Dollar in Bargeld nach Knoxville zu bringen. Dienstag, der 11. November, war ein Feiertag (der Tag des Waffenstillstands). Die Banken waren geschlossen. Und daher hatte man Zeit, das Bargeld auf den Weg zu bringen.

Da die Holston-Banken am Mittwoch nicht wieder öffneten, gab es einen panischen Ansturm auf zwei ihrer Wettbewerber in Knoxville, die East Tennessee National Bank und die National City Bank. Diese Banken hatten keine geschäftlichen Verbindungen zur Caldwell-Lea-Kette, aber das spielte keine Rolle. Schon bis 14 Uhr hatten die Kunden mehr als eine Million Dollar abgezogen. Zum Glück waren »die riesigen Stapel von Bargeld und Währung« der Fed von Atlanta inzwischen angekommen und es war kein Problem, Bargeld an die Konteninhaber auszuzahlen. Das sprach sich herum und »beruhigte die Ängstlichsten.«[234] Am Ende der Geschäftszeit am Donnerstag hatten die meisten das Geld wieder eingezahlt, das sie an den vorherigen Tagen abgezogen hatten. A. P. Frierson, Direktor der Knoxville Clearing House Association (des Verbands, über den die lokalen Banken ihre Schecks und andere gegenseitige Zahlungen abwickelten) konnte mit sichtbarer Erleichterung sagen, dass »die Aufregung der Konteninhaber (…) nachgelassen hat«.[235]

Das verhinderte nicht, dass sich die Probleme in Tennessee auf benachbarte Bundesstaaten und auf Banken ausbreiteten, die nichts mit Caldwell zu tun hatten. Die prominentesten Pleiten gab es aber bei Instituten, die mit Caldwell verbunden waren. Zehn Banken in Tennessee, die in diesem

Zeitraum insolvent wurden, standen mit Caldwell in Verbindung, ebenso wie 45 Banken in Arkansas, 15 in Kentucky und 15 in North Carolina.

Zu den Opfern gehörte die American Exchange Trust Company, die größte Bank in Arkansas. American Exchange Trust hatte nicht nur in Caldwell & Company investiert, sondern Caldwell & Company kontrollierte zusammen mit dem Partner A. B. Banks & Co. auch 70 Prozent der Aktien. Dass ein Drittel aller Kredite an die Direktoren und Offiziellen der Bank vergeben wurde, war ein weiteres Zeichen, dass es sich hier nicht um ein normales Finanzinstitut handelte. Am 16. November setzte American Exchange Trust, in Reaktion auf panische Geldabhebungen in Höhe von vier Millionen Dollar, die Auszahlungen aus.[236] Am nächsten Tag schloss der Chef der Bankenaufsichtsbehörde die National Bank of Kentucky.

Der Bundesstaat Tennessee hatte fünf Millionen Dollar, die für den Straßenbau vorgesehen waren, bei der Bank of Tennessee und der Holston-Union Bank deponiert und Caldwell hatte die persönliche Haftung für die staatlichen Einlagen übernommen. Die Behörden setzten sich also in Bewegung, um seinen Rennstall mit 64 Vollblütern und einem Zuchthengst zu verwerten. Zur Enttäuschung der Offiziellen brachte der Verkauf nur 85.000 Dollar ein; ein Bruchteil des Werts der Anleihen, für die Caldwell garantiert hatte. Der Staat versuchte dann, Zugriff auf sein Landgut Brentwood Hall zu erhalten, aber da der Titel auf seinen Namen übertragen worden war, konnte Caldwell dies verhindern.

Gouverneur Horton überlebte den Skandal nicht. Er beschloss, sich 1932 nicht für eine dritte Amtszeit zu bewerben, und starb wenig später. Caldwell und Lea wurden zusammen mit J. Basil Ramsey, Chef der Holston-Union National Bank und der Holston Trust Company, angeklagt, die staatlichen Gelder für den Straßenbau dafür verwendet zu haben, andere Schulden zu tilgen. Lea wurde verurteilt, kam 1934 ins Gefängnis und wurde 1936 auf Bewährung entlassen. Caldwell kam besser davon. Seine Verurteilung wurde vom Obersten Gerichtshof revidiert und zu einem neuen Strafprozess kam es nie. Die Offiziellen des Staats schafften es erst 1954, ihn aus seinem Landgut Brentwood Hall zu vertreiben.

Man kann die Bankenkrise von 1930 in Tennessee, Arkansas, Kentucky und North Carolina als Produkt einer Handvoll schillernder Persönlichkeiten abtun. Die Krise beschränkte sich auf den Süden und größtenteils, wenn auch nicht ganz, auf Caldwells Kette. Etliche Finanzhistoriker haben versucht, die Ereignisse von 1930 in dieser Weise kleinzureden.

Aber in Wirklichkeit war es die extrem schnelle Reaktion der Fed von Atlanta, die verhinderte, dass sie sich auf andere Caldwell-Banken im Süden und über die Region hinaus ausbreitete. Das begrenzte Ausmaß der Krise von 1930 verdeutlichte nicht so sehr ihre eigentümliche Art, sondern die schnelle Reaktion der Fed von Atlanta. Sie verhinderte, dass die Insolvenz einer begrenzten Zahl von Banken eine Panik und eine Liquiditätskrise auslöste, die das gesamte Bankensystem hätte erfassen können. Dass die Ereignisse von 1930 nicht immer so gesehen werden, als hätten sie das Niveau einer Bankenkrise im wirklichen Sinn des Wortes erreicht, deutet nicht auf das Fehlen ernster Probleme hin, die eine bedeutende Bankenkrise hätten auslösen können, sondern eher auf die Fähigkeiten einer mächtigen Zentralbank, darauf zu reagieren, um das Schlimmste zu verhindern.

Das alles zeigt, dass die Offiziellen der Federal Reserve, zumindest einige von ihnen, verstanden, wie man auf eine Panik reagieren muss. Die Frage war, ob sie es bei der nächsten Gelegenheit wieder so machen würden.

Diese Gelegenheit ergab sich später im Jahr 1930, bei der Pleite der Bank of United States. Das war nicht die Bank of the United States, die Ur-Zentralbank, die ihre Geschäfte von 1791 bis 1836 betrieb. Aber der Name war kein Zufall. Wie das Bild des Kapitols, das das Hauptquartier der Bank schmückte, war der Name gewählt worden, um Vertrauen zu erwecken. Ein Gesetz von 1926 verbot Banken, die Worte »Federal«, »United States« und »Reserve« in ihren Namen zu verwenden, aber es galt nicht rückwirkend. Die Bank of United States war schon 1913 vom Textilfabrikanten Joseph Marcus gegründet worden und somit fest etabliert.

Nach Marcus' Tod 1928 wurde die Bank von seinem Sohn Bernard übernommen, der sofort einer der jüngsten Bankdirektoren des Landes war. Vater und Sohn, vor allem aber der Sohn, verfolgten eine Politik der aggressiven Expansion. Sie erhöhten die Kapitalausstattung der Bank auf 25 Millionen Dollar, die Zahl der Filialen auf 61 und die Kundenzahl auf 400.000, mehr als jede andere Bank im Land. Sie gründeten Tochterunternehmen für das Emissionsgeschäft und den Wertpapierhandel. Sie etablierten einen Investment-Trust, um Wertpapiere an ihre Konteninhaber zu verkaufen. Wie sich herausstellen sollte, stachen unter diesen Wertpapieren die Aktien der Bank selbst hervor.

Sie vergaben auch Kredite für kommerzielle Immobilienprojekte, darunter einige große Wohnblocks in Manhattan. 40 Prozent der von der

Bank vergebenen Kredite dienten der Finanzierung von Immobilien. Im Durchschnitt aller Banken in New York City waren es nur 12 Prozent. Die Bank of United States übte Praktiken aus, die man aus Florida kannte, und vergab zweite, sogar dritte Hypothekenkredite. Sie vergab auch Kredite an Entwickler und investierte, wie Caldwell & Company, in einzelne Projekte. Sie gründete Tochterunternehmen, die auf direktem Weg Land kauften und Wohnungskomplexe entwickelten.

Andere Investoren erkannten, dass dies nicht der richtige Zeitpunkt war, sich dem Markt für gewerblich genutzte Immobilien zu widmen. Die Aktie der Bank of United States begann im April 1929 zu fallen, trotz der Tatsache, dass andere Bankaktien immer noch stiegen und der Aktienmarkt allgemein boomte. Marcus und sein Vize-Direktor Saul Singer erkauften sich Zeit, indem sie ihre eigenen Aktien kauften. Saul Singer war vorher Chef der Cloak, Suit and Shift Manufacturer's Protective Association. Auf die gleiche Weise nutzte Clarence Hatry geborgte Finanzmittel dazu, um Aktien seiner eigenen Firmen aufzukaufen. Die Filialmanager wurden instruiert, Aktien an ahnungslose Konteninhaber zu verkaufen.[237]

Und das, was informierte Anleger offensichtlich wussten, das wussten die Regulierer auch. Im Sommer 1929 luden die Federal Reserve und die staatlichen Bankeninspekteure Marcus und Singer vor, weil sie eine »schlampige Bank«[238] führten. Die Praktiken des Risikomanagements waren lax und das Asset-Portfolio der Bank konzentrierte sich auf illiquide Immobilieninvestitionen. Es wurde eine schnelle Korrektur verlangt.

Joseph A. Broderick, New York Superintendent of Banking, arbeitete den ganzen Sommer 1929 hindurch daran, die Bank of United States mit einem stärkeren Partner zu fusionieren.[239] Ein möglicher Partner wurde mit der Privatbank J. and W. Seligman gefunden, zusammen mit einem fähigen Chairman in Person von S. Sloan Colt, dem Vice President der National City Bank. Die Verhandlungen schienen in der zweiten Oktoberhälfte zu einem erfolgreichen Abschluss zu führen. Aber dann vereitelte der Börsencrash den Fusionsplan, wie so viele andere gut durchdachte Pläne.

Dann versuchte Broderick, andere Banken dafür zu interessieren, die Bank of United States zu kaufen. Anfang 1930 gab es Hoffnungen, sie könnte von Irving Trust gekauft werden, aber als die Aktie der Bank of United States wegen Gerüchten über den Kauf stieg, wurde die Transaktion angesichts der Unsicherheiten rund um das Portfolio aus dubiosen

Immobilienkrediten der Bank of United States zu teuer. Man brauchte einen Käufer mit tieferen Taschen.

Daher wandte sich Broderick an die Manufacturers Trust Company, eine der größten New Yorker Banken. Leider wies Manufacturers Trust viele der gleichen Schwächen auf wie die Bank of United States, unter anderem eine deutliche Konzentration auf Immobilien. Singer machte die Sache nicht einfacher, weil er verlangte, dass sein Sohn, ebenso wie der von Marcus, eine Stellung bei Manufacturers Trust erhalten müsse. Die Diskussionen zogen sich hin. Dass sie stattfanden, wurde im Oktober öffentlich bekannt.

Die Nachricht vom Montag, dem 8. Dezember 1930, dass die Fusionsverhandlungen abgebrochen worden waren, erwies sich dann als der Funke, der den Ansturm auf die Bank auslöste. An den nächsten beiden Tagen zogen 2500 panische Kontoinhaber über 2,5 Millionen Dollar von der Bank of United States ab. Die Kunden warteten stundenlang, um ihre Konten zu leeren. Berittene Polizei wurde abgeordnet, um die Menschenschlangen unter Kontrolle zu halten.

Dies drohte nun zur größten Bankenpleite in der Geschichte der USA zu werden. Im Gebäude der New Yorker Fed wurde ein Notfalltreffen einberufen. Es ist nicht bekannt, ob es im selben Konferenzraum im ersten Stock stattfand wie das Notfalltreffen, bei dem man am 12. September 2008 über die Rettung von Lehman Brothers diskutierte, aber es war dasselbe Gebäude, nämlich die 1924 erbaute imposante Festung der Fed in der Liberty Street 15. Das Meeting am 10. Dezember, das die ganze Nacht dauerte, war mit den üblichen Personen besetzt: Gouverneur Harrison, der J. P. Morgan-Partner Thomas Lamont, Owen Young in seiner Eigenschaft als Direktor der New Yorker Fed und der stellvertretende New Yorker Gouverneur Herbert Lehman.

Nach einem erfolglosen Versuch, die Fusion mit Manufacturers Trust wiederzubeleben, konzentrierten sich die Bemühungen darauf, einen anderen geeigneten Heiratspartner zu finden. (Das erinnert zwangsläufig daran, wie die Offiziellen nach dem Abbruch der Fusionsverhandlungen zwischen der Bank of America und Lehman Brothers verzweifelt nach einem anderen Partner suchten. In diesem Fall fiel die Wahl auf Barclays.[240]) Aber die Heirat würde Zeit erfordern, vor allem weil die Beziehung bei null beginnen musste. In der Zwischenzeit wäre es erforderlich, dass die Abwicklungsbanken, also die Verbindung der New Yorker Banken, die die

Abwicklung und Bezahlung von Wertpapiergeschäften überwachte, die Konteneinlagen und andere Zahlungsverpflichtungen des problembeladenen Instituts garantierte.

Am 11. Dezember um 4 Uhr morgens, am Ende der stundenlangen Sitzung, verweigerten sich die Abwicklungsbanken. Es wurde spekuliert, die Abneigung gegen die jüdischen Eigentümer der Bank of United States habe dabei eine Rolle gespielt.[241] Zusätzlich kannten die Abwicklungsbanken die Höhe der Zahlungsverpflichtungen nicht, die sie übernehmen sollten. Die komplizierte Gruppenstruktur der Bank machte die Einschätzung nicht einfacher. Auch hier gibt es eine Parallele zu Lehman Brothers. Die Probleme, welche die Bank of America und Barclays hatten, die Bücher des eventuellen Fusionspartners zu durchblicken, sind offensichtlich.[242] Da die Konferenzen keine Vereinbarung gebracht hatten, blieb die Bank am Donnerstag geschlossen.

Die Weigerung der New Yorker Fed, die Bank of United States zu unterstützen, brachte wahrscheinlich ihre Einschätzung zum Ausdruck, dass die Bank insolvent war (wieder eine Parallele zu Lehman Brothers). Aber die New Yorker Fed war sich des Risikos bewusst, dass sich die Krise ausweiten konnte, vielleicht auf Manufacturers Trust mit seinem Portfolio aus Immobilienkrediten und vielleicht auch auf Kredite an andere Banken. Konteninhaber, die sich nicht sicher waren, in welchem Zustand sich ihre Bank befand, konnten ihr Geld abziehen, und wenn die Bank nicht in der Lage war, sie mit Bargeld zu versorgen, konnte diese Nachricht eine Panik auslösen. Um das zu verhindern ergriff die New Yorker Fed Maßnahmen, um den anderen Banken der Stadt zusätzliches Geld und liquide Assets zur Verfügung zu stellen. Und so kaufte sie in den nächsten drei Tagen Staatspapiere in einem Volumen von 40 Millionen Dollar von den Banken. In der folgenden Woche diskontierte und kaufte sie für weitere 100 Millionen Dollar kurzfristige Staatsanleihen. Ihre Intervention verhinderte, dass die Insolvenz einer führenden Bank einen panischen Ansturm auf die Banken und eine Liquiditätskrise auslösen konnte.

Die Bank of United States ihrerseits wurde vom New York State Banking Department übernommen. Die anderen Banken der New York Clearinghouse Association waren einverstanden, den Konteninhabern der Bank of United States bis zu 50 Prozent des Werts ihrer Konten bei Vorlage ihres Sparbuchs zu leihen, wobei das Sparguthaben als Sicherheit diente. Sie nahmen Manufacturers Trust in ihr Abwicklungsinstitut auf, unter Umgehung der normalen Prozeduren, was die Entscheidung vorwegnahm, an einem Wochenende 2008 Goldman Sachs und Bankers Trust in Holdingunternehmen zu verwandeln.[243]

Offensichtlich war die Rolle der Federal Reserve an diesem Punkt, von dem wir heute wissen, dass er der Beginn der Großen Depression war, komplexer, als manchmal angenommen wird. Im Gegensatz zur allgemein verbreiteten Behauptung verstanden die Offiziellen der Federal Reserve die Verantwortung der Zentralbank als Kreditgeber und Liquiditätsgarant für den Notfall gut. Ebenso wie sie beim Aktienmarktcrash 1929 die Märkte mit Liquidität geflutet hatten, indem sie gegen angemessene Sicherheiten großzügig Kredite vergaben, stellten sie jetzt diese riesigen Stapel von Bargeld und Währungen zur Verfügung, um zu verhindern, dass sich die Probleme von Caldwell & Company ausbreiteten, und vergaben gegen angemessene Sicherheiten großzügige Kredite, um zu verhindern, dass die durch die Pleite der Bank of United States verursachten Liquiditätsprobleme andere Banken infizierten. Ihre schnelle Reaktion erklärt, warum der große Crash nicht zu weiteren finanziellen Erschütterungen führte und warum die Bankenkrise 1930 nicht noch ernsthafter ausfiel.

Es hatte aber auch mit Glück zu tun, dass sich die Krise von 1930 auf Nashville, Knoxville und New York konzentrierte. Die New Yorker Fed mit Sitz im Epizentrum des US-Finanzsystems und die Fed von Atlanta, die aus geografischen Gründen auserkoren worden war, Kubas Finanzsystem zu verwalten, wussten, wie man auf eine Krise reagieren musste. Es war alles andere als klar, dass andere Reservebanken ebenso erfahren und gut informiert waren oder dass ihre Reaktionen, wenn der Zeitpunkt gekommen war, ebenso angemessen wären.

Hinzu kam, dass die Reservebanken 1930 keinen Beschränkungen unterlagen. Sie hatten immer noch umfangreiche Goldreserven, was jeden Konflikt zwischen der Verpflichtung, die Goldkonvertibilität aufrechtzuerhalten, und der Bereitstellung von Liquidität in Notfällen unnötig machte. Es gab jede Menge kurzfristiger Schuldtitel, die die Banken der Federal Reserve diskontieren konnten, weil das Geschäft nur für ein paar Monate rückläufig war. 1931 und vor allem 1933 war die Situation schon anders.

Hinzu kam: Obwohl die Offiziellen in Atlanta und New York verstanden, wie man auf solche finanzielle Störungen reagieren musste, begriffen sie offensichtlich die Unterscheidung zwischen nominalen und realen Zinsen nicht (die Letzteren bezeichnen bekanntlich die inflationsadjustierten

Zinsen). Sie verstanden nicht, dass die niedrigen Zinsen signalisieren konnten, dass die Kreditnachfrage und folglich die Wirtschaft schwach waren, nicht aber, dass Kredit reichlich verfügbar war und die Zentralbank ihre Aufgabe erfüllt hatte. Weil sie der Doktrin vom wahren Geld verhaftet waren, erfassten sie nicht das Ausmaß ihrer Verantwortung, Vorräte von Geld und Krediten zu managen, um einen desaströsen Niedergang des Preisniveaus zu verhindern, die Ausgaben und die wirtschaftlichen Aktivitäten zu kontrollieren. Zu den Folgen des Niedergangs der Ausgaben und der wirtschaftlichen Aktivitäten gehörten Geldverluste der Fed, weil Investoren begannen, Fragen über die Aussichten des Dollar zu stellen, und weil es einen weiteren Rückgang der kurzfristigen Schuldtitel gab, die qualifiziert waren, von der Zentralbank diskontiert zu werden.

Daher war die Zentralbank in einer entschieden schlechteren Situation, als die finanziellen Probleme zurückkehrten.

Kapitel 9
An Europas Ufern

Zwischen dem Ausbruch der Subprime-Krise in den USA und deren Ankunft an Europas Ufern verging etwas mehr als ein Jahr. Es dauerte auch kaum länger als ein Jahr, bis der Crash an der Wall Street seinen Fokus nach Europa verlagerte. Ein großer Teil des Kontinents war bereits durch den plötzlichen Stopp des Zuflusses aus den USA und den Rückgang der Importe amerikanischer Waren erschüttert. Dieser doppelte Schock bedeutete Goldverluste für die Zentralbanken, die sie zu begrenzen versuchten, indem sie die Zinsen hoch hielten. Aber obwohl hohe Zinsen für Europäer einen Anreiz boten, ihr Geld in der Heimat zu belassen, leisteten sie nichts, um Investitionen zu fördern oder die Haushalte zum Konsum anzuregen. Während die New Yorker Fed ihren Diskontsatz im Dezember 1930 nach der Pleite der Bank of United States auf 2 Prozent senkte, war die Bank of England gezwungen, ihren Diskontsatz bei 3 Prozent zu belassen, die Reichsbank sogar bei noch schmerzhafteren 5 Prozent.

Die Banque de France war als einzige europäische Bank in der Lage, die Zinspolitik der New Yorker Fed nachzuahmen. Sie tat das, indem sie Anfang 1931 den Diskontsatz auf 2 Prozent senkte. Frankreich hatte sich erst spät stabilisiert, brauchte kaum Kredite aus dem Ausland und war nur wenig auf Kapitalimporte angewiesen. Die Exportpreise waren wegen der Abwertung des Franc in der ersten Hälfte der 1920er-Jahre wettbewerbsfähig. Folglich blieb die Industrieproduktion 1930 größtenteils stabil, ausgenommen Luxusgüter, die vom Aktiencrash betroffen waren (weniger edle Rotweine für die Banker).

Zudem gab es in Frankreich nur eine Bankenpleite mit Konsequenzen, nämlich die der Banque Adam, einer Kreditbank mit Sitz in Calais. Sie war wegen der dubiosen Investments ihres wichtigsten Aktionärs, Albert Oustric, zugrunde gegangen. Oustric war wie Clarence Hatry und Rogers Caldwell ebenfalls eine der schillernden Figuren aus den 1920er-Jahren.

Er begann als Kellner in einem Café in Carcassonne. Dann arbeitete er für einen französischen Rüstungsproduzenten, stieg während des Ersten Weltkriegs auf und verdiente ein Vermögen damit, Ricardo Gualino zu helfen, einem politisch mit ihm verbundenen italienischen Finanzier. Er ließ die Aktien von dessen Textilfirma Snia Viscosa an der Pariser Börse notieren. Snia war als Handelsunternehmen gegründet worden, bevor die Firma 1922 reorganisiert wurde, um Viskose zu produzieren. Wie die Radiobranche war dies eine der Wachstumsindustrien der 1920er-Jahre (besser Viskose als Jute). 1925 entfielen 60 Prozent der italienischen Viskoseproduktion auf Snia Viscosa, das inzwischen der weltweit zweitgrößte Produzent war. Bei der Expansion seines Geschäfts erhielt Gualino Hilfe von Mussolini und der italienischen Zentralbank, bis er 1926 einen Brief an den Premierminister schrieb, in dem er sich über das hohe Niveau beschwerte, auf dem die Lira stabilisiert worden war. Verständlicherweise war Gualino in diesem Punkt sensibel, wenn auch nicht gegenüber Mussolinis Reaktion auf diesen Brief, weil seine Firma 80 Prozent ihrer Produktion exportierte. Aber für Mussolini war eine starke und stabile Lira ein Maßstab für Italiens nationales Prestige und für die Leistungen seines politischen Führers. Als Gualinos schwer verschuldetes Industrieimperium während der Depression zusammenbrach, wurde er verhaftet und wegen »schweren Schadens für die nationale Wirtschaft« zu fünf Jahren Haft verurteilt.

In der Zwischenzeit verdiente Oustric sein Geld dort, wo die Sonne schien, und verwendete seine Snia-Gewinne dazu, andere Firmen zu kaufen. Seine Spezialität waren Firmen, die Stiefel und Schuhe produzierten, Seide, Wollprodukte, Lederwaren und Nähmaschinen; eine Parallele zu Hatrys Drapery Trust. Oustric reorganisierte die betreffenden Firmen und emittierte mehr Aktien als nötig, wiederum nach der Art von Harry. Das setzte die Finanzen der Firmen unter Druck, brachte Oustric aber Bargeld, mit dem er weitere Akquisitionen durchführen konnte.

Oustric führte, wiederum wie Hatry, seinen Plan weiter, indem er die Oustric Bank gründete und ihr Kapital von 60 auf 100 Millionen Francs erhöhte, wobei Gualino ein Viertel der Aktien kaufte. Dann sicherte Oustric sich die Kontrolle über die altehrwürdige Banque Adam, eine Bank am Ärmelkanal, die ihre Wurzeln bis 1784 zurückverfolgen konnte.

Im Gegensatz zu Montagu Normans Misstrauen gegen Hatry schienen die Offiziellen der Banque de France Oustric unterstützt zu haben. Aber Gualinos Geschäftsmodell wurde unterminiert, nachdem er bei Mussolini in Ungnade gefallen war. Das senkte den Wert von Oustrics Snia Viscosa-Aktien und dann kam der allgemeine Einbruch am Aktienmarkt 1929. Oustric zog Kapital von der Banque Adam ab, um Aktien seiner Unternehmen zu kaufen und deren Kurse zu stützen (wieder eine Taktik, die auch Hatry angewendet hatte), aber ohne Erfolg. Als diese anderen Unternehmungen schiefgingen, zogen sie die Banque Adam mit nach unten. Oustric wurde wegen Betrug, Veruntreuung und finanzieller Regelverstöße im Zusammenhang mit der Banque Adam verhaftet. Man befand ihn schuldig, er verbrachte 38 Monate im Gefängnis und bezahlte eine Geldstrafe von 31.000 Francs.[244]

Die politische Rechte versuchte ebenso von der Affäre zu profitieren wie die Linke. Die Rechte betonte die Verwicklung René Besnards, des früheren französischen Botschafters in Italien, in die Transaktionen von Snia Viscosa, während die Linke auf die Tatsache hinwies, dass einige amtierende und frühere Minister auf Oustrics Gehaltsliste standen. Vor allem Raoul Péret, der 1926 als Finanzminister die Börsennotierung von Snia Viscosa autorisiert hatte und dann ein Honorar akzeptierte, um als Oustrics Berater in Rechtsfragen zu fungieren. Die Enthüllung dieser Tatsache brachte die Mitte-Rechts-Regierung André Tardieus dermaßen in Verruf, dass sie zum Rücktritt gezwungen war.

Die politischen Folgen waren dramatisch, aber die einzige unmittelbare wirtschaftliche Konsequenz des Bankrotts der Bank aus Calais war, dass die Fischereiflotte von Boulogne nicht die Vorauszahlungen erhielt, die nötig waren, um zum Fischen aufzubrechen. So unangenehm dies für die Fischer auch war, war es doch nichts gegen den stürmischen Seegang, mit dem es andere Länder zu tun bekamen. Die Banque de France hatte immer noch reichlich Goldreserven und sie konnte noch mehr Gold erwerben, indem sie die Pfund-Beträge liquidierte, die sich nach Poincarés Stabilisierung angehäuft hatten. Als sich das wirtschaftliche und finanzielle Umfeld nach der *Affaire Oustric* verschlechterte, bestand die Frage nicht darin, ob die Regierung die Mittel, sondern ob sie den Willen hatte, sich darum zu kümmern.

In der Zwischenzeit bedeutete der Zufluss von Gold nach Frankreich Verluste für die anderen Zentralbanken, die sie zu lösen versuchten, indem sie die Zinsen hoch hielten. Zudem übte die ständige Umwechslung von Pfund in Gold durch die Banque de France Druck auf die Bank of England aus. Die Banque de France wurde von britischen Ökonomen dafür kritisiert, dass sie die Auswirkungen ihrer Politik auf andere Länder ignorierte.[245] Da die französische Wirtschaft weiterhin gut lief, empfanden französische Offizielle nicht die Dringlichkeit, die zeitgenössische britische Kommentare ausdrückten. Man ist versucht, hier eine Parallele zur deutschen Sorglosigkeit zu ziehen, als die Eurokrise ausbrach, weil die deutsche Wirtschaft gut lief. Wenn die französische Zahlungsbilanz stark war, die britische aber schwach, dann spiegelte dies einfach die harte Arbeit wider, die die Franzosen geleistet hatten, um ihre Wirtschaft zu stärken, und das Scheitern Großbritanniens an der Aufgabe, sein ökonomisches und finanzielles Haus in Ordnung zu bringen. Wenn Frankreich einen Zahlungsbilanzüberschuss genoss, dann zeigte dies die angeborene Genügsamkeit der Franzosen, die lieber sparten als ihr Geld auszugeben. Will Rogers, stets ein bissiger Beobachter, schrieb Frankreichs scheinbaren Wohlstand dem Nationalcharakter und einer Neigung zu, »hart zu arbeiten und auf sein Geld aufzupassen«.[246] Wenn es für die Briten schwierig war, mit Anfragen umzugehen, Pfund gegen Gold zu tauschen, dann hatten sie sich dieses Problem selbst zuzuschreiben. Auch hier gibt es die Versuchung, eine Parallele zur Eurokrise und Deutschlands Verachtung seiner verschwenderischen südeuropäischen Nachbarn zu ziehen. Man muss sich einfach daran erinnern, dass die Deutschen nicht erkannten, dass die Überschüsse eines Landes zwangsläufig die Defizite eines anderen sind.

Selbst wenn die Offiziellen der Banque de France etwas hätten tun wollen – was nicht der Fall war –, wären ihre Optionen begrenzt gewesen. Nach einer chaotischen Inflation praktizierte Frankreich nun einen Goldstandard der unflexibelsten Art. Der Banque de France war es untersagt, inländische Wertpapiere zu kaufen, damit sie nicht direkt die Regierung finanzierte, wie sie es in den 1920er-Jahren getan hatte. Käufe und Verkäufe von Wertpapieren (Offenmarktgeschäfte) als Instrument zur Beeinflussung der Finanzmarktsituation und somit auch zur Lenkung der Goldströme waren nicht möglich. Dies ist eine offensichtliche Parallele zum Artikel 123 der EZB-Statuten, der den Kauf neu emittierter Staatsanleihen verbietet. Diese Einschränkung machte es 2011 und 2012 für die EZB schwierig, zur Stabilisierung des Anleihenmarkts zu intervenieren. Die clevere EZB fand letztlich aber Wege, diese Einschränkungen zu umgehen, und die Banque de France hätte das auch tun können.[247] Sie hätte eine Gesetzeslücke finden können, die ihr ermöglichte, die Anleihen der Agentur zur

Verwaltung der Staatsschulden, der Caisse d'Amortissement, zu kaufen. Sie hätte Pfund und Dollars kaufen und durch diese Transaktionen an den Devisenmärkten Francs in Umlauf bringen können.

Aber ihre Direktoren wollten das nicht und sie ließen sich von Argumenten der Ausländer wenig beeindrucken. Die Banque de France akkumulierte weiterhin Gold und verstärkte den Druck auf andere Länder. Es sollte nicht lange dauern, bis diese anderen Länder – und Frankreich selbst – die Rechnung dafür bezahlen mussten.

Die Ereignisse in Deutschland brachten die Sache zum Höhepunkt. Da sich Deutschland mehr als jedes andere Land auf Kapitalimporte verlassen hatte, wurde es am härtesten getroffen, als diese versiegten. Da die Erinnerungen an die Inflation noch frisch waren, sahen Privatleute ebenso wie Offizielle die Goldkonvertibilität als oberstes Ziel. Nun lautete die Frage, ob die Konvertibilität mit Erfolg verteidigt werden konnte und, falls nicht, welche Folgen dies haben würde.

1930 wurde Hjalmar Schacht als Chef der Reichsbank vom ehrgeizigen Hans Luther abgelöst. Luther hatte sein Leben in der Politik verbracht, war Ratsmitglied in Magdeburg, Bürgermeister von Essen und von 1925 bis 1926 kurzfristig Kanzler. Er war in der Zeit der Hyperinflation Minister für Ernährung und Landwirtschaft, als er Restaurants zwang, die Größe ihrer Essensportionen zu reduzieren, um Preiserhöhungen zu begrenzen. Jetzt, wo die Preise und die Produktion zu sinken begannen, war sein Ratschlag sogar noch weniger markant.

Luther hatte zumindest eines verstanden: Die Reichsbank würde wenig Spielraum haben, wenn es notwendig wäre, zur Unterstützung des Bankensystems zu intervenieren. Diese Möglichkeit war durchaus naheliegend. Die großen deutschen Banken hatten hohe Kredite an die Industrieunternehmen vergeben, was sie der Gefahr eines wirtschaftlichen Niedergangs aussetzte. Das Kapital der Banken wurde während der Inflation 1922 und 1923 ausgelöscht und die folgenden Anstrengungen zur Rekapitalisierung waren unzureichend. Kapital und Reserven als Teil der Banken-Assets lagen nur bei 7 Prozent, nicht einmal ein Drittel des früheren Niveaus.[248] Das war niedriger als der Fremdkapitaleinsatz der großen deutschen Banken 2009 und 2010, deren Kapitalrelationen nur etwa 1,5 Prozent betrugen, aber für die Verhältnisse der Zeit zwischen den Weltkriegen war dieses Niveau außerordentlich hoch.

Die deutschen Kleinsparer, die von der Inflation hart getroffen wurden, kamen nur langsam zurück. Um ihre Geschäfte zu finanzieren, wandten sich die Banken daher an das Ausland und versuchten, mit hohen Zinsen Kapital anzuziehen. Große Banken von internationalem Ruf waren dazu in der besten Position. 1929 machten Einlagen aus dem Ausland volle 40 Prozent ihrer Verbindlichkeiten aus. Die Situation war ähnlich wie die der drei großen isländischen Banken 2008. Aber wie in Island 2008 machte diese Strategie die Banken auch anfällig für Liquiditätsprobleme, wenn sich ausländische Investoren dafür entschieden, ihr Kapital zu repatriieren. Noch schlimmer: Die großen Banken hatten keine zusätzliche Liquidität zur Verfügung, weil ihre Gewinne niedrig waren.[249]

Angesichts der Fragilität des Finanzsystems waren Maßnahmen zur Haushaltskürzung, gelinde gesagt, problematisch. Die fiskalische Konsolidierung, welche die Ausgaben reduzierte, drohte die Banken derart zu schwächen, dass die Wirtschaft in eine Abwärtsspirale geraten konnte, von der sie sich unmöglich erholen würde.

Aber die Behörden mussten den Haushalt ins Gleichgewicht bringen, so wurde argumentiert. Die Regierungen der Staaten und die Kommunen akkumulierten billige Kredite, wie Parker Gilbert einst gewarnt hatte. Sie sammelten hohe Schulden an, was es ihnen und der Reichsregierung jetzt unmöglich machte, weitere Schulden aufzunehmen.[250] Deutschlands Gläubiger, insbesondere die Franzosen, waren nicht in der Stimmung, um über ein Moratorium der Reparationszahlungen nachzudenken. An der Goldparität zu rütteln war angesichts der jüngsten Inflationsgeschichte undenkbar. Wegen dieses Mangels an anderen Möglichkeiten blieb nur noch die Option übrig, den Haushalt ins Gleichgewicht zu bringen.

Eine Einigung darüber, wie das zu schaffen war, stand auf einem anderen Blatt. Die Sozialdemokraten im Reichstag widersetzten sich Kürzungen der Arbeitslosenhilfe, während die Bayerische Volkspartei wegen der von der Regierung geplanten Biersteuer revoltierte. Die große Koalition brach als letzter Hauch der deutschen Demokratie 1930 zusammen, weil sie die Quadratur des Kreises nicht zustande brachte.

Der Sturz der Koalition führte zur Bildung einer technokratischen Regierung unter Heinrich Brüning. Brüning stammte aus der Stadt Münster, dem Zentrum des Kulturkampfs, des Streits zwischen der katholischen Kirche und dem protestantischen Preußen. Am Ende des Konflikts hieß es, die katholischen Einwohner Münsters seien nun »lutherischer als du«.

Als Mitglied des Reichstags seit 1924 hatte sich Brüning nach der Art von Paul Ryan einen Namen als Finanzexperte gemacht und begann nun, mit allen nötigen Mitteln den Haushalt ins Gleichgewicht zu bringen. Da er keine stabile Mehrheit im Reichstag hatte, nahm er Zuflucht zu den Notstandsgesetzen, die in Artikel 48 der Weimarer Verfassung vorgesehen waren. Sie verliehen dem Kanzler allerdings keinen unbegrenzten Handlungsspielraum – er musste seine Erlasse immer noch dem Reichstag vorlegen, der sie nachträglich billigte –, aber sie erlaubten ihm, die Haushaltsagenda festzulegen.

Da er das Defizit der Arbeitslosenversicherung für ein bedeutendes Problem hielt, gab Brüning Erlasse heraus, die die Berechtigung zur Inanspruchnahme von Zahlungen einschränkten und die Zahlungen reduzierten. Er kürzte die Bezüge der Beamten und die Transfers an die Regierungen der Staaten und die Kommunen. Er führte eine Reihe neuer Steuern ein, darunter eine auf Mineralwasser, um die Biersteuer zu vermeiden.

Aber radikale Beschränkungen der öffentlichen Ausgaben in einer Phase, in der privater Konsum einbrach, hatte den vorhersagbaren Effekt, die Notlage zu verschlimmern. Der andere vorhersagbare Effekt war, dass die Unterstützung für die Regierung schwand. Eine außergewöhnliche Allianz aus Sozialdemokraten und Nazis weigerte sich jetzt, die Verordnungen des Kanzlers zu billigen.

Aber Brüning war kein Mann, der seine Meinung änderte. Er reagierte, indem er den Reichstag auflöste und Neuwahlen ausschrieb. Zu seiner Überraschung lehnten die Wähler seine Politik ab. Im neuen Reichstag entfiel nur ein Drittel der Sitze auf die Regierung, während Kommunisten, Nationalsozialisten und andere systemfeindliche Parteien alle hinzugewannen. Allein die Nazis stellten nun neunmal so viele Abgeordnete wie zuvor. Das war nicht das erste Mal, dass Sparsamkeit und Depression zu populistischem Extremismus geführt hatten. Und es sollte auch nicht das letzte Mal sein.

Dieser politische Rückschlag war, wie Thomas Ferguson und Peter Temin argumentieren, der Auslöser der deutschen Krise.[251] Brünings unnachgiebige Sparpolitik verstärkte die politische Polarisierung, indem sie die Wirtschaft noch tiefer in die Rezession stieß. Das beunruhigte die Investoren, die sich verständlicherweise fragten, was als Nächstes kommen würde, und sie flohen in immer größerer Zahl.

Im September brachen die Reserven der Reichsbank massiv ein, im Oktober erneut. Die Reichsbank war gezwungen, den Diskontsatz um einen vollen Prozentpunkt zu erhöhen, um die Goldparität zu verteidigen. Die Investoren beruhigte das nicht, denn es trug nicht dazu bei, die politische Krise zu überwinden. Die Bankeneinlagen sanken weiterhin, weil Geld aus dem Land abgezogen wurde. Die einzige Überraschung war unter diesen Umständen, dass dies ganz allmählich geschah und ein Ansturm auf die Banken ausblieb.

Ab dem Jahr 2010 lautete die Frage – auch über südeuropäische Länder – ob es auch andere Optionen gegeben hätte, und insbesondere, ob weniger Sparsamkeit besser gewesen wäre. Der deutsche Historiker Knut Borchardt argumentierte, dass die hemmungslose Kreditaufnahme Deutschland vom Kapitalmarkt abgeschottet hatte, was keine Alternative zur Politik der Sparsamkeit zuließ.[252] Ferguson und Temin kommen zu einer anderen Schlussfolgerung: Hätte man Deutschland nicht zu einer so strengen Sparpolitik gezwungen, wären die Politiker der Mitte vielleicht an der Macht geblieben. Die Rezession wäre milder verlaufen und die Reformen hätten fortgesetzt werden können. Die Regierung hätte wieder Zugang zum Markt gefunden und ihre Defizite finanzieren können.

In Wirklichkeit war der Marktzugang keine Option für Deutschland, weil es von politischen Konflikten zerrissen war, mit Schulden überladen, und sich einem feindseligen Frankreich gegenübersah. Der Haushalt hätte nur noch durch Einführung von Devisenkontrollen und die Aufforderung zum Erwerb von Staatsanleihen durch die Banken ausgeglichen werden können, wie Hitler es 1933 tat.

Diese volatile Mischung aus wirtschaftlicher Depression, politischer Polarisierung, schwachen Finanzen und einer paralysierten Zentralbank musste einfach explodieren. Der entscheidende Funke war die Pleite der Creditanstalt, Österreichs größter Bank.

Der formelle Name lautete Österreichische Credit-Anstalt für Handel und Gewerbe. Die Bank war in den 1860er-Jahren von den Rothschilds gegründet worden. Die Mehrheit der österreichischen Firmen mit begrenzter Haftung machte mit der Bank Geschäfte. Auf sie entfielen 50 Prozent aller Banken-Assets im Land, ihre Bilanzsumme entsprach fast 10 Prozent des BIP.[253] 1929 kaufte die Kreditanstalt ihren einzigen ernsthaften Konkurrenten, die Bodencreditanstalt, die mit der Textilindustrie groß im Geschäft war.

Dieses Asset-Portfolio würde in einer Depression wohl nicht gut abschneiden. Zudem hatte die Creditanstalt kaum Kapazitäten, Verluste auszugleichen. Das Management der Bank gab viel Geld für die Geschäftsräume aus. Wie bei den großen deutschen Banken hatte ihr Kapitalpolster während der Inflation nach dem Ersten Weltkrieg stark gelitten.[254]

Und wie die deutschen Banken verließ sich die Creditanstalt jetzt auf Geld aus dem Ausland. Angelockt von hohen Zinsen, die sich die Bank kaum leisten konnte, lieferten ausländische Staatsbürger und Institutionen 35 bis 40 Prozent der Einlagen und anderer Kredite. Die offensichtliche Gefahr war, dass sich diese Form der Finanzen beim ersten Anzeichen von Problemen von der Bank und aus dem Land verabschieden würde.

Die Fusion mit der Bodenkreditanstalt kam auf Druck der österreichischen Regierung zustande, die sich über den Zustand der Textilindustrie ebenso große Sorgen machte wie über die Stabilität der Bodenkreditanstalt selbst. Nach der Abgabe des Angebots glaubte das Top-Management der Creditanstalt nun offensichtlich, sich auf die Unterstützung der Regierung verlassen zu können.[255] Als sich die Bilanz der Bank verschlechterte, war ihre Strategie, mit riskanten Geschäften um ihre Wiederbelebung zu kämpfen. Unter den gegebenen Umständen bedeutete das, mehr Kredite an defizitär arbeitende Textilfirmen zu vergeben, die verzweifelt um ihr Überleben kämpften. Man braucht nicht viel Fantasie, um Parallelen zu Lehman Brothers 2008 zu sehen, von der Unterfinanzierung und dem Vertrauen auf riskante Geldquellen bis zur verzweifelten Suche der Bank nach Rendite und dem Glauben, sie würde von der Regierung gerettet werden, wenn die Sache schiefging.

Man erkennt auch Parallelen darin, was geschah, als die Probleme der Creditanstalt am 11. Mai 1931 öffentlich bekannt wurden, als die Bank ihre Bilanz für 1930 vorlegte. An den nächsten beiden Tagen verlor die Bank 16 Prozent ihrer Einlagen und volle 30 Prozent in den beiden folgenden Wochen.[256]

Die österreichische Regierung verstand, dass die Creditanstalt zu groß war, um zu scheitern. Leider war sie auch für eine Rettung zu groß, denn ihre Verbindlichkeiten gegenüber Ausländern waren nur wenig niedriger als die Gold- und Devisenreserven der Zentralbank. Wenn die ausländischen Konteninhaber sich nun beeilten, ihr Geld zu repatriieren, wäre die Nationalbank gezwungen, Gold auszuzahlen, um ihre Forderungen zu erfüllen. Dann hätte sie keine Möglichkeit mehr, die Auslandsverbindlichkeiten anderer Banken abzuzahlen, die ebenfalls mit panischem Abzug von Geld zu kämpfen hatten; ein Phänomen, das fast sofort einsetzte, als die Verluste der Creditanstalt bekannt wurden.

Dieses Liquiditätsproblem konnte nur mithilfe eines Landes gelöst werden, das über reichhaltige Goldreserven verfügte. Gemeint war Frankreich. Aber Österreich hatte erst kurz zuvor seine Absicht erklärt, mit Deutschland eine Zollunion zu bilden, was ein Verstoß gegen den Versailler Vertrag war. Der Vorschlag kam aus dem deutschen Außenministerium, das offensichtlich glaubte, die deutsche Öffentlichkeit mit einer aggressiven Außenpolitik von den wachsenden ökonomischen Problemen ablenken zu können. Diesen Vorschlag konnte Österreich, ein kleines Land und Deutschlands Nachbar, nicht so einfach ablehnen.[257]

In Wirklichkeit war die Krise der Creditanstalt mehr als eine Liquiditätskrise, als die sie die österreichischen Offiziellen vorzugsweise bezeichneten. Sie offenbarte mehr als den Mangel an Gold und Devisen der Zentralbank, um ausländische Konteninhaber auszahlen zu können. Die Creditanstalt hatte auch deshalb ein Problem mit ihrer Solvenz, weil sie mit ihren Industriekrediten schwere Verluste erlitten hatte. Obwohl sie öffentlich das Gegenteil behauptete, wurde schnell klar, dass die Bank nun nicht nur einen zeitweiligen Zugang zu Liquidität benötigte, sondern eine Spritze von Anteilskapital.

Die Regierung unter Führung des Kanzlers Otto Ender war sich der Bedeutung der Bank für die österreichische Wirtschaft bewusst und erklärte sich einverstanden, für eine 33-prozentige Beteiligung am Aktienkapital 100 Millionen Schilling (etwa 14 Millionen Dollar) zur Verfügung zu stellen.[258] Das Problem dabei: Es war nicht klar, woher sie das Geld nehmen sollte. Die Depression hatte die Steuereinnahmen bereits reduziert und die Ausgaben zur Unterstützung der Arbeitslosen anwachsen lassen. Die Regierung hatte keine Finanzreserven und keine Möglichkeit zur Kreditaufnahme. Sofort nach der Ankündigung der Kapitalspritze kollabierten die Kurse der Staatsanleihen. Das war der »Teufelskreis«, der sich ab 2010 auch in Griechenland, Spanien und Irland zeigte, als die Probleme der Banken Probleme für die öffentlichen Finanzen verursachten, was wiederum die Sorgen um die Banken intensivierte.

Nach drei Wochen schwieriger Verhandlungen, die sich über den größten Teil des Monats Mai hinzogen, konnte die österreichische Regierung einen 100-Millionen-Schilling-Kredit von sieben Ländern arrangieren.

Die Mittel wurden durch die Bank für Internationalen Zahlungsausgleich geschleust und sie wurden mit unfehlbarem Timing etabliert, um die Reparationstransfers zu regeln. Aber der Kredit entsprach nur der Hälfte der Summe, um welche die österreichische Regierung gebeten hatte. Er reichte aus, um die Kapitalspritze für die Creditanstalt zu finanzieren, ließ aber keinen Spielraum für weitere Verluste.

In der Zwischenzeit schmolzen die Reserven der Zentralbank weiter dahin, weil ängstliche ausländische Kunden es eilig hatten, ihr Geld aus dem Schilling und aus dem Land abzuziehen. Die wichtigste Auswirkung des Kredits war also, die Kapitalflucht zu finanzieren, weil die zusätzlichen Ressourcen, die in die Creditanstalt gepumpt wurden, zunächst von ausländischen Finanzinstituten und dann von österreichischen Konteninhabern abgezogen wurden, die dann die Zentralbank baten, ihre Schilling in Gold umzutauschen.[259]

Die österreichische Regierung reagierte auf die einzige Art, die sie kannte, und bat um weitere Auslandskredite. Die Kreditgeber hatten ihre Lektion gelernt und verlangten diesmal, dass die Gläubiger der Creditanstalt in Berlin, Paris, London und New York sich zunächst einverstanden erklärten, ihre Haushalte in Wien auszugleichen, damit das offizielle Geld, das man Österreich gab, nicht gleich wieder abfließen konnte. Als weitere Bedingung verlangten sie, dass die österreichische Regierung den Kredit garantierte, denn der erste Kredit war, rein technisch betrachtet, an die Zentralbank geflossen, nicht an den Staat. Aus österreichischer Sicht am unvernünftigsten war die Bedingung der französischen Regierung, Österreich müsse den Vorschlag der Zollunion aufgeben, seine Finanzen unter die Kontrolle des Völkerbunds stellen und »jeden Schritt unterlassen, die existierenden politischen und wirtschaftlichen Beziehungen Österreichs zu modifizieren«.

Im Prinzip verlangte man von dem Land also, seine Souveränität aufzugeben. Planmäßig sollte die Zentralbank neue Zahlen über ihre ausländischen Reserven am Mittwoch, dem 17. Juni, vorlegen. Als die französischen Offiziellen tags zuvor diese Forderungen auf den Tisch legten, glaubten sie offensichtlich, die österreichische Regierung in die Zange nehmen zu können.

Diese Bedingungen Frankreichs waren mehr, als die Ender-Regierung ertragen konnte. Sie trat am 16. Juni zurück, als sie die Nachricht von der französischen Regierung erhalten hatte. Die Bank of England sprang mit einem kurzfristigen Kredit ein, aber es war zu spät. An diesem Punkt war die einzige Alternative zur Schließung der Bank die Verhandlung über eine Vereinbarung mit ihren Gläubigern in London, die sich jetzt zum Austrian Credit-Anstalt International Committee zusammengeschlossen und sich dazu verpflichtet hatten, kein weiteres Geld abzuziehen. Der Preis war hoch. Im Gegenzug zu einer zweijährigen Aussetzung des Abzugs von Kapital sollte die auf Enders Regierung folgende Staatsführung unter der Leitung von Karl Buresch die Verbindlichkeiten der Bank in voller Höhe garantieren. Eine Bundesregierung mit einem Budget von nur 1,8 Millionen Schilling (250.000 Dollar) sollte für Bankverbindlichkeiten in Höhe von 1,2 Millionen haften.[260] Das erinnert an Irland 2008.

Die Garantie leistete keinen Beitrag, das Vertrauen ins Finanzsystem wiederherzustellen, es war nur wieder dieser Teufelskreis. Und das Stillhalte-Abkommen warf ein bezeichnendes Licht auf die Position von Finanzinstituten auch in anderen Ländern, deren Assets in Österreich eingefroren waren. Falls die Politiker versucht hatten, die Krise auch auf andere Länder auszuweiten, hätten sie es gar nicht besser machen können.

Deutsche Investoren, deren Kapital in Österreich eingefroren war, kämpften um Liquidität, zogen ihre Guthaben bei anderen Banken ab und liquidierten andere Investments. Der Prozess wurde zutreffend vom Finanzjournalisten Harry Hodson beschrieben, und zwar mit Begriffen, die man auch auf die Krise von Lehman Brothers hätte anwenden können: »Eine einzelne Bank oder das Bankensystem eines Landes oder der ganzen Welt muss liquide bleiben oder zugrunde gehen. Wenn eines ihrer Assets, das man für liquide gehalten hatte, zeitweise unveräußerbar wird, muss sie ihre Liquiditätsposition verbessern, indem sie andere Assets verkauft.«[261] Auf diese Weise breitete sich die Krise auch in Deutschland aus.

Hinzu kam die starke Ähnlichkeit der Creditanstalt mit der drittgrößten deutschen Bank, der Danatbank (formell Darmstädter und Nationalbank). Wie die Creditanstalt war die Danatbank für ihre umfangreiche Kreditvergabe an die Industrie bekannt. Ihr Hauptaktionär Jakob Goldschmidt wurde allgemein für einen risikofreudigen Banker gehalten. In einer Passage seiner Memoiren beschrieb Hjalmar Schacht, nicht ganz frei von ethnischen Stereotypen, Goldschmidt als ehrgeizig »bis an die Grenze zur Ruchlosigkeit«.[262] Wie Schacht es formulierte, machte die aggressive Art, mit der Goldschmidt seine Geschäfte betrieb, ihn bei seinen Kollegen nicht gerade beliebt.

Zu Goldschmidts favorisierten Taktiken gehörte, im Stil von Charles Hatry die Fusion von Firmen in Sektoren mit überschüssigen Kapazitäten einzufädeln und durchzuführen. Seine Danatbank hatte umfangreiche Kredite an Kunden aus der Textilindustrie vergeben. Jetzt gab es beunruhigende Gerüchte, dass einer von Danatbanks Kunden aus der Textilbranche, die in Bremen ansässige Nordwolle (formell die Norddeutsche Wollkämmerei und Kammgarnspinnerei), unerklärlicherweise auf einen Anstieg der Wollpreise spekuliert hatte und sich nun in einer gefährlichen Lage befand.

Goldschmidt erfuhr am 11. Mai von Nordwolles Problemen, am selben Tag, als auch die Probleme der Kreditanstalt bekannt wurden. Die Stimmung sank noch weiter, als man erfuhr, dass Nordwolles Wollspekulationen von Ultra Mare durchgeführt worden waren, einem niederländischen Tochterunternehmen, dessen Existenz nicht einmal den nicht zum Unternehmen gehörigen Aufsichtsratsmitgliedern von Nordwolle bekannt war. Diesem Gremium gehörten zwangsläufig auch Bankenvertreter an. Die Brüder Karl und Heinz Lahusen, die gleichberechtigten Vorstandsvorsitzenden der Nordwolle, hatten wiederholt ihre katastrophalen Wetteinsätze verdoppelt, wenn die Spekulation zunächst nicht aufgegangen war. Sie borgten sich zusätzliches Geld von der Danatbank und aus anderen Quellen, um ihren Kampf ums Überleben zu finanzieren. Beobachter begannen schnell zu fragen, ob die gleichen Probleme, die sich in den Büchern der Danatbank verbargen, auch in den Bilanzen anderer Banken lauern könnten, die hohe Kredite an die Industrie vergeben hatten.

Zudem war dies nicht die einzige Schwäche, die das Bankensystem betraf. Wären die faulen Industriekredite das einzige Problem gewesen, dann hätten deutsche Investoren als Erste ihr Geld abgezogen. Die Einwohner des Landes waren vermutlich am besten über den Zustand der deutschen Industrie und daher auch über den der Banken informiert. In Wirklichkeit aber machten sich ausländische Anleger als Erste aus dem Staub. Es gab keine merkliche Erhöhung des Geldumlaufs – kein Anzeichen, dass die Einheimischen ihre Bankeinlagen zu Bargeld machten. Es gab allerdings einen merklichen Rückgang der Gold- und Devisenreserven der Reichsbank in der letzten Maiwoche. Das beschleunigte sich dann in der ersten Junihälfte, was nahelegte, dass Ausländer aktiv ihre Finanzmittel repatriierten.

Die betreffenden Ausländer waren wegen Kanzler Brünings kaum verschleierter Drohungen beunruhigt, die Reparationszahlungen zu stoppen.[263] Der Beginn der Depression ließ die Reparationslasten unerträglich werden. Brünings Aufsässigkeit sollte die Unbeliebtheit seiner Wirtschaftspolitik kompensieren. Er trieb die Wiederbewaffnung voran und ließ kleine Schlachtschiffe bauen, was ein Verstoß gegen den Versailler Vertrag war. Im März 1931 begrüßte er den unglückseligen Vorschlag des Außenministeriums, eine Zollunion mit Österreich zu vereinbaren. Am 6. Juni wurden mit einer zweiten Runde von Verordnungen die Gehälter der Staatsbediensteten und die Unterstützungen für Arbeitslose gekürzt. Gleichzeitig warnte Brüning davor, dass die Wirtschaft kurz davor wäre, zusammenzubrechen. Damit hatte er indirekt gesagt, dass es zu einem Reparationsmoratorium wohl keine Alternative gab, wenn sich die Lage noch weiter verschlechtern sollte.

Das würde fast zwangsläufig auch ein Moratorium der Begleichung privater Schulden nach sich ziehen. Als ausländischen Investoren dies klar wurde, beeilten sie sich, ihre verbliebenen Finanzmittel abzuziehen. Als Reaktion erhöhte die Reichsbank am 13. Juni den Diskontsatz um volle 200 Basispunkte. Aber das trug wenig dazu bei, die ausländischen Investoren zu beruhigen, die sich Sorgen machten, jeden Zugang zu ihren deutschen Konten zu verlieren. Und es hätte auch niemanden beruhigen können, der sich der gefährlichen Situation der deutschen Wirtschaft bewusst war.

Brüning war nicht der Einzige, der über ein Reparationsmoratorium nachdachte. Präsident Hoover hatte schon seit Mai mit dieser Idee geliebäugelt. Er sah die Lage in Deutschland als Bedrohung der US-Wirtschaft an und war sich bewusst, dass die Wahlen, die über eine zweite Amtszeit für ihn entscheiden würden, nur noch 18 Monate entfernt waren.[264] Im Juni begann er mit dem Wahlkampf für Staatssekretär Mellon, Gouverneur Harrison und Eugene Meyer, der dem Board of Directors des Federal Reserve System vorsaß. Meyer war ein ehrgeiziger Kalifornier, der offene Worte bevorzugte. Er hatte die University of California, Berkeley und Yale besucht. Er machte sein Vermögen mit Spekulationen in Eisenbahnaktien. Er hatte sein 100-Dollar-»Nichtraucherdepot« mit Fremdkapital ergänzt. Die 100 Dollar hatte ihm sein Vater angeboten, wenn er sich damit einverstanden erklärte, bis zum 18. Geburtstag nicht zu rauchen, und dann weitere 500 Dollar, wenn er bis zum 21. Geburtstag nicht rauchte. Während des Ersten Weltkriegs leitete er die War Finance Corporation (WFC), gegründet zur Finanzierung wichtiger Branchen, darunter Eisenbahnen und Banken, die von Erschütterungen während des Kriegs bedroht waren. Später wurde er Chef der Reconstruction Finance Corporation (im Prinzip eine umgewidmete Version der WFC). Schließlich kaufte er die *Washington Post* und diente als erster Chef der Weltbank.[265] Meyer behauptete später, er und nicht der Präsident sei auf die Idee eines Reparationsmoratoriums gekommen, obwohl Hoover dies in seiner Autobiografie für sich beanspruchte. Sehr zum Kummer Meyers, der später bemerkte, Hoovers Memoiren hätten den Titel »Allein in Washington« tragen sollen.[266]

Hoover präsentierte seinen Vorschlag eines einjährigen Moratoriums am 20. Juni. Die Initiative wurde in Paris ungnädig aufgenommen, denn die amerikanische Regierung hatte versäumt, die Franzosen vorab darüber zu informieren. Pierre Laval, der neue Premierminister, berief den amerikanischen Botschafter ein, um sich über die »Schocktaktik« des Präsidenten zu beschweren. Hoover war nicht erfreut. Seiner Meinung nach waren die Franzosen allzu selbstgefällig. »Unsere französischen Freunde brauchen einen stärkeren Eindruck von der Depression«, soll er dazu gesagt haben. Im Gegensatz zu 1923 waren die Franzosen nicht in der Lage, Truppen zu schicken, um ihren Forderungen Nachdruck zu verleihen.[267]

Im Gegensatz zu den Politikern reagierten die Investoren in Paris positiv. Die Aktien- und die Rohstoffmärkte zogen nach der Bekanntgabe des Moratoriumsvorschlags an. Leider neutralisierte eine dreitägige Verzögerung des Abschlusses dieser Vereinigung größtenteils diese vertrauensbildenden Effekte. Die Investoren realisierten, dass ein Moratorium der Reparationszahlungen für sich genommen nicht ausreichen würde, um den Druck auf die Reichsbank zu lindern, deren Goldreserven bereits bis auf das gesetzliche Minimum gefallen waren. Luther und der Aufsichtsrat der Zentralbank konnten den Goldstandard verteidigen, indem sie die Kreditvergabe einschränkten, oder sie konnten die Banken stützen, indem sie frei diskontierten. Beides zugleich konnten sie nicht tun, zumindest nicht ohne einen Kredit aus dem Ausland.

Am selben Tag, als Hoover sein Moratorium ankündigte, erhielt Luther von der Bank of England, der Banque de France, der Federal Reserve und der BIZ einen bescheidenen Kredit in Höhe von 100 Millionen Dollar. Der Kredit reichte gerade so eben aus, um die Bücher der Reichsbank ins Gleichgewicht zu bringen, und ließ es so aussehen, als seien die Goldreserven immer noch angemessen. Aber dies war nicht der Schock und nicht die Ehrfurcht, die man benötigte, um wieder Vertrauen zu schaffen. Schon nach wenigen Tagen gingen die Goldverluste weiter. Am 22. Juni musste Luther neue Beschränkungen der Diskontierung privater Papiere ankündigen, wiederum um zu verhindern, dass die Goldreserven der Reichsbank unter das gesetzliche Minimum sanken. Da die Reichsbank nun die Verfügbarkeit von Krediten einschränkte, sank die Industrieproduktion weiter.

Am 2. Juli kam die Nachricht von den Problemen bei Nordwolle (DITO!) und der Danatbank. Die Reichsbank verkündete ihre Absicht, die Danatbank zu stützen, aber die begrenzten Reserven verhinderten das. Am 5. Juli, als die Golddeckungsquote der Zentralbank unter das von den Statuten festgelegte Minimum von 40 Prozent fiel, zog sie ihre Unterstützung zurück. Luther rechtfertigte die Aktion, indem er auf die unzureichenden Sicherheiten der Danatbank hinwies. Damit antizipierte er eine Sprache, in der die Zentralbanker ein Dreivierteljahrhundert später über Lehman Brothers redeten.

Am Donnerstag, dem 9. Juli, flog ein verzweifelter Luther nach London, Paris und Basel, dem Sitz der Bank für Internationalen Zahlungsausgleich. Man kann Luther für vieles kritisieren, vor allem für seine Rolle während der Hyperinflation und seine Unterstützung Hitlers, aber er war ein Pionier der Shuttle-Diplomatie. Doch diesen Krieg konnte nicht einmal ein Flugzeug gewinnen. Luthers Treffen mit Norman an der Victoria Station, wo der englische Zentralbanker auf seinen Zug nach Dover wartete, verlief in angespannter Atmosphäre. Norman war mit Luther nicht so gut befreundet wie mit Schacht. Abgesehen von persönlichen Empfindungen machte sich Norman Sorgen, dass die Reichsbank außerstande sein könnte, ihre Kredite zurückzuzahlen. Er war nicht bereit, ohne Garantien seitens der deutschen Regierung und die Beteiligung Frankreichs Kredite zu vergeben.

Aber die deutschen Schlachtschiffe und die deutsch-österreichische Zollunion riefen die Ablehnung Frankreichs hervor. Frankreich verlangte, Deutschland müsse den Plan der Zollunion fallen lassen, sich zur vollständigen Leistung der Reparationszahlungen verpflichten und jegliche Ausgaben für die Wiederbewaffnung unterlassen, um Hilfe zu erhalten. Für Brüning, der eine aggressive Außenpolitik bevorzugte, war das unmöglich.[268] Nun bezeichnete der Kanzler Luthers Reise als »Fiasko«. Der erschöpfte Zentralbanker flog mit leeren Händen nach Hause.

In Luthers Abwesenheit hatten die Repräsentanten der bedeutendsten deutschen Finanzinstitute weiterhin ihre Besprechungen in den Räumen der Deutschen Bank und Disconto-Gesellschaft abgehalten, der größten Bank des Landes. Die Regierung organisierte diese Konferenzen in der

Hoffnung, die anderen Banken könnten sich vielleicht dazu verleiten lassen, der Danatbank im Austausch für einige ihrer verbliebenen Assets frisches Kapital zuzuschießen. Aber die Banken wollten sich nicht in die Enge treiben lassen. Es erwies sich nicht als hilfreich, dass die Bücher der Danatbank undurchsichtig waren. Ähnlich wie die der Bank of United States konnte man sie nicht an einem Wochenende entwirren. Außerdem gab es gute Gründe für die Befürchtung, dass die Verluste der Danatbank sich als höher erweisen würden, als die Bank zuvor eingestanden hatte. Und zudem war es nicht hilfreich, dass die Danatbank, wie die Bank of United States, von einem jüdischen Seniorpartner geleitet wurde, der nicht gerade die ungeteilte Sympathie der anderen Banker genoss.

Luther schickte Harrison ein Telegramm nach New York, in dem er um einen Kredit bat. Harrison war dem zwar nicht abgeneigt, aber auch nicht bereit, sich ohne die Partizipation der Bank of England und der Banque de France zu engagieren. 2008 bot die Federal Reserve an, Dollarkredite an die EZB und die Schweizer Nationalbank zu vergeben. Technisch gesehen, überließ sie ihnen US-Dollars im Tausch gegen entsprechende Beträge der betreffenden Währungen und versetzte diese anderen Zentralbanken in die Lage, ihre eigenen Banken und Firmen mit Dollars zu versorgen, mit denen sie ihre Kredite tilgen konnten. Bernankes Fed vergab Kredite von 30 Milliarden Dollar an die Zentralbanken Mexikos, Brasiliens, Südkoreas und Singapurs. Die Finanzkrise 1931 wäre vielleicht ganz anders verlaufen, hätte die New Yorker Fed auf Luthers Anfrage ebenso reagiert. Aber es war unsicher, ob die Reichsbank die Kredite zurückzahlen konnte, die sie aufnahm. Harrison war durch die Kritik an die Adresse der New Yorker Fed beeinflusst, als Strong 1924 und 1927 seine Politik an den Interessen anderer Länder ausrichtete. Es ist auch nicht klar, ob Harrison nun die volle Unterstützung des Federal Reserve Board gehabt hätte. Unter diesen Umständen war es besser, die Last mit der Bank of England und der Banque de France zu teilen. Leider war diese Lastenteilung leichter vorstellbar als durchführbar.

Die Notfallkonferenzen in der Reichsbank setzten sich über das Wochenende fort – ohne brauchbares Ergebnis. Am Montag, dem 13. Juli, um 3 Uhr morgens machte sich Luther, der in dieser Nacht nicht geschlafen hatte, erneut zum Flughafen auf, um sich zum Frühstück mit Norman zu treffen, der inzwischen in Basel angekommen war, und mit Clement

Moret von der Banque de France. Die drei Banker fanden bis 9 Uhr keine Einigung. Und die Filialen der Danatbank blieben geschlossen.

Andere deutsche Banken erlitten sofort empfindliche Abzüge von Finanzeinlagen. Am Montagabend sah die Reichsregierung keine andere Möglichkeit mehr, als alle Banken für zwei Tage geschlossen zu halten. Die Offiziellen baten die großen Banken erneut, für die Verbindlichkeiten der Danatbank zu garantieren, und diese verweigerten sich wieder. Das zwang die Regierung, die staatlichen Garantien auszuweiten, was die Sorgen um die Finanzen der Regierung noch weiter vertiefte. Das war wieder dieser Teufelskreis: Die Regierung musste für die Verbindlichkeiten der Banken geradestehen, was das Vertrauen in die Bilanzen der öffentlichen Hand derart beschädigte, dass man die Sicherheit dieser Garantie in Zweifel zog.[269]

Als die Banken am Donnerstag wieder öffneten, wurden Abhebungen auf die Hälfte der Guthaben der betreffenden Kunden oder 10.000 Mark (2350 Dollar) begrenzt. Man konnte Geld an andere deutsche Banken überweisen, aber nicht ins Ausland. Die Reichsbank beschränkte die Verfügbarkeit ausländischer Währungen auf »Fälle vitaler Notwendigkeit«. Diese vitale Notwendigkeit zu definieren, behielt sie sich selbst vor.[270] Die schlimmste Befürchtung der Investoren bewahrheitete sich, nämlich dass ihre früher liquiden Finanzanlagen in Deutschland wegen der Handlungen der Regierung nicht mehr zugänglich waren. Die Reichsbank hatte keine andere Wahl, nachdem sie es nicht geschafft hatte, eine gemeinsame Unterstützung durch andere Banken zu organisieren und auch von den ausländischen Zentralbanken keine adäquate Hilfe erhielt. In einer von gegenseitigem Misstrauen vergifteten Atmosphäre schlafwandelten die Banken und die Regierungen gemeinsam in die Katastrophe.

Kapitel 10
Wird auch Amerika stürzen?

Im Mai und im Juni 1931 betonte Deutschland, dass es nicht Österreich war. Großbritannien und die USA betonten, dass sie nicht Deutschland waren. Das hinderte die Krise aber nicht daran, sich zunächst jenseits des Ärmelkanals und später auch jenseits des Atlantiks auszubreiten. Die Entwicklung der Krise in Deutschland dauerte fast zwei Jahre. Aber sie brauchte dann nur zwei Wochen, um London zu erreichen, und nur Tage, um auch New York zu infizieren.

Harrison hatte die Erfahrung der Pleite der Bank of United States hinter sich und verstand die Dringlichkeit, Deutschland Hilfe zu gewähren, damit sich die Krise nicht weiter ausweitete. Norman, der keine bedeutende Bankenpleite erlebt hatte, verfolgte eine härtere Linie. Im Rückblick wissen wir, dass Norman sich Sorgen über den Zustand der britischen Banken hätte machen sollen, die deutschen Exporteuren Kredite gewährt hatten – und auch über den Abbau ihrer Reserven. Aber nachdem er einige Monate unter Druck war, befand er sich an der Grenze zur Erschöpfung. Am 28. Juli brach er zusammen und musste dann eine Woche lang das Bett hüten. Am 15. August brach er in Begleitung seiner Schwester, Mrs. Agnes Chalmers, zu einer Schiffsreise nach Kanada auf. Dort blieb er bis Ende September und hatte nur begrenzten telegrafischen Kontakt mit London.[271]

Normans Gesundheitszustand erklärt vielleicht teilweise, warum die Bank of England nicht entschieden agierte, als ihre Reserven dahinschmolzen.[272] In seiner Abwesenheit entschied ein Komitee über die Vorgehensweise und Komitees benötigen viel Zeit, um zu Einigkeit zu gelangen. Ein weiterer Faktor war, dass die Bank of England mit dem gleichen Dilemma konfrontiert war wie die Reichsbank, nämlich mit der Frage, ob sie den Wechselkurs verteidigen oder die Wirtschaft unterstützen sollte. Da sie aber keine derart schwächende Inflation erlebt hatte, traf sie die entgegengesetzte Entscheidung. Die Arbeitslosigkeit war ein Problem, weil 22 Prozent der Menschen, die durch die Arbeitslosenversicherung geschützt waren, keinen Job hatten. Seit 1929 war eine Labour-Regierung im Amt, die sich zur Wiederherstellung der Vollbeschäftigung verpflichtet hatte. Eine Zinserhöhung in dieser Situation drohte die Regierung gegen die Zentralbank aufzubringen und ihre öffentliche Unterstützung zu unterminieren. Ralph Hawtrey war wahrscheinlich der subtilste Ökonom im Finanzministerium seiner Majestät. Er verstand die Lage: »Die Zinsen zu erhöhen, wenn die Arbeitslosigkeit unter den versicherten Arbeitern auf 22 Prozent gestiegen ist, wäre sicher des Guten zu viel«, erklärte er später. »Wenn, um die Sprache von 1848 anzuwenden, der Preis der Konvertibilität weiter steigende Arbeitslosigkeit ist, dann ist die Position unhaltbar geworden. Und diese Situation war in der Tat unhaltbar.«[273]

Dann war da noch die Schwäche der Banken. Die privaten Londoner Investmentbanken oder Handelsbanken, wie man sie nannte, weil sie Kredite an Händler und Kaufleute vergaben, die im Überseehandel aktiv waren, hatten Anleihen deutscher Firmen garantiert, die von Exporteinnahmen abgesichert waren. Sobald diese Obligationen in dieser Weise garantiert waren, konnte man sie an andere Investoren verkaufen. Unter normalen Umständen war das leicht verdientes Geld. Die Banken kassierten eine Kommission und sie mussten nur sehr selten für die Garantie geradestehen. Die Ähnlichkeit mit den Credit Default Swaps, die zu Versicherungszwecken 80 Jahre später von den Banken emittiert wurden, ist frappierend.

Aber die Situation 1931 war nicht normal. Ein ungeregelter Devisenmarkt machte es schwierig, deutsche Obligationen an andere Investoren zu verkaufen, was die Banken dazu zwang, sie in ihren eigenen Bilanzen unterzubringen. Und nach den Krisen der Creditanstalt und der Danatbank im Sommer wurden die Zahlungen österreichischer und deutscher Firmen an ihre ausländischen Gläubiger eingefroren. Die Tatsache, dass die Banken kaum Liquidität zur Verfügung hatten, war gerade vom MacMillan-Komitee herausgestellt worden. Dieses Komitee bestand aus einer Gruppe von Bankern, Ökonomen und anderen Experten, darunter Keynes, die sich 1929 zusammengefunden hatte, um die Verbindungen zwischen Handel und Industrie zu untersuchen.[274] In einigen Fällen gab es auch noch andere Probleme als die Liquidität. Die Kredite, welche die drei größten Investmentbanken in London, Kleinworts, Schroeders und Hambros, an deutsche Import- und Exportfirmen vergeben hatten, überstiegen ihr eingezahltes Kapital oder das Eigenkapital der Partner, was die einzige

Möglichkeit war, Verluste auszugleichen. Sollten ihre Kredite an österreichische und deutsche Firmen nicht zurückgezahlt werden, waren diese Banken effektiv pleite.[275]

Norman war selbst einmal Handelsbanker und hatte bei der Führung der Firma Brown Shipley mitgeholfen, wo sein Großvater mütterlicherseits Partner war. Bei etlichen anderen Direktoren der Bank of England verhielt es sich ganz ähnlich. Diese Männer verstanden die Probleme der Banken. Sie wussten, dass die Handelsbanken hohe kurzfristige Kredite an andere Banken vergeben hatten, die verzweifelt nach Liquidität suchten. Und ihnen war klar, dass das Problem das gesamte britische Finanzsystem betraf.

Der Zustand der Banken erklärt zum Teil, warum die Bank of England nach dem Juli ihren Diskontsatz nicht weiter veränderte, obwohl die Goldreserven weiterhin abschmolzen. Stattdessen machte sie eine Ausnahme von der Regel, Kredite nur gegen gute Sicherheiten zu vergeben, und war bereit, Obligationen zu diskontieren, die mit eingefrorenen deutschen Schulden abgesichert waren.[276] Das ähnelte dem, was die Federal Reserve und die EZB 2008 taten, als sie ihre Anforderungen an Sicherheiten lockerten, um das Finanzsystem zu stützen. Aber es war das Gegenteil dessen, was eine Zentralbank getan hätte, die entschlossen war, ihre Goldreserven zu schützen.

Für Währungsspekulanten war es gar keine Frage, welche Wette sie in dieser Situation abschließen mussten. Man musste sich Pfund borgen und sie bei der Bank of England in Gold umtauschen. Die Zentralbank konnte die Zinsen erhöhen, um Kredite zu verteuern. Wenn sie aber zögerte, würden nur noch mehr Spekulanten Schlange stehen. Sie wäre folglich dazu gezwungen, die Konvertibilität zu suspendieren und es zuzulassen, dass das Pfund gegen Gold und andere Währungen abwertete. Dann könnten die Spekulanten die Pfund-Beträge, die sie zuvor verkauft hatten, zu einem niedrigeren Preis zurückkaufen.[277]

Weil die Bank of England angesichts der Schwäche der Banken und der Wirtschaft nicht willens war, den Diskontsatz zu erhöhen, gab es für sie nur den Ausweg, Francs und Dollars zu verkaufen, um Tradern Verluste zuzufügen, die das Gegenteil getan hatten. Wenn diejenigen Trader, die sich die Pfund-Beträge geborgt hatten, um Francs und Dollars zu kaufen, Verluste erlitten, wenn die Bank nun versuchte, das Pfund nach oben und Franc und Dollar nach unten zu treiben, würden ihre Kreditgeber ihnen

Nachschussaufforderungen zukommen lassen oder eine frühe Rückzahlung verlangen. Indem sie die Bären in dieser Weise »zerquetschte«, hoffte die Bank, sie aus dem Markt zu drängen.

Die Banque de France verwendete, als der Franc in den 1920er-Jahren unter Druck stand, mit einigem Erfolg die gleiche Taktik. Aber damals waren die Zinsen relativ hoch. Kredite waren teuer, und wer sich verschuldete, um mit Devisen zu spekulieren, musste schnell Erfolg haben. Jetzt aber waren die Zinsen niedrig und Spekulanten konnten es sich leisten, ihre Positionen zu finanzieren. Wenn ihre Gläubiger mehr Geld verlangten, konnten sie es auftreiben. Folglich hatten sie einen längeren Atem als die Zentralbank.

In der Zwischenzeit beschleunigten die Verkäufe von Francs und Dollars nur das Abschmelzen der Zentralbankreserven. Die Bank of England berichtete erstmals am 13. Juli über Goldverluste, und zwar an dem Tag, als die Danatbank kollabierte. In den folgenden zweieinhalb Wochen verlor sie knapp 30 Millionen Pfund ihrer Reserven, was ungefähr 25 Prozent dessen entsprach, was sie noch besaß.

Großbritannien wies am Beginn der Krise kein Haushaltsdefizit auf (Erinnerungen an Spanien 2007). Die Labour-Regierung versuchte sich als in fiskalischer Hinsicht verantwortungsbewusst zu etablieren, indem sie eine vorsichtige fiskalische Grenzlinie zog. Als sich der Niedergang beschleunigte, sanken allerdings die Einnahmen, während die Kosten der Arbeitslosigkeit stiegen. Die Kosten des Schuldendienstes waren bereits drückend. Die Relation zwischen Schulden und BIP näherte sich 1931 der Marke von 200 Prozent. Die Gründe waren die Verpflichtungen während des Ersten Weltkriegs und die Deflation in den 1920er-Jahren.

Die Staatsschulden waren zwar hoch, aber man konnte sie durchaus managen. Die Situation ähnelte der in Japan im frühen 21. Jahrhundert. Wenn man die Kosten des Schuldendienstes auf das Niveau der weltweit niedrigeren Zinsen senken konnte und wenn man die Wachstumsrate des Volkseinkommens erhöhen konnte, dann war es möglich, die Relation zwischen Schulden und BIP auf einem stabilen Niveau zu halten. Aber bei einem hohen Wechselkurs und einer restriktiven Finanzpolitik waren die Aussichten auf ein BIP-Wachstum düster.

Es blieb also nur eine Politik der Entbehrungen als Möglichkeit zur Quadratur des Kreises und, wie man hoffte, zur Wiederherstellung des Vertrauens in die Finanzen der Regierung und in die Wirtschaft. Um dieses Problem zu untersuchen, wurde ein aus sechs Personen bestehendes »Superkomitee« gebildet. Den Vorsitz hatte Sir George May, der frühere Chef der Prudential Assurance Company. Dessen Ruf als führender britischer Versicherungsmathematiker qualifizierte ihn offensichtlich für diese Funktion. Die beiden konservativen und die beiden liberalen Mitglieder des Komitees waren sich einig, dass ein ausgeglichener Haushalt entscheidend dafür wäre, das Vertrauen wiederherzustellen. Sie beschlossen, dass der einzig gangbare Weg dorthin, angesichts der »unangemessen hohen« Steuerlast, in einer Reduzierung der öffentlichen Ausgaben bestand.

Ihre Schlussfolgerung kam nicht gänzlich unerwartet. Die konservative Bewegung im Unterhaus, die auf die Gründung des Komitees gedrängt hatte, beauftragte es damit, Empfehlungen abzugeben, die »alle praktikablen und legitimen Kürzungen der Staatsausgaben« betrafen. Daher konzentrierten sich die Empfehlungen darauf, die Ausgaben für die Arbeitslosen zu kürzen, ebenso wie die Gehälter von Polizisten, Lehrern und Angehörigen der Armee. Die beiden Komiteemitglieder aus der Labour-Partei waren zwar dagegen, hatten aber auch keine konkrete Alternative zu bieten.

Das Labour-Kabinett sah sich nicht in der Lage, den Beschluss der Mehrheit zu unterstützen. Das scheiterte schon an der Empfehlung des Komitees, die Zahlungen an die Arbeitslosen zu kürzen. Aber sie konnte sich auch nicht auf andere Maßnahmen einigen. Daher wurde die Regierung am 24. August aufgelöst zugunsten einer Regierung der nationalen Einheit, die von den Konservativen dominiert, aber unglücklicherweise vom Labour-Premierminister Ramsay MacDonald geführt wurde. (Als Dank für seine Bemühungen wurde MacDonald später aus der Labour-Partei ausgeschlossen.) Die neue Regierung einigte sich auf einen sparsamen Haushalt und war damit in der Lage, sich einen Kredit im Volumen von 80 Millionen Dollar von einem ausländischen Bankensyndikat zu sichern, das von J. P. Morgan angeführt wurde.

Um das Vertrauen wiederherzustellen und den Goldverlusten der Bank of England entgegenzutreten, wurden am 10. September diese Maßnahmen eingeführt. Dass sie scheiterten, zeigt, dass der Haushalt nicht das grundlegende Problem war. Das Defizit war ebenso eine Konsequenz wie eine Ursache der Krise. Das Problem war eher die Schwäche der Wirtschaft und der Banken. Sie hinderte die Bank of England daran, der Verteidigung der Pfund-Parität Priorität einzuräumen. Der Ausgleich des Haushalts konnte dieses Problem nicht lösen. Im Gegenteil: Die Politik der Entbehrungen verstärkte es noch.

Dieser Widerspruch wurde ersichtlich, als die Empfehlung des May-Komitees, die Gehälter der Armeeangehörigen zu senken, in deren Reihen Proteste auslöste. Am 15. September ankerten die Seeleute der Atlantikflotte der Royal Navy im Cromarty Firth in der Nähe des schottischen Hafens Invergordon und weigerten sich, ihren Dienst wieder aufzunehmen. Dadurch wurden vier andere Schiffe daran gehindert, den Hafen zu verlassen. Das war eher passiver Widerstand als eine Meuterei auf hoher See, aber die Verfasser der Schlagzeilen trafen keine derart sorgfältigen Unterscheidungen. Schnell dachten die Investoren an eine Ausweitung des bürgerlichen Ungehorsams. Als die Minister später in einer parlamentarischen Diskussion ihre Bereitwilligkeit andeuteten, mit den »Meuterern« einen Kompromiss zu schließen, war das keine Beruhigung für die Investoren, dass die Regierung ihren Kurs der Haushaltskonsolidierung beibehalten würde.

Das alles hatte den vorhersehbaren Effekt eines Ansturms auf das Pfund. Die Widersprüche der britischen Wirtschaftspolitik, die durch Einschränkungen während eines unvorhergesehenen Niedergangs betont wurden, machten das Resultat unvermeidlich.

Nach dem Drama im Sommer war das letzte Kapitel enttäuschend. Als sich am Abend des 20. September die Reserven dem gesetzlichen Minimum näherten, kündigte die Bank of England an, die Konvertibilität von Pfund in Gold auszusetzen. Am Montag verabschiedete das Parlament den Gold Standard (Amendment) Act, der im erwähnten Sinn für Klarheit sorgte. Aber man hatte kaum einen Sinn für bevorstehende Kalamitäten. Die Investoren und, auf breiterer Front, die britische Gesellschaft, atmeten erleichtert auf. Der Wechselkurs gegenüber dem Dollar fiel um 20 Prozent und stabilisierte sich auf diesem Niveau. Und das war es auch, was unmittelbare Reaktionen betraf. Vom Londoner Standpunkt aus fiel das Ergebnis überraschend gut aus.

In New York sah man das ganz anders. Großbritanniens Aufgabe des Goldstandards war eine Gefahr für die Auffassung, dass es so etwas wie einen sicheren Hafen gab. Wenn eine der beiden Finanzmächte dieser Welt den Goldstandard aufgeben konnte, dann war es nicht unvorstellbar, dass die andere das ebenfalls tun könnte. Lawrence Sullivan schrieb in seinem damaligen Bericht über die Krise: »Jeder fragt, ob Amerika auch stürzen würde.«[278]

Die Devisenspekulanten kannten die Antwort nicht und konzentrierten sich auf den Dollar. Ihnen schlossen sich jene Zentralbanken an, die sich beeilten, ihre Konten in New York zu liquidieren. Die Bank of England hatte die anderen Zentralbanken dahingehend beruhigt, dass sie keine weitere Abwertung zulassen würde. Gérard Vissering, der Chef der Zentralbank der Niederlande (De Nederlandsche Bank, DNB), hatte am 18. September bei der Bank of England angerufen, um seine britischen Kollegen zu befragen, zwei Tage vor der Suspendierung und der daraus resultierenden Abwertung. Die niederländische Zentralbank war beruhigt, dass ihre Pfund-Bestände sicher waren, und hielt ihre Positionen. Die Abwertung kam die Zentralbank der Niederlande teuer zu stehen und sie kostete Dr. Vissering seinen Job.

Nachdem die Zentralbanken einmal zum Narren gehalten worden waren, wollten sie nicht noch einmal über den Tisch gezogen werden. Die Federal Reserve Bank of New York beschrieb das folgende Wettrennen zu den Ausgängen als »den schnellsten Abfluss von Gold, den dieses Land und wahrscheinlich auch jedes andere Land jemals erlebt hat«.[279] Besonders ungeheuerlich war der Umtausch von Dollars in Gold durch die Banque de France, der europäischen Bank mit den höchsten Devisenreserven. Hoover war außer sich und vermutete eine Rache der Franzosen für sein Reparationsmoratorium. Er musste sich sehr beherrschen, um seinen Zorn zu verbergen, als er den französischen Premierminister Laval im Oktober zu einem Abendessen im Weißen Haus empfing. Hoover machte den französischen Premierminister persönlich verantwortlich. Laval war wegen der früheren Auseinandersetzungen über Hoovers Reparationspläne auch nicht viel besser gelaunt.

Im Gegensatz zum Vereinigten Königreich hatten die USA niemals während oder nach dem Ersten Weltkrieg den Goldstandard aufgegeben und sie waren auch nicht bereit, das jetzt zu tun. Am 8. Oktober stimmten die Direktoren der Federal Reserve Bank of New York dafür, den Diskontsatz von 1,5 auf 2,5 Prozent zu erhöhen, und das Board stimmte zu. Eine Woche später erhöhte die New Yorker Fed die Zinsen erneut, diesmal auf 3,5 Prozent. Die anderen Reservebanken folgten schnell.[280] Das verteuerte Spekulationen gegen den Dollar. Aber die Verteuerung von Krediten verschlimmerte auch die Probleme der Banken.

Die unmittelbaren Probleme konzentrierten sich nun auf Chicago.[281] In den zehn Jahren zuvor waren die Vorstädte Chicagos explosiv gewachsen.

Man nannte diesen Siedlungsbereich »Bungalow Belt«. Das Wachstum dieser neuen Siedlungen flacher Häuser mit viel Platz für Garagen war durch die gleichen Faktoren gekennzeichnet, die den Immobilienboom in Florida angetrieben hatten: billige Kredite und das Automobil. Aber im Gegensatz zu Florida bezogen sich die Gesetze in Illinois nicht auf Filialbanken. Der Bundesstaat hatte schon vor langer Zeit (1843) eine schwere Krise im Zusammenhang mit dem Zusammenbruch der State Bank of Illinois und ihrer sechs Filialen erlebt. Dass die Gesetze keine Regelungen zu diesem Thema enthielten, wurde später so interpretiert, dass man die Bildung von Tochterunternehmen verhindern wollte. Daher verließen sich die neuen Vorstädte auf die Finanzdienstleistungen neuer Banken. Nicht wenige dieser neuen Banken wurden von denselben Immobilienfürsten gegründet, welche die Vorstädte entwickelt hatten und die sie nun mit Finanzdienstleistungen versorgten. Sie vergaben eifrig Kredite zur Entwicklung der Immobilien. Und wie in den 1920er-Jahren verpackten und verkauften sie ihre Kredite als Hypothekenanleihen.

Die seit langer Zeit etablierten Banken in der Region fühlten sich dazu gedrängt, in den Wettbewerb einzutreten, was sie dann auch taten, indem sie Kredite für die Entwicklung gewerblicher Immobilien vergaben und Anleihen emittierten, die sich auf einzelne Objekte bezogen. Wie die Bank of United States boten sie zudem an, diese Anleihen von unzufriedenen Investoren zurückzukaufen. Als sich die Hypothekenpleiten häuften, nahmen die Inhaber der Anleihen dieses Angebot verstärkt in Anspruch. Im Juni 1931 kündigten mehrere Banken an, angesichts unvorhergesehener Umstände könnten sie diese Zusage nicht mehr erfüllen. Diese Ankündigungen weckten offensichtliche Bedenken und die Anleihenbesitzer wurden unruhig. Am 8. Juni gab es einen Ansturm auf die Foreman-Bankengruppe. Falls die Gesetze von Illinois so interpretiert wurden, dass sie eine Branchenbildung der Banken verhindern sollten, verhinderten sie jedoch kein Gruppen- oder Kettenbankwesen wie in Tennessee. Die Anstürme betrafen bald auch andere Banken in der Innenstadt oder in den Vorstädten. Berichte in den Zeitungen lösten ähnliche Ausbrüche von Panik in Toledo und anderswo aus.

Vor diesem Hintergrund forderten die Aufgabe des Goldstandards durch Großbritannien und die Diskontsatzerhöhungen der Fed ihren Tribut. Es folgten Bankenpleiten nicht nur in Chicago, sondern auch in Philadelphia, Pittsburgh, Youngstown und anderen Städten. Außer ihrer Bereitschaft, dazu geeignete Wertpapiere anzukaufen, taten die Reservebanken von Philadelphia, Chicago und Cleveland wenig, um den problembeladenen Geldinstituten zu helfen. Stattdessen stand die Verteidigung des Goldstandards absolut im Vordergrund. Der Einzige im Federal Reserve System, der auf aggressivere Handlungen drängte, um den Banken zu helfen, war Owen D. Young in seiner Eigenschaft als Direktor der Federal Reserve Bank of New York.[282]

Diese finanziellen Probleme waren ein weiterer Schlag für die amerikanischen Unternehmen, die gegen ihren Untergang kämpften. Die Zinsen auf erstklassige, kurzfristige Schuldtitel, mit denen sich angesehene Unternehmen finanzierten, stiegen nun um weitere 2 Prozent. Die Zinsdifferenz zwischen AAA- und Baa-Anleihen, also die Prämie, die riskantere Unternehmen für Kredite bezahlen müssen, weitete sich erneut aus. Zwischen Juli und Dezember sanken die Großhandelspreise um weitere 5 Prozent. Da Firmen und Haushalte nicht zur Kreditaufnahme in der Lage waren, mussten sie Abstriche machen. In der zweiten Jahreshälfte sank die Industrieproduktion um 10 Prozent. Das war eine Wiederholung der katastrophalen Erfahrungen in der zweiten Jahreshälfte 1930. Nun trafen sie auf eine Wirtschaft, die noch weniger in der Lage war, sie zu ertragen.

Hinzu kam: Während sich 1930 die akuten Probleme auf die USA und Deutschland beschränkten, spürte man sie in den letzten Monaten von 1931 praktisch überall. Überall fielen die Preise. Es gab Pleiten systemrelevanter Banken, nicht nur in den USA, sondern in ganz Mittel- und Osteuropa und bezeichnenderweise nun sogar in Europas früher so starken Volkswirtschaft, in Frankreich.

Die Regierungen gerieten unter Druck, etwas zu tun. Irgendetwas. Für die Mitglieder des britischen Commonwealth und die skandinavischen Länder mit ihren starken wirtschaftlichen Verbindungen mit dem Vereinigten Königreich bedeutete dies, dass sie ebenso wie die Briten den Goldstandard aufgeben mussten. Da sie nun nicht mehr verpflichtet waren, ein bestimmtes Wechselkursniveau zu verteidigen, konnten ihre Zentralbanken die Zinsen senken, um ihre ums Überleben kämpfenden Volkswirtschaften zu unterstützen.

Diese neue Flexibilität erlaubte ihnen auch eine bessere Unterstützung ihrer Banken. Nur eines der zwei Dutzend Länder, die 1931 den Goldstandard verließen, nämlich Schweden, erlitt danach eine Bankenkrise. Diese Ausnahme hatte hauptsächlich mit dem Tod, offenbar durch Selbstmord, des lebensfrohen Industriellen Ivar Kreuger und dem Zusammenbruch seines Finanzimperiums zu tun. Aber trotzdem löste die Pleite von Kreugers Kreditgeber, der Skandinaviska Kreditaktiebolaget, keine allgemeine Panik aus, weil der schwedische Staat nun die nötigen Mittel zur Verfügung hatte, die Lage in den Griff zu bekommen.[283]

Osteuropa entschied sich dafür, dem Beispiel Deutschlands und Österreichs zu folgen, nämlich Schuldenmoratorien zu erklären und Devisenkontrollen anzuordnen. Lateinamerika wusste nicht, welchem Beispiel es folgen sollte, und daher gab es gleichzeitig den Goldstandard auf und stellte die Schuldentilgung ein.

In den USA dagegen standen die Doktrin vom ausgeglichenen Haushalt und die Ideologie des Goldstandards weiter im Vordergrund. Andrew Mellon, der anständigste Banker, den man sich vorstellen kann, war mittlerweile das dienstälteste Mitglied in Präsident Hoovers Kabinett. Noch immer betonte Mellon, man könne das Vertrauen wiederherstellen, indem man fiskalische und finanzielle Redlichkeit walten ließ und Interventionen der Regierung einschränkte. Aber diese Methode, die auch der Präsident billigte, konnte den Teufelskreis zwischen sinkenden Ausgaben und Bankproblemen nicht durchbrechen. Nicht nur deshalb betrachtete man Hoovers Präsidentschaft später als gescheitert.

Trotz der Verachtung, mit der man ihn später überhäufte, scheiterte Hoover nicht völlig daran, dieses Problem zu begreifen. Er verstand, dass die Farmer nichts anbauen, die Firmen nicht investieren und die Haushalte nicht konsumieren würden, wenn die Banken keine Kredite vergaben. Mit anderen Worten: Ohne die Wiederherstellung des Vertrauens in die Banken war eine Erholung unwahrscheinlich.

Leider zeigte die Bankenkrise in der zweiten Jahreshälfte 1931, dass die Zentralbanken zu solchen Maßnahmen nicht in der Lage waren. Viele problembeladene Banken waren keine Mitglieder des Federal Reserve System, vielen fehlten auch kurzfristige Schuldverschreibungen, die sie an die Fed verpfänden konnten. Jedenfalls fühlten sich die meisten der zwölf Direktoren der Federal-Reserve-Banken nicht dafür verantwortlich, die Probleme der Banken zu lösen.

Andererseits hatte Hoover vielleicht durchaus verstanden, was zu tun war, aber das bedeutete nicht, dass er wollte, dass die Regierung dies tat. Er zog die Selbsthilfe einer Intervention der Federal Reserve oder jeder anderen Regierungsbehörde vor. Da er als Quäker aufgewachsen war, vertrat er die Doktrin der nachbarschaftlichen Selbsthilfe. Seiner Meinung nach sollte die Krise am besten von Organisationen der National Association of Manufacturers und der American Association of Bankers geregelt werden. Das war auch die Reaktion des Präsidenten auf den Crash am Aktienmarkt, als er die Wirtschaftsorganisationen dazu ermahnte, das aktuelle Lohnniveau aufrechtzuerhalten, und die Gewerkschaften dazu, auf Streiks zu verzichten. Jetzt reagierte er auf ähnliche Weise.

Hoovers Plan zum Umgang mit der Bankenkrise war daher, Beiträge zu einem freiwilligen Pool einzuwerben, der als National Credit Corporation (NCC) bekannt war. Die teilnehmenden Banken würden eine Summe einzahlen, die 2 Prozent ihrer Kundeneinlagen entsprach, und hätten im Gegenzug Anspruch auf Hilfe. Die Kreditentscheidungen dieser Organisation würde nicht die Regierung treffen, sondern die Komitees lokaler Banker. Wenn mehr liquide Banken den weniger liquiden Banken helfen würden, könnten diese wieder Kredite vergeben.

Dies wäre der Interbanken-Kooperation sehr ähnlich gewesen, die während der Krise 1907 unter der Leitung von J. Pierpont Morgan und mithilfe von Benjamin Strong organisiert wurde. Damals hatte die Pleite der Knickerbocker Trust Company das Vertrauen in andere Banken in New York City untergraben. Daher zogen Banken aus dem Rest des Landes, die regelmäßig Einlagen in New York vornahmen, diese Finanzmittel ab. Man ließ zu, dass der insolvente Knickerbocker Trust unterging. Die stärkeren New Yorker Banken bündelten ihre Mittel und borgten sie schwächeren, aber solventen Banken. Sie gaben auch Clearing-Zertifikate heraus – im Prinzip Schuldscheine, die sie untereinander als Zahlungsmittel akzeptierten –, um sicherzustellen, dass die solventen Banken über ausreichende Liquidität verfügten.[284] So wurde die Krise 1907 bewältigt. Und dies war auch nicht das erste Mal, dass diese Methode angewendet wurde, um eine Bankenpanik einzudämmen. Tatsächlich war diese Art der Kooperation vor 1913 allgemein üblich, wie Präsident Hoover nun schnell feststellte.[285]

Das Meeting am Sonntag, dem 9. Oktober 1931, bei dem Hoover seinen Plan präsentierte, war geheim, um eine noch größere Beunruhigung über den Zustand der Banken zu vermeiden. Es wurde nicht im Weißen Haus abgehalten, sondern in der Wohnung von Staatssekretär Mellon. Der vertraute Kreis der Teilnehmer umfasste Thomas Lamont von J. P. Morgan, Albert Wiggin von der Chase National Bank, Charles Mitchell von der National City Bank sowie Hoover, Mellon und den stellvertretenden Staatssekretär Ogden Mills.

Die Banker waren nicht begeistert. Schwache Banken, so bemerkten sie, seien nicht in der Lage, 2 Prozent ihrer Assets in einen gemeinsamen Pool einzuzahlen. Starke Banken würden schwächere Institute subventionieren. Mit anderen Worten: Die Banker wussten, dass es sich hier nicht nur um ein Liquiditätsproblem handelte. Viele problembeladene Banken waren insolvent. Und insolventen Instituten Geld zu leihen bedeutete für die solventen Banken, schlechtem Geld gutes Geld hinterherzuwerfen. Die Banker, die Kredite vergeben konnten, wollten dafür Sicherheiten sehen, aber die insolventen Banken hatten keine guten Sicherheiten zu bieten.[286] In der Tat besaß nur die Regierung gute Sicherheiten. Auf diese Probleme hatte George Harrison Hoover schon am Freitag, dem 7. Oktober, aufmerksam gemacht, aber Hoovers Glaube an die Macht der Selbsthilfe war zu stark und er änderte seinen Plan nicht.

Friedman und Schwartz schreiben den Mangel an gegenseitiger Unterstützung im Bankensektor der Existenz der Federal Reserve zu. Statt einander wie vor 1914 gegenseitig zu helfen, erwarteten die Banken nun von der Zentralbank, sie in Notfällen zu retten. Diese Analyse legt eine andere Schlussfolgerung nahe. Die Ereignisse von 1931 waren anders und schwerwiegender als die Liquiditätskrisen in der Zeit vor 1914. 1931 handelte es sich um eine Liquiditätskrise, in der Hilfe von außen von entscheidender Bedeutung war. Freiwilliger gegenseitiger Beistand konnte in dieser Situation nichts ausrichten.

Hoovers National Credit Corporation sammelte bis Ende des Jahres nur Kredite im Volumen von zehn Millionen Dollar ein. Das war ein Anzeichen für den Mangel an adäquaten Sicherheiten und den Mangel an Hilfsbereitschaft seitens der Großbankiers gegenüber ihren kleineren und stärker bedrohten Kollegen. Das erinnert an das Public-Private Partnership Investment Program for Legacy Assets von 2009, mit dem die Regierung versuchte, Privatanleger dazu zu bewegen, die toxischen Papiere in den Bilanzen der Banken zu kaufen, obwohl zu wenig dabei herauskam.[287]

An diesem Punkt konnte nicht einmal Hoover mehr abstreiten, dass eine Intervention seitens der Regierung erforderlich war. Die nächsten Wahlen waren weniger als ein Jahr entfernt und das reichte, um selbst einen Amtsinhaber, der auf freiwillige Hilfsmaßnahmen baute, davon zu überzeugen, dass dies nicht der richtige Zeitpunkt war, auf seinen Prinzipien zu beharren.

Bequemerweise stand ein Modell zur Verfügung, die War Finance Corporation (WFC), die der Kongress 1918 gegründet hatte, um Kredite an Branchen zu vergeben, für die es in Kriegszeiten schwierig war, sich Geld zu leihen. Die WFC wurde während der Rezession 1920 und 1921 als Notfall-Finanzinstitution wiederbelebt, um Kredite an Banken, Branchen und lokale Kreditinstitute zu vergeben und später den Farmern zu helfen, mit den niedrigen Preisen für Agrarprodukte zurechtzukommen. 1929 war sie zwar aufgelöst worden, aber nun gab es schlagkräftige Argumente, sie wiederzubeleben.

Für diese Lösung sprach sich Eugene Meyer aus, derselbe Banker, der zuvor die WFC geleitet, an Hoovers Schuldenmoratorium mitgearbeitet hatte und jetzt Chairman des Federal Reserve Board war. Meyer selbst gestaltete die Gesetzgebung zur Zulassung, was für einen Zentralbanker ungewöhnlich war. Die Behörde, die er plante, würde Kredite nicht nur an Banken, sondern auch an Eisenbahnen vergeben, deren Anleihen in den Portfolios der Banken lagen, und an Farmer, deren Anliegen auf dem Capitol Hill ihr Echo fanden. Meyer hatte sein Vermögen gemacht, indem er Wertpapiere von Eisenbahnen kaufte und verkaufte, und das ergab vielleicht eine nicht ganz zufällige Verbindung mit der bevorzugten Behandlung der Eisenbahnen.

Der Gesetzesentwurf, der die Reconstruction Finance Corporation (RFC) betraf, wurde am 7. Dezember dem Kongress vorgelegt und am 22. Januar 1932 als Gesetz verabschiedet. Am 2. Februar nahm die RFC mit einer kleinen Belegschaft aus früheren Angestellten der WFC ihre Arbeit auf. Das Finanzministerium stellte 500 Millionen Dollar Kapital zur Verfügung und war bereit, im Namen der RFC weitere Anleihen im Volumen von 1,5 Milliarden Dollar zu emittieren.[288]

Hoover wählte Meyer als Vorsitzenden des RFC-Verwaltungsrats aus und Charles Dawes, der sich mit dem Dawes-Plan einen Namen gemacht hatte, als Chef. Das war für Dawes nur eine weitere von vielen Stationen. Kurz zuvor war Dawes, zur Überraschung Washingtons, als Botschafter am Court of St. James zurückgetreten. (Sein Nachfolger wurde Andrew Mellon, der so auf seine Weise in neue Weidegründe geschickt wurde.) Es gab damals Spekulationen, er könnte Hoover bei der Auswahl des Präsidentschaftskandidaten der Republikanischen Partei herausfordern.

Dawes' Ernennung zum Chef der RFC brachte nicht nur einen prominenten Banker und Staatsmann ans Ruder, sondern es war für Hoover auch eine Möglichkeit, einen potenziellen Rivalen zu beschäftigen. Dawes hatte allerdings ganz andere Sorgen. Er hatte Gründe, sich um das Überleben des Bankenimperiums seiner Familie in Chicago Sorgen zu machen. Dessen war sich Hoover offenbar nicht bewusst. Für Dawes war die RFC ein idealer Ausgangspunkt, um Informationen über den Zustand des Bankensystems zu sammeln und politische Kontakte zu pflegen.

Im Gegensatz zur missglückten NCC vergab die RFC großzügige Kredite und ließ sich auch durch Konflikte zwischen großen und kleinen Bankern nicht daran hindern. Aber ebenso wie die NCC benötigte auch die RFC gute Sicherheiten. Folglich konnten nur solche Banken Kredite aufnehmen, die diese Sicherheiten bieten konnten. Daher leistete die RFC nur wenig, was zur Lösung der Solvenzprobleme beitrug.

Falls die Banken und die Wirtschaft signifikante Hilfe erhalten sollten, dann musste sie aus einer anderen Quelle kommen, nämlich von der Federal Reserve. Der Kongress half dabei, indem er der Zentralbank mehr Spielraum gab. Die Fed war durch den Mangel an kreditwürdigen Wertpapieren – gute Sicherheiten – daran gehindert, Kredite zu gewähren. Der Federal Reserve Act verpflichtete sie dazu, Sicherheiten zu halten oder ihre Emissionen entweder mit Gold oder mit Schuldverschreibungen abzusichern, die im Rahmen geschäftlicher Transaktionen entstanden waren, entsprechend der Doktrin vom wahren Geld. Weil sich die wirtschaftlichen Aktivitäten seit mehr als zwei Jahren im Abschwung befanden – wegen der anfänglichen Weigerung der Fed, etwas dagegen zu tun –, gab es jetzt einen Mangel an geschäftlichen Transaktionen, die Schuldverschreibungen hervorbringen konnten, die als Sicherheiten für Federal Reserve Notes geeignet waren. Das konnte die Zentralbank zwingen, das Volumen ihrer Emissionen einzuschränken oder, aus der Perspektive der Offiziellen noch schlimmer, den Goldstandard aufzugeben.

Im Februar 1932 warnte Ogden Mills, Mellons Nachfolger als Finanzminister, Präsident Hoover, das Land stehe wenige Wochen davor, aus dem Goldstandard gezwungen zu werden, weil es zu wenige verlässliche Sicherheiten gab. Hoover berief eine Notfallkonferenz mit Harrison, Meyer und Dawes ein. Man war sich einig, dass ein Gesetz die Lösung war. Den Auftrag dazu erteilte der Präsident dem Senator Carter Glass und dem Mitglied des Repräsentantenhauses Henry Steagall, dem Vorsitzenden der Bankenkomitees ihrer Parlamentskammern. Ihr Gesetzentwurf, der den angeblich sakrosankten Goldstandard modifizierte und der Fed erlaubte, ein breiteres Spektrum von Wertpapieren zu diskontieren, wurde am 27. Februar ohne Diskussion angenommen.[289] Krisen schlagen nun einmal aufs Gemüt.

Nun hatte die Fed die Freiheit, aktive Schritte zu unternehmen, um die Verfügbarkeit von Krediten auszuweiten. Und nicht nur das: Sie war sogar dazu gezwungen. Senator Elmer Thomas, ein Demokrat aus Oklahoma, strebte ein Gesetz an, das die Fed dazu verpflichtete, Banknoten im Wert von 2,4 Milliarden Dollar zu drucken. Nach dem Thomas-Plan sollte die Regierung Anleihen in diesem Volumen an die Reservebanken verkaufen und diese würden die entsprechende Menge an neuen Banknoten herausgeben. Thomas war ein Anhänger von William Jennings Bryan, dessen Wahlkampf von 1896 er organisiert hatte. Er machte sich Sorgen um die Farmer und Rancher, die seiner Meinung nach auf dem Altar des Goldstandards geopfert wurden, und machte Druck für einen »ehrlichen«, »stabilisierten« Dollar. Er fand die Zustimmung einer anderen Gruppe von Kongressabgeordneten, die für die sofortige Auszahlung der Zuweisungen an die Veteranen des Ersten Weltkriegs eintraten. Sie waren der Meinung, die neuen Banknoten könnten zur Finanzierung der Bonuszahlungen verwendet werden. Das war nicht das letzte Mal, dass politische Erwägungen monetäre Maßnahmen beeinflussten.

Abgesehen von innenpolitischen Aspekten machten sich die Offiziellen der Federal Reserve Sorgen, dass solche inflationsfördernden Maßnahmen im Ausland schlecht ankommen würden. Insbesondere die Franzosen würden die Unvereinbarkeit von Inflation mit dem Wechselkurs zwischen Dollar und Franc schnell bemerken und ihre Dollarbestände liquidieren. Harrison warnte seine Kollegen vor dieser Gefahr. Als bessere Lösung schlug er vor, ein bescheidenes Programm der monetären Expansion zu starten, die Möglichkeiten von Glass-Steagall zu nutzen und sich somit vor Tendenzen aus dem Kongress zu schützen, noch mehr zu tun. Begrenzte Maßnahmen könnten den Druck von Personen wie Senator Thomas abmildern, ohne gleichzeitig die Franzosen wütend zu machen.

Unter der Führung New Yorks machte sich die Fed nun daran, genau das zu tun. Sie kaufte am offenen Markt Staatsanleihen, zunächst im bescheidenen Umfang von 25 Millionen Dollar pro Woche, ab April dann für ambitionierte 100 Millionen Dollar pro Woche, um die Märkte mit der entsprechenden Menge an Bargeld zu versorgen. Die New Yorker Fed hätte mehr tun können, wäre da nicht ihr Goldproblem gewesen. Jede Reservebank hielt ihre eigenen Goldreserven. Jede führte ihre eigenen Käufe am offenen Markt durch, was ab jetzt vom Board genehmigt werden musste. Aber Ausländer wandten sich an die New Yorker Fed, wenn sie Gold verlangten. Daher sank bei der New Yorker Bank die Golddeckungsrelation im Juni unter 50 Prozent. Die Golddeckungsrelation bezeichnet das Verhältnis von Goldbeständen auf der einen Seite zum Volumen von Anleihen und anderen im Umlauf befindlichen Verbindlichkeiten auf der anderen Seite. Nach der Meinung Harrisons und seiner Kollegen lag das schon gefährlich nahe am Minimum von 40 Prozent, das der Federal Reserve Act festgelegt hatte. Die Direktoren der New Yorker Fed waren daher gezwungen, das Ausmaß ihrer Käufe einzuschränken.

Die Wertpapierkäufe setzten sich auf diesem moderaten Niveau während der ersten Hälfte des Sommers fort. Im August zogen sich das Abgeordnetenhaus und der Senat in die Sommerferien und zur Vorbereitung der Wahlen im Herbst zurück. Der Druck auf die Fed war verschwunden. Käufe am offenen Markt wurden eingestellt. Aber sie waren in der Zwischenzeit nicht ohne Auswirkungen geblieben. Das Preisniveau hatte sich stabilisiert und bestimmte Produkte, zum Beispiel motorisierte Fahrzeuge, waren tatsächlich teurer geworden. Aber nun sanken die Preise wieder und die Bankenprobleme kamen mit Macht zurück.

Die Federal Reserve Bank of Chicago hatte, im Gegensatz zur New Yorker Fed, noch immer reiche Goldreserven. Ein partieller Transfer dieses Überflusses nach New York hätte der New Yorker Fed und dem ganzen System vielleicht erlaubt, die Wertpapierkäufe zu erhöhen. Aber die Fed von Chicago unter James McDougal stand dem Aktivismus der New Yorker Kollegen schon lange kritisch gegenüber. McDougal hatte sich ja schon 1927 gegen Benjamin Strongs international motivierte Zinssenkungen ausgesprochen. Jetzt widersetzte er sich den Anfragen, sein überschüssiges Gold nach New York zu transferieren. Das Board hätte ihn zwar dazu zwingen können, wusste aber, dass McDougal andere Probleme hatte. Im Juni gab es Anstürme auf drei Dutzend Banken im Großraum Chicago. Hauptsächlich handelte es sich um kleine Banken im Bungalow Belt, wie 1931. Aber es gab eine wichtige Ausnahme: Central Republic Trust, eine Großbank, deren Chef kein anderer war als Charles Dawes.

Dawes trat als Chef der RFC zurück, nur wenige Tage, bevor die Probleme von Central Republic bekannt wurden. Er wusste, dass die Bank seiner Familie in der Klemme steckte und fast mit Sicherheit Hilfe brauchte. Er selbst hielt als früherer Regierungsvertreter nur wenige Aktien der Bank, aber seine Familienfirma, Dawes Brothers Inc., war der größte Anteilseigner. Central Republic Trust war als »die Dawes-Bank« bekannt. Neben Investitionen in Immobilien hatte Central Republic massive Kredite an eine Unternehmensgruppe vergeben, die von Samuel Insull kontrolliert wurde. Dieser monopolisierte die Versorgung durch Elektrizität und Gas für private Haushalte, Industrieunternehmen und die städtischen Eisenbahnen im Großraum Chicago. Insull hatte seine Karriere als Sekretär von Thomas Edisons Agent in London begonnen und arbeitete dann als Edisons Privatsekretär in New York. In den 1880er-Jahren, als er noch keine 30 Jahre alt war, half er bei der Finanzierung von Edisons Kraftwerken. Insull wurde Vizepräsident von Edison General Electric, als das Unternehmen 1889 gegründet wurde, 1892 zweiter Vizepräsident der General Electric Company und dann, schon wenig später, Chairman der Chicago Edison Company. Chicago Edison war damals ein kleines Unternehmen, verfügte aber über signifikantes Wachstumspotenzial, weil es im Großraum Chicago fast noch keine Versorgung mit Elektrizität gab.

Nachdem er 20 Jahre lang das Wachstum von Chicago Edison gefördert hatte, gründete Insull die Middle West Utilities Company, um Energieversorger in benachbarten Städten und Staaten aufzukaufen. Middle West Utilities gehörte zu den größten Profiteuren des Elektrifizierungsbooms der 1920er-Jahre, als die Industrieproduktion, vom Leben in der Stadt ganz zu schweigen, durch die neue Energiequelle revolutioniert wurde. Die damals niedrigen Zinsen und die leicht verfügbaren Kredite machten es für Insull einfach, seine Käufe zu finanzieren. 1932 kontrollierte Middle West Utilities mehr als 100 Unternehmen, welche die Elektrizität für 5000 Gemeinden lieferten. Manche seiner Unternehmenskäufe finanzierte Insull durch die Emission von Wertpapieren, meist aber mit Fremdkapital, hauptsächlich in Form kurzfristiger Bankkredite. Dabei ragte Central Republic heraus, geführt von der Familie Dawes, die ebenso wie Insull am Wachstum Chicagos interessiert war. Da konnte es nicht schaden, dass Dawes und Insull sich miteinander anfreundeten und Insull auf Empfehlung von Dawes für die Wahlkämpfe von Republikanern spendete.[290]

Die Depression hatte vorhersagbare negative Auswirkungen auf Insulls größtenteils fremdkapitalfinanziertes Vorgehen. Die Nachfrage nach Elektrizität sank ebenso wie die Einnahmen der Kraftwerke. Im April 1932 meldeten Insulls Firmen Insolvenz an, was ihren Bankern Probleme machte. Weil Insull seine Holdings als Ansammlung voneinander getrennter Firmen und nicht als integrierte Einheit organisiert hatte, konnten die Banken die Vorschriften der staatlichen Regeln umgehen, ihre Kreditvergabe an einen einzelnen Schuldner auf 15 Prozent des Aktienkapitals zu beschränken.[291] Als Insulls Firmen Gläubigerschutz beantragten, beliefen sich die 12 Millionen Dollar, die Central Republic als Kredite an Insulls Firmen und deren Partnerunternehmen vergeben hatten, in Wirklichkeit auf mehr als 50 Prozent des Kapitals der Bank.[292] Das Management war entweder ausgesprochen nachlässig oder zu eng mit Insull verbunden.

Anfangs gab es die Hoffnung, der Insolvenzverwalter werde die Ressourcen finden, um den Bankern das auszuzahlen, was ihnen zustand. Insulls Firmen kontrollierten ja reale Kraftwerke, die reale Elektrizität an reale Kunden lieferten. Aber als der Verwalter immer mehr Ungereimtheiten entdeckte, wurde klar, dass diese Assets im Vergleich zu Insulls Schulden unbedeutend waren. Anfang Juni floh Insull nach Paris. Am 22. Juni kam die Nachricht, dass er dort angekommen war, und als die Bankenpleiten im Bungalow Belt heftiger wurden, kam es zu einem Ansturm auf Central Republic.[293]

Vor diesem Hintergrund warnte Dawes 30 seiner Bankerkollegen, die sich am Freitag, dem 24. Juni 1932, im Chicagoer Hauptquartier von Central Republic versammelt hatten, dass seine Bank am folgenden Montag ihre Türen nicht würde öffnen können, wenn man ihr keine Hilfe gewährte. An diesem Punkt gab es nur eine einzige Quelle, aus der diese Hilfe kommen konnte, nämlich die RFC. Die Optik war unglücklich, weil Dawes bis vor Kurzem der Chef dieser Einrichtung war. Daher ließ er einen seiner Bankerkollegen aus Chicago die Verhandlungen führen, nämlich Melvin Traylor von der First National Bank.

Traylor kultivierte das Image seiner proletarischen Herkunft. Er war tatsächlich in einer Blockhütte zur Welt gekommen. Und auch als Präsident von First National lebte er in einem bescheidenen Haus in der Nähe des Lincoln Parks. Aber auch Traylors Bank hatte Kredite an Insulls Firmen vergeben und daher war er nicht völlig neutral. Er war ein Verbündeter des Chicagoer Bürgermeisters Anton Cermak und auf nationalem

Niveau politisch vernetzt, war Mitglied der amerikanischen Delegation bei der Gründungskonferenz der Bank für Internationalen Zahlungsausgleich gewesen. Die Verhandlungen an Traylor zu delegieren führte folglich dazu, dass zornige Kongressabgeordnete von Günstlingswirtschaft sprachen.

Die Entscheidung für die Verlängerung des Kredits, die an einem Wochenende unter immensem Zeitdruck fiel, fand auf dem höchsten Niveau statt. Präsident Hoover selbst half bei der Organisation, denn die Direktoren der RFC waren entweder im Urlaub oder bei der Versammlung der demokratischen Partei in Chicago. Nichts wäre für einen amtierenden Präsidenten peinlicher gewesen, als offenbar eine Krise angezettelt zu haben, während die Opposition in derselben Stadt ihre Nominierungsversammlung abhielt. Als sich die Regierung 2008 um die Rettung von Bear Stearns bemühte, war nicht nur der Präsident der New Yorker Fed, sondern auch der Finanzminister an den Verhandlungen beteiligt.[294] Noch bemerkenswerter war aber, dass der Präsident der USA selbst dabei half, die Rettung von Central Republic durch die Regierung zu organisieren.

Nicht nur in dieser Hinsicht ähnelte die Rettung der Central Republic der Rettung von Bear Stearns. Wie im Fall von Bear Stearns traf man die Entscheidung zur Hilfe im Glauben, die Bank sei zu groß und habe zu intensive Verbindungen, um zu scheitern – und im Glauben, ihr Zusammenbruch würde eine landesweite Panik auslösen. Wie im Fall von Bear Stearns war das Volumen der Rettung – 90 Millionen Dollar – noch nie da gewesen. Es handelte sich nicht nur um den höchsten Kredit, den die RFC je vergeben hatte. Er entsprach dem dreifachen Volumen sämtlicher Kredite, welche die Regierung 1932 für Zwecke der Unterstützung der Arbeitslosen und der Obdachlosen an die einzelnen Staaten vergeben hatte. Wie bei der Rettung von Bear Stearns wurden die normalen Prozeduren kurzerhand umgangen. Es gibt keine Beweise, dass man von den Offiziellen der Central Republik auch nur verlangte, die üblichen Kreditanträge einzureichen.

Wie im Fall von Bear Stearns gab es Kontroversen über die Frage, ob die jeweilige Behörde überhaupt dazu ermächtigt war, den Kredit zu erweitern. Die RFC durfte nur dann Kredite vergeben, wenn sie erwartete, das Geld zurückzuerhalten – also nur wenn sie glaubte, die Bank, der sie half, sei immer noch solvent. Die Inspektoren der RFC hatten da ihre Zweifel, ebenso wie die Wirtschaftsprüfer 2008 ihre Zweifel an Bear Stearns hatten. Lobbyarbeit von Traylor und Jesse Jones, einem einflussreichen

RFC-Inspektor, der bequemerweise Delegierter bei der Nominierungsversammlung der Demokraten war, überzeugte Hoover und die RFC, das Risiko zu wagen.

Die Maßnahme der RFC beruhigte die Kunden der Bank. Und das, obwohl 26 andere Banken in Chicago Anstürme der Kunden erlebt hatten und gezwungen waren, in der Woche vor der Rettung der Central Republic durch die RFC ihre Geschäfte einzustellen. Es waren hauptsächlich kleine Banken, die mit einem lokalen Immobilienentwickler namens John Bain geschäftlich verbunden waren. Obwohl noch einige andere Banken in den folgenden Monaten zahlungsunfähig wurden, handelte es sich dabei hauptsächlich um kleine Institute in abgelegenen Gegenden wie Idaho und Nevada. Die Nachrichten über diese Pleiten waren zwar beunruhigend, aber die Banken waren zu klein, um bedeutend für das System zu sein. Wie in Knoxville und New York 1930 verhinderte die offizielle Reaktion, diesmal seitens der RFC statt seitens der Fed, dass sich die Krise weiter ausbreitete. Hoover hatte eine Wahl vor sich und war bereit zu handeln. Wegen der schnellen Intervention der RFC war jede Zurückhaltung seitens der Chicagoer Fed zunächst einmal kein Thema.

Aber die Rettung rief auch Kritik an der Hilfe für vermögende Banker mit politischen Beziehungen hervor. Die Leiter des Senatskomitees, das die RFC überwachte, Finanzminister Mills, Winthrop Aldrich von der Chase National Bank und Senator Couzens aus Michigan, stellten alle die Frage, ob die Behörde mit der Rettung einer insolventen Bank ihre Befugnisse und die Grenzen der Sorgfalt überschritten hatte. Wegen der Klagen, die RFC gewähre den Bankern mit guten Verbindungen eine bevorzugte Behandlung, verlangte der Kongress von der RFC, ihn ab August 1932 über alle Banken zu informieren, die Kredite erhalten hatten, und diese Informationen sollten veröffentlicht werden. Folglich zögerten die Banken immer mehr, die RFC um Hilfe zu bitten, weil sie befürchteten, man würde diese Informationen als Zeichen der Schwäche interpretieren.[295] Ab September sanken die Kreditanträge an die RFC massiv. Und im Oktober fiel die Industrieproduktion erneut.

Regierungsvertreter, die man der Günstlingswirtschaft angeklagt hatte, suchten nach Möglichkeiten, ihren guten Ruf wiederherzustellen. Sie mussten zeigen, dass sie mit einer problembeladenen Bank auch hart umgehen konnten. 1932 hatten sie dazu eine Gelegenheit mit der Guardian-Bankengruppe, kurz nach der Affäre Central Republic. 2008 bekamen sie eine entsprechende Gelegenheit mit Lehman Brothers, diesmal nach der Affäre Bear Stearns.

Nach der Nominierungsversammlung der demokratischen Partei dominierte der Wettbewerb zwischen Hoover und Roosevelt die Nachrichten. Wie die Ereignisse 2008 gezeigt haben, treten Krisen oft im Umfeld von Wahlen auf, wenn die politische Unsicherheit am größten ist.

Franklin Delano Roosevelts Absichten waren unbekannt; nichts, was er während des Wahlkampfs sagte, ließ erkennen, ob er den Goldstandard aufgeben wollte. Aber Roosevelts Neigung zum Aktivismus und sein Wunsch, mit Hoover zu brechen, waren kein Geheimnis. Nach seinem Wahlsieg im November und während des folgenden viermonatigen Interregnums machten sich die Investoren Sorgen, dass das Ende des Goldstandards kurz bevor stand. Der neu gewählte Präsident beriet sich mit Goldstandard-Skeptikern wie Professor George Warren von der Cornell University. Führende Finanziers wie Traylor von der First National Bank of Chicago, Chairman Aldrich von der Chase National Bank und Arthur Ballantine, scheidender Staatssekretär im US-Finanzministerium, drängten ihn dazu, am Goldstandard nichts zu ändern. Aber Roosevelt ließ sich nicht drängen.

Im Prinzip bot der neu gewählte Präsident den Investoren eine einseitige Wette an: Wenn sie Dollars gegen Geld tauschten und die USA den Dollar abwerteten, würde ihr Gold an Wert zulegen. Sollte der neue Präsident aber am orthodoxen Goldstandard festhalten, dann konnten sie ihre Dollars ohne Verluste zurückkaufen. Das war die gleiche einseitige Wette, die Investoren eingegangen waren, als sie 1931 das Bekenntnis der Bank of England angezweifelt hatten, dass sie die Goldkonvertibilität verteidigen wollte.

Das führte auch zum gleichen Resultat. Gold floss aus dem Federal Reserve System und aus den USA ab. Es war unklar, ob die Zentralbank, deren Gold immer knapper wurde, die Kapazitäten hatte, im Fall weiterer finanzieller Probleme Hilfe zu leisten.

Die Antwort kam durch die Bankenpanik, die Mitte Februar 1933 in Michigan ausbrach, zwei Wochen vor Roosevelts Amtsantritt. Im Zentrum der Krise stand die Guardian-Bankengruppe. Bei einer dieser Banken, Union Guardian Trust Company, war Henry Ford über seinen Sohn Edsel der größte Aktionär. So wie man Central Republic als Dawes-Bank bezeichnete, nannte man die Guardian-Bankengruppe Ford-Bank. Die

Guardian-Group hatte sich auf eine Reihe dubioser Praktiken eingelassen. Unter anderem hatte sie sich ein schmuckes Hauptquartier mit vergoldeten Ziegelsteinen gegönnt und Kredite an ihre Manager vergeben, damit diese mit Aktien spekulieren konnten. Sie hatte im großen Stil Hypotheken auf Wohnimmobilien vergeben und viele ihrer Kredite an Arbeitslose aus der Autobranche waren faul geworden, weil diese Branche in einer tiefen Krise steckte. Ganz offensichtlich konnte diese Bank ohne Finanzspritzen seitens ihrer Eigentümer oder der Regierung nicht mehr lange überleben.

Am Mittwoch, dem 8. Februar, informierte Edsel Ford den Finanzminister Mills und den RFC-Präsidenten Charles Miller, den Nachfolger von Dawes. Tags darauf reisten die Repräsentanten der Guardian-Gruppe zum Capitol Hill, um die beiden Senatoren aus Michigan, James Couzens und Arthur Vandenberg, über die Lage zu informieren. Am Abend dieses Tages nahmen die beiden Senatoren an einer Besprechung im Weißen Haus teil, gemeinsam mit Mills, Staatssekretär Ballantine, Handelsminister Roy Chapin und Miller von der RFC.

Die Repräsentanten Michigans setzten sich entschieden für eine Intervention der Regierung ein. Innerhalb von 48 Stunden kamen Ballantine und Chapin nach Detroit mit dem Ziel, einen Kredit zu organisieren. Ballantine war ein Offizieller der scheidenden Hoover-Regierung, aber er kannte auch den neuen Präsidenten schon seit langer Zeit. Als Student hatte er den *Harvard Crimson* herausgegeben, als Roosevelt dort lehrte. Und Ballantine war auch nicht gerade ein Außenseiter. Als Anwalt vertrat er die Brüder Dodge, als ihre Firma von Chrysler gekauft wurde, einem der wichtigsten Rivalen von General Motors. Chapin stammte aus Michigan und war, wie Ford, ein ehemaliger Automanager. Er war als Chairman der Hudson Motor Car Company tätig gewesen, einer Vorläuferin der American Motors Corporation. Es handelte sich vielleicht um keinen Zufall, dass er zu den Gründungsdirektoren der Guardian Trust Company gehörte. Das war in etwa so, wie einen früheren CEO von Goldman Sachs als Finanzminister zu haben, als Goldman Sachs im September 2008 in eine Bankholding umgewandelt wurde.

Fords Union Guardian war für das Bankensystem ebenso relevant wie Charles Dawes' Central Republican Trust, die die RFC im Juni 1932 gerettet hatte. Aber angesichts der Kritik an dieser Aktion verlangten Ballantine und Chapin nun, dass Ford vier Millionen Dollar als Sicherheit für einen

Kredit in Union Guardian investieren sollte. Zusätzlich verlangten sie, dass die Ford Motor Company ihre Bankeinlagen in Höhe von 7,5 Millionen Dollar nicht abzog. Die RFC konnte nur einer solventen Bank helfen, erklärten die beiden Offiziellen. Fords Kapitalspritze im Volumen von vier Millionen Dollar und die Verpflichtung, die Einlagen nicht abzuziehen, waren erforderlich, damit sich Union Guardian für Hilfe qualifizierte.[296] Die Trennlinie zwischen Solvenz und Insolvenz war vielleicht unklar, aber angesichts des Sturms der Entrüstung, den die Rettung von Central Republic durch die RFC ausgelöst hatte, war es jetzt erforderlich, sie zu ziehen.

Ford verweigerte seine Kooperation. Er wusste, dass die RFC Central Republic gestützt hatte, und glaubte nicht, dass sie dazu bereit wäre, Guardian untergehen zu lassen. Er verstand, dass sich die RFC im vorherigen Sommer nicht ganz an ihre Prinzipien gehalten hatte. Er glaubte, die Hoover-Administration würde den Zusammenbruch der Banken in Michigan als zerstörerischen Schlag gegen eine auf der Stelle tretende Wirtschaft empfinden. Dann erhöhte er den Druck und drohte, von einer anderen lokalen Bank Guthaben der Ford Motor Company in Höhe von 25 Millionen Pfund abzuziehen, nämlich von der First National Bank of Detroit, die bereits an schweren Kapitalabflüssen zu leiden hatte.[297] Er glaubte fest daran, dass Union Guardian zu groß war, um unterzugehen.

Ballantine und Chapin war bewusst, dass es bittere Konsequenzen haben könnte, Guardian in die Pleite rutschen zu lassen. Aber ihnen war auch klar, wie wütend der Kongress darüber war, dass die RFC seiner Meinung nach die Großunternehmen bevorzugte – was Ford sogar noch mehr darstellte als Dawes. Ihr Job wurde auch dadurch nicht leichter, dass Michigans Senator Couzens, Fords früherer Geschäftspartner und Rivale, zu den Kritikern gehörte – und dass Couzens Vorsitzender des für die RFC verantwortlichen Senatskomitees war. Couzens würde mit Sicherheit jedes Zugeständnis thematisieren und ganz besonders jeden Kredit, der Ford nicht dazu verpflichtete, seine Bankeinlagen unterzuordnen.[298]

Gleiches galt für Pfarrer Charles Coughlin, den umstrittenen katholischen Priester und umstrittenen Radiokommentator. Coughlin gab den Unternehmen die Schuld an allen Problemen der US-Wirtschaft und insbesondere an der Depression. Da er in Royal Oak, Michigan, wohnte, also ganz in der Nähe, hatte er kein besseres Symbol für die Geschäftswelt als Henry Ford. Früher hatte Coughlin Ford, der Traktoren in der Sowjetunion bauen ließ, dafür kritisiert, den Kommunismus zu fördern und amerikanische Jobs zu exportieren. Jetzt nutzte er sein landesweites Radionetzwerk dazu, Ford und seine Banker zu beschuldigen, die Krise verschärft zu haben, um eine Rettung auf Kosten der Steuerzahler zu erreichen.

Obwohl die RFC der Guardian Group früher schon geholfen hatte – die ersten Kredite an deren Tochterunternehmen waren im Mai 1932 geflossen –, tat sie dies jetzt nicht – wegen Fords Weigerung, seine Bankguthaben einzubringen. Hoover argumentierte, es werde ein Desaster geben, wenn man die Pleite von Guardian zulasse. Jesse Jones startete eine Initiative, Guardian einen Kredit zu gewähren, wurde aber im RFC-Verwaltungsrat überstimmt. Ebenso wie das US-Finanzministerium im September 2008 die Lehman-Pleite zuließ, auch um ein politisches Statement abzugeben und die moralischen Probleme zu korrigieren, die mit der Rettung von Bear Stearns verbunden waren, ließ die RFC zu, dass Guardian Trust unterging.[299]

Weil die Stützung von Union Guardian gescheitert war, kam es am Montag, dem 13. Februar 1933, zu einem panischen Ansturm auf die Banken. Am nächsten Morgen um 01:32 Uhr rief Michigans Gouverneur William Comstock, der erst seit wenigen Wochen im Amt war, einen Bankfeiertag im ganzen Staat aus. Die Autofirmen schalteten keine Anzeigen mehr und die Ford Company entließ die Hälfte ihrer Mitarbeiter. In Anbetracht des Ausmaßes, in dem sich das industrielle Zentrum der USA in den mittleren Westen und insbesondere nach Detroit verlagert hatte, dem Zentrum der Autoindustrie, breitete sich die Krise rasch aus. Firmen aus Michigan, deren lokale Konten eingefroren waren, zogen rasch ihre Guthaben aus den Nachbarstaaten ab. Daher löste der Bankfeiertag in Michigan Anstürme auf die Banken in Ohio, Indiana und Illinois aus. Maryland rief für den 25. Februar einen Bankfeiertag aus, fünf weitere für den 1. März, sechs für den 2. und fünf für den 3. März. Ausländer, die dieses Chaos sahen, hoben rasch ihre Dollars ab. Und das Gold floss in Strömen aus den Tresoren der New Yorker Fed.

Am 3. März bat die Federal Reserve Bank of New York die Federal Reserve Bank of Chicago, die immer noch Gold im Überfluss hatte, 400 Millionen Dollar ihrer Wertpapiere zu kaufen oder zu rediskontieren. Chicago weigerte sich erneut. Besser gesagt: Die Direktoren der Chicagoer Bank beschlossen ganz offensichtlich, ihre Reserven für noch schlimmere Zeiten zu bewahren.

Es war ein umfassendes Desaster der Fehlkalkulation und der Starrköpfigkeit. Im Februar 1933 war die Industrieproduktion in den USA auf nur 53 Prozent des Niveaus von 1929 gesunken. Die Preise waren kollabiert. Die Arbeitslosenquote näherte sich der Marke von 25 Prozent. Man ließ wegen unangemessener moralischer Prioritäten zu, dass sich das Bankensystem auflöste. Zu den Folgen gehörten die Schande eines amtierenden Präsidenten und dann, am 4. März, die Amtseinführung seines charismatischen Nachfolgers, der allerdings noch nichts vorzuweisen hatte.

Die einzige Frage war nun, ob der neue Kapitän das sinkende Schiff retten konnte. Das war natürlich dieselbe Frage wie bei Barack Obamas Amtseinführung im Januar 2009.

Kapitel 11
Größtenteils unter Kontrolle

Die Häuserpreise in den USA erreichten Ende 2005 und Anfang 2006 ihr höchstes Niveau. Nachdem sie fast zehn Jahre lang gestiegen waren, fielen sie im vierten Quartal 2005 um 1 Prozent und im ersten Quartal 2006 um 3,3 Prozent. Den einprozentigen Rückgang Ende 2005 konnte man noch als Zufallstreffer abtun, weil alle Immobilienpreisindizes wegen des Problems unpräzise sind, vergleichbare Verkäufe zu identifizieren. Aber zwei aufeinanderfolgende Quartale mit sinkenden Preisen und ein kumulierter Rückgang um 4 Prozent waren schwerer zu ignorieren.[300]

Antizyklisch investierende Trader wetteten schon auf weitere Preisrückgänge am Häusermarkt. John Paulson konstruierte Credit Default Swaps, die Auszahlungen im Fall von Zahlungsausfällen bei Subprime-Hypothekenpools garantierten. Er war ein Experte für Fusionsarbitrage und bestens bekannt für seine verschwenderischen Partys. Jeff Greene war ein gescheiterter Immobilienspekulant aus Los Angeles und ahmte Paulsons Strategie nach. Andrew Lahde verfolgte in bescheidenerem Rahmen eine ähnliche Strategie. Er war ein freiberuflicher Hedgefonds-Trader, der früher Strandwärter in Südkalifornien war. Michael Burry, ein kleiner Fondsmanager und ausgebildeter Arzt, tat dasselbe von San Jose aus.[301]

Diese Antizykliker kamen von außen. Bezeichnend ist, dass viele von ihnen nicht an der Wall Street, sondern in Kalifornien arbeiteten. Sie waren kein Teil der Wall-Street-Maschinerie. Sie neigten nicht dazu, ihre Meinung von Kollegen beeinflussen zu lassen, die viel Geld von Verbriefungsunternehmen erhielten.

Aber eben weil sie Außenseiter waren, fiel es leicht, ihre ärgerlichen Ansichten abzutun. Es blieb die dominante Strategie der Investmentbanker, weitere mit Hypotheken verbundene Risiken einzugehen, weil andere institutionelle Investoren dasselbe taten. Lehman Brothers, Bear Stearns, Citigroup und Merrill Lynch – sie alle weiteten ihr Hypothekengeschäft

2006 aus, weil sie sahen, dass ihre Rivalen das auch taten. Das war Gruppendenken in seiner reinsten Form. Dissidenten, die etwas anderes vorschlugen, wurden aus dem Allerheiligsten der Banken verwiesen. Das war das Schicksal von Madeline Antoncic, der obersten Risikoaufseherin bei Lehman, die erst 2005 vom *Risk Magazine*, dem semi-offiziellen Organ der Risikomanagementbranche, als »Risikomanagerin des Jahres« ausgezeichnet worden war.[302]

Einige wenige Personen und Institutionen mit außergewöhnlicher intellektueller Flexibilität – und nicht zu Skrupeln neigend – konnten auf beiden Seiten spielen. Goldman Sachs verkaufte immer noch CDOs, die durch Hypothekenpools abgesichert waren, und strich dabei hohe Gebühren ein. Aber während die Firma diese Wertpapiere vermarktete, wettete sie in ihren Tradingoperationen dagegen. Sie investierte nicht in diese Titel. Die eigenen Positionen der Bank waren geborgt und wurden verkauft, weil man mit sinkenden Preisen rechnete. Das zeigte: Die Bank war nicht der Meinung, dass die Seniortranchen dieser CDOs ihr AAA-Rating verdienten. Aber wenn das so war, fühlte sich Goldman als Anlageberater nicht dazu verpflichtet, die eigenen Kunden zu warnen, ob es sich dabei um die IKB Deutsche Industriebank, den australischen Hedgefonds Basis Yield Alpha (Master) oder Bear Stearns Asset Management handelte. Diese Kontrahenten, so Goldmans Argument, wären »erfahrene Investoren«. Sie könnten auf sich selbst aufpassen. In der Zwischenzeit reduzierten die wirklich erfahrenen Investoren wie Goldman Sachs ihre Risiken am Hypothekenmarkt.[303]

Bis zum vierten Quartal 2007 hatte der kumulierte Rückgang der Häuserpreise 9 Prozent erreicht.[304] Hypotheken mit hohen Relationen zwischen Kreditsumme und innerem Wert mit Zinsen, die sich nach einer bestimmten Frist erhöhten, wurden in der Erwartung an Haushalte verkauft, dass die Häuserpreise weiter steigen würden. Nicht wenige Schuldner kauften teurere Häuser, als sie sich leisten konnten, die sie vor der Zinssteigerung wieder verkaufen wollten.[305] Diese Strategie funktionierte in einem nachgebenden Markt nicht mehr und daher gerieten immer mehr von diesen Käufern in Zahlungsschwierigkeiten.

Als es schwieriger wurde, neue Hypotheken zu schaffen, erlebten auch die Broker schwere Zeiten. Ameriquest, noch 2005 der größte Emittent von Subprime-Hypotheken, schloss alle seine Filialen bis auf vier und strich 4000 Stellen. Ownit Mortgage Solutions wurde im Januar 2007 zum ersten Subprime-Hypothekenverleiher, der Gläubigerschutz nach

Kapitel 11 des Insolvenzrechts beantragen musste. Wenig später folgten American Freedom Mortgage, American Home Mortgage und dann New Century Financial.

Zu diesem Zeitpunkt war klar, dass sich der Häusermarkt am Übergang zu einer schmerzlichen Anpassung befand. Nicht klar war, welchen mächtigen negativen Einfluss dies auf die Wirtschaft haben würde. Jeder verstand, dass die Häuserpreise nicht mehr stiegen, aber der allgemeinen Konsequenzen war man sich nicht bewusst. Die Kommentare der Experten legten nahe, dass sich die Auswirkungen auf den Häusermarkt und insbesondere auf das Subprime-Segment beschränken würden. Die Implikationen für die Wirtschaft, das Finanzsystem und den Arbeitsmarkt würden begrenzt bleiben. Fed-Chairman Bernanke und Finanzminister Henry Paulson verwendeten eine auffällig ähnliche Wortwahl, als sie die Folgen zu beschreiben versuchten. »Die Auswirkungen der Probleme im Subprime-Markt auf die breitere Wirtschaft und auf die Finanzmärkte werden wahrscheinlich begrenzt bleiben«, sagte Bernanke im März 2007.[306] In einer Rede an eine Unternehmensgruppe einen Monat später beruhigte Paulson sein Publikum: »Obwohl wir eindeutig eine große Korrektur am Häusermarkt hatten, sehe ich nicht, dass (die Probleme am Markt für Subprime-Hypotheken) ein ernsthaftes Problem darstellen. Ich denke, dass wir das größtenteils unter Kontrolle haben.«[307]

Offizielle sehen es als ihre Aufgabe an, beruhigend zu wirken. Aber da es in der ersten Jahreshälfte 2007 keine politischen Aktionen gab, um die sich abschwächende Wirtschaft zu stützen, liegt nahe, dass die Politiker glaubten, was sie sagten.[308]

Für diesen kollektiven Mangel an Vorstellungskraft gab es eine ganze Reihe von Gründen. Zunächst war da die Unfähigkeit, sich vorzustellen, wie schnell und wie tief die Häuserpreise fallen könnten. Es mag zwar schon scharfe Preisrückgänge in einzelnen regionalen Märkten gegeben haben, wie 1926 in Florida, und das könnte jetzt, 2007, auch im inländischen Imperium in Südkalifornien geschehen, aber nicht im ganzen Land. »Es gab noch nie einen landesweiten Niedergang«, bemerkte Bernanke hierzu. »Meiner Meinung nach ist es wahrscheinlicher, dass die Häuserpreise ein wenig nachgeben, sich vielleicht stabilisieren, was die Konsumausgaben ein wenig bremsen könnte. Ich glaube aber nicht, dass dies die Wirtschaft zu weit von ihrem Pfad der Vollbeschäftigung abbringen wird.«[309] Als die Häuserpreise landesweit zu fallen begannen, kam Minister Paulson schnell zu der Schlussfolgerung, sie seien »am Tief oder in dessen Nähe«. Diese Art des landesweiten Preisverfalls war eine Abweichung, höchstens eine einmalige Anpassung, aber kein anhaltender Trend.[310] Diese Statements waren nicht nur für die Öffentlichkeit gedacht, sondern bezeichnend für den Konsens in offiziellen Kreisen. Im März 2007 sprach das Federal Open Market Committee zum Beispiel davon, dass »immer mehr Daten dafür sprechen, dass sich die Häusernachfrage ausgleicht.«[311]

Chairman Bernanke hätte als Kenner der Großen Depression dieses Missverständnis, es könne zu keinem landesweiten Verfall der Häuserpreise kommen, mit seiner historische Perspektive natürlich korrigieren sollen. Die Häuserpreise waren zwischen 1929 und 1933 nominal um 25 Prozent gefallen, ab ihrem Hoch 1925 sogar um volle 30 Prozent. Sie waren im ganzen Land gefallen. Als Experte für die Große Depression war sich Bernanke dieser Tatsache sicherlich bewusst.

Die Annahme hinter dieser »Das gab es noch nie«-Einschätzung war, dass der Niedergang der Häuserpreise in den 1930er-Jahren, ebenso wie der allgemeine Preisrückgang, nur möglich war, weil die kurz zuvor gegründete Zentralbank ihre Pflichten vernachlässigt hatte. Jetzt, da erfahrene Geldpolitiker am Ruder waren, sei dies nicht möglich. Diese Annahme zeigte wiederum den intellektuellen Umschwung in Milton Friedmans und Anna Schwartz' Interpretation der Großen Depression, nach der die unerfahrene Fed für den Zusammenbruch der Produktion und der Preise verantwortlich war. Sie ließ auch den Glauben erkennen, dass moderne Zentralbanker die Analyse von Friedman und Schwartz übernommen hatten. Für diese Sichtweise gibt es keinen besseren Beweis als das, was Gouverneur Bernanke 2002 zu Professor Friedman anlässlich dessen 90. Geburtstags sagte: »Was die Große Depression betrifft, haben Sie recht. Wir haben sie ausgelöst. Das tut uns sehr leid. Aber dank Ihnen werden wir das nicht mehr tun.«[312]

Das war natürlich nur die kollektive Meinung der Politiker in der gleichen Beschwichtigung, die nur in einem anderen Gewand daherkam. Weil die Zentralbanker die Lehren aus der Geschichte gelernt hätten, würden sie die Fehler vermeiden, die ab 1929 drastische Rückgänge der Häuserpreise und des allgemeines Preisniveaus ausgelöst hatten. Stattdessen würden sie aktive Schritte unternehmen, um sicherzustellen, dass der beginnende Preisrückgang unter Kontrolle blieb. Und wenn das allgemeine Preisniveau und die wirtschaftlichen Aktivitäten erst wieder stabilisiert wären, bliebe ein landesweite Rückgang der Häuserpreise begrenzt.

Als 2007 klar wurde, dass ein signifikanter Rückgang der Häuserpreise im Gang war, konnte man immer noch argumentieren, das Finanzsystem habe damit nichts zu tun. Als 1926 die Immobilienpreise fielen, folgten darauf nur einige isolierte Bankanstürme und Bankenpleiten. Die Auswirkungen auf das Finanzsystem waren begrenzt und harmlos. Zugegeben, 1933 war das nicht der Fall, als geplatzte Hypothekenkredite die Pleite der Guardian-Bankengruppe verursachten und eine voll ausgeprägte Panik auslösten. Aber damals waren die Umstände anders. Kleine Sparer, die um ihre Ersparnisse fürchteten, rannten beim ersten Anzeichen von Problemen los. Die Federal Deposit Insurance Corporation garantierte jetzt (2007) Bankguthaben von bis zu 100.000 Dollar. Panische Bankanstürme wie die auf die Caldwell-Bankengruppe 1930, Charles Dawes' Central Republic Trust 1932 und Henry Fords Guardian-Gruppe 1933 waren nicht mehr möglich. Das glaubte man zumindest.

Anfang 1933 war zudem der wirtschaftliche Abschwung schon seit mehr als drei Jahren im Gang. Die Arbeitslosigkeit lag bei über 20 Prozent. Die weitverbreiteten Hypothekenpleiten bedrohten die Stabilität jedes Finanzinstituts, das am Häusermarkt engagiert war. 2007 dagegen wuchs die Wirtschaft weiter. Die Arbeitslosigkeit lag immer noch unter 5 Prozent. Solange die Expansion anhielt, konnte man argumentieren, die Mehrheit der Kreditnehmer sei nicht bedroht, ebenso wie die Mehrheit der Finanzinstitute. Und sogar wenn die Expansion endete, wie es alle Expansionen tun, gab es ja noch diese erfahrene Zentralbank, die dafür sorgen würde, dass die Ereignisse nicht außer Kontrolle gerieten.

Zudem hatte das Finanzsystem seit 1933 einen langen Weg zurückgelegt. Die Banken hatten ihre Kontrollen verstärkt. Sie hatten ein Füllhorn voller Instrumente zur Verfügung, mit denen sie sich absichern und ihre Risiken diversifizieren konnten. In einer Rede im Oktober 2005 räumte Alan Greenspan, der diese angebliche Weisheit mehr als jeder andere verkörperte, zwar ein, die aktuelle Expansion werde, wie jede andere Expansion, irgendwann enden, versicherte aber seinen Zuhörern, die Wirtschaft der USA und der Welt sowie ihre Finanzsysteme seien so widerstandsfähig wie nie zuvor.[313]

Was diese beruhigende und im Rückblick kurios einäugige Einschätzung übersah, war die Struktur der Häuserfinanzierung. Selbst begrenzte Rückgänge der Häuserpreise konnten den Hypothekenmarkt wegen der Strukturierung der Kreditvergabe nun in Unruhe versetzen. Und wegen des höheren Fremdkapitaleinsatzes und der Entwicklung eines Schattenbankensystems, das kaum reguliert war, konnten sich verschlechternde Bedingungen am Hypothekenmarkt nun wesentlich schwerere Folgen haben. Besonders schlimme Implikationen konnte das für Banken haben, die CDOs akkumuliert hatten, in der vagen Hoffnung, sie verkaufen zu können, ebenso für Spezialfonds, die ohne Rücksicht auf Risiken die spekulativen Wertpapiertranchen angehäuft hatten, sowie für Kreditversicherer und CDS-Spezialisten wie American International Group, die Versicherungen für solche Kontrakte verkauften. Und wenn es zu Störungen an den CDO- und CDS-Märkten kam, konnte die Nachfrage nach Subprime- und sogar nach herkömmlichen Hypotheken austrocknen, was sich auf den Häusermarkt auswirkte. Dann konnte es zu Auswirkungen auf den Markt für kurzfristige Schuldverschreibungen, auf die Geldmarktfonds, das Bankensystem und schließlich auf die Wirtschaft selbst kommen.

Diese Buchstabensuppe aus CDOs, SPVs und CDS gehörte leider nicht zur soliden Diät der ehemaligen Wirtschaftsprofessoren aus Princeton. Und diese komplexen finanziellen Strukturen waren auch nicht in das Wirtschaftsmodell der Federal Reserve eingeflossen. Die Mitglieder der Fed hatten ihre Ausbildung meist an Wirtschaftsfakultäten von Universitäten absolviert und nicht in den Handelsräumen von Investmentbanken. Nur wenige von ihnen hatten jemals etwas von Collateralized Debt Obligations gehört. Es ist also nicht überraschend, dass von ihnen keine lauteren Warnungen kamen.

2007 kam der Schock – wie 1929 – von außerhalb des Bankensystems. Im Juni 2007 kündigte Bear Stearns an, die Tilgung zweier Hedgefonds einzustellen, die heftig in CDOs investiert hatten. Bis Ende Mai hatte der aggressiver gemanagte der beiden Fonds mit dem zungenbrecherischen Namen High Grade Structured Credit Strategies Enhanced Leverage Fund Tilgungsanträge von der Hälfte seiner Anteilseigner vorliegen. Diese Forderungen konnte der Fonds nicht erfüllen, weil es für seine Assets keinen Markt mehr gab und auch sonst keine Möglichkeit bestand, Bargeld aufzutreiben. Bear hatte die Fonds als Instrumente mit niedrigem Risiko vermarktet, die in mit AA und AAA bewertete Wertpapiere investierte. Die Ratingagenturen, die bei der Strukturierung dieser Wertpapiere geholfen hatten, sorgten folgsam auch gleich für die entsprechenden AA- und AAA-Ratings.[314] Daher war die Tilgungsaussetzung nicht nur für Investoren der beiden Fonds von Bear Stearns ein Schock, sondern auch für Investoren anderer Fonds mit Wertpapierpositionen, die auf ähnliche Weise hochwertig und risikoarm sein sollten und sich nun als das Gegenteil davon erwiesen.

Auch der Fremdkapitaleinsatz spielte 2007 eine Rolle, wie schon 1929. Die Fonds von Bear Stearns hatten ihre Sicherheiten und den guten Namen ihres Mutterunternehmens dazu verwendet, Kredite von anderen Finanzunternehmen aufzunehmen. Obwohl die Differenz zwischen den Kreditkosten und den Renditen der mit AA oder AAA bewerteten Papiere gering war, konnte durch mehrfache Multiplikation doch eine ansehnliche Gesamtrendite dabei herauskommen. Das machte die Kreditfinanzierung des Portfolios zu einem attraktiven und in der Tat wesentlichen Teil der Strategie.

Aber der Fremdkapitaleinsatz konnte auch zu einer existenziellen Bedrohung werden, wenn die betreffenden Investitionen in Zahlungsschwierigkeiten gerieten. Wenn große Kreditgeber, wie Merrill Lynch und Goldman Sachs, sich weigerten, ihre Kredite zu verlängern, war unklar, an wen sich die Schuldner noch wenden konnten. Und wenn die Unternehmen dann die ihnen von den Schuldnern übereigneten Sicherheiten in Anspruch nahmen, blieb nicht genug übrig. Es würde einen Ansturm auf die verbliebenen Assets geben und die Schuldner stünden vor der Pleite, was den Kreditgebern hohe Verluste verursachen würde. Es war eine bessere Lösung, die beiden Bear-Stearns-Fonds ganz allmählich abzuwickeln. Man konnte ihre Assets auf ordentliche Weise verkaufen und den maximal möglichen Erlös erzielen, statt sie im Schlussverkauf auf den Markt zu werfen.[315]

Aber das erforderte Geduld und Geduld war damals rar. Zudem gab es ja auch noch die unangenehme Tatsache, dass Bear Stearns für seine harten Geschäftspraktiken bekannt war und sich 1998 als einzige Wall-Street-Firma geweigert hatte, zur gemeinsamen Rettung des Mega-Hedgefonds Long-Term Capital Management beizutragen. Folglich stieß Bear jetzt nicht auf viel guten Willen seitens der Finanzwelt.

Am 20. Juni 2007 sicherte sich Merrill Lynch, das mit seinen eigenen Problemen zu kämpfen hatte, von Bear Stearns Kreditsicherheiten in Höhe von 850 Millionen Dollar. Nachdem Merrills Aktion bekannt geworden war, folgte Lehman Brothers diesem Beispiel. Bear stellte eigene Finanzmittel in Höhe von 1,6 Milliarden Dollar zur Verfügung, um die beiden Fonds über Wasser zu halten, kam aber schnell zu dem Fazit, dass es sich hier um ein Fass ohne Boden handelte.[316] Am 31. Juli beantragte Bear

Gläubigerschutz für die problembeladenen Fonds. Bear war seine 1,6 Milliarden Dollar los, was Investoren die Frage stellen ließ, ob die Top-Repräsentanten der Bank ihren Ruf als starrköpfige, Zigarren paffende Manager wirklich verdienten.

Die Lektion war natürlich alarmierend. Eine Einlagensicherung hätte vielleicht den Ansturm von Kleinanlegern auf die Geschäftsbanken verhindern können, nicht aber den Ansturm der Kreditgeber auf das Schattenbankensystem, von dem die beiden Fonds von Bear Stearns ein Teil waren. Und als die Zeit dafür gekommen war, verhinderte er auch nicht den Ansturm auf ihre Mutterunternehmen.

Wie in den 1920er-Jahren infizierte ein Schock, der von den USA ausgegangen war, rasch andere Länder. In den 1920er-Jahren vergaben US-Banken Kredite an europäische Banken und Regierungen, die das Geld in illiquide Assets wie städtische Schwimmbäder investierten (illiquide im finanziellen Sinn des Worts). Als die Kredite aus den USA austrockneten, konnten die europäischen Schuldner diese Projekte nicht mehr finanzieren und noch weniger ihre Schulden zurückzahlen. Auch diesmal (2007) finanzierten europäische Banken illiquide Investitionen, indem sie sich von ihren amerikanischen Geschäftspartnern Dollars liehen. Als die US-Banken mit ihren auf Häuser bezogenen Investments Verluste verzeichneten, trockneten die Kredite aus dem Ausland erneut aus, was die europäischen Schuldner in eine ähnliche Zwangslage brachte wie in den 1920er-Jahren.

Und das war noch nicht alles. In den 1920er-Jahren vollzogen manche europäische Schuldner eine Wende und investierten ihre Dollars in einen immer stärker schwankenden US-Aktienmarkt. Auch diesmal (2007) vollzogen die europäischen Banken diese Wende und investierten ihre geliehenen Finanzmittel in den USA, und zwar auch in die fragwürdigen CDOs, die von US-Banken in Umlauf gebracht worden waren.

Banken in den USA, wie Goldman Sachs, standen Ende 2006 dem mit Subprime-Krediten verbundenen CDO-Markt vielleicht schon reserviert gegenüber, aber das galt nicht für die IKB aus Düsseldorf oder die französische BNP Paribas. Die IKB (Industriekreditbank) wurde 1924 gegründet, um nach der Hyperinflation deutschen Firmen Finanzmittel zur Verfügung stellen zu können. Zusätzlich zur Kreditvergabe an kleine und mittelgroße Unternehmen vergab die IKB auch Immobilienkredite.[317]

Aber angesichts des Auftrags der IKB, der deutschen Wirtschaft Finanzmittel zur Verfügung zu stellen, war alles andere als klar, warum sich die

Bank nun dazu berufen fühlte, in von amerikanischen Subprime-Hypotheken abgesicherte Wertpapiere zu investieren. Noch weniger klar ist, warum ihre Manager sich für fähig hielten, in diesen trügerischen Gewässern zu navigieren. Tatsächlich war es offenbar IKBs ehrgeiziger Vorstandschef Stefan Ortseifen, der hier eine Möglichkeit sah, eine mittelgroße Bank, die darauf spezialisiert war, Kredite an mittelgroße Unternehmen zu vergeben, zu einem Global Player zu machen. Zu diesem Zweck schuf Ortseifen eine Firma – Rhineland Funding – außerhalb der Bilanz, die er am bereitwilligen irischen Aktienmarkt notieren ließ. Als Spezialfonds musste Rhineland für seine Investments kein Kapital vorhalten, was wiederum der IKB erlaubte, ihre Wetten mit Fremdkapital zu finanzieren. Das war in den 2000er-Jahren eine klassische Vorgehensweise am Finanzmarkt. Und sie sollte sich nun rächen.

Der schwerste Schlag kam in Form des Abakus-Deals, der schließlich zum Objekt von Anhörungen im Kongress und Ermittlungen seitens des Finanzministeriums wurde. Das bringt uns zurück zu John Paulson. Ende 2006 beschloss Paulson, umfangreiche Wetten gegen den Häusermarkt zu platzieren. Paulson war bei Bear Stearns Spezialist für Fusionen und Unternehmenskäufe gewesen und gründete später einen Hedgefonds, der sich auf die Verschuldung problembeladener Unternehmen konzentrierte. Er war kein Spezialist für den Häusermarkt und vielleicht befähigte ihn genau das dazu, sich hier gegen die Mehrheitsmeinung zu stellen. Paulson brauchte auch keine ausgefeilten Beweise, um zu seinen antizyklischen Schlussfolgerungen zu gelangen. Er sah, dass in seiner Nachbarschaft in Southampton, New York, die Häuserpreise stiegen. Einer seiner Analysten machte sich daran, Daten über Häuserpreise zu sammeln, die bis 1975 zurückreichten, was bei Paulson zu der Erkenntnis führte, dass die inflationsbereinigten Preise nach 2000 landesweit schneller gestiegen waren als zuvor.

Das war dennoch dünnes Eis, wenn man große Wetten platzieren wollte. Aber genau das tat Paulson. Er wollte die betreffenden Wertpapiere leihen und verkaufen, weil er erwartete, sie in nicht allzu ferner Zukunft zu niedrigeren Preisen zurückkaufen zu können.

Ein Hinweis auf das Volumen dieser Wetten waren Paulsons Probleme, toxische Wertpapiere in der erforderlichen Größenordnung leihen zu können. Da war es doch leichter, so wusste er, sie selbst zu schaffen. Wenn diese dubiosen Wertpapiere dann mit Erfolg an andere Investoren verkauft werden konnten, konnte Paulson sie leihen und in Erwartung des späteren Preisrückgangs verkaufen.

Mit diesem Anliegen wandte er sich an Goldman Sachs. Mit Goldmans Hilfe wählte Paulson die hypothekengesicherten Wertpapiere aus, mit denen er seine maßgeschneiderten CDOs verknüpfte. Er lehnte Hypotheken bekannter Banken wie Wells Fargo ab und wählte solche von dubiosen Instituten wie First Franklin Bank of California. Die Anzahlungen auf die Hypotheken von First Franklin lagen im Schnitt bei bescheidenen 7 Prozent. 37 Prozent der Hypotheken dieser Bank erforderten überhaupt keine Anzahlung. In den ersten Jahren bezahlte der Hausbesitzer nur Zinsen für das Darlehen, aber später wurden hohe Tilgungsraten fällig. Das Volumen vieler dieser Hypotheken lag über dem Kaufpreis des betreffenden Hauses.

Diese Hypotheken waren die riskantesten, wenn sich der Markttrend drehte. Folglich würden die betreffenden CDOs auch mit der höchsten Wahrscheinlichkeit im Preis sinken. Wegen seiner negativen Prognose für den Häusermarkt waren das die perfekten Wertpapiere für Paulson, um sie zu leihen und zu verkaufen.

Paulson bezahlte Goldman Sachs stolze 15 Millionen Dollar für das Privileg, den Namen der Bank für die so entstandenen CDOs zu verwenden. Genauer gesagt, verwendete Goldman die Bezeichnung Abacus. Abacus war eines der ersten CDO-Programme, die Goldman 2004 aufgelegt hatte, und eines, in das die IKB bereits investiert hatte. Ein Abacus ist natürlich ein Gerät, das dem Verwender bei Additionen und Subtraktionen helfen soll. Es sollte sich herausstellen, dass die IKB jede Hilfe benötigte, die sie bekommen konnte.

Offenbar war sich die Deutsche Bank der Möglichkeit eines Interessenkonflikts bewusst. Sie informierte Goldman Sachs, dass sie nur dann weitere mit Hypotheken verbundene CDOs kaufen würde, wenn eine dritte Partei den Handel mitorganisierte. Goldman brachte ACA Management ins Spiel, einen CDO-Spezialisten, um Paulsons Arithmetik zu überprüfen. Es erscheint unwahrscheinlich, dass ausgerechnet diese Firma zufällig ausgewählt wurde. ACAs Mutterunternehmen, ACA Financial Guaranty Group, hatte nur ein einfaches A-Rating von Standard & Poor's, was seine Produkte zur Kreditversicherung nicht konkurrenzfähig machte. Mit anderen Worten: ACA musste unbedingt Geschäfte abschließen. Und Abacus bot Geschäfte an.[318]

Im Januar 2007 gab es ein Treffen zwischen ACA, Paulson & Co. und Fabrice Tourree, dem zuständigen Vice President von Goldman. ACAs Analysten billigten 55 der 123 Hypothekenpools, die Paulson ihnen vorlegte, strichen ihre Kommissionen ein und unterzeichneten die Verträge. Aber offensichtlich verstanden sie den Deal nicht, zumindest nicht Paulsons Plan, gegen diese Wertpapiere zu wetten, denn ACA kaufte Abacus-Titel im Volumen von 42 Millionen Dollar auf eigene Rechnung und emittierte CDSs, die fast eine Milliarde Dollar der Seniortranche garantierten.[319]

Die IKB kaufte Titel für 150 Millionen Dollar, als der Deal im April 2007 abgeschlossen wurde. Er ist als Abacus-AC1 bekannt geworden. Ein Angestellter von Paulson & Co. meinte in einer internen E-Mail, Banken wie IKB hätten »weder die analytischen Instrumente noch die institutionellen Rahmenbedingungen«, die nötig gewesen wären, diesen speziellen Pool wirklich zu verstehen.[320] Und der Zeitpunkt des Kaufs hätte gar nicht schlechter sein können, weil sich die Zahlungsausfälle bei Subprime-Hypotheken häuften.[321] Bis Anfang 2008 erhielten 100 Prozent der für Abacus 2007-AC1 ausgewählten Kredite ein schlechteres Rating, was ihn zum schlechtesten Hypothekengeschäft aller Zeiten machte – ein Rekord, der für immer Bestand haben wird, denn eine Downgrade-Quote von mehr als 100 Prozent ist nicht möglich. Innerhalb von zwei Jahren waren mehr als die Hälfte der 500.000 Hypothekendarlehen, die hinter dem Deal standen, in Zahlungsrückstand oder gekündigt. Das spricht für Paulsons Effizienz bei der Zusammensetzung des Hypothekenpools. Und die 15 Milliarden Dollar Gewinn, die seine Firma mit diesem Geschäft machte, sprachen sogar noch stärker dafür.

Am 30. Juli, kaum drei Monate nach der Schließung von Abacus 2007-AC1, musste die IKB eine Neudarstellung ihrer Finanzen vornehmen. Die Bank hatte ihre Investitionen mit kurzfristigen Schuldverschreibungen finanziert, die mit anderen Assets abgesichert waren. Nach einem Muster, das sich nun mehr als einmal wiederholen sollte, verlor die Bank den Zugang zu diesem Markt. Sie musste von ihren Gläubigern und von der deutschen Regierung gerettet werden. Die beiden anderen regionalen Landesbanken, die in Sachsen ansässige Sachsen LB und die West LB aus Nordrhein-Westfalen folgten der IKB auf dem Weg nach unten. Es war eine ironische Wende, dass die IKB dann zu einem Schleuderpreis an den Private-Equity-Spezialisten Lone Star Funds aus den USA verkauft wurde.

Die IKB hatte bei der Vorlage ihrer Quartalszahlen nur zehn Tage zuvor versichert, sie sei nicht von Hypothekenverlusten in den USA betroffen. Als sich diese Behauptung als falsch herausstellte, lautete die naheliegende Frage, ob in den Bilanzen anderer Banken ähnliche Probleme verborgen waren. Während der Finanzkrise gab es viele unzutreffende Statements, aber nur wenige stachen derart ins Auge wie die Reaktion von Standard & Poor's auf die Meldungen der IKB. Am Tag nach der Richtigstellung der Finanzverhältnisse versicherte Stefan Best, der bei der Ratingagentur für die Analyse europäischer Banken zuständig war, es gebe kaum einen Grund, sich um andere Finanzinstitute Sorgen zu machen. »Bislang geht es den Banken recht gut«, bemerkte Mr. Best. »Es gibt eine ziemlich hohe Schwelle, ehe ihnen ein Schaden entstehen könnte.«[322]

Jeder, der dazu neigte, Bests Prognose zu akzeptieren, wurde enttäuscht, als die französische Megabank BNP Paribas bekannt gab, dass auch sie mit Investitionen aus dem Subprime-Segment erhebliche Verluste erlitten hatte. Kurz vor Beginn des Börsenhandels, am Montag, dem 9. August, kündigte die BNP an, drei ihrer hauseigenen Hedgefonds nicht mehr zu bedienen, weil es Probleme mit deren Positionen in US-Hypothekenpapieren gab. Beobachter wunderten sich, zu hören, dass diese drei Fonds, von denen man angenommen hatte, sie seien in auf Euro lautende Geldmarktinstrumente investiert, in Wirklichkeit hohe Risiken mit amerikanischen Subprime-Papieren eingegangen waren. Die BNP versuchte, ihre Kunden zu beruhigen, indem sie die Probleme der Fonds auf außergewöhnliche Liquiditätsprobleme zurückführte und versicherte, sie würden sich erholen, sobald sich die Märkte normalisierten. Mehr als 90 Prozent der von den drei Fonds gehaltenen Wertpapiere waren mit AAA oder AA bewertet, stellte Baudouin Prot, der CEO der Bank, beruhigend fest. Es blieb nicht unbemerkt, dass dies die gleichen beruhigenden Worte waren, wie Bear Stearns sie geäußert hatte, kurz bevor die beiden hauseigenen Fonds der Firma suspendiert wurden.[323]

Nicht alle Finanzkrisen hatten ein ganz bestimmtes Anfangsdatum, aber diese schon. Man kann sagen, dass die Krise von 2007 am 9. August ausbrach, dem Tag der Ankündigung von BNP Paribas. Wenn in den Finanzen der BNP eine solche Landmine versteckt war, dann konnte auch überall sonst eine ähnliche Mine lauern. Als die Banken das bemerkten, gaben sie einander keine Kredite mehr. Der Interbankenmarkt, an dem die Banken über Nacht Liquidität handeln, klemmte zunächst in Europa.

Die Interbankenzinsen bildeten in der Regel die Zinsen nach, die die Banken zahlten, wenn sie sich Geld von der Zentralbank liehen, denn die Zentralbankkredite und die Interbankenkredite sind unter normalen Umständen enge Substitute.[324] Aber jetzt waren die Umstände alles andere als normal. Am 9. August stiegen die Interbankenzinsen weit über das Zielniveau der EZB.

Und dennoch standen noch immer keine in Panik geratene Konteninhaber in Schlangen vor den europäischen Banken. Aber der Kollaps des Interbankenmarkts bedrohte Europa dennoch mit einer Krise erster Ordnung. Wie erwähnt, arbeiteten europäische Banken mit mehr Fremdkapitaleinsatz als amerikanische. Sie verließen sich weniger auf Kundeneinlagen und mehr auf Kredite von anderen Banken. Ihre Not war unmittelbar und ernsthaft.

Das reichte schließlich aus, um die schläfrige EZB zu einer Aktion wachzurütteln. Erst am 3. Juli, unter Vernachlässigung des Risikos eines Liquiditätsmangels, hatte die EZB ihre Zinsen erhöht. In Frankfurt nahm man an, Liquidität sei ein amerikanisches Problem. Die Ereignisse bei BNP Paribas hatten endlich den heilsamen Effekt, diese Illusion zu erschüttern. Am 9. August, um 10:26 Uhr mitteleuropäischer Zeit, weniger als 90 Minuten nach Handelsbeginn, verkündete die EZB, sie sei bereit zu handeln. Zwei Stunden später veröffentlichte sie ein Statement, in dem sie ihre Bereitschaft bestärkte, nicht nur Liquidität zur Verfügung zu stellen, sondern unbegrenzte Mengen an Liquidität.[325] Die Fed hatte vielleicht nach dem Crash von 1929 Banken mit Liquidität versorgt, die Kredite an in Not geratene Broker und Händler vergaben, aber eine derart unbegrenzte Verpflichtung hatte es von ihr nie gegeben. Sogar in Frankfurt hatte man offensichtlich Friedman und Schwartz gelesen.

Das war genau die Art von Krise, die Chairman Bernanke als Wirtschaftshistoriker jahrelang studiert hatte. Als die Sonne über Washington, D. C., aufging, pumpte die Fed 24 Milliarden Dollar in die US-Finanzmärkte. In einer am nächsten Tag veröffentlichten Presseerklärung bestätigte die Fed ihre Bereitschaft, den Märkten so viele Dollars zur Verfügung zu stellen, wie diese benötigten. »Die Federal Reserve wird durch Operationen am offenen Markt die nötigen Reserven zur Verfügung stellen«, kündigte die Zentralbank an. »Wie immer ist das Diskontfenster als Finanzierungsquelle geöffnet.« Am 10. August gab die Fed weitere 38 Milliarden Dollar an Krediten aus und koordinierte ihr Handeln mit ähnlichen

Schritten der EZB und der Zentralbanken Japans, Kanadas, Australiens und Hongkongs.

Das, so könnte man argumentieren, war exakt die Reaktion, die Friedman und Schwartz empfohlen hatten. Das einzige Problem: Hier handelte es sich nicht mehr um die altbekannte Finanzkrise oder die von Friedman und Schwartz. Es gehört zu den Aufgaben von Zentralbanken, Kredite an die Geschäftsbanken zu vergeben. Aber diese Krise von 2007 konzentrierte sich nicht – im Gegensatz zu der von 1930 bis 1933 – auf die Geschäftsbanken. Zumindest für den Moment konzentrierte sie sich eher auf das Schattenbankensystem der Hedgefonds, auf die Geldmarktfonds und die Emittenten kurzfristiger Schuldverschreibungen, die nicht zu den regelmäßigen Geschäftspartnern der Fed gehörten. Das wiederum bedeutete, dass die Interventionen der Zentralbank nicht so effektiv waren wie erwartet.

Zunächst wurden die Hedgefonds infiziert. Fonds, von denen man annahm, sie seien massiv in US-Hypotheken involviert, erlitten einen massiven Abzug von Kapital, oft seitens anderer Fonds. Sie konnten keine Kreditlinien vereinbaren, unabhängig davon, ob die Fed die Banken mit Liquidität versorgten, weil die Banken sich weigerten, Kredite zu vergeben. Daraufhin verramschten die Fondsmanager Wertpapiere, die mit Hypotheken verbunden waren und verursachten damit Verluste anderer Fondsmanager. Das waren Probleme, die weder eine staatliche Einlagensicherung noch die Kreditvergabe der Zentralbank an die Geschäftsbanken lösen konnten.

Dann sprang der Virus auf den Markt der mit Assets gesicherten, kurzfristigen Schuldverschreibungen über. Große Banken, die Studenten- und Autokredite vergeben, über Forderungen aus dem Kreditkartengeschäft und dem Handel verfügen, bündeln diese für gewöhnlich und sichern damit Kredite ab, die sie für 90 oder 180 Tage in Anspruch nehmen. Der Verkauf der daraus resultierenden Papiere, die man mit Assets abgesicherte, kurzfristige Schuldverschreibungen nennt, ermöglicht ihnen die Finanzierung ihrer Ausgaben, ohne dass sie auf die Einnahmen aus den zugrunde liegenden Forderungen warten müssen. Man kann die Bedeutung dieser Papiere als Finanzierungsquelle amerikanischer Banken und Firmen kaum überschätzen. Im August 2007 waren Asset-gesicherte kurzfristige Schuldverschreibungen im Gegenwert von 1,2 Billionen Dollar im Umlauf. Zum Vergleich: Das ist mehr als der Wert aller im Umlauf befindlicher US-Staatsanleihen.[326]

Interessanterweise hatte sich die Menge der Asset-gesicherten kurzfristigen Schuldverschreibungen in den vorangegangenen 18 Monaten fast verdoppelt. Risikobewusste Investoren bemerkten plötzlich, dass diese Menge nur auf Kosten der Kreditqualität so schnell steigen konnte. Hypotheken und Hypothekenderivate, so entdeckten sie zu ihrem Entsetzen, hatten einen überproportional hohen Anteil an den Assets, mit denen die jüngst emittierten Schuldverschreibungen besichert waren. Natürlich hätte das eigentlich keine Überraschung sein sollen, weil spezialisierte Hypothekenbanken wie Countrywide Financial schon lange zu den wichtigsten Emittenten gehört hatten.[327]

Emittenten Asset-gesicherter kurzfristiger Schuldverschreibungen, wie die Banken, gaben liquide kurzfristige Schuldpapiere heraus, um illiquide Investments zu finanzieren. Als die Investoren den Stöpsel zogen, sah das Ergebnis folglich so aus wie ein Bankenansturm in Zeitlupe. Im Juli 2007 waren nur 5 Prozent der Emittenten nicht in der Lage, ihre im Umlauf befindlichen Schuldverschreibungen zu verlängern, wenn diese fällig waren. Ende November waren es 40 Prozent.[328] Dieser Ansturm auf den Markt der Schuldverschreibungen war, wie der Ansturm auf die Hedgefonds, ein Phänomen, für das die Vorsorge einer staatlichen Einlagensicherung bestenfalls irrelevant war.[329]

Die vom Kollaps des Markts der kurzfristigen Schuldverschreibungen ausgelöste Liquiditätskrise infizierte den Unternehmens- und den Finanzsektor. Countrywide Financial, die jetzt den Giftkelch der landesweit größten Hypothekenbank innehatte, wandte den Bankrott nur ab, weil man mit einem Bankenkonsortium eine Kreditlinie von 11,5 Milliarden Dollar vereinbarte. Ameriquest, früher der größte Subprime-Spezialist in den USA, war gezwungen, alle verbliebenen Operationen abzuwickeln.

Als nächster Dominostein fiel die britische Northern Rock. The Rock, wie die Firma gern genannt wurde, um ihre Solidität zu betonen, war eine Mischung aus zwei ehrwürdigen Building Societies aus Newcastle, der Northern Counties Permanent Building Society und der Rock Building Society, die im 19. Jahrhundert gegründet wurden. Eine Building Society ist das britische Äquivalent einer Kreditunion, also einer Finanzkooperative, die sich im Besitz ihrer Mitglieder befindet und deren Geschäfte von ihnen geführt werden. Der Name stammt daher, dass diese Institute von Arbeitern aus den Baubranchen gegründet wurden. Building Societies neigen zur Spezialisierung auf die Kreditvergabe. Northern Rock war eines der größeren und viele Jahre lang erfolgreicheren Beispiele.

Aber die rapide Expansion, die das Management anstrebte, konnte nicht allein durch die Beiträge der Mitglieder finanziert werden. Zunächst versuchte Northern Rock, andere Building Societies aufzukaufen. Weil das nicht ausreichte, um den finanziellen Appetit des Managements zu stillen, wurde die Rechtsform geändert. Northern Rock nutzte die Freiheit, die Margaret Thatchers Big-Bang-Finanzreform geschaffen hatte, folgte dem Beispiel anderer Institute wie Abbey National und Halifax, verwandelte sich in eine Bank und befähigte das Management, Aktien von Northern Rock an der Londoner Börse handeln zu lassen.

Da es keine Mitglieder mehr gab, die ihnen über die Schulter schauten, strebten die Manager unter der Führung von Adam Applegarth mit halsbrecherischem Tempo nach Wachstum der Bank. Applegarth stammte aus der Gegend, kam in Sunderland zur Welt und absolvierte die Durham University. Gleich danach begann er, für Northern Rock zu arbeiten, und stieg schnell auf. 2001, im Alter von 38 Jahren, wurde er zum CEO ernannt. Applegarths herausragendste Eigenschaften, neben seinem Ehrgeiz und seiner Liebe zum Sport, die ihn zu einem beliebten Trinkkumpanen machten und ihm die Sympathie seiner Bankkollegen eintrugen, waren extremes Selbstvertrauen und Risikobereitschaft. Unter Applegarth nahm Northern Rock alle äußeren Anzeichen einer progressiven Hypothekenbank des 21. Jahrhunderts an. Die Bank finanzierte ihre Operationen nicht durch Kundeneinlagen, sondern mit Krediten anderer Finanzinstitute. Sie verließ sich stärker als jede andere britische Bank auf diese Art der Finanzierung. Sie lockerte die Mindestanforderungen für Anzahlungen der Hypothekenkunden, um Marktanteile hinzuzugewinnen. Ihr wichtigstes Produkt, der »Together-Kredit«, ermöglichte Hausbesitzern, Hypotheken im Umfang von 125 Prozent des Werts ihrer Häuser zu vereinbaren.[330] Die Bank eröffnete Filialen in Einkaufszentren, so wie Countrywide. Sie bot hohe Zinsen, um im Internet um Einlagen zu werben. Sie lagerte die Schaffung von Hypotheken an unabhängige Broker aus. Sie verbriefte und verkaufte ihre Kredite, um Geld für weitere Operationen einzunehmen. Das geschah über ein spezialisiertes Tochterunternehmen mit dem solide klingenden Namen »Granite« im Steuerparadies Jersey.

All das ermöglichte es Northern Rock, fast zwei Jahrzehnte lang mit einer Jahresrate von 20 Prozent zu expandieren. Aber dadurch wurde die

Bank auch störungsanfällig, wie jedem Beobachter dieser rapiden Expansion klar gewesen sein müsste. Als sich am US-Markt Probleme auftaten, konnte Northern Rock ihre Kredite nicht mehr verbriefen und verkaufen.[331] Und nach der BNP-Meldung am 9. August brach der Geldmarkt zusammen. Folglich trockneten beide Möglichkeiten, sich Bargeld zu besorgen, gleichzeitig aus, nämlich der Verkauf hypothekengesicherter Wertpapiere an Investoren und die Kreditaufnahme bei anderen Banken.

Am 10. August gab es eine Besprechung zwischen Applegarth und Matthew Ridley, dem Vorsitzenden des Verwaltungsrats. Ridley war früher Journalist und libertärer Philosoph gewesen und dann zum Buchautor für den Massenmarkt geworden. Er war das Oberhaupt einer alteingesessenen Familie aus Northumberland. Sein erfolgreichstes Buch, *The Red Queen*, verwendete eine Figur aus Lewis Carrolls *Through the Looking-Glass*, um eine Theorie der sexuellen Reproduktion zu illustrieren. Sicherlich gibt es einen Platz für populäre Wissenschaft, aber dieser Platz ist mit Sicherheit nicht der Verwaltungsrat. Mit anderen Worten: Sein Hintergrund qualifizierte Ridley nicht zur Erteilung von Ratschlägen, wie man mit einer Liquiditätskrise umgehen sollte. Und Applegarth hatte auch keine anderen verfügbaren Berater. Abgesehen von Ridley wurde Northern Rocks Verwaltungsrat von lokalen Prominenten dominiert, wie von Andrew Fenwick, einem Mitglied der Kaufhausfamilie dieses Namens. Solche Personen sorgten für Ansehen und Glanz, aber keine von ihnen war in der Lage, einen ehrgeizigen CEO zu bremsen, geschweige denn eine Finanzierungskrise zu managen.

Um sich Liquidität zu besorgen, blieb Applegarth nur die Möglichkeit, um jeden Preis Assets zu verkaufen. Leider war dieser Preis nicht hoch genug; früher liquide Wertpapiere brachten nun nur noch extrem niedrige Erlöse. An diesem Punkt hatte Applegarth keine andere Wahl, als sich an die Bank of England zu wenden, was er ab Mitte August auch tat. Am Donnerstag, dem 13. September, erhielt er nach einem Monat Lobbyarbeit endlich seine »Liquiditätsunterstützung«. Der Plan war, dies am folgenden Montag zu verkünden und das Wochenende für eine beruhigende PR-Kampagne zu nutzen. Leider wurde die Entscheidung schon am Abend des Donnerstags bekannt, was für Vorbereitungen keine Zeit mehr ließ. Das Timing war doppelt unglücklich, weil Finanzminister Alisdair Darling und Mervyn King, der Gouverneur der Bank of England, am Freitag nach Portugal reisen mussten, um an einem seit Langem geplanten

Treffen von EU-Offiziellen teilzunehmen. Eine Absage der Reise hätte das Gefühl der Panik verstärkt, aber in Abwesenheit von King und Darling war nicht klar, wer den Laden zusammenhielt.

Es war auch nicht hilfreich, dass es im Vereinigten Königreich lediglich eine begrenzte Einlagensicherung gab, die nur Einlagen von 2000 Pfund vollständig abdeckte. Bis zur Summe von 35.000 Pfund gab es dann eine partielle Absicherung und für alles, was darüber hinausging, gab es keine. Großbritannien hatte seit 150 Jahren keinen Ansturm auf die Banken erlebt, nicht einmal während der großen Depression, als die Entscheidung, den Goldstandard aufzugeben, die Bank of England in die Lage versetzt hatte, die Zinsen zu senken und den Finanzinstituten und den Märkten Liquidität zur Verfügung zu stellen. Angesichts dieser Historie schien eine umfassende Garantie zur Abwendung von Bankenanstürmen überflüssig zu sein.

Aber nur weil etwas seit 150 Jahren nicht passiert war, gab es keine Garantie, dass es in der Situation von 2007 nicht passieren könnte. Die Investoren bemerkten sofort, dass die Einlagensicherung des Landes nicht viel Sicherheit bot. Am Freitagvormittag überschwemmten in Panik geratene Kunden Northern Rocks Website mit Abhebungsanträgen, was Northern Rocks Server abstürzen ließ. Weil die Kunden befürchteten, Northern Rock würde ihre Anträge mit Absicht nicht bearbeiten, stellten sie sich in Menschenschlangen vor die Filialen der Bank, was Kamerateams anzog. Überforderte Schalterangestellte verbarrikadierten sich in den Büros der Bank. King und Darling waren in Porto und konnten sich diese Ereignisse nur im TV ansehen.

Im Lauf des Tages zogen verängstigte Kunden mehr als eine Milliarde Pfund ab, was 5 Prozent der gesamten Kundeneinlagen der Bank entsprach. Am nächsten Morgen bildeten sich vor den Filialen in Sheffield und im Norden Londons erneut Menschenschlangen, sicherheitshalber wurde die Polizei alarmiert. Der Sonntag war ein erzwungener Ruhetag, aber am Montag gingen die Abhebungen weiter. An diesem Abend war Darling, der die Ansteckung anderer Banken befürchtete, gezwungen, eine durch Steuergelder finanzierte Garantie für die Einlagen bei Northern Rock abzugeben.

Aus dieser Episode kam niemand mit einer verbesserten Reputation heraus. Die Financial Services Authority (FSA) hatte als oberste Aufsichtsbehörde ganz offensichtlich zu wenig getan, um Northern Rock von einem riskanten Geschäftsmodell abzuhalten. Sie konzentrierte sich ganz mechanisch auf die Kontrolle, ob Northern Rock die Basel-II-Eigenkapitalvorschriften erfüllte, ignorierte aber die halsbrecherische Expansion und die riskante Finanzierung der Bank. Ihre Stresstests sahen die Art von Liquiditätsproblemen gar nicht vor, die Northern Rock 2007 erlebte. Bei der Verteilung der Schuldzuweisung zahlte die FSA einen hohen Preis. Zunächst entzog man ihr alle bedeutenden Regulierungskompetenzen und 2013 wurde sie abgeschafft.

Die Bank of England unterschätzte unter der Führung Kings das Ausmaß der Bedrohung auf ähnliche Weise. Schon Mitte August 2007 hatte Northern Rock um Hilfe gebeten, was aber abgelehnt wurde. Die Offiziellen der Bank of England stellten klar, dass Northern Rock eine marktgerechte Lösung finden sollte. Am 12. September, wenige Tage bevor die Offiziellen der Bank beschlossen, dass sie gar keine andere Wahl hatten, als außerplanmäßige Liquiditätshilfe zu leisten, sandte King eine Nachricht ans Unterhaus. Darin bekräftigte er seine Überzeugung, dass das Bankensystem, zu dem Northern Rock gehörte, in der Lage war, seine Probleme selbst zu lösen. Wenn es Northern Rock nicht möglich war, angemessenes Kapital und Liquidität aufzutreiben, dann sollte die Bank von einem stärkeren Rivalen aufgekauft werden.[332]

Das war ein Missverständnis. Es gab nie eine realistische Möglichkeit, dass eine andere Bank Northern Rock aufkaufen könnte, schon allein wegen der Undurchsichtigkeit von deren Bilanz. Diese Lektion lernten amerikanische Politiker während der existenziellen Krise von Lehman Brothers 2008. Ein Aufkäufer hätte mindestens eine Garantie der Bank of England verlangt, was Gouverneur King aber verweigerte.[333] Die Vorstellung, Northern Rock könne wieder Zugang zum Geldmarkt erhalten, entstammte ebenfalls dem Reich der Fantasie. Und das Management wusste das auch. Nachdem die Bank of England Northern Rock die kalte Schulter gezeigt hatte, überprüfte Northern die Möglichkeit, die einzige Zweigstelle in der Republik Irland zu verwenden, um Liquidität von der EZB zu erhalten, die solchen Anfragen eher zugänglich war. Aber dann wurde klar, dass dies wegen gesetzlicher Vorgaben problematisch war.

Die Haltung der Vertreter der Bank of England ist nicht leicht zu verstehen. Ein Teil der Erklärung könnte sein, dass Großbritannien während der Amtszeit von Gouverneur King nie einen Ansturm auf die Banken erlebt hatte. Tatsächlich hatte es, wie schon erwähnt, seit 1866 keinen voll ausgeprägten Ansturm mehr gegeben. Das war wohl auch ein Grund, warum Montagu Norman es 1931 nicht so wichtig fand wie sein amerikanischer Kollege George Harrison, Deutschland Notfallhilfe zu leisten, als die Bankenkrise sich nach London auszubreiten drohte. Aber wenn die Erinnerungen an das Problem von Bankenanstürmen schon 1931 weit weg waren, dann waren sie 2008 noch viel weiter weg.

Ein weiterer Faktor mag sein, dass King und andere Vertreter der Bank of England über die Situation von Northern Rock unzureichend informiert waren. Die Zentralbank wurde von vielen Regulierungspflichten befreit, als sie 1997 vom Schatzamt unabhängig wurde. Die Unabhängigkeit der Zentralbank war eine Möglichkeit, die Geldpolitik zu entpolitisieren, was die neue Regierung unter Tony Blair anstrebte, um ihr Zutrauen in die Wirtschaft zu demonstrieren. Aber wenn die Bank of England unabhängig werden sollte, musste sie auch in ihren Zuständigkeiten zurechtgestutzt werden. Die Verantwortung für Aufsicht und Regulierung wurde daher auf die Financial Services Authority übertragen. Offiziell kooperierte die FSA mit der Bank of England und dem Finanzministerium. Aber wie in jeder Bürokratie, in der Information Macht bedeutet, gab es einen Unterschied zwischen Theorie und Praxis.

Folglich waren die Offiziellen der Bank of England unsicher, ob sie vollständig und aktuell über den Zustand der Banken informiert wurden. Das verstärkte ihre Abneigung, in die Probleme einzelner Finanzinstitute verwickelt zu werden. Jedenfalls war es nun nicht mehr ihr Problem, finanzielle Instabilität zu verhindern. Und allzu freigiebig Banken aus einer Krise zu retten konnte nur die Nachlässigkeit dieser anderen Behörde fördern, nämlich der FSA.

Das bringt uns zum wichtigsten Faktor, nämlich zur Einstellung Kings und seiner Kollegen zu moralischen Bedenken. Der Gouverneur stand der Entscheidung der EZB kritisch gegenüber, die am 8. August 2007, nach der Aussetzung der beiden Fonds von BNP Paribas, die Märkte mit unbegrenzter Liquidität versorgte. Am 12. September warnte er in seinem Schreiben an das Unterhaus, die Banken gegen eine größere Bandbreite an Sicherheiten mit Liquidität zu versorgen würde das Eingehen exzessiver Risiken fördern.[334] »Die Versorgung mit hoher Liquidität bestraft diejenigen Finanzinstitute, die vernünftig gewirtschaftet haben«, schrieb King, womit er das Urteil von Chuck Prince bestätigte. Sie »fördert das Herdenverhalten und verstärkt die Intensität zukünftiger Krisen«. Er schlug vor, man sollte Liquidität nur zu einem Strafzins zur Verfügung stellen, nachdem andere Möglichkeiten ausgeschöpft worden seien.

Diese harte Linie gegen moralische Bedenken unterschied sich stark von der Verleihe-jetzt-und-stelle-Fragen-später-Politik der Fed unter der Führung Bernankes. Auch hier sollte man daran denken, dass die Bank of England, im Gegensatz zur Fed, 150 Jahre lang keine voll ausgeprägte Bankenpanik erlebt hatte. Folglich war die Schlussfolgerung von Friedman und Schwartz, die wichtigste Verantwortung der Zentralbank sei die Abwendung einer Panik und danach bliebe noch reichlich Zeit, um sich mit moralischen Bedenken zu beschäftigen, in Großbritannien nicht so stark verankert wie in den USA.

Es wurde sehr teuer, den Adam Applegarths dieser Welt eine Lektion zu erteilen. Die Labour-Regierung garantierte die Einlagen bei Northern Rock trotz der Tatsache, dass sie gesetzlich nicht dazu ermächtigt war. Nachdem sie sich gegenüber moralischen Bedenken hartnäckig gezeigt hatte, war die Bank of England nun gezwungen, die Schleusen zu öffnen und Liquidität für Notfälle zur Verfügung zu stellen. Applegarth trat im November 2007 zurück, Ridley wurde als Chairman abgelöst und andere Mitglieder des Verwaltungsrats folgten ihm nach. Da kein Käufer zu finden war, wurde Northern Rock im folgenden Februar 2008 von der Regierung verstaatlicht. In den folgenden fünf Monaten stiegen die Verluste weiter an. 2012 wurden die Restbestände von Northern Rock schließlich für 820 Millionen Pfund an Virgin Money verkauft. Für die britischen Steuerzahler blieben Verluste von mehr als zwei Milliarden Dollar. Das war ein hoher Preis für die langsame und zögerliche Reaktion der Offiziellen.

Und die Tatsache, dass Großbritannien die erste Bankenpanik seit 150 Jahren erlebt hatte, trug nicht zum Vertrauen der Beobachter in das Finanzsystem oder die Kompetenz der Behörden bei.

Kapitel 12
Spärliche Beweise

Zu diesem Zeitpunkt, in der dritten Septemberwoche, deutete alles darauf hin, dass die Dinge außer Kontrolle gerieten. Die Notverkäufe von Northern Rock und anderen Banken übten Druck auf die Asset-Preise aus und Investoren verzeichneten Verluste. Früher hatte man angenommen, dieses Problem beschränke sich auf Hedgefonds, die in Subprime-Papiere investierten, und auf Institute, die massiv am Hypothekenmarkt engagiert waren. Aber nun schuf es sehr ernste Probleme für Investoren jeder Art.

Unter diesen anderen Investoren nahmen die Geldmarktfonds in den USA eine herausragende Rolle ein. Obwohl es solche Fonds schon seit den 1970er-Jahren gab, wie in Kapitel 4 beschrieben, war ihr Engagement in kurzfristigen Schuldverschreibungen neu. Angesichts des Wachstums alternativer Investmentinstrumente wurde es für die Geldmarktfonds immer schwieriger, Investoren anzuziehen und zu halten. Wie in Kapitel 4 erwähnt, war es eine offensichtliche Möglichkeit, höhere Renditen zu bieten. Sie versuchten, das zu schaffen, indem sie die kurzlaufenden Staatsanleihen in ihren Portfolios durch Schuldverschreibungen mit höheren Renditen ersetzten.

Der angesehenste Geldmarktfonds, der Reserve Primary Fund, war ein typischer Fall. Über viele Jahre hatten seine Manager eine konservative Strategie verfolgt und ihren Investoren, die großen Wert auf Liquidität und Sicherheit legten, eine Rendite geboten, die knapp unter der Rendite kurzfristiger Unternehmensanleihen lag. Aber als sie sahen, dass die Investoren von anderen Anlageinstrumenten weggelockt wurden, die höhere Renditen boten, fügten sie dem Portfolio Asset-gesicherte kurzfristige Schuldverschreibungen bei. Zunächst langsam, aber 2007 stieg deren Anteil ganz massiv.[335]

Die SEC war sich dieser Bemühungen, höhere Renditen zu erreichen, durchaus bewusst. Daher schrieb sie den Geldmarktfonds vor, nur

Schuldverschreibungen mit einem Rating von AAA oder AA im Portfolio zu halten.[336] Diese seltsame Regulierung stammte aus einer vergangenen Zeit, als Zahlungsausfälle bei Schuldverschreibungen hoher Bonität selten waren. Dies war nicht das letzte Mal, dass die SEC nicht auf der Höhe der Zeit war.

Die Liquiditätsspritze der Fed ins Bankensystem bot den Geldmarktfonds auch keine große Erleichterung. Sie änderte nichts an den Belastungen am Markt für Schuldverschreibungen, weil die Banken sich jetzt weigerten, zu kaufen oder Kredite zu vergeben, die durch plötzlich illiquide gewordene, mit Assets abgesicherte Papiere hinterlegt waren. Die Fed scheiterte daran, die Belastung am Markt für Schuldverschreibungen zu lindern, und sie scheiterte auch daran, den Druck auf die Geldmarktfonds abzubauen.

Den Investoren hatte man erzählt, ein Dollar in einem Geldmarktfonds werde immer ein Dollar bleiben, ebenso wie ein Dollar auf einem Bankkonto. Nachrichten, die das Gegenteil besagten – dass ein Geldmarktfonds Verluste erlitten hatte und nicht in der Lage war, 100 Cent für einen Dollar zurückzuzahlen –, konnten daher zu einer Flucht der Investoren führen. Das Problem der panischen Investoren betraf die Geldmarktfonds tatsächlich noch stärker als die Banken. Im Gegensatz zu Bankkonten waren Investitionen in Geldmarktfonds nicht durch die staatliche Einlagensicherung abgedeckt. Und im Gegensatz zu Banken hatten die Geldmarktfonds auch kein Kapital, keine zusätzlichen Ressourcen, mit denen sie Verluste absorbieren konnten.

Unter diesen Umständen war es für die Geldmarktfonds die einzige Lösung, sich von ihren Mutterunternehmen retten zu lassen, ob es nun Geschäftsbanken oder Fondsfamilien waren. In der zweiten Jahreshälfte 2007 wurden 43 Geldmarktfonds auf diese Weise ohne großes Aufsehen gerettet. Mit diesen Rettungsmaßnahmen der Muttergesellschaften wurden die Bilanzen aufgefüllt. So wurde kurzfristig die Flucht der Investoren verhindert. Aber das nährte auch die irrige Zuversicht, ein Ansturm sei unwahrscheinlich. Sie trugen zum Irrglauben bei, es gebe kaum ein Risiko, dass auch der am höchsten rentierende Fonds das Versprechen brechen könnte, dass jeder in einen Geldmarktfonds investierte Dollar immer einen Dollar wert war.[337] Dieses irrige Zutrauen sollte sich für die Investoren – und für die Banker – ein Jahr später rächen, als noch schwerere Turbulenzen die genannten Mutterunternehmen und Fondsfamilien unter Druck setzten.

Der Ansturm auf die Hedgefonds, der Kollaps des Markts für mit Assets gesicherte kurzfristige Schuldverschreibungen und die Rettung der Geldmarktfonds überzeugten die Politiker, dass es Probleme gab. Am 17. August senkte die Fed ihren Diskontsatz um einen halben Prozentpunkt, acht Tage nach der BNP-Veröffentlichung. Um den Investoren zu versichern, dass adäquate Finanzmittel zur Verfügung standen, bot sie an, Geld nicht nur über Nacht, sondern für 30 Tage zu verleihen. Dann senkte sie Mitte September die Zinsen noch einmal um weitere 50 Basispunkte (ein halbes Prozent). Um den Interbankenmarkt in Schwung zu bringen, kaufte sie Wertpapiere im Volumen von 47 Milliarden Dollar von den »Primary Dealers«, also von den Großbanken, mit denen sie regelmäßig Geschäfte betrieb. Am 11. Dezember senkte sie sowohl den Diskontsatz als auch die Federal Funds Rate um weitere 25 Basispunkte. Am 12. Dezember verkündete sie, sie werde nun an alle Institute Geld verleihen, nicht nur an die Primary Dealers, was für einige Auseinandersetzungen sorgte. Am 22. Januar senkte sie, ausnahmsweise zwischen zwei regulären FOMC-Meetings, die Federal Funds Rate um weitere 75 Basispunkte. Acht Tage später, beim nächsten regulären Meeting, senkte sie die Funds Rate erneut um 50 Basispunkte.

Das war eine eindrucksvoll schnelle Reaktion, die zeigte, dass die Fed-Offiziellen vollständig verstanden, wie man auf Anzeichen finanzieller Probleme reagieren musste. Das war kein neuartiges Wissen. Wie wir in Kapitel 7 gesehen haben, hatten George Harrison und seine Kollegen ebenfalls verstanden, wie sie auf die finanziellen Probleme reagieren mussten, die durch den Crash von 1929 verursacht wurden. Aber jetzt waren die Lehren aus der Geschichte klar. Ben Bernankes Reaktion war noch kraftvoller.

Zudem vermieden Bernanke und seine Kollegen den Fehler von 1931, als Harrison gezögert hatte, europäischen Banken aus Notsituationen zu helfen, was dazu geführt hatte, dass sich die Krise auch auf andere Länder ausweitete.[338] Dass ungenügende internationale Zusammenarbeit Zerstörung verursachen konnte, war eine weitere Lehre aus der Zeit der Großen Depression.[339] Als Reaktion darauf investierten die Zentralbanken in Arrangements zur Förderung dieser Zusammenarbeit. Zum Beispiel machte man die Bank für Internationalen Zahlungsausgleich von einer Reparationsbank zu einem Zentrum des regelmäßigen Meinungsaustauschs der Finanzpolitiker. Das Ergebnis war mehr Raum für internationale Kooperation.

Als Beispiel stellte die Fed ab dem 12. Dezember Europa Kredite zur Verfügung, das Dollars brauchte, um Währungsgeschäfte mit der EZB und der

Schweizer Nationalbank abzuwickeln. Der Tausch von Dollars gegen Euro und Franken ermöglichte es der EZB und der SNB, ihren Banken Dollars zur Verfügung zu stellen.[340] Schon bald wurden diese Swap-Vereinbarungen kritisiert, unter anderem vom libertären Kongressabgeordneten und langjährigen Präsidentschaftskandidaten Ron Paul. Der Vorwurf lautete, die Bilanz der Fed werde gefährdet. In Wirklichkeit trugen die EZB und die SNB, nicht aber die Fed, das Risiko, dass die europäischen Banken eventuell nicht in der Lage sein könnten, das geliehene Geld zurückzuzahlen.

Zudem verlieh die Fed über das Diskontfenster auch direkt Geld an europäische Geschäftsbanken – das heißt, deren Papiere wurden direkt übernommen. Am 20. August borgte sich die US-Tochter der Commerzbank 350 Millionen Dollar von der Fed. Am 8. November borgte sich die Deutsche Bank 2,4 Milliarden Dollar. Calyon, die Vertretung der französischen Bank Crédit Agricole, borgte sich zwei Milliarden Dollar.

Als Tochterunternehmen ausländischer Banken mussten diese Institute kein Kapital vorhalten, um ihre US-Geschäfte zu untermauern, weil man allgemein dachte, dass ihre europäischen Mutterunternehmen hinter ihnen stünden. Da sie keine eigenen Reserven hatten, verließen sich Calyon und die amerikanischen Töchter der Deutschen Bank und der Commerzbank auf ihre Fähigkeit, mit Assets abgesicherte kurzfristige Schuldverschreibungen verkaufen zu können, wenn sie Dollar-Liquidität benötigten. Aber die Märkte für diese Papiere waren nun eingefroren und die ausländischen Mutterunternehmen hatten nur begrenzte Dollarbeträge zur Verfügung. Sie mussten sich also an die Fed wenden. Obwohl die drei ausländischen Bankentöchter Sicherheiten für die Kredite boten, hätte das den Kongressabgeordneten Paul nicht beruhigt, der – wäre er informiert gewesen – einen Skandal daraus gemacht hätte, dass die Fed ausländische Finanzinstitute rettete.[341] Neben dem Diskontfenster, das als Zeichen der Schwäche gesehen wurde, erklärt dies, warum die betreffenden Transaktionen in aller Stille abgewickelt wurden.

Die Reaktion der Geldpolitik war nach Washingtoner Maßstäben ähnlich schnell. Die ernsthaften Verhandlungen zwischen dem Kongress und dem Weißen Haus begannen im Januar 2008. Der Kongress, der von den Demokraten kontrolliert wurde, und die republikanische Exekutive waren sich nicht über die Zusammensetzung eines fiskalischen Stimulus einig. Die Republikaner bevorzugten Steuersenkungen und die Demokraten Erhöhungen bei Essensmarken und Zuwendungen an Arbeitslose. Dennoch kam man überein, die Differenz zu teilen. Nach knapp einem Monat einigte man sich auf einen Stimulus in Höhe von 150 Milliarden Dollar, was 1 Prozent des BIP entsprach, der Steuersenkungen im Volumen von 100 Milliarden und 50 Milliarden an Zuwendungen umfasste. Die Administration einigte sich darauf, keine Steuerpolitik im Stil von Präsident Bush zu forcieren – sie kam überein, dass Steuersenkungen auch vorübergehend statt dauerhaft sein konnten – während die Demokraten damit einverstanden waren, zusätzliche steuerliche Abschreibungen für Unternehmen zuzulassen. Die ersten Steuerrückzahlungsschecks wurden im April versendet. Das war ein eindrucksvolles Beispiel der Zusammenarbeit, die den Politikern später schwerfiel.

Das führt zu der Frage: Warum konnten sie das Schlimmste nicht verhindern?

Eine erste Antwort lautet, dass die politische Reaktion, so schnell sie auch war, angesichts des starken negativen Impulses unzureichend war. Ende 2007 befand sich die Wirtschaft bereits in der Rezession. Und man war sich kaum dessen bewusst, wie schnell sich die Zukunftsperspektiven veränderten. Folglich gab es nach den politischen Maßnahmen Ende 2007 und Anfang 2008 keine vergleichbar signifikanten politischen Initiativen zur Stützung einer sich abschwächenden Wirtschaft durch die Fed oder den Kongress im späten Frühjahr und im Sommer 2008.

Denken Sie an die Fed. Beim Oktober-Treffen erkannte das Federal Open Market Committee nur eine moderate Verlangsamung des Wachstums und »spärliche Beweise« dafür, dass sich die Korrektur am Häusermarkt auf den Rest der Wirtschaft ausbreitete. Erst im Sommer 2008 legten Echtzeitdaten nahe, dass die Wirtschaft weiter expandierte. In der Jahresmitte deuteten die Prognosen für die zweite Hälfte von 2008 noch auf fortgesetztes Wachstum hin.[342] Erst beim August-Meeting des Federal Open Market Committee äußerte Jeffrey Lacker, der Chef der Fed von Richmond, seine Skepsis »über die Stärke der negativen Auswirkungen auf den Konsum und die Investitionsausgaben, die die Lage am Kreditmarkt wahrscheinlich verursachen wird«.[343] Beim Treffen des Komitees Mitte September 2008 rechneten die Mitglieder immer noch mit »verhaltenem Wachstum« in der zweiten Jahreshälfte.[344]

Sogar zu diesem späten Zeitpunkt, nach der Pleite von Lehman Brothers, wurde noch immer kaum zur Kenntnis genommen, wie sehr das Finanzsystem den Schock am Häusermarkt verstärkte. Die weitergehenden

Zusammenhänge wurden kaum erkannt. Wegen der Signale eines langsameren Wirtschaftswachstums hatte die Fed ihre Leitzinsen zwischen August 2007 und Januar 2008 massiv gesenkt. Während der Krise von Bear Stearns im März und im April 2008 gab es noch einige weitere Zinssenkungen, aber diese waren vergleichsweise gering. Fast wie ihre Vorgängerin 1929 kam die Fed an diesem Punkt zum Fazit, ihre Aufgaben seien erledigt.

Später – zu spät – senkte die Fed ihre Leitzinsen weiter bis auf null. Sie wendete unkonventionelle Maßnahmen des Quantitative Easing (QE) an (umfangreiche Käufe von Staatsanleihen und hypothekengesicherten Wertpapieren), um der Wirtschaft weitere Unterstützung zu gewähren. Radikale Maßnahmen waren erforderlich, um die Lähmung der Finanzmärkte zu lösen. Rückblickend liegt nahe, dass sie schneller und aggressiver hätte reagieren und diese Schritte schon Anfang 2008 hätte einleiten sollen. Aber eine außergewöhnliche Aktion ließ sich nur durch die Bedrohung durch einen außergewöhnlichen wirtschaftlichen Rückgang rechtfertigen. Und das Bewusstsein dieser Bedrohung war noch nicht vorhanden.

Da Bernanke die Große Depression studiert hatte, machte er sich größere Sorgen als viele seiner Kollegen und insbesondere als viele der regionalen Bankpräsidenten, die im Federal Open Market Committee saßen, dass sich verschlimmernde finanzielle Probleme nun zu einer ernsthaften Rezession führen könnten.[345] Diese anderen Mitglieder des Fed-Komitees sahen die Entwicklungen nicht durch die Brille der 1920er- und 1930er-Jahre, sondern durch die der Ära nach 1970, in der sie groß geworden waren. Die 1970er-Jahre waren ein Jahrzehnt der Inflation gewesen, als die Fed massiv aus der Spur geriet und die Geldpolitiker sich um die Inflation sorgten, nicht aber um die Krise. Selbst jetzt, als die Wirtschaft am Rand der schwersten Krise seit 80 Jahren stand, waren es diese Inflationsängste, die ihren Ausblick prägten und ihr Denken bestimmten.

Nach den deutlichen Zinssenkungen zwischen August 2007 und Januar 2008 herrschte die Sorge vor, die Fed werde die den Märkten zur Verfügung gestellte Liquidität zu spät »zurücknehmen«, was zu einem Anstieg der Inflation führen könnte. Die Tatsache, dass die Nahrungsmittel- und die Treibstoffpreise stiegen, und zwar wegen starker Nachfrage aus China, schien diese Ängste zu bestätigen. Beim FOMC-Treffen im April 2008 warnte Charles Plosser, Präsident der Fed von Philadelphia, vor der Gefahr, dass höhere Energie- und Rohstoffpreise die Produzenten wegen der höheren Kosten dazu veranlassen könnten, die Preise anderer Güter zu erhöhen. Diese sogenannte Headline-Inflation wurde zur Kerninflation, indem die volatilen Nahrungsmittel- und Treibstoffpreise aus der Berechnung eliminiert wurden. Richmonds Lacker warnte, dass »beständig hohe Headline-Zahlen sich auf die Entscheidungen von Haushalten und Unternehmen auswirken könnten«. Thomas Hoenig aus Kansas City warnte vor »signifikantem Inflationsdruck vonseiten der Güterpreise, insbesondere der Preise importierter Güter«.[346] Bernanke erwiderte, dass diese Herren eine relative Preisveränderung beobachteten – höhere Preise für Nahrungsmittel und Treibstoffe, begleitet von langsamer steigenden Preisen anderer Güter und Dienstleitungen. Aber die Politik wurde im Konsens beschlossen und dieser Konsens war von der Erinnerung an die inflationsgeplagten 1970er-Jahren geprägt, nicht von der Krise in den 1930er-Jahren.

Diese Inflationsängste legten das Fed-Komitee größtenteils lahm – bis nach der Pleite von Lehman Brothers im September 2008 – und sogar dann brauchten einige Mitglieder noch erstaunlich lange, um ihre Meinung zu revidieren. Chairman Bernanke wusste es vielleicht besser, aber die Politik der Fed wurde nicht von ihm, sondern vom Komitee gemacht. Und Bernankes Komitee war stärker am Konsens orientiert als die meisten anderen. Manche frühere Fed-Chefs hätten sich vielleicht über die Bedenken der Kollegen hinweggesetzt, aber das war nicht Bernankes Art. Das Ergebnis war, dass die Fed nicht mehr unternahm. Weil die Geschäftsbanken weniger Kredite vergaben, wurde die Wirtschaft nicht mit genügend Geld versorgt.

Zudem war ein fiskalischer Stimulus von 1 Prozent des BIP nicht genug, um dem negativen Impuls entgegenzuwirken. Banken, Firmen und Haushalte entledigten sich eilig ihres Fremdkapitals. Wie erwähnt, umfasste der größte Teil des Stimulus Steuererstattungen und nur die Hälfte der Empfänger gaben das Geld wieder aus.[347] Ein Jahr später gab es einen fünfmal so hohen Stimulus und manche argumentierten, dass sogar das noch zu wenig war. Im Rückblick kann man sagen, dass ein kleiner zusätzlicher Anreiz Anfang 2008 einen sehr viel stärkeren Stimulus 2009 überflüssig gemacht hätte. Höhere öffentliche Ausgaben 2008, um den Rückzug von Haushalten und Firmen zu verhindern, hätten zu einer langsamer schrumpfenden Wirtschaft, zu weniger Kreditausfällen und zu stärkeren Finanzinstituten geführt. Allerdings werden wir nie erfahren, ob dies angesichts einer bereits angespannten Lage den Lauf der Dinge signifikant verändert hätte.

Wie auch immer: Anfang 2008 mehr zu tun hätte man nur rechtfertigen können, wenn man sich darüber klar gewesen wäre, dass sich die Lage rapide verschlechterte. Und wieder einmal war dieses Bewusstsein nicht vorhanden. Der Kongress hatte eine wesentlich schlimmere Krise sehen müssen, ehe er dazu bereit war, im Oktober 2008 das 800 Milliarden Dollar umfassende Troubled Asset Relief Program oder 2009 Obamas 787 Milliarden Dollar schweres Anreizprogramm zu verabschieden.

Diese Episode lehrt, dass ein besseres Verständnis davon, wie Politik auf Veränderungen der ökonomischen und finanziellen Situation reagiert, nicht genügt, wenn es nicht genug Beweise für diese Veränderungen gibt. Damals überzeugten die Hinweise die Offiziellen nicht, dass sich die ökonomischen Bedingungen rapide verschlechterten. Dennoch hätten sie besser als ihre Vorgänger 1929 wissen müssen, wie man auf eine solche Verschlechterung reagiert. Aber das allein war keine Garantie für eine angemessene Reaktion. Kurz nach dem Crash von 1929 tat die Fed deshalb nicht mehr, weil die Beobachter an eine weitere Expansion der Wirtschaft glaubten.[348] In den letzten Monaten von 2007 tat die Fed aus dem gleichen Grund wiederum nicht mehr, weil die Beobachter wie damals der Meinung waren, die Wirtschaft expandiere weiter, obwohl ihnen klar war, dass sich das Wachstum verlangsamte. Da die heutigen Kritiker nun selbst eine solche Periode erlebt haben, werden sie wohl mehr Verständnis für die Politiker der 1920er-Jahre aufbringen. Sie waren im Frühstadium der Krise über den Zustand der Wirtschaft mit enormer Unsicherheit konfrontiert.

Hinzu kommt: So wie jede Generation ihre eigene Geschichte schreibt, wie H. Morse Stephens als Chef der American Historical Association 1916 sagte, erinnert sich auch jede Generation an ihre eigene Geschichte.[349] Viele Mitglieder des FOMC 2008 waren von den hohen Inflationsraten von vor 30 Jahren geprägt – also von ihrem eigenen Erleben, und nicht von der weiter zurückliegenden Ära der Depression. Für die Kongressmitglieder war die entscheidende geschichtliche Erfahrung durch die vergangenen Jahrzehnte mit chronischen Haushaltsdefiziten geprägt, aber nicht durch die Krise eines Zeitalters der Depression, in dem zusätzliche Ausgaben der Regierung das Problem zum Teil gelöst, aber nicht verursacht hätten.

Es gibt eine direkte Parallele zu den 1930er-Jahren. Damals blickten die Fed-Offiziellen auf den vorangegangenen Zeitraum, als starke Zinssteigerungen finanzielle Probleme signalisierten, und sie verstanden den

Zinsrückgang nach dem großen Crash als Anzeichen, dass die Politiker nicht mehr leisten mussten. Dieses historisch verwurzelte Vorurteil führte dazu, dass die Offiziellen die Zinsen falsch interpretierten. Sie sahen dies als Beweis, dass die Politik ihre Pflicht getan hatte, weil die Kreditnachfrage nicht gänzlich geschwunden war. Folglich stützte die Politik die Wirtschaft nicht in genügendem Maß und die Folgen waren katastrophal.

Die Offiziellen der Fed erinnerten sich jetzt, im Jahr 2008, an die 70er-Jahre und sahen das Wachsen der Headline-Inflation als Beweis dafür an, dass der finanzielle Anreiz zu hoch war, und das wäre kontraproduktiv. Dieses historisch verwurzelte Vorurteil gegen die Inflation führte dazu, dass sie das Steigen der Öl- und Nahrungsmittelpreise, was durch China, aber nicht durch ihre eigene Politik ausgelöst worden war, falsch interpretierten. Folglich stützte die Politik die Wirtschaft erneut nicht in genügendem Maß und die Folgen waren wiederum katastrophal.

Ein letzter Grund, warum die Politik das Schlimmste nicht verhindern konnte, war, dass sie sich immer noch an die Banken wandte, während die trügerischsten Probleme im Schattenbankensystem verborgen waren. Die Banken mit Liquidität zu versorgen, ob durch das Diskontfenster oder durch Auktionen, trug nichts dazu bei, die Belastungen der Hypothekenversicherer, der Emittenten von kurzfristigen Schuldverschreibungen und der Geldmarktfonds zu lindern, weil die Banken sich weigerten, an die Unternehmen aus dem Schattenmarkt Kredite zu vergeben.

Schließlich ging die Fed gegen dieses Problem vor, indem sie verbriefte Hypotheken, mit Assets abgesicherte kurzfristige Schuldverschreibungen und ähnliche Assets direkt kaufte. Aber nicht 2007 und nicht bevor sich die Lage noch weiter verschlechtert hatte. Die Krise in den 1930er-Jahren konzentrierte sich auf das Bankensystem. Durch diese Erfahrungen aus der Geschichte beeinflusst, blickte die Fed auch jetzt auf das Bankensystem. Kredite an Banken zu vergeben war das Brot-und-Butter-Geschäft der Fed. Es erforderte außergewöhnliche Umstände, um etablierte Praktiken zu verändern. Und in der zweiten Jahreshälfte 2007 hatten die Politiker diesen Punkt noch nicht erreicht. Wegen moralischer Bedenken hätte es innerhalb der Fed Widerstand gegeben, die Auktion zu organisieren, über die die Zentralbank an andere Kontrahenten Geld verlieh als an die Primärhändler. Zudem hätte es externen Widerstand gegeben, nicht nur vom Abgeordneten Paul, hätte die Fed noch unkonventionellere Maßnahmen ergriffen, zum

Beispiel den Kauf von mit Hypotheken besicherten Wertpapieren, denn es gab ja immer noch nur »spärliche Beweise« für einen Niedergang.

Da eine kräftigere Reaktion ausblieb, sank die Industrieproduktion im Januar 2008, dann noch einmal im Februar und ebenso im März.[350] Der Dow Jones fiel weiterhin, insgesamt hatte er bereits 20 Prozent eingebüßt.[351] Noch immer waren die Märkte nicht darauf vorbereitet, was nun, nach Bear Stearns, passieren würde. Der Ansturm auf Bear Stearns markierte ein neues Stadium der Krise. Das war kein Ansturm auf einen Hedgefonds, einen Geldmarktfonds oder einen Emittenten mit Assets abgesicherter kurzfristiger Schuldverschreibungen, sondern auf eine Bank, die mit 5000 anderen Finanz- und Nichtfinanzinstituten ihre Geschäfte betrieb.[352] Der Ansturm auf Bear Stearns bewies, dass nun nicht mehr nur die Schatteninstitute fundamental gefährdet waren, sondern auch die Banken im Zentrum des Finanzsystems.

Es war kein Zufall, dass Bear Stearns zum Angriffsziel wurde. Sie war die kleinste der fünf großen Investmentbanken. Sie war im Sommer zuvor durch die Pleite ihrer beiden Hedgefonds aus der Reihe gefallen. Ihr ehemaliger CEO Jimmy Cayne, der immer noch Vorsitzender des Verwaltungsrats war, wurde in der Öffentlichkeit so dargestellt, als interessiere er sich mehr für Golf, Bridge und Marihuana als für das Schicksal seines Unternehmens.

Zudem setzte Bear Stearns massiv Fremdkapital ein. Da die Bank nur wenig Eigenkapital hatte, war sie, um ihre Verpflichtungen zu erfüllen, völlig auf das Vertrauen und das Kapital ihrer Kreditgeber angewiesen. Sie hatte versucht, zusätzliches Eigenkapital einzuwerben, aber ohne Erfolg. Sie hatte viel in Alt-A-Hypotheken investiert, die nur um eine Stufe höher bewertet waren als Subprime-Titel. Caynes Nachfolger als CEO, Alan Schwartz, früher ein Baseballprofi, hatte eine Karriere als Investmentbanker gemacht. Er galt als angenehmer und ausgeglichener Mensch, ganz im Gegensatz zu Cayne, aber komplexe Derivate gehörten nicht zu seinem Repertoire.

Als er erfuhr, dass die Derivate-Positionen seiner Firma extrem gefährdet waren, erkannte Schwartz, dass Bear Stearns nur mit einer Geldinfusion überleben konnte. Die Firma hatte versucht, ihre Derivate-Positionen an Blackrock, PIMCO oder ein anderes starkes Finanzinstitut zu verkaufen, aber sie konnte diese Positionen jetzt nicht einmal mehr mit Verlusten loswerden. Und die Bemühungen, das zu tun, würden zwangsläufig allgemein bekannt werden. Und die Investoren würden daraus die Schlussfolgerung ziehen, dass der Verkäufer tödlich verwundet war.

Am Montag, dem 10. März 2008 senkte Moody's das Rating der mit Hypotheken hinterlegten Kredite eines weiteren Bear-Stearns-Fonds und das schürte Gerüchte über den Zustand des Mutterunternehmens. Unter den aktuellen Marktbedingungen war nicht klar, ob Bear Stearns' Wertpapierportfolio wirklich ausreichte, um die Zahlungsverpflichtungen der Bank zu erfüllen. Zudem war es unmöglich, Kursnotierungen von Käufern zu erhalten. Möglicherweise war Bear Stearns solvent und die Situation konnte durch eine Bargeldinfusion oder mit der Übernahme durch einen stärkeren Wettbewerber mit tieferen Taschen bereinigt werden. Allerdings gab es auch die Möglichkeit, dass der fundamentale Wert ihrer Hypothekenpapiere so tief gefallen war, dass die Bank pleite war. In diesem Fall sollten die Kreditgeber lieber aussteigen, ehe es zu spät war. Aber das wusste niemand mit Sicherheit.

Es folgte ein Ansturm der anderen großen Finanzinstitute, die Bear Stearns mit Liquidität versorgt hatten. Ein Kreditgeber nach dem anderen lehnte die Sicherheiten der Bank ab und zwang sie, ihre Verpflichtungen mit Bargeld zu erfüllen. Am Beginn der Woche verfügte Bear Stearns über 18 Milliarden Dollar in Bargeld und liquiden Wertpapieren, am Donnerstag waren es noch zwei Milliarden.

An diesem Punkt war klar: Wenn die Firma am Freitag ihre Geschäftsstellen öffnete, hätte sie kein Geld mehr und wäre aus dem Geschäft. Am Donnerstagabend teilte Schwartz die schlechte Nachricht Timothy Geithner mit, dem Präsidenten der Federal Reserve Bank of New York. Der Fed blieben also nur wenige Stunden, um Nothilfe zu leisten und Bear Stearns über das Wochenende zu helfen. An diesem Wochenende konnte man ja vielleicht eine dauerhaftere Lösung erreichen.

Schwartz' Entscheidung, sich an Geithner zu wenden, sagte einiges aus. Die Fed war nicht die für Bear Stearns zuständige Regulierungsbehörde. Diese zweifelhafte Ehre gebührte der Securities and Exchange Commission (SEC), weil Bear Stearns formal ein Wertpapierhändler war. Aber die SEC, die Wertpapierhändler überwachen sollte, war damit überfordert, ein Unternehmen zu regulieren, das eigentlich eine Bank mit einer immer komplexer werdenden Bilanz war – geschweige denn, dessen Probleme zu lösen. 2007 hatten die SEC-Inspektoren widerspruchslos die Konten von Bear Stearns gebilligt. Als der SEC-Chef Christopher Cox erfuhr, dass Schwartz sich an die Regierung wandte, versicherte er dem

Finanzminister Hank Paulson zuversichtlich, die Firma sei gesund und werde innerhalb weniger Wochen einen Käufer finden.[353]

Obwohl es nicht die Aufgabe der Fed war, Investmentbanken zu regulieren oder ihnen gar Geld zu leihen, kontrollierte sie etwas Wichtigeres, nämlich die Banknotenpresse. Als einzige Regierungsbehörde konnte sie über Nacht große Mengen Geld beschaffen. Um 8 Uhr morgens am Freitag, dem 14. März 2008, eine Stunde vor Beginn des Börsenhandels, vergab die Fed einen Kredit in Höhe von 12,9 Milliarden Dollar an JPMorgan Chase, eine Bank, die die Fed tatsächlich regulierte und die nicht zufällig der dominante Player an dem Markt war, wo Bear Stearns ihr kurzfristiges Fremdkapital erhielt.[354] JPMorgan gab das Geld dann an Bear Stearns weiter im Rahmen einer sogenannten Back-to-Back-Transaktion.

Bezeichnenderweise war der Kredit an JPMorgan nicht gerichtlich einklagbar. Mit anderen Worten: Obwohl Bear Stearns Sicherheiten in Form von Wertpapieren aufbrachte, die etwa 14 Milliarden Dollar betrugen, hing letztlich nicht JPMorgan, sondern die Zentralbank am Haken, sollte sich herausstellen, dass diese Assets weniger wert waren als das Papier, auf dem sie standen. Diese Transaktion setzte also die Fed – und indirekt den Steuerzahler – dem Risiko von Verlusten aus, weil die Fed ihre Gewinne regelmäßig an das Finanzministerium überwies. Auf dem Capitol Hill wurde dies nicht gerade freudig aufgenommen. Es schwächte die öffentliche Unterstützung weiterer Interventionen, wobei es die Befürchtung gab, dass es noch weitere Belastungen für die Steuerzahler geben könnte. Das Finanzsystem überlebte die Krise von Bear Stearns. Das Vertrauen in die Zentralbank überlebte sie nicht.

Um die Unterstützung eines Finanzinstituts zu rechtfertigen, das keine Geschäftsbank war, grub das Board of Governors eine bis dahin kaum bekannte Vorschrift des Federal Reserve Act aus, die es der Zentralbank erlaubte, unter »ungewöhnlichen und dringenden Umständen« nicht nur Mitgliedsbanken Geld zu leihen, sondern auch anderen Einzelpersonen und Unternehmen.[355] Diese Vorschrift war ein weiteres Erbe der Großen Depression. 1932 hatte der Kongress dem Federal Reserve Act einen Abschnitt (13 b) hinzugefügt, um auf Klagen der Unternehmen zu reagieren, dass die Bankenkrise die Versorgung mit privaten Bankkrediten unterbrochen hatte, und auch auf populistische Bedenken, die Federal Reserve könnte die Finanzbranche gegenüber den Unternehmen bevorzugen (klingt das vertraut?). Abschnitt 13 (b) erlaubte der Fed, Kredite an

Privatunternehmen zu vergeben, wenn die Umstände »ungewöhnlich und dringend« waren und die Kreditnehmer in den Bereichen Landwirtschaft, Industrie oder Handel tätig waren.

Diese Vorschrift wurde nur selten angewendet, aber es gab sie. 1991 wurde sie noch erweitert im Zusammenhang mit Lobbyarbeit von Goldman Sachs. Nun war der Fed nach Abschnitt 13 (3) erlaubt, unmittelbar Kredite an Wertpapierfirmen zu vergeben, die sich in einer Notlage befanden. Und die aktuellen Umstände waren ja auch danach.

Die Vermittlerrolle von JPMorgan Chase bei dieser Transaktion ermangelte nicht einer gewissen Ironie. Pierpont Morgans Rolle bei der Bewältigung der Finanzkrise 1907 hatte in gewisser Weise die Gründung der Federal Reserve ausgelöst und das nährte Befürchtungen, dass ein privater Krisenmanager die Rettungsoperationen zu seinem Vorteil gestalten könnte. Morgans Partner Thomas Lamont hatte 1930 eine wichtige Rolle gespielt, indem er mit der New Yorker Fed und der New York Banking Commission zusammengearbeitet hatte, um die Bank of United States zu retten. Jamie Dimon, der CEO von JPMorgan Chase, war die rechte Hand von Sandy Weill, als Weill die Fusion von Citicorp und Travelers organisierte, die den letzten Nagel in den Sarg von Glass-Steagall trieb. Später hatte Dimon, als Chef von Bank One in Chicago, erfolglos versucht, Bear Stearns aufzukaufen, also genau die Bank, zu deren Rettung man ihn nun aufforderte.

Wie Owen Young vor ihm hatte Dimon im Verwaltungsrat der Federal Reserve Bank of New York gedient. Er hatte in Harvard studiert und war Finanzier in der dritten Generation. Die Krise von Bear Stearns bot ihm die Chance, in die Schuhe zu schlüpfen, die Pierpont Morgan 1907 getragen hatte. Am Vormittag des 14. März 2008, als Geithner, Bernanke, Paulson und andere Regierungsvertreter darüber diskutierten, ob sie den 12,9-Milliarden-Dollar-Kredit genehmigen sollten, erhielt Dimon Zugang zur Telefonkonferenz, sprach für die Finanzbranche und warnte vor den katastrophalen Folgen einer Pleite von Bear Stearns. Als das Team im Verlauf des Vormittags eine weitere Telefonkonferenz mit anderen Bankenchefs einberief, war es Dimon und nicht Geithner, Paulson oder Bernanke, der die wichtigsten Fragen stellte.[356]

Das Problem war, eine andere Bank zu finden, die in der Lage war, Bear Stearns zu übernehmen. Die Aufgabe ähnelte dem Versuch, 1930 einen Partner für die Bank of United States zu finden. Jetzt wurde klar, und das kam für manche Bankenchefs nicht überraschend, dass JP Morgan der einzige plausible Kandidat war. Die Bank war groß genug und als Clearing-Bank für die Transaktionen von Bear Stearns kannte sie auch deren Positionen einigermaßen.

Aber je gründlicher Dimons Leute die Bücher von Bear Stearns untersuchten, desto mehr illiquide Wertpapiere entdeckten sie. Die liquiden Papiere hatte Bear Stearns verkauft, um zu überleben. Dimons Lösung bestand darin, dass die Regierung unbedingt einen Käufer finden musste. Er hatte die Behörden fest im Griff und das wusste er auch. Am Sonntagmorgen verkündete er, er sei nur dann zum Kauf bereit, falls die Behörden illiquide Hypothekenpapiere im Wert von 30 Milliarden Dollar übernehmen würden.

Für die Zustimmung des Kongresses blieb keine Zeit mehr und daher sprang wieder einmal die Fed in die Bresche. Aber die Fed konnte die Wertpapiere von Instituten wie Bear Stearns nicht kaufen, nicht einmal unter ungewöhnlichen und dringenden Umständen. Sie konnte an solche Unternehmen nur Kredite vergeben. Die Zentralbank umging diese Restriktion, indem sie auf eines der Instrumente zurückgriff, die zu der Krise beigetragen hatten. Statt die Assets von Bear Stearns zu kaufen, schuf sie ein spezielles Investment-Vehikel namens Maiden Lane LLC, benannt nach der Straße, an der ihre New Yorker Niederlassung lag, um das Geschäft abzuwickeln. Dann »lieh« die Fed Maiden Lane LLC Geld, die damit Wertpapiere von Bear Stearns kaufte.

Das war eine viel größere und längerfristige Verpflichtung als der Kredit von 12,9 Milliarden Dollar, den die Zentralbank via JPMorgan für ein paar Tage an Bear Stearns vergeben hatte. Geithner und Bernanke erhielten daher ein Versprechen von Finanzminister Paulson, dass sein Ministerium sein Bestes tun werde, um die Fed zu entschädigen, wenn bei der Transaktion Verluste entstehen sollten.[357]

JPMorgans Management war erfreut über diese Einigung. Dimon konnte sich, so wie Pierpont Morgan vor ihm, als Retter des Finanzsystems positionieren. Nun spielte JPMorgan eine Rolle bei der Finanzierung von Hedgefonds, was zuvor nicht der Fall gewesen war. Zunächst hatte Dimon vier Dollar je Aktie geboten und das Angebot später auf den Rat von Paulson auf zwei Dollar reduziert. Der wollte demonstrieren, dass die Hilfe der Regierung alles andere als billig war. Letztlich erhöhte JP Morgan Chase das Angebot auf zehn Dollar je Aktie, um einige Top-Leute von Bear

Stearns, die selbst in das Unternehmen investiert hatten, davon abzuhalten, die Firma zu verlassen.[358]

Am Ende zahlte JPMorgan Chase 1,5 Milliarden Dollar für eine Bank, die noch im Januar 2007 mit 20 Milliarden Dollar bewertet war und deren Hauptquartier an der Madison Avenue 383 allein schon knapp 1,4 Milliarden Dollar wert war.[359] In seiner Mitteilung an die Aktionäre im März 2009 versicherte Dimon, er erwarte, dass der Kauf von Bear Stearns seinem Unternehmen jährlich eine Milliarde Dollar Gewinn bringen werde.[360] Eine gesunde Rendite bei einem Investment in Höhe von 1,5 Milliarden Dollar.

Viel später, 2012, behauptete Dimon, JPMorgan Chase habe den Kauf im öffentlichen Interesse getätigt. »Wir haben (der Regierung) einen Gefallen getan«, erklärte er vor dem Council on Foreign Relations. »Man hat uns gebeten, das zu tun, und wir haben es getan – unter großen Risiken für uns selbst.«[361] Bankern sind Risiken natürlich durchaus vertraut. Das alles hörte sich an wie eine nachträgliche Erklärung der Tatsache, dass JPMorgan nicht wie erwartet eine Milliarde Dollar pro Jahr verdiente, sondern mit den übernommenen Assets und den Gerichtsverhandlungen nach dem Kauf von Bear Stearns Verluste verzeichnete. In Dimons Äußerungen klang auch ein gewisser Groll mit, weil die Fed und das Finanzministerium JPMorgan Chase nicht geholfen hatte, als die New Yorker Staatsanwaltschaft eine Zivilklage gegen das Unternehmen erhob mit dem Vorwurf, dass Bear Stearns im Jahr 2006 ihre Investoren mit Hypothekenpapieren betrogen hätte. Im Gegenteil: Die US-Justizbehörden verklagten JPMorgan wegen einer fehlerhaften Darstellung der Qualität von Wertpapieren, die die Bank an Fannie Mae und Freddie Mac verkauft hatte, und zwar sowohl über ihre eigenen Einheiten als auch über die Einheiten von Bear Stearns, die sie nun gekauft hatte. Letztlich einigte man sich auf einen Vergleich, der die Bank 13 Milliarden Dollar kostete. »Ja, ich fand das nicht fair«, sagte Dimon, als er zu den mit Bear Stearns verbundenen Verlusten Stellung nahm.

Dimon war nicht der Einzige, der sich später so seine Gedanken machte. Der Fed wurde vorgeworfen, ihr Mandat überzogen zu haben. Man klagte sie an, andere Firmen zum Eingehen von Risiken ermutigt zu haben, die nun offizielle Hilfe erwarteten, wenn die Sache schiefging. In der Tat erhielt die Fed letztlich (soll heißen: 2012) ihre gesamten Kredite erstattet, inklusive Zinsen, sobald die von Maiden Lane erworbenen Hypothekenpapiere fällig wurden oder mit Erfolg verkauft worden waren. Im Rückblick legt dies nahe, dass Geithner, Paulson und ihre Kollegen recht hatten, als sie Bears Probleme im Prinzip als Liquiditätskrise identifizierten und einen Notfallkredit vergaben. Dennoch führten die Kritik, der die Zentralbank nun ausgesetzt war, und ihre eigene Unzufriedenheit mit diesen unvorhergesehenen Interventionen dazu, dass sie zögerte, als sie wieder einmal mit einem ähnlichen Problem konfrontiert war.

Die Situation ähnelte der von 1933, als ähnliche Instinkte vorherrschten. Die Reconstruction Finance Corporation, die dafür kritisiert wurde, Charles Dawes' Central Republic gerettet zu haben, bezog einen klaren Standpunkt, indem sie Henry Fords Union Guardian untergehen ließ.[362] Das Ergebnis war die Mutter aller Bankenkrisen. Man könnte meinen, dass diese Geschichte sich auf die Entscheidungsfindung in der Gegenwart auswirken sollte. Aber im Eifer des Gefechts tat sie das nicht.

Am Freitag, dem 11. Juli 2008, übernahm das FDIC die Kontrolle über die Indymac Bank, den S&L-Arm der siebtgrößten Hypothekenbank. Ein Analyst von – ausgerechnet! – Lehman Brothers warnte, dass die halbstaatlichen Immobilienfirmen Freddie Mac und Fannie Mae die nächsten Kandidaten sein könnten.

Es bot zwar keinen großen Neuigkeitswert, dass Freddie und Fannie Verluste verzeichnet hatten, aber der Lehman-Report trug zu den Befürchtungen an der Börse bei. Vor allem beunruhigte er den größten Käufer der Anleihen von Freddie und Fannie, nämlich die chinesische Regierung. Die Chinesen beobachteten die Berichte und die Analysen der Investmentbanken und der Ratingagenturen genauer als die inländischen Investoren. Jetzt kürzten sie ihre Käufe und die Aktien von Freddie und Fannie stürzten ab. Es wuchsen die Zweifel, ob die halbstaatlichen Institute in der Lage wären, sich in Zukunft über Kreditauktionen zu finanzieren.

Am Wochenende des 12. und des 13. Juli 2008 sprang die Fed wieder einmal in die Bresche. Man machte »ungewöhnliche und dringliche Umstände« geltend, um Freddie und Fannie in die Gruppe der Bettler aufzunehmen, die Zugang zum Diskontfenster hatten. Minister Paulson bat das Repräsentantenhaus und den Senat um Erlaubnis, den beiden Instituten Kapital zuführen zu dürfen. Nach zwei Wochen politischer Verhandlungen erklärte der Kongress sein Einverständnis. Die Administration nutzte diese Ermächtigung im September, indem sie die Aufsicht über Freddie und Fannie übernahm und ihre finanziellen Verpflichtungen garantierte. Letztlich hatte man die Hypotheken-Giganten verstaatlicht.

Eine Pleite von Freddie und Fannie zuzulassen war keine Option, auch wenn Verfechter des freien Markts anderer Meinung waren. Freddie und Fannie hielten Hypothekenpapiere im Volumen von etwa fünf Billionen Dollar, waren also noch ein ganz anderes Kaliber als Bear Stearns. Beim Zusammenbruch des Subprime-Markts kauften oder garantierten sie volle zwei Drittel aller neuen Hypotheken. Der Häusermarkt, der sich schon im Abschwung befand, hätte die Konsequenzen einer Pleite der beiden Unternehmen wohl kaum verkraftet.

Das bedeutete natürlich nicht, dass der Kongress und die Kommentatoren über diese Tatsache glücklich gewesen wären. Paulson drängte mit Macht auf eine entsprechende Gesetzgebung, aber seine Partei leistete Widerstand. Die Republikaner im Kongress waren wütend, als man sie dazu aufforderte, die beiden halbstaatlichen Institute zu retten, von denen sie glaubten, dass sie die Funktionen des freien Markts behinderten. Die Fed wurde heftig kritisiert, weil sie dazu beigetragen hatte, dass JP Morgan Bear Stearns helfen konnte. Das war aber nichts im Vergleich zur Kritik am Finanzministerium wegen der Rettung von Freddie Mac und Fannie Mae. Mit Sicherheit prägte diese Kritik die Art und Weise, wie man auf die nächste Krise reagieren würde.

Das alles legte nahe, dass das Finanzministerium und die Fed eine Erklärung abgeben würden, als acht Wochen später die Krise um Lehman Brothers ausbrach. Da schon zwei Monate später eine Wahl bevorstand (beachten Sie auch hier die zeitliche Nähe zwischen Krisen und Wahlen), wollte man den Politikern versichern, dass auch die Behörden Rettungsmaßnahmen skeptisch gegenüberstanden.

Folglich wurde wenig getan, um sich auf das vorzubereiten, was im Nachhinein als unvermeidlich betrachtet wurde. Die Offiziellen waren sich über Lehmans Notlage durchaus im Klaren. Der Kollaps von Bear Stearns hatte Fragen über die Lebensfähigkeit des Systems der Investmentbanken aufgeworfen – und Lehman Brothers war ein führender Vertreter dieses Systems. Die Kosten der Absicherung gegen eine Pleite von Lehman schossen in die Höhe, als die Probleme von Bear Stearns bekannt wurden. Auch die Kosten für eine Absicherung gegen eine Pleite von Morgan Stanley stiegen, wenn auch nicht so dramatisch, was ein Zeichen für eine klare Hierarchie war. Zwischen der Rettung von Bear Stearns im März und Lehmans Pleite im September telefonierte Finanzminister Paulson zehnmal pro Monat mit Lehmans CEO Dick Fuld. Paulson betonte, dass Lehman zusätzliches Kapital brauchte. Fuld betonte, wie schwierig das sei. Er ließ keinen Zweifel daran, dass ein strategischer Investor wie JPMorgan Chase erforderlich wäre, wenn sein Unternehmen die Bekanntgabe der Finanzdaten im September überleben sollte.

Gleichzeitig war die Tatsache, dass Lehmans Probleme allgemein bekannt waren, ein Grund, darüber nachzudenken, ob Lehman bankrottgehen könnte, ohne das gesamte Finanzsystem mit in den Abgrund zu ziehen. Die Investoren hatten Zeit, um ihre Anlagen abzusichern und sich anderweitig vorzubereiten. Jedenfalls glaubte man das. Vor allem glaubte es Chairman Bernanke, was aus seiner Aussage vor dem Finanzkomitee des Repräsentantenhauses hervorgeht. »Das Scheitern von Lehman war ein Risiko«, gestand Bernanke ein. »Aber die Probleme von Lehman waren schon seit einiger Zeit bekannt und die Investoren haben deutlich erkannt – was zum Beispiel die hohen Kosten der Absicherung von Lehmans Schulden am Markt für Credit Default Swaps zeigen –, dass eine Insolvenz des Unternehmens eine eindeutige Möglichkeit war. Daher hatten unserer Meinung nach Investoren und deren Kontrahenten genug Zeit, um vorbeugende Maßnahmen zu treffen.«[363]

Das Problem war, dass manche Risiken zu groß sind, um sich davor schützen zu können. Das war zum Beispiel bei den Risiken von American International Group (AIG) der Fall. Das Unternehmen hatte große Mengen von Versicherungen gegen eine Lehman-Pleite verkauft. Und einige Investoren hielten es in all ihrer Weisheit unter diesen Umständen für die klügste Entscheidung, die Kosten dieser Versicherung zu vermeiden. Womöglich gab es eine Neigung zu der Annahme, dass man Lehman Brothers ebenso retten würde wie Bear Stearns.

Aber Lehmans Probleme waren schwieriger. Die Bank besaß mehr toxische Hypotheken. Und mit mehr als 660 Milliarden Dollar war Lehman auch höher verschuldet als Bear Stearns.

Und Lehman wurde auch noch schlechter gemanagt als Bear Stearns. Pokern mag die Schwäche von Jimmy Cayne gewesen sein, aber Dick Fuld wollte mit seiner Bank expandieren, koste es, was es wolle. Fuld war ein Enkel eines der wichtigsten Kunden von Lehman und trat der Firma 1969 als Praktikant bei. Schnell wurde er zu einem erfolgreichen Anleihentrader und man vertraute ihm wichtigere Aufgaben an. Er wurde zum Chef der Anleihenabteilung ernannt und wurde 1994 CEO, als American Express die Bank abspaltete. Fuld war klar, dass seine Firma nicht so groß war wie JPMorgan Chase und nicht das Ansehen von Goldman Sachs genoss. Für einen extrem wettbewerbsbereiten CEO war keine Strategie zu ehrgeizig, um diese inakzeptable Situation zu verändern. Und als diese Strategien nicht funktionierten, war Fuld, im Gegensatz zu Cayne, nicht bereit, jemand anderem Platz zu machen.

Die Historiker zeigen sich sehr zurückhaltend, wenn es darum geht, die Welt verändernde Ereignisse mit Personen in Verbindung zu bringen. Es gibt allerdings auch Ausnahmen wie Friedman und Schwartz, die die Große Depression mit dem frühen Tod von Benjamin Strong in Verbindung brachten. Aber Fulds Persönlichkeit ist zweifellos ein Teil der Erklärung, warum sich Lehman noch aggressiv am Immobilienmarkt engagierte, während anderen Investmentbanken schon klar war, dass die Party vorbei war. Und es erklärt, warum er sich weigerte, im Sommer 2008 über ein Übernahmeangebot der Korea Development Bank zu verhandeln.[364]

Und nur mit Fulds Persönlichkeit lässt sich erklären, wie er glauben konnte, dass die Märkte sich durch seinen Plan beruhigen ließen, dass die Bank sich weniger auf den Bereich des Handels und der Immobilien konzentrieren sollte, als er in einer Telefonkonferenz am 10. September Lehmans satten Verlust von 3,9 Milliarden Dollar im dritten Quartal des Geschäftsjahrs bekannt gab. Fulds Plan, so stellte sich heraus, bestand aus nichts anderem als der Auslagerung der Immobilien-Assets der Bank in ein außerhalb der Bilanz geführtes Vehikel, dem man den unglücklichen Namen »SpinCo.« gab. Wer SpinCo. finanzieren sollte, war unklar, weil Lehman das nicht leisten konnte. Die Investoren begriffen schnell, dass SpinCo. ein Schwindel war.

Entweder war es Pech oder schlechte Planung, dass Fulds Telefonkonferenz an einem Dienstag und nicht am Wochenende stattfand. Schon die Nachricht von der Konferenz hatte genügt, um die Aktie der Firma ins Bodenlose fallen zu lassen. JP Morgan Chase, stets auf der Seite des Markts, verlangte, dass Lehman weitere fünf Milliarden Dollar in bar aufbringen sollte, um seine Kreditlinie aufrechtzuerhalten. Das war das ganze Geld, das Fuld zur Verfügung hatte, obwohl er sein Sparschwein vorübergehend auch mit Kreditaufnahmen am Repo-Markt auffüllen konnte. Schon allein die Tatsache war bemerkenswert, dass es noch jemanden gab, der auf Lehmans Sicherheiten vertraute. Das war ein starkes Indiz für den andauernden Glauben daran, dass das Finanzministerium und die Fed einen Ausweg finden würden.

Es folgte eine Wiederholung des Bear-Stearns-Wochenendes, wobei Ken Lewis, der Chairman der Bank of America, die Rolle von Jamie Dimon spielte. Aber die Bank of America hatte schon genug damit zu tun, die Probleme der Kreditbank Countrywide Financial zu verdauen, deren Übernahme im Januar 2008 Lewis' erste Leistung gewesen war. Tony Plath bezeichnet vier Jahre später die Übernahme von Countrywide durch die Bank of America als »schlechtestes Geschäft in der Geschichte des amerikanischen Finanzwesens«. Er war Professor der University of North Carolina und seine Einschätzung wurde allgemein anerkannt.[365] Wenn Lewis noch mehr erreichen wollte, kaufte er lieber Merrill Lynch mit seiner donnernden Herde von 16.000 Brokern (oder »vertrauenswürdigen Finanzberatern«, wie Merrill es formulierte) und seinen drei Millionen Kunden. Und am Sonntag, dem 14. September 2008, tat er das auch.[366] Lehmans Fehlinvestitionen am Immobilienmarkt waren größer als die von Bear Stearns und die Situation am Häuser- und Hypothekenmarkt hatte sich weiterhin verschlechtert. JPMorgan hatte die Behörden dazu gebracht, Assets von Bear Stearns im Volumen von 30 Milliarden Dollar zu übernehmen. Am besagten Freitag gab Lewis bekannt, die entsprechende Summe bei Lehman betrage 40 Milliarden Dollar. Am nächsten Tag erhöhte er seine Schätzung auf 70 Milliarden Dollar.

Erneut war eine Absicherung durch das Finanzministerium nötig, damit die New Yorker Fed, natürlich auf indirektem Weg, Assets von Lehman Brothers im Gegenwert von 70 Milliarden Dollar kaufen konnte. Aber jetzt weigerte sich Paulson. Der Finanzminister war für frühere Rettungsaktionen scharf kritisiert worden. Angeblich hatte er Bear Stearns als Spezialfall betrachtet und darauf bestanden, dass dies etwas war, »das wir *niemals* wiederholen wollten.«[367] Das war eine Verpflichtung, von der er sich nicht so einfach befreien konnte.[368]

Zudem war Paulson durch die Tatsache gehindert, dass das Finanzministerium nicht unbegrenzt dazu ermächtigt war, Hypothekenpapiere aufzukaufen. Das war nur möglich, wenn der Kongress im Oktober das Troubled Asset Relief Program verabschiedete. Obwohl es jetzt wegen der Illiquidität der Märkte nicht sinnvoll war, die im Frühjahr erworbenen Assets von Bear Stearns im Volumen von 30 Milliarden Dollar zu verkaufen. Und es gab auch keinen Grund für die Annahme, sie seien letztlich etwas wert (wie oben erwähnt, verdiente die Regierung Geld, als sie dann doch verkauft wurden). Die Assets von Lehman Brothers dagegen waren eine sichere Abschreibung. Paulson bemerkte später, als Finanzminister hätte er nicht die Autorität besessen, das Geld der Steuerzahler einem solchen Risiko auszusetzen.

Vielleicht war das ein Faktor, der zu der Entscheidung führte, Lehman untergehen zu lassen. Wenn ja, dann war dies der schlimmste politische Fehler im Jahr 2008. Die Regulierungsbehörden hatten Lehman mindestens seit der Rettung von Bear Stearns im März beobachtet.[369] Sie wussten, dass die Verluste der Firma am Hypothekenmarkt stiegen und dass sie vor dem Risiko stand, sich am Markt nicht mehr refinanzieren zu können.[370] Sie wussten, dass sie einem insolventen Finanzinstitut kein Geld leihen durften, aber es bankrottgehen zu lassen hätte ebenfalls katastrophale Folgen, weil seine Zahlungsverpflichtungen dann eingefroren wären. Es wurde aber nichts getan, um das Finanzministerium mit der Autorität auszustatten, Lehman in den sechs Monaten zwischen der Affäre Bear Stearns im April und dem Absturz von Lehman Brothers im September 2008 in geordneter Art und Weise abzuwickeln.

Teilweise war das ein Mangel an Vorstellungskraft, die Weigerung, zu glauben, dass ein Institut, das um ein Mehrfaches größer war als Bear Stearns, scheitern könnte. Teilweise war es auch ein politisches Problem. Wegen des allgemeinen Widerstands gegen die Rettung großer Finanzinstitute zögerte der Kongress, dem Finanzministerium zusätzliche Ermächtigungen zu gewähren, bis für die Wirtschaft nur noch die Alternative bestand, abzustürzen, wie es im Oktober 2008 schließlich der Fall war.

1932 fehlte der Reconstruction Finance Corporation zudem die Autorität, insolventen Finanzinstituten Kapital zufließen zu lassen, was ihre Bemühungen einschränkte, die sich ausbreitende Krise im Zaum zu halten. Erst als es 1933 zur schlimmsten Finanzkrise der amerikanischen Geschichte kam, verabschiedete der Kongress den Emergency Banking Act, der diese Einschränkung aufhob.

Auch wenn Menschen, die wie Bernanke die große Depression studiert hatten, sich dieser Zusammenhänge bewusst waren, änderte dieses Bewusstsein nichts am Ablauf der Ereignisse.

Diese Entscheidung – oder Nicht-Entscheidung –, das Finanzministerium und die Fed zu ermächtigen, eine insolvente Investmentbank kräftig mit frischem Kapital zu versorgen, konnte nur der Kongress treffen. Nicht zum ersten Mal war die Reaktion stärker von politischer Leidenschaft als von kühler ökonomischer und historischer Logik geprägt. Das

Finanzministerium hatte sich ohnehin schon einmal dazu herabgelassen, den Kongress um Erlaubnis zu fragen, Freddie Mac und Fannie Mae zu retten, und der Kongress lehnte es entschieden ab, sich mit einer weiteren solchen Anfrage zu beschäftigen. Um die Angelegenheit noch komplizierter zu machen, mussten diese Entscheidungen in einem Wahljahr getroffen werden. Im Sommer 2008 war die Administration nicht gewillt, sich an den Kongress zu wenden und ihn um zusätzliche Befugnisse zu bitten.[371]

So blieb nur die Option, ein Bankenkonsortium zusammenzustellen, um die schlechten Lehman-Assets der Bank of America abzukaufen. Vor dem entscheidenden Wochenende bemühten sich die Belegschaft und die Offiziellen der New Yorker Fed, einen entsprechenden Plan zu entwickeln. Aber es war nie klar, ob andere Banken angesichts der toxischen Natur von Lehmans Assets bereit waren, die entsprechende Rolle zu spielen. 1998 hatte die New Yorker Fed mit Erfolg ein Konsortium von Finanzinstituten zusammengestellt, um dem Hedgefonds Long-Term Capital Management (LTCM) Notfall-Liquidität zur Verfügung zu stellen. Das war das Konsortium, an dem sich Bear Stearns bekanntlich nicht beteiligen wollte. Immerhin bot diese Erfahrung ein Modell.

Aber wie Bear Stearns hatte auch LTCM zwar illiquide, aber auch gute Sicherheiten zu bieten. Bei Lehman sah das anders aus. Eine Interpretation lautet, dass Paulson und seine Kollegen implizit ihr Einverständnis erklärten, Lehman pleitegehen zu lassen, indem sie sich für eine Lösung innerhalb des privaten Sektors aussprachen. Man kann natürlich argumentieren, dass es nicht die Aufgabe der Regierung ist, ein insolventes Institut über Wasser zu halten. Eine plausiblere Schlussfolgerung lautete, dass niemand, weder Lewis noch Paulson und schon gar nicht die SEC, vor dem Wochenende wusste, wie schlecht Lehmans Bilanz war. Sie glaubten an die Lösung innerhalb des privaten Sektors, bis es zu spät war.

Das war so wie Hoovers Versuch, die Krise von 1931 vom privaten Sektor lösen zu lassen, weil er nicht bemerkte, dass das Problem der Banken nicht die Liquidität, sondern die Solvenz war.

Aber wenn dies die Erklärung für das Scheitern war, dann war es ein Versagen der Bankenaufsicht, der Regulierer und ihrer Kontrahenten. Das Finanzministerium, die Fed und der Kongress hatten versäumt, sich auf das Schlimmste vorzubereiten.

In letzter Minute versuchten Paulson und seine Kollegen, einen Verkauf von Lehman an Barclays zu organisieren, die britische Großbank, die sich an einer solchen Vereinbarung interessiert gezeigt hatte. Aber an einem Wochenende war ein solches Geschäft nicht durchführbar. Wenn Lehman nach US-Maßstäben groß war, dann war die Bank nach den Maßstäben des britischen Finanzsystems noch größer. Das gab dem kaufinteressierten Institut natürlich zu denken. Barclays konnte seine Ursprünge bis auf das Bankensystem der Goldschmiede im 17. Jahrhundert zurückführen. Und sie hatte nicht seit mehr als drei Jahrhunderten überlebt, weil sie sich auf unsichere Geschäfte einließ. Die Bank und ihre Regulierungsbehörde, die Financial Services Authority, würden Zeit benötigen, um die Bücher genau zu prüfen. Leider hätte Barclays, wie JP Morgan im Fall von Bear Stearns, Lehmans Geschäfte schon garantieren müssen, bevor der Verkauf von den Aktionären genehmigt wurde, einfach um die problembeladene Bank am Leben zu erhalten. Zudem wusste Barclays, dass sich die Bank of America, ein weiterer potenzieller Kaufinteressent, zurückgezogen hatte.

Am Sonntag, dem 14. September 2008, stellte die FSA klar, dass sie nicht die Absicht hatte, diese Verbindung abzusegnen. Damit war Lehmans Schicksal besiegelt. Dass man sich mit dem Barclays-Deal überhaupt beschäftigt hatte, zeigt die Verzweiflung der amerikanischen Politiker.[372]

Es war kein Geheimnis, dass das Finanzministerium und die Fed sich bemüht hatten, einen Käufer für Lehman Brothers zu finden, und das Beispiel Bear Stearns schürte zumindest gewisse Hoffnungen, dass sie damit Erfolg haben könnten. So gesehen kam Lehmans Ende unerwartet. Die Folgen waren chaotisch. Die Behörden hielten sich zurück und so wurde Lehmans Insolvenzerklärung erst am Montagvormittag um 01:45 Uhr bekannt. Die asiatischen Börsen waren bereits geöffnet und das Urteil wurde schnell gefällt. Die Börse in Singapur verlor 2,9 Prozent, die taiwanesische 4,1 Prozent und die indische 5,4 Prozent.[373]

Zwölf Stunden vergingen, ehe Paulson im Presseraum des Weißen Hauses erschien, um den dort versammelten Journalisten zu versichern, dass dies nicht das Ende der Welt war. Seine Zuhörer waren nicht davon überzeugt. Mit Verbindlichkeiten von 613 Milliarden Dollar war die Lehman-Pleite die größte in der Geschichte der USA. Der Dow fiel um 504 Punkte oder fast 5 Prozent (der schlimmste Kurseinbruch seit dem ersten Handelstag nach dem 11. September 2001). Montag, der 15. September 2008, war der schlechteste Tag aller Zeiten für die Finanzinstitute im S&P. Sie fielen um mehr als 10 Prozent.[374]

Und wenn die Kundeneinlagen bei Lehman nicht sicher waren, wer wollte dann sagen, dass dies nicht auch auf Goldman Sachs oder Morgan Stanley zutraf? Hedgefonds, Investmentfonds, Versicherungsunternehmen und College-Stiftungen beeilten sich, ihre Guthaben von diesen früher unbezwingbaren Firmen abzuziehen. Man wusste nicht, wer als Nächster abstürzen würde, und daher vergab niemand mehr Kredite. Der Markt für kurzfristige Schuldverschreibungen und der Interbankenmarkt brachen quasi zusammen.

Das war nichts anderes als ein voll ausgeprägter Ansturm auf das Schattenbankensystem. Einlagensicherungen im Umfang von 100.000 Dollar waren irrelevant, wenn die betreffenden Institute eher Broker als Geschäftsbanken waren. Es ging nur um Vertrauen. Und das Vertrauen ging wegen der unklaren Botschaften der amerikanischen Offiziellen und ihrer ausländischen Kollegen verloren.

Kapitel 13
Die Spirale

Man konnte sich kaum vorstellen, dass die Situation noch schlechter werden könnte. Aber sie wurde schlechter – und zwar wegen AIG.

Die Geschichte von AIG gehört zu den außergewöhnlichsten Kapiteln dieser außergewöhnlichen Erzählung. Das Unternehmen wurde 1919 mit dem Namen American Asiatic Underwriters von Cornelius Vander Starr gegründet, einem aus Nordkalifornien stammenden Eiscremeverkäufer und geheimen Mitarbeiter der amerikanischen Regierung. Durch eine Anstellung bei der Pacific Mail Steamship Company kam er erstmals nach Asien. Er fühlte sich in dieser Region wohl und verkaufte mit 27 Jahren als erster Mensch aus dem Westen Versicherungen an die chinesischen Einwohner von Shanghai. (Man erinnert sich dabei unwillkürlich daran, dass Clarence Hatry vor 1914 Versicherungen an österreichische Auswanderer verkauft hat.) Starr versicherte chinesische Schifffahrtsunterunternehmen gegen Verluste durch marodierende Piraten an der Küste des heutigen Indonesiens. Er stellte die ersten Versicherungspolicen für Fabriken in China und auf den Philippinen aus.

Während des Zweiten Weltkriegs setzte Wild Bill Donovan, Chef des US Office of Strategic Services (OSS), Starrs Angestellte dafür ein, Informationen über die Assets der Feinde im Fernen Osten zu sammeln. Ab 1942, nach dem Kriegseintritt der USA, übernahm Starr persönlich die Kontrolle über die geheimen Operationen. Er half Donovan dabei, die Immobilien betreffenden Versicherungsunterlagen von American Asiatic auszuwerten, um vielversprechende Ziele für Bombardements auszuwählen. Danach gründete Starr zwei Unternehmen, Metropolitan Motors Overseas Incorporated und eine New Yorker Ausgabe von *Shanghai Evening Post and Mercury*, deren Angestellte als Agenten für das OSS tätig waren.[375]

Nach der Besetzung Pekings und Shanghais durch kommunistische Truppen 1949 verlagerte Starr sein Hauptquartier nach New York. Unter seinem Nachfolger, dem ehrgeizigen und willensstarken Maurice (»Hank«) Greenberg wurde die nun so benannte American International Group zum weltweit wichtigsten Unternehmen auf dem Gebiet der Versicherung von Unternehmen und der Industrie. Sie bot Reise- und Lebensversicherungen für Privatpersonen an und verwaltete die Ruhestandsversorgung jedes zehnten Amerikaners. Lehman Brothers hatte über 600 Milliarden Dollar Schulden. Die Zahlungsverpflichtungen von AIG beliefen sich auf mehrere Billionen Dollar.

Aber irgendjemand in der Führungsebene von AIG glaubte offensichtlich, die Expertise des Unternehmens bei Unternehmens- und Industrieversicherungen qualifiziere es, Absicherungen gegen das Scheitern von CDOs zu verkaufen. Die im Handel tätige Unternehmenstochter AIG Financial Products gehörte in den 1990er-Jahren zu den Ersten, die spezielle Absicherungen für CDOs anboten. Diese Versicherungskontrakte, Credit Default Swaps oder CDS, waren von JPMorgan erfunden worden und mit dieser Bank stand AIG Financial Products in einer intensiven Geschäftsbeziehung.[376] Im Gegensatz zu Dr. Frankenstein scheinen die verrückten Wissenschaftler bei JPMorgan verstanden zu haben, dass ihr Geschöpf Amok laufen könnte, und daher gaben sie ihre CDOs und CDS mit gewissen Einschränkungen heraus. AIG Financial Products verhielt sich anders. Man versicherte nicht nur hochwertige Wertpapiere, sondern auch CDOs, die durch Subprime-Hypotheken abgesichert waren. Bis Mitte 2008 hatte AIG Financial Products solche Papiere im Volumen von 500 Milliarden Dollar im Portfolio. Das war genug, um das Überleben der Mutterfirma zu gefährden.

AIG Financial Products wurde von Joseph Cassano geführt. Zuvor hatte er für Drexel Burnham Lambert gearbeitet, dem Pionier des Junk-Bond-Geschäfts. Das jährliche durchschnittliche Pro-Kopf-Einkommen der 400 Angestellten Cassanos lag bei mehr als einer Million Dollar.[377] Die Gehälter und die Boni entsprachen einem Drittel des Gesamtumsatzes. Wegen ihrer dominanten Position an den Märkten für Firmen-, Industrie- und Lebensversicherungen hatte AIG ein hohes Kreditrating. Daher musste AIG auch keine Sicherheiten für ihre CDO-Verträge halten. Andere Finanzinstitute, die nicht über AIGs AAA-Rating verfügten und folglich höhere Sicherheiten vorhalten mussten, verzeichneten bei der Versicherung von CDOs höhere Kosten. Daher ergab sich auf diesem Markt eine Dominanz von AIG Financial Products.

Unter dem Strich nahm AIG Financial Products eine mit hohem Fremdkapitaleinsatz finanzierte Long-Position am US-Häusermarkt ein. Es erfordert eine gewisse Erklärung, warum das Mutterunternehmen, von der Regulierungsbehörde ganz zu schweigen, einfach wegschaute. Ein Teil der Erklärung: Man konnte die CDS an AIG verkaufen als eine Art Versicherung, wie sie AIG schon seit langer Zeit angeboten hatte – obwohl diese beiden Instrumente völlig unterschiedlich waren. Hank Greenbergs Aversion gegen Risiken wurde manchmal als »soziopathisch« beschrieben. Er hätte den Unterschied wohl verstanden, aber er wurde 2005 nach einem Bilanzierungsskandal zum Rücktritt gezwungen.[378] Da er seine Nachfolge nicht geregelt hatte, kamen nach ihm etliche kurzlebige und nicht gerade eindrucksvolle CEOs ans Ruder. Ein Teil der Erklärung mag auch sein, dass AIG Financial Products ein Profit Center war und das Mutterunternehmen in die Zwangslage versetzte, die eigenen Praktiken zu rechtfertigen. Ein weiterer Teil der Erklärung könnte sein, dass Cassano ein verschlossener Mensch war – er teilte die Informationen über seine Tätigkeit nicht einmal seinen Vorgesetzten mit. Das konnte er sich nur wegen seines legendär jähzornigen Temperaments und wegen der Gewinne seiner Firmeneinheit leisten.

Das Hauptquartier von AIG Financial Products (AFP) war in London und somit der Aufsicht des New York State Insurance Department entzogen, das die Versicherungsgeschäfte von AIG überwachte. Gleiches galt für das Federal Reserve System, der für das amerikanische Finanzwesen zuständigen Aufsichtsbehörde. AFP führte ihre Handelsgeschäfte mithilfe einer französischen Bank durch und verkaufte Derivate-Versicherungen an europäische Banken, die Subprime-Produkte ins Portfolio nahmen. Die CDS-Absicherung erlaubte es den europäischen Banken, das Kapital zu reduzieren, das sie im Zusammenhang mit Subprime-Investments vorhalten mussten. Somit konnten die Banken ihre Bilanzen erweitern und zusätzliche Risiken eingehen. Einer von Greenbergs Nachfolgern als CEO, Edward Liddy, bezeichnete 2009 diese Praxis bei einer Anhörung vor dem House Financial Services Subcommittee on Capital Market charmanterweise als »Leihgebühr der Bilanz«.[379]

Aus europäischer Perspektive galt AIG Financial Products weniger als ein Versicherungsunternehmen, sondern als eine Bank mit hohem Fremdkapitaleinsatz – und genau das war sie auch. Die europäischen Offiziellen überließen das Thema logischerweise den zuständigen Aufsichtsbehörden.

Leider legten sie sich nicht darauf fest, welche Regulierungsbehörden an welchen Orten dafür verantwortlich sein sollten.[380] AFP bereitete den Kauf einer Bausparkasse vor, nämlich der American General Bank, und damit unterwarf sie sich der Aufsicht der Behörde für Bausparkassen (OTS).

Die OTS war eine besonders glücklose Behörde, die man 1989 nach der S&L-Krise gegründet hatte. Die Bausparkassen vergaben ganz klassische Hypotheken. Die OTS hatte keine besonderen Erfahrungen mit Derivaten. Die Verantwortung der Regulierungsbehörde bezog sich auf AIGs Hypothekentochter, daher sah sie die Aktivitäten des Mutterunternehmens auch nur in diesem Licht. Prüfer der Behörde tauchten höchstens einmal in einem unbedeutenden AFP-Büro in Connecticut auf. AFP hatte ihren auf Krediten basierendem Umsatz innerhalb nur eines Jahres zwar vervierfacht, und das wurde auch bei einer Buchprüfung der OTS 2006 vermerkt, aber dies führte weder zu bedeutenden Kommentaren noch zu Korrekturmaßnahmen. Wenn eine Tatsache ein Sinnbild für das Versagen der amerikanischen Regulierungsbehörden bot, dann war es diese.

Als der Häusermarkt abstürzte, erlitt AIG Financial Products immer höhere Verluste. Aber es lag nicht nur am einbrechenden Häusermarkt. Die Versicherungsverträge sahen vor, dass das Mutterunternehmen von AFP höhere Sicherheiten aufbringen musste, sollte AIGs Rating auf ein einfaches A sinken. Nicht einmal innerhalb der Firma waren diese Regelungen allgemein bekannt, weil Cassano seine Geschäfte so autoritär geführt hatte. Bekannt wurden sie am Nachmittag des 15. September 2008, nach dem Bankrott von Lehman Brothers, als Moody's und Standard & Poor's, wieder einmal mit einiger Verspätung, das Rating von AIG reduzierten.

Am nächsten Tag gab es noch schlimmere Nachrichten. Der Reserve Primary Fund, der bekannteste Geldmarktfonds der USA, der auch das höchste Ansehen genoss, hatte Lehman-Papiere im Volumen von 785 Millionen Dollar im Portfolio. Noch im Juli hatte der Fonds das stolz verkündet. Der 70-jährige Manager und Mitbegründer Bruce Bent erfuhr von der Lehman-Pleite durch eine Schlagzeile am Zeitungsstand eines Flughafens. Er hielt sich gerade in Italien auf, um den 50. Jahrestag des Kennenlernens seiner Frau zu feiern.

Innerhalb von 24 Stunden nach der Bekanntgabe der Lehman-Pleite hatten fast 50 Prozent der Anteilseigner von Bents Firma ihre Anteile zum Verkauf gestellt. Schon wegen der schlechten Stimmung am Markt konnte der Fonds diese Anforderungen durch den Verkauf anderer Beteiligungen nicht so einfach erfüllen. Noch 2007 wurden andere problembeladene Geldmarktfonds von ihren Fondsfamilien oder Mutterfirmen gerettet.[381] Aber der Fonds, dessen Volumen 62 Milliarden Dollar betrug, hatte weder eine Investmentbank mit tiefen Taschen an seiner Seite noch eine logische Alternative. Bent war derart beunruhigt, dass er seinen Sohn, Bruce Bent II, bat, sich an Geithner zu wenden, den Präsidenten der New Yorker Fed. Da Geithner gerade anderweitig beschäftigt war, hinterließ Bent junior eine Nachricht.

Zunächst versuchten die Bents, ohne Erfolg, 100 Millionen Dollar bei den Banken aufzutreiben, mit denen sie ihre Geschäfte machten. Dann suchten sie, wiederum vergebens, einen Käufer für ihren problembeladenen Fonds. Es blieb nur noch die Lösung, die Tilgung einzustellen und einen Wertverlust der Anteile zuzulassen.[382] Der Reserve Primary Fund kündigte folglich an, man werde den Wert seiner Aktien von einem Dollar auf 97 Cent reduzieren. Dann wurde angekündigt, man werde weitere Kündigungen erst sieben Tage später bearbeiten.

Nur wenige Monate zuvor hatte Bent senior eine Warnung an seine Anteilseigner veröffentlicht: »Leider haben einige Geldmarktfonds und etliche Investoren, die sie ausgewählt haben, den Überblick über den Zweck eines Geldmarktfonds und die simplen Regeln verloren. Sie unternehmen verrückte Anstrengungen, um ein paar Basispunkte mehr an Rendite herauszuholen. Das einem Geldmarktfonds anvertraute Geld ist die Reserve, die unter allen Umständen erhalten bleiben muss.«[383] Die Sparer reagierten nicht wohlwollend auf gegenteilige Nachrichten und beeilten sich, ihre Einlagen abzuziehen. Die größten Abzüge erwartete man von Geldmarktfonds, die von Instituten wie Morgan Stanley oder Goldman Sachs geführt wurden, die eng mit Lehman kooperiert hatten. Da Geldmarktfonds die größten Käufer von mit Assets abgesicherten kurzfristigen Schuldverschreibungen großer Unternehmen waren, gab es nun für kurzfristige Schuldverschreibungen die letzten Lebenszeichen auf dem Markt.

Die Verteidiger der Fondsbranche argumentierten später, es habe hier eine Überreaktion gegeben. Die Titel von Lehman Brothers würden nur 1 Prozent des Gesamtportfolios von Reserve Primary Fund ausmachen. Die Anteilseigner erhielten also mehr als 99 Prozent ihrer Investments. Aber eben diese Anteilseigner hegten den Verdacht, dass Primary Fund nicht der einzige Geldmarktfonds war, der in Lehman-Papiere investiert hatte, und dass Lehman womöglich kein Einzelfall war. Die Notlage des

Primary Fund erinnerte sie daran, dass Geldmarktfonds kein Kapital hielten und nicht versichert waren. Später stellte sich heraus, dass fast 30 andere Geldmarktfonds Verluste erlitten hatten, die hoch genug waren, um sie in den Ruin zu führen, aber von ihren Mutterunternehmen gerettet wurden. Diesen Luxus genoss Reserve Primary Fund nicht.[384]

Geldmarktfonds entwickelten sich in den frühen 1970er-Jahren als Alternative zu Bankkonten. Die Verzinsung war durch die Vorschriften von 1933 begrenzt.[385] Diese Vorschriften wurden Mitte der 1980er-Jahre abgeschafft. Aber das bedeutete nicht, dass sie einfach so verschwanden. Die SEC hatte keine Vorschriften zur Kapitalausstattung geschaffen und das hatte katastrophale Folgen.

In der dritten Septemberwoche 2008 erreichte die Krise ihr gefährlichstes Stadium. Der Ansturm der Privatanleger auf die Geldmarktfonds und der institutionellen Investoren auf deren Mutter-Investmentbanken verschlang das Schattenbankensystem. Die Banken reichten keine Kredite mehr aus, weil sie der Zahlungsfähigkeit der Kreditschuldner misstrauten. Das betraf sogar die angesehensten Unternehmen wie General Electric.

Da eine verzweifelte Situation verzweifelte Maßnahmen erfordert, verkündete das Finanzministerium, es werde vorübergehend die Garantie für die Verbindlichkeiten der Geldmarktfonds übernehmen. Garantien sind gut und schön, aber um glaubwürdig zu sein, müssen sie mit Sicherheiten unterlegt werden. Zu diesem Zweck verfügte Paulson den Gebrauch des Exchange Stabilization Fund, eines weiteren Erbes der Großen Depression. Die ESF wurde 1934 geschaffen, nachdem die USA den Goldstandard aufgegeben hatten, und sie hatte zum Ziel, den Dollar zu stabilisieren. Und jetzt wurde dieser Geldtopf mit einem Inhalt von 50 Milliarden Dollar dazu verwendet, die Investoren in Geldmarktfonds zu beruhigen, dass der Wert ihrer Anteile nicht noch einmal unter den Nennwert von einem Dollar fallen würde. Wenn ein Fonds nicht in der Lage sei, ihnen für einen Dollar 100 Cent auszuzahlen, dann würde es die ESF tun.[386]

Diese Garantie war zwar eine wichtige Erklärung, aber letztlich waren die 50 Milliarden Dollar nur ein Tropfen auf den heißen Stein angesichts der drei Billionen Dollar umlaufender Geldmarktanteile. Und wieder war die Fed die einzige Institution, die genügend Geld hatte, um dieses Problem zu lösen. Aber der Zentralbank war es auch unter diesen außergewöhnlichen und dringenden Umständen nicht erlaubt, mit Assets abgesicherte kurzfristige Schuldverschreibungen direkt von Geldmarktfonds zu erwerben und diese im Gegenzug mit Bargeld zu versorgen. Man konnte dies aber umgehen. Das ebenso komplizierte wie kompliziert benannte Instrument dazu war die Asset-Backed Commercial Paper Market Mutual Fund Liquidity Facility, kurz: AMLF. Über die AMLF verlieh die Fed Geld an State Street und JPMorgan, zwei der Aufseher, mit denen die Geldmarktfonds ihre Geschäfte machten und ihre Trades vereinbarten. Im Gegenzug kauften State Street und JPMorgan kurzfristige Schuldverschreibungen von den Fonds und versorgten sie mit dem Geld, das sie brauchten, um ihren Verpflichtungen nachzukommen. Am Ende finanzierte die Fed Käufe kurzfristiger Schuldverschreibungen dieser beiden und einiger kleinerer Banken im Volumen von mehr als 200 Milliarden Dollar.

Die Stabilisierung des Geldmarkts und die Erhöhung der Einlagensicherung von 100.000 auf 250.000 Dollar durch das FDIC waren populäre Maßnahmen, weil es dabei um die Sorgen von Kleinsparern ging. Andere Maßnahmen, die großen Finanzinstituten zugutekamen, waren stärker umstritten. Diese Kontroverse betraf auch die AMLF, die der Fed die Möglichkeit bot, quasi an ihren eigenen Statuten vorbei an den Wertpapiermärkten zu intervenieren. Wie sich später herausstellte, hatten State Street und JPMorgan mit diesen Geschäften auch satte Gewinne erzielt.[387]

Ein ähnlicher Fall trat sofort ein, als die Fed am Dienstag, dem 16. September 2008, die AIG zu retten versuchte. Zunächst sträubte sich die Fed dagegen, einem Versicherungsunternehmen zu helfen, für dessen Regulierung sie nicht zuständig war. Ungewöhnliche und dringende Umstände erlaubten es vielleicht, Geld an eine Investmentbank wie Bear Stearns zu verleihen, aber einem Versicherungsunternehmen zu helfen war einfach unvorstellbar, so dringend die Notlage auch sein mochte. Das teilten die Offiziellen der Fed AIGs CEO, dem früheren Citigroup-Manager Robert Willumstad, in einer Telefonkonferenz am Samstag, dem 13. September, auch ebenso deutlich mit wie Steven Bensinger, dem Finanzchef des Unternehmens. Geithner als Präsident der New Yorker Fed und Finanzminister Paulson sagten Willumstad auch in aller Deutlichkeit, dass es seitens der Regierung keine Hilfe oder Garantie für AIG geben werde. Ähnlich wie die Offiziellen der Bank of England in ihren Diskussionen mit Northern Rock drängten sie darauf, dass das Unternehmen eine Lösung im privaten Sektor finden sollte.[388]

Dies war ein völliges Missverständnis, das wiederum an den Fall von Northern Rock erinnerte. Die betreffenden Offiziellen überschätzten die

Möglichkeit einer Lösung auf privater Basis, während Willumstad und etliche andere die Kosten unterschätzten. AIG versuchte zunächst, zusätzliches Kapital zu erwerben, indem das Unternehmen einige Versicherungseinheiten an Warren Buffets Berkshire Hathaway verkaufen wollte, und dann Vorzugsaktien an das Private-Equity-Unternehmen J. C. Flowers & Co. abstieß. Aber Buffett war nicht interessiert und AIG lehnte Flowers' Angebot als zu teuer ab. Stattdessen investierte Buffett wenige Tage später fünf Milliarden Dollar in Goldman Sachs. Letztlich musste das AIG-Management sogar einen noch höheren Preis für die Hilfe zahlen.

Die Offiziellen der Fed versuchten dann, mit Goldman Sachs und JPMorgan eine Kreditlinie zu vereinbaren. Goldman war AIGs wichtigster Partner im Derivatehandel und JPMorgan war im privaten Sektor der wichtigste Ansprechpartner der Fed bei der Vereinbarung einer Kreditlinie. Die Banken würden einen Überbrückungskredit gewähren, bis AIG dazu in der Lage war, ihre Versicherungseinheiten zu verkaufen und damit das nötige Geld zu erhalten, um alle Verpflichtungen erfüllen zu können. Die Offiziellen erinnerten an den Präzedenzfall von Long-Term Capital Management, dessen Kontrahenten die nötige Liquidität aufgebracht hatten, um den Fonds vor dem Zusammenbruch zu retten.[389] Aber 1998 bezog sich das Liquiditätsproblem ausschließlich auf LTCM – andere Finanzinstitute verfügten über Geld im Überfluss. Nun litt jeder möglicherweise an einem Mangel an Liquidität und jede Bank war froh, wenn andere Banken AIG Notfallhilfe leisteten, solange sie ihre eigene Liquidität schützen konnte. Mit einer kollektiven Aktion hätten die Banken besser abgeschlossen. Aber kollektives Handeln unter Druck ist schwierig und unter Zeitdruck erst recht. Alle Versuche zur Gründung eines Bankensyndikats, um AIG zu helfen, verliefen ergebnislos.

Aber wenn man zuließ, dass AIG unterging, dann konnte das auch den Untergang ihrer großen Kontrahenten nach sich ziehen – darunter Goldman Sachs. Mit der Unterstützung des Finanzministeriums, unter Missachtung aller Bedenken – und im Widerspruch zu früheren Äußerungen gegenüber Banken und Versicherungen –, erklärte die Fed erneut, es herrschten außergewöhnliche und dringende Umstände. Sie lieferte eine Kapitalspritze von 85 Milliarden Dollar, verpackt als Kreditlinie der New Yorker Fed, und erhielt dafür einen Anteil von 79,9 Prozent des Aktienkapitals.[390] Dem Präzedenzfall Bear Stearns folgend wurde der Kredit später mit Spezialinstrumenten ausgeweitet – Maiden Lane II und III. Diese

Kapitalspritze kostete die AIG-Aktionäre 80 Prozent ihres Kapitals. Willumstad trat sofort von seinem Posten zurück.

Diese Bedingungen waren zwar hart, aber sie waren nicht populär.[391] Im Kongress stellten Kritiker die Frage, warum man AIG retten musste, während man die Pleite von Lehman zuließ. Für die Offiziellen des Finanzministeriums und der Fed war die Antwort klar: Lehmans Pleite hatte große Erschütterungen an den Finanzmärkten ausgelöst und das Bilanzvolumen von AIG war um ein Vielfaches höher. Weil AIG auch eine Art von Einzelhandelsgeschäft betrieb – man versicherte Haushalte und Einzelfirmen –, würde eine Pleite noch mehr Vertrauen zerstören. Es war nicht schön, AIG helfen zu müssen, aber die Alternative eines unkontrollierten Bankrotts wäre noch schlimmer gewesen.[392] Dennoch bekleckerten sich die Fed und das Finanzministerium nicht gerade mit Ruhm, zumal sie zuvor behauptet hatten, sie würden die Firma unter keinen Umständen retten.

Noch mehr Verblüffung entstand am Sonntag, dem 21. September 2008, als die Federal Reserve unter Umgehung ihrer üblichen Prozeduren bekannt gab, dass sie Goldman Sachs und Morgan Stanley, den beiden einzigen noch verbliebenen Investmentbanken, erlaubte, sich in Bankenholding-Unternehmen umzuwandeln. Als solche konnten Goldman und Morgan Stanley jederzeit Kredite der Zentralbank in Anspruch nehmen. Im Gegenzug verlangte man von den beiden Banken, zusätzliches Kapital aufzubringen. Dennoch: Dass man diesen Schritt ohne die üblichen Prüfungen beschlossen hatte, führte erneut zu Beschwerden, dass man den »Big Boys« spezielle Privilegien einräumte. Das war ein weiteres Anzeichen dafür, dass die Krise noch längst nicht überwunden war.

Paulson und Bernanke machten schon durch ihre Körpersprache deutlich, dass ihnen all diese Improvisationen gegen den Strich gingen. Es gab etliche außergewöhnliche Maßnahmen: den Exchange Equalization Fund, Maiden Lane II und III, die Finanzierung der Käufe mit Assets gesicherter kurzfristiger Schuldverschreibungen und die Genehmigung, dass Goldman und Morgan Stanley über Nacht Bankenholdings werden konnten mit dem stillschweigenden Einverständnis des Weißen Hauses, aber ohne Autorisierung durch den Kongress. Die Wahl stand einen Monat später bevor und der Präsidentschaftskandidat der Republikaner, Senator John McCain aus Arizona, übte Kritik an diesen nicht vorgesehenen Interventionen.

Zudem gab es Befürchtungen, AIG sei womöglich nur die Spitze des Eisbergs. Wenn sich die Krise auf Morgan Stanley, Bank of America und

Goldman Sachs ausbreitete, könnten Interventionen in noch weit größerem Ausmaß nötig sein. Mit ihrer massiven Bilanz und der Fähigkeit, Geld aus dem Nichts zu kreieren, war die Fed dazu in der Lage, den Banken deren toxische Assets aus den Händen zu nehmen. Aber Bernanke hatte nicht die nötige politische Rückendeckung. Und Paulson fehlte die gesetzliche Ermächtigung.

Am Freitag, dem 19. September 2008, am Ende einer historischen Woche, traf sich der übernächtigte Paulson, zusammen mit Bernanke und dem SEC-Chef Christopher Cox, mit Präsident Bush im Rosengarten des Weißen Hauses. Der Präsident sagte, er verlange für das Finanzministerium zusätzliche Befugnisse zur Stabilisierung des Finanzsystems. Unklar war nur, wie diese Befugnisse eingesetzt werden sollten. Man werde sie einsetzen, so erklärten die Offiziellen, um hypothekengesicherte Wertpapiere von Finanzinstituten zu kaufen, aber Details wurden nicht genannt. Die Presse bezeichnete die betreffenden Befugnisse als »umfassend« und »expansiv«.

Die Betonung der Asset-Käufe zeugte von Paulsons Überzeugung, es handle sich um ein Liquiditätsproblem. Die USA erlebten eine Liquiditätskrise mit Schwerpunkt auf hypothekengesicherten Wertpapieren, die sich auf den Markt der mit Assets abgesicherten kurzfristigen Schuldverschreibungen ausweitete und nun die Banken bedrohte. Wenn das Finanzministerium diese Wertpapiere zu vernünftigen Kursen kaufte, so die Schlussfolgerung, würde dies die Liquidität an den Märkten wieder gewährleisten. Die Banken könnten wieder Preise für ihre Assets festsetzen und sie wären wieder willens, zu kaufen, zu verkaufen und vor allem Kredite zu vergeben. Das Finanzsystem würde wieder funktionieren.

Andernorts gab es Zweifel. Es war nicht klar, warum die ausführenden Personen im Finanzministerium besser als die Marktteilnehmer wissen sollten, was die toxischen Wertpapiere der Banken wirklich wert waren. Wenn man ihnen zu wenig bot, würden die Banken nicht verkaufen. Wenn man ihnen zu viel bot, würden sie auf Kosten der Steuerzahler massive Gewinne erzielen.

Außerdem gab es den Verdacht, dass es sich nicht ausschließlich um ein Liquiditätsproblem handelte. Die Banken hatten mit ihren Subprime-Investitionen hohe Verluste erlitten und brauchten neues Kapital, um ihr normales Tagesgeschäft wieder aufzunehmen. Ohne Kapital hatten sie keine Absicherung gegen Verluste. Und ohne diese Absicherung würden sie keine Kredite vergeben.

In dieser angespannten Situation war es aber nicht einfach, neues Kapital aufzutreiben. Es gab die Alternative, staatliche Gelder dafür einzusetzen, aber ebenso wie viele Republikaner weigerte sich Paulson, das Geld der Steuerzahler für Kapitalspritzen einzusetzen. Denn einen solchen Schritt bezeichnete er als eine Art von Verstaatlichung der Banken.[393] Für toxische Assets zu viel zu bezahlen bedeutete, die Banken auf heimliche Weise zu rekapitalisieren. Aber mit einem solchen Einsatz staatlicher Mittel wären keine Kontrollrechte verbunden gewesen und genau darauf hätte die Regierung im Fall von AIG bestanden. Und einer heimlichen Rekapitalisierung fehlte es an Legitimität. Sie drohte, eine noch stärkere politische Reaktion hervorzurufen.

Die Skeptiker ließen sich auch nicht durch ein drei Seiten umfassendes Dokument des Finanzministeriums überzeugen, in dem es um die Ermächtigung bat, bis zu 700 Milliarden Dollar für den Kauf hypothekengesicherter Wertpapiere ausgeben zu dürfen. Eigentlich war es nur der Ausgangspunkt einer Diskussion, allerdings ungeschickterweise als Gesetzesinitiative verpackt. Über den Schutz der Steuerzahler oder die Aufsicht durch den Kongress stand nichts in diesem Dokument. Als Chairman Bernanke ungewöhnliche und dringende Umstände geltend machte, verlangte man von ihm, er müsse wenigstens die Zustimmung von vier anderen Mitgliedern des Board of Governors erhalten.[394] Nach dem Vorschlag des Finanzministeriums hätte der Minister nahezu unbegrenzte Befugnisse gehabt.

Das Troubled Asset Relief Program oder TARP, wie der Plan sofort benannt wurde, war von Anfang an beschädigt. Innerhalb weniger Tage verband sich die Abneigung, dem Finanzminister neue Befugnisse zu verleihen, mit dem Widerstand der Republikaner gegen alle weiteren Interventionen der Regierung. Am 28. September wurde der Gesetzesantrag, das Finanzministerium zum Kauf von Assets im Volumen von 700 Milliarden Dollar zu ermächtigen, im Repräsentantenhaus mit 228 zu 205 Stimmen abgelehnt. Dass zwei Drittel der Republikaner dagegen stimmten, war peinlich für die Administration und für Paulson persönlich. Als die Entscheidung bekannt wurde, fiel der Dow um 778 Punkte oder 7 Prozent.

Aber wenn der Kongress sprechen konnte, dann konnte es auch die Öffentlichkeit. 1929 besaßen nur 8 Prozent aller Amerikaner börsennotierte Wertpapiere. Jetzt war Wertpapiereigentum weit verbreitet, dank der als 401 (k) bekannt gewordenen Regelung zur Altersversorgung, die 1978 verabschiedet worden war. Unzufriedene Konteninhaber, die ihren Wohlstand im Alter gefährdet sahen, machten ihrem Zorn Luft und fanden schnell die Aufmerksamkeit ihrer politischen Vertreter. Am Freitag, dem 3. Oktober 2008, verabschiedete das Repräsentantenhaus TARP im zweiten Versuch mit 263 zu 171 Stimmen. Der Senat hatte gehandelt und Präsident Bush unterzeichnete den neuen Gesetzesentwurf rasch.

Der Kongress war noch immer beunruhigt über die quasi unbegrenzte Macht des Finanzministeriums und erklärte sich lediglich dazu bereit, die erste Hälfte des Kapitalbedarfs freizugeben. Somit war nicht klar, ob das Finanzministerium die nötigen Ressourcen hatte, um das Finanzsystem zu reparieren. Ebenso unklar war, ob es eine logische Strategie hatte, um sie einzusetzen. Am Tag der Abstimmung über TARP verlor der Dow mehr als 800 Punkte, ehe er den größten Teil dieser Verluste wieder aufholte. Am Montag, dem 6. Oktober 2008, fiel er um weitere 370 Punkte oder fast 4 Prozent. Das war nicht gerade ein Vertrauensbeweis.

Zwangsläufig fiel die Aufgabe der Vermittlung der Fed zu. Am Dienstag, dem 7. Oktober, kündigte sie an, sie werde ihre Kapazitäten bei Wertpapierauktionen erhöhen und denjenigen Banken zusätzliche 300 Milliarden Dollar zur Verfügung stellen, die am Ende des Jahres Kapitalbedarf hatten. Am nächsten Tag kündigte sie einen noch radikaleren Schritt an, nämlich die Vergabe direkter Kredite an Unternehmen und Finanzinstitute aus dem Nichtbanken-Bereich. Bernanke hatte in seiner höchst einflussreichen Studie über die große Depression 1983 dargelegt, wie der Zusammenbruch des Markts für kurzfristige Schuldverschreibungen in den 1930er-Jahren den Kreditfluss im Unternehmenssektor unterbrach. Eine Wiederholung dieser Ereignisse sollte nun verhindert werden. Der Mechanismus war ein weiteres Spezialinstrument nach dem Vorbild von Maiden Lane I, II und III. Wieder einmal beeinflusste die von Historikern aus der Zeit der Großen Depression gewonnene Lehre die Reaktionen der Politiker (wobei in diesem Fall beide Beteiligte ein und dieselbe Person waren). Inwieweit diese Reaktion ausreichen würde, eine weitere Depression abzuwenden, sollte man erst später erfahren.

Kapitel 14
Der Fisch stinkt vom Kopf

Seltsamerweise gab es damals, zumindest zeitweise, in anderen Ländern keine finanziellen Unglücksfälle. Daher konnten die europäischen Politiker behaupten, die Krise nach der Lehman-Pleite sei ebenso wie die Subprime-Krise von 2007 ein amerikanisches Problem, das eine amerikanische Lösung erforderte. Aber es gab Gründe, zu bezweifeln, ob diese Ruhe von Dauer sein würde. Ganz oben auf der Liste stand der gefährliche Zustand der europäischen Banken. Sie arbeiteten mit noch mehr Fremdkapital als die amerikanischen Institute.[395] Sie vertrauten auf Dollar-Finanzierung, die die EZB und die Bank of England nicht gewährleisten konnten.[396] Manche, wie IKB, hatten massiv in Subprime-Papiere investiert. Andere hatten viel Geld in lokale Immobilienmärkte und in hochverzinsliche Anleihen südeuropäischer Länder gesteckt.

Fortis, ein Finanzkonglomerat mit Sitz in Belgien und Geschäftstätigkeit in Luxemburg und den Niederlanden, war ein Musterbeispiel für diese Exzesse. Fortis war nicht nur Belgiens größte Bank, sondern auch der größte Arbeitgeber des Landes. Die Hälfte aller belgischen Haushalte hatte dort Konten. Fortis hatte 85.000 Angestellte und lag, gemessen am Umsatz, auf Platz 20 der größten Unternehmen der Welt. Mit anderen Worten: Fortis war das Musterbeispiel einer Bank, die zu groß war, um zu scheitern.

Der Vorstandsvorsitzende von Fortis war Maurice Lippens, dessen gleichnamiger Großvater Präsident des belgischen Senats und Generalgouverneur des Kongo gewesen war. Der Enkel, wie König Leopold II. vor ihm, wollte sich mit einem ambitionierten Akquisitionsprogramm einen Namen machen. Zunächst kaufte Fortis MeesPierson N. V., eine 300 Jahre alte niederländische Privatbank, und sicherte sich so ein Standbein im Bereich des Investmentbankings. Dann kaufte Fortis die American Bankers Insurance Group und erweiterte damit ihre Präsenz am amerikanischen Markt. Sie kaufte auch Banken in Polen und in der Türkei, um Zugang zu den Emerging Markets zu erhalten. 2007, also zum denkbar schlechtesten Zeitpunkt, zahlte sie viel Geld für die Übernahme von ABN AMROs Retailgeschäft. ABN AMRO war, an den Assets gemessen, die achtgrößte Bank Europas. Und daher war dieser Bissen schwer zu schlucken.[397]

Fortis war auch stark mit der Strukturierung von CDOs beschäftigt. Sie sammelte mit Subprime-Hypotheken verbundene Wertpapiere ein und hielt sie in der eigenen Bilanz, bis der Verbriefungsprozess abgeschlossen war. Typisch für diese Operationen war der Timberwolf II-Deal, der bald eine zweifelhafte Berühmtheit erlangen sollte. Sein Vorläufer, Timberwolf, wurde 2007 beendet, kurz bevor die Subprime-Krise einsetzte. Es handelte sich um ein gemeinsames Projekt von Goldman Sachs und Greywolf Capital Management, einer in Purchase, N. Y., ansässigen Firma, die von einem Team ehemaliger Goldman-Mitarbeiter geführt wurde. Die beiden unglücklichen Fonds von Bear Stearns hatten kräftig in Timberwolf investiert, das innerhalb von fünf Monaten 80 Prozent an Wert verlor. Unsterblich wurde Timberwolf durch eine Äußerung des Senators Carl Levin aus Michigan, der das Projekt während einer Anhörung im Senat als »beschissenen Deal« bezeichnete. Schon zuvor hatte sich ein Goldman-Manager in ähnlicher Weise geäußert.

Als Greywolf Capital Timberwolf II plante, war Goldman schon zu dem Fazit gelangt, dass das Bunkern von Subprime-Papieren, das die Voraussetzung für diesen Deal darstellte, zu riskant war. Aber mit Fortis fand Greywolf einen weniger pingeligen Partner. Fortis verlor mehr als 400 Millionen Dollar mit den Wertpapieren, die sie zur Vorbereitung von Timberwolf II hielt. Das Projekt kam nie an den Markt.[398] So viel zu der Aussage, die von europäischen Offiziellen bis zum Überdruss wiederholt wurde, dass die US-Banken für die Exzesse am CDO-Markt verantwortlich waren.

Eingeweihten waren diese Probleme vielleicht bekannt, aber das Scheitern Lehmans am Derivatemarkt fügte der Sache weitere Bedeutung hinzu. Die Aktien von Fortis fielen in der am 26. September endenden Woche 2008 um 35 Prozent. Dadurch reduzierte sich der Börsenwert auf zwölf Milliarden Euro. Das entsprach knapp der Hälfte der Summe, die Fortis noch kurz zuvor für einen Anteil an ABN AMRO bezahlt hatte. Der Interim-CEO von Fortis, Herman Verwilst, verwendete dann leider das böse »B-Wort«, also Bankrott, um die Investoren zu beruhigen. Die Geschäftskunden zogen prompt ihr Kapital ab. Verwilst versuchte rasch, seine Aussagen zu korrigieren, aber der Schaden war schon angerichtet.

Am Wochenende schritten die Regierungen der drei Benelux-Länder ein und stellten elf Milliarden Euro an frischem Kapital zur Verfügung, um Fortis am Leben zu erhalten. Als Bedingung verlangte man den Rücktritt von Unternehmenschef Lippens. Aus Gründen des nationalen Stolzes verlangte die niederländische Regierung zudem, dass Fortis seinen Anteil an der niederländischen ABN AMRO verkaufte.

Am folgenden Montag, dem 29. September 2008, gab es aus Irland weitere schlechte Nachrichten; die Aktien der sechs größten Banken des Landes fielen um ein Drittel. Einlagen waren bis zur Höhe von 100.000 Euro abgesichert. Erst eine Woche zuvor hatten die irischen Behörden den ursprünglichen Garantiebetrag von 20.000 Euro erhöht. Aber das verbesserte den Zugang der Banken zum Geldmarkt nicht. Und eine Garantie von 100.000 Euro konnte Geschäftskunden nicht beruhigen, deren Einlagen weitaus höher waren.[399]

Und aus Brüssel gab es noch mehr schlechte Nachrichten. Dort fielen die Aktien von Dexia, des großen belgisch-französischen Finanzkonglomerats, das einer der größten Rivalen von Fortis war, ebenfalls um ein Drittel. Dexia konnte ihre Wurzeln bis in die 1860er-Jahre zurückverfolgen, als ihre Vorgängerfirma Crédit Communal de Belgique gegründet wurde, die Kredite an belgische Gemeinden vergab. (Man hat fast den Eindruck, dass Finanzinstitute, je älter und angesehener sie waren, desto höhere Risiken eingingen und für desto stärkere Unruhe sorgten.) Nach mehr als einem Jahrhundert des unauffälligen Wirkens fusionierte Crédit Communal 1996 mit ihrem französischen Pendant, Crédit Local de France. Unter ihrem neuen Namen kaufte die Firma dann die amerikanische Financial Security Assurance, FSA, deren Geschäftsfeld darin bestand, Versicherungspolicen auszufertigen, um die Vermarktbarkeit von Kommunalobligationen zu verbessern. Da sich lokale Behörden reichlich an diesem Markt bedienten, wurde FSA schnell zu Dexias profitabelstem Geschäftsbereich.

Dexia zeigte alle charakteristischen finanziellen Merkmale dieser Ära. Ihre Assets betrugen das 40-Fache des Kernkapitals. Die Kundeneinlagen entsprachen nur 15 Prozent ihrer Verbindlichkeiten. Sie versicherte amerikanische Kommunalobligationen und mit Assets abgesicherte Wertpapiere im Volumen von 400 Millionen Dollar und vergab einen großen Kredit an die Depfa Bank, eine deutsche Bank mit Sitz in Dublin, die amerikanische Kommunalobligationen ausgab, die Rückkaufregelungen im Stil von AIG beinhalteten. Sie hatte ein umfangreiches Derivateportfolio, was sie dazu zwang, zusätzliche Sicherheiten zu bieten, weil der Wert ihrer Investitionen sank. Ihre FSA-Einheit hatte für das zweite Quartal 2008 einen Nettoverlust von 331 Millionen Dollar bekannt gegeben und es gab allen Grund für die Annahme, dass das dritte Quartal noch schlechter laufen würde.

Am Montag, dem 29. September 2008, nach der Intervention der belgischen, niederländischen und luxemburgischen Regierungen bei Fortis, stürzten die Aktien von Dexia ab und ebenso wie Fortis verlor das Unternehmen den Zugang zum Geldmarkt. Die französische und die belgische Regierung reagierten am Dienstag, gewährten eine Notfall-Geldspritze von 6,4 Milliarden Euro und entließen das Management der Firma.

Und dann gab es ja auch noch Island. Diese kleine Insel mitten im Atlantik, die eher für Fisch als für Finanzen bekannt ist, existierte auf dem Radarschirm vieler Investoren gar nicht. Manche wussten, dass IceSave, die Auslandsfiliale der isländischen Bank Landsbanki, Anlegern in Großbritannien und in den Niederlanden hohe Renditen für Geldanlagen auf Internet-Konten bot. Kaupthing, die größte Bank Islands, bot über ihre Auslandstöchter im Internet ähnliche Kaupthing-Edge-Konten in europäischen Regionen von Luxemburg bis zur Isle of Man an.[400] Den Investoren war klar, dass sich die drei großen isländischen Banken auf eine außergewöhnliche Akquisitionstour begeben hatten. Was sich in Island aber tatsächlich zusammengebraut hatte, wurde erst deutlich, als die Dinge auf grauenhafte Art und Weise aus dem Ruder liefen.

Es gab eine Tendenz, die Überfinanzierung der Wirtschaft Islands bestimmten Eigenheiten des nationalen Charakters zuzuschreiben.[401] In einer Rede in London 2005 führte Ólafur Ragnar Grímsson, der langjährige Präsident Islands, die Kühnheit der isländischen Finanziers und Unternehmer auf die Tatsache zurück, dass die Isländer von den Wikingern abstammten. Bis vor zwei Jahrzehnten war das Land eine Gesellschaft von Bauern und Fischern gewesen, als die Umstände noch »die Notwendigkeit diktierten, die gefangenen Fische an Land zu bringen und sofort zu verarbeiten, wenn die Boote in den Hafen kamen, und man musste sich danach richten, ob das Wetter gerade günstig war«, was eine starke Arbeitsethik begründete.[402] »Isländer gehen Risiken ein«, fuhr Grímsson feierlich fort. Der erfolgreiche Kapitän eines Fischerboots vertraut auf sich selbst, ist aggressiv und risikobereit – und das sind auch die Attribute eines erfolgreichen Anleihentraders.

Um Island zu einem Finanzzentrum zu machen, musste die Regierung daher nur die Entscheidung treffen, den Fischfang zu privatisieren, jedem Fischer eine Fangquote zuzuweisen und einen Markt zu schaffen, auf dem diese Quoten gehandelt werden konnten. Aggressive Isländer, die mit Fangquoten handelten, entdeckten plötzlich, dass sie offensichtlich eine natürliche Begabung dafür hatten, finanzielle Forderungen zu traden. Schon bald darauf begann der Boom der Finanzdienstleistungen. 2008 waren die Assets der Banken zehn Mal so hoch wie das BIP des Landes. Das garantierte praktisch, dass früher oder später das Schlimmste passieren würde.

Wenn man ein wenig nachdenkt, wird klar, dass diese Erklärung zu kurz greift. Die Privatisierung des Fischfangs begann schon in den 1970er-Jahren, der Handel mit den Quoten in den 1980er-Jahren. Aber erst 2003 lag der Anteil der Banken-Assets am BIP knapp über dem in den USA.[403]

Dann stiegen die Bilanzvolumina der drei großen isländischen Banken von 2004 bis Mitte 2008 mit einem kumulativen Faktor von 8. Diesen Boom trieb nicht ein verschrobener Nationalcharakter an, sondern greifbare politische Entscheidungen. Die wichtigsten von ihnen betrafen die Privatisierung und Deregulierung der Banken. 1994 trat Island der Europäischen Freihandelszone bei, um seine Position in den Verhandlungen über Fischereirechte zu stärken. Als Mitglied der Freihandelszone musste es allerdings seine Kontrolle über die Kapitalströme lockern. Folglich war es nicht mehr möglich, die Zinsen auf Bankeinlagen niedriger zu halten als in anderen Ländern. Das erzwang die Deregulierung der Zinsen, was wiederum der Deregulierung der Banken Auftrieb verlieh.

Auch die Ideologie spielte eine Rolle. In den 1990er-Jahren stieg eine neue Generation libertärer Politiker auf, die sich gegen das gemütliche, vom Staat organisierte System der kleinen Insel wendeten und für radikale Liberalisierung eintraten. Zu diesen Politikern gehörte Davíð Oddsson von der konservativen Unabhängigkeitspartei. Er war von 1991 bis 2004 Premierminister, bis Ende 2005 Außenminister und dann Gouverneur der Zentralbank von 2005 bis 2009; und Hannes Hólmstein Gissurarson, Professor für politische Wissenschaften an der isländischen Universität und Hayek-Schüler. Er hatte früher über Fischereimanagement geschrieben und 1992 ein Buch veröffentlicht, in dem er beschrieb, wie Island zu einem globalen Finanzzentrum werden könnte. Es war eine Eigenheit des isländischen Nationalcharakters, in der vorherrschenden politischen

Ideologie rasch zwischen den Extremen der Unbeweglichkeit und des Libertären zu wechseln. Und so geschah es nach der Krise auch wieder.

Unterstützung für die libertären Argumente dieser jungen Rebellen ergab sich aus einer Gegenreaktion auf die übermäßig engen Verbindungen zwischen der isländischen Regierung und den Unternehmen. Und auch aus Klagen, dass die Vetternwirtschaft, die in der Island eigenen, abgemilderten Version allgegenwärtig war, und dass die Lösung darin bestand, die Regierung aus dem Geschäftsleben herauszuhalten. Der Kernpunkt des Programms war die Privatisierung von drei staatlichen Banken: Landsbanki, Íslandsbanki, die später in Glitnir umbenannt wurde, und Búnadarbanki, die später von der kleineren Bank Kaupthing aufgekauft wurde und dann deren Namen trug. Aber Privatisierung und die Liberalisierung garantierten für sich allein leider noch keine Verringerung der Rolle des Staats. Und Island würde sich schon gar nicht auf wundersame Weise in ein Finanzzentrum der Weltklasse verwandeln. In einem Land mit weniger als 300.000 Einwohnern waren die inzestuösen Verbindungen zwischen den politischen Eliten und den Managern der Unternehmen noch längst nicht abgeschafft. Ganz im Gegenteil. Es gab sogar noch mehr Spielraum für ihre Operationen.

Wie dem auch sei: Der Glaube an eine sanfte Regulierung, welche die Politik im Vereinigten Königreich und in den USA geprägt hatte, fand in Island begeisterte Aufnahme. Die Geschwindigkeit der Umstellung bedeutete, dass die Eigentümer oder Manager der bis vor Kurzem öffentlichen Finanzinstitute keine Erfahrung aus erster Hand hatten, wie gründlich die Dinge schiefgehen konnten. Die Regulierungsbehörden waren hoffnungslos unterbesetzt, ähnlich wie die SEC in den USA.

Die drei großen isländischen Banken konnten nun an ausländischen Märkten Kredite aufnehmen und das taten sie völlig hemmungslos. Sie verwendeten ausländisches Kapital dazu, eine Welle von Zukäufen vorzunehmen, hauptsächlich in Skandinavien und im Vereinigten Königreich. Für sich allein genommen, machte dies Island nicht zu einem außergewöhnlichen Fall. Auch in anderen Ländern, nicht zuletzt in Deutschland, verließen sich die Banken auf ähnliche Finanzierungsmaßnahmen und unternahmen umfangreiche Zukäufe.[404] Island wurde wegen einiger anderer Merkmale zu einer Ausnahme und extrem riskant.

Zunächst blähten sich die Bilanzen der Banken wegen ihrer aggressiven Engagements im Ausland und insbesondere durch das rapide Wachstum der Konten von IceSave und Kaupthing Edge auf. Das Resultat war ein enormes Bankensystem inmitten der Wirtschaft einer winzigen Insel. Entweder war es der Traum der Politiker und Banker von Island als internationalem Finanzzentrum – oder es war ein zur Realität gewordener Albtraum.

Hinzu kam: Mehr als 70 Prozent aller Verbindlichkeiten der drei großen Banken Kaupthing, Landsbanki und Glitnir lauteten auf Fremdwährungen. Die Banken behaupteten, dass sie die Risiken von Krediten in Dollar, Pfund und Euro verantwortungsvoll managten, indem sie Kredite an Firmen und Haushalte in eben diesen Ländern in deren Währungen vergaben. Damit ignorierte man natürlich das Risiko, dass der Wechselkurs der eigenen Landeswährung sinken könnte. In diesem Fall wären isländische Firmen und Haushalte mit Einkommen in isländischen Kronen nicht mehr in der Lage, ihre auf ausländische Währungen lautenden Kredite zu tilgen.

Eigentlich war klar, dass Kreditbestände nicht derart anschwellen konnten, ohne dass man Kompromisse hinsichtlich der Qualität eingehen musste. Die Banken waren dazu ermächtigt, großzügig Kredite gegen Immobiliensicherheiten zu vergeben, deren Wert sich seit 2003 verdreifacht hatte, sowie gegen Unternehmensanteile, deren Wert um den Faktor fünf gestiegen war. Um es einmal zurückhaltend zu formulieren: Es war zweifelhaft, ob dieses Niveau von Dauer sein konnte. Die Banken hielten keine nennenswerten Absicherungen. Viele ihrer Kredite hatten sie an Insider vergeben, die sie dazu nutzten, zusätzliche Aktien ihrer eigenen Banken zu kaufen und andere Akquisitionen zu finanzieren.

Dann kamen Fragen auf und die Aktien der Banken gerieten unter Druck. Was wollte eine sturmumtobte Insel vor der Nordwestküste Europas mit einem Bankensystem bezwecken, dessen Volumen das Achtfache des BIP betrug, und konnten Bankbilanzen, die derart angeschwollen waren, eine globale Wirtschaftskrise überstehen? Die Eigentümer der Banken reagierten, wie Clarence Hatry, Bernard Marcus und Albert Oustric vor ihnen, indem sie Aktien der eigenen Firmen kauften. Eigentlich kauften sie sich Zeit, um Hinweise auf eine Insolvenz zu vermeiden. Ab Mitte 2007 kaufte Kaupthing eigene Aktien, wenn der Kurs sank, und konnte das auch tun, ohne dabei als Käufer identifiziert zu werden. Die Bank bot Scheich Mohammed Bin Khalifa Bin Hamad al-Thani aus Katar einen Unternehmensanteil von 5 Prozent an und gab dem Scheich eine Garantie gegen Verluste. Die Glitnir Bank vergab hohe Kredite an ihren wichtigsten

Anteilseigner, die Baugur Group, die diese dazu verwendete, ihren Aktienanteil an der Bank zu verdoppeln.[405] 2013 wurden vier Verantwortliche von Kaupthing, unter ihnen der CEO und Vorsitzende des Verwaltungsrats, wegen Betrug im Zusammenhang mit den Katar-Transaktionen zu fünf Jahren Gefängnis verurteilt. Untersuchungen zu anderen Transaktionen bei Kaupthing und den beiden anderen großen isländischen Banken sind noch nicht abgeschlossen. Wie die gesetzliche Beurteilung auch aussehen mag – diese Transaktionen zeigten, wie verzweifelt die Eigentümer der Bank – die nun auch deren Manager waren – versuchten, sich im Kampf ums Überleben Zeit zu kaufen.[406]

Schon 2006 gab es von etlichen Investmentbanken negative Kommentare über das isländische Finanzsystem. Es ging darin um ein bedenkliches Überkreuz-Eigentum zwischen den Banken, ihren Großaktionären und Kunden. 2007 kam ein Flugzeug voller Geldmanager, die Barclays nach Reykjavik geschickt hatte, mit großen Sorgen über das Finanzsystem des Landes zurück, das hauptsächlich von Fremdkapital abhängig war. Als sie davon erfuhr, begann eine Gruppe von 50 Makro-Hedgefonds unter der Führung von Drobny Global Advisors aus Manhattan Beach, Kalifornien, die isländische Krone und die ganze Finanzorganisation Islands leerzuverkaufen. Fitch war wieder einmal zu spät dran und setzte das Rating der isländischen Banken 2008 herab.

Was folgte, kam also nicht völlig unerwartet. Am Donnerstag, dem 25. September 2008, als es Unruhen an den amerikanischen und europäischen Finanzmärkten gab, informierte Glitnir, die kleinste der drei großen isländischen Banken, die isländische Zentralbank, dass sie die Tilgung eines am 15. Oktober fällig werdenden Kredits nicht leisten könnte. Glitnir war nach der mit Gold und Silber verzierten Halle Forsetis benannt, des nordischen Gottes des Rechts und der Justiz – aber egal. Ihre Bilanz war durch sinkende Asset-Preise belastet und die Bank hatte den Zugang zum Geldmarkt verloren. Eine große staatliche deutsche Bank, die Bayerische Landesbank, weigerte sich, Kredite im Volumen von 150 Millionen Euro zu verlängern, und Glitnir konnte sich aus anderen Quellen kein Geld besorgen.[407] Am folgenden Wochenende beriet die Zentralbank Islands darüber, Glitnir einen Kredit von 600 Millionen Euro zu gewähren, kam aber zu dem Fazit, dass Glitnirs Sicherheiten unzureichend waren. Glitnir war effektiv insolvent. Um den Zusammenbruch der Bank zu verhindern, kündigte die Regierung ihre Absicht an, ihr über die Zentralbank eine Spritze im Umfang von 600 Millionen Euro an neuem Kapital zukommen zu lassen, was letztlich die Verstaatlichung Glitnirs bedeutete.[408]

Es gab nur ein Problem: 600 Millionen Euro waren für eine kleine Volkswirtschaft eine enorme Summe. Mit anderen Worten: Es war nicht klar, woher die Behörden dieses Geld nehmen wollten. Auf die Verhältnisse in den USA übertragen wären das 700 Milliarden Dollar gewesen, was dem Umfang des gesamten TARP-Programms entsprach. Und in Island sollte dies nun für eine einzige Bank aufgebracht werden, die noch nicht einmal die größte des Landes war. Ganz zu schweigen von den weiteren Problemen: Die Tilgung der in ausländischen Währungen aufgenommenen Kredite, die bald fällig wurden, überforderte die Devisenreserven der Zentralbank.

Wenn sie es nicht schon zuvor getan hatten, dann gab es für die Investoren jetzt allen Grund, sich Gedanken über das isländische Bankenmodell zu machen. Am Dienstag, dem 30. September, setzte Fitch das Rating der drei großen isländischen Banken herab und erwähnte in diesem Zusammenhang deren Abhängigkeit von der Finanzierung am Geldmarkt, die schnelle Expansion in ausländische Märkte und die Möglichkeit einer harten Landung der isländischen Wirtschaft.[409] Weil sie an der Angemessenheit der staatlichen Unterstützung zweifelten, beeilten sich die Investoren, ihre Einlagen nicht nur bei Glitnir, sondern auch bei Kaupthing und Landsbanki abzuziehen.

Es war auch nicht hilfreich, dass Landsbanki Kredite aufgenommen hatte, um den Kauf von Anteilen der nun zahlungsunfähigen Glitnir seitens der Eigentümer zu finanzieren. Der scharfe Einbruch des Wechselkurses wegen der Nachricht über Glitnirs Probleme brachte auch keine Entlastung, denn das schürte Zweifel an den Kreditbüchern von Kaupthing und Landsbanki. Die EZB hatte an die luxemburgischen Tochterunternehmen der drei Banken Kredite vergeben, die mit auf isländische Kronen lautenden Sicherheiten ausgestattet waren. Nun verlangte sie zusätzliche Sicherheiten.[410] Das Ende kam, als die britische Finanzaufsicht Kaupthings Tochtergesellschaft im Vereinigten Königreich anwies, in London liquide Mittel zu halten, die 95 Prozent ihrer Verbindlichkeiten aus den Edge-Konten entsprachen. Somit konnte die Tochter dem Mutterunternehmen bei dessen Liquiditätsproblemen nicht mehr beistehen.

Innerhalb weniger Tage brachen alle drei großen isländischen Banken zusammen. Zuvor war es unklar gewesen, ob die Regierung in der Lage war, Glitnir mit frischem Kapital auszustatten. Jetzt war noch viel weniger klar, wie sie die drei Großbanken retten sollte, deren summierte Verbindlichkeiten dem Achtfachen des Nationaleinkommens entsprachen. Geld zu drucken war keine praktikable Antwort, denn das würde nichts an der Tatsache ändern, dass der weit überwiegende Teil aller Verbindlichkeiten der Banken auf Dollar, Euro oder Pfund lautete.

Das führte zu Verlusten bei den Gläubigern der Banken. Am 6. Oktober 2008, dem Tag vor dem Bankrott von Landsbanki, beschloss das Althing, also das isländische Parlament, die Konteneinlagen aller inländischen Anleger zu garantieren.[411] Aber diese Maßnahme betraf natürlich nicht die anderen Gläubiger der Banken, seien es institutionelle Investoren, die Anleihen der Banken hielten, oder Haushalte in Großbritannien und den Niederlanden, die Konten bei IceSave oder Kaupthing Edge hatten. Die Folgen waren klar, als die Regierung Landsbanki zum einen in ein neues, verstaatlichtes Unternehmen aufteilte, dessen isländische Assets teilweise mit früher aufgenommenen Krediten aus dem Ausland finanziert wurden, und zum anderen in die »alte« Landsbanki, deren Assets nur einem Bruchteil ihrer Verbindlichkeiten entsprachen.

Der Zusammenbruch der Banken war ein Schock für Islands Selbstbild. Vor allem schockierte er die Gläubiger der Banken. Der auffälligste von ihnen war der Popstar Bubbi Morthens. Zumindest lokal als isländischer Bruce Springsteen bekannt, war ihm nur Björk als isländische Pop-Ikone voraus. Zwar hieß eine seiner Bands »Das Kapital«, aber er war dem Beispiel David Bowies gefolgt und hatte seine Tantiemen verbriefen lassen. Leider hatte er das Pech, dass er sie von Glitnir verbriefen ließ und seine Einkünfte dann auch noch in Wertpapiere der Bank investierte. Die Meinung, es sei sinnvoll, die Einnahmen aus Musiktantiemen in eine nicht abgesicherte Wette bei einer mit massivem Fremdkapitaleinsatz arbeitenden Bank zu investieren, war kennzeichnend für die in Island vorherrschende Überzeugung, der Weg zum Reichtum führe über Finanzinvestitionen. Nach Glitnirs partieller Verstaatlichung verloren Morthens Anteile 85 Prozent ihres Werts. Als klar wurde, dass die Bank pleite war, wurden sie wertlos. Morthens gab dann eine Reihe von Konzerten, bei denen er die Notlage der Gläubiger dramatisierte. Er klang traurig dabei.

Islands Einlagensicherungsfonds garantierte Guthaben, auch die bei Landsbankis IceSave und Kaupthings Edge-Accounts, bis zu einer Höhe von 20.877 Euro pro Kunde und Bank, wie es die europäische Gesetzgebung vorschrieb, die den Banken gestattete, in ganz Europa ihre Geschäfte zu führen.[412] Aber das war ein schwacher Trost, wie Shakespeare es formuliert hätte und was Island betraf, weil die Ressourcen für die Garantien einfach nicht vorhanden waren. Die Zahlungen in den Garantiefonds basierten auf den Einlagen am Ende des Vorjahrs und das war unzureichend in einer Zeit, als die Einlagen exponentiell wuchsen. Wie auch immer: Die Architekten des Garantiefonds hatten den kompletten Zusammenbruch des Finanzsystems nicht vorhergesehen.

Britische Privatanleger hatten sich über solche Details vielleicht nicht den Kopf zerbrochen, aber auf die Bank of England und die Financial Services Authority (FSA) traf das nicht zu. Am Freitag, dem 3. Oktober 2008, übernahm die FSA praktisch die britischen Operationen von Landsbanki und Kaupthing. Sie übertrug deren Finanzmittel auf Treuhandkonten bei der Bank of England und wies die isländischen Mutterunternehmen an, mehr Geld auf diese Konten zu überweisen. Am folgenden Dienstagvormittag informierte der isländische Finanzminister Árni M. Mathiesen seinen britischen Kollegen Alisdair Darling, dass die Regierung Islands, die nun de facto Eigentümerin der Banken war, sich nicht in der Lage sah, die entsprechenden Geldsummen aufzubringen.

Mathiesens Antwort war keine große Überraschung, denn die IceSave-Konteneinlagen britischer Investoren entsprachen fast zu 50 Prozent dem BIP Islands. David Oddsson bemerkte hierzu, die Kinder und Enkel der Isländer derart zu belasten sei »von anderen Leuten verursachte Sklaverei.«[413] Zu diesen »anderen Leuten«, auf die Oddsson anspielte, zählte er sich selbst natürlich nicht, aber andere isländische Banker, britische Anleger, die der Verlockung verdächtig hoher Zinsen nicht widerstehen konnten, und eine britische Regulierungsbehörde, die nichts getan hatte, um sie zurückzuhalten.

Die Website der britischen Operationen von IceSave war bereits überlastet. Lansdsbanki schloss sie am 7. Oktober 2008 und ließ ihre Investoren im Stich. Dies führte zu einem der demütigendsten Kapitel im Rahmen dieser Krise, weil die britischen Behörden auf der Grundlage der Gesetze gegen Terrorismus und Verbrechen Landsbankis Assets in Großbritannien beschlagnahmten, um den Kunden Schutz zu gewähren. Das Gesetz zur Bekämpfung des Terrorismus war in der Zeit nach dem 11. September 2001 verabschiedet worden und sollte den britischen Sicherheitsbehörden erleichtern, gegen gewalttätige Ausländer vorzugehen. Die Entschädigung der Inhaber von Internet-Konten war wohl nicht das, was die

Parlamentarier damals im Sinn hatten. Wie dem auch sei: Gordon Brown verwendete dieses Gesetz nun dafür, die Öffentlichkeit zu beruhigen.

Island wurde in eine Reihe mit Al-Quaida, den Taliban, Sudan, Nordkorea und Iran gesetzt. Banktransaktionen zwischen Island und anderen Ländern wurden eingefroren, der Aktienmarkt wurde geschlossen. Das galt auch für den Devisenmarkt, was die isländische Zentralbank dazu zwang, ausländische Währungen nur gegen den Nachweis dringenden Bedarfs auszugeben. Für die zornigen Isländer sah das alles aus wie eine Wiederholung der »Kabeljaukriege«, des Streits um Fischereirechte mit dem Vereinigten Königreich in den 1960er- und 1970er-Jahren. Etwa 20 Prozent aller Isländer unterzeichneten eine Online-Petition, in der gegen die Entscheidung der britischen Regierung protestiert wurde. Tausende Isländer veröffentlichten Selbstporträts im Internet. Jeder hielt ein handgeschriebenes Plakat in den Händen, auf dem stand: »Ich bin kein Terrorist, Mr. Brown.«[414]

Als Großbritannien 2009 den Vorsitz über die G20 führte, versuchte Brown, sich als Architekt der internationalen Kooperation zu positionieren. Mit dieser Aufgabe hatte er viel zu tun.

Teil III
Auf dem Weg zu besseren Zeiten

Kapitel 15
Wiederbelebung oder Reform

Am 4. März 1933, einem kalten und stürmischen Tag, fand die Amtseinführung von Franklin Delano Roosevelt als 32. Präsident der USA statt. Die Umstände waren außergewöhnlich, weil man Sicherheitskräfte mit automatischen Waffen an der Strecke vom Weißen Haus zum Capitol Hill platziert hatte. Drei Wochen zuvor hatte ein arbeitsloser Maurer ein Attentat auf Roosevelt verübt. Dabei wurden fünf Unbeteiligte verletzt; einer davon sogar schwer, und zwar Anton Cermak, der Bürgermeister von Chicago. Der neu gewählte Präsident hatte eine Rede im Bayfront Park in Miami gehalten nach einer Kreuzfahrt auf Vincent Astors Yacht. Cermak war gekommen, um sich dafür zu entschuldigen, dass er bei der Nominierungsversammlung gegen ihn opponiert hatte, und auch, weil er um Hilfe für die Banken in Chicago werben wollte. Der Attentäter Giuseppe Zangara erklärte später: »Zuerst töte ich Könige und Präsidenten, dann alle Kapitalisten.«[415]

Aber die Platzierung der Maschinengewehrnester am Eingang der Regierungsgebäude war ein Anzeichen, dass sie weniger den neuen Präsidenten als das Staatseigentum gegen die Besetzung durch die Massen der Arbeitslosen schützen sollten. Die Ereignisse von 1932 gaben Grund zur Sorge, wenn auch nicht unbedingt zur Erwartung, dass es am Tag der Amtseinführung Attacken auf staatliche Gebäude geben könnte. Bei Demonstrationen der Arbeiter, von denen einige durch kommunistisch beeinflusste Arbeitslosenräte organisiert wurden, verlangte man Hilfsleistungen und einen Stopp der Entlassungen. Folglich war Bürgermeister Cermak gezwungen, einige Kürzungen der städtischen Hilfsleistungen zu widerrufen.[416] Im Dezember versammelten sich etwa 3000 Arbeitslose zu einem »Hungermarsch« durch die Pennsylvania Avenue in Washington, D. C.

In den Monaten zwischen der Wahl und der Amtseinführung verschlechterte sich die wirtschaftliche Situation weiter. Am 4. März 1933 waren Banken in 37 Bundesstaaten entweder geschlossen oder unterlagen staatlichen Restriktionen, was die Abhebung von Guthaben betraf.[417] In Panik geratene Haushalte kürzten ihren Konsum, die Produzenten erhielten keine Kredite und die Industrieproduktion fiel auf zwei Drittel des Durchschnitts zwischen 1925 und 1929. Die Warentransporte sanken um 56 Prozent. Die Autoproduktion erreichte kaum ein Viertel des Niveaus von 1929. Am Tag der Amtseinführung schloss Herbert Lehman, Roosevelts Nachfolger als Gouverneur, um 02:30 Uhr morgens die New Yorker Banken. Erst zum dritten Mal in ihrer Geschichte blieb die Börse geschlossen. Erstmals war dies wegen einer Finanzpanik 1873 passiert und dann beim Ausbruch des Ersten Weltkriegs. Man könnte sagen, dass dies der erste Lehman-Moment an der Wall Street war.

Mit dieser Situation war der neue Präsident konfrontiert. Natürlich gab es die Kritik vonseiten Präsident Hoovers und anderer, Roosevelt habe die prekäre Situation selbst verschuldet. Hoover hatte seinen Nachfolger um Hilfe zur Stabilisierung des Bankensystems gebeten. Roosevelts Verweigerung einer Zusammenarbeit beraubte den scheidenden Präsidenten bis zu dessen letzten Tagen im Amt der verbliebenen Legitimität oder zumindest seines Willens, zu agieren.

Insbesondere glaubte Hoover, Roosevelts Unwilligkeit zur Unterstützung des Goldstandards habe die Vertrauenskrise entfacht. Die späteren Ereignisse bestätigen diese Sicht der Dinge nicht. Roosevelt brauchte noch sechs Wochen, um seine Position zum Goldstandard zu klären, aber nur wenige Tage, um das Vertrauen in die Banken wiederherzustellen. Hoover war immer noch von der Notwendigkeit überzeugt, diese Quelle der Unsicherheit zu beseitigen. Daher versuchte er, den neu gewählten Präsidenten in eine Position zugunsten des Goldstandards zu zwingen.[418] Roosevelt ließ sich aber nicht festlegen. Er hatte sich vielleicht noch nicht gegen die Aufrechterhaltung des Goldstandards entschieden, aber er wollte sich alle Optionen offenhalten.

Außerdem wussten Roosevelt und seine Berater, dass sie die Bedingungen für jeden Bankfeiertag mit Hoover und seinen Leuten hätten verhandeln müssen. Und vor dem 4. März 1933 hatten sie nicht die nötige Amtsgewalt, um ihre Vorstellungen durchzusetzen. Folgende Interpretation ist eher im Sinn Machiavellis: Je schlechter die Situation am 4. März war, für desto mehr Probleme konnte man Hoover die Schuld zuweisen und desto positiver würde die Reaktion auf die Initiativen seines Nachfolgers ausfallen.

In der Rede bei seiner Amtsübernahme versuchte Roosevelt zu erklären, dieser Tag markiere nicht nur den Beginn einer neuen Administration, sondern auch den Beginn eines neuen Zeitalters der Hoffnung und des Handelns. Wie dieses Handeln aussehen würde, war allerdings nicht sicher. Zum Teil deshalb, weil man nicht wusste, auf wen der Präsident hörte. Was die Wirtschaft betraf, konsultierte Roosevelt drei Gruppen von Beratern.[419] Die erste war ein Team progressiver Denker unter der Leitung des Juraprofessors Felix Frankfurter aus Harvard, der ihn praktisch von dem Moment an beraten hatte, als er auf der nationalen Bühne auftauchte. Ihre Bekanntschaft ging auf den Ersten Weltkrieg zurück, als beide führende Positionen in der Armeeverwaltung innehatten. Frankfurter und seine Schüler waren Vertreter einer ökonomischen und politischen Philosophie, die Louis Brandeis entwickelt hatte, Richter am Obersten Gerichtshof. Brandeis' Anliegen war, die konzentrierte ökonomische und politische Macht der »Räuberbarone« einzuschränken. Dieses Problem wurde mit der Entwicklung des Fließbands und von Industriegiganten wie Ford und General Motors dringlicher.[420] Brandeis' Anhänger leugneten, dass die großen Firmen Effizienzvorteile hatten, und das durften sie auch tun, denn schließlich waren sie ja keine Ökonomen, sondern Juristen. Sie schwärmten für die kleinen Familienfirmen der Vergangenheit, das städtische Äquivalent einer Demokratie im Sinn Jeffersons, die sie nun wiederzubeleben versuchten, indem sie große Unternehmen regulierten.

Es ging ihnen eher um eine Reform als um eine wirtschaftliche Erholung und sie sahen die Depression als Chance, ihre Agenda voranzubringen. Nicht wenige der regulatorischen Lasten, die der New Deal der Industrie auferlegte und über die sich die Unternehmen so stark beklagten, waren das Resultat der fiebrigen Gehirne Frankfurters und seiner Anhänger.[421] Im Dezember 1933 veröffentlichte der britische Ökonom John Maynard Keynes einen offenen Brief, in dem er der Roosevelt-Administration vorwarf, Reformen seien ihr wichtiger als eine Erholung der Wirtschaft. Ob ihm das klar war oder nicht: In Wirklichkeit kritisierte Keynes die Anhänger von Brandeis. Und auch Roosevelt, weil er auf sie hörte.[422]

Eine zweite Beratergruppe bestand aus Professoren an der Columbia University, darunter der Ökonom Rexford Tugwell, der Spezialist für Unternehmensrecht Adolph Berle und der Politikwissenschaftler Raymond Moley. Die Gründungsmitglieder dieser Gruppe hatten Roosevelt während seines Wahlkampfs beraten. Im Gegensatz zu Frankfurters Zirkel akzeptierten sie die Unvermeidlichkeit großer Unternehmen, wollten ihnen aber mit Maßnahmen des Regierens begegnen.[423] Allgemeiner gesagt: Die Mitglieder dieser Gruppe traten für eine stärkere Rolle der Regierung bei der Organisation der Wirtschaftstätigkeit ein, weil sie, unter den gegebenen Umständen völlig logisch, zu dem Fazit gelangt waren, dass man diesbezüglich nicht auf den Markt vertrauen konnte.

Gemäßigtere Mitglieder der »Brain Trusts« glaubten, der Markt sei nur vorübergehend kollabiert, und traten daher auch nur für einen zeitweise stärkeren Einfluss der Regierung ein. Manche, wie Tugwell, sahen den Zusammenbruch allerdings als Ergebnis tiefer reichender Probleme und rechtfertigten einen permanenten Einfluss der Regierung auf die Planung der Wirtschaft. Auch diese Schlussfolgerung war nicht unlogisch angesichts des Ausmaßes der Depression und der damit verbundenen Erschütterungen. In deren Sicht: die Dringlichkeit zur Förderung einer wirtschaftlichen Erholung, kombiniert mit einer weitreichenden Strukturreform, um Vorschläge zur Regulierung der Löhne und Preise und zur Reduzierung der landwirtschaftlichen Anbauflächen anzuregen. Der National Industrial Recovery Act (NIRA) und der Agricultural Adjustment Act waren weitreichend von dieser zweiten Beratergruppe beeinflusst.

Eine dritte Gruppe bestand aus Inflationisten, angeführt von George Warren, einem Agrarökonomen von der Cornell University, unterstützt von Henry Morgenthau, einem Großfarmer und Nachbarn Roosevelts. Morgenthau war früher Herausgeber des *American Agriculturalist Magazine*. Auf seiner Farm baute er Weihnachtsbäume an. Er wurde Finanzminister, weil sich William H. Woodin, der ursprüngliche Favorit Roosevelts, aus gesundheitlichen Gründen zurückziehen musste.[424] Als Roosevelt 1929 Gouverneur von New York wurde, gründete er eine landwirtschaftliche Beratungsbehörde mit Morgenthau als deren Leiter und Warren als Mitarbeiter. Diese waren Spezialisten in einem Sektor, in dem es schon in den 1920er-Jahren einen Angebotsüberhang gab und wo die Preise zwischen 1929 und 1933 am schnellsten fielen. Warren und seine Mitarbeiter versuchten, ihre Erfahrungen aus der Landwirtschaft auf die gesamte Volkswirtschaft zu übertragen. Sie sahen eine Steigerung der Preise und der Löhne als geeignetes Mittel, die Schuldenlast zu lindern. Und wenn es nötig war, dafür den Goldstandard aufzugeben, dann war es eben so.

Warrens agrozentrische Ansichten wurden in gewisser Weise von den Yale-Ökonomen James Harvey Rogers und Irving Fisher unterstützt.

Rogers war ein Experte für den Goldstandard und konnte mit Autorität über dessen deflationäre Auswirkungen sprechen. Fisher durfte Roosevelt offiziell nicht beraten wegen seiner berüchtigten Bemerkung von 1929, der Aktienmarkt habe nun ein »dauerhaft hohes Niveau« erreicht, von seinem Eintreten für Eugenik und seiner Unterstützung der Prohibition ganz zu schweigen. 1933 veröffentlichte er allerdings einen Artikel über Schuldendeflation, in dem er argumentierte, sinkende Löhne und Einkommen könnten die Wirtschaft weiter schädigen, weil sie die Rückzahlung bereits existierender Schulden schwieriger machten, und damit lieferte er Argumente für Warrens Ansichten.[425]

Die wichtigste Aufgabe war die Überwindung der Bankenkrise. Die Anhänger von Brandeis favorisierten die Verstaatlichung der Banken, wie es in jüngerer Vergangenheit auch progressive Ökonomen wie Paul Krugman und Joseph Stiglitz taten.[426] Gleiches galt für die progressiven Senatoren Bronson Cutting aus New Mexico und Robert La Follette junior aus Wisconsin. Aber Roosevelt zögerte, ebenso wie Barack Obama 2009. Zahlreiche Banken zu übernehmen und deren Management durch vom Staat ernannte Verwalter zu ersetzen würde viel Zeit erfordern und Zeit war ein knappes Gut. Die Aufwendung staatlicher Gelder wäre für einen Präsidenten problematisch gewesen, der sich dazu verpflichtet hatte, den Staatshaushalt ins Gleichgewicht zu bringen. Privaten Kontakt hatte Roosevelt mit prominenten Investoren und Finanziers wie Vincent Astor. Thomas Lamont, der Partner von J. P. Morgan, hatte kurz zuvor Roosevelts Stadthaus in der 12. Straße angemietet. Obwohl er gegen die Geldwechsler »in ihrer hohen Stellung im Tempel der Zivilisation« wetterte, arbeitete der neue Präsident lieber mit den Bankern als gegen sie.[427]

Folglich unterschied sich Roosevelts Methode zur Lösung der Bankenkrise nicht wesentlich von der Methode Hoovers. Schon am Freitagabend vor der Amtseinführung traf sich der scheidende Finanzminister Mills mit Professor Moley und seinem designierten Nachfolger Woodin.[428] Da Moley und Woodin keine eigenen Ideen hatten und dem neu gewählten Präsidenten versprochen hatten, binnen weniger Tage einen Plan zur Rettung der Banken vorzulegen, übernahmen sie einfach die Pläne ihrer Vorgänger. Möglicherweise war der New Deal ein berühmtes Experiment, aber in diesem Bereich gab es nichts Experimentelles.

Roosevelt setzte am Sonntag, dem 5. März, seinem ersten vollen Tag im Amt, alle Goldtransaktionen aus und ordnete eine viertägige Schließung der

Banken an. Dabei berief er sich auf den Trading with the Enemy Act. 2008 handelte Gordon Brown ähnlich, indem er sich auf die britischen Antiterrorismusgesetze berief. Auch Hoover hatte das schon erwogen. Der scheidende Präsident empfahl Roosevelt bei einem Treffen im Weißen Haus am 3. März sogar, sich auf den Trading with the Enemy Act zu berufen.[429]

Dann berief Roosevelt den Kongress zu einer Dringlichkeitssitzung ein, wobei er seinem Team drei Tage gab, die Pläne fertigzustellen. Obwohl der Emergency Banking Act, den man dem Repräsentantenhaus und dem Senat zur Begutachtung vorlegte, kaum umfangreicher war als das dreiseitige Memorandum, das Finanzmister Paulson 2008 vorlegte, wurde er ganz anders aufgenommen.[430] Das Repräsentantenhaus akzeptierte den Gesetzesvorschlag schon nach 40 Minuten. Der Senat akzeptierte ihn drei Stunden später mit einer überwältigenden Mehrheit von 73 zu 7. Der Präsident unterzeichnete das Gesetz noch in derselben Nacht.

Titel I des Gesetzes legalisierte die vorübergehende Schließung von Banken. Das hatte schon Hoover empfohlen, als das Justizministerium unsicher war, wie es mit dem Trading with the Enemy Act umgehen sollte.[431] Titel II ermächtigte den Finanzminister, finanziell gesunde Institute wieder zu eröffnen und Banken mit Problemen einer staatlichen Aufsicht zu unterstellen.[432] Auch das hatte schon die Hoover-Administration vorbereitet. Titel III ermächtigte das Finanzministerium, die Reconstruction Finance Corporation zu instruieren, Finanzinstituten im Tausch gegen Vorzugsaktien Kapital zur Verfügung zu stellen. Das ersetzte die Vorschrift im RFC-Act, die dem Institut zwar erlaubte, illiquiden Finanzinstituten Kredite zu gewähren, aber nicht Kapital zuzuschießen. Das hatte die Rettung von Henry Fords Guardian Group verhindert. Schon Präsident Hoover war dies von Franklin Fort, einem früheren republikanischen Mitglied des House Banking and Currency Committee, empfohlen worden. Und schließlich: Titel IV, der den Federal Reserve Act insofern abänderte, als die Anforderungen an die Sicherheiten für Kredite an illiquide Banken gelockert wurden. Zu diesem Zweck durfte die Federal Reserve nun spezielle Mittel zur Verfügung stellen, die von ihren üblichen Verpflichtungen getrennt waren.

Die daraus folgende Gesetzgebung war zwar nicht originell, aber umfassend. Ob sie funktionierte, sollte sich recht schnell erweisen.

Am Wochenende nutzte der Präsident sein erstes Kamingespräch für eine vereinfachte Darlegung des Plans. Am Montag, als die Banken in den zwölf Federal-Reserve-Städten ihre Türen wieder öffneten, war die Krise vorbei. Die *New York Times* schilderte das so: »Im Gegensatz zu den »Anstürmen« vor dem Moratorium, als die Kunden ihre Einlagen abziehen wollten, gab es gestern einen »Ansturm« von Kunden, die ihr Geld einzahlen oder wieder einzahlen wollten. Die Banken berichteten von umfangreichen Einzahlungen und geringen Abhebungen. In allen Fällen hieß es, die Einzahlungen seien höher gewesen als die Abhebungen.«[433] Am Dienstag, als die Banken auch in anderen Städten wieder geöffnet waren, beschwerten sich Kunden darüber, wie schwierig es sei, überhaupt durch die Tür zu kommen, weil so viele andere Leute Geld einzahlen wollten. Der Kapitalismus wurde innerhalb von acht Tagen gerettet, wie Raymond Moley es so bescheiden formuliert hat.[434]

All das geschah vor jeder neuen Banken-Rekapitalisierung durch das RFC. Roosevelt fand kaum genug Zeit, um seinen Kandidaten Jesse Jones als Chef der Organisation einzusetzen.[435] Dennoch kehrte das Vertrauen in die Banken sofort zurück. Was sagt uns das über die Bankenkrise von 1933? Es legt nahe, dass die Krise hauptsächlich durch Panik verursacht wurde. Aber Panik kann nicht nur zu einer sich selbst erfüllenden Prophezeiung werden, sondern man kann sie auch mit einer Auszeit und einem beruhigenden Kamingespräch beilegen. Diese Auszeit, so haben es die progressiven Historiker Charles Beard und George Smith formuliert, wirkte so wie »eine Ohrfeige für eine grundlos hysterisch gewordene Person«.[436]

Dieses Kamingespräch war umso beruhigender, weil der neue Präsident in der Öffentlichkeit noch immer sehr beliebt war. Das wiederum legt nahe, dass es klug von Roosevelt war, jede Zusammenarbeit mit Hoover zu verweigern. Ein entsprechender Plan, von einem diskreditierten Präsidenten vorangetrieben, hätte nicht diesen Erfolg gehabt. Und nur ein frisch gewählter Präsident konnte einen derart weitreichenden Gesetzesantrag innerhalb weniger Stunden im Kongress durchsetzen.

Die umfassende Revision, von der im Emergency Banking Act die Rede war und von der Historiker in der Folgezeit sprachen, fiel in der Realität nicht besonders umfassend aus. Innerhalb von nur zwei Wochen war das ja auch kaum möglich. Im Rückblick auf seine Erfahrungen als Gouverneur der Federal Reserve Bank of Philadelphia beschreibt George Norris, wie er buchstäblich »mit Besuchen und Telefonanrufen von Bankern aus dem ganzen Distrikt belagert wurde, mit denen zu sprechen ich mich nicht weigern konnte«, nachdem er am 10. März 1933 von Finanzminister Woodin instruiert worden war, Maßnahmen zu treffen, um die Banken wieder zu öffnen. Norris erkannte sofort die Unmöglichkeit »in so kurzer Zeit die Situation von 700 oder 800 Banken sorgfältig zu prüfen. Und nur dies hätte mein Urteil gerechtfertigt, sie leben zu lassen oder zum Tod zu verurteilen.« Er bestimmte den Vorsitzenden seines Verwaltungsrats, den Chef der Bankenaufsicht seines Distrikts und den Chef seiner Aufsichtsbehörde, einen Mr. Hill, im Verlauf des bevorstehenden Wochenendes diese Entscheidungen zu treffen. »Es war eine delikate und schwierige Aufgabe, derart belastend und verantwortungsvoll, unter solchem Zeitdruck«, dass Mr. Hill einen Nervenzusammenbruch erlitt.[437]

Die umfassende Revision war zwar teilweise Schall und Rauch, aber die neuen Vollmachten des Federal Reserve System waren real und sie hatten auch sehr reale Auswirkungen. Der Banking Act ermächtigte die Fed, Schuldscheine und andere Verbindlichkeiten zu diskontieren, um sicherzustellen, dass die Banken in der Lage waren, die Bedürfnisse ihrer Kunden zu erfüllen. Das war noch keine Einlagensicherung, aber die implizite Garantie hatte so ziemlich den gleichen Effekt.[438] Das Versprechen, dass die Fed im Notfall Liquidität zur Verfügung stellen würde, beruhigte die Investoren. So kaufte man sich Zeit, um eine systematischere Evaluierung der Banken durchführen zu können, die sich über die folgenden Monate hinzog. Dann kam die Rekapitalisierung – also die Zuführung zusätzlicher Finanzmittel durch Privatinvestoren und das RFC.

Diese Lektionen mussten 2012 neu gelernt werden, als die Inhaber europäischer Staatsanleihen in Panik gerieten, aber von der EZB beruhigt wurden.[439] Ähnlich wie die Verpflichtung der Fed 1993 hätte das EZB-Programm eigentlich gar nicht aktiviert werden müssen. Schon die Ankündigung genügte, um die Anleger zu beruhigen. Zumindest verschaffte man sich auf diese Weise Zeit, um zusätzliche Stresstests durchzuführen und den Banken zusätzliches Kapital zu verschaffen.

Letztlich waren diese Maßnahmen sinnvoll. Schnell kehrte das Vertrauen zurück, dass der Plan in seiner Gesamtheit sinnvoll war: der Schutz insolventer Banken, die Verpflichtung, im Notfall Liquidität zur Verfügung zu stellen und, wenn nötig, die Rekapitalisierung mit staatlichen Mitteln. Alle diese Dinge waren schon vor Roosevelts Amtsübernahme bekannt. Man hätte sie nur umsetzen müssen. Diese Erfahrung lehrt, dass es gar nicht so schwierig ist, eine Bankenkrise zu bewältigen.

Die Sondersitzung des Kongresses zur Bewältigung der Bankenkrise erwies sich als so erfolgreich, dass Roosevelt bei dieser Gelegenheit auch gleich für die Legalisierung von Bier mit 3,2 Prozent Alkoholgehalt sorgte.

Und dann versuchte der Präsident, seine konservativen Bekenntnisse zum Ausgleich des Staatshaushalts aufzupolieren. In den vergangenen Jahren haben Roosevelts Kritiker stark das Wachstum der Staatsausgaben während seiner ersten Amtszeit betont. Die Defizite gehörten zu den höchsten der US-Geschichte, abgesehen von Kriegszeiten. Die Staatsverschuldung wuchs schneller als in Hoovers Amtszeit. Die Roosevelt-Administration finanzierte ambitionierte Projekte wie den Grand Coulee-Staudamm oder den Flughafen La Guardia. Manche Kritiker gingen so weit, zu argumentieren, die hohen Ausgaben seien die entscheidende Maßnahme des neuen Präsidenten gewesen, um seine Entschlossenheit zur Bewältigung der Depression zu signalisieren. Indem sie die vorherrschenden politischen Dogmen infrage stellten, zeigten sie an, dass Roosevelt eine andere Politik anstrebte.[440]

Das ist ein entlarvendes Beispiel dafür, dass Ökonomen in der Geschichte das sehen, was sie sehen wollen. In Wirklichkeit wollte Roosevelt die vorherrschenden politischen Dogmen nicht herausfordern, sondern sie aufrechterhalten. Er glaubte an ausgeglichene Budgets. Das war ein vorherrschendes politisches Dogma, an dem er ebenso festhielt wie Hoover.

Das Ziel des Präsidenten war, den Haushalt sofort, vollständig und notfalls auf dem Rücken seiner Unterstützer auszugleichen. Seine erste Botschaft an den Kongress nach der Bekanntgabe der Bankenschließung betraf die Ökonomie in der Regierung. »Drei lange Jahre war die Bundesregierung (der USA) auf dem Weg zum Bankrott«, sagte er feierlich.[441] Defizite sorgten für die Unsicherheit, die zur Bankenkrise führten. Da sie das Vertrauen zerstörten, trugen sie zum Anstieg der Arbeitslosigkeit bei. Um seine Absicht zu unterstreichen, ernannte Roosevelt Lewis Douglas zu seinem Budgetchef, einen Abgeordneten aus Arizona, der im Repräsentantenhaus der überzeugteste Verfechter eines ausgeglichenen Haushalts war. Mehr als einmal hatte Douglas vor den üblen Folgen gewarnt, sollte dies nicht erreicht werden. Seine Rhetorik hätte das Herz von Pete Peterson erwärmt, der im 21. Jahrhundert der stärkste Verfechter eines ausgeglichenen Haushalts ist.[442] Douglas warnte, sollte kein Budgetausgleich erreicht werden, würde dies »die Welt in die Dunkelheit stürzen«.[443]

Nach Douglas' Plan sollte der Ausgleich vollständig durch Kürzungen der Ausgaben erreicht werden.[444] Die Ausgaben für Verteidigung sollten um 8 Prozent niedriger ausfallen als geplant.[445] Das spricht dafür, dass Roosevelt angesichts des Einmarschs Japans in China und Hitlers Aufstieg dem Ausgleich des Haushalts Priorität einräumte. Die Löhne und Gehälter der Staatsangestellten wurden nicht nur eingefroren, sondern reduziert. Beim Militär wurden 20 Millionen, beim Zivilpersonal 105 Millionen Dollar eingespart. Die größte einzelne Einsparung betraf Pensionskürzungen beim Militär; diese Zahlungen würde man heute Sozialleistungen nennen. Nun wurden Ausgaben gespart, weil Veteranen mit Behinderungen, die sie sich nicht im Militärdienst zugezogen hatten, keine Zahlungen mehr erhielten.

Das war außergewöhnlich, weil behinderte Veteranen ohnehin schon zu denen gehörten, die von der Depression am stärksten betroffen waren. Wenn sie 1932 gewählt hätten, dann Roosevelt. Hoover hätte die Zahlungen an sie niemals kürzen können angesichts der Unruhen, die ausgebrochen waren, als die Demonstration der »Bonus Army« der Veteranen aus dem Ersten Weltkrieg, die in Anacostia kampierten, zerstreut wurde. Hoover hatte die Auflösung der Demonstration dem General Douglas MacArthur – mit Unterstützung von Major George S. Patton und Dwight D. Eisenhower – erlaubt.[446] Zwölf demokratische Senatoren, darunter James Couzens aus Michigan, widersetzten sich den Kürzungen, aber der Gesetzesantrag wurde mit überwältigender Mehrheit angenommen.

Es ist unklar, wie Roosevelt diese Verpflichtung zu einem ausgeglichenen Haushalt mit seinen anderen politischen Zielen vereinbaren wollte. Die Presse mutmaßte, dass er hoffte, seine vorhandenen Ressourcen besser zu nutzen, zum Beispiel die Rekrutierungsstellen der Armee zu verwenden, um die Arbeitslosen zu erreichen, sowie frühere Bereitstellungen für den Wasserkraftstaudamm und die Nitratfabrik in Muscle Shoals, Alabama, um öffentliche Arbeit zu fördern. Andere fragten, ob Roosevelt wirklich entschlossen war, den Haushalt auszugleichen. Sie behaupteten, er plane einen kreditfinanzierten Nothaushalt neben dem regulären Budget, um den Anschein eines Ausgleichs zu erwecken.

In Wahrheit befand sich Roosevelt im Zwiespalt. Er glaubte ehrlich an den Budgetausgleich. Aber nachdem er das auf dem Rücken der Arbeitslosen getan hatte, war er nicht bereit, dies noch einmal zu tun, wenn die Wirtschaftslage nur begrenzte Verbesserungen zeigte. Also expandierte der Nothaushalt, während ein New-Deal-Programm nach dem anderen beschlossen wurde.[447]

Dennoch schwächte all dies nicht Roosevelts Glauben an das Prinzip des ausgeglichenen Budgets. In seiner Haushaltserklärung 1935 betonte er: »Die Bundesregierung (der USA) muss und wird diese Erleichterungen stoppen.«[448] Er wiederholte diesen Appell, als sich der Kongress 1936 bereit zeigte, den Veteranen des Ersten Weltkriegs einen Bonus zu gewähren.[449]

Wenn also Roosevelts Fiskalpolitik ein »Systemwechsel« war, dann war dies ein Wechsel, der erst nach dem Ausbruch des Zweiten Weltkriegs überzeugte. Seine Defizite waren nicht beabsichtigt. Wie Keynes in seinem Brief vom Dezember 1933 gewarnt hatte, waren sie zu gering, um einen Unterschied auszumachen.[450]

Die Geldpolitik war wichtiger für die Veränderung der Zukunftsaussichten. Dies wurde noch nicht durch das Goldembargo vom 4. März entschieden, das den Banken verbot, Goldmünzen, Barren oder Zertifikate auszuzahlen, und Goldexporte nur erlaubte, wenn Minister Woodin sie genehmigt hatte. Roosevelt hatte keine andere Wahl, als das Embargo zu verhängen. Schon Hoover hätte das getan, wäre ihm der Wille zum Handeln nicht abhandengekommen. Die New Yorker Fed hatte kein Gold mehr. Hätten Ausländer Gold exportieren wollen, dann hätte sie es nicht liefern können.

Aber man dachte allgemein, das Embargo sei nur vorübergehend, so wie die Bankenschließungen, und es hätte auch leicht so kommen können. Die USA hatten die Goldkonvertibilität schon einmal ausgesetzt, nämlich unter den ungewöhnlichen Umständen des Bürgerkriegs, sie später aber wieder eingeführt. Andere Länder hatten sie abgeschafft und nach dem Ersten Weltkrieg wieder in Kraft gesetzt. Gleich nach seinem Amtsantritt versicherte Finanzminister Woodin jedem in seiner Hörweite, dass die USA den Goldstandard nicht aufgegeben hatten. »Es ist lächerlich und irreführend, zu sagen, wir hätten den Goldstandard verlassen, und wir haben auch den Währungsstandard nicht aufgegeben«, verkündete er. »Gold ist nur für ein paar Tage nicht erhältlich.« Woodin war nicht unaufrichtig; als eifriger Unterstützer des monetären Status quo glaubte er an das, was er sagte.[451]

Roosevelt nahm sich sechs Wochen Zeit, seine Optionen abzuwägen. Das war lange genug, um zu dem Schluss zu kommen, dass ein funktionierendes Bankensystem und ein ausgeglichener Haushalt, so sehr sie auch das Vertrauen stärken mochten, für eine stabile Erholung nicht ausreichten. Die Lage war zwischen März und April 1933 besser geworden, aber angesichts der katastrophalen Ausgangslage hätte sie ja auch kaum schlechter werden können. Nicht nur Banken waren geschlossen, sondern auch Läden und

Fabriken. Die Leute kauften nichts, weil sie kein Geld in der Tasche hatten. In ganz Amerika waren die Straßen leer, sogar verlassen. Die Lage in Akron, Ohio: »Die Geschäfte schlossen, die Straßenbahnen fuhren halb so oft wie früher, die Kohleminen schlossen. Tausende von Menschen, die trotz der Depression noch Arbeit hatten, wurden ›vorübergehend‹ nach Hause geschickt.«[452] Obwohl es im April besser war als im März, war es nicht besser als im Januar vor den Bankenschließungen. Die Industrieproduktion im April war knapp so hoch wie die im Januar. Die Zahl der Beschäftigten fiel in den drei Monaten seit Januar tatsächlich um weitere 2 bis 3 Prozent.[453]

Es war klar, dass weitere Maßnahmen erforderlich waren. Roosevelts erster Schritt war die Ankündigung, dass das Goldembargo unbegrenzt andauern werde. Das öffnete die Tür für weitere Maßnahmen, um die Preise zu erhöhen, wie diejenigen, für die sich Senator Elmer Thomas einsetzte. Er schlug eine Maßnahme vor, welche die Regierung zum Kauf von Silber ermächtigte. Schon 1932 war Thomas für ähnliche Maßnahmen eingetreten, was die Fed dazu veranlasste, präventiv und expansiv zu handeln.[454] Welchen Weg Roosevelt nun einschlagen würde, war klar, als er und Thomas sich am 19. April trafen. Die beiden kamen zu einem Kompromiss, den Thomas dem Gesetzentwurf beifügte, der später zum Agricultural Adjustment Act wurde. Das setzte kein Ziel für Silberkäufe, erlaubte dem Präsidenten aber, den Goldanteil des Dollar um bis zu 50 Prozent zu reduzieren und den Goldpreis in Dollar entsprechend zu erhöhen.

Auf diese Nachricht hin stieg der Dow Jones um 9 Prozent. Bis heute steht dieser 19. April auf der Liste der 20 höchsten prozentualen Tagesgewinne. So viel zu der Annahme, das Verlassen des Goldstandards würde Vertrauen zerstören. Die *New York Times* formulierte es so: »Die führenden Köpfe des Finanzdistrikts begrüßten enthusiastisch die Aussicht auf Inflation nach Jahren bedrückender Deflation.«[455]

Der zweite Schritt war die Klarstellung, dass diese Veränderung von Dauer war und dass die Administration nicht beabsichtigte, die Preisstabilität noch einmal den Vorschriften des Goldstandards unterzuordnen. Roosevelt erreichte dies, indem er der World Monetary and Economic Conference mitteilte, dass stabile Preise seine Priorität waren. Die Konferenz hatte am 10. Juni in London begonnen. Innerhalb von drei Wochen entwarfen die Konferenzteilnehmer eine Erklärung, die sich für die Rückkehr zum internationalen Goldstandard aussprach.[456] Obwohl sie den einzelnen Ländern erlaubte, zu einem Zeitpunkt und auf einem Niveau ihrer

Wahl wieder einzusteigen, gab es dennoch einen gewissen Druck, dies zum früheren Wechselkurs zu tun.

Es war schon bemerkenswert genug, dass sich die US-Delegation überhaupt auf etwas einigen konnte. Neben Hull, einem in der Wolle gefärbten Anhänger des freien Handels, schickte Roosevelt Key Pittman, einen Anhänger von William Jennings Bryan. Pittman, ehemaliger Senator des Silberminenstaats Nevada und Vorsitzender des Komitees für auswärtige Angelegenheiten, hatte sich 1932 bei den Demokraten für eine internationale Geldkonferenz eingesetzt. Nicht erwähnt wurde dabei seine Hoffnung, die Konferenz könnte sich für die Prägung von Silbermünzen entscheiden. Jetzt, in London, blieb nichts unerwähnt. Er sprach ständig über Maßnahmen zur Stützung des Silberpreises. Der verzweifelte Chef der deutschen Delegation, kein anderer als Hjalmar Schacht, schlug die Hände über dem Kopf zusammen, wenn er sich schon wieder einen Vortrag Pittmans anhören musste. Es gibt reichlich Geschichten über Pittmans Abenteuer in London. Unter anderem zerschoss er Straßenlampen mit seinem Revolver und badete in einem Waschbecken im Vorratsraum des Hotels Claridge's.[457]

Ein weiteres prominentes Mitglied der US-Delegation war Senator William Couzens, der frühere Partner Henry Fords, dessen Einfluss es für die RFC schwierig gemacht hatte, die Guardian Trust Company zu retten.[458] Vielleicht hatte Roosevelt Couzens wegen dessen protektionistischer Ansichten ausgewählt, das heißt, um den Finanzminister zu neutralisieren. Wenn das so war, dann wurde er nicht enttäuscht. Couzens hatte des Öfteren Konflikte mit Hull, weil er sich gegen Zollsenkungen aussprach und sich von Hull nicht dazu zwingen lassen wollte, alle öffentlichen Äußerungen der US-Delegierten zunächst von ihm genehmigen zu lassen. Roosevelt schickte auch James Cox nach London, den früheren Gouverneur von Ohio und Zeitungsverleger, dessen Ansichten über stabiles Geld Pittmans Meinungen neutralisierten. Die letzten beiden Delegierten waren der Abgeordnete Samuel McReynolds aus Tennessee und Ralph Morrison, ein reicher Texaner. Kein Mitglied der sechsköpfigen Delegation hatte Erfahrung mit internationalen Konferenzen.

Vielleicht war Roosevelt überrascht, dass die Konferenz mit dieser Art der amerikanischen Führerschaft Fortschritte machte, aber er profitierte schnell davon. In seiner aufsehenerregenden Botschaft am 3. Juli, die er von Washington, D. C., nach London schickte, wies er die Erklärung der Konferenz zurück. Er bestand darauf, die Priorität auf politische Maßnahmen zur Stabilisierung der Kaufkraft zu legen. Er wies den Goldstandard als Beispiel für die Sprache der »alten Fetische der internationalen Banker« zurück, welche die Banker und die ausländischen politischen Führer gleichermaßen aufbrachte. Diese flammende Rhetorik sollte seine Prioritäten unmissverständlich zum Ausdruck bringen, nicht nur für die Delegierten in London, sondern auch für die amerikanische Öffentlichkeit. Historiker fragen sich heute noch, was die Investoren davon überzeugte, dass die Administration entschlossen war, die Preise zu erhöhen. Sie wurden überzeugt, weil Roosevelt dazu bereit war, seine Verbündeten gegen sich aufzubringen, die Schuld am Scheitern der Konferenz auf sich zu nehmen und seine eigene Delegation auf dem Trockenen sitzen zu lassen.

Roosevelts verbale Granate wurde dafür kritisiert, dass sie den letzten Nagel in den Sarg der internationalen Kooperation schlug. 2008 und 2009 wurde sie als Beispiel für die Art nationalistischer Politik genannt, die Regierungen in Reaktion auf die große Rezession vermeiden sollten.[459] Indem sie den Dollarkurs drückten, vergrößerten die USA die Wettbewerbsprobleme anderer Länder. Indem er die Konferenz zum Scheitern brachte, zerstörte Roosevelt die letzte Chance auf eine koordinierte Reaktion.

In Wirklichkeit wird diese angebliche »Lektion« der Geschichte missverstanden. Die Alternative zum monetären Nationalismus war nicht die koordinierte Reaktion auf die Depression –, aus dem einfachen Grund, weil sich die Regierungen nicht auf eine bestimmte Reaktion einigen konnten. Den europäischen Regierungen waren stabile Wechselkurse wichtiger als ein stabiles Preisniveau. Statt die Deflation zu bezwingen, sahen sie wegen ihrer Erfahrungen in den 1920er-Jahren Inflation als die wahre und bedrückende Gefahr. Weil sie keinen so langen und tiefen Einbruch erlebt hatten wie die USA, war ihnen Schuldentilgung immer noch wichtiger als Erholung. Nur wenn die Spekulanten genügend Schmerz verspürten, so betonten sie, könne eine weitere Periode der Exzesse und eine noch schlimmere Depression vermieden werden. Roosevelt konnte diese Ansichten nicht teilen.

So viel also zu koordinierten Aktionen. Die Offiziellen verschiedener Länder konnten sich nicht auf eine gemeinsame Diagnose des ökonomischen Problems einigen und vertrauten auf unterschiedliche Gegenmaßnahmen. Roosevelt hatte sich zunächst anderes erhofft. Erst am 19. April hatte er gesagt, wie wünschenswert eine Stabilisierung der Währungen wäre, die man auch erreichen könnte, wenn sich die Länder auf koordinierte reflationäre Aktionen einigten. Aber Treffen mit anderen Staatsoberhäuptern, vor allem mit Édouard Herriot, dem früheren Premierminister, der nun dem französischen Parlament vorsaß, überzeugten ihn davon, dass dies nicht geschehen würde.[460] Der einzige Weg zur Reflation war ein Alleingang. Das wurde in seiner genannten Botschaft sehr deutlich.[461]

2008/2009 gab es mehr Raum für koordinierte Aktionen, weil die Verantwortlichen in mehreren Staaten eine gemeinsame Diagnose des Problems teilten. Die Idee, dass der Zusammenbruch der Weltwirtschaftskonferenz 1933 bedauernswert war und dass man Ähnliches vermeiden sollte – wie die lehrbuchmäßige Interpretation des Smooth-Hawley-Zollgesetzes – war ein Beispiel dafür, wie schlechte Erfahrungen in der Vergangenheit zu guter Politik führen können.

Roosevelts dritter Schritt war, den Goldpreis nach oben zu bringen, ebenso wie die Preise anderer Rohstoffe. Am 22. Oktober kündigte er an, er werde die RFC autorisieren, neu gefördertes Gold zu kaufen. Eine Erklärung des Timings war der Druck der westlichen Bundesstaaten, die Preise landwirtschaftlicher Produkte zu erhöhen. Senator Thomas, wie immer der Anstifter, war mit dem Tempo des Fortschritts nicht zufrieden, kündigte eine Konferenz führender Vertreter von Industrie und Landwirtschaft für den 24. Oktober an und drohte mit einem Marsch einer Millionen Demonstranten nach Washington.

Der Präsident versuchte nun, dieser Bewegung zuvorzukommen. Jeden Morgen, beim Frühstück mit Orangensaft und Eiern, entschied er in Gesprächen mit Henry Morgenthau und Jesse Jones, um wie viele Cent man den Angebotspreis der RFC erhöhen sollte. An manchen Tagen erhöhte er ihn nur um wenige Cent, an anderen stärker. Der Sinn dahinter war, wie Jones es später beschrieben hat, die Spekulanten in Unsicherheit zu belassen.[462]

Das Ziel höherer Rohstoffpreise und die Strategie, das durch die Erhöhung eines bestimmten Rohstoffs zu erreichen, nämlich Gold, waren klar. Aber die Taktiken waren undurchsichtig. Niemand wusste, wie stark der Präsident den Goldpreis an einem bestimmten Tag in die Höhe treiben würde. Kritiker beklagten, die kapriziöse Methode der Regierung schade den Investitionen. Im November warnte das Federal Advisory Council eine Gruppe von Bankern, welche die Federal Reserve berieten, die Unsicherheit übe Druck auf die Anleihenmärkte aus. Erst wenn diese Unsicherheit beseitigt sei, mahnte das Council, werde es eine dauerhafte Belebung der Wirtschaft geben.

Keynes teilte diese Meinung. In seinem Brief an den Präsidenten im Dezember schrieb er: »Die jüngsten Schwankungen des Dollar sahen für mich aus wie ein betrunkener Goldstandard, nicht wie die ideal gemanagte

Währung meiner Träume.« Roosevelts Versteckspiel mit den Währungsspekulanten schuf Konfusion. Die Stabilisierung des Goldpreises auf einem höheren Niveau, sagen wir bei 35 Dollar, war eine Möglichkeit, diese Unsicherheit zu beseitigen. Aber das wäre vielleicht nicht mit dem Ziel des Präsidenten vereinbar gewesen, die Rohstoffpreise nach oben zu treiben. Für die Administration war es besser, so Keynes, ein Ziel der Geldpolitik bekannt zu geben – zum Beispiel ein angestrebtes Preisniveau, und dazu einen Modus Operandi, um dieses Ziel zu erreichen. Er riet dazu, das Finanzministerium sollte am Devisenmarkt intervenieren, um den Dollar innerhalb einer Kursspanne zu halten und ihn nach Bedarf nach oben oder unten zu bewegen, um das Preisniveau stabil zu halten.[463]

Nicht zum ersten Mal war Keynes' Empfehlung sehr sinnvoll. Roosevelts Entscheidung, stattdessen einen fixen Goldpreis von 35 Dollar festzulegen, hätte zu einer Katastrophe führen können.[464] Es hätte Goldabflüsse geben können, welche die Geldmenge unter Druck setzten. In diesem Fall wären die Deflation und alle damit verbundenen negativen Erwartungen wieder zurück gewesen.

Wie sich herausstellte, führten ökonomische Probleme und politische Spannungen in Europa dazu, dass Gold in die USA floss und nicht von dort abgezogen wurde. Der Goldblock mit Frankreich im Mittelpunkt steckte immer noch in der Deflation und die Investoren suchten nach einem Ausweg. Schon bildeten sich die Unwetterwolken des Zweiten Weltkriegs. Also wichen europäische Investoren in den Dollar aus, der offenbar ein sicherer Hafen war. Damit erhöhten sie die Geld- und Kreditmenge in den USA, was dabei half, das dortige Preisniveau zu stabilisieren.[465] Roosevelts Geldpolitik war vielleicht nicht ideal, aber zu seinem Glück war die Geldpolitik in Europa noch schlechter.

Der Leser wird an dieser Stelle das »exorbitante Privileg« des Dollar als einzige sichere Währung der Welt erkennen.[466] Die Ursprünge dieses Status liegen im Jahr 1934. Dies war das erste Mal, dass Investoren auf ungünstige Ereignisse reagierten, indem sie in den Dollar flohen. Später geschah das noch sehr oft. Dieses Verhalten gab den USA eine automatische Versicherungspolice – also eine Währung, die stärker wird, wenn die Dinge schiefgehen. Bei der Pleite von Lehman Brothers 2008 erwies sich diese Versicherung als sehr nützlich.

Kapitel 16
Für jeden etwas

Der New Deal beinhaltete viel mehr als nur Veränderungen der Geld- und der Fiskalpolitik. Roosevelt und seine Berater verstanden schnell, dass sie die Sondersitzungen des Kongresses dazu nutzen konnten, einige zusätzliche Maßnahmen durchzusetzen, ehe das Verständnis für deren Dringlichkeit schwand. Da gab es das Civilian Conservation Corps, ein Lieblingsprojekt des Präsidenten, der als Gouverneur 10.000 arbeitslose New Yorker Projekten zur Wiederaufforstung zugewiesen hatte. Da gab es die Tennessee Valley Authority zur Verbesserung der Navigation, zur Erstellung von Projekten gegen Überschwemmungen und zur Versorgung mit billiger Elektrizität. Da gab es die Federal Emergency Relief Administration, um den Bundesstaaten 500 Millionen Dollar für Zahlungen an die Armen und Arbeitslosen zur Verfügung zu stellen.

Vor allem aber gab es den Agricultural Adjustment Act und den National Industrial Recovery Act, die beiden wichtigsten Programme des New Deal. George Warren und Rex Tugwell waren vielleicht Rivalen, aber beide interessierten sich für die Landwirtschaft. Auch über deren Probleme waren sie sich einig, in deren Mittelpunkt Überproduktion und gedrückte Preise standen. Das Wachstum der Produktion war eine Tatsache, wenn es auch nicht auf die USA begrenzt war. Es ging einher mit den Anstieg der Anbauflächen in Kanada, Argentinien und Australien während des Ersten Weltkriegs und danach. Auch die niedrigen Preise waren eine Tatsache, an der das Smoot-Hawley-Zollgesetz wenig änderte, wie wir schon gesehen haben.

Für Roosevelt standen diese Probleme im Mittelpunkt. Seinen ersten erfolgreichen Wahlkampf hatte er in der ländlichen Gegend von Dutchess County, New York, geführt, wo Farmer den entscheidenden Teil der Wählerschaft stellten. Seine Berater, angeführt von Raymond Moley, bemerkten, dass es viele Bankenpleiten in Regionen gab, in denen Farmer unter gedrückten Preisen litten. Daher hielt Moley es für wichtig, sich den Problemen der Farmer zu widmen, um die Bankenkrise zu bewältigen.

Aber der Plan – eine Behörde, die Bundesmittel an Farmer auszahlte, damit sie ihre Produktion drosselten – war nicht ideal. Man bot Farmern Subventionen an, wenn sie einen Teil ihres Landes nicht bewirtschafteten. Die Zahlungen wurden durch eine Besteuerung von Müllern finanziert, die Weizen zu Mehl verarbeiteten, um den Eindruck zu erwecken, dass die Farmer nicht von den Steuerzahlern finanziert wurden.

Es wäre besser gewesen, wenn man die Anwendung neuer Techniken subventioniert hätte, damit die Farmer ihre Kosten reduzieren und mit der Realität des Produktionsüberschusses leben konnten. Eine andere Behörde, die Farm Credit Administration, ging in diese Richtung, indem sie Farmern niedrig verzinste Kredite für Hypotheken und Investitionen anbot. Aber die Administration hätte auf diesem Weg noch weiter gehen können. Dass sie dies nicht tat, ist umso erstaunlicher, weil Roosevelt Henry A. Wallace zum Landwirtschaftsminister ernannte, einen ausgebildeten Landwirt, der Hi-Bred Corn gegründet hatte, eine Firma, die Hybridsaatgut mit hohen Erträgen entwickelte und verkaufte. Aus Hi-Bred wurde Pioneer Hi-Bred, ehe die Firma an die DuPont Corporation verkauft wurde, während Wallace im Wahlkampf 1940 als Nachfolger von John Nance Garner zu Roosevelts Kandidaten für das Amt des Vizepräsidenten aufstieg. Später diente er als Handelsminister und wurde so zum einzigen früheren Vizepräsidenten im Kabinett. 1948 kandidierte Wallace für die Progressive Partei für das Amt des Präsidenten und trat für die Beendigung des kalten Kriegs und der Rassentrennung ein.

Als Pionier der Kommerzialisierung von Hybrid-Saatgut schätzte Wallace das Versprechen einer kostensparenden Technologie. Aber sogar der innovationsfreudige Wallace unterstützte die Stilllegung von Anbauflächen. Subventionen neuer Saaten oder Maschinen mochten vielleicht langfristig effizienter sein, aber die unmittelbaren Probleme der Farmer lösten sie kaum. Und Hilfe war dringend erforderlich, denn die Proteste der Farmer wurden immer gewalttätiger. Und sie war ebenfalls dringend, weil sich die Administration Sorgen machte, der Druck der Farmer könnte populistische monetäre Maßnahmen erzwingen.[467]

Das Argument, dass die Überproduktion zu niedrigen Preisen führte, war natürlich ein Problem für die Landwirtschaft, aber für die Industrie war es eindeutig irrelevant. Kostenreduzierende technische

Veränderungen in der Industrie verliefen in den 1920er-Jahren schnell. Musterbeispiele sind die Elektrifizierung und das Fließband.[468] Es wurden schöne Gewinne erzielt. Im Gegensatz zur Landwirtschaft überstieg das industrielle Angebot nicht die Nachfrage, bis die Konsumausgaben in den 1930er-Jahren einbrachen.

Aber solche Beobachtungen hielten Roosevelts Ökonomen nicht davon ab, ihre Diagnose der Probleme der Landwirtschaft auf die ganze Volkswirtschaft zu übertragen. Wenn die Preise niedrig waren, dann war dies ein Zeichen für ein Überangebot und ruinösen Wettbewerb. Und wenn ruinöser Wettbewerb das Problem war, dann bestand die Lösung darin, die Produktion zu kürzen und die Preise zu erhöhen. Als Roosevelt im Kongress seinen Gesetzentwurf zur Gründung der National Recovery Administration einreichte, beschrieb er sein Ziel als »Verhinderung unfairen Wettbewerbs und desaströser Überproduktion«.[469] Abschnitt 3(a) des National Industrial Recovery Act enthielt Regeln des fairen Wettbewerbs, in dem Firmen ihre Produktion kürzen und ihre Preise erhöhen würden. Das Gesetz setzte Antitrust-Regeln außer Kraft, um gesetzliche Hindernisse für eine Zusammenarbeit zu entfernen. Sollten Firmen, die zusammenarbeiteten, das gewünschte Ergebnis nicht erreichen, erlaubte Abschnitt 4(b) dem Präsidenten, zu intervenieren, um destruktive Lohn- und Preiskürzungen zu vermeiden.

Und wenn exzessiver Wettbewerb, der zu niedrigen Preisen führte, an den Produktmärkten ein Problem war, warum traf dies dann nicht auch auf den Arbeitsmarkt zu? Die Vorkehrungen des NIRA zum Schutz des Rechts der Arbeiter, sich zu organisieren, kann man in diesem Licht sehen. Jedenfalls wäre es politisch unausgewogen gewesen, den Produzenten das Recht des gemeinsamen Handelns einzuräumen und es den Arbeitern zu verweigern. Wenn Arbeitgeber von höheren Preisen und Gewinnen profitierten, dann folgte daraus, dass man sie zwingen sollte, sie mit ihren Arbeitnehmern zu teilen. Und um sicherzustellen, dass diese Wohltaten weit verbreitet wurden, sollte man die vorhandene Arbeit durch Kürzung der Arbeitszeit verteilen.

Das ist das Beste, was man tun kann, wenn man versucht, so etwas wie eine Logik des NIRA zu rekonstruieren. Sie zeigte die Tendenz Roosevelts und seiner Berater, Männer wie George Warren und Henry Wallace, die Probleme der Landwirtschaft auf die gesamte Wirtschaft zu übertragen. Inspiriert wurde sie von einem Plan, den Gerard Swope, der Chef von

General Electric, schon 1931 vorgelegt hatte. Er empfahl die Aussetzung der staatlichen Antitrust-Gesetze, damit die Unternehmen ihre überschüssige Produktion zurückfahren und die Preise erhöhen könnten. Das würde zu höheren Löhnen und Zusatzleistungen für die Arbeiter und somit zu einer Aufteilung des Wohlstands führen. Dieser Vorschlag war von den Ansichten Adolph Berles beeinflusst, eines Gründungsmitglieds des Brain Trust. Er betonte, das Zeitalter der kleinen Familienfirmen sei vorbei und die Regierung solle sicherstellen, dass große Unternehmen dem Wohl der Bevölkerung dienten.[470]

Andererseits kann man auch denken, dass es eigentlich keinen logischen Grund für die Existenz des NIRA gab. Er diente der Demonstration, dass der neue Präsident und der neue Kongress bereit waren, irgendetwas zu tun, um die Wirtschaft aus ihrer Trägheit zu schrecken. Der NIRA bot für jeden etwas. Für die Planer, die glaubten, die Industrie brauche Anweisungen von Regierungsseite, für die Verbandsvertreter, die in einer Zusammenarbeit der Produzenten die Problemlösung sahen, für die Progressiven, die eine Zusammenarbeit zwischen Arbeitgebern und Arbeitern anstrebten, für Arbeiterführer, die um das Recht kämpften, sich zu organisieren, für die Anhänger von Hugo Black, eines Demokraten aus Alabama, der sich für Arbeitsteilung einsetzte, und für Sozialreformer, die sich für ein Verbot der Kinderarbeit aussprachen. Roosevelt ernannte mehrere Gruppen von Beratern und kombinierte deren Empfehlungen, die für jeden Themenbereich etwas boten. Das war genau das, was er wollte.

Eine Kampagne mit Paraden und öffentlichen Veranstaltungen im Juni 1933 führte dazu, dass zwei Millionen Arbeitgeber eine vorläufige Vereinbarung unterzeichneten. Sie verpflichteten sich dazu, einen Mindestlohn zu zahlen und die Wochenarbeitszeit auf 35 oder 40 Stunden zu begrenzen. Später wurden für jede einzelne Branche Vereinbarungen getroffen, insgesamt mehr als 500, die Preisuntergrenzen festsetzten und den Arbeitern erlaubten, kollektiv zu verhandeln. Die Regierung erlaubte auch die Aussetzung der Antitrust-Gesetze und die Verwendung des Symbols des »Blue Eagle«.

Aus makroökonomischer Sicht war das Ergebnis eine Katastrophe. Ein klassischer Fall der Bevorzugung der Reform gegenüber der Erholung, wie Keynes es in seinem offenen Brief formuliert hatte. Die Nachfrage wurde dadurch nicht stimuliert.[471] Aber weil die Kosten nach oben getrieben wurden, wurde das Angebot eingeschränkt (wobei die Einschränkung des Angebots exakt das Ziel war). Zwischen Juli und September stiegen die Stundenlöhne um 22 oder preisbereinigte 19 Prozent, was in einer Phase der zweistelligen Arbeitslosenquote ansonsten unerklärlich wäre. Höhere Kosten führten zu niedrigerer Produktion. In der ersten Jahreshälfte von 1933 stieg und fiel die Industrieproduktion im Gleichschritt mit dem Preisniveau. Nach der Vereinbarung der Arbeitgeber sank die Industrieproduktion deutlich, obwohl die Preise weiter stiegen.[472]

Dass der NIRA den Bemühungen schadete, eine Erholung zu fördern, ist unter Ökonomen nicht umstritten. Michael Weinstein, der in der Tradition von Keynes arbeitet, schätzt, dass der NIRA durch die Erhöhung der Kosten die Produktion um insgesamt 8 Prozent gekürzt hat. Friedman und Schwartz, führende Monetaristen, kommen zum Fazit, dass Investitionen durch die sinkenden Unternehmensgewinne deutlich gedrückt wurden. Harold Cole und Lee Ohanian, Exponenten der neuen klassischen Methode der Analyse von Konjunkturzyklen, behaupten, die Arbeitslosigkeit sei um ein Viertel höher gewesen, wenn es den NIRA nie gegeben hätte.[473] Wer sagt eigentlich, dass Ökonomen sich niemals einig werden können?

Abgesehen von ihren direkten Auswirkungen auf die Kosten wurde die NIRA dafür kritisiert, Unsicherheit erzeugt zu haben. In den einzelnen Branchen gab es unterschiedliche Vereinbarungen und deren Einhaltung wurde nur sporadisch kontrolliert. 1935 hatten staatliche Behörden, die überwachen sollten, ob das Gesetz befolgt wurde, schon mehr als 30.000 Verstöße vermerkt, von denen aber nur ein Bruchteil juristisch verfolgt wurde. Ein Teil dieser Kritik war nur ein Zeichen dafür, dass sich die Unternehmen gegen die Einmischung der Regierung wehrten. Vielleicht wurden diese Probleme in der Presse auch übertrieben dargestellt, die den NIRA-Vereinbarungen für die Zeitungsbranche ablehnend gegenüberstand.[474] Das alles mag einen wahren Kern haben, aber man sollte die Auswirkungen nicht überschätzen. William Andersons Analyse der Varianz von Aktienkursen legt nahe, dass der NIRA zwar nichts dafür leistete, die Risiken für Unternehmen zu senken, sie aber auch nicht wesentlich erhöhte.[475]

Die letzte Unsicherheit war, ob der Oberste Gerichtshof den NIRA für verfassungswidrig erklären würde, dass durch ihn Vorrechte verteilt würden, die laut Verfassung dem Kongress und nicht der Exekutive zugewiesen waren. Die Gelegenheit dazu ergab sich 1935 durch einen Einspruch der Schechter Poultry Corporation, einer Firma aus Brooklyn, die ihren

Blue Eagle verloren hatte, weil sie kranke Hühner über Staatsgrenzen hinweg verkauft hatte. Die Entscheidung wurde, aus naheliegenden Gründen, als der »Kranke-Hühner-Fall« bekannt. Das Gericht entschied, dass der NIRA die verfassungsmäßige Gewaltenteilung verletzte. Zudem habe der Kongress seine Kompetenzen überschritten, weil die Schechter-Brüder ihre Hühner lediglich in anderen Staaten verkauften; die in New York geschlachteten Vögel blieben auch in New York.

Vom Gericht zur Einsicht gebracht, ließ Roosevelt mehr als 400 andere Fälle angeblicher Verletzung der Vorschriften fallen und verbrachte das Wochenende auf seiner Yacht. Die *Chicago Tribune* drückte es so aus: Das Geschrei der heiligen Gänse rettete Rom vor den Barbaren und das Gackern von Mr. Schechters Hennen hat die USA vor dem New Deal gerettet.«[476]

Dann setzte das Gericht den Railway Pensions Act außer Kraft, der einen Pensionsplan für 1,5 Millionen Eisenbahnarbeiter entworfen und den großen Eisenbahngesellschaften damit unfaire Lasten auferlegt hatte.[477] Und er widerrief den Agricultural Adjustment Administration Act, weil er den Rohstoffverarbeitern eine unfaire Steuer zumutete.

Roosevelt reagierte auf diesen Rückschlag, indem er die kritisierten Vorschriften des NIRA durch sorgfältiger ausgearbeitete Maßnahmen ersetzte. Das National Labor Board wurde von einem National Labor Relations Board ersetzt. Die Vorschriften des NIRA zum Mindestlohn und zur Kinderarbeit wurden durch klarere Regeln im Fair Labor Standards Act ersetzt. Ein zweiter Agricultural Adjustment Act beseitigte die Defekte des Vorgängers; die Zahlungen an die Farmer wurden nun durch allgemeine Staatseinnahmen statt durch eine Steuer für die Lebensmittelverarbeiter finanziert.

Zudem trieb Roosevelt Initiativen voran, die versprachen, die öffentliche Unterstützung für den New Deal zu mobilisieren. Darunter waren zum Beispiel Bundespensionen (Social Security) und die Wohlfahrt. Die Works Progress Administration wurde zwar schon früher gegründet, jetzt aber ausgebaut. Und vor allem versuchte er, den Obersten Gerichtshof mit Richtern zu besetzen, die auf seiner Seite standen. Obwohl diese Taktik den Präsidenten politisch beschädigte, minderte sie den Widerstand des Gerichts gegen Interventionen der Regierung. Insbesondere nahmen die Richter in Reaktion auf diesen Druck eine weitere Interpretation der Commerce Clause an.[478]

Die Resultate sind klar. Die gesetzlichen Rahmenbedingungen und die Doktrinen trugen viel zur Gestaltung des National Labor Relations Act bei.

Ob zum Guten oder zum Schlechten, die erste AAA schuf die Voraussetzungen für die zweite. Einige Programme des New Deal wie die Civilian Conservation Corps and Works Progress Administration wurden wieder abgeschafft, aber andere, wie die soziale Absicherung, die Wohlfahrt, die Arbeitslosenversicherung, der Mindestlohn, die Gesetze zur Kinderarbeit und das Recht, sich zu organisieren, wurden zu unauslöschlichen Kennzeichen des amerikanischen Arbeitsrechts.

Diese Beobachtungen führen zwangsläufig zu der Frage, warum die progressive Reaktion auf die große Rezession so viel limitierter war als der New Deal. Was Sozialprogramme betrifft, beschränkte sich die Reaktion nach 2008 hauptsächlich auf die Reform des Gesundheitswesens und sogar das war ein harter Kampf. Statt die schon existierenden Programme auszubauen, gab es von den Republikanern Druck, Kürzungen vorzunehmen, zum Beispiel die Versorgung mit Essensmarken einzuschränken. Es gab nichts, das im Entferntesten der Erweiterung sozialer Absicherung nach der großen Depression glich.

Der Kontrast ist ebenso krass, wenn man finanzielle Regulierungsmaßnahmen betrachtet. Der Glass-Steagall Act von 1933 zwang nicht nur die Geschäftsbanken, sich von ihren Wertpapiertöchtern zu trennen, sondern er führte auch eine Einlagensicherung ein und führte zur Gründung der Federal Deposit Insurance Corporation, einer Regierungsbehörde, die ermächtigt war, insolvente Banken aufzulösen.[479] Der Glass-Steagall Act war eine weitreichende Reform, viel weitreichender als die Bankenreformen von 2010.

Was erklärt diesen Unterschied? Es ist nicht so, dass die Lobbys der Banken und der Unternehmen schlechter organisiert waren als in den 1930er-Jahren. Die Bankenvereinigungen der Bundesstaaten machten intensiv Druck gegen liberalere Gesetze, die ihre Mitglieder neuer Konkurrenz und belastenden Regulierungen aussetzten, einschließlich einer Einlagensicherung. Die Missouri Banking Association schickte Delegationen nach Washington, um den Politikern zu zeigen, wie stark ihr Widerstand war. Francis Sisson, der Präsident dieser Vereinigung, lehnte die Versicherung als »unvernünftig, unwissenschaftlich, ungerecht und gefährlich« ab, weil sie Banken dazu zwang, für die Fehler ihrer gewissenlosen Konkurrenten zu bezahlen. Die Vereinigung überflutete das Weiße Haus mit Telegrammen, um Roosevelt in letzter Minute davon zu überzeugen, sein Veto gegen den Glass-Steagall Act einzulegen.[480]

Es ist auch nicht offensichtlich, dass die Banken unter schlechterer Publicity litten. Es gab 1933 die sensationellen Anhörungen des Senate Committee on Banking and Currency unter der Führung Ferdinand Pecoras, des unbestechlichen, Zigarren kauenden früheren stellvertretenden Generalstaatsanwalts von New York.[481] Aber auf dem Gebiet der Finanzen war Pecora ein Anfänger. Er war besser darin, schlechtes Verhalten einzelner Banker aufzudecken, als strukturelle Fehler im Finanzsystem bloßzulegen. Und weil sich Pecora auf ein paar faule Äpfel konzentrierte, eben wegen seines begrenzten Wissens über die Funktionsweise der Wall Street, machten die Anhörungen eine Systemreform (im Gegensatz zur Bestrafung einzelner Übeltäter) weniger überzeugend. Man kann jedenfalls kaum sagen, dass der Zorn der Öffentlichkeit, den er erregte, so viel größer war als der, der den Titanen von der Wall Street entgegenschlug, als sie 2010 vor der Financial Crisis Inquiry Commission aussagten.

Vor der Annahme des Glass-Steagall Act untersuchte Pecora tatsächlich nur eine Geschäftsbank, die National City. Die zehn Tage der Anhörung, die sich auf die Aussage von deren Chairman Charles Mitchell konzentrierten, waren spannend, aber sie fokussierten sich eher auf die fragwürdigen Handlungen eines Einzelnen als auf Probleme des Systems. Mitchell war bekannt als »Sunshine Charley« wegen seiner stets positiven Prognosen und vor Gericht erschien er gebräunt wie Angelo Mozilo, die er sich im Urlaub auf den Bahamas zugelegt hatte. Wie Mozilo hatte auch Mitchell als Verkäufer angefangen, in diesem Fall als Verkäufer von Liberty Bonds. Er hatte eine entsprechend gewiefte Ausstrahlung, was ihm in diesem Fall nicht gerade von Nutzen war. Die sensationellste Aufdeckung war, dass Mitchell 18.000 Aktien von National City an seine Frau verkauft und sie dann wieder zurückgekauft hatte, um seine Steuerschuld zu reduzieren. Mitchell wurde zum Rücktritt gezwungen und wurde so zum ersten Opfer der Finanzreform des New Deal. Aber das war es auch schon mit Pecoras Befragungen von Geschäftsbanken im Zusammenhang mit dem Glass-Steagall Act.

Am 23. Mai wandte sich Pecora dem Investmentbanking und insbesondere J. P. Morgan & Co. zu. Hier war die schockierende Entdeckung, dass die Firma bei Neuemissionen von Aktien prominenten Insidern bevorzugten Zugang gewährt hatte. Darunter waren William Woodin, der kurz zuvor ernannte Finanzminister, Charles Dawes von RFC und der Dawes Bank sowie Owen D. Young. Aber auch bei diesen Entdeckungen ging es nicht um so wichtige Themen wie die Trennung von Geschäfts- und Investmentbanken, das Bedürfnis nach Aufspaltung oder die Notwendigkeit einer Einlagensicherung. Und die Entdeckungen waren zwar vernichtend, aber auch nicht peinlicher als das Wissen, dass Goldman Sachs John Paulson dabei geholfen hatte, ein toxisches Asset-Portfolio zusammenzustellen, mit dem er dann auf Preisrückgänge am Immobilienmarkt spekulierte, oder dass Countrywide Financial Freunden von Anglo Hypotheken zu vorteilhaften Bedingungen gewährt hatte, darunter Franklin Raines, Chef von Fannie Mae und Christopher Dodd, Mitglied des Bankenkomitees des Senats.[482]

In gewisser Hinsicht traten die Reformer einfach eine offene Tür ein. Am 7. März, lange vor der Annahme des Glass-Steagall Act, kündigte die National City Bank an, sie werde sich von ihrer Wertpapierabteilung trennen. Am nächsten Tag erklärte die Chase National Bank, sie werde dasselbe tun. Das war ein Sieg für den Verwaltungsratsvorsitzenden Winthrop Aldrich über die Opposition seitens des früheren Bankpräsidenten Albert Wiggin, der Jimmy Caines Leidenschaft für Pokern teilte und die Chase National zu dem Finanzkonglomerat gemacht hatte, das sie war.[483] Wiggin war 1932 von seinem Amt zurückgetreten, kurz bevor ihm von der Pecora-Kommission nachgewiesen wurde, dass er mit dem Verkauf seiner Aktien begonnen hatte, während er das Geld seiner Bank dazu verwendet hatte, den Kurs zu stützen. Die Securities and Exchange Commission verbot später Leerverkäufe durch Insider, was als »Anti-Wiggin-Vorschrift« bekannt wurde.

Der entscheidende Punkt ist aber, dass die Banken nach dem Zusammenbruch der Emissionstätigkeit nur allzu bereit waren, das Wertpapiergeschäft aufzugeben. Der Kollaps der Wertpapiermärkte war so vollständig, dass die Banken keine Hoffnung sahen, sie wiederzubeleben. Die durch Glass-Steagall veranlasste Trennung des Geschäfts- vom Investmentbanking machte nur eine Übergangslösung rechtskräftig, die ohnehin schon im Gang war.[484] Auch ab 2008 gab es wieder bedeutende Verwerfungen an den Verbriefungsmärkten, aber ein Zusammenbruch wie in den 1930er-Jahren wurde durch ausgiebige Interventionen der Federal Reserve und anderer verhindert. Beim Blick nach vorn konnten die Banken die Erholung ihrer Emissions- und Handelsaktivitäten erwarten. Und in der Tat gab es nach fünf Jahren schon wieder die Aktivitäten, für die die Verbriefungsmärkte vor 2008 berüchtigt waren. Die großen Banken versuchten nicht nur, ihre bisherigen Aktivitäten aufrechtzuerhalten, sondern einige strebten sogar an, sie weiter auszubauen. Das alles führte dazu, dass die Branche Anstrengungen widerstand, Praktiken wie den Eigenhandel einzuschränken.

Eine weitere manchmal vorgebrachte Erklärung für den Erfolg der Reformen in den 1930er-Jahren ist, dass die Kongressmitglieder schon zu einer gemeinsamen Diagnose des Problems gelangt waren. Senator Glass drängte jahrelang auf umfassendere Gesetze und eine zentralisierte Aufsicht über die Banken und das Finanzsystem. In den vorangegangenen 50 Jahren waren dem Kongress mehr als 100 Gesetzesentwürfe zur Etablierung eines landesweiten Systems der Einlagensicherung vorgelegt worden. Eine solche Maßnahme, 1932 im Kongress eingeführt und mitgestaltet vom Abgeordneten Henry Steagall, erhielt eine Mehrheit im Repräsentantenhaus, wenn auch noch nicht im Senat. Aber Steagall war gegen eine zentrale Bankenaufsicht und eine stärkere Aufteilung, während Glass sich gegen eine Einlagensicherung aussprach. Ihre Anhänger hatten ebenso geteilte Ansichten.

Auch der Prozess der Gesetzgebung liefert keine Erklärung. Bei anderen Themen fügte sich der Kongress Roosevelt und »behandelte ihn eher wie einen Premierminister als wie einen traditionellen amerikanischen Präsidenten«.[485] Der Emergency Banking Act vom März und der National Industrial Recovery Act vom April wurden praktisch ohne Änderungen gegenüber den Entwürfen verabschiedet, welche die Administration zum Capitol Hill geschickt hatte. Aber die Details der Bankenreform waren in beiden Häusern umstritten. Auch Roosevelt selbst stand der Einlagensicherung skeptisch gegenüber. Als früherer Gouverneur kannte er die bewegte Geschichte früher Pläne einer staatlichen Einlagensicherung. Das offizielle Foto, das Roosevelt zeigt, wie er den Banking Act unterzeichnet, der die Einlagensicherung vorsah, erweckt nicht den Eindruck, als sei er besonders glücklich darüber. Finanzminister Woodin, ein Hersteller von Frachtwaggons für die Eisenbahn und nur in zweiter Linie ein Finanzier, sah ebenfalls keine Rechtfertigung dafür, die Banken gesondert zu behandeln. Was für die Exekutive galt, traf auch auf die Fed zu: Führende Offizielle der Federal Reserve lehnten die Einlagensicherung ebenfalls ab.[486]

Letztlich kann nur das Ausmaß der Krise eine derart weitreichende Reform erklären. Sie zwang das Finanzsystem und die Wirtschaft in die Knie. Sie beraubte die Banken jeglichen Interesses, an ihrem Wertpapiergeschäft festzuhalten. Sie verursachte eine Welle der Unterstützung von Reformen, wie der Einlagensicherung, die ausreichte, um den Widerstand starrköpfiger Interessengruppen zu überwinden. Millionen von Amerikanern hatten während der Bankenkrise die Ersparnisse ihres ganzen Lebens aufs Spiel gesetzt. Ihr Alarm führte zu starker Unterstützung der Einlagensicherung und allgemein zu einer weitreichenden Finanzreform.[487] Das gab den Reformern nicht nur das Mandat, sondern auch die nötigen Stimmen.

Und das traf nicht nur auf die Finanzreform zu. Das Ausmaß der Depression, die Entbehrungen und das Leid, das sie verursachte, waren die fundamentalen Faktoren, die der Finanzreform den nötigen Schub gaben.

Im Gegensatz dazu nahm 2008 der Erfolg der Politiker bei der Verhütung des Schlimmsten den Reformern den Wind aus den Segeln. Weniger als 1000 Banken gingen pleite, während es in den 1930er-Jahren 9000 waren. Während der Dow vom Hoch 1929 bis zum Tief 1933 um fast 90 Prozent fiel, sank der S&P 500 in den 17 Monaten nach dem Oktober 2007 deutlich weniger, nämlich um 56 Prozent. Natürlich war das immer noch ein alarmierender Rückgang der Asset-Werte, der im Vergleich zu den 1930er-Jahren allerdings verblasst.

2008/2009 dauerte es auch nur drei Monate anstatt drei Jahre, um eine monetäre und fiskalische Reaktion zu organisieren. Die Arbeitslosigkeit erreichte 2009 zwar besorgniserregende 10 Prozent, aber das war viel geringer als die katastrophalen 25 Prozent 1933. Es gab Entbehrungen und Leid. Hunger und Obdachlosigkeit waren weit verbreitet. Aber dennoch war die Not nicht so groß wie in den Hoovervilles und der Dust Bowl in den 1930er-Jahren.

Nach 2008 war es vielleicht nicht mehr möglich, so weiterzumachen wie zuvor, aber doch so ähnlich. Der Erfolg, mit dem die Politiker im 21. Jahrhundert verhinderten, dass die Krise eine weitere große Depression auslöste, begrenzte somit die Unterstützung radikaler Reformen. Vielleicht gab Präsident Obama nicht bewusst der Erholung den Vorrang gegenüber der Reform – im Gegensatz zu Roosevelt. Aber es kam so.

Die Regulierung der Wertpapiermärkte unterschied sich nur insofern, als die Reformer Neuland betraten. Vor dem Securities Act von 1933 gab es keine bedeutende Regulierung der amerikanischen Kapitalmärkte. Der Schutz der Investoren vor betrügerischen Praktiken war den einzelnen Bundesstaaten überlassen. Kansas verabschiedete das erste Gesetz zur Registrierung von Wertpapierbrokern 1911 als Reaktion auf Klagen, dass reisende Finanzhausierer naiven Anlegern Aktien von geheimnisvollen

Minenunternehmen verkauften.[488] In Reaktion auf die übertriebenen Renditeversprechen dieser Leute und auf die finanziellen Exzesse im Zusammenhang mit dem Immobilienboom in Florida folgten andere Staaten diesem Beispiel.

Obwohl diese Luftschlossgesetze den Zweck hatten, einen Minimalstandard für Verkäufer von Finanzprodukten zu sichern, konnten sie von Brokern aus anderen Bundesstaaten leicht umgangen werden, indem sie ihre Wertpapiere per Post verkauften. Jedenfalls waren viele staatliche Behörden nicht in der Lage, ihre Gesetze durchzusetzen. Nur acht Staaten hatten die nötigen Ressourcen, um eine in Vollzeit arbeitende Wertpapieraufsicht zu finanzieren. Sogar dort, wo solche Kommissionen in Vollzeit arbeiteten, hatten sie nicht die Kapazitäten, um Betrügereien zu entdecken und zu verfolgen. So war es auch bei den Bemühungen des New Yorker Generalstaatsanwalts, den Martin Act durchzusetzen, um Finanzbetrug zu bekämpfen.[489]

Zu ihrer Verteidigung verwiesen Börsenprofis auf ihre strenge Selbstregulierung. Die New York Stock Exchange behauptete, von Emissionskandidaten höhere Standards der Transparenz zu verlangen als alle Staaten mit Luftschlossgesetzen – und ganz bestimmt höhere als New York. Das Listing-Komitee der Börse verlangte von den Emittenten Informationen über Bilanzen, Gewinne und Unternehmensführung. Aber der Informationsgehalt dieser Darlegungen war geringer, als er zu sein schien. Da es keine allgemein anerkannten Standards der Buchhaltung gab, konnten sich die Emittenten aussuchen, welche Informationen sie auf welche Weise mitteilen wollten. Eine 1929 veröffentlichte Studie über 580 an der New York Stock Exchange gelistete Unternehmen zeigte, dass weniger als die Hälfte von ihnen ihre Bruttoumsätze berichteten.[490] Und wenn eine Firma sogar diese Richtlinien für zu restriktiv hielt, konnte sie ihre Aktien einfach an der Curb Exchange, die später zur American Stock Exchange wurde, notieren lassen, wo noch weniger Informationen verlangt wurden.

Die Selbstregulierung verhinderte auch weder Insidertrading noch Marktmanipulation. Im Gegenteil: Mitglieder des Listing-Komitees der New York Stock Exchange gehörten zu den Organisatoren der berüchtigten Pools, die in den 1920er-Jahren Aktienkurse nach oben oder unten trieben. Solche Praktiken alarmierten die Anhänger von Brandeis, dessen 1914 erschienener Essayband *Other People's Money* sich damit beschäftigte, wie aus Geld Macht wird. Brandeis deckte nicht nur ein Problem auf, er schilderte auch eine Lösung, nämlich Transparenz. »Publizität«, schrieb er in einer Passage, die Präsident Roosevelt gern zitierte, »wird mit Recht als Heilmittel für soziale und industrielle Krankheiten empfohlen. Es heißt, Sonnenlicht sei eines der besten Desinfektionsmittel und elektrisches Licht sei der beste Polizist.«[491]

Brandeis' Anhänger, in Person von Felix Frankfurter und seinen Schülern, ergriffen nun die Gelegenheit, diese Prinzipien in die Tat umzusetzen. Der Securities Act von 1933, der Neuemissionen regelte, und der Securities Exchange Act von 1934, der den Handel am Sekundärmarkt regulierte, machten von Brandeis' Desinfektionsmittel reichlich Gebrauch.

Die Frage war, wie weit man die Rolle des öffentlichen Sektors ausbauen sollte. Es ging darum, ob man, außer Auskünfte zu verlangen, die Regulierungsbehörden ermächtigen sollte, diese Informationen auszuwerten und entsprechend zu handeln. Der Gesetzesantrag, den die Administration dem Kongress vorlegte, schlug die Gründung einer Bundeskommission vor, die ermächtigt werden sollte, die Qualität von Börsenkandidaten auszuwerten und den Börsengang zu verbieten, wenn sie eine Notierung für unangemessen hielt.[492]

Für den Abgeordneten Sam Rayburn, den mächtigen Vorsitzenden des Commerce Committee und späteren Sprecher des Repräsentantenhauses, ging das zu weit. Frankfurters Anhänger wurden dazu aufgefordert, den Gesetzesentwurf zu ändern. In der revidierten Fassung sollten Informationen über Gewinne, Verluste und die Entlohnung der Unternehmensführer nicht von der Regierung ausgewertet werden, sondern von unabhängigen Wirtschaftsprüfern, die standardisierte Buchhaltungsprozeduren anwendeten. Das würde die Wirtschaftsprüfer zu den wenigen Profiteuren der großen Depression machen.

Aber vielleicht gab es ja andere Praktiken wie die Pools der 1920er-Jahre, vor denen informativere Emissionsdokumente wenig Schutz boten. Daher verbot das Gesetz von 1934 auch Marktmanipulation und schuf eine Regierungsbehörde, die SEC, mit der Autorität, diese zu verfolgen. Der Securities Exchange Act enthielt einen Abschnitt 10(b), der die Kommission ermächtigte, missbräuchliche Praktiken wie Insiderhandel und Betrug zu verfolgen, die in den anderen Abschnitten nicht behandelt wurden.

Dieses Muster leitete die Regulierung der US-Wertpapiermärkte während des größten Teils des 20. Jahrhunderts. Es hielt das Prinzip hoch, dass sich der Käufer in Acht nehmen muss, erkannte aber an, dass es

Praktiken gibt, gegen die sich ein einzelner Käufer nicht schützen kann. Wäre dies unbeachtet geblieben, hätten diese Praktiken zukünftige Generationen vielleicht davon abgehalten, sich am Aktienmarkt zu beteiligen – so wie die Generation der 1930er-Jahre. Man brauchte eine Aufsicht, nicht nur um Anleger zu schützen, sondern auch, damit die Wertpapiermärkte und die Wirtschaft gediehen. Das neue Schema lehnte die Selbstregulierung als Basis einer solchen Aufsicht ab. Erforderlich war stattdessen eine SEC mit ausreichend Personal und finanziellen Ressourcen, um Marktmanipulation und Betrug auszumerzen.

Dieses Modell leistete den USA mehr als 50 Jahre lang gute Dienste. Aber als die Erinnerungen an die 1930er-Jahre verblassten, gab es eine Auferstehung des Vertrauens in die Selbstregulierung. Und sogar bei denen, die die Möglichkeit eines Börsenbetrugs anerkannten, gab es Skepsis über die Fähigkeit unterbezahlter und hoch besteuerter Staatsangestellter, das zu entdecken.

Letztlich erwies sich diese Skepsis als eine sich selbst erfüllende Prophezeiung. In den 1990er-Jahren hielt die finanzielle Ausstattung der SEC kaum mit der Inflation Schritt und hinkte den Aktienemissionen hinterher. Nach dem 11. September 2011 entzog das wahrgenommene Bedürfnis, zusätzliche Haushaltsmittel für eine andere Art der Sicherheit auszugeben, nämlich für die Sicherheit der Nation, der SEC weitere Ressourcen. So wie der Generalstaatsanwalt von New York in den 1920er-Jahre nicht das nötige Geld aufbrachte, um die Luftschlossgesetze des Staates durchzusetzen, hatte die SEC jetzt nicht genug Mittel, um eine angemessene Finanzmarktaufsicht zu gewährleisten. Das Resultat war ein Charles Ponzi mit einem anderen Namen. Sein Name war Bernie Madoff.

Die Hypothekenentlastung ist das letzte Gebiet, auf dem die Reaktion in den 1930er-Jahren deutlich weiter reichte als irgendetwas in der jüngeren Vergangenheit. Aber in diesem Fall kann man nicht argumentieren, eine tiefere Krise habe zu einer stärkeren gemeinsamen Reaktion geführt. Der Einbruch der Häuserpreise und der Baubranche nach 2006 war in der Tat mindestens so hart wie in den 1930er-Jahren; er machte deutlich, wie stark die vorherige Expansion vom Häusermarkt angeführt worden war. In beiden Fällen sanken die Verkaufspreise vom Hoch bis zum Tief um ein Drittel. Die Neubauten außerhalb des Agrarsektors fielen am Tief der Depression auf nur noch 10 Prozent des Niveaus in den 1920er-Jahren, 2010 dagegen nur auf 25 Prozent des Niveaus von 2005.[493]

Was erklärt die noch stärkere gemeinsame Reaktion in den 1930er-Jahren, wenn nicht der noch deutlicher ausgeprägte Verfall der Häuserpreise? Die Antwort liegt in der Struktur der Immobilienfinanzierung. Kreditgeber verlangten Anzahlungen von 50 Prozent des Kaufpreises. Folglich gab es weniger Hausbesitzer, deren Hypothekenschulden den Wert ihrer Häuser überstiegen, sogar als die Preise um ein Drittel fielen. Also gab es keinen Bedarf, radikale Abschreibungen der Kreditsumme vorzunehmen, was hohe Verluste für die Banken und signifikante Kosten für die Steuerzahler verursacht hätte. Überbrückungsmaßnahmen, welche die Häuserfinanzierung über Wasser hielten und Hilfe bei den Zinszahlungen boten, konnten also lange dauern, bis die Krise überwunden war.

Hoover wandte zunächst eine für ihn charakteristische voluntaristische Methode an, um das Problem anzugehen. Er stellte Expertenkomitees zur Erforschung des Häusermarkts zusammen und berief im Dezember 1931 eine Konferenz über Häuserbau und Hauseigentum ein. Aber er nahm auch einen früheren Vorschlag des Senate Committee on Reconstruction and Production (das Calder-Komitee unter Führung des New Yorker Senators William M. Calder) wieder auf, um die Wohnungsnot nach dem Ersten Weltkrieg zu beheben, indem man ein landesweites Hypothekenbanksystem schuf. Calder war der Sohn eines Bauunternehmers. Er machte eine Lehre als Zimmermann und war früher Vorsitzender der Baukommission von Brooklyn, was sein Interesse für den Häusermarkt verstärkte.[494] Das Hypothekenbanksystem, so wie er es sah, würde für Liquidität und Aufsicht über die Bau- und Kreditverbände sorgen, vergleichbar mit der Liquidität und der Aufsicht, die das neu geschaffene Federal Reserve System im Bereich der Geschäftsbanken gewährleistete. Dies war der Vorschlag, den Hoover nun wieder aufnehmen wollte. Die Konferenz des Präsidenten unterstützte ihn und der Kongress folgte dem mit dem Federal Home Loan Bank Act von 1932.

Aber die staatlichen Hypothekenbanken gewährten nur Bau- und Kreditverbänden Kredite (was nicht überrascht, weil die United States Building & Loan League beim Entwurf des Gesetzes mitwirkte), während sie die Probleme anderer Kreditgeber im Immobilienbereich ignorierten. Und sie boten den Schuldnern keine Unterstützung, was die Zinsen betraf. Umfassendere und effektivere Maßnahmen mussten warten, bis es eine neue Administration gab.

Diese kamen in Form der Home Owners' Loan Corporation oder HOLC. Die HOLC übernahm Hypotheken und entlastete die Schuldner im Zinsbereich, änderte aber nichts an der Kreditsumme. Ihre Hypotheken hatten einen Zinssatz von 5 Prozent, im Gegensatz zu den 6 bis 8 Prozent bei konventionellen Hypotheken. Und sie hatten eine noch nie da gewesene Laufzeit von 15 Jahren.[495]

Der Trick war, Hypotheken auf die Behörde zu übertragen, ohne die Bilanzen der Banken oder die Geldbörsen der Steuerzahler zu belasten. Die HOLC kaufte Hypotheken im Tausch gegen von der Regierung garantierte Anleihen. Diese Anleihen hatten nur einen Zinssatz von 1 bis 3,5 Prozent, wiesen dafür aber auch kein Ausfallrisiko auf. Schnell entwickelte sich ein liquider Sekundärmarkt der HOLC-Anleihen, was den Banken ermöglichte, sie zu Bargeld zu machen. Wichtig war, dass die Banken Angebote der HOLC zurückweisen konnten. Das bedeutete, dass Hypothekenbanken von diesem Programm profitierten.

Die Differenz zwischen dem, was die HOLC verdiente, und dem, was sie den Eigentümern der Anleihen bezahlte, ergab eine Spanne, mit der man arbeiten konnte. Die HOLC begrenzte ihre Risiken zudem dadurch, dass sie Kredite nur bis zu 80 Prozent des Werts der betreffenden Häuser vergab.[496] Das sorgte für einen gewissen Spielraum der Schuldner. Mit anderen Worten: Weitere Preisrückgänge hätten schon substanziell ausfallen müssen, um eine Welle von Zahlungsausfällen auszulösen. Die 80-Prozent-Schwelle war gerade hoch genug, um einem Schuldner, der eine Anzahlung von 50 Prozent geleistet hatte, zu ermöglichen, in seinem Haus zu bleiben, auch wenn die Preise um ein Drittel sanken.[497]

Im Lauf ihrer Existenz kaufte die HOLC mehr als eine Million Hypotheken. 1936 hielt sie Hypotheken auf 10 Prozent aller von ihren Eigentümern bewohnten Häuser außerhalb des Agrarsektors und volle 20 Prozent aller Haushypotheken.[498] Indem sie die toxischen Hypotheken aus den Bilanzen der Banken nahm, half sie bei der Lösung der Bankenkrise. Sie half auch dem Häusermarkt. Charles Courtemache und Kenneth Snowden kommen zu dem Ergebnis, dass Bezirke mit HOLC-Büros, wo die Aktivitäten der Behörde am intensivsten waren, Ende der 1930er-Jahre höhere Häuserpreise und höhere Eigentümerquoten aufwiesen. Price Fishback und seine Mitautoren finden, dass die HOLC die Bauaktivität förderten, indem sie die Zahl von Zahlungsausfällen und Zwangsversteigerungen senkte. Insbesondere erhöhten ihre Kredite das Wohnungsangebot in kleineren Städten, wo

Probleme einiger lokaler Banken große Auswirkungen auf den Bausektor und darüber hinaus haben konnten.[499]

All das wurde mit begrenzten Kosten erreicht, weil die Anzahlungen hoch waren, was eine Reduktion der Kreditsumme unnötig machte. Das wiederum begrenzte das Bedürfnis, diese Verluste den Banken aufzuladen, wie es Abschreibungen auf die Kreditsummen erfordert hätten, sowie Verluste für die Regierung, die zustande gekommen wären, hätte die HOLC für ihre Anleihen mehr bezahlt.[500]

Jemand musste aber die Verluste wegen der tieferen Häuserpreise tragen. In diesem Fall war dieser Jemand der Eigentümer. Die HOLC tat nichts, um das zu ändern, abgesehen davon, dass sie den Abwärtsdruck auf die Häuserpreise abmilderte, indem sie die Zahlungsausfälle verminderte.[501] Indem sie für die Versorgung mit Hypothekenkrediten sorgte, konnte sie Familien helfen, in ihren Häusern zu bleiben, und begrenzte eine Hauptursache des Leids.

Die Ironie war, dass die HOLC und andere Häusermarktreformen des New Deal, wie die 1934 geschaffene Federal Housing Administration zur Sicherung langfristiger Hypotheken, den Markt in einer Weise neu gestalteten, die eine Grundlage für die Krise von 2008/2009 war. Hypotheken wurden nun von der Regierung garantiert, was Finanzinstitute dazu ermutigte, niedrigere Anzahlungen zu akzeptieren. Die von der HOLC gesetzte Norm von 20 Prozent blieb der Standard für Anzahlungen, auch als die Behörde schon aufgelöst war. Die politischen Maßnahmen aus der Zeit der Depression half auch bei der Schaffung landesweiter Baustandards, die dazu führten, dass mehr Geld in Regionen mit boomenden Häusermärkten floss. Am umstrittensten ist die Gründung von Fannie Mae 1938 zur Förderung neuer Kredite durch den Kauf durch die Federal Housing Administration abgesicherter Häuserhypotheken von lokalen Banken.

Es ist nicht richtig, zu argumentieren, dass diese Veränderungen in den 1930er-Jahren für den Boom und den anschließenden Zusammenbruch des Häusermarkts zur Jahrhundertwende verantwortlich waren. Aber ohne sie hätten der Boom am Häusermarkt und die Subprime-Krise nicht dieses Ausmaß annehmen können.

Kapitel 17
Takahashis Rache

Die Große Depression war nicht nur für die USA eine Krise, sondern für die ganze Welt. Es war die schlimmste globale Krise, an die man sich erinnern kann. Für die meisten Länder war sie die schlimmste Krise seit dem Ersten Weltkrieg.

Man könnte meinen, der Schock einer Krise dieser Größenordnung habe die Zentralbanken zum Handeln veranlasst. Aber die Offiziellen zögerten, außergewöhnliche Maßnahmen zu ergreifen, wie sie es während des Kriegs getan hatten. Ausgeglichene Haushalte blieben das wichtigste Ziel oder jedenfalls die Hoffnung auf ausgeglichene Haushalte, denn sie zu erreichen blieb sehr schwierig. Das unterschied sich stark von der Reaktion 1914, als die konventionelle Geldpolitik schnell aufgegeben wurde, weil man um das Überleben der Nation kämpfte.

Der Goldstandard mochte zusammengebrochen sein, aber die Zentralbanken und ihre politischen Chefs zögerten, ihre neue Freiheit zu nutzen. Stattdessen versuchten sie, diese Freiheit so schnell wie möglich wieder aufzugeben, indem sie ihre Landeswährungen, wenn schon nicht länger an Gold, so doch an das Pfund oder an den Dollar koppelten. Die Instinkte, die Roosevelt dazu brachten, die Währung schon im Januar erneut zum Kurs von 35 Dollar je Unze an das Gold zu koppeln und zu tun, was er konnte, um das Wachstum der Staatsausgaben zu bremsen, waren in keiner Weise typisch für ihn oder typisch amerikanisch.

Die Details waren natürlich durch die unterschiedlichen Erfahrungen jedes einzelnen Landes geprägt. Allerdings kann man einige gemeinsame Faktoren identifizieren, die praktisch überall die politische Reaktion – oder das Ausbleiben einer Reaktion – prägten. Man glaubte an die Analogie des Haushaltsbudgets und des Budgets der Regierung. Regierungen sollten innerhalb ihrer Möglichkeiten agieren und jede Tendenz, davon abzuweichen, konnte nur zu Kummer führen. Keynes' Theorien einer antizyklischen

Fiskalpolitik waren, leider oder zum Glück, noch nicht entwickelt worden. (Da gibt es unterschiedliche Meinungen.) Wirtschaftshistoriker weisen gern auf Zeitgenossen wie Bertil Ohlin in Schweden und Paul Reynaud in Frankreich hin, die in der Lage waren, die Argumente für eine Erhöhung der Staatsausgaben in einer Wirtschaftskrise intuitiv zu vermitteln. Aber obwohl die Erwähnung vorkeynesianischer Argumente aus zeitgenössischen Veröffentlichungen sehr beliebt ist, kann man kaum behaupten, dass sie große Auswirkungen hatten. Wichtiger waren die Gebote der Wiederbewaffnung, die Regierungen dazu brachten, ihre Ausgaben zu erhöhen und, wie im Ersten Weltkrieg, Defizite als Sache des Überlebens der Nation zu tolerieren. Der Großteil dieser durch Defizite finanzierten Militärausgaben fiel in der zweiten Hälfte der 1930er-Jahre an, als die Krise längst überwunden war.

Zudem gab es die Assoziation mit Budgetdefiziten und der Kreditschaffung durch die Zentralbank mit Inflation, zunächst während des Ersten Weltkriegs und dann in den 1920er-Jahren.[502] In Ländern wie Deutschland waren die Menschen durch die Inflation traumatisiert. Weil diese Geschichte noch in frischer Erinnerung war, zögerten die Offiziellen, irgendetwas zu erwägen, das zu einer Wiederholung dieser Erfahrung führen könnte, so weit weg das auch war und wie radikal sich die Lage inzwischen auch geändert hatte. Bemerkenswerter ist allerdings, wie diese Inflationsängste, durch diese Geschichte wiederbelebt, die Politik in anderen Ländern prägten und behinderten, zum Beispiel im Vereinigten Königreich, wo man mit diesem Phänomen nur aus zweiter Hand Erfahrungen gemacht hatte.

Mit diesen Ängsten verbunden war ein allgemeines Zögern, den Wechselkurs als Anker der Geldpolitik aufzugeben. Der Wechselkurs gegenüber dem Gold war jahrelang die Basis für die Entscheidungen der Zentralbanken gewesen. Die einzige Ausnahme in Friedenszeiten, die erste Hälfte der 1920er-Jahre, war ein von Inflation und finanzieller Instabilität geprägtes Desaster. Der Goldstandard hatte nicht funktioniert, aber es gab keine passende Alternative für die Geldpolitik. Viel später, in den 1990er-Jahren, entwickelten die Zentralbanken die konzeptionellen Rahmenbedingungen, die als »flexibles Inflationsziel«[503] bekannt wurden. Als 2007 und 2008 die Krise eintrat, waren sie dazu bereit, ihre Währungen schwanken zu lassen, wenn dies die Nebenwirkung einer Geldpolitik war, die auf die Stabilisierung der Preise und der Produktion abzielte. Aber in den 1930er-Jahren ließ das Fehlen einer passenden Alternative zur traditionellen Geldpolitik, die sich auf Wechselkurse konzentrierte, die Banken zögern, sie aufzugeben. Das wiederum begrenzte ihre Fähigkeit, nicht nur die Preise, sondern auch die Wirtschaft und das Finanzsystem zu stabilisieren.

Dieses Zögern machte es möglich, dass die Depression schlimmer wurde und andauerte, was wiederum viel dazu beitrug, die vorherrschenden ökonomischen und finanziellen Arrangements zu diskreditieren. In einigen Fällen, zum Beispiel in den USA, löste dies Anstrengungen aus, das Marktsystem zu reparieren und zu rehabilitieren. Es führte zu regulatorischen Reformen, die die Finanzmärkte stabilisieren sollten, zu institutionellen Reformen, um die Durchführung der Geldpolitik zu stärken, und Reformen der Sozialpolitik, um diejenigen zu schützen, die sich nicht selbst schützen konnten. In anderen Fällen, zum Beispiel in Deutschland, führten die Depression und das Scheitern der Politiker, sie zu bewältigen, zu weniger konstruktiven Ergebnissen. Das Marktsystem fiel staatlicher Führung zum Opfer. Es sollte sich herausstellen, dass diese Alternative zur Reparatur einer zerbrochenen Marktwirtschaft viel schlechter war.

Japan war die Ausnahme, die die Regel bestätigt, und zeigte, was möglich war, wenn eine Regierung eine konzertierte Aktion durchführte. Das Land hatte bereits ein schwieriges Jahrzehnt durchlitten mit einem jährlichen Wachstum von weniger als 1 Prozent zwischen 1919 und 1929. Die Wirtschaft litt unter Anstürmen auf die Banken und Finanzpaniken. Die Pleite der Masuda Bill Broker Bank aus Osaka verursachte im ganzen Land Anstürme auf Banken. Im Februar 1922 löste die Pleite der Ishii Corporation, einer Bauholzfirma, die mit Rohstoffen spekulierte, in Osaka, Kyoto und in der Präfektur Kochi Anstürme auf Banken aus, von denen man dachte, sie seien mit Ishii und miteinander verbunden. Das Kanto-Erdbeben 1923 verursachte finanzielle und physische Schäden. 80 Prozent aller Bankgebäude in Tokio wurden zerstört, man befürchtete weitere Anstürme auf Banken und es wurde ein Moratorium für Schuldenzahlungen verkündet. Die Regierung forderte die Zentralbank auf, in den betroffenen Gebieten kurzfristige Schuldverschreibungen und andere zahlbare Obligationen zu diskontieren, und entwarf ein Notfallprogramm, um die Bank zu entschädigen. Auf ähnliche Weise bot 2008 das US-Finanzministerium der Fed an, sie für alle mit der Rettung von Bear Stearns verbundenen Verluste zu entschädigen.[504] 1927 gab es dann eine weitere Reihe von Anstürmen auf die Banken, weil Finanzprobleme bei Suzuki & Co. aufgedeckt wurden, einem großen Handelshaus in Kobe, und bei seinem Finanzpartner, der Bank of Taiwan.[505]

Diese Litanei der Leiden und die Tatsache, dass stets die Zentralbank intervenieren musste, führten zu einer Verzögerung der Rückkehr zum Goldstandard.[506] Japan tat dies dann im Januar 1930, was sich als ausgesprochen schlechtes Timing erwies. Die Folgen waren, ähnlich wie in Großbritannien, nur noch übler. Wie in Großbritannien waren die Preise während des Kriegs drastisch angestiegen. Aber Japan konnte sie nicht so schnell wieder nach unten drücken wie Großbritannien in den 1920er-Jahren. Stattdessen war die Zentralbank dazu gezwungen, den Banken Kredite zu gewähren, um sie am Leben zu erhalten. Daher konnte sie den Vorkriegs-Wechselkurs gegenüber Pfund und Gold nicht wiederherstellen.

Als sich die Lage genügend normalisiert hatte, um 1930 den Vorkriegs-Wechselkurs gegenüber dem Pfund wieder einführen zu können, war der Yen deutlich überbewertet. Das führte zu Handelsdefiziten und Goldverlusten. Deswegen erwartete man, dass Japan zwangsläufig folgen musste, als Großbritannien im September 1931 den Goldstandard aufgab.

Während des Wahlkampfs 1928 setzte sich die Minseitō-Partei dafür ein, verschwenderische öffentliche Ausgaben zu kürzen und den Goldstandard wiederherzustellen. Osachi Hamaguchi, Premierminister seit 1929, ernannte Junnosuke Inoue zum Finanzminister, weil er dachte, dass Inoue, der ebenfalls an den traditionellen Goldstandard glaubte, diese Politik erfolgreich ausführen könne. Als der strenge und aufrechte Inoue das getan hatte, hatte er viel in den politischen Status quo investiert. Nach Großbritanniens Abschied vom Gold bekräftigte er eilig, dass er den Goldstandard verteidigen werde. Die Bank of Japan erhöhte im Oktober den Diskontsatz dann noch einmal im November, um seine Wünsche zu erfüllen.[507]

Die Federal Reserve hatte auf ähnliche Weise auf die Verluste von Goldreserven reagiert, die Großbritanniens Abschied vom Gold verursachten.[508] Aber während die Goldbindung der USA hielt, tat die Japans das nicht. Japan hatte in jüngerer Vergangenheit mehr finanzielle Instabilität erlebt. Besorgt über den Zustand des Bankensystems und im Zweifel über die Fähigkeit der Notenbank, weiterhin Liquidität von den Finanzmärkten abzuziehen, verkauften die National City Bank, die Hongkong and Shanghai Banking Corporation (HSBC), Sumitomo, Mitsui und Mitsubishi Yen gegen Dollars. Die Abflüsse von Gold hielten ununterbrochen an.[509] Weil sie sich nicht einigen konnte, wie man sie begrenzen könnte, trat die von der Minseitō-Partei angeführte Regierung am 12. Dezember zurück.

Das brachte die oppositionelle Seiyūkai-Partei an die Macht, vor allem den Finanzminister Korekiyo Takahashi. Takahashi war zwar schon ein älterer Mann, aber dennoch ein Revolutionär. Der uneheliche Sohn einer Hofmalerin im Schloss von Edo kam 1854 zur Welt, ein Jahr nach der Ankunft der schwarzen Schiffe von Commodore Perry, und er wurde als Kind in den untersten Rang der Samurai aufgenommen. In jungen Jahren hatte er als einfacher Staatsdiener gearbeitet, zunächst im Bildungsministerium und dann im Ministerium für Landwirtschaft und Handel, ehe er zur Bank of Japan ging. Weil er dabei geholfen hatte, die Auslandsanleihen zur Finanzierung des Kriegs gegen Russland zu arrangieren, wurde er 1905 in den Adelsstand erhoben. 1913, noch keine 40 Jahre alt, wurde er Finanzminister. 1931 war er es schon zum fünften Mal. Er war also definitiv kein Anfänger auf dem Gebiet der Finanzen.

Zudem hatte Takahashi den Vorteil, dass er seit mehr als einem Jahrzehnt seine Geldpolitik ohne Unterstützung durch den Goldstandard definiert hatte. Die japanische Öffentlichkeit war also durchaus vertraut mit Geldpolitik, die ohne diese Struktur betrieben wurde. Als Mitglied der vorherigen Oppositionspartei konnte Takahashi die von seinem Vorgänger getroffene Entscheidung der Rückkehr zum Gold daher ohne Verlegenheit rückgängig machen.[510] Zudem gab es ein Gefühl der Rivalität zwischen Inoue und Takahashi. Inoue war nicht nur ein Verfechter des Goldstandards, sondern auch der fiskalischen Austerität, also der rigiden Sparpolitik; sein Rivale Takahashi war froh, sich als Gegensatz dazu positionieren zu können.

Diese Entscheidung, Großbritanniens Abschied vom Goldstandard zu folgen, ähnelte den Reaktionen einiger anderer Länder, wie wir noch sehen werden. Einzigartig aber war Takahashis konzertierte Anwendung politischer Maßnahmen, um die Wirtschaft schnell wieder in Gang zu bringen. Sofort nach dem Embargo von Goldexporten drückte er den Wechselkurs nach unten, um Deflationserwartungen zu überwinden und die Wettbewerbsfähigkeit des Exports zu stärken. Im März 1932 schlug er vor, die Bank of Japan solle direkt alle neu emittierten Staatsanleihen aufkaufen, um die Geldmenge zu erhöhen. Eigentlich war das mehr als ein Vorschlag, weil die Bank of Japan nicht unabhängig war, sondern in Wirklichkeit der Aufsicht durch das Finanzministerium unterstand. Artikel 16 des

Zentralbankgesetzes sorgte für eine legale Basis für den Finanzminister, die Zentralbank zu instruieren, Transaktionen von Staatsanleihen vorzunehmen. In der Bank gab es wenig Widerstand. Im Gegenteil, Takahashi erhielt intellektuelle und politische Unterstützung vom stellvertretenden Zentralbankchef Eigo Fukai, der wie er Englisch sprach und mit ihm befreundet war.[511] Andere Mitglieder der administrativen Hierarchie der Bank waren skeptischer, aber weil sich die Zentralbank nicht eben mit Ruhm bekleckert hatte, waren sie nicht in der Position, sich zu widersetzen.[512]

Im Juni legte Takahashi einen Nachtragshaushalt zur Hilfe für die Landwirtschaft und zur Finanzierung der Militäroperationen in der Mandschurei vor. Dort hatten aufständische Offiziere, die Japans koloniale Interessen schützten, einen terroristischen Anschlag verübt, den sie chinesischen Banditen in die Schuhe schoben, was ihnen erlaubte, eine Polizeiaktion durchzuführen. Takahashi selbst war gegen Japans militärische Intervention in der Mandschurei, aber er konnte sie dazu nutzen, seine Wirtschaftsstrategie voranzutreiben.[513]

Das alles, so schlug Takahashi nun vor, sollte durch die Emission von Staatsanleihen finanziert werden. Die verbliebenen Grenzen der Bank of Japan, diese Anleihen zu kaufen, wurden dann durch ein Gesetz beseitigt, das die Summe ungesicherter Währung, die die Bank emittieren konnte, von 120 Millionen auf eine Milliarde Yen erhöhte, sowie durch eine zweite Maßnahme zur Kontrolle von Kapitalabflüssen. Die Erwartung war, und das ging aus Takahashis Äußerungen und Handlungen klar hervor, dass die Bank of Japan ihren Teil dazu beitragen würde, seine Defizite zu finanzieren. Die Regierung und die Zentralbank würden gemeinsam und aktiv daran arbeiten, die Deflation und die Depression zu beenden.

Das war eine aggressive, reflationäre Politik, die durch fiskalische Expansion glaubwürdig wurde. Mit anderen Worten, es war exakt die Politik, von der irrtümlich behauptet wird, sie sei unter Roosevelt in den USA verfolgt worden.[514] Aber im Gegensatz zu den USA war die fiskalische Expansion in Japan real.

Zumindest ist dies ein Fall, bei dem ökonomische Analyse eine Rolle gespielt haben könnte. Takahashi kannte die westliche Wirtschaftsliteratur aus erster Hand, sprach schon mit elf Jahren fließend Englisch, als man ihn zum Hafen von Yokohama geschickt hatte, um bei amerikanischen Missionaren zu studieren. (Takahashi war von einem progressiven Samurai für Studien in Fremdsprachen ausgewählt worden, der verstand, dass Japan, um zu überleben, Militärtechnologie importieren musste, vor allem aus den USA und Großbritannien, und dass die nächste Generation Sprachkenntnisse brauchte, um diese Ziele zu erreichen.[515]) Takahashi war vertraut mit Keynes' 1923 erschienenen Buch *Tract on Monetary Reform*, in dem dieser die Unterscheidung zwischen Wechselkursstabilität und Preisstabilität beschrieb und die Notwendigkeit betonte, der letztgenannten Priorität einzuräumen. Er war auf der Höhe der darauf folgenden Entwicklung, denn er war ein eifriger Leser der Londoner *Times*.[516]

Die Ergebnisse seiner Initiative waren dramatisch. Die kurzfristigen Zinsen fielen von 15 auf 1 Prozent. Die Geldmenge stabilisierte sich 1932, ehe sie 1933 deutlich anstieg. Im Jahr nach dem Dezember 1931 verlor der Yen gegen das Pfund 40 Prozent und gegen den Dollar 60 Prozent seines Werts. Die Großhandelspreise stiegen 1932 um 7 Prozent und 1933 um 12 Prozent, während die Industrieproduktion sogar noch schneller wuchs. Das reale BIP stieg 1932 um 7 Prozent und 1933 um 8 Prozent.[517]

Das war ein sehr glückliches Ergebnis für die Wirtschaft, wenn auch nicht für Takahashi. Als Japan 1935 wieder Vollbeschäftigung erreichte, kürzte er die Militärausgaben – was zu seiner Ermordung durch desillusionierte Armeeoffiziere führte.

Japans Erfahrungen illustrieren also, was konzertierte monetäre Expansion erreichen kann, wenn sie durch fiskalische Anreize unterstützt wird. Aber es ist schwer, andere und ähnliche Beispiele zu finden. Typischer war die Reaktion der Bank of England. Wie in Kapitel 10 geschildert, war die Handlungsfähigkeit der Bank eingeschränkt wegen des Ansturms auf das Pfund, der in Normans Abwesenheit zu einer Aussetzung der Konvertibilität geführt hatte. Aber auch damals war alles andere als klar, was als Nächstes kommen würde. In der ersten Woche nach der Freigabe des Wechselkurses sank der Kurs des Pfunds auf 3,40 Dollar und verlor ein Viertel seines Werts. Nach einer kurzen Erholung fiel er Anfang Dezember weiter bis auf 3,23 Dollar.

An diesem Punkt machte sich Norman Sorgen darüber, dass ein weiterer Rückgang das Vertrauen auf fatale Weise unterminieren würde. Er musste sich auch den Bedenken anderer Gouverneure und Senatoren widmen, die in seiner Abwesenheit politische Funktionen eingenommen hatten. Seit er 1920 zum Gouverneur ernannt worden war, hatte Norman die Bank of England praktisch zu seinem persönlichen Herrschaftsbereich gemacht. Aber seine Arbeitsunfähigkeit im Sommer und seine Abwesenheit in der

Zeit des entscheidenden finanziellen Übergangs veränderten den internen Entscheidungsfindungsprozess. In seiner Abwesenheit wurden Komitees ernannt und Berater konsultiert. Nach seiner Rückkehr tagten und berieten sie weiterhin. Entscheidungen wurden nun als Reaktion auf kollektive Hoffnungen und Befürchtungen kollektiv getroffen.

Vor allem gab es die kollektive Furcht, dass Großbritannien im Fall panischer Währungsverkäufe der Art von Inflation zum Opfer fallen könnte, die Frankreich und Deutschland in den 1920er-Jahren infiziert hatte. Diese Inflation fürchtete man in einer Zeit, als die Arbeitslosigkeit bei 22 Prozent lag – als folglich Deflation die reale und präsente Gefahr war –, und das kann man nur im Licht der Massenpsychologie nach diesen Erfahrungen in Europa verstehen.

Wegen der Sorge, das Pfund könnte gefährdet sein, hielten Norman und seine Kollegen den Leitzins bis ins Jahr 1932 bei 6 Prozent. Die Vorstellung, das Pfund könne vor dem Zusammenbruch stehen, war natürlich weit hergeholt. Die Währung hatte immer noch treue Anhänger in den Banken und Regierungen des Commonwealth und in anderen Ländern, die rege Handelsbeziehungen mit Großbritannien unterhielten. Aber es gab keinen mächtigeren konservativen Impuls als die Furcht vor dem Unbekannten, weil der Goldstandard mehr als ein Jahrhundert lang das Fundament der Politik war.

Wie nicht anders zu erwarten, machte Norman kein Geheimnis aus seinem Wunsch, zum Goldstandard zurückzukehren, wenn auch mit einer niedrigeren Parität als früher. Sogar Keynes, bekanntlich ein Kritiker von Churchills Entscheidung, 1925 zum Goldstandard zurückzukehren, forderte die Regierung nun auf, eine internationale Vereinbarung anzustreben, um die Konvertibilität des Goldes und fixe Wechselkurse wiederherzustellen, trotz des höheren Goldpreises und niedriger Golddeckung zur Stabilisierung der Preise. Aber eine Einigung über eine Bindung an das Gold lag in weiter Ferne.[518]

Dieser Zusammenhang macht die vorsichtige Rückorientierung der Politik leichter verständlich. Man brauchte Zeit, um die alten Ängste zu überwinden. Erst am 18. Februar, fast fünf Monate nach der Aufhebung der Konvertibilität, senkte die Bank of England die Zinsen von 6 auf 5 Prozent. Weil sich kein Zusammenbruch der Zinsen oder ein Ausbruch der Inflation abzeichnete, senkte sie im März die Zinsen auf 4 und dann 3,5 Prozent und schließlich auf 2 Prozent im Juli. So begann die britische

Politik des »billigen Geldes«, zehn lange Monate nach dem Kollaps der alten Vorgehensweise.

Die wirklichen politischen Innovationen wurden, wie in Japan, nicht von der stets konservativen Zentralbank durchgeführt, sondern vom Finanzministerium. Neville Chamberlain, der Sohn von John Chamberlain (der Vater war Bürgermeister von Birmingham, Parlamentsmitglied und zu seiner Zeit der führende protektionistische Politiker des Landes gewesen) wurde nach den Wahlen im Oktober 1931 zum Finanzminister ernannt. Die Wahlen brachten eine schwere Niederlage für die gescheiterte Labour-Regierung und ein von den Konservativen dominiertes Parlament. Letztlich sollte Chamberlains Name zu einem Synonym für die Politik des Appeasement werden. Aber obwohl seine Politik als Premierminister und geopolitischer Stratege ein Desaster war, war er nach den Maßstäben dieser Zeit ein außerordentlich effektiver Finanzminister.

Effektiv nach den Maßstäben der Zeit bedeutet einen Ausgleich des Haushalts. Und Chamberlain machte sich mit der Unterstützung seiner konservativen Mehrheit energisch an diese Aufgabe.[519] Sein Biograf William Rock beschreibt den vorherrschenden Geist gut: »Es gab keine Erleichterung von steuerlicher Seite; das konnte ein verfrühtes Nachlassen der Anstrengungen auslösen, die allmählich zu einem Wiederaufleben des Vertrauens in der Bevölkerung führten. Drastische ökonomische Maßnahmen waren erforderlich, ehe die normalen Ausgaben und die Einnahmen wieder ins Gleichgewicht gebracht werden konnten, und daher kam es auch zu solchen Maßnahmen.«[520] Die Ähnlichkeit mit der von David Cameron geleiteten konservativ-liberalen Regierung ab 2010 waren mehr als nur oberflächlich.

Ebenso konsequent war Chamberlains Entscheidung zur Einführung eines Exchange Equalisation Account (EEA) im Finanzministerium. Der erklärte Zweck dieser Neuerung war die Erleichterung von Pfund-Kursschwankungen durch Interventionen am Devisenmarkt. In der Praxis bestand der Großteil dieser Interventionen allerdings darin, ausländische Währungen gegen Pfund zu kaufen, um eine Steigerung des Pfund-Wechselkurses zu verhindern. Susan Howson, die inoffizielle Chronistin des EEA, hat mit Recht angemerkt: »Es ist klar, dass die Behörden den Wunsch hatten, Fluktuationen des Pfund-Wechselkurses zu reduzieren, vor allem solche nach oben.«[521]

Unter Anwendung des EEA hielt Chamberlain das Pfund auf einem wettbewerbsfähigen Niveau und sorgte so für eine angemessene Kreditversorgung im Inland. Obwohl er sich mit der Bank of England beriet, war es doch der Finanzminister, der letztlich die politischen Entscheidungen traf. Das war ein weiteres Beispiel, ganz im Sinne Takahashis, dass ein führender Politiker die Zügel einer Zentralbank übernahm, die nur zögerlich agierte. Ein weiteres Beispiel gab es 1933, als Roosevelt am Goldmarkt intervenierte, um die Preise nach oben und den Dollar nach unten zu treiben.

Wie in den USA, und im Gegensatz zu Japan, gab es aber keine umfangreichen Haushaltsdefizite infolge dieser monetären Expansion und keinen Druck auf die Zentralbank, neu emittierte Staatsanleihen aufzukaufen, um sie zu finanzieren. Zudem war ein Diskontsatz der Zentralbank von 2 Prozent, den Großbritannien nun genoss, kein billiges Geld nach den Maßstäben von Mervyn King oder Ben Bernanke. Die Versorgung mit Geld und Krediten stieg nur in dem Maß, wie es der Zufluss ausländischer Währungen erlaubte, die dann vom EEA gegen Pfund getauscht wurden. Dieser Zufluss konnte unberechenbar sein, wie im Dezember 1932, als es Sorgen über eine mögliche Dollar-Abwertung seitens des neu gewählten US-Präsidenten gab, aber in anderen Zeiten konnte er auch gering und sogar negativ sein. Die britische Geldmenge, breit definiert, wuchs 1932 um 10 Prozent, stagnierte aber 1933.[522] Es gab keinen Versuch, das Pfund nach unten zu drücken oder die Geldmenge aggressiver zu erhöhen. Als Roosevelt sein Goldkaufprogramm abgeschlossen hatte, kehrte der Pfund/Dollar-Wechselkurs im Prinzip wieder auf sein Niveau von vor 1932 zurück, wo er sich dann stabilisierte.

Im Vergleich zu Japan mag das eine schwache Vorstellung gewesen sein, aber diese Politik war besser als nichts. Ein höherer Goldpreis in der eigenen Währung bedeutete ein höheres Preisniveau. Ab dem Sommer 1932 sanken die Großhandelspreise nicht mehr parallel zur neuen Ausrichtung der Geldpolitik. Die Industrieproduktion erreichte ihr Tief im dritten Quartal und begann im vierten Quartal zu wachsen. Die folgende Erholung war von Ausgaben geprägt, die sich an den Zinsen orientierten, und betraf vor allem den Hausbau, den Absatz von Motorfahrzeugen und ab 1934 auch industrielle Investitionen. Die Senkung der Zinsen und die Verhinderung weiterer Preisrückgänge reduzierten auch die Kosten der Bedienung der drückenden Staatsverschuldung, die im Ersten Weltkrieg entstanden war. Großbritannien konnte seine Schulden managen, ohne die öffentlichen Ausgaben noch stärker kürzen zu müssen.[523] Das war keine kräftige Erholung wie in Japan, aber immerhin war es eine Erholung.

Die Mitglieder des Commonwealth und anderer Länder mit starken Handelsbeziehungen zu Großbritannien waren unsicher, was sie nun tun sollten. Da ihr Handelspartner den Goldstandard verlassen hatte, waren die Vorteile des Festhaltens an diesem System deutlich geringer geworden. Es gab einen Anreiz, ihre Währungen im Gleichschritt mit dem Pfund abzuwerten, um den Verlust der Wettbewerbsfähigkeit auf dem britischen Markt zu beschränken. Aber statt Takahashis Beispiel des aggressiven Handelns zu folgen, folgten sie Chamberlain, koppelten ihre Währungen erneut an das Pfund, in der Regel auf einem Niveau, das sich nicht wesentlich von dem vor 1931 unterschied. Im Prinzip folgten sie dem Finanzminister und den Technikern, die seine Politik umsetzten, die das Preisniveau im Pfund-Gebiet bestimmte.

Es ist erstaunlich, wie stark sich die folgenden politischen Maßnahmen an den Wechselkursen orientierten.[524] Schweden wird regelmäßig als Land genannt, das eine passende Alternative (zum Goldstandard) in Form von Preiszielen entwickelte. Die Riksbank, Schwedens Zentralbank, so heißt es, gab ein explizites Ziel für das Preisniveau vor und passte seine Politik entsprechend an. Die Politik Schwedens war von Ökonomen wie Gustav Cassel und Eli Heckscher geprägt, die skeptisch waren, was die Wirksamkeit des Goldstandards betraf. Das Land hatte eine lange intellektuelle Tradition, begründet vom großen schwedischen Ökonomen Knut Wicksell, die Preisstabilität als oberste Priorität der Zentralbankpolitik einzuordnen.[525] Und, ganz wichtig, Schweden genoss den Vorteil, keine zerstörerische Inflation wie Frankreich oder Deutschland erlebt zu haben, was den Offiziellen erlaubte, über Alternativen nachzudenken.

Es gab viele Diskussionen darüber, wie wünschenswert die Stabilisierung des Preisniveaus sei. Das Bankenkomitee des schwedischen Parlaments, des Riksdag, der die Zentralbank beaufsichtigte, bildete einen Ausschuss, der Alternativen erwägen sollte. Er warnte vor einer überstürzten Wiederaufnahme der Konvertibilität von Gold und drängte darauf, sowohl Deflation als auch Inflation zu vermeiden. Die Forscher der Riksbank konstruierten einen neuen Verbraucherpreisindex, um der Zentralbank eine bessere Beobachtung von Trends des Preisniveaus zu ermöglichen.

Aber, neuer Index hin oder her, der Aufsichtsrat der Riksbank legte immer noch größten Wert auf die Stabilität des Wechselkurses, weil man ihn nach wie vor für den zuverlässigsten Indikator inflationärer und deflationärer Tendenzen hielt. Als die schwedische Krone dann im Frühling 1933 Anzeichen einer exzessiven Aufwertung zeigte, wurde sie auf einem Niveau an das (englische) Pfund gekoppelt, das bis zum Ausbruch des Zweiten Weltkriegs unverändert blieb. Nachdem die Währung während der Kreuger-Krise 1932 massiv abgewertet hatte, wies sie nun einen konkurrenzfähigen Wert auf.[526] Aber diese Bewertung war eher eine unbeabsichtigte Folge der Krise als eine bewusste monetäre Strategie. So viel zum Anstreben von Preisniveaus als Alternative zu politischen Maßnahmen, die sich auf den Wechselkurs konzentrieren.[527]

Auch in Lateinamerika verlief die Geschichte ähnlich. Weil nicht das Vereinigte Königreich, sondern die USA der wichtigste Handelspartner vieler mittel- und südamerikanischer Staaten waren, koppelten sie ihre Währungen an den Dollar.[528] Ihre Regierungen hatten reichlich Kredite im Ausland aufgenommen und so wurde die Anpassung der Währungen verschoben, bis auf dem Gebiet der Verschuldung etwas geschehen war. Sonst wäre es unmöglich gewesen, nach einer Abwertung der eigenen Währung auf Dollar lautende Auslandsschulden zu bedienen. Devisenkontrollen wurden eingeführt, um die Exporte zu begrenzen. Dann stellte ein lateinamerikanisches Land nach dem anderen die Zinszahlungen auf seine Schulden ein, um eine Abwertung der Landeswährung zu verhindern. Obwohl es nicht ideal war, die Kreditgeber zu verärgern, indem man die Zinszahlungen einstellte, gab es damals schlimmere Schicksale, als die Einstellung der Notierung der eigenen Staatsanleihen in New York und in London zu erleben. Da der Auslandshandel zusammengebrochen war, fürchtete man sich nun auch weniger vor Vergeltungsmaßnahmen.[529]

Nach dem Abschied vom Goldstandard wurden die Währungen und die Zahlungsbilanzen jetzt durch Zölle auf Importe und Industrieprodukte gestützt. Vor diesem Zeitraum hatte es in den Ländern Lateinamerikas keine bedeutende industrielle Entwicklung gegeben.[530] Das begann sich nun zu verändern, weil die Abwertung der Währungen und der Schutz durch die Zölle Haushalte und Firmen dazu veranlasste, importierte Industrieprodukte durch einheimische zu ersetzen.[531] Es gab auch weniger heilsame staatliche Interventionen, wie das Komitee zur Stützung der Kaffeepreise in Brasilien, das 14 Millionen Säcke Kaffee kaufte, nur um sie zu verbrennen oder im Meer zu versenken – ein vergeblicher Versuch, den Weltmarktpreis zu stützen.

Aber das erreichte bei Weitem nicht das Ausmaß der bald darauf folgenden Interventionen in Deutschland und den Ländern Mittel- und Osteuropas. Deutschland, Österreich und Ungarn waren Opfer der Hyperinflation in den 1920er-Jahren und zögerten extrem, über irgendetwas nachzudenken, das man als monetäre Manipulation betrachten könnte. Sogar nach der Finanzkrise von 1931 hielten sie, wenn schon nicht die Realität, dann doch zumindest weiter den Anschein des Goldstandards aufrecht. Statt ihre Währungen schwanken zu lassen, führten sie Devisenkontrollen ein, um die Kapitalflucht zu begrenzen. Ungarn tat dies als erstes Land im Juli 1931, als es von der Bankenkrise in seinem früheren, imperialen Partnerstaat Österreich infiziert wurde. Innerhalb weniger Monate folgten die Tschechoslowakei, Bulgarien, Rumänien und Jugoslawien nach.

Für autoritäre Regimes boten Devisenbeschränkungen den Vorteil eines weiteren Druckmittels, um die Wirtschaft zu kontrollieren. Mit der Kontrolle der Verteilung ausländischer Währungen konnten sie die Quelle und die Zusammenstellung der Importe bestimmen. Die Wechselkurskontrolle war somit ein Schritt hin zum Marktsozialismus und letztlich zu zentraler Planung. Sie war ein Instrument der Außenpolitik, die Regierungen, vor allem die Deutschlands, einsetzten, indem sie Zugeständnisse und Verhandlungen über bilaterale Abkommen mit Handelspartnern verlangten, auf die sie ökonomischen Druck ausübten.

Wie auch in anderen Bereichen trieb Deutschland die destruktiven Tendenzen bis zum Äußersten. Hitler selbst wusste nicht viel über ökonomische Zusammenhänge. Nachdem Präsident Paul von Hindenburg ihn im Januar 1933 zum Reichskanzler ernannt hatte, suchte er Anleitung und Rat bei Hjalmar Schacht, dem Magier, der angeblich 1924 für die Stabilisierung gesorgt hatte. Machthungrig wie eh und je bemühte sich Schacht um gute Beziehungen zum künftigen Reichskanzler und forderte den zögernden Hindenburg auf, Hitler nach dem guten Abschneiden der Nazis bei den Reichstagswahlen 1932 zu ernennen. Daher gehörte es zu Hitlers ersten Amtshandlungen, Schacht als Nachfolger Hans Luthers erneut zum Präsidenten der Reichsbank zu berufen.

Machthungrig oder nicht, mehr als sechs Monate lang machte Schacht praktisch keinen Gebrauch von seiner monetären Macht, um die Wirtschaft zu reflationieren. Da die Erinnerungen an die Hyperinflation noch allgegenwärtig waren, ließ er die Geldmenge 1933 sinken.[532]

Da es aber keine monetäre Reflation gab, musste man auf weniger herzhafte Maßnahmen zurückgreifen, um die Wirtschaft zu stabilisieren. Streiks wurden verboten und Gewerkschaftsfunktionäre wurden verhaftet, weil die Nazis versuchten, die Beschäftigtenquote zu erhöhen, indem sie die Löhne niedrig hielten. Die Preise wurden kontrolliert und es wurde ein Preiskommissar ernannt, um sie zu überwachen. Die Nazis gründeten Marktbehörden mit dem exklusiven Recht, Agrarprodukte zu kaufen, um die Preise für die Landwirte zunächst zu stützen und sie dann niedrig zu halten, wenn sich die Wirtschaft erholte. Sie schlossen langfristige Verträge mit Industrieverbänden, um ihre Produkte zu festgelegten Preisen kaufen zu können, wobei sie mit Verstaatlichung drohten, um sich günstige Bedingungen zu sichern. Von dort aus war es nur ein kleiner Schritt bis zur Gründung der Hermann-Göring-Werke und anderer staatlicher Unternehmen.

Da Schacht verstand, wer die wirkliche Macht hatte, wechselte er 1934 zum Wirtschaftsministerium, blieb aber Präsident der Reichsbank. Im Ministerium genoss er die Macht, Verordnungen zu erlassen, von der Zentralbanker nur träumen können. Ab September, als er seinen »Neuen Plan« zur Überwachung aller Käufe und Verkäufe von Fremdwährungen verkündete, wobei der Wechselkurs für den Handel vom jeweiligen Land abhing, gab es eine deutliche Verschiebung in der Zusammensetzung der Importe, weg von Konsumgütern und hin zu Material, das für die Wiederaufrüstung benötigt wurde. Von nun an kontrollierte Schacht die internationalen Transaktionen Deutschlands vollständig.

Die Maßnahmen waren vielleicht nicht besonders herzhaft, aber die Ziele der Regierung wurden erreicht. Die Produktion stieg zwischen 1933 und 1935 um 25 Prozent und erreichte damit wieder das Hoch von 1928. All das wurde mit dem Ziel der Wiederbewaffnung erreicht, die wirtschaftliche Erholung war nur ein Nebenprodukt, aber das machte kaum einen Unterschied. Das Wachstum wurde von Investitionen im militärisch-industriellen Sektor angeführt (Stahl, Chemikalien, Flugzeuge, Motorfahrzeuge). Der Ökonom Joan Robinson aus Cambridge beschrieb das so: »Hitler hatte eine Lösung für das Problem der Arbeitslosigkeit gefunden, ehe Keynes sie erklären konnte.«[533]

Das war eine Übertreibung. Das Haushaltsdefizit des Deutschen Reichs stieg von praktisch null 1932 auf 3 Prozent des BIP 1933, wo es bis 1937 verblieb. Für die damalige Zeit war das ein signifikanter fiskalischer

Stimulus, aber er reichte nicht aus, um in einer Volkswirtschaft mit einer Arbeitslosenquote von mehr als 20 Prozent, wo die Produktion um mehr als 25 Prozent unter die Kapazität gesunken war, die Vollbeschäftigung wiederherzustellen.[534] Sogar für Hitler war die Assoziation zwischen Haushaltsdefiziten und Inflation noch zu lebendig, um aggressive fiskalische Expansionsmaßnahmen einzuleiten.

Und es war nicht so, dass die Beschäftigtenquote, unabhängig von ihrer Höhe, den privaten Konsum förderte. Die Löhne wurden kontrolliert. Die Verfügbarkeit von Konsumgütern war begrenzt. Den Landwirten wurde verboten, Kredite aufzunehmen, um Modernisierungsmaßnahmen zu finanzieren und Kapital zu erhalten. »Lieber Gewehre als Butter« – dieser bekannte Slogan wurde 1935 vom Propagandaministerium der Nazis geprägt, um der deutschen Öffentlichkeit die Prioritäten klarzumachen. Hitler konnte auf die Wiederherstellung der Vollbeschäftigung verweisen, aber die wichtigsten Mechanismen, mit denen sie erreicht wurde, waren die Einführung der Wehrpflicht 1935, die Umwandlung des freiwilligen Arbeitsdiensts in den verpflichtenden Reichsarbeitsdienst, wo Männer zwischen 18 und 35 Jahren sechs Monate lang arbeiten mussten, und die Propaganda der Nazis gegen die Frauenarbeit. Das war nicht der Stimulus im Sinn von Keynes, von dem Joan Robinson so bewundernd sprach.

Die Nazis waren eine spezifisch deutsche Verirrung, obwohl es auch in anderen Ländern, die schwer unter der Depression zu leiden hatten, ähnliche Parteien gab, die sich gegen das System richteten. Die traditionellen Parteien zeigten kaum die Fähigkeit, mit den Folgen fertigzuwerden. Aber selbst dort, wo es nicht zu Extremismus kam, förderte die Deflation eine interventionistische Reaktion.

Vor allem war dies in den Ländern der Fall, die dem Goldstandard treu blieben – Frankreich, Belgien, die Niederlande, die Schweiz und Italien –, wo Deflation und Depression am schlimmsten waren. Da Fertigprodukte knapp waren, wendeten die Regierungen zur Lösung des Problems Zölle und Quoten an. Die Niederlande, die seit dem 16. Jahrhundert auf den freien Handel vertraut hatten, erhöhten nun die Importzölle um 25 Prozent und wendeten Quoten und Lizenzgebühren an, sowohl beim Import als auch beim Export.[535] Frankreich hatte unter der Führung des visionären Paneuropäers und Außenministers Aristide Briand in den 1920er-Jahren Handelsabkommen vereinbart. Jetzt wendete das Land Quoten an, die ein Produkt nach dem anderen und ein Land nach dem anderen betrafen.

Belgien, eine offene Volkswirtschaft, die aus Furcht vor Vergeltungsmaßnahmen zögerte, ausländische Güter zu besteuern, verdoppelte seine Einfuhrzölle zwischen 1928 und 1935, während es zum Selbstschutz mit dem mächtigen Nachbarn Frankreich spezielle bilaterale Abkommen aushandelte. Italien vollzog zur Verteidigung der von Mussolini 1927 etablierten starken Lira den höchsten absoluten Anstieg der Zölle von allen Ländern außer Deutschland und wendete nach dem Vorbild Deutschlands umfassende Devisenkontrollen an, als Druckmittel bei Verhandlungen über bilaterale Clearing-Arrangements mit seinen Handelspartnern.[536]

Die Regierungen nahmen Zuflucht zu diesen störenden Interventionen, weil die existierenden Institutionen und politischen Maßnahmen keine sozial akzeptablen Ergebnisse erbracht hatten. Wenn der freie Handel nicht zum Ziel führte, dann musste dieser Handel eben gemanagt werden. Wenn Auslandskredite mit Instabilität verbunden waren, dann mussten Auslandskredite kontrolliert werden. Was die Depression zur Großen Depression machte, waren in Wirklichkeit nicht die Probleme mit dem Handel oder gar mit Auslandskrediten, sondern die fehlerhafte Geld- und Fiskalpolitik als Resultat eines fehlerhaften monetären und fiskalischen Systems. Aber wenn das System zu tief verwurzelt war, um es auswechseln zu können, konnten die Regierungen nicht mit fiskalischen und monetären Mitteln reagieren. Und daher reagierten sie so, wie sie es kannten, nämlich mit der Kontrolle über den Handel und über die Kapitalströme.

Die alternative Behandlung hatte ebenso unangenehme Nebenwirkungen wie die Chemotherapie eines Krebspatienten. Die Zölle wurden nicht auf ganzer Linie erhöht. Stattdessen gewährte man den am wenigsten effizienten Sektoren aus Landwirtschaft und Industrie den großzügigsten Schutz, weil sie am dringendsten auf Umsätze angewiesen waren und die größten Risiken trugen, Umsätze an ausländische Konkurrenten zu verlieren. Das waren natürlich auch die Sektoren, die die intensivste Lobbyarbeit bezüglich Hilfsmaßnahmen betrieben und sie meist auch erhielten. Die durch diesen Schutz gestützten Sektoren gewöhnten sich an die staatliche Unterstützung und auch daran, für deren Erweiterung zu werben. Dieselben Sektoren, die in den 1930er-Jahren von diesen Interventionen profitierten, wie die Landwirtschaft, genossen auch nach dem Zweiten Weltkrieg den großzügigsten Schutz.[537]

Die Folgen für die internationalen Beziehungen waren noch übler. Deutschland verwendete das Druckmittel der Handelspolitik, um die

Abhängigkeit seiner osteuropäischen Nachbarn von der deutschen Wirtschaft zu erhöhen.[538] Diese Konflikte behinderten wiederum die Bemühungen der Alliierten, eine einheitliche Front gegen das Deutsche Reich zu bilden.

Nach 2008 und 2009 wurden die Zentralbanken kritisiert, weil sie die Zinsen bis auf null zurückgefahren und ihre Bilanzen aufgebläht hatten und diese Politik die finanzielle Situation störte. Das barg Inflationsgefahren und hatte andere schädliche Nebenwirkungen. Wenn man die 1930er-Jahre genau untersucht, liegt die Vermutung nahe, dass es noch schädlichere Folgen gegeben hätte, wenn die Banken untätig geblieben wären.

Kapitel 18
Der erneute Absturz

Jeder weiß, dass die Erholung nach einer Finanzkrise langsamer verläuft als die Erholung nach einer normalen Rezession. Wenn das so ist, dann waren die Erfahrungen in den USA nach 1933 eine Ausnahme. Die Industrieproduktion verdoppelte sich zwischen der ersten Jahreshälfte 1933 und der ersten Hälfte 1937. Das reale BIP stieg um 50 Prozent.[539] Das Ausgangsniveau war niedrig, aber das macht eine derart schnelle Erholung nicht weniger eindrucksvoll.

Von nun an sank die Produktion wieder. Eine Double-Dip-Rezession war natürlich das Letzte, was die USA brauchten. 1937 lag die Produktion noch immer weit unter dem Niveau der späten 1920er-Jahre. Die Arbeitslosigkeit lag noch immer bei 14 Prozent.[540] Wenn man nicht glaubte, dass der durch die Depression verursachte Schaden das produktive Potenzial der Wirtschaft reduziert hatte, vielleicht dadurch, dass er die Arbeitslosen zu dauerhaft Arbeitslosen machte, dann gab es noch reichlich Spielraum für eine Erholung.

Erforderlich war daher eine konzertierte Aktion unter Roosevelts Führung, um eine weitere Rezession auszulösen. Wieder war der Präsident davon besessen, den Haushalt auszugleichen. Seiner Meinung nach waren hohe Defizite ein Zeichen, dass die Wirtschaft noch immer Probleme hatte. Ein ausgeglichener Haushalt dagegen würde signalisieren, dass die Notlage vorbei war. Das würde dem Vertrauen einen willkommenen Schub verleihen.

Nicht zum letzten Mal in den Annalen der Wirtschaftspolitik spielte auch ein Element der politischen Zweckdienlichkeit eine Rolle. Weil er im Wahlkampf 1932 versprochen hatte, den Haushalt auszugleichen, fixierte sich Roosevelt auf diese Idee, als die Wahlen von 1936 näher kamen. Der Präsident fürchtete nicht so sehr die Kritik der republikanischen Rechten. Vielmehr machte er sich Sorgen über Vorwürfe der Linken in Person des

Radiopriesters Charles Coughlin, der ihm vorwerfen könnte, nicht hart genug gegenüber den Reichen und zu sanft zu den Bankern gewesen zu sein. Obwohl Coughlin Roosevelt 1932 unterstützt hatte, wandte er sich nun gegen ihn, weil er den New Deal für nicht ehrgeizig genug hielt. Für ihn bedeutete er »zwei Jahre der Kapitulation, zwei Jahre der Anpassung der kindlichen, kläglichen Gehirne der Idealisten an die männliche Rücksichtslosigkeit von Unternehmen und Finanzen, zwei Jahre des ökonomischen Scheiterns.«[541] Coughlins eigenes Programm war ein Mischmasch aus konservativen und radikalen Ideen, die von einer Vereinfachung der Regierung und des Steuersystems bis zur Verstaatlichung bedeutender Industrien reichten. Der Radiopriester war vielleicht kein ernsthafter Kandidat, aber seine neu gegründete Union Party hatte die Kapazitäten, Wählerstimmen abzuziehen.[542]

Auf diese Weise konnten der Ausgleich des Haushalts und eine populistische Steuerpolitik Hand in Hand gehen. Diese politische Strategie verleitete Roosevelt dazu, höhere Steuern für Einzelpersonen mit einem Jahreseinkommen von mehr als 100.000 Dollar voranzutreiben, und der von den Demokraten kontrollierte Kongress stimmte dem zu. Eine neue Steuer wurde auch auf nicht ausgeschüttete Unternehmensgewinne erhoben, die die Reichen nach Ansicht des Präsidenten dazu genutzt hatten, ihr Einkommen zu schützen.

Höhere Steuern waren nicht hilfreich, aber sie bieten auch keine vollständige Erklärung der Rezession, die 1937 begann. Die Erhöhung der Einkommensteuer betraf nur einen Bruchteil des einen Prozents der Großverdiener. Die Steuer auf nicht ausgeschüttete Gewinne hätte Investitionen behindern können, weil sie die Unternehmen dazu aufforderte, Dividenden zu zahlen, statt die einbehaltenen Gewinne zur Finanzierung von Kapitalprojekten einzusetzen. Die detaillierteste Studie über diese Steuer, durchgeführt von Charles Calomiris und Glenn Hubbard, kommt allerdings zu dem Fazit, dass es bei Firmen mit attraktiven Investitionschancen kaum eine Tendenz gab, sie nicht zu nutzen. Während der Depression waren viele Investmentprojekte, die hohe Renditen versprachen, verschoben worden. Jetzt waren die Firmen dazu bereit, ihre einbehaltenen Gewinne zu deren Finanzierung einzusetzen. Die neue Steuer spielte dabei kaum eine Rolle. Die Tatsache, dass Investitionen in der zweiten Jahreshälfte 1936 die am stärksten wachsende Komponente des BIP waren, lässt es zweifelhaft erscheinen, dass die Steuer auf einbehaltene Gewinne die alleinige Ursache der Rezession war.[543]

Die restriktive Wende der Geldpolitik war mit Sicherheit bedeutender. In der Erholungsphase waren die Preise von Rohstoffen und Primärprodukten wieder gestiegen. Wegen der Erfahrungen aus den 1920er-Jahren warnte die Fed rasch, dass die höheren Preise schnell auf die Finanzmärkte überschwappen und eine neue Welle der Finanzspekulation auslösen könnten. Fast wie auf Kommando begann der Dow Jones im Juli zu steigen.

Marriner Eccles, Geschäftsbanker aus Utah, der gerade zum Governor des Federal Reserve Board ernannt worden war, machte sich weniger Sorgen als manche seiner Kollegen. Er war von Rexford Tugwell, den er zuvor bei einer Reise in den Osten kennengelernt hatte, Roosevelt vorgestellt worden und war am Entwurf des Banking Act von 1935 beteiligt.[544] Dieses Gesetz übertrug die Befugnis, Diskontsätze festzulegen und Operationen am offenen Markt durchzuführen, endgültig von den einzelnen Reservebanken auf den Verwaltungsrat der Fed und gab ihm auch die Macht, für die Mitgliedsbanken die Höhe der erforderlichen Reserven zu bestimmen.[545] Die Zentralisierung der Macht, Diskontsätze festzulegen, versprach, eine Wiederholung der katastrophalen Erfahrungen in den 1920er-Jahren zu vermeiden, als die Reservebanken nicht in der Lage waren, ihre Maßnahmen zu koordinieren. Die Befugnis, die Anforderungen bezüglich der Reserven zu verändern, gab dem Board of Governors ein weiteres Instrument in die Hand, mit dem die Kreditpolitik der Banken beeinflusst werden konnte.

Die Verlagerung der Macht aus der Provinz nach Washington, D. C., war ein Gräuel für Senator Carter Glass, der an der ursprünglichen Gesetzgebung mitgewirkt hatte, die zur Dezentralisierung der Zentralbank geführt hatte. Aber eine stärkere Zentralisierung kam Roosevelt nicht ungelegen. Allgemeiner gesagt: Das Scheitern der Zentralbank, die Depression im Zaum zu halten und die Bankenkrise einzudämmen, schadete der Unterstützung für Glass' dezentralisierte Aufstellung. Glass und seine Verbündeten, darunter der Banker Owen Young, waren gegen die Reform, weil sie ihrer Meinung nach die Geldpolitik »politischer Kontrolle« unterstellte. Aber politische Kontrolle war nicht mehr automatisch unerwünscht angesichts der offensichtlichen Inkompetenz unpolitischer Entscheidungsfindung.

Der Banking Act passierte den Kongress, Roosevelt zog daraus schnell die logische Schlussfolgerung und ernannte Eccles, seinen persönlichen monetären Reformer, zum Chef der reorganisierten Fed.[546] Eccles hatte keine Verbindungen zur Wall Street, was sich zu seinen Gunsten auswirkte. Seine direkte Art und seine Herkunft als Enkel eines blinden Planwagen-Pioniers wirkten sich vorteilhaft für ihn aus. Dass er eine Kette von 28 Familienbanken in drei Staaten gemanagt und das Kettenbankenmodell praktisch erfunden hatte, das in anderen Zusammenhängen für so viele Probleme gesorgt hatte, wurde bequemerweise übersehen. Ebenso die Tatsache, dass seine Baufirma heftig in dem öffentlichen Bauprojekt involviert war, das später als Hoover-Damm bekannt wurde. Manche sagen, Eccles sei das Vorbild für George Bailey in *Ist das Leben nicht schön?* gewesen. In seiner Autobiografie beschreibt er, wie er 1931 bei einem Bankenansturm auf den Schalter der First National Bank stieg und den ängstlichen Kontoinhabern versicherte, die Bank habe genügend Bargeld.[547]

Aber in seiner neuen Position fand Eccles zu seinem Kummer heraus, dass seine Befugnisse ineffektiv waren. Der nun höhere Goldpreis in Dollar und die ungeklärte Lage in Europa führten dazu, dass ausländisches Kapital in die USA floss, wo es sich in den Banken stapelte. Die Banken brauchten keine Kredite von der Fed, weil sie in Bargeld schwammen. Folglich hatten Veränderungen des Diskontsatzes, des Instruments, das die Fed zur Feinabstimmung der finanziellen Situation anwendete, keinen Einfluss auf das Verhalten der Banken.

Die Entscheidung des Federal Reserve Board unter Eccles, die Reservenanforderungen im August 1936 von 13 auf 19,5 Prozent, im März 1937 auf 22,5 Prozent und im Mai auf 26 Prozent zu erhöhen, sollte die Effektivität der konventionellen politischen Maßnahmen der Zentralbank wiederherstellen. Damals war die Fed weit davon entfernt, sich wieder die Kontrolle über die finanzielle Situation zu sichern.[548] Aber Milton Friedman und Anna Schwartz argumentieren, dass diese höheren Anforderungen an die Reserven die stumpfe Waffe waren, die zur Rezession 1937 und 1938 führte.[549] Sie merken dazu an, dass die Kreditvergabe der Banken in der ersten Jahreshälfte 1937 ihr Hoch erreichte, gleichzeitig mit der zweiten Erhöhung der Mindestreserven und unmittelbar vor dem Rückgang der industriellen Produktion. Der Anstieg der Reservenanforderungen musste also die Ursache gewesen sein.

Neuere Forschungen liefern Gegenargumente. Thomas Cargill und Thomas Mayer verglichen die Reaktion der Mitgliedsbanken mit denen der Banken, die keine Mitglieder des Federal Reserve System waren und diesen höheren Anforderungen an die Reserven nicht unterlagen. Jegliche Unterschiede des folgenden Verhaltens bei der Kreditvergabe waren ihrer Meinung nach zu gering, um signifikant zur Rezession 1937 und 1938 beizutragen.[550] Charles Calomiris, Joseph Mason und David Wheelock, die sich ausschließlich auf die Mitgliedsbanken der Federal Reserve konzentrieren, kommen ebenfalls zu dem Schluss, dass die Anhebung der Mindestreserven nur geringen Einfluss auf das Verhalten der Banken hatte.[551] Diese Schlussfolgerungen decken sich mit den Ansichten von Eccles, der glaubt, die Erhöhung der Mindestreserven wirke sich kaum auf den aktuellen Status der Wirtschaft aus und sei nur dafür gedacht, die Effektivität der politischen Instrumente der Fed in der Zukunft wieder zu gewährleisten.[552] Wenn also ein Nachlassen der Kreditvergabe durch die Banken die Rezession beschleunigte, dann musste das andere Gründe haben.

Finanzminister Morgenthau gehörte zu denen, die wegen des Schreckgespensts der Inflation voreingenommen waren. Morgenthau hatte keine formale wirtschaftswissenschaftliche Ausbildung und wenig Erfahrung im Geschäftsleben, was seine öffentlichen Auftritte und seine Interventionen im Kabinett auch deutlich machten. Er verdankte seinen Ministerposten seinen persönlichen Beziehungen zu Roosevelt, seinem Nachbarn in Dutchess County, und dem frühen Tod seines Vorgängers William Woodin. Aber das schreckte ihn nicht ab; Inflation war ja ein leicht zu verstehendes Problem. Benjamin Strongs Politik zwischen 1924 und 1928 hatte dazu geführt, dass sich exzessive Mengen an Krediten im Banken- und Finanzsystem anhäuften, letztlich mit destabilisierenden Folgen. Jedenfalls sahen Morgenthau und sein Zirkel dies im Rückblick so.

Und wenn exzessive Geldmengen und Kredite eine Bedrohung waren, dann hatte das Finanzministerium den Vorrang bei deren Bekämpfung. Ab Dezember 1936 versuchte das Finanzministerium unter Morgenthau, diese angebliche Inflationsgefahr durch die Neutralisierung der Auswirkungen von Goldzuflüssen auf die Kreditmärkte zu bekämpfen. Noch immer konnte man jede Unze Gold, die in die USA kam, für 35 Dollar an das Schatzamt verkaufen. Das erhöhte die Geldmenge und das Kreditaufkommen und heizte die Inflation an. Um die Inflationsgefahr zu neutralisieren, verkaufte das Schatzamt nun in gleichem Ausmaß Anleihen aus seinem Portfolio, zog damit das zusätzliche Geld ab und entfernte es aus dem Zahlungsverkehr.[553]

Es gibt einige Hinweise auf die Bedeutung dieser Operationen für die Rezession 1937 und 1938. Erstens: Die neun Monate zwischen ihrer Einführung bis zum wirtschaftlichen Abschwung entsprechen in etwa dem Zeitraum, bis ein monetärer Schock sich auf die Wirtschaft auswirkt. Zweitens: Diese Operationen des Finanzministeriums reduzierten die Geldmenge um etwa 10 Prozent, was eine große Menge ist.[554] Und schließlich kann man die Operationen des Finanzministeriums auch mit dem Timing der Erholung in Verbindung bringen. Das Ministerium beendete seine Politik der Neutralisierung von Auswirkungen der Goldzuflüsse auf die Wirtschaft im Februar 1938 als Reaktion auf Hinweise, dass sich eine Rezession entwickelte. Im April begann sie dann damit, die früheren Operationen zu revidieren.[555] Wie nicht anders zu erwarten, versetzte dies der Geldmenge und der Kreditvergabe durch die Banken einen starken positiven Impuls.

Die Industrietätigkeit erreichte im Juni 1938 ihr Tief und die Wirtschaft begann sich zu erholen. Während der Rückgang nach 1929 fast vier Jahre lang anhielt, dauerte dieser nur ein Jahr. Der Unterschied machte die Geschwindigkeit deutlich, mit der sich die monetäre Situation entspannte. Eine überzeugendere Demonstration des Einflusses der Politik kann man sich kaum vorstellen.

Diese historische Erfahrung wurde oft von denjenigen als Warnung genannt, die ab 2009 befürchteten, die Fed könnte ihre monetäre Einstellung ändern.[556] Sie erwähnten diese Episode, um zu warnen, dass eine Volkswirtschaft, die sich gerade von einer Finanzkrise zu erholen beginnt, für längere Zeit auf monetäre Unterstützung angewiesen sein kann. Bei diesem historischen Beispiel wurde die Geldpolitik restriktiv, während die Produktion um volle 15 Prozent unter ihrem Potenzial lag. Das trug teilweise dazu bei, dass die Fed unter Bernanke während des größten Teils von sechs Jahren relativ ruhig blieb.

Eine weitere populäre Erklärung für den Einbruch 1937 und 1938 ist die Feindseligkeit des Präsidenten gegenüber den Unternehmen. Alf Landon, Gouverneur von Kansas und Präsidentschaftskandidat der Republikaner, betonte dies im Wahlkampf 1936 gegen Roosevelt. Dieser wiederum nutzte die Opposition der Unternehmen gegen seine Kandidatur und nannte seine Kritiker aus der Wirtschaft »politische Royalisten«.[557]

In einer Studie, die nach der Krise 2008 und 2009 beträchtliches Aufsehen erregte, argumentierte Robert Higgs, die Einmischung in die Wirtschaft und die Unsicherheit über Regulierungen sei für den doppelten Einbruch 1937 bis 1938 verantwortlich gewesen.[558] Der Social Security Act, der National Labor Relations Act und der Banking Act wurden sämtlich gegen den Widerstand aus den Unternehmen durchgesetzt. Schnelle Änderungen der Antitrust-Gesetze, des Arbeitsrechts, des Wertpapierrechts und des Steuerrechts beunruhigten die Firmeneigentümer – wobei schnelle Änderungen für den New Deal kennzeichnend waren. Die vom American Institute of Public Opinion befragten Geschäftsleute sagten mit überwältigender Mehrheit, die Unsicherheit und die Feindseligkeit des Präsidenten gegenüber den Unternehmen behinderten die Erholung.[559]

Das wichtigste Argument, das Higgs zugunsten seiner Unsicherheitshypothese anführt, ist, dass der Anteil der Bauwirtschaft an den privaten Investitionen 1935 und 1936 niedriger war als in der zweiten Hälfte der 1920er-Jahre. Der Bau ist die Art von Investment, die am wahrscheinlichsten durch Unsicherheit gedrückt wird, weil Bauvorhaben Zeit brauchen. Wie wir in Kapitel 1 gesehen haben, entfiel aber ein beträchtlicher Anteil der Bautätigkeit in den 1920er-Jahren auf Wohn- und Gewerbeimmobilien. Es ist schwer zu verstehen, warum der Bau von Eigenheimen und Büros im vorangegangenen Jahrzehnt als Maßstab der Investitionen in Industriebauten während der 1930er-Jahre taugen sollte. Das wichtigste Erbe dieses vergangenen Immobilienbooms war nun ein Überhang an ungenutzten Gewerbeimmobilien. Ganze Stockwerke des Empire State Building standen in den 1930er-Jahren leer. Immobilienprofis sprachen schon vom »Empty State Building«. Und dann gab es da noch die Eigenheimschwemme und die Hypothekenkrise, die das HOLC nur teilweise bewältigen konnte.

Higgs' anderer Beweis ist die Differenz zwischen den kurz- und den langfristigen Anleihenzinsen. Die Zinsen kurzfristiger Unternehmensanleihen stiegen seit 1934, aber die langfristigen Zinsen stiegen noch schneller. Higgs führt den überproportionalen Anstieg der Langfristzinsen auf die Unsicherheit bezüglich der ökonomischen Zukunft zurück. Er schreibt: »Das Vertrauen der Anleger in ihre Fähigkeit, sich die langfristigen Zinszahlungen und die Rückzahlung des Kapitals zu sichern, was von den sichersten Unternehmen des Landes zugesagt wurde, schwand zwischen Anfang 1934 und Anfang 1936.«[560] In Reaktion auf diese Unsicherheit verlangten ängstliche Anleihenbesitzer eine zusätzliche Prämie, um ihre langfristigen Ansprüche an diese Unternehmen zu halten.

Aber auch die Zinsen langfristiger Staatsanleihen stiegen relativ zu denen kurzfristiger Obligationen und niemand bezweifelte die Entschlossenheit der Regierung, ihre Schulden zu bedienen. Die Erklärung dieser parallelen Entwicklungen ist simpel. Roosevelt hatte den Goldpreis nach oben getrieben, was dazu führte, dass die Investoren eher mit Inflation als mit Deflation rechneten. Weil die Wirtschaft vor der Erholung stand, erwarteten sie auch eine Erholung der Kreditnachfrage. Und mehr Kreditnachfrage bedeutete höhere Zinsen. Daher zog die Erwartung höherer Zinsen in der Zukunft ab 1934 die Langfristzinsen nach oben. Das ist das normale Verhalten der Zinsen in Erholungsphasen.[561] Ebenso typisch ist es, dass sich die Lücke zwischen kurzfristigen und langfristigen Zinsen allmählich schließt, wenn eine Rezession naht – und genau das geschah 1937.

Wenn man die Rezession 1937 und 1938 unbedingt von der Angebotsseite her erklären will, muss man auf den Arbeitsmarkt blicken. Die Administration hatte als Teil des Kampfes gegen Deflation angestrebt, die Löhne und die Preise zu erhöhen. Wie wir gesehen haben, war sie bei der Erhöhung der Löhne sogar erfolgreicher, was auf perverse Weise in Zeiten einer Arbeitslosenquote von 25 Prozent Neueinstellungen behinderte. Der National Labor Relations Act, der 1935 als Gesetz verabschiedet wurde, förderte dann die Gewerkschaften, weil er Diskriminierung von Arbeitern verbot, die Gewerkschaftsmitglieder waren, und von den Arbeitgebern forderte, mit den von den Arbeitern gewählten Vertretern zu verhandeln. Nach dieser Stärkung verdoppelten sich die Mitgliederzahlen der Gewerkschaften innerhalb von zwei Jahren.[562]

Schnell versuchten die Arbeiter herauszufinden, wie weit sie ihre neuen Arbeitsrechte ausreizen konnten. Dafür boten sich die drei großen Autohersteller mit ihren komplizierten Zulieferketten an. Durch die Unterbrechung der Produktion in einer einzelnen Firma, welche die einzige Quelle einer bestimmten Komponente war, konnte man ein ganzes Unternehmen stilllegen. Anfang 1936 gab es Sitzstreiks bei Firestone und bei Goodyear Tire and Rubber in Akron, Ohio. Nach Roosevelts erdrutschartigem Wahlsieg breiteten sie sich auf Fisher Body No. 1 von General Motors in Flint, Michigan, aus. Dort befand sich eine von nur zwei Metallpressen zur Herstellung der Karosserien der Automodelle von General Motors des Jahrgangs 1937. (Die Firma stammte von der Fisher Body Corporation ab, die im Abschnitt über Carl Fisher und die Immobilien in Florida in Kapitel 1 erwähnt wurde.) die wöchentliche Produktion bei GM fiel von mehr als 50.000 Einheiten im Dezember 1936 auf nur 1500 Einheiten zwei Monate später, was dem Unternehmen keine andere Wahl ließ, als schnell eine Einigung mit der Gewerkschaft der Automobilarbeiter zu finden. Chrysler folgte wenige Wochen später. Nur Henry Ford, ein eingefleischter Feind der Gewerkschaftsbewegung, hielt bis 1941 durch, aber auch die Ford Motor Company gewährte großzügige Lohnerhöhungen, um die Gewerkschaften außen vor zu halten.

Zwischen Oktober 1936 und Juli 1937 stiegen die durchschnittlichen Stundenlöhne in der Autoindustrie um mehr als 20 Prozent. Vorübergehend hielten die Autohersteller ihre Preise konstant, aber jeder wusste, dass der Kostenanstieg im neuen Modelljahr ab Mitte 1937 zu höheren Preisen führen würde. Die Anzeigen der Autohersteller nahmen das schon voraus. Kunden, die den Kauf eines neuen Autos erwogen, hatten daher einen Anreiz, es jetzt zu kaufen, bevor die Preise stiegen. Wie Joshua Hausman nachweist, lagen die Verkäufe in der ersten Jahreshälfte 1937 weit über den Erwartungen und in der zweiten wesentlich niedriger. Das Timing deckt sich fast exakt mit dem der Rezession.[563]

Die Frage ist, ob die Roosevelt-Administration für diesen Ausbruch der Militanz unter den Arbeitern verantwortlich war. In Wirklichkeit unterstützte Roosevelt den Wagner Act nur halbherzig, dessen wahrer Champion Robert Wagner war, der Senator aus New York, ein langjähriger Verfechter der Arbeitnehmerrechte. Jedenfalls spielte hier nicht nur die Gesetzgebung eine Rolle. Es ist nicht überraschend, dass nach Lohnkürzungen von bis zu 50 Prozent während der Depression die Arbeiter bei GM und anderen Autofirmen Erhöhungen durchsetzen wollten, als sich die Nachfrage nach ihren Produkten zu erholen begann.

Wie 1929 hatte der wirtschaftliche Einbruch im Ausland (der USA) negative Auswirkungen. Obwohl sich die internationalen Handels- und Finanzbeziehungen seit den 1920er-Jahren gelockert hatten, war die US-Wirtschaft immer noch zu wichtig, als dass es anders hätte kommen können. Die Importe von Industriegütern und Halbfertigprodukten sanken während des doppelten wirtschaftlichen Einbruchs. Die Rohstoffpreise waren während der Erholung gestiegen, zum Nutzen lateinamerikanischer Exporteure, die lange gelitten hatten. Nun wechselte die Preisentwicklung die Richtung, nicht nur in den USA, sondern weltweit.

Dennoch war der Abschwung im Rest der Welt im Vergleich zu 1929 bis 1931 kurz und nicht sehr intensiv. Als die Exporte in die USA schrumpften, waren Zentralbanken und Regierungen nicht mehr gezwungen, die Zinsen zu erhöhen, um eine Abschwächung der eigenen Währung zu vermeiden. Nun konnten sie die Zinsen senken, um zusätzlichen inländischen Konsum zu fördern, weil der Konsum in den USA verloren gegangen war.

Es war aber nicht einfach, zu diesem Punkt zu gelangen. Bis weit ins Jahr 1936 hielt ein harter Kern europäischer Länder noch immer am Goldstandard der Vergangenheit fest. In Frankreich, Belgien, Italien und Polen zögerte man, dem Kampf zwischen Interessengruppen Tür und Tor zu öffnen, der in den 1920er-Jahren zu Defiziten und Inflation geführt hatte. Es gab Befürchtungen, dass angelsächsische Spekulanten die Wechselkurse und die Währungen destabilisieren würden, wie sie es angeblich ein Jahrzehnt früher schon getan hatten. Für die Niederlande und die Schweiz war das Festhalten am Goldstandard wichtig, um die Position von Amsterdam und Zürich als Finanzzentren zu zementieren. Für Polen war die monetäre Anbindung an Frankreich eine Möglichkeit, sich finanziell gegen Deutschland zu verteidigen.

Die politische Reaktion gegen die rigide Sparpolitik sprengte dann diesen Goldblock. Frankreich hatte während des größten Teils der 1920er-Jahre Haushaltsdefizite verzeichnet. Als mit dem Zusammenbruch der Steuereinnahmen 1931 die Defizite zurückkehrten, brachten sie die Drohung neuer Inflation und Krisen mit sich; davor warnten jedenfalls führende französische Politiker. Daher hielt man den Ausgleich des Haushalts für wesentlich, um Vertrauen zu bewahren, Investitionen zu fördern und das Wachstum wieder in Gang zu bringen. Obwohl einige französische Regierungen, wie die rechtslastige Koalition unter der Führung von Pierre Laval, die Politik des konsequenten Sparens schon fast mit Vergnügen betrieben, waren andere, wie die linkslastige Koalition unter der Führung Édouard Herriots, eher zögerlich. Herriot war 1925 dem Skandal um die Banque de France zum Opfer gefallen und er war für seine Gutmütigkeit bekannt, was bei seiner erneuten Wahl zum Premierminister 1932 wahrscheinlich eine Rolle spielte. Aber sogar Herriot wurde von der bevorstehenden Ankunft der Bürgerwehren an den Anleihenmärkten eingeschüchtert.

Und es war auch nicht zulässig, über den Abschied vom Goldstandard nachzudenken. Erfahrene französische Kommentatoren wussten, dass billiges Geld dabei geholfen hatte, die britische und die amerikanische

Volkswirtschaft zu stabilisieren, warnten aber, dass eine auf diese Weise erreichte Erholung vorübergehend und nicht von Dauer war. Vom Schmerz der Depression betäubt, würden die Spekulanten schnell wieder das rücksichtslose Verhalten zeigen, das im Crash 1929 kulminiert war.

Einer der wenigen, die hinterfragten, ob Sparsamkeit der Weg zum Wohlstand sein konnte, war Paul Reynaud, der an der Sorbonne ausgebildete Anwalt, Amateurstatistiker und Finanzminister in den frühen 1930er-Jahren. Er vertrat in der Abgeordnetenkammer den Wahlbezirk in Paris, wo die Banque de France ihren Sitz hatte. Dass Reynaud eine Mitte-Rechts-Position vertrat, machte seine Lossagung besonders überzeugend. Aber Reynaud verstand deutlicher als die meisten seiner Kollegen im Parlament, dass Deflation und Abwertung (der Währung) die einzig zugänglichen Alternativen waren. Es gab keine andere Möglichkeit der Quadratur des Kreises. Das war der Kontrast zu den Mitgliedern der Sozialistischen Partei, deren hoffnungslos unrealistischer Slogan lautete: »Weder Deflation noch Abwertung.«

Als Politiker der Rechten bevorzugte Reynaud Deflation. 1934 attackierte er die konservative Regierung der nationalen Einheit unter Gaston Doumergue und die von den Radikalen angeführte Regierung Edouard Daladiers gleichermaßen, weil sie keine drakonischeren fiskalischen Einschnitte vollzogen, um Löhne und Kosten zu senken.[564] Aber diese immer heftiger werdenden Attacken verliefen ergebnislos. Das Zögern der aufeinanderfolgenden französischen Regierungen, unabhängig von ihren sehr verschiedenen politischen Ausrichtungen, auf Deflation hinzuarbeiten, vor allem wenn dies bedeutete, sich Ladenbesitzer, Beamte und Bauern zu Feinden zu machen, brachte Reynaud zu dem Fazit, dass es in der Praxis undurchführbar war, durch Deflation wieder zur Wettbewerbsfähigkeit zu gelangen.

Das Einzigartige an Reynaud war nicht, dass er die Schwierigkeit der Deflation erkannte, sondern seine Fähigkeit, die Implikationen zu erkennen. Wenn Deflation nicht durchführbar war, dann war die Abwertung – der Abschied vom Goldstandard – die notwendige Alternative. Reynaud war kein Verfechter einer Abwertung, aber er hatte die intellektuelle Flexibilität, um seine Position zu ändern, wenn sich die Umstände änderten, wie Keynes es formuliert hätte. Er war einer der wenigen, welche die Auswirkungen einer Währungsabwertung in den 1920er-Jahren, als die Nachfrage das Angebot überstieg und zu Inflation führte, von den Folgen einer jetzigen Abwertung zu unterscheiden vermochten, weil nun fehlende Nachfrage das Problem war.

Aber Reynauds Auftreten als Rebell – auch bei diplomatischen und militärischen Themen vertrat er ähnlich unkonventionelle Positionen – machte ihn bei seinen Kollegen nicht beliebt. Auch sein Temperament trug nicht dazu bei. Reynaud war der klügste Mensch im Parlament und das wusste er auch. Je stärker der Widerstand seiner Kollegen im Parlament wurde, desto schneidender, sarkastischer und wirkungsloser wurden seine Interventionen.[565]

Diese Zusammenfassung könnte man fast als Karikatur der Parallelen zwischen den vorherrschenden Ansichten im Frankreich der 1930er-Jahre und den politischen Dogmen der Eurozone im 21. Jahrhundert abtun, wäre sie nicht ein völlig korrektes Porträt der zeitgenössischen Meinungen in Frankreich. Die Verteidigung des Goldstandards galt als moralisches Gebot. Jean Tannery, der 1935 eben erst ernannte Gouverneur der Banque de France, bezeichnete sie als »nicht nur eine nationale Notwendigkeit«, sondern als »Pflicht von weit größerer Bedeutung«. Man hatte die Wahl »zwischen Sicherheit und Illusion, sicheren Anlagen und Spekulation, produktiver Arbeit und momentanem Profit«.[566] In Tannerys Worten klingt die gleiche Moralisierung mit, die nach 2009 die Basis für die Politik der Austerität in Europa bildete.

Es ist nicht ganz klar, warum der blinde Glaube an den Goldstandard in Frankreich so viel länger anhielt als in Großbritannien oder in den USA. Zunächst konnten sich die führenden Politiker auf etwas berufen, das so aussah wie die genetische Immunität des Landes gegen Depression. Die Stabilisierung des Franc kam spät, nach einem ausgedehnten Zeitraum der Turbulenzen. Dieser vererbte einen Investitionsstau, dessen Auflösung das Wachstum später für eine Weile in Gang hielt. Der unterbewertete Franc verlieh der französischen Industrie einen Vorteil und half dem Land, eine Kriegskasse voller Gold zu akkumulieren. Das gewährte der Banque de France einen gewissen Spielraum für Fehler. Es erlaubte auch die Tolerierung von Goldverlusten, statt die Bank zu Zinserhöhungen zu zwingen, als sich die Abflüsse nach 1933 beschleunigten.[567]

Sogar als Frankreich die schädlichen Auswirkungen der Depression zu spüren bekam, wuchs die Arbeitslosenquote nur wenig. Frankreich war stärker landwirtschaftlich geprägt als Großbritannien oder Deutschland. Arbeiter, die erst vor Kurzem in die Städte gezogen waren, behielten ihre Verbindungen zur Heimat und kehrten in ihre Dörfer zurück, als in der Industrie Arbeitsplätze abgebaut wurden. Das Ergebnis war eher die Deckung der Grundbedürfnisse als Wohlstand, aber das war besser als nichts.[568] Dieses De-facto-Sicherheitsnetz begrenzte die politischen Reaktionen auf die Maßnahmen, die zur Depression geführt hatten. Das Ergebnis ähnelte dem in Frankreich während der 1990er-Jahre. Dort kam es zu einem Kollaps des Wachstums und zu einer deflationären Krise, aber der Anstieg der Arbeitslosigkeit blieb ähnlich, wegen Frühpensionierungen, Arbeitsteilung und politischem Druck, auf große Arbeitgeber begrenzt. Auch die politischen Reaktionen waren überraschend mild.

Nur so kann man verstehen, warum die Franzosen so lange die Politik von Pierre Laval tolerierten, der 1935 zum zweiten Mal Premierminister wurde. Laval kam aus bescheidenen Verhältnissen. Er war das jüngste Kind eines Cafébesitzers und Metzgers in einem Dorf in der Auvergne, aber er hatte sich dennoch zu einem vollendeten politischen Akteur und inzwischen auch zu einem reichen Mann entwickelt. Er begann sein politisches Leben als Sozialist und machte sich als Anwalt einen Namen, der Streikende, Gewerkschafter und linke Agitatoren verteidigte. 1911 bat man ihn, als sozialistischer Parlamentskandidat im Wahlbezirk Neuilly-Boulogne in Paris anzutreten. Er hatte aber keinen Erfolg. Beim zweiten Versuch 1914 wurde er ins Parlament gewählt. In den 1920er-Jahren war er zuweilen im Amt, zuweilen auch nicht. Und er machte ein Vermögen mit Investitionen in zwei regionale Zeitungen, *Le Moniteur de Puy-de-Dôme* und *Lyon Républicain*. Zudem war er an Radio Lyon beteiligt. Er finanzierte diese Akquisitionen mit der Hilfe von Banken und mit einem Investment-Trust, der die Synergien zwischen Politik und Medien offensichtlich zu schätzen wusste.

Als er reich geworden war, bewegte sich Laval zur politischen Mitte und dann zur Rechten. Nachdem die Regierung 1931 André Tardieus wegen des Oustric-Bankskandals gescheitert war, bat man Laval, die Führung einer neuen Mitte-Rechts-Regierung zu übernehmen. Das war die Regierung, die während der Krise der Kreditanstalt einen Notkredit an Österreich verweigerte und sich dann wegen der Reparationszahlungen mit der Hoover-Administration stritt. Laval hatte keine überwältigend positive Bilanz vorzuweisen, und als er im Februar 1932 die Vertrauensfrage stellte, stürzte seine Regierung. Dass ihn das Magazin *Time* 1931 als »Mann des Jahres« auszeichnete, hatte mehr mit seinem entwaffnenden Image als Mann des

Volkes zu tun, das er auf seiner Reise in die USA zur Schau gestellt hatte, als mit irgendwelchen positiven Leistungen.

Der bemerkenswerteste Aspekt in Lavals Jahr als Anführer der Regierung war die Möglichkeit, sich mit Heinrich Brüning zu treffen. Seine Reise nach Berlin im September 1931 war der erste offizielle Besuch eines französischen Staatsmanns von vergleichbarer Bedeutung in der deutschen Hauptstadt seit einem halben Jahrhundert. Der wichtigste Effekt war wohl, dass Laval Brünings Methode des ökonomischen Managements anerkannte.

Anfang 1935 stand die Depression in Frankreich in voller Blüte. Die Investoren befürchteten immer mehr, dass der Franc den gleichen Weg nehmen würde wie das Pfund, der Dollar oder, in näherer Nachbarschaft, der belgische Franc. Allein im Mai 1935 verlor die Banque de France mehr als 10 Prozent ihrer Goldreserven. Die konservative Regierung unter Pierre-Etienne Flandin stürzte wegen ihrer Unfähigkeit, das Vertrauen wiederherzustellen, und im Juni kam Laval erneut an die Macht.

Laval verlangte nun die Ermächtigung, ähnlich wie Brüning Verordnungen erlassen zu können, um die Gehälter und Pensionen von Beamten und Veteranen zu kürzen. Zumindest versuchte er, diesen Maßnahmen ein mitfühlenderes Aussehen zu verleihen. Nach dem Vorbild Roosevelts erklärte er sie bei einem Kamingespräch.[569] Laval wollte von seinem Image als bescheidener Bauer profitieren und übermittelte seine einfache Botschaft mit ungeschminkten Worten: Wie ein Haushalt in schweren Zeiten muss auch der französische Staat den Gürtel enger schnallen und ein Ausgleich des Haushalts würde von jedem schmerzhafte Opfer erfordern. Lavals Verordnungen reduzierten die Ausgaben der Staatsregierungen und der regionalen Behörden um 10 Prozent und kürzten die Löhne und Gehälter der Beschäftigten im öffentlichen Dienst im selben Ausmaß. Diese Opfer waren zwar schmerzhaft, aber es gab keine Alternative. »Man muss kein Experte oder Finanzier sein«, erläuterte Laval in seiner volkstümlichen Sprache, »um zu verstehen, dass man bald pleite sein wird, wenn man mehr ausgeben will, als man hat«. »Was für den Einzelnen gilt«, betonte er dann in präkeynesianischer Logik, »gilt auch für die nationale Gemeinschaft.«[570]

Das vorhersehbare Resultat waren Proteste der Linken, die davon überzeugt waren, dass Lavals Konzentration auf Kürzungen der Ausgaben die Reichen bevorteilte. Die Kommunisten und die Sozialisten gaben ein gemeinsames Manifest heraus, in dem sie Lavals »Verordnungen des Elends« kritisierten. Ähnlich wie bei der »Meuterei« in Invergordon, wo von Lohnkürzungen bedrohte britische Seeleute sich weigerten, ihren Dienst anzutreten, kam es zu Auseinandersetzungen zwischen Hafenarbeitern in Brest und Toulon mit der örtlichen Polizei. Diese linke Agitation alarmierte die Konservativen und förderte die Unterstützung der ultrafaschistischen Veteranenorganisation *Croix de feu* (»Feuerkreuz«).

Wie Brüning vor ihm reagierte Laval mit einer zweiten Serie von Verordnungen. Sie wurden im August erlassen und kombinierten Ausgabenkürzungen mit einem kosmetischen Programm staatlicher Maßnahmen zur Arbeitsbeschaffung, um die öffentliche Meinung zu beeinflussen. Auch das war eine unbeabsichtigte Hommage an Roosevelt, der den Ausgleich des Haushalts mit Maßnahmen zur Begrenzung des Anstiegs der Lebenshaltungskosten und der Stimulierung der Wirtschaft kombiniert hatte. Das ist das Beste, was man tun kann, wenn man versucht, Lavals Durcheinander von Verordnungen ein schlüssiges Aussehen zu geben.

Da während des Rests des Sommers Parlamentsferien herrschten, konnte die Regierung bis zum Herbst 1935 überleben. Eine dritte Serie von Sparmaßnahmen folgte am 31. Oktober; an dem Tag, an dem Lavals Ermächtigung endete, Verordnungen zu erlassen. Das Einzige, was ihn im Amt hielt, war das Zögern der Radikalen, der gemäßigten, knapp links von der Mitte verorteten Partei, die sozialistisch-kommunistische Alternative zu unterstützen, was, wie sie befürchteten, zu einer Abwertung führen würde.

Anfang 1936 hatte die französische Öffentlichkeit genug von dieser Politik. Die Radikalen, die Sozialisten und die Kommunisten bildeten eine Volksfront für die im April und im Mai anstehenden Wahlen.[571] Das Ergebnis war wachsende Unterstützung der Volksfront, aber auch rechtsradikaler Parteien. Die Linken erzielten eine knappe Mehrheit und folglich bildeten die Radikalen und die Sozialisten mit Unterstützung der Kommunisten eine Regierung unter der Führung von Léon Blum.

Blum war das direkte Gegenteil zu Laval. Damals tendierten die Wähler dazu, gescheiterte führende Politiker durch Menschen zu ersetzen, die deren Gegenteil verkörperten, was das Temperament und die politische Ausrichtung betraf. Blum kam nicht in der Provinz, sondern als Sohn einer wohlhabenden Familie in Paris zur Welt. Er absolvierte die angesehene École Normale Supérieure, während Laval nur ein Jahr in Lyon studiert hatte. Im Gegensatz zu Laval, der immer weiter nach rechts tendierte, blieb Blum sein Leben lang Sozialist. Während Laval später mit den Nazis kollaborierte, als Verräter verurteilt und hingerichtet wurde, weigerte sich Blum, alle Macht auf Marschall Pétain zu übertragen, was zu seiner Verhaftung und zur Gefangenschaft in Buchenwald und Dachau führte.

Blums Programm im Wahlkampf 1936 enthielt die Beendigung der Kürzung öffentlicher Ausgaben, die Verpflichtung zu Arbeitsbeschaffungsmaßnahmen im großen Stil und eine radikale Reform der Banque de France.[572] Aber sogar er schloss eine Abwertung (der Währung) aus, denn das ging ihm zu weit. Wie Roosevelt 1932 betonte Blum, es werde keine Abwertung (der Währung) geben, obwohl er die Wirtschaft durch eine Erhöhung der Einkommen und die Förderung von Investitionen stabilisieren wollte. Es werde keinen »monetären Staatsstreich« geben, versicherte er den verängstigten Abgeordneten im Parlament.[573]

Unklar war allerdings, wie der neue Premierminister die Quadratur des Kreises vollziehen wollte. Ähnlich wie bei Roosevelt hegten etliche Kommentatoren den Verdacht, dass Blum sich schon vor der Wahl für eine Abwertung entschieden hatte. Wahrscheinlicher ist allerdings, dass Blum, wie Roosevelt, unsicher war, was er tun sollte. Als die neue Regierung Jean Tannery wegen seiner Verbindung mit der Deflation als Gouverneur der Banque de France entließ, wurde nicht Pierre Quesnay sein Nachfolger, ein stellvertretender Direktor, der dafür bekannt war, eine Abwertung (der Währung) zu favorisieren, sondern Émile Labeyrie, dessen Einstellung zu diesem Thema unklar war.

Nachdem das Einkommen der französischen Automobilarbeiter jahrelang gesunken war, versuchten sie, ebenso wie ihre Kollegen in den USA 1936, sich schnell die höheren Löhne und die besseren Arbeitsbedingungen zu sichern, die ihnen im Wahlkampf versprochen worden waren. Die ursprünglichen Sitzstreiks eskalierten, als die Arbeiter bei Berliot, einem Hersteller von Autos, Lkws und Bussen, den 1. Mai feierten, indem sie nicht zur Arbeit erschienen und daraufhin entlassen wurden. Die Streiks weiteten sich dann bis nach Le Havre aus, wo die Metallarbeiter in der Luftfahrtindustrie am 11. Mai die Arbeit niederlegten. Von dort aus verbreiteten sie sich in die Metall verarbeitenden Fabriken in Paris, zu Renault und auf den Rest der Volkswirtschaft. Die Streikenden schafften es, nicht nur Fabriken stillzulegen, sondern auch Bars, Bäckereien und im Prinzip die gesamte Wirtschaft, abgesehen von der unverzichtbaren Arbeit der Polizei und der Verwaltung.

Mit dieser Situation war die neue Regierung konfrontiert, als sie im Juni an die Macht kam. Sie reagierte mit den Matignon-Vereinbarungen, benannt nach dem Hotel Matignon, dem Sitz des Premierministers. Die Vereinbarungen wurden zwischen den Gewerkschaften und der Arbeitgebervereinigung geschlossen, wobei die Regierung zwischen beiden Seiten vermittelte. Also nicht durch den Erlass von Gesetzen wie in den USA, aber die Inspiration durch den New Deal war dennoch klar. Die Matignon-Vereinbarungen erkannten das Streikrecht an. Sie boten eine Lohnsteigerung von 15 Prozent im Privatsektor. Sie gewährten einen Jahresurlaub von zwei Wochen und die 40-Stunden-Woche.

Aber ähnlich wie beim NIRA war die wichtigste Auswirkung die Steigerung der Produktionskosten. Ab Juni sank die Industrieproduktion und die Arbeitslosenquote begann sofort zu steigen. Deutlich höhere Kosten und Preise wirkten sich negativ auf die Exporte aus und das führte im August zu Goldverlusten.

Blum wollte nicht (die Währung) abwerten, aber er wusste nicht, was er sonst tun konnte. Es war auch nicht hilfreich, dass sein Finanzminister Vincent Auriol, der Sprecher der Sozialistischen Partei im Finanzbereich, keine konstruktive Alternative anbieten konnte. Auriols Strategie zur Versöhnung der Reflation mit dem Goldstandard war die Prognose einer sofortigen Rückkehr des Vertrauens. Gleichzeitig drohte er Währungsspekulanten mit Kapitalkontrollen. Das waren keine wirklich kompatiblen Maßnahmen und sie förderten auch nicht das Vertrauen.

Weil durch die Wahl eine weitere Deflation ausgeschlossen war, blieben Abwertung und Devisenkontrollen als einzige Alternativen. Labeyrie und andere beschuldigten gemeinsam mit Auriol die Spekulanten und drängten auf Kontrollen. Am Ende entschied sich Blum dafür, lieber den Amerikanern zu folgen als den Nazis. Politische Allianzen und eine sozialistische Betrachtungsweise der Wirtschaft waren die aktuellen Themen.[574] Der Goldstandard wurde am 25. September aufgegeben. Um sein Gesicht zu wahren, versuchte Auriol, dieses Ereignis als »monetäre Anpassung« zu bezeichnen und nicht als Abwertung (der Währung) zu verkleiden.

Allerdings gab es keinen Zweifel darüber, was diese Anpassung wirklich bedeutete. Der Franc sank nach dieser Nachricht um 25 Prozent. Schnell wurde nach dem Vorbild des britischen Finanzministeriums ein Fonds zum Wechselkursausgleich geschaffen, der den Kurs des Franc zwischen 25 und 35 Prozent unter dem früheren Goldstandard-Niveau halten sollte.

Am Samstag nach der Verkündigung der Abwertung Frankreichs dauerte es nur ein paar Stunden, bis die Schweizer Zentralbank von Anfragen überschwemmt wurde, Francs in Gold zu tauschen, und bis das dortige Parlament die Realität erkannte: »Die Schweiz bedauert«, titelte die *New York Times*. Allerdings war Bedauern nicht die vorherrschende Emotion der Investoren. Am ersten Tag nach dem Wochenende stiegen Schweizer Staatsanleihen um 7 Prozent, Schweizer Eisenbahnanleihen um 10 Prozent.

Dann verlagerte sich der Druck auf Amsterdam und die Regierung der Niederlande warf schon nach wenigen Stunden das Handtuch. Nun war Albanien das einzige Land, das noch immer zu einem unveränderten Wechselkurs am Goldstandard festhielt. Albanien erhielt weiterhin hohe Kredite von seinem politischen Schutzpatron in Rom.[575] Das Land musste später aber einen hohen Preis für diese finanzielle Unterstützung zahlen, weil es 1939 besetzt und in eine politische Union mit Italien gezwungen wurde.

Für die Länder, die nun ihre monetäre Autonomie wiedererlangten oder denen, besser gesagt, diese monetäre Autonomie aufgezwungen wurde, lautete die Frage, wie die Öffentlichkeit reagieren würde. In den Niederlanden, wo Arbeitnehmer und Arbeitgeber gemäß religiösen und ökonomischen Regeln gut organisiert waren, war es kein Problem, die Sozialpartner zusammenzubringen und eine Einigung bezüglich der Lohnzurückhaltung zugunsten von Investitionen zu erreichen. Nun stiegen die Preise im Gleichschritt mit der Abwertung (der Währung), aber die Kosten taten das nicht. Das Ergebnis war ein deutlicher Anstieg der Profitabilität. Im folgenden Jahr stiegen die Aktienkurse um fast 60 Prozent. In den ersten fünf Monaten 1937 war die Industrieproduktion um 37 Prozent höher als im Vergleichszeitraum des Vorjahrs. Statt das Vertrauen zu zerstören und den Abfluss von Kapital auszulösen, vor dem die Verfechter der »Strenge« gewarnt hatten, führte die Abwertung (der Währung) zur Repatriierung von Fluchtkapital. Folglich hatte die Industrie mehr Kapital zur Verfügung, und Investitionen wurden angeregt.

In der Schweiz lag der Fall ähnlich. Die Abwertung des Schweizer Frankens führte zu einer deutlichen Steigerung der Wettbewerbsfähigkeit im Export. Die höhere Profitabilität der exportorientierten Firmen trieb die Aktienkurse und die Investitionen nach oben. Die Kundeneinlagen bei Schweizer Banken stiegen nach der Abwertung, ganz im Gegensatz zu den Erwartungen derer, die argumentiert hatten, das Verlassen des

Goldstandards werde den Status der Schweiz als sicheren Hafen und Finanzzentrum zerstören.

In jedem Einzelfall entfernte der Wertverlust der Währung den Druck einer internen Abwertung. Das begrenzte die Notwendigkeit, Löhne und Kosten zu senken, in einer Firma nach der anderen und in einer Branche nach der anderen. Auf einen Schlag konnten die Exportpreise erhöht werden. Die Niederlande und die Schweiz waren kleine Länder mit Institutionen sozialer Solidarität, die man dazu verwenden konnte, den Druck von Lohnerhöhungen und höheren Staatsausgaben zu nehmen, und daher war es möglich, eine entsprechende Steigerung der Kosten zu verhindern.

Frankreich dagegen war ein großes Land, polarisiert durch fünf von Deflation geprägte Jahre. Diejenigen, die am stärksten zu leiden hatten, nämlich die Angehörigen der Arbeiterklasse, verlangten nun eine Kompensation und das machte eine Beschränkung der Löhne unmöglich. Jetzt, da die Haushaltsdisziplin früherer Jahre diskreditiert war, konnte man wenig tun, um das Wachstum der Staatsausgaben einzugrenzen.

Und während die Niederländer und die Schweizer die Abwertung (der Währung) auf Ereignisse zurückführen konnten, die sie nicht kontrollieren konnten – sie konnten mit dem Finger auf Paris zeigen –, zeugte die Abwertung in Frankreich von Widersprüchen in der Regierungspolitik. Blums frühere Versprechen, man werde den Franc nicht abwerten, trugen nichts dazu bei, die Medizin leichter schlucken zu können oder die Glaubwürdigkeit seiner Versprechungen zu erhöhen. Der richtige Zeitpunkt für die Abwertung wäre der Juni 1936 gewesen, gleich nach dem Amtsantritt, so wie es Takahashi getan hatte. Dann hätte man die Schuld an den Goldverlusten und an der mangelnden Wettbewerbsfähigkeit der vorherigen Regierung in die Schuhe schieben können.

Blum dagegen schwankte. Das Resultat: Als die Abwertung schließlich kam, leistete sie wenig für die Belebung der französischen Wirtschaft. Zunächst floss ein Teil des Finanzkapitals, das im Sommer aus dem Land abgezogen worden war, wieder zurück, was der Börse in Paris zu einem Aufwärtsschub verhalf. Aber die Abwertung des Franc fiel geringer aus als die Abwertung des Pfunds 1931 und des Dollars 1933. Die USA und das Vereinigte Königreich konnten damit drohen, ihre Währungen noch weiter nach unten zu treiben, sollten sich die Franzosen zu aggressiv verhalten, was die Regierung unter Blum dazu zwang, eine Vereinbarung zu unterschreiben, in der sie versprach, die Franc-Abwertung zu limitieren.

In Kombination mit den höheren Kosten bedeutete dies, dass es kaum Verbesserungen der Wettbewerbsfähigkeit gab.

Im November floss wiederum Kapital ab und die Industrieproduktion sank. Früher hatte Blum Lavals Gebrauch der Ermächtigung, Verordnungen zu erlassen, verurteilt, aber nun verlangte er sie für sich selbst. Als der Senat seinen Antrag abwies, trat er zurück. Für Frankreich war die Abwertung eine verpasste Chance.

Kapitel 19
Das Schlimmste verhindern

In einem Interview mit dem *Daily Telegraph* 2011 fasste Mervyn King, der Governor der Bank of England, prägnant zusammen, was durch die Reaktion auf die Krise erreicht worden war. »Wir haben eine große Depression verhindert«, bemerke er kühn. Die Leser neigten vielleicht dazu, diesen Kommentar als Selbstbeweihräucherung eines führenden Zentralbankers abzutun, aber Kings Behauptung entsprach durchaus den Tatsachen. Zwischen dem Hoch von 1929 und dem Tief von 1932 sank das globale BIP um katastrophale 15 Prozent. Zwischen 2008 und 2009 fiel es dagegen nur um den Bruchteil von einem Prozent und das Wachstum setzte schon 2010 wieder ein.[576] Selbst in den am härtesten betroffenen Industriestaaten betrug der Verlust 2009 nur 3,5 Prozent und im folgenden Jahr wuchs das BIP schon wieder. Das alles war kein Zuckerschlecken, aber zumindest war es auch keine große Depression.

Es steht außer Frage, dass die Politiker den größten Anteil daran hatten. Natürlich war es nicht ausschließlich ihr Verdienst. Veränderungen der ökonomischen Strukturen seit den 1930er-Jahren halfen ebenfalls dabei, den Absturz zu dämpfen, weil der relativ unbeständige Industriesektor in den hoch entwickelten Volkswirtschaften weniger wichtig wurde, während der stabilere Dienstleistungssektor an Bedeutung gewann. Das Wachstum des staatlichen Einflusses stärkte die Effektivität fiskalischer Stabilisierungsmaßnahmen, die hauptsächlich über die Reduzierung von Steuerzahlungen bei sinkenden Einkommen funktionieren. In den 1930er-Jahren passierte nichts dergleichen, weil die Steuern einen viel geringeren Anteil am BIP ausmachten und die Regierungen alles taten, um Defizite zu verhindern. Die Institutionalisierung des globalen Handelssystems, die zur Gründung der mit verbindlichen Kompetenzen zur Streitschlichtung ausgestatteten Welthandelsorganisation führte, bremste die Zuflucht zu Handelseinschränkungen, mit denen man die Nachbarn anbettelte.[577] Die Kooperation der Zentralbanken wurde durch regelmäßige Treffen bei der Bank für Internationalen Zahlungsausgleich gefördert. Solidarität zwischen den Regierungen wurde von Staatsoberhäuptern und Ministern bei den G20-Treffen geschmiedet.

Diese institutionellen Entwicklungen bauten wiederum auf den Lektionen der 1930er-Jahre auf. Das Wachstum des staatlichen Einflusses war nach der Großen Depression ein Ausdruck der scheinbar unausweichlichen Überzeugung, dass der Markt instabil war, wenn man ihn sich selbst überließ. Der staatliche Einfluss ließ auch die Schlussfolgerung erkennen, dass die Regierung die Menschen schützen musste, falls sie nicht in der Lage waren, sich selbst vor dem Auf und Ab eines instabilen Markts zu schützen, wenn der Kapitalismus überleben sollte. Alle Programme des New Deal, zum Beispiel die Verbesserung der Arbeitsbedingungen, die Arbeitslosenversicherung und die soziale Absicherung, muss man in diesem Licht betrachten.

Der Glaube an die Bedeutung fiskalischer Stabilisierungsmaßnahmen war eine Folge der Theorien, die John Maynard Keynes in Reaktion auf die Depression entwickelt hatte. Diese Theorien zeigten, dass Fiskalpolitik in einer Depression, wenn die Zinsen nahe am Nullpunkt liegen, am wirksamsten ist. Das Schlimmste, was Regierungen tun können, so schlussfolgerten Ökonomen aus dieser Erfahrung, ist die Erhöhung der Steuern und die Kürzung der Staatsausgaben in Zeiten einer Wirtschaftskrise. Die Zentralbanken wurden reorganisiert, um eine Wiederholung der monetären Fehler der 1930er-Jahre zu verhindern. Die Macht, Entscheidungen zu treffen, wurde, wie bereits geschildert, in den Händen des Federal Reserve Board zentralisiert, um zu verhindern, dass die Reservebanken gegeneinander arbeiteten. Auch die Bemühungen von Institutionen für internationale ökonomische Kooperation wurden durch die Ansicht gestärkt, dass sie in den 1930er-Jahren katastrophal gescheitert waren.

Die Institutionen blieben größtenteils intakt, aber die historischen Lehren, die zu ihrer Gründung geführt hatten, blieben es nicht. Zunächst reagierten die Zentralbanken stärker als 1929 und wendeten ihre gewachsene Macht an. Die Regierungen kürzten die Steuern und erhöhten die Staatsausgaben, um das Absinken der privaten Nachfrage zu verhindern. Im April 2009, beim Londoner G20-Gipfel, welcher der Höhepunkt der internationalen Kooperation war, einigten sie sich darauf, ihre fiskalischen Initiativen zu koordinieren und die Politik des Bettelns bei den

Nachbarn zu vermeiden. Der US-Kongress verlängerte die Dauer der Arbeitslosenunterstützung auf 99 Wochen. Er erhöhte den Anspruch auf Essensmarken und Zuwendungen, weil er erkannte, dass die Krise sich auf die Schwächsten besonders stark auswirkte.

Obwohl die Details in den einzelnen Ländern unterschiedlich waren, war die Reaktion qualitativ gesehen überall gleich. Wegen der Geschwindigkeit, mit der sich die Krise entfaltete, gab es keine andere Möglichkeit, als sich auf die Institutionen und auf die Instinkte zu verlassen, die sich als Reaktion auf die Große Depression entwickelt hatten. Und weil es eine Herausforderung war, sich auf den noch nie da gewesenen Strom von Nachrichten einen Reim zu machen, gab es kaum Widerstand dagegen, sich auf die Art von monetären und fiskalischen Anreizen, finanzielle Triage und Ausweitungen des Sicherheitsnetzes zu verlassen, die man nach der Depression angesichts einer so ernsten Krise wie der in den 1930er-Jahren für angemessen hielt.

Aber nach diesem anfänglichen Schub begann sich die Debatte und mit ihr die Reaktion der Politik zu verändern. Konservative Kritiker waren schon lange wegen des stärkeren staatlichen Einflusses besorgt und warnten vor exzessiven Defiziten. Nun begannen sie, gegen Haushaltsdefizite und gegen Regierungsprogramme anzukämpfen, die mit fiskalischen Anreizen verbunden waren. Statt der hohen Arbeitslosigkeit oder des Wachstums wurde die Nachhaltigkeit der Verschuldung zur Priorität. Beim G7-Treffen der Finanzminister und Zentralbankchefs im Februar 2010 im nordkanadischen Iqaluit wurde unter dem Licht des Nordens die Politik des strengen Sparens gelobt. Statt Stimulierungsmaßnahmen wurde fiskalische Konsolidierung zum wichtigsten Thema, obwohl sich die einzelnen Volkswirtschaften bei Weitem noch nicht vollständig von der Krise erholt hatten.

In Europa wurden im Namen der fiskalischen Konsolidierung die Ausgaben für Gesundheit und die Pensionen gekürzt. Der Präsidentschaftswahlkampf in den USA 2012 wurde weniger von der Notlage der Arbeitslosen dominiert als von den »47 Prozent« der Bevölkerung, die nach den Worten des republikanischen Kandidaten Mitt Romney »vom Staat abhängig« waren. Romney triumphierte zwar nicht, aber seine Rhetorik und seine Argumente taten es. Zumindest hatte es den Anschein, als der Kongress den Zugang zu Essensmarken einschränkte und North Carolina die Erhöhungen der Zuwendungen an Arbeitslose durch Kürzungen ersetzte.

Zudem warnten die Gegner eines monetären Aktivismus, die Aufblähung der Zentralbankbilanzen werde zu Inflation führen und die Käufe hypothekengesicherter Wertpapiere durch die Fed sowie von Staatsanleihen durch die EZB verzögere die notwendige Konsolidierung der privaten und öffentlichen Finanzen. Indem sie die Zinsen niedrig hielten, begrenzten sie den Druck auf Haushalte und Regierungen, den Gürtel enger zu schnallen. Die Kritiker veröffentlichten im *Wall Street Journal* und anderswo scharfe Attacken auf die Politik der Zentralbank. Das klassische Beispiel war der offene Brief an Ben Bernanke im *Journal* am 15. November 2010. Er war von 23 Ökonomen, Investoren und politischen Strategen unterzeichnet, deren Ansichten über Geld sich wie folgt lesen: »Wir glauben, dass der Plan der Fed, in großem Umfang Wertpapiere zu kaufen (das sogenannte »Quantitative Easing«), noch einmal überdacht und nicht fortgesetzt werden sollte. Wir glauben nicht, dass ein solcher Plan unter den gegenwärtigen Umständen notwendig oder ratsam ist. Der geplante Wertpapierkauf riskiert eine Entwertung der Währung und Inflation. Und wir glauben auch nicht, dass er das Ziel der Fed erreichen wird, die Schaffung von Arbeitsplätzen zu fördern.«[578] Die Sprache in Europa war vielleicht anders, aber das Gefühl war das gleiche.

Tatsächlich hielt sich die Besorgnis lange, dass die Zentralbanken zur Entwertung der Währungen neigen könnten. In Europa war dies wegen der Erfahrungen in den 1920er-Jahren tief verwurzelt. Diese Voreingenommenheit wurde nun durch die Sorge verstärkt, dass sich die monetären Behörden ins Marktgeschehen einmischten und den Druck verringerten, strukturelle Reformen durchzuführen, indem sie die Wirtschaft künstlich stützten.

Diese Argumente veränderten die Politik zunehmend, auch wenn die Gefahren, auf die sie hinwiesen, größtenteils illusorisch waren. Die Inflation blieb niedrig, solange die Erholung noch nicht vollständig, die Flaute ausgeprägt und die Zinsen nahe null waren. Die Vermutung, strukturelle Reformen würden schneller verlaufen, wenn die Zentralbanken die Zügel anzogen, war genau das: eine Vermutung.

Aber ob illusorisch oder nicht, diese Kritik führte dazu, dass die Zentralbanker über die negativen Konsequenzen ihrer Politik nachdachten. Die Mitglieder des FOMC waren verpflichtet, zu erklären, wie die Fed aus ihrer entgegenkommenden Politik wieder aussteigen würde. Obwohl der reale Ausstieg ein Thema der Zukunft war, hatte das Gerede darüber niederdrückende Auswirkungen. EZB-Präsident Mario Draghi war gezwungen, sein Bekenntnis zu dem, »was auch immer notwendig ist« zur Verteidigung des Euro, mit einer Warnung abzudämpfen, dass die Staatsanleihenkäufe der EZB mit dem Streben nach strukturellen und haushaltspolitischen Reformen vereinbar waren.[579] Das aber verminderte die Effektivität der Verpflichtung, alles Erforderliche zu tun. Der Druck auf die Zentralbanken stieg so sehr, dass die Argumente der Kritiker Gehör in der Öffentlichkeit fanden. Da waren zum Beispiel Ron Pauls »Audit the Fed«-Antrag im US-Repräsentantenhaus und die Bereitschaft des deutschen Bundesverfassungsgerichts, die Verfassungsmäßigkeit der direkten monetären Transaktionen der EZB zu prüfen. All dies hilft bei der Erklärung, warum die Zentralbanken zögerten, mehr zu tun, trotz der Tatsache, dass die Erholung nach der Rezession schwach blieb.

So verschoben sich die Schwerpunkte nach einer kurzen Phase 2008 und 2009, als die Analogie zur Großen Depression im Mittelpunkt des Denkens der Politiker stand und die Priorität war, die Wirtschaft um jeden Preis zu stabilisieren. Jetzt hatte der Haushaltsausgleich Priorität. Bei den Zentralbanken lag der Schwerpunkt auf der Verhinderung eines Inflationsausbruchs, wie weit entfernt dieser auch sein mochte. Diese Verschiebung geschah trotz der Tatsache, dass die Erholung weiterhin enttäuschend verlief. Statt die Fehler der 1930er-Jahre zu vermeiden, schienen die Politiker sie schon beinahe absichtlich zu wiederholen.

Entscheidend war Barack Obamas Wahlsieg am 4. November 2008. Seinem Gegner John McCain, dem Senator aus Arizona, hatte die Krise nicht geholfen. McCain stand für die Kontinuität der nun diskreditierten Politik George W. Bushs. Von komplexen finanziellen Themen verstand er nicht viel. Bei einem Treffen am 25. September im Weißen Haus, das auf Drängen des McCain-Lagers vereinbart worden war und über das man später oft berichtete, demonstrierte Obama, dass er die Krise verstanden hatte. Der demokratische Kandidat brachte eine durchdachte Analyse vor, während sein republikanischer Konkurrent in steinernem Schweigen dasaß und dann nur ein paar Plattitüden über den Schutz der Steuerzahler von sich gab.

Was für die Teilnehmer des Treffens im Weißen Haus offensichtlich war, war auch für die Öffentlichkeit offensichtlich. Obama vermittelte überzeugender das kühle Verhalten eines fähigen Krisenmanagers. Er konnte die Krise besser erklären und begründen, wie die Regierung dagegen vorgehen sollte. Am 4. November gewann er 365 Wahlmännerstimmen,

McCain dagegen nur 173. Obwohl Obamas Wahlsieg 2008 nicht so deutlich war wie der Roosevelts 1932 – er errang damals 472 Wahlmännerstimmen, Hoover nur 59 –, übernahmen die Demokraten wieder die Kontrolle über beide Kammern im Kongress.[580]

Der Zeitraum zwischen der Wahl und dem Amtsantritt war nun kürzer als 1932. Die Unterstützung für eine Verkürzung des Interregnums wurde in der Tat durch die wirtschaftlichen Probleme gestärkt, die der vier Monate andauernde Übergang von Hoover auf Roosevelt verursacht hatte, obwohl ein diesbezüglicher Zusatz zur Verfassung schon in Arbeit war. Aber obwohl die Amtseinführung vom März auf den Januar vorverlegt worden war, dauerte das lästige Intervall immer noch zehn Wochen. In der Zwischenzeit lautete die Aufgabe, das Finanzsystem am Laufen zu halten.

Wie schon so oft schulterte die Fed einen großen Teil dieser Last. Als Reaktion auf Anzeichen von Problemen am Verbriefungsmarkt kündigte die Fed an, von Fannie Mae, Freddie Mac und den staatlichen Hypothekenbanken direkte Obligationen im Umfang von 100 Milliarden Dollar und 500 Milliarden Dollar von deren hypothekengesicherten Wertpapieren zu kaufen, um den Hypotheken- und den Immobilienmarkt wieder in Gang zu bringen. Allerdings hatten die Mitarbeiter der Fed keine Erfahrung mit dem Kauf hypothekengesicherter Wertpapiere. Die Ankündigung zeigte daher an, dass die Zentralbank Manager von privaten Fonds engagieren würde, um die Transaktionen durchzuführen. Das läutete die erste Runde dessen ein, was später als Quantitative Easing bekannt wurde.

In einem zweiten, unerwarteten Schritt kündigte die Fed die Gründung der Term Asset-Backed Securities Loan Facility (TALF) an. Sie sollte Hedgefonds und anderen Privatanlegern Kredite geben, mit denen sie Käufe verbriefter Verbraucherkredite finanzieren konnten. Die Kreditvergabe an Verbraucher war extrem riskant geworden. Zudem waren diese Kredite unmöglich zu finanzieren. Die Banken bündelten sie für gewöhnlich und verkauften sie an Hedgefonds, die sich einen großen Teil des für die Käufe erforderlichen Gelds liehen. Jetzt aber versagte der Geldmarkt und die Banken weigerten sich, Kredite zu vergeben. Der Markt der Wertpapiere, die mit Hypotheken verbunden waren, wurde von Problemen geplagt. Wer wusste schon, ob diese Probleme sich auch auf den Markt für verbriefte Verbraucherkredite auswirken würden?

Die Folgen waren alarmierend. Wenn Verbraucher ihre Käufe nicht finanzieren konnten, dann konnten sie kein Geld ausgeben. Geringere

Ausgaben würden für höhere Arbeitslosigkeit, mehr Unternehmenspleiten und zusätzliche Probleme für das Finanzsystem sorgen.

Das war der Teufelskreis, aus dem die Fed nun ausbrechen wollte. Bernanke und Co. verkündeten ihre Bereitschaft, bis zu 180 Milliarden Dollar für Kredite an Hedgefonds und andere zur Verfügung zu stellen. Aber das genügte nicht, wenn die Investoren der Zahlungsfähigkeit der Verbraucher nicht trauten und daher zögerten, Geld zu verleihen. Daher versprach die Fed, ihre Kredite abzuschreiben, falls sich zu viele Verbraucher als zahlungsunfähig erweisen sollten. Das Finanzministerium seinerseits stellte 20 Milliarden Dollar aus dem TARP-Programm zur Verfügung, um die Zentralbank teilweise für Verluste zu entschädigen.[581]

Das war eine kluge Lösung, das spärliche Kapital des Finanzministeriums zu hebeln. Es sprach für Paulsons Meisterschaft im Finanzwesen, die er schon bei Goldman Sachs unter Beweis gestellt hatte. Die Schwäche des Plans, wie bei solchen Manövern üblich, war seine Komplexität. Es gab die Frage, welche Wertpapiere dafür infrage kamen und wie man sicherstellen konnte, dass die Hedgefonds sich richtig verhielten. Eine Lösung für das letztgenannte Problem wurde gefunden, indem man von den Hegdefonds und anderen, die nun Geld von der Fed bekamen, zusätzliche Sicherheiten für diese Kredite verlangte. Die anderen Probleme wurden letztlich von den Anwälten der Regierung gelöst. Aber »letztlich« bedeutete: nach vier Monaten, denn so lange dauerte es, das Verbraucherkreditprogramm auf die Beine zu stellen und in Gang zu bringen.

Nichts illustriert besser, warum die Interventionen der Fed am Kreditmarkt so umstritten waren. Die direkte Kreditvergabe an Hedgefonds zeugte von einer verspäteten Erkenntnis über das Schattenbankensystem nach der Lehman-Pleite. Besser spät als nie. Aber dass diese Kredite garantiert wurden, schürte moralische Bedenken und Klagen, dass die Fed schon wieder eine heimliche Rettung unternahm, die sich diesmal auf Hedgefonds und die Banken bezog, mit denen sie Geschäfte machten. Und 20 Milliarden Dollar vom Finanzministerium garantierten nicht, dass die Fed sämtlichen Verlusten entkommen würde. Der Steuerzahler hing also immer noch am Haken. Komplexe Manöver, wie die Fed sie anwendete, um dem Finanzministerium dabei zu helfen, sein TARP-Kapital zu hebeln, waren weit von konventioneller Geldpolitik entfernt. Außergewöhnliche Zeiten erfordern außergewöhnliche Maßnahmen, aber diese lösen Kritik aus, wenn sie sich einer einfachen Erklärung entziehen.

Die Motivation für diese ungewöhnliche Politik waren natürlich die Probleme an den Finanzmärkten. Und die Realität war, dass die Fed die einzige Institution war, die ihre Bilanz unbegrenzt erweitern konnte und die Fähigkeit hatte, schnell zu reagieren.

Eine zusätzliche Motivation war, dass die konventionelle Geldpolitik an ihre Grenzen stieß, was die Fed zu ungewöhnlichen Schritten zwang. Das FOMC hatte sein Ziel für die Federal Funds Rate schon am 8.Oktober auf 1,5 Prozent und am 29. Oktober auf 1 Prozent gesenkt. Es flutete die Finanzmärkte mit Liquidität. Am 16. Dezember reduzierte das FOMC das Ziel für die Fed Funds Rate auf null bis 0,25 Prozent. Tiefer ging es nicht mehr. Letztlich verpflichtete sich die Fed, den Finanzmärkten Kredite in beliebiger Höhe zur Verfügung zu stellen, und zwar kostenlos.

Das hatte es in der Geschichte des Federal Reserve System noch nie gegeben. Nur einmal zuvor, kurz nach dem 11. September 2001, hatte das FOMC die Fed Funds Rate bis auf 1 Prozent gesenkt. Tiefer lag sie noch nie. Sogar am Tiefpunkt der Großen Depression fiel der Diskontsatz, das Äquivalent zur Fed Funds Rate in den 1930er-Jahren, nie unter 1,5 Prozent und dieses Niveau wurde nur im Distrikt New York 1931 erreicht.[582] Sogar damals zögerten andere Reservebanken, diesem Beispiel zu folgen, weil sie ihre Goldreserven schützen wollten. Die aktuelle Politik, praktisch kostenlos unbegrenzten Zugang zu Krediten der Federal Reserve zu gewähren, unterschied sich davon völlig. Sie war ein Zeichen dafür, dass die Offiziellen, weil ihre Ansichten von den Erfahrungen der 1930er-Jahre geprägt waren, sich dazu bereit erklärten, die gesamte monetäre Macht, die ihnen zur Verfügung stand, zur Stabilisierung des Finanzsystems einzusetzen und zu verhindern, dass die Wirtschaft der Deflation zum Opfer fiel.

Bernanke machte sich Sorgen, die Entscheidung könnte nicht als seine Politik oder die Politik der New Yorker Fed wahrgenommen werden, wie es in den 1930er-Jahren der Fall war, sondern eher als die Politik des Systems. Das würde verhindern, dass die Vertrauen schaffende Kapazität der Fed durch interne Meinungsverschiedenheiten von der Art geschwächt wurde, welche die Entschlossenheit der Fed während der Depression infrage stellten. Vor der Entscheidung am 16. Dezember arbeitete Bernanke daher daran, einen Konsens zugunsten dieses Schritts herzustellen. Man einigte sich mit Erfolg darauf, die Zinsen auf null zu senken.

Dieser Konsens erlaubte den Offiziellen der Fed, mit einer Stimme zu sprechen und die Märkte mit ihrer Entschlossenheit zu beeindrucken, das

Schlimmste zu verhindern. Das war wichtig für die Bekämpfung der unmittelbaren Gefahr eines finanziellen Zusammenbruchs. Aber das Fällen politischer Beschlüsse im Konsens hielt die Fed auch davon ab, noch aggressiver auf die fortgesetzte Inflationsgefahr und schon bald auch auf die enttäuschende Geschwindigkeit der Erholung zu reagieren. Mehrere Präsidenten von Reservebanken standen umfangreicheren Wertpapierkäufen, endlosen Verpflichtungen und zahlenmäßigen Zielen der Politik reserviert gegenüber, die vielleicht dabei geholfen hätten, eine schnellere Erholung zu unterstützen. Diese Bedenken bezogen sich auf die Sorge, die Fed könnte die Anreize nicht mehr »zurücknehmen«, die sie mit ausreichender Geschwindigkeit gesetzt hatte, was Inflation und finanzielle Exzesse auslösen könnte. Im Sommer 2008 hätte ein weniger am Konsens orientierter Fed-Chef ihre Einwände vielleicht einfach zurückgewiesen. Aber nicht Ben Bernanke.

Diese Initiativen – die unlimitierte Kreditvergabe an Banken, die Finanzierung der Käufe kurzfristiger Schuldverschreibungen durch die TALF und der Kauf hypothekengesicherter Wertpapiere von Freddie Mac und Fannie Mae – ließen den Glauben offizieller Kreise erkennen, dass es sich um ein Liquiditätsproblem handelte. Das Vertrauen war verlorengegangen. Die Zweifel führten zu Kreditkündigungen, was die Schuldner zwang, ihre Assets überstürzt zu verkaufen, und das führte zu weiteren Kündigungen. Aus dieser Diagnose ergab sich eine Therapie: Wenn die Behörden mit Wertpapierkäufen eingriffen und die Märkte mit Liquidität versorgten, würde sich die Lage normalisieren.

Dass es sich um ein Liquiditätsproblem handelte, war insbesondere Paulsons Diagnose. Asset-Käufe waren, wie erwähnt, der wichtigste Punkt des TARP, wie es Ende September von Paulsons Finanzministerium dem Kongress vorgelegt worden war.[583] Die Auffassung, dass das Problem in der Hauptsache eines der Liquidität war, kam bei einem Finanzminister gut an, der durch seine Erfahrungen bei Goldman Sachs mit den inneren Funktionen der Finanzmärkte vertraut war. Diese Diagnose und die Politik, auf die sie hinwies, waren insofern politisch ratsam, als sie das Finanzministerium dazu befähigten, zu bestreiten, es wolle einzelne Finanzinstitutionen retten; eine plausible Zurückweisung kurz nach der Rettung von AIG, wenn das TARP auch nur die geringste Chance haben sollte, vom Kongress akzeptiert zu werden. Und man könnte sogar argumentieren, dass die Fed und das Finanzministerium am Ende vielleicht einen Gewinn erzielen könnten, wenn sie ihre Käufe zu Schleuderpreisen durchführten.

Es gab nur zwei Probleme. Erstens würde es Wochen oder sogar Monate dauern, um den nötigen Apparat für die Wertpapierkäufe auf die Beine zu stellen. Die betreffenden Wertpapiere waren komplex und sehr verschieden, was natürlich dazu beigetragen hatte, dass deren Käufer überhaupt Probleme bekommen hatten. Solche Käufe würden erfordern, dass das Finanzministerium private Fondsmanager engagierte, die sich auf diesem Markt auskannten; auch einige von eben den Finanzinstituten, die an der Entstehung dieser Wertpapiere mitgewirkt hatten. Man musste ein Vergütungsschema und Mechanismen entwickeln, um die Performance dieser Fondsmanager zu überwachen. Das alles brauchte seine Zeit. Und Zeit war noch knapper als Liquidität.

Zweitens gab es die zögerliche Feststellung – zögerlich, was Paulson betrifft –, dass es um mehr als nur um Liquidität ging. Die Banken hatten hohe Wetten auf mit Immobilien verbundene Investitionen abgeschlossen und starke Verluste erlitten. Nun hatten sie nicht genug Liquidität als Polster gegen Verluste, waren nicht in der Lage, sich Kredite zu besorgen, und zögerten, Kredite zu vergeben. Sie mit zusätzlicher Liquidität zu versorgen, indem man ihnen ihre Wertpapiere in etwa zu den aktuellen Marktkursen abkaufte, hätte wenig zur Lösung dieses Problems beigetragen. Weil Bernanke die Große Depression genau studiert hatte, erinnerte er sich daran, wie Roosevelt die Tage der Bankenschließungen dazu verwendet hatte, der Öffentlichkeit zu versichern, dass jede Bank, die wieder öffnen durfte, mit genügend Kapital ausgestattet war. Schon im September vor der endgültigen Verabschiedung des TARP betonte der Chairman der Fed, dass Kapitalspritzen erforderlich sein könnten, um das Vertrauen wiederherzustellen und die Kreditvergabe der Banken wieder in Gang zu bringen.[584]

Nach der Verabschiedung des TARP dauerte es zehn Tage, bis Paulson & Co. diese Fakten anerkannten und ihr Einverständnis erklärten, 250 Milliarden Dollar an Mitteln des TARP zu verwenden, um die Banken zu rekapitalisieren. Am Montag, dem 13. Oktober, also am Columbus Day, hielten Paulson, Bernanke, der New Yorker Fed-Präsident Geithner und Sheila Bair, Chefin des FDIC, ihr heute legendäres Treffen mit den CEOs von neun großen Banken ab. Die Offiziellen machten schnell klar, wie wichtig es war, dass alle diese Banken öffentliches Kapital akzeptierten. Falls sich eine weigerte, würde man die Banken, die Hilfe erhielten, als schwach betrachten, was das gleiche Problem schaffen würde, das das RFC seit Mitte 1932 geplagt hatte. Die CEOs zeigten sich sehr zögerlich und so mancher klopfte sich stolz auf die Brust; jedenfalls legen Berichte von Journalisten dies nahe.[585] Geithner und Paulson machten deutlich, dass man Telefonanrufe von CEOs, die sich weigerten, wohl nicht mehr annehmen würde.

Die Bedingungen stellten keine Belastung dar. Die Banken müssten eine Dividende von 5 Prozent ausschütten, also deutlich weniger, als hätten sie versucht, am freien Markt Kapital aufzutreiben – natürlich unter der Voraussetzung, dass sie überhaupt in der Lage waren, Zugang zum Markt zu erhalten. Goldman Sachs, die Bank, die in der stärksten Position war, hatte vor kurzer Zeit fünf Milliarden Dollar von Warren Buffets Berkshire Hathaway erhalten, musste dafür aber teuer bezahlen. Goldman versprach Buffett eine Dividende von 10 Prozent auf seine Aktien, also das Doppelte dessen, was die Regierung nun verlangte.[586] Zudem war das neue Kapital der Regierung nicht mit Stimmrechten verbunden. Das Finanzministerium würde nur stimmrechtslose Vorzugsaktien erwerben, was seine Fähigkeit einschränkte, sich in die zukünftigen Operationen der Banken einzumischen.[587]

Genau diese Vereinbarungen trugen dazu bei, dass diese Anwendung des TARP-Kapitals umstritten war. Billiges Kapital roch nach Subventionen. Vorzugsaktien ohne Stimmrecht machten den Steuerzahler zum stillen Partner, während die Banken die Melodie spielten. Die Regierung hatte keine Möglichkeit, die Banken zu zwingen, öffentliche Gelder, die sie dringend brauchten, für Kredite an Unternehmen und Haushalte zu verwenden.

Und schließlich steigerte diese Verschiebung des Gebrauchs der TARP-Mittel nicht gerade das Ansehen des Finanzministeriums, was politische Beständigkeit betraf. Sie verstärkte die Ansicht, dass Paulson immer noch nach der richtigen Reaktion suchte. David Swensen, Stiftungsmanager der Yale University, meinte, Politiker agierten »mit einem außergewöhnlichen Ausmaß an Unbeständigkeit. Man muss schon fast versuchen, Dinge auf unzusammenhängende und unbeständige Art und Weise zu tun, um zu dem riesigen Spektrum an Methoden zu gelangen, die sie sich ausgedacht haben, um diese Probleme zu lösen.«[588]

Solche Vermutungen waren nicht völlig aus der Luft gegriffen. Im Gegensatz zu Robert Rubin, dem Finanzminister während der Clinton-Ära, der ebenfalls mit Krisen konfrontiert war, hatte Paulson keine umfassende Sicht der Welt, die seine Entscheidungsfindung bestimmte. In seinen Memoiren beschreibt Rubin seine spezielle Sichtweise der Marktdynamik und wie sie dazu führte, dass er etwas annahm, was zumindest den

Anschein einer systematischen Methode der Entscheidungsfindung erweckte. Rubin wahrte einen Sinn für persönliche Distanz, während Paulson emotional auf die Ereignisse reagierte und von der einen Lösung zur anderen schwankte. Der Titel seiner Memoiren, *On the Brink* (dt.: am Abgrund), scheint sich fast auf seinen mentalen Zustand zu beziehen.

Es dauerte nur wenige Tage, bis die Ereignisse die beiden Männer zusammenführten. Das sollte nicht nur für Paulsons Ruf Folgen haben, sondern auch für den Ruf Rubins.

Paulson versicherte weiterhin, dass die Verteilung von 250 Milliarden Dollar an TARP-Mitteln zur Rekapitalisierung ein einmaliges Ereignis war und dass das restliche Kapital weiterhin für Aufkäufe von Wertpapieren verwendet wurde. Das hatte er versprochen, als er um die Billigung des TARP durch den Kongress warb, was es problematisch machte, jetzt den Kurs zu ändern.[589]

Es dauerte weniger als einen Monat, bis der Minister die Idee aufgab, toxische Assets zu kaufen. Die Marktlage verschlechterte sich weiterhin, was für eine ausgefeilte Kaufstrategie keine Zeit ließ. Kapitalspritzen versprachen eine stärkere Wirkung.

Es blieb nicht nur keine Zeit für komplizierte finanzielle Operationen, sondern zu diesem Zeitpunkt hatte sich das Problem von den Wertpapiermärkten auf die Banken verlagert, das Herz des Finanzsystems. Der Kapitalmangel der Banken war real. Aber die Presse hatte immer noch Mühe, in einer erneuten politischen Verschiebung einen Sinn zu entdecken. Die Berichterstattung über Paulsons Pressekonferenz am 12. November, bei der er eine neue Strategie ankündigte, war verständnislos. Dass das Finanzministerium schon wieder seinen Kurs änderte, beunruhigte die Märkte, sodass sie um 5 Prozent fielen.

Dass die Behörden sich nun auf die Rekapitalisierung der Banken konzentrierten, bedeutete implizit, dass die Regulierer etwas wussten, das andere bisher noch nicht wussten. Die Investoren kamen schnell zu dem Fazit, dass die Citigroup, die größte verbliebene amerikanische Bank, das schwache Glied war. Ihre Besorgnis wurzelte im Bewusstsein, dass Citi all die schlechtesten Eigenschaften des Bankenwesens im 21. Jahrhundert verkörperte. Mit bescheidenen Kundeneinlagen verließ sich die Bank auf Kredite. Citi war schon seit den 1920er-Jahren ein Pionier des multinationalen Bankengeschäfts gewesen und ein großer Teil ihrer Mittel kam von launischen ausländischen Investoren. Sie hielt große Positionen von

Verbraucherkrediten, fragwürdige verbriefte Gewerbeimmobilien und Obligationen, die mit Subprime-Hypotheken verbunden waren. Sie hatte seit dem zweiten Quartal 2007 keine Gewinne mehr erzielt, obwohl das Management immer noch Dividenden ausschüttete, um die Investoren davon zu überzeugen, dass die Realität anders aussah.

Vage Befürchtungen wichen am 19. November einer Panik, als Citi ankündigte, die Bank sei gezwungen, ein strukturiertes Anlageinstrument abzuwickeln, das stark in Subprime-CDOs investiert hatte. Die Citi-Aktie fiel um 23 Prozent, was den Höhepunkt mehrerer Monate mit scharfen Kursrückgängen darstellte.

Aber auch in diesem angeschlagenen Zustand hatte Citigroup immer noch Assets im Wert von mehr als drei Billionen Dollar, wenn man die mitzählt, die in ihren SPVs versteckt waren. Wenn irgendeine US-Bank zu groß war, um zu scheitern – und wenn irgendeine Bank ganz bewusst angestrebt hatte, zu groß zu werden, um zu scheitern –, dann war es diese. Rubin, der nun Vorsitzender des Exekutivkomitees im Verwaltungsrat der Citigroup war, erinnerte Paulson in einer Reihe von Telefonaten an diese Tatsachen.[590]

Die gesetzliche Exaktheit, die Bernanke, Geithner und Paulson bei der Entscheidung angeführt hatten, Lehman Brothers pleitegehen zu lassen, spielten in dieser prekären Lage keine Rolle. Sheila Bair war als Einzige gegen die Entscheidung, eine Rettungsaktion einzuleiten. Weil sie den 35 Milliarden Dollar schweren Versicherungsfonds ihrer Behörde schützen musste, schlug Bair vor, Citibank, die nationale Banktochter der Citigroup, unter Zwangsverwaltung zu stellen. Bernanke, Geithner und Paulson argumentierten, es sei schwer, die Citibank aus der größeren Finanzgruppe herauszulösen, deren Teil sie war. Citigroup war nicht nur größer als Lehman, sondern auch internationaler. Die Art von Problemen, die entstanden, als Lehman unterging und die britische Regulierungsbehörde die Konten der Bank einfror, würden hier noch viel zerstörerischer ausfallen. Aus allen diesen Gründen bestanden die Offiziellen der Fed und des Finanzministeriums darauf, dass es keine Alternative zu der Rettung gab, die dann am 22. und 23. November zusammengeschustert wurde.

In den letztlich vereinbarten Plan steckte die Regierung 20 Milliarden Dollar Aktienkapital und nahm im Gegenzug wiederum Vorzugsaktien entgegen. Bernanke schlug Stammaktien vor, aber Paulson war dagegen. Hätte die Regierung Stammaktien erhalten, dann hätte sie schließlich »einen großen Teil der Bank besessen«, wie Paulson es später formulierte, und das hätte wenig willkommene Schlagzeilen über Verstaatlichung ausgelöst.[591] In der Tat besaß die Regierung am Ende fast die Hälfte der Bank, weil der Börsenwert der Citigroup nach der Ankündigung der Rettung auf wenig mehr als 20 Milliarden Dollar sank. Der einzige Unterschied war auch hier, dass es sich um Aktien ohne Stimmrecht handelte.

Zudem kamen die Offiziellen überein, die Verluste auf die 300 Milliarden Dollar an toxischen Assets aufzuteilen, die Citigroup im Depot hatte. Citi würde die ersten 29 Milliarden Dollar an Verlusten übernehmen, danach würde die Regierung über TARP, das FDIC und die Fed 90 Prozent übernehmen. Das war eine weitere Möglichkeit, die begrenzten Mittel des Finanzministeriums zu hebeln.[592] Zudem war die Gewährung einer Absicherung gegen Verluste bei mit Hypotheken verbundenen Investitionen eine weniger transparente Möglichkeit der Unterstützung als die Zuführung von Kapital oder der direkte Kauf solcher Assets. Das war eine Möglichkeit, Anklagen abzuwehren, dass die Behörden schon wieder eine Mega-Bankenrettung durchführten.[593]

Die Rettung hinterließ einen unangenehmen Beigeschmack bei denen, die sich daran erinnerten, dass diese Bank in vorderster Front an der Abschaffung des Glass-Steagall Act beteiligt war. Citi wurde nun von Rubin beraten, der früher Paulsons Kollege bei Goldman Sachs war. Die regulierende Aufsicht über die Bank fiel in die Zuständigkeit der New Yorker Fed, deren Präsident Timothy Geithner in Rubins Jahren als Finanzminister der Clinton-Administration dessen Schützling gewesen und soeben vom frisch gewählten Präsidenten zum designierten Finanzminister erklärt worden war. Die daraus erwachsenden Verschwörungstheorien waren zwar unsinnig, aber der Anschein machte die Rettung der Bank und später auch ihrer Konkurrenten nicht gerade einfacher.[594]

Man hatte sich über den Widerstand des Kongresses hinweggesetzt, um mithilfe dieser Finanzkonstruktionen Bankenrettungen im Interesse der Steuerzahler durchzuführen. Sie war an keine strengen Bedingung geknüpft worden, die auch den Austausch des Top-Managements und die Sicherung von Stimmrechten hätten beinhalten können. Das nährte die Skepsis dagegen, dass noch energischere Maßnahmen zur Rekapitalisierung des Bankensystems ergriffen würden. Aber die Backform war gegossen. Im Januar wurde sie wieder verwendet, als die Regierung die Bank of America rettete.

Präsident Bush hatte gehofft, diese Aufgabe der neuen Administration überlassen zu können. Der Kongress hatte noch nicht sein Einverständnis erklärt, die zweite Hälfte der TARP-Finanzmittel freizugeben, und Bush zögerte, danach zu fragen, weil er befürchtete, seine letzte signifikante Amtshandlung könnte ein Veto gegen einen Kongressbeschluss sein, der die Auszahlung dieser Mittel untersagte. Das wäre nicht nur peinlich, sondern dieses sichtbare Zeichen der Missbilligung durch den Kongress würde die Finanzmärkte auch nicht gerade beruhigen. Aber die Anzeichen, dass die Bank of America bald einen eigenen Verlust von zwei Milliarden Dollar und für die jüngst erworbene Investmentbanktochter Merrill Lynch einen Verlust von 122 Milliarden Dollar melden würde, drohten eine weitere Panik auszulösen. Bush zeigte sich mehr als Hoover dazu bereit, während seiner letzten Tage im Amt noch zu handeln. Am 12. Januar 2009 beantragte er die Auszahlung der zweiten Tranche der TARP-Mittel und der Kongress willigte zögernd ein. Drei Tage später wurde eine Vereinbarung geschlossen, das TARP zu nutzen, um der Bank of America 20 Milliarden Dollar neues Kapital zukommen zu lassen. Die Regierung und die Bank einigten sich darauf, die Verluste der mit Hypotheken verbundenen Assets im Verhältnis von 90 : 10 aufzuteilen, so wie bei der Citibank, nach den ersten zehn Milliarden Dollar an Verlusten, die die Bank zu tragen hatte.

Und mit dieser offiziellen Unterstützung konnte die Bank of America am nächsten Morgen ihre Quartalsergebnisse veröffentlichen.

Kapitel 20
Belastet und angeregt

All das beobachteten der neu gewählte Präsident und sein Team mit Unbehagen. Lawrence Summers, der designierte Vorsitzende des Nationalen Wirtschaftsrats, und Christina Romer, die die Versammlung der wirtschaftlichen Berater leiten sollte, lehnten die Vorstellung weiterer heimlicher Bankenrettungen aus Fairnessgründen und wegen moralischer Bedenken ab.[595] Sie wollten lieber eine Möglichkeit finden, Institutionen, die angeblich zu groß waren, um zu scheitern, zu beschlagnahmen, mit frischem Kapital auszustatten und dann wieder zu öffnen – sie also zu verstaatlichen und wieder zu privatisieren, nachdem man sie zuvor in ihre Einzelteile zerlegt hatte. Andere Akademiker, die weiter vom Sitz der Macht entfernt waren, setzten sich sogar noch nachdrücklicher für eine Verstaatlichung ein.[596] Für die Akademiker hatte die Methode, die Schweden in den 1990er-Jahren angewendet hatte, um sein Bankensystem zu reparieren, durchaus ihren Reiz: Die Regierung sollte problembeladene Finanzinstitute übernehmen und ihre toxischen Assets auf eine von der Regierung betriebene »Bad Bank« übertragen, die sie dann im Lauf der Zeit verkaufte. Dann konnte man die restrukturierten Banken mit frischem Kapital ausstatten und wieder eröffnen. Während dieser Prozedur würden die Aktionäre enteignet und das Management ausgetauscht.

Aber Obamas politische Berater, auch sein Stabschef Rahm Emanuel, befürchteten einen Schock, sollte die Administration im Kongress weitere Finanzmittel zur Rekapitalisierung der Banken beantragen. Die Verstaatlichung von Banken, sogar die vorübergehende Verstaatlichung, war für große Teile der amerikanischen Öffentlichkeit ein Gräuel, von der Bankenlobby ganz zu schweigen. Ihre akademischen Befürworter waren, im Gegensatz zum designierten Finanzminister Timothy Geithner, nicht in die jüngste Runde der Bankenrettungen involviert gewesen und daher konnten sie eine idealisierte Vorstellung davon entwickeln, wie nahtlos die Verstaatlichung und die Reprivatisierung funktionieren würden. Die Berater im Weißen Haus spielten mit der Idee, das schwedische Modell mit einer einzelnen Bank auszuprobieren. Der logische Kandidat war die immer noch problembeladene Citibank, aber die logistischen Herausforderungen waren beängstigend.

Geithner seinerseits war gegen jede Intervention, welche die gewöhnliche Geschäftstätigkeit unterbrechen und den Aussichten auf eine Erholung schaden konnte. Er glaubte, dass die Verstaatlichung einer einzelnen Bank die Erwartung wecken könnte, dass andere folgen würden. Das wiederum würde dazu führen, dass die Investoren im Rahmen einer sich selbst erfüllenden Prophezeiung ihre Aktien verkauften. Er glaubte nicht, dass es so etwas gab wie eine vorübergehende Verstaatlichung. Dieser Schritt würde die Märkte demoralisieren und die verstaatlichten Institute unverkäuflich machen. Zumindest in diesem Punkt hatte er recht und Länder wie das Vereinigte Königreich, die den Weg der Verstaatlichung gingen, sollten das im Lauf der Zeit noch herausfinden.

Wenn man Verstaatlichungen vermeiden wollte, brauchte man allerdings eine Alternative. Und das war während der ersten Tage der neuen Administration leichter gesagt als getan. Raymond Moley und William Woodin hätten das erklären können. Wo Paulsons Finanzministerium chaotisch war, da war Geithners Ministerium personell unterbesetzt. Die Überprüfung erfahrener Kandidaten war mühsam und die Bestätigung durch den Kongress war alles andere als sicher. Obwohl das Finanzministerium unter Paulson nur dünn mit Ökonomen und Finanzspezialisten besetzt war, gab es in Geithners Ministerium noch weniger von ihnen.

Das Resultat erinnerte daran, wie die Roosevelt-Administration die Pläne ihrer Vorgängerin übernahm, weil sie keine eigenen Ideen hatte. Geithners Plan war also, entsprechend gehebelte TARP-Mittel zu nutzen, um den Banken toxische Kredite und Assets abzukaufen. Im Prinzip handelte es sich um eine Ausdehnung der TALF, die auf Verbraucherkredite, hypothekengesicherte Wertpapiere, Immobilienkredite und CDOs abzielte. Das war der Kern des Public-Private Investment Program for Legacy Assets (PPIP). Es wurde am 23. März 2009 angekündigt und TARP-Mittel in Höhe von 22 Milliarden Dollar waren dafür vorgesehen.

Es gab auch andere Elemente der Kontinuität. Der Kauf von Wertpapieren würde die Zusammenarbeit mit privaten Fondsmanagern erfordern, wie in Paulsons Wertpapierkaufprogramm.[597] Man musste sicherstellen, dass die Fondsmanager beteiligt waren, ebenso wie die Hedgefonds als TALF-Partner der Regierung. Mit anderen Worten: Wenn sie Wertpapiere für die Regierung kauften, mussten sie zum selben Kurs auch Wertpapiere für sich selbst kaufen. Das sollte sicherstellen, dass sie keine zu hohen Preise zahlten. Das Finanzministerium, das FDIC und die Federal Reserve stellten nicht nur TARP-Mittel für den direkten Wertpapierkauf zur Verfügung, sondern sie garantierten auch, dass jeder Wertpapierpool bis zu 85 Prozent der von Investoren angebotenen Menge kaufen würde, so wie sie 90 Prozent der Assets der Citigroup und der Bank of America garantierten.[598]

Das PPIP löste viele negative Kommentare aus, und zwar aus den gleichen Gründen, die auf die früheren Interventionen zutrafen. Es war schwer zu verstehen, es verließ sich auf die Verbriefung von Wertpapieren und die Hebelwirkung, also genau auf die Arten von Finanzkonstruktionen, welche die Krise verursacht hatten. Es beinhaltete eine weitere, zeitlich unbegrenzte Garantie, was die Steuerzahler der Gefahr aussetzte, Verluste zu erleiden. Es sah so aus, als zahle man schon wieder überhöhte Preise für toxische Assets, weil die Banken zögern würden, mit Verlust zu verkaufen.

Das größte Problem war aber das gleiche, das schon Paulsons ursprüngliches Programm für Wertpapierkäufe hatte scheitern lassen, nämlich die nötige Zeit, um es umzusetzen. Die Fed hatte volle vier Monate gebraucht, um TALF in Gang zu bringen, und dem Finanzministerium mangelte es an Experten. Das PPIP wurde schließlich im September 2009 gestartet. Statt schlechte Kredite und Assets im Wert von einer Billion Dollar aus den Bankbilanzen zu nehmen, eliminierte das Programm am Ende nur 40 Milliarden Dollar. Buchstäblich ein Tropfen auf den heißen Stein.

Als Verstaatlichung kein Thema mehr war und das PPIP eingestellt wurde, war der Plan B des Ministeriums, nämlich ein Belastungstest der Banken, die einzige verbliebene Option. Minister Geithner verkündete die Idee während einer schlecht aufgenommenen Pressekonferenz am 10. Februar, bei der die Aufmerksamkeit dem Asset-Kaufprogramm galt. Nun standen die Belastungstests im Mittelpunkt der Strategie. Spezialisten der Fed und des FDIC, die mit dem Finanzministerium zusammenarbeiteten, konstruierten Szenarien für die Performance der Hypothekenkredite, Kreditkartenschulden, Autokredite und anderer Assets. 19 Großbanken würden dann zusammen mit ihren Aufsehern ihre Verluste in einem »ungünstigen Szenario« abschätzen, das nur wenig besser war als das Szenario im schlimmsten denkbaren Fall. Wenn die Reserven einer Bank zu gering waren, um eine solche Lücke zu schließen, dann musste sie sich zusätzliches Kapital beschaffen. Wenn sie es nicht von Investoren erhielt, würde sie es von der Regierung nehmen. Wenn nur bedürftige Institute staatliche Mittel in Anspruch nahmen, war die Last für die Steuerzahler begrenzt. Und die Investoren würden wieder beruhigt sein, wenn alle Banken mit ausreichendem Kapital ausgestattet wären. Die Banken konnten dann ihren Teil zur Erholung beitragen, weil sie genug Ressourcen und ein Polster gegen Verluste hatten, um wieder Kredite zu vergeben.

Seitens der Investoren, der gut informierten Öffentlichkeit und sogar im Weißen Haus wurde diese Maßnahme mit Skepsis aufgenommen. Den Aufsehern fehlte die Erfahrung, komplexe Wertpapiere bewerten zu können, was sie dazu zwang, sich den Banken und deren internen Modellen zu fügen. Wenn ihre Szenarien zu optimistisch und die Menge an frischem Kapital zu gering waren, könnten die Märkte den ganzen Prozess als bloßes Theater bewerten. Aber wenn ihre Szenarien prekär und die Kapitalmengen groß wären, könnten die Banken nicht in der Lage sein, sich dieses Kapital zu beschaffen, was sie in die Arme der Regierung zwang – in ein Verstaatlichungsszenario, das die Investoren ebenso fürchteten wie die Offiziellen. In jedem Fall würde man dem Vertrauen eher schaden, als es wiederherzustellen.

Die Belastungstester hatten somit ein Goldlöckchen-Problem: Der Brei durfte weder zu kalt noch zu heiß sein. Weil sie die Assets der Banken nicht anhand der aktuellen Marktpreise bewerten mussten, konnten sie stattdessen ihre auf Modellen basierenden Schätzungen anpassen, um zum gewünschten Ergebnis zu kommen. Oder sie konnten ihre Annahmen über das zukünftige Gewinnwachstum der Banken anpassen.

Es war keine Überraschung, dass die ausgewählte Gesamtsumme von 75 Milliarden Dollar etwa in der Mitte zwischen den höchsten und den niedrigsten Schätzungen von 35 und 125 Milliarden Dollar lag.[599] Die Summe war nicht so niedrig, dass man sie als Geschenk bezeichnen konnte, aber auch nicht so hoch, dass es unmöglich gewesen wäre, sie aufzubringen. Es war weniger als die 125 Milliarden Dollar, welche die Regierung den neun Banken ein paar Monate zuvor zugestanden hatte. Und es war auch weniger als die verbliebenen TARP-Mittel des Finanzministeriums.

Die Bankaktien stiegen rasant, als die Ergebnisse veröffentlicht wurden.[600] Im Rückblick ist klar, dass dies der Anfang vom Ende der Krise war. Aber auch heute sind die Ursachen noch unklar. Ebenso wie Paulson vor ihm glaubte auch Geithner, dass die Banken in Wirklichkeit nicht insolvent waren und dass sie im Lauf der Zeit und mit der Hilfe von Investoren genug verdienen würden, um wieder zu gesunden. Etliche andere sogenannte Experten hatten versichert, die Banken seien insolvent und könnten nur mit einer massiven Infusion staatlicher Mittel stabilisiert werden. In diesem Fall lagen die Experten falsch und Geithner behielt recht. Die Banken sprangen nicht mit beiden Füßen wieder in die Kreditvergabe – tatsächlich tappten sie nur zögerlich mit den Zehen hinein –, aber sie konnten sich stabilisieren, sich zusätzliches Kapital besorgen und ihre Geschäfte wieder aufnehmen.

Das erforderte ein wenig Vertrauen seitens der Investoren. Hier war es hilfreich, dass die Belastungstests, anders als die früheren Rettungsaktionen bei Bear Stearns, Citigroup und Bank of America, nicht an einem Wochenende zusammengeschustert worden waren. Sie waren gerade glaubwürdig genug, um Vertrauen zu schaffen. In diesem Fall bestimmte der Schein das Sein. Das ist das Wesen des Bankgeschäfts, wo das Vertrauen im Auge des Betrachters liegt.

Als die Roosevelt-Administration 1933 die Bankenschließung erklärte, schuf sie ebenfalls gute Ausgangsbedingungen. Sie erklärte, man werde nur solventen Banken erlauben, ihre Türen wieder zu öffnen. In der Realität war es kaum möglich, in den folgenden zwei Wochen sorgfältige Untersuchungen jedes einzelnen Finanzinstituts durchzuführen, egal was man sich darüber erzählte. Dennoch erlaubte die Regierung der großen Mehrheit der Banken die Wiedereröffnung, wobei sie nur verbal versicherte, sie verfügten über ausreichend Kapital.

Jetzt wurden die Belastungstests mit ähnlicher Feierlichkeit durchgeführt und brachten ähnliche Resultate. Wenn man ihre Auswirkungen bedenkt, muss man die Bankenschließung 1933 und das, was danach geschah, in einem etwas anderen Licht betrachten und anerkennen, dass sie, ebenso wie die Belastungstests, mehr als nur ein wenig Showtalent enthielten.

Eine weniger glückliche Interpretation ist, dass das Siegel der guten Haushaltsführung, das die Tests vermittelten, einer kolossalen Garantie durch die Regierung gleichkam. Die 19 größten Banken erhielten besondere Aufmerksamkeit. Das Finanzministerium versicherte, dass sie solvent waren. Neun von ihnen, allen voran Goldman Sachs und JPMorgan Chase, brauchten kein zusätzliches Kapital. Citigroup, Bank of America und acht ihrer weniger makellosen Wettbewerber würden ausreichend mit Kapital ausgestattet, wenn sie sich nur zusätzliche 75 Milliarden Dollar besorgen konnten; das behauptete jedenfalls die Regierung. Sollten sie dann Probleme bekommen, musste man bedenken, dass das nicht an Ereignissen lag, die sie selbst verursacht hatten, und dass die Regierung, die ihnen einen gesunden Zustand attestiert hatte, sie retten würde.

Auch in dieser Hinsicht ähnelte die Reaktion der von 1933. Damals hatte der Emergency Banking Act die Federal Reserve ermächtigt, Banknoten, Wechsel, kurzfristige Anleihen und Versicherungen zu diskontieren, wenn die Zentralbank das für richtig hielt. Und die Fed war ermächtigt, den Banken die Liquidität zu liefern, die sie brauchten, um die Bedürfnisse ihrer Kunden zu befriedigen. Und wie 1933 stabilisierte die politische Reaktion das Bankensystem, allerdings unter hohen moralischen Risiken.

Vielleicht waren es, wie 1933, nicht so sehr die politischen Maßnahmen, die sich auf das Bankensystem bezogen, als andere Maßnahmen, die für das glückliche Resultat verantwortlich waren.

Die umstrittensten Reaktionen waren der fiskalische Stimulus der Obama-Administration in Höhe von 787 Milliarden Dollar und drei Runden des Quantitative Easing durch die Federal Reserve. Der Stimulus brachte kein Ende der Kontroverse und das ist bis heute so geblieben. Für diejenigen, die die Erfahrungen der 1930er-Jahre noch im Kopf hatten, war der Fall klar. Die Administrationen Hoovers und Roosevelts hatten nicht genug getan, um den Rückgang des privaten Konsums zu bremsen. Obwohl der New Deal herausragende staatliche Investitionsprojekte wie den Grand Coulee Dam und die Triborough Bridge beinhaltete, war der Anstieg der öffentlichen Ausgaben zu gering, um sich auf die zweistellige Arbeitslosenquote merklich auszuwirken. In einem Umfeld von Zinssätzen nahe null war das doppelt unglücklich, weil es kaum die Gefahr gab, dass ein Anstieg staatlicher Investitionen eine angemessene Menge der privaten Ausgaben ausschließen würde. Die Forschungen von Christina Romer, der Chefin von Obamas Komitee ökonomischer Berater, deuteten auf die Schlussfolgerung hin, dass die Fiskalpolitik kaum zur wirtschaftlichen Erholung beitrug, weil die fiskalischen Initiativen in dieser Zeit angesichts des Ausmaßes des Problems klein waren.[601]

Die Wiederholung dieses Fehlers wollte Obamas Stimulus vermeiden. Es war eine beträchtliche Leistung, einen 1100 Seiten umfassenden Gesetzesvorschlag in etwas mehr als drei Wochen vom ersten Entwurf bis zur Verabschiedung zu bringen. Das war eine schnelle Aktion, selbst nach den Maßstäben von Roosevelts ersten 100 Tagen im Amt, die Obama, wie jeder frisch gewählte Präsident nach Roosevelt, studiert hatte. Und Obama war wissbegieriger als die meisten. David Obey, der Chef des Appropriations Committee im Repräsentantenhaus, pries den Gesetzentwurf als »die größte Veränderung der Innenpolitik seit den 1930er-Jahren«. Die *Washington Post*, de facto eine Instanz für solche innenpolitischen Angelegenheiten, zog das Fazit, der Entwurf repräsentiere »den Beginn einer neuen ideologischen Ära, die die Bundesregierung (der USA) ins Zentrum der wirtschaftlichen Erholung der Nation setzt«.[602]

Angesichts dieser gehobenen Erwartungen war es unvermeidlich, dass Enttäuschung folgte. Während des Interregnums verwendete Romer zusammen mit Jared Bernstein, der wenig später zum ökonomischen Berater von Vizepräsiden Biden ernannt wurde, ein einfaches Modell, um zu berechnen, wie viele Anreize erforderlich waren, um den Rückgang der privaten Ausgaben aufzuhalten. Dieses Modell umfasste zunächst die Abschätzung des Rückgangs der Ausgaben und, daraus folgend, die Lücke, die geschlossen werden musste. Dann dividierten Romer und Bernstein das Ergebnis durch eine lehrbuchmäßige Schätzung des fiskalischen Multiplikators.[603] Was hätte einfacher sein können?

Wie sich herausstellte, waren einige Dinge noch einfacher. Zunächst fiel die Produktion bereits schneller, als irgendjemand bemerkte, was einen Anstieg der Arbeitslosigkeit unvermeidlich machte, und das ließ das Team um Romer und Bernstein zu optimistisch aussehen. Wegen der außergewöhnlichen Art der Krise – wie Firmen, die keine Kredite bekamen, ihre Produktion senkten und ihre Vorräte in nie da gewesenem Tempo abbauten – ist es nicht überraschend, dass die Umfragen der Regierung nicht voll erfassten, wie schnell die Produktion sank. Weil sich die Arbeitslosenquote nicht wie vorhergesagt bei 8 Prozent stabilisierte, bezweifelten die Kritiker die Effektivität der Politik. Ihre Fragen lieferten denen Munition, die für eine frühe Wendung zu Sparmaßnahmen plädierten.

Zudem einigte man sich letztlich auf weniger Anreize, als Romers und Bernsteins eigene Berechnungen empfohlen hatten. Ihr Modell legte nahe, dass die Schließung der Produktionslücke einen Stimulus von 1,2 bis 1,8 Billionen Dollar erforderte, abhängig vom Ausmaß der bevorstehenden Schrumpfung und der Politik der Federal Reserve. Aber Zahlen von mehr als einer Billion Dollar waren genug, um sogar den Demokraten im Kongress Sodbrennen zu verursachen. Die Republikaner hatten ihre politischen Gegner bereits als Partei der Besteuerung und der Ausgaben etikettiert. Sie setzten die Gesetzgeber herab, indem sie an die instinktive Feindseligkeit der amerikanischen Öffentlichkeit gegen eine mächtige Regierung appellierten. »In diesem Gesetzentwurf sollte es um Jobs, Jobs und Jobs gehen, aber er hat sich in nichts anderes verwandelt als Ausgaben, Ausgaben und Ausgaben«, sagte John Boehner, der Anführer der Minderheit im Repräsentantenhaus.

Es mochten gerade erst Wahlen stattgefunden haben, aber das bedeutete auch, dass die Wahlen in der Mitte der Legislaturperiode nur noch zwei Jahre entfernt waren. Um die Mehrheit der Demokraten im Kongress zu behalten, war es daher erforderlich, den Anstieg des Defizits nicht zu groß werden zu lassen. Eine Billion Dollar waren der Fallstrick. Die Politiker waren sich einig, dass die Anreize unter dieser Grenze bleiben mussten. Daher wurden Argumente vorgebracht, warum 800 Milliarden Dollar genug waren. Ein stärkerer Stimulus würde die Märkte in Panik versetzen. Der Anstieg der Arbeitslosigkeit war unabwendbar; man konnte nichts tun, um ihn zu verhindern. Es ist nicht klar, ob irgendjemand an diese Rationalisierungen glaubte. Das war ökonomische Logik, die für politische Zwecke benutzt wurde.

Einige Strategen im Weißen Haus stellten sich vor, dass der Kongress ihre Probleme lösen könnte. Sobald das Repräsentantenhaus und der Senat zustimmten, würde der endgültige Gesetzesentwurf größer ausfallen, als die Administration es gewünscht hatte. Aber das ignorierte den Aufstieg der Tea Party, einer losen populistischen Koalition, die sich dafür aussprach, die Staatsmacht mit allen Mitteln zu reduzieren, sonst würde sie sich weigern, mit den Republikanern im Repräsentantenhaus zu kooperieren. Sie störte sich an der politischen Bitterkeit, die von der Krise ausgelöst worden war, und an den Rettungsmaßnahmen, mit denen man reagiert hatte.

Eine Administration und ein Präsident, die vom Nutzen eines größeren Stimulus überzeugt waren, hätten dafür werben können. Obama hätte als Ergebnis seines gerade erzielten Wahlsiegs sein politisches Kapital dafür einsetzen können. Er hätte an die Senatoren von bei Wahlen umkämpften Staaten, wie Maine oder Pennsylvania, appellieren können. Er hätte auch über die Köpfe des Kongresses hinweg an die Öffentlichkeit appellieren können. Aber Obama wog instinktiv die Optionen ab, statt für sein Programm zu werben. Ihm ging es um Kompromisse, nicht um Konfrontation. Die ökonomischen Berater, die ihm bei der Durchsetzung seines

Anliegens hätten helfen können, waren sich nicht einig. Und die politischen Berater waren sich einig, dass eine aggressive Kampagne für einen stärkeren Stimulus nicht die beste Anwendung des politischen Kapitals des Präsidenten war.

Und schließlich gab es den Konflikt zwischen gut vorbereiteten Projekten, die sofortige wirtschaftliche Auswirkungen versprachen, und der langfristigeren Agenda, die Infrastruktur des Landes zu erneuern, seine Energieeffizienz zu verbessern und in die Bevölkerung zu investieren. Die Konzentration auf Stimulusausgaben, die sofort ausgereicht werden konnten, war entscheidend dafür, die Krise zu begrenzen. Ohne eine sofortige Erhöhung der Konsumausgaben gab es nichts, womit man den Teufelskreis des Niedergangs im privaten Sektor und der Probleme im Finanzsektor durchbrechen konnte. Ein Vorziehen der Anreize wäre auch ein Zeichen, dass es sich um eine außergewöhnliche Maßnahme handelte, zu der die Administration durch außergewöhnliche Umstände gezwungen wurde, und dass man sie zurückfahren würde, sobald die Krise vorbei war. Angesichts dieser Argumente konzentrierte sich mehr als die Hälfte der Ausgaben für Anreize auf 2009 und 2010.

Aber weil hier der Schwerpunkt lag, blieben die strukturellen Probleme des Landes ungelöst. Geithner beschreibt, wie Obama während des Übergangs auf ein inspirierendes Projekt wie ein intelligentes Netz zur Stromversorgung hoffte, aber seine Berater konnten ihm das ausreden.[604] Die Obama-Administration würde keinen Grand Coulee Dam haben, auf den sie hinweisen konnte, um Unterstützung für ihre Vorgehensweise zu erhalten. Neun Milliarden Dollar für eine Hochgeschwindigkeitseisenbahn waren ein schwacher Ersatz. Dass der Stimulus keine physischen Spuren hinterließ, ermöglichte es den Kritikern, die Auswirkungen herabzusetzen und sich dafür auszusprechen, die Maßnahmen schnell zu beenden.

Die USA erlebten keine kurze Rezession, gefolgt von einer kräftigen Erholung, sondern eine längere Phase hoher Arbeitslosigkeit. Die Erholung verlief langsam, was bedeutete, dass die Wirtschaft von Investitionen in die Infrastruktur profitiert hätte, die Jahre brauchten, um sich zu entfalten. Der Bedarf nach zusätzlichen staatlichen Investitionen war eine Chance, einen zusammenhängenden Plan von Ausgaben nicht nur für Infrastruktur, sondern auch für Grundlagenforschung und Bildung zu entwickeln, um das Land im Rahmen der Herausforderungen des 21. Jahrhunderts besser zu positionieren.

Das bedeutet aber nicht, dass es 2009 und 2010 sinnvoll gewesen wäre, einen größeren Teil des für Anreize vorgesehenen Betrags von 787 Milliarden Dollar von Transfers zu staatlichen und lokalen Regierungen abzuziehen und das Geld für langfristige Infrastrukturprojekte in den folgenden Jahren auszugeben. Geringere Transfers an die Bundesstaaten 2009 hätten mehr Arbeitslosigkeit und finanzielle Probleme bedeutet – ein hoher Preis für die Erneuerung der Infrastruktur. Man hätte die Quadratur des Kreises vollziehen können, indem man die Ausgaben für die Infrastruktur erhöhte, ohne gleichzeitig die Transfers an die einzelnen Bundesstaaten zu kürzen. Aber ein noch größerer Stimulus, der es der Regierung ermöglicht hätte, langfristige Projekte zu verfolgen, ohne sie zu zwingen, die kurzfristigen Ausgaben zu reduzieren, war politisch nicht machbar. Und eine quälende Krise, wenn die Politiker darum kämpften, ein Versagen des politischen Systems zu verhindern, war kein geeigneter Zeitpunkt, um über einen nationalen Entwicklungsplan nachzudenken.

Die Bewertungen des Stimulus sind noch heute recht verschieden. Aber es reicht nicht, wenn die Kritiker darauf hinweisen, dass die Arbeitslosenquote bei 10,1 Prozent ihr Hoch erreichte, volle zwei Prozentpunkte höher, als anfangs versprochen worden war. Es reicht ebenfalls nicht, wie Mervin King darauf zu verweisen, dass eine weitere große Depression vermieden wurde. So lässt sich das Problem nicht beschreiben. Um wie viel höher wäre die Arbeitslosigkeit ohne den Stimulus gewesen? Hätte es ohne ihn einen Absturz gegeben, der der Großen Depression ähnelte?

Jeder seriöse Versuch, diese Fragen zu beantworten, erfordert ein Modell der Wirtschaft, das man mit und ohne den Stimulus durchrechnen kann. Unterschiedliche Modelle liefern natürlich unterschiedliche Ergebnisse. Die keynesianischen Modelle mit einem hohen fiskalischen Multiplikator deuten auf große positive Effekte hin. Bei klassischen Vollbeschäftigungsmodellen steigen im Gegensatz dazu die Zinsen im Einklang mit den öffentlichen Ausgaben, was einen angemessenen Anstieg der privaten Ausgaben verhindert. Diese Modelle zeigen keine positiven Auswirkungen auf die Produktion. In der Welt der Modelle, die ohne Beweise auskommen, ist alles möglich.

Aber die Welt der Modellbildung oder, allgemein gesagt, die Welt an sich ist nicht frei von Beweisen. Modelle weisen Implikationen auf, die man gegen Beweise als externe Validitätstests einsetzen kann. Um ein nicht zufällig ausgewähltes Beispiel zu nennen: Das klassische Modell besagt, dass der Stimulus die Zinsen hätte nach oben treiben sollen, während dies auf das Modell von Keynes nicht zutrifft. Die Tatsache, dass die Zinsen niedrig blieben, bevorzugt eine Klasse von Modellen gegenüber einer anderen.

Obwohl Regierungsbehörden wie das Congressional Budget Office (CBO) typischerweise verschiedene Modelle für Zwecke der politischen Analyse anwenden, beschränken sich deren Modelle auf diejenigen, deren Implikationen nicht völlig unvereinbar mit den Fakten waren. Indem es eine Reihe der mit den Daten konsistenten Modelle anwendete, schätzte das CBO, dass das reale BIP in zweiten Quartal 2010 mit dem Stimulus um 1,7 bis 4,5 Prozent höher war als ohne ihn. Später wurde der Effekt geringer.[605] Real sank das BIP zwischen 2007 und 2009 um 3,4 Prozent. Der mittlere Punkt zwischen der höchsten und der tiefsten Einschätzung des CBO legt also nahe, dass der Produktionsrückgang ohne den Stimulus etwa doppelt so hoch ausgefallen wäre. Die Zahl der Stellen, die einer Vollzeitbeschäftigung entsprechen, lag nach der Schätzung des CBO um 2,0 bis 4,8 Millionen höher als ohne den Stimulus.[606]

Die Erfahrungen in anderen Ländern, wo es eine andere Politik und andere Ergebnisse gab, können ebenfalls als Basis für die Bewertung der Erfahrungen in den USA dienen. Wenn die Rezession in anderen Ländern tiefer und länger war, wo ansonsten ähnliche Umstände vorlagen, die Anreize aber geringer ausfielen, kann man das Ausmaß des Unterschieds dazu verwenden, die relevanten Fakten zu identifizieren. Internationale Organisationen, wie der IMF, beschäftigen sich mit dieser Art, die Fakten zu bewerten. Die Arbeiten von Olivier Blanchard, Chefökonom des Fonds, deuten auf fiskalische Multiplikatoren über 1 hin (1,3 war das Mittel der von ihm geschätzten Spanne). Das legt nahe, dass Stimulusausgaben von 400 Milliarden Dollar im Kalenderjahr 2010 unter ansonsten gleichen Bedingungen das BIP um 520 Milliarden Dollar steigerten. In einer Volkswirtschaft mit einem BIP von 13 Billionen Dollar entspricht das etwa 4 Prozent.[607] Dieses Fazit deckt sich mit der Spanne, die von den Modellen des CBO errechnet wurde.

Eine ähnliche Strategie ist, die Veränderung der Produktion und der Beschäftigtenquote in Bundesstaaten und Bezirken der USA zu vergleichen, die unterschiedliche Summen an staatlicher Unterstützung erhielten. James Feyrer und Bruce Sacerdote vom Dartmouth College wandten diese Methode an. Sie fanden substanzielle Effekte der Zuwendungen an Menschen mit niedrigen Einkommen, Ausgaben für Infrastruktur und insgesamt bedeutende Auswirkungen des Stimulus. Der Effekt war geringer, als das CBO und der IWF geschätzt hatten, aber immer noch beträchtlich. Ein Team von Ökonomen aus Berkeley, Stanford und vom MIT verwendete eine ähnliche Methode und nutzte die Tatsache, dass die durch den Stimulus gewährten Zuwendungen an die Gesundheitsbehörde Medicaid in den verschiedenen Bundesstaaten sehr unterschiedlich ausfielen. Pro Kopf der Bevölkerung erhielt Washingston, D.C., fast das Fünffache der Transfers, die nach Utah flossen. Die Forscher kamen zum Fazit, dass 100.000 Dollar an zusätzlichen Bundesmitteln die Beschäftigtenquote um 3,5 Arbeitsjahre erhöhten und dass zusätzliche 100.000 Dollar an Bundesmitteln die Ausgaben letztlich um 200.000 Dollar erhöhen würden.[608] Das legte noch deutlich stärkere Auswirkungen nahe als andere Methoden.

Und letztlich liefert die historische Erfahrung auch eine Grundlage, sich das Gegenteil vorzustellen. 80 Jahre der intensiven Forschung haben vielleicht nicht zu einer allgemeinen Übereinkunft über die Auswirkungen der Politik des New Deal geführt, aber immerhin zu einem breiten Konsens, was funktionierte und was nicht, welche politischen Maßnahmen mehr oder weniger wichtig waren und was man hätte ausprobieren sollen und was nicht. Das spricht für die Effektivität politischer Maßnahmen, die den Verbrauchern Geld in die Hand geben, wie der Bonus für die Veteranen 1936, aber auch dafür, zur Finanzierung von Infrastrukturprojekten extrem niedrige Zinssätze zu nutzen. Dies legt nahe, dass öffentliche Ausgaben, ob für die Wiederbewaffnung oder für andere Zwecke, in einem Umfeld von Zinsen nahe null besonders starke Auswirkungen hatten. Das alles weist darauf hin, dass Obamas Stimulus hilfreich war, aber noch wirksamer ausgefallen wäre, wenn die Politiker sich höhere Ziele gesetzt hätten.

Kapitel 21
Unkonventionelle Politik

Die Politik der Federal Reserve war sogar noch umstrittener, wenn das überhaupt möglich ist. Man kritisierte die Fed gleichermaßen, dass sie zu viel oder zu wenig tat. Die Leute, die glaubten, dass sie zu viel tat, warnten davor, dass das Bemühen der Fed, die Zinsen niedrig zu halten, zu einer galoppierenden Inflation führen könnte. Als es dann nicht zu dieser Inflation kam, lehnten sie die Interventionen der Fed an den Kreditmärkten ab, weil sie die notwendige Konsolidierung der Staatsfinanzen behinderten. Die Maßnahmen der Zentralbank, so warnten sie, waren nur der Auftakt zu weiteren Exzessen wie denjenigen, welche die Finanzkrise verursacht hatten.

Leute, die glaubten, dass die Fed zu wenig tat, beklagten sich, dass die Fed sich ihrer Verantwortung entzogen habe, für Vollbeschäftigung zu sorgen. Voreingenommen durch die Situation am Kreditmarkt und eingeschüchtert von streitlustigen Kritikern, zögerte die Zentralbank, unkonventionelle politische Maßnahmen anzuwenden, und als sie es dann tat, gab es eine strikte Obergrenze dessen, was man tun konnte, was die Effektivität ihrer Interventionen begrenzte. Sie ließ es zu, dass die Inflation unter das normale Niveau sank und dass die nominalen Einkommen stagnierten.

Wie erwähnt, begann die Fed nach der Pleite von Lehman Brothers, große Mengen an Krediten in die Wirtschaft zu pumpen. Am 16. Dezember 2008 senkte sie die Fed Funds Rate auf fast null und setzte einen Zielkorridor von 0 bis 0,25 Prozent fest. Aber sogar dann gab es kaum Anzeichen dafür, dass die niedrigen Zinsen die erwünschten Auswirkungen hatten. Wegen der höheren Abneigung gegen Risiken gab es bei Haushalten und Unternehmen eine spürbare Zurückhaltung, Kredite aufzunehmen und Geld auszugeben.

Die Frage lautete, was man nun tun sollte. Es gab die drei Optionen, die man erstmals beim Fed-Treffen am 15. und 16. Oktober erwogen hatte. Eine davon war, Erklärungen über die zukünftige Politik mit dem Ziel zu veröffentlichen, die Erwartungen der Menschen zu prägen, und so zu versuchen, das zukünftige Konsumverhalten zu beeinflussen. Wenn die Fed Absichtserklärungen dazu nutzen konnte, die Erwartung höherer Inflation zu schüren, dann würden Haushalte und Unternehmen stärker zu Ausgaben neigen, weil sie mit später höheren Preisen rechneten.[609] 1933 hatte die Fed versucht, die Erwartung zukünftiger Preise und politischer Maßnahmen zu beeinflussen, indem sie laut »die alten Fetische der sogenannten internationalen Banker« zurückwies. Vielleicht konnte die Fed nun etwas weniger Provokatives, aber ebenso Wirkungsvolles sagen.

Die Herausforderung für die Offiziellen bestand darin, glaubhafte Aussagen über die zukünftige Politik zu verbreiten. Sollte die Inflation über ein politisch komfortables Niveau von, sagen wir mal, 2 Prozent steigen, dann gäbe es Druck auf das Federal Open Market Committee, die Zinszügel anzuziehen. Die Besitzer von Anleihen und anderen festverzinslichen Wertpapieren würden ihr Missfallen nicht verheimlichen und die Fed würde die politische Hitze spüren.

Zudem waren die Geldpolitiker seit Generationen von der Überzeugung indoktriniert, man könne nicht ein bisschen schwanger sein. Sie befürchteten, dass die Zentralbanken die Kontrolle verlieren würden, wenn die Inflation das übliche Niveau überschreiten sollte. Die Zentralbanken könnten nicht mehr glaubwürdig ihrer Verpflichtung nachkommen, die Preise stabil zu halten, während gleichzeitig ihre Fähigkeit, Ziele zu erreichen, in Mitleidenschaft gezogen werden könnte. Die 1970er-Jahre prägten durch Erinnerungen der Zeitzeugen und Geschichten derer, die sie nicht erlebt hatten, die Sicht der Offiziellen, formten die Politik und schränkten sie ein.

Aus allen diesen Gründen war es nicht leicht, die Inflation über 2 Prozent steigen zu lassen und sie dann auf diesem Niveau zu halten. Diesbezügliche Äußerungen drohten mit dem Mandat der Zentralbank zu kollidieren, für niedrige und stabile Inflation zu sorgen. Dass es unter diesen Umständen verantwortungsbewusste Politik war, unverantwortlich zu handeln und die Inflation vorübergehend steigen zu lassen, beinhaltete die Widersprüche der Krise. Derart komplizierte Argumente passten nicht recht zum geradlinigen Vorgehen der Banker.

Das FOMC suchte nach einer Ausdrucksweise, die sowohl akzeptabel als auch effektiv war. Das Problem dabei: Was akzeptabel war, war nicht effektiv, und was effektiv war, war wahrscheinlich nicht akzeptabel. Ab Dezember 2008 sprach das FOMC von Bedingungen, die »für eine gewisse

Zeit außergewöhnlich niedrige Niveaus der Federal Funds Rate« rechtfertigten. »Für eine gewisse Zeit« war schwächer als »bis die Arbeitslosenquote unter 6,5 Prozent sinkt« oder »bis das Wachstum dauerhaft über 3 Prozent liegt«. Stärkere Aussagen hätten bedeutet, dass das FOMC anderen Faktoren ebenso hohe Priorität zuwies wie der Inflation. In einer außergewöhnlichen Krise wäre das angemessen gewesen. Es wäre die verantwortungsbewusste verantwortungslose Politik gewesen. Aber der Widerspruch war mehr, als die Geldpolitiker ertragen konnten.

Dieses Dilemma führte dazu, dass man über eine ähnliche Option nachdachte, nämlich die Festlegung eines expliziten Inflationsziels. Die Fed konnte sich zum Beispiel ein Ziel von 3 Prozent setzen und ihre Bereitschaft erklären, daran festzuhalten, ganz egal welche politischen Maßnahmen dafür erforderlich waren. Bernanke war während seiner akademischen Laufbahn ein Verfechter eines Inflationsziels.[610] Ein formales Ziel sei einfach zu kommunizieren, hatte er argumentiert. Die dazu notwendigen politischen Maßnahmen könnte man einfach rechtfertigen und erklären. Aggressive Maßnahmen zur Stützung einer schwachen Wirtschaft würden daher mit wesentlich geringerer Wahrscheinlichkeit dahingehend falsch interpretiert, dass die Fed ihre Verpflichtung zur Preisstabilität aufgeben würde. Die Effektivität der Politik würde sich erhöhen.

Aber wenn ein Ziel glaubwürdig sein sollte, dann musste man unbedingt daran festhalten. Es wäre ein entscheidendes Signal für die Politik, ob es der Wirtschaft gut oder schlecht ging. Es musste kurzfristig ein hohes Niveau erreichen, um der Wirtschaft einen signifikanten Schub zu geben. Aber später könnte Druck entstehen, dies dann zu reduzieren. Und wenn man allgemein wusste, dass das Ziel nicht in Stein gemeißelt war, würde man zwangsläufig bezweifeln, dass die Fed fest entschlossen war, es zu erreichen.[611]

Skeptiker bezweifelten zudem, ob die Fed dazu fähig war, unter diesen erschwerten Bedingungen die Inflationsrate auf 3 Prozent zu steigern. Sie warnten davor, dass ein formales Inflationsziel eine Kardinalsregel verletzen würde: Politiker dürften sich nie eine Variable zum Ziel setzen, die sie nicht kontrollieren könnten. Viel später, 2012, bewegte sich die Fed teilweise hin zu einem Inflationsziel und veröffentlichte ein »Statement zu langfristigeren Zielen und zur politischen Strategie« und identifizierte 2 Prozent als das Inflationsziel, das am besten zu ihrem Mandat passte. Ein Jahr später verpflichtete sich das FOMC dazu, die Zinsen so lange niedrig zu halten, bis die Arbeitslosenquote 6,5 Prozent erreichen würde.

Das war endlich die Art der numerischen Ausrichtung, für die sich 2009 diejenigen ausgesprochen hatten, die sich darüber beklagten, dass die Fed zu zögerlich vorging. Aber 2009, am Tiefpunkt der Depression, gab es keinen Konsens, sich auf numerische Ziele festzulegen.[612] Der institutionelle Apparat der Geldpolitik, der in den vorangegangenen Jahrzehnten entstanden war und in dessen Mittelpunkt das Mandat stand, niedrige Inflation anzustreben, leitete die Politik weiterhin und schränkte sie ein. Wenn die meisten Präsidenten der Reservebanken, die im FOMC dienten, außer Chairman Bernanke, auf die Geschichte zurückblickten, dann schauten sie auf die 1970er-Jahre, als ein Inflationsausbruch die Glaubwürdigkeit der Zentralbank beschädigt hatte. Sehr unkonventionelle Maßnahmen, wie die Festlegung expliziter numerischer Richtlinien unter höchst ungewöhnlichen Umständen, waren dabei noch nicht vorgesehen.

Die dritte und letzte Option war der Kauf von Wertpapieren. Für die Fed war das eine Möglichkeit, ihre Entschlossenheit zu demonstrieren, Deflation zu vermeiden und die Markterwartungen zu beeinflussen. Man konnte die Käufe nutzen, um bestimmte Märkte mit Krediten zu versorgen, zum Beispiel den Markt für Immobilienhypotheken. Die Fed Funds Rate auf null zu senken, beeinflusste die kurzfristigen Zinsen, zu denen Banken einander Geld liehen, aber auf die Zinsen von Hypotheken und Unternehmensanleihen wirkte es sich kaum aus. Aber durch den Kauf von Assets mit Hypotheken abgesicherter Wertpapiere konnte die Fed versuchen, die Letztgenannten direkt zu beeinflussen.

Im November 2008 startete die erste Runde des Quantitative Easing QE1. Die Fed kündigte an, sie werde von Fannie Mae, Freddie Mac und den Federal Home Loan-Banken Kredite und Wertpapiere im Gegenwert von 600 Milliarden Dollar kaufen. Zudem schuf sie die TALF, die Verbraucherkredite im Umfang von 180 Milliarden Dollar aufkaufen sollte. Im März 2009 kündigte sie dann an, sie werde zusätzlich mit Hypotheken verbundene Wertpapiere und langfristige Staatsanleihen im Volumen von 300 Milliarden Dollar kaufen. Aber als man die Implikationen zu verstehen begann, bemerkten die Investoren, dass die Botschaft zweideutig war. Die Märkte davon zu überzeugen, dass sie alles Erforderliche tun würde, verpflichtete die Fed dazu, ihre Wertpapierkäufe fortzusetzen, bis das Risiko einer Deflation überwunden war. Aber das Ausmaß von QE1 war begrenzt.

Indem Investoren die Bilanz der Zentralbank studierten, konnten sie berechnen, wann das Programm enden würde. Genauer gesagt: Sie erkannten, dass es in der zweiten Jahreshälfte 2009 enden würde.

Aber Bernanke und seine Kollegen im FOMC zögerten, sich auf eine unbegrenzte Verpflichtung einzulassen. Sie befürchteten, jedem in Hörweite zu versichern, dass, so schlecht die Lage auch war, die USA nicht in Gefahr schwebten, einen Einbruch wie in Japan zu erleben, und dass die Fed nicht voller Verzweiflung zu unbegrenzten Stützungsmaßnahmen gezwungen war. Sie bezeichneten die Interventionen der Fed als selektiv und gezielt. Diese waren dafür gedacht, die verstopften Arterien des Finanzsystems wieder zu erweitern und den freien Kreditfluss wiederherzustellen. Bernanke betonte, dass die Fed sich auf »Kreditstützungsmaßnahmen« konzentrierte mit dem Ziel, die Funktion bestimmter Kreditmärkte wiederherzustellen, nicht aber auf Quantitative Easing wie in Japan.

Leider begrenzte diese Haarspalterei die Effektivität der Politik. Während des längsten Zeitraums 2009 und 2010 verharrte die erwartete Inflation gefährlich nahe bei null. Das Wachstum der Arbeitsplätze in der freien Wirtschaft blieb bei weniger als 100.000 pro Monat; weniger als die Hälfte dessen, was für die Senkung der Arbeitslosenquote erforderlich war. Dann wurden die USA von der Schuldenkrise in Europa getroffen, was Ängste vor einer doppelten Rezession auslöste. Innerhalb und außerhalb der Fed gab es die Besorgnis, die US-Wirtschaft werde kaum mehr wachsen. All das lieferte Argumente dafür, mehr zu tun. Die Diskussionen innerhalb des FOMC verschoben sich von der Inflation, die viele Mitglieder des Komitees 2008 weiterhin beschäftigt hatte, 2010 auf die Gefahr einer Deflation wie in Japan. Ein Anzeichen dafür war, dass James Bullard, Präsident der Federal Reserve Bank von St. Louis – der früher stets vor Inflation gewarnt hatte –, nun vor Deflation warnte.[613]

Das war ein eindrucksvolles Beispiel dafür, wie ein Zentralbanker seine Meinung ändern kann. Es war bewundernswerte Flexibilität und die Fähigkeit, zu erkennen, dass sich die Umstände geändert hatten – zumindest gemessen an den Standards der 1930er-Jahre, als vier Jahre und die Anerkennung der monetären Kontrolle durch die Zentralbank für eine radikale Neuorientierung der Politik erforderlich waren. Zweifellos hatten Berichte über Erfahrungen in den 1930er-Jahren, vermittelt von Forschern, wie Friedman und Schwartz, mit diesem Unterschied etwas zu tun.

Aber Ende 2010 kaufte die Fed pro Monat nur für 30 Milliarden Dollar Staatsanleihen und das genügte kaum, um ihre Bilanz vor dem Schrumpfen zu bewahren, weil früher gekaufte Papiere allmählich zur Tilgung anstanden.[614] Dieses Zögern, mehr zu tun, war eine Auswirkung externer Kritik an der Zentralbank. Die Warnungen, sie bereite der Inflation den Boden, setzten sich ständig fort. Obwohl dieses Argument in seiner unverblümtesten Form von Gästen in Radio-Talkshows kam, für die das eine Möglichkeit war, ein Publikum zu erreichen, zögerten die Mitglieder des Federal Reserve Board und die Präsidenten der regionalen Reservebanken, es rundweg zurückzuweisen. Man erinnert sich zwangsläufig an das Zögern der Bank of England, in den Monaten nach dem Abschied Großbritanniens vom Goldstandard 1931 die Zinsen zu senken, bis schließlich klar wurde, dass keine Inflation wie in Deutschland zu befürchten war.

Andere Kritiker bezweifelten die Effektivität der Wertpapierkäufe der Zentralbank und argumentierten, diese trügen mehr zur Unsicherheit bei, als sie zu beseitigen. Die Fed, so quengelten sie, würde mit ihren langfristigen Investitionen Verluste erleiden, wenn sich die Zinsen erholten. Sie warnten vor Asset-Blasen. Wenn das Quantitative Easing für Firmen und Verbraucher einen Anreiz bot, heute mehr auszugeben, dann, so sorgten sie sich, würde das nur die Ausgaben in der Zukunft reduzieren, was zu einem endlosen Bedarf an Quantitative Easing führen würde, um die Wirtschaft in Gang zu halten. Sie warnten, dass die Fed durch die Versorgung mit billiger Liquidität den Druck vom Kongress und vom Präsidenten nahm, die immer noch unterkapitalisierten Banken mit frischer Liquidität zu versorgen. Sie argumentierten, die Fed solle anerkennen, dass die Wirtschaft durch ein Überangebot an neuen Eigenheimen, durch die Notwendigkeit, Ressourcen vom Bau zu anderen Aktivitäten zu verlagern, und durch die heftige Verschuldung der Privathaushalte gebremst wurde – Probleme, die man nicht allein mit geldpolitischen Maßnahmen lösen konnte.

In der Tat wurde argumentiert, dass die Käufe nur die unvermeidliche Bereinigung am Häusermarkt verzögerten, weil die erste Runde des Quantitative Easing hauptsächlich Käufe mit Hypotheken verbundener Papiere umfasste. Solche strukturellen Probleme erforderten eine Reaktion im Kongress. Daraus folgte, dass die Initiativen der Federal Reserve nur den Handlungsdruck von den Politikern nahmen. Die Kritiker beklagten, die Fed habe ihr Mandat überzogen, als verantwortungsvolle Verwalterin der Währung zu agieren, und dass der Gesetzgeber das für sie tun sollte, wenn sie ihre Aktivitäten nicht selbst unter Kontrolle halten sollte.

Diese Kritik mag gerechtfertigt gewesen sein oder auch nicht. Die Kosten der Fed-Maßnahmen mögen höher gewesen sein als der Nutzen oder auch nicht. Aber wie man es auch betrachtet, steht doch außer Frage, dass diese Kritik die Mitglieder des FOMC zögern ließ, mehr zu tun.

Angesichts dieser politischen Zusammenhänge war der Zeitpunkt der Entscheidung, eine zweite Runde des Quantitative Easing einzuläuten, keine wirkliche Überraschung. Die Entscheidung fiel am 3. November 2010, am Tag nach den Kongresswahlen in der Mitte der Legislaturperiode des Präsidenten. QE2 umfasste den Kauf von Staatsanleihen im Volumen von 600 Milliarden Dollar innerhalb von acht Monaten. Die neuen Käufe entsprachen dem 2,5-Fachen dessen, was die Fed im Jahr zuvor getan hatte. Die Märkte reagierten darauf ebenso wie auf QE1, also positiv. Anfang 2011 stiegen die Inflationserwartungen von 1,4 Prozent, was gefährlich nahe am deflationären Territorium lag, auf gesündere 3 Prozent.

Kaum hatten die Republikaner wieder die Mehrheit im Repräsentantenhaus erreicht, kritisierten sie QE2 dafür, das Land der Gefahr eines Inflationsausbruchs auszusetzen. Die Reduzierung der Verzinsung von Staatsanleihen machte es für die Regierung leichter, neue Schulden aufzunehmen. Sie argumentierten, dass dies den Druck auf den Kongress und den Präsidenten verminderte, sich den Verschuldungs- und Defizitproblemen des Landes zu widmen. Indem sie Exzesse an den Finanzmärkten anfachte, bereitete sie, wenn nicht jetzt, dann in der Zukunft, einer noch schädlicheren Krise den Boden.

Mittlerweile beschuldigten Finanzminister in Europa, Asien und Lateinamerika das QE2-Programm, den Dollarkurs nach unten zu drücken. Sie stellten diese Politik als Versuch dar, die Probleme der USA auf Kosten anderer Länder zu lösen. Der brasilianische Finanzminister Guido Mantega beschuldigte die US-Zentralbank, einen Währungskrieg vom Zaun gebrochen zu haben. Der deutsche Finanzminister Wolfgang Schäuble kritisierte die Fed dafür, »den Dollarkurs künstlich zu drücken, indem sie Geld druckt«.[615] Die Gründe dieser Kritik aus dem Ausland waren verschieden. Die europäischen Kritiker machten sich Sorgen, die Stärke des Euro gegenüber dem Dollar erschwere die Wettbewerbsfähigkeit der problembeladenen Peripherie der Euro-Zone. Auch in Lateinamerika schuf die Stärke der Landeswährungen gegenüber dem Dollar Probleme, was die Wettbewerbsfähigkeit betraf. Niedrige Zinsen in den USA führten dazu, dass Kapital in die Emerging Markets floss, wo die Renditen höher waren, was zu Übertreibungen an den Asset-Märkten und exzessiver Kreditvergabe durch die Banken führte. Die Auswirkungen waren verschieden, aber gemeinsam war diesen Ländern die Abneigung gegen die Geldpolitik der USA.

Später erkannte man, dass diese Kritik fehl am Platz war. Im Gegensatz zu den Prognosen der amerikanischen Kritiker blieb die Inflation unter 2 Prozent, und zwar nicht nur während der Laufzeit des Programms, sondern auch danach noch für mehrere Jahre. Das Problem der Wirtschaft waren nicht entweder Haushaltsdefizite und strukturelle Ungleichgewichte oder nicht adäquate Nachfrage, sondern beides. Und während die Fed durchaus in der Lage war, sich dem Problem der fehlenden Nachfrage zu widmen, gab es keinen Hinweis darauf, dass dies den Druck auf die Politiker verminderte, andere Probleme anzupacken. QE2 hielt die amerikanischen Politiker nicht davon ab, sich dem Haushaltsdefizit zu widmen, und es hinderte sie nicht daran, die Steuern für die Reichen zu erhöhen oder 2013 eine Sperre zu verordnen, um die Steigerung der Ausgaben zu begrenzen. Man erlag dem Irrtum, es existiere ein festes Volumen von Ausgaben, das sich nur über die Zeit verteilen konnte. Daher fürchtete man, die Ermutigung von Firmen und Haushalten, ihre Ausgaben vorzuverlegen, könne die Ausgaben in der Zukunft verringern und die Zentralbank in eine Tretmühle einsperren, aus der es kein Entrinnen gab.

Die Offiziellen aus dem Ausland stellten sich nicht die Frage, ob es ihnen besser gegangen wäre, wenn die US-Zentralbank nicht agiert hätte. Hätte die Fed stattdessen zugelassen, dass die USA in eine Rezession zurückfielen, dann hätte dies vernichtende Auswirkungen auf den Rest der Welt gehabt. Aber ihre kritischen Kommentare, ob fehlgeleitet oder nicht, machten es für die Fed nicht einfacher, ihren Kurs beizubehalten oder die Wertpapierkaufprogramme sogar noch weiter aufzustocken. Sie bildeten keinen glücklichen Rahmen für Präsident Obamas Auftritt beim G20-Gipfel im südkoreanischen Seoul im November 2010. Obama hatte gehofft, sich als Champion der internationalen wirtschaftlichen und finanziellen Kooperation positionieren zu können. Stattdessen schlug die Ankündigung von QE2 durch die Fed wie eine Bombe ein und führte dazu, dass der Gipfel in Seoul ähnlich verlief wie die Weltwirtschaftskonferenz 1933.

Wegen des Zögerns der Fed, mehr zu tun, war ihre Politik nur ein vorübergehendes Trostpflaster. Nachdem die Inflationserwartungen Anfang

2011 auf 3 Prozent gestiegen waren, sanken sie wieder bis in den Bereich von kaum 1 Prozent, als das Programm im Frühsommer auslief. Im Fall von QE2, wie schon bei QE1, machte das Zögern der Fed, eine unbegrenzte Verpflichtung einzugehen, ihre Politik zu einem kurzfristigen Rausch.

Beim dritten Mal würde hoffentlich alles gut gehen. Im September 2011 kündigte die Fed Pläne an, zehnjährige Staatsanleihen zu kaufen und dafür die Einnahmen aus Verkäufen ihrer Staatspapiere mit kürzeren Laufzeiten zu verwenden. Das Programm hatte zum Ziel, die Zinsen zehnjähriger Staatsanleihen und Hypotheken zu senken, um den Häusermarkt und Investitionen ganz allgemein zu stimulieren. Eine weitere Aufblähung der Fed-Bilanz war nicht vorgesehen. Vielmehr ging es darum, die Zusammensetzung des Portfolios zugunsten von Papieren mit längeren Laufzeiten zu verändern, um die langfristigen Zinsen relativ zu den kurzfristigen zu senken. Wenn man so will, sollte das Programm die zeitliche Struktur der Zinsen verändern.

Man nannte das neue Programm »Operation Twist«, um klarzustellen, worum es dabei ging. Der Vorteil dieser Bezeichnung war, dass es sich eben nicht um ein QE3 handelte und nicht als Fortsetzung des bereits Bekannten attackiert werden konnte. Es gab einen historischen Vorgänger, nämlich eine Operation Twist im Jahr 1961 mit dem gleichen Ziel, die langfristigen Zinsen zu drücken, um Investitionen anzuregen und gleichzeitig die kurzfristigen Zinsen hoch zu halten, um die Zahlungsbilanz zu stützen. Als die Fed 2001 wegen ihrer noch nie da gewesenen Interventionen ständig kritisiert wurde, bot ein Präzedenzfall eine gewisse politische Absicherung. Das Vermeiden einer weiteren Aufblähung der Zentralbankbilanz bot zudem eine Chance, weitere FOMC-Mitglieder an Bord zu holen, die sich wegen der inflationären Konsequenzen von Wertpapierkäufen Sorgen machten.

Der ursprüngliche Plan war, zwischen Oktober 2011 und Juni 2012 langfristige Staatsanleihen im Wert von 400 Milliarden Dollar zu kaufen. Da das Jobwachstum im Sommer 2012 immer noch langsam verlief, wurde das Programm bis zum Ende des Jahres ausgeweitet, gegen die Stimme von Jeffrey Lacker, Reservebankpräsident in Richmond. Als die Wirtschaft im September immer noch schwach war, wurden direkte Käufe von Hypothekenpapieren im Umfang von 40 Milliarden Dollar hinzugefügt und dieses Programm musste man zwangsläufig QE3 nennen. Als die Arbeitslosenquote Ende 2012 mit 7,7 Prozent immer noch hoch war, kündigte das FOMC an, die Fed werde pro Monat weiterhin Staatsanleihen im Wert von 45 Milliarden Dollar kaufen, obwohl sie diese nicht im entsprechenden Umfang verkaufen werde, da sie kaum noch kurzfristige Papiere hatte. Auch die Käufe hypothekengesicherter Wertpapiere sollten fortgesetzt werden. Erneut stimmte Lacker dagegen.

Das war nun eine signifikante Abweichung von der vorherigen Politik. Zum ersten Mal ging die Fed eine unbegrenzte Verpflichtung ein, die Zinsen niedrig zu halten und ihre Wertpapierkäufe fortzusetzen, bis sich die Wirtschaft erholte. Diese Politik sollte fortgesetzt werden, solange die Arbeitslosigkeit bei mehr als 6,5 Prozent und die Inflationsrate bei weniger als 2,5 Prozent lag. Diese Verpflichtung sollte die Erwartungen beeinflussen und das tat sie auch. Die erwartete Inflation, die sich in der Nähe von null bewegt hatte und in der zweiten Jahreshälfte alarmierend in den negativen Bereich gesunken war, stieg nun in Richtung 1 Prozent.

Das Problem war, dass die Inflationserwartung nicht höher stieg. Sie näherte sich immer noch nicht dem Ziel der Zentralbank, das bei 2 Prozent lag. Dass sich die Fed nur dazu verpflichtet hatte, das bisherige Volumen der Wertpapierkäufe beizubehalten, nicht aber, es zu steigern, erklärt vermutlich, warum das Ziel weiterhin nicht erreicht wurde.

Das Problem bei der Auswertung fiskalischer Anreize ist, dass verschiedene Modelle verschiedene Ergebnisse liefern. Im Fall des Quantitative Easing war das Problem noch schlimmer, weil es im Prinzip keine Modelle gab. Die von den Zentralbanken verwendeten makroökonomischen Modelle wiesen eine Unterbewertung des Finanzsektors auf. Die Unfähigkeit dieser Modelle, effektiv zu erfassen, wie sich Veränderungen der finanziellen Umstände auf die Wirtschaft auswirken, war letztlich einer der Gründe, warum die finanziellen Ungleichgewichte in der Zeit vor 2008 unentdeckt blieben.

Die Bewertung von Politik verläuft wie die Politik, die bewertet wird, nach Gespür. Zunächst bietet es sich an, sich die Veränderungen der Zinsen anzusehen. Die Renditen zehnjähriger Staatsanleihen sanken von 3,35 Prozent kurz vor der ersten Runde des Quantitative Easing auf wenig mehr als 2 Prozent Ende 2008. Die Frage lautet, wie viel davon auf die Politik zurückzuführen war, nicht aber auf die Schwäche der Wirtschaft, Inflationsängste und die Flucht in sichere Anlagen, die alle gleichzeitig Abwärtsdruck auf die Anleihenrenditen ausübten. Man würde gern wissen, wie viel von diesem Effekt von Dauer war; die Anleihenrenditen begannen Anfang 2009 wieder zu steigen, was einige Kritiker zu der Bemerkung veranlasste, das Programm wirke sich nur vorübergehend aus. Man möchte auch die Auswirkungen auf die Zinsen riskanterer Assets kennen, die für private Investitionsentscheidungen relevanter waren. Und schließlich geht es auch noch um die Auswirkungen auf die Arbeitslosigkeit und das Wirtschaftswachstum.

Politische Analysten haben keine andere Wahl, als sich eine Antwort aus mehreren Quellen zu basteln, so wie ein Kind, das einen Turm aus Legosteinen baut. Um die Auswirkungen der Käufe durch die Fed auf zehnjährige Staatsanleihen und hypothekengesicherte Wertpapiere einschätzen zu können, vergleichen sie die Renditen dieser Papiere vor und nach der Ankündigung der Maßnahmen. Dann untersuchen sie die Reaktion der Zinsen von Unternehmensanleihen auf die Veränderung der Renditen von Staatsanleihen. Um die Auswirkungen von Produktion und Beschäftigtenquote einschätzen zu können, werden sie schließlich die Veränderungen der Renditen von Unternehmensanleihen in ein breit angelegtes Modell der Wirtschaft einbauen.

Der erste Schritt ist dann die Untersuchung der zehnjährigen Anleihenzinsen rund um den Zeitpunkt der Ankündigung politischer Maßnahmen. Wenn der Zeitraum kurz ist – zum Beispiel nur der Tag vor und nach der Ankündigung –, ist es plausibel, dass diese Ankündigung und nicht etwa andere Faktoren in den Tagen zuvor und danach die beobachtete Zinsveränderung ausgelöst hat. Joseph Gagnon und drei Kollegen von der Federal Reserve wendeten diese Methode an, um die erste Runde des Quantitative Easing auszuwerten, indem sie die Zinsen unmittelbar vor und nach der Ankündigung verglichen.[616] Sie fanden heraus, dass die Rendite der zehnjährigen Staatsanleihen um nicht ganz 100 Basispunkte sank.[617] Die Zentralbank hätte die Federal Funds Rate um volle 200 Basispunkte senken müssen, um einen Effekt dieser Größenordnung zu erzielen – natürlich nur dann, wenn die Fed Funds Rate nicht schon nahe null notiert hätte.

Zudem fiel die Rendite zehnjähriger Staatsanleihen noch stärker als die Rendite der zweijährigen Papiere. Das legt nahe, dass die Ankündigung hauptsächlich dadurch wirkte, indem sie anzeigte, dass die Fed dabei war, langfristige Wertpapiere vom Markt zu nehmen. Die Investoren scheinen skeptisch gewesen zu sein, dass sich das FOMC dazu verpflichtete, die Zinsen für einen ausgedehnten Zeitraum niedrig zu halten, indem es sein Wertpapierkaufprogramm ankündigte. Hätten sie daran geglaubt, dann hätte sich die Ankündigung ebenso stark auf die Kurzfristzinsen ausgewirkt. Das deckt sich mit der Sichtweise, dass QE1 nur einen begrenzten Effekt auf die Veränderung der Einschätzung der zukünftigen Fed-Politik hatte, weil es ein limitiertes Volumen aufwies.

Nach Kontaktaufnahme zu den vier Ökonomen der Fed konnten Arvind Krishnamurthy und Anna Vissing-Jorgensen QE2 ebenso einschätzen wie QE1.[618] Sie betrachteten nicht nur die Zinsen auf Staatsanleihen, sondern auch die auf hypothekengesicherte Wertpapiere und Unternehmensanleihen, die für Immobilienkredite und Investitionen in Unternehmen wichtig sind. Zusätzlich verglichen sie die Minuten und Stunden unmittelbar vor und nach der Ankündigung. Die Betrachtung dieses kürzeren Zeitraums macht es noch unwahrscheinlicher, dass die beobachtete Veränderung der Zinsen durch andere Faktoren verfälscht wurde.[619]

Krishnamurthy und Vissing-Jorgensen stellten fest, dass QE1 und QE2 einen Abwärtsdruck auf die Zinsen zehnjähriger Staatsanleihen und anderer relativ sicherer Assets ausübten. Noch wichtiger: Die Fed kaufte im Verlauf von QE1 mit Hypotheken verbundene Wertpapiere im Volumen von mehr als einer Billion Dollar. Dennoch hatte QE1 auch negative Auswirkungen auf die Renditen riskanter Hypothekenpapiere und eine geringere Auswirkung auf Unternehmensanleihen.[620] QE2 beschränkte sich auf Käufe von Staatsanleihen und hatte im Gegensatz zu QE1 nur geringe Auswirkungen auf hypothekengesicherte Wertpapiere und gar keine auf Unternehmensanleihen. Das erklärt vielleicht, warum sich die Fed beim Start von QE3 wieder auf hypothekengesicherte Wertpapiere konzentrierte – und warum sich der Häusermarkt 2013 erholte.

Als die Fed sichere Assets kaufte, beschränkte sich ihr Erfolg folglich hauptsächlich darauf, die Zinsen sicherer Assets nach unten zu drücken. Wenn sie riskante Assets kaufte, was sie nur sporadisch tat, weil dies politisch umstritten war, drückte sie damit hauptsächlich die Renditen riskanter Assets. In beiden Fällen hatte sie wenig Erfolg damit, mit Wertpapierkäufen zu signalisieren, dass sie die Zinsen für einen längeren Zeitraum niedrig halten würde oder die Inflationserwartungen nach oben zu treiben. Krishnamurthy und Vissing-Jorgensen fanden tatsächlich einige Hinweise auf Kursveränderungen von Treasury Inflation Protected Securities (TIPS), die auf bescheidene positive Auswirkungen hindeuteten, was die Inflationserwartungen betraf. Sie fanden einige Anzeichen, dass die QE-Ankündigungen bescheidene negative Auswirkungen auf die Renditen kurzfristiger Staatsanleihen hatten, so als hätten die Investoren diese Ankündigungen als Signal verstanden, dass die Fed die Zinsen für längere Zeit niedrig halten würde. Offensichtlich war: Je öfter die Fed diese Politik wiederholte, desto mehr Erfolg hatte sie damit, die Investoren davon zu überzeugen, dass sie dazu bereit war, ihrem Kurs treu zu bleiben.

Dennoch blieben die Inflationserwartungen weiterhin unterhalb des Ziels der Fed von 2 Prozent. Im Rückblick wären umfangreichere Käufe und kühnere Statements besser gewesen. Aber wegen des politischen Drucks war das nicht möglich.

Und schließlich kann man noch ein Modell der Wirtschaft ohne die Asset-Käufe der Fed verwenden, um die Geschichte zu wiederholen. Janet Yellen, die damals Vize-Vorsitzende des Federal Reserve Board war, berichtete über eine solche Übung 2001 unter Verwendung des internen Modells der Federal Reserve.[621] Die Ergebnisse legen nahe, dass die Arbeitslosenquote ohne QE1 und QE2 um 1 bis 1,5 Prozent höher gewesen wäre. In der Privatwirtschaft hätte es etwa zwei Millionen weniger Stellen gegeben.

Wie erwähnt, gehören die Verbindungen zwischen den Finanzmärkten und der Wirtschaft nicht zu den Stärken dieser Art von Modellen. Dennoch handelt es sich um die besten Schätzungen, die wir haben. Wenn man sie mit den Schätzungen der Auswirkungen des fiskalischen Stimulus kombiniert, sieht es so aus, als sei das Absinken der Arbeitslosenquote von 10 Prozent im Oktober 2009 auf 7,5 Prozent Anfang 2013 größtenteils eine Folge der politischen Maßnahmen gewesen. Wie Mervyn King sagte, verhinderten die Politiker eine weitere große Depression. Sie verhinderten auch, dass die Arbeitslosenquote dauerhaft über 10 Prozent stieg.

Natürlich hätten sie mehr tun können. Und dass sie es nicht taten, erklärt größtenteils, warum die Erholung weiterhin enttäuschend verlief.

Teil IV
Das nächste Mal vermeiden

Kapitel 22
Wall Street und Main Street

Wie schon bei der Roosevelt-Administration vor ihr umfasste auch die Reaktion der Obama-Administration auf die Krise viel mehr als die Anwendung fiskalischer und monetärer Instrumente. Sie beinhaltete eine beeindruckende Vielfalt von Initiativen, die auf bestimmte Sektoren abzielten, vom Hausbau über Automobile bis zu Finanzdienstleistungen.[622] Allerdings erreichte kaum eine von ihnen, wenn überhaupt eine, was den Ehrgeiz und die Errungenschaften betrifft, die Initiativen, die im Rahmen des New Deal durchgeführt wurden.

Insbesondere waren die Versuche der Obama-Administration, problembeladenen Haubesitzern Hilfe bei ihren Hypotheken zu leisten, eine blasse Imitation dessen, was durch die Home Owners' Loan Corporation der 1930er-Jahre erreicht wurde. Veränderungen der Häuserfinanzierung seit damals machten es schwieriger, Hypotheken zu restrukturieren, ohne entweder den Banken oder den Steuerzahlern hohe Verluste aufzubürden, was sowohl politisch als auch ökonomisch ein Reinfall war. Die Wall-Street-Reform durch Dodd und Frank sowie der Consumer Protection Act von 2010 erreichten nicht den Ehrgeiz des Glass-Steagall Act von 1933 oder des Securities Exchange Act von 1934. Durch geschicktere Anwendung ihrer monetären und fiskalischen Werkzeuge verhinderten die Politiker diesmal das Schlimmste. Und indem sie das Schlimmste verhinderten, ermöglichten sie den Interessengruppen, die vom vorherrschenden Finanzsystem profitierten, sich neu zu formieren. Sie verminderten den Druck, der eine Reform an Haupt und Gliedern notwendig gemacht hätte.

An seinem Höhepunkt 2005 machte der Bau von Wohnhäusern 6 Prozent des US-BIP aus. Nun fiel der Anteil auf kaum noch 2 Prozent. Natürlich geht die Bautätigkeit in jeder Rezession zurück. Besorgniserregend war aber, wie schwach der Bau von Eigenheimen blieb, als sich die Wirtschaft erholte.

Um das zu erklären, wiesen Beobachter auf den extremen Bauboom vor 2006 und das extreme Ausmaß der Rezession hin, welche die Zahl möglicher Hauskäufer stark verringerte. Probleme im Bankensystem und am Verbriefungsmarkt machten es schwierig, den Bau neuer Mehrfamilienhäuser oder Wohnblocks zu finanzieren. Hypothekenbanken, die früher laxe Standards anwendeten, tendierten nun zum anderen Extrem. Die Regulierer prüften die Praktiken der Kreditvergabe nun genauer.

Der wichtigste Punkt: Vier Millionen von 60 Millionen amerikanischer Hauseigentümer, die Hypotheken aufgenommen hatten, waren Anfang 2009 in Zahlungsrückstand und riskierten die Kündigung. Ein Bauunternehmer musste schon ein ausgesprochen sonniges Gemüt haben, um angesichts dieses massiven Überhangs am Markt in ein neues Wohngebäude zu investieren. Weitere zehn bis 15 Millionen Haushalte waren mit Hypothekenschulden konfrontiert, die nun den Wert ihrer Häuser überstiegen. Im Moment bedienten sie ihre Hypotheken noch, aber es gab immer die Gefahr, dass sie wegziehen und ihre Häuser auf die Liste der Häuser im Besitz der Banken setzen könnten. Neben der Mühsal in der Baubranche gab es auch noch die Verluste der Banken. Es gab das Zerbrechen von Wohngegenden, die durch leer stehende Häuser verunstaltet wurden. Und vor allem gab es die Entwurzelung und das Leid der Familien, die ihre Häuser verloren.

In den 1930er-Jahren half die Home Owners' Loan Corporation dabei, diese Probleme abzumildern.[623] Aber diesmal gab es keine HOLC. Stattdessen reagierte die Obama-Administration mit einigen limitierten Initiativen, die nicht einmal ihre bescheidensten Ziele erreichten. Das Home Affordable Modification Program (HAMP) sollte Banken und Hypothekendienstleistern finanzielle Anreize bieten, die Zinsen für vier Millionen Hauseigentümer zu senken, die ihre monatlichen Zahlungen nicht mehr aufbringen konnten. Dienstleister, die die Vorschriften des Programms einhielten, bekamen zunächst eine Gebühr von 1000 Dollar und weitere bescheidene Zahlungen, wenn der Schuldner nicht absprang. Aber Ende 2013 waren mit diesem Programm erst 1,3 Millionen Hypotheken modifiziert worden. Die Regierung hatte kaum ein Viertel der TARP-Mittel ausgegeben, die für diesen Zweck vorgesehen waren.

Das Home Affordable Refinance Program (HARP) war dafür vorgesehen, weiteren fünf Millionen Hausbesitzern, die kein unmittelbares Kündigungsrisiko hatten, die Refinanzierung zu niedrigeren Zinsen zu ermöglichen. Dazu musste eine Hypothek von Freddie Mac oder Fannie Mae aufgekauft werden. So gesehen war es bequem, dass Freddie Mac und Fannie Mae nun die Mehrheit aller US-Hauskredite besaßen oder garantierten. Weniger bequem war, dass Ed DeMarco, Freddies und Fannies unabhängiger Verwalter, dessen Aufgabe es war, die GSEs zu rehabilitieren, sich weigerte, sie in das Programm einzubeziehen. Bis Mitte 2011 hatten kaum eine Million Hauseigentümer Hilfe erhalten. Und Ende 2013, volle sechs Jahre nach Beginn der Krise, hatten weniger als drei Millionen Hauseigentümer von diesem Programm Gebrauch gemacht. Es gab auch Initiativen, arbeitslosen Hauseigentümern Geld zu leihen und Geldtransfers an die Bundesstaaten vorzunehmen, die Kündigungen verhindern sollten. Aber nicht einmal einem von 30 Hauseigentümern wurde durch diese Regierungsprogramme geholfen, verglichen mit einem von zehn in den 1930er-Jahren.

Die Politiker hatten sowohl mit ethischen als auch mit haushaltstechnischen Problemen zu kämpfen. Ein Programm, das sich ausschließlich an säumige Hauseigentümer wendete, hätte diejenigen belohnt, die nicht mehr zahlten und die Steuergelder derjenigen nutzten, deren Häuser ebenfalls schon gefährdet waren, die aber dennoch weiter zahlten. Ein Programm, das sich an alle 20 Millionen Hauseigentümer wandte, deren Hypothekenschulden den Wert ihrer Häuser überstieg, würde allerdings schnell ebenso teuer wie in politischer Hinsicht toxisch werden.

Alternativ hätte man das Problem der Hypothekenkündigungen auch durch eine Veränderung der Statuten angehen können. Man hätte die Richter ermächtigen können, bei Verfahren zur Privatinsolvenz die Hypotheken zu restrukturieren, so wie sie auch andere Schulden neu strukturierten.[624] Der Senator Obama hatte eine diesbezügliche Gesetzgebung unterstützt und der Kandidat Obama hatte das ebenfalls getan. Aber für den Präsidenten Obama hätte das Verluste für die Banken bedeutet, die ihre Kredite lieber verlängerten und hofften, dass ihre problematischen Kredite getilgt würden, sobald sich der Häusermarkt erholte. Vielleicht würde man einige Kredite abschreiben müssen, aber die Banken zogen es vor, diese Verluste später zu realisieren, wenn sie in besserer Verfassung wären.

Und trotz der Rettungsmaßnahmen behielten die Banken eine mächtige Lobby. Sie leisteten Lobbyarbeit gegen eine Gesetzgebung, die es Insolvenzrichtern erlaubte, sich in ihre Hypothekenportfolios einzumischen, so wie sie in den 1930er-Jahren Lobbyarbeit gegen die Einlagensicherung betrieben hatten.[625] Dies führte zu Zweifeln, dass ein Gesetz, das die Richter zur Restrukturierung von Hypotheken ermächtigte, die erforderliche Mehrheit im Senat erreichen würde. Jedenfalls hätte eine Politik, die zu hohen Verlusten für die Emittenten von Krediten führte, die Strategie des Finanzministeriums zur Rehabilitierung des Finanzsystems unterminiert, die darauf basierte, dass die Banken genug verdienten, um sich zu erholen. Finanzminister Geithner war gegen jede Intervention, die Verluste für die Banken bedeutete. Man informierte den Senat, dass eine Insolvenzreform nicht zu den Prioritäten des Ministeriums zählte, und so starb das geplante Gesetz eines sehr schnellen Todes.

Es gibt die Argumentation, dass der Unterschied in den 1930er-Jahren ein entschlossenes Handeln war, um die Bankenkrise zu überwinden. Indem Roosevelt einen Bankfeiertag festlegte, die schlechten Banken schloss und gut kapitalisierten Geschäftsbanken die Wiedereröffnung erlaubte, so heißt es, stärkte er das Bankensystem so sehr, dass es die Verluste einer ehrgeizigeren Initiative zur Restrukturierung von Hypotheken absorbieren konnte.[626] Wie wir gesehen haben, trifft das nicht zu. Hauptsächlich sorgte Roosevelt für eine Zeit der Abkühlung, sprach einige beruhigende Worte und versetzte die Zentralbank in die Lage, nach dem Emergency Banking Act als Kreditgeber in Notfällen agieren zu können. Damals wie heute waren die Banken zu schwach, als dass die Regierung sie hätte zwingen können, hohe Verluste auf sich zu nehmen. Die Home Owners' Loan Corporation kaufte ja auch nur solche Hypotheken, die Finanzinstitute bereitwillig verkauften.

Tatsächlich konnte die HOLC 10 Prozent aller Hauseigentümer helfen, ohne massive Kosten für den Staatshaushalt zu verursachen und ohne den Banken und anderen Kreditinstituten massive Verluste aufzubürden, weil sich die Hilfe auf die Zinslast beschränkte. Mehr brauchten viele Hausbesitzer auch nicht, weil sie beim Kauf bis zu 50 Prozent Eigenkapital eingebracht hatten. Daher überstieg nur bei wenigen von ihnen die Hypothekenschuld den Wert des Hauses, trotz des massiven Einbruchs der Häuserpreise. 2009 traf dies auf wesentlich mehr Hauseigentümer zu, weil sie weniger Eigenkapital eingebracht hatten, und das machte die Bewältigung der Kündigungskrise wesentlich schwerer.[627]

Und schließlich machte auch die Komplexität der Hypothekenfinanzierung eine Restrukturierung schwieriger. Wenn Investoren eine Hypothek aufgekauft hatten, konnten sie bis zu 40 Prozent verlieren, falls das

Haus den Besitzer wechselte. Das waren die Kosten für die Räumung des Hauses, seiner Instandsetzung und Vermarktung. Daher hatten sie einen Anreiz, zumindest einer gewissen Reduzierung der Kreditschulden zuzustimmen, damit der Schuldner sein Haus behalten konnte. Die Hausbesitzer verhandelten allerdings nicht mit Investoren, sondern mit Kreditinstituten, die die monatlichen Zahlungen einsammelten, wenn diese geleistet wurden, und kündigten, wenn sie nicht geleistet wurden. Später wurde klar, dass sie nicht in der Lage waren, Hypotheken zu restrukturieren. Und die Aussicht auf 1000 Dollar HAMP-Zahlungen konnte sie auch nicht zum Kauf motivieren.

Im Prinzip war das ein Problem, das der öffentliche Sektor lösen konnte. Die US-Regierung engagierte in den 1930er-Jahren 20.000 Spezialisten zur Verwaltung der HOLC und für die Restrukturierung von Hypotheken. Wegen der höheren Komplexität der Hypothekenfinanzierung wären diesmal noch mehr Fachleute nötig gewesen. Aber weil man der Regierung allgemein misstraute, gab es Widerstand dagegen, überhaupt etwas in dieser Richtung zu unternehmen.

Die Große Depression und die Bankenkrise hatten die Verabschiedung des Glass-Steagall Act, die Gründung der Securities and Exchange Commission und der Federal Deposit Insurance Corporation ausgelöst, zudem Maßnahmen zur Stärkung der Befugnisse der Federal Reserve, als Kreditgeber in Notfällen auftreten zu können. Diese Reformen tilgten nicht jede Spur des früheren Banken- und Finanzsystems. In den USA gab es immer noch sehr viele Banken und nun auch sehr viele Regulierer. Der Schatten der Geschichte verhinderte eine andere Situation. Aber die Politiker trafen die richtigen Entscheidungen, indem sie die Einlagensicherung einführten, einen angemessenen Kreditgeber für Notfälle schufen und Banken und Wertpapiermärkte einer strengeren Regulierung unterwarfen. Indem sie das Vertrauen in das Banken- und das Finanzsystem stärkten und die Risiken begrenzten, leiteten sie etwas ein, das rückblickend betrachtet ein einzigartiges halbes Jahrhundert der finanziellen Stabilität war.

Diesmal war die Finanzreform limitierter. Die wichtigste Erklärung war der Erfolg der Politiker, das Schlimmste zu verhindern. Weil sie aus den Erfahrungen der 1930er-Jahren gelernt hatten, verhinderten sie ein wirtschaftliches Unglück vom Ausmaß der Großen Depression. Die Depression ließ traditionelle finanzielle Arrangements zweifelhaft erscheinen. Die Implosion war derart vollständig, dass man mit einer radikalen

Reform nicht mehr viel riskierte. Fraglos waren die Rettungen von Bear Stearns, AIG, Citigroup und Bank of America sowie die Pleite von Lehman Brothers ein Schock. Aber dieser Schock verblasste im Vergleich zur Katastrophe von 1933, als das Banken- und das Finanzsystem geschlossen waren, die Basis des monetären Standards suspendiert war und die Wirtschaft zum Stillstand kam. Weil die Lage so miserabel war, konnten selbst die Gegner nur schlecht argumentieren, dass eine grundlegende Reform die Situation noch verschlechtern konnte.[628]

Der andere Faktor, der einer fundamentaleren Reform nach dem Vorbild der 1930er-Jahre im Weg stand, war die Größe und die Komplexität des Finanzsystems. Das Aufbrechen von Megabanken wie Citigroup, Bank of America und Wells Fargo war wegen ihrer Komplexität leichter gesagt als getan, obwohl die Verfechter einer Zerschlagung anderes behaupteten. Die Großbanken waren nicht nur immer noch im Geschäft, sondern sie waren wegen der überstürzten, von den Behörden geleiteten Übernahmen sogar noch größer geworden. Es gab eine größere Bandbreite von Finanzinstitutionen und Instrumenten, die man im Regulationsnetz unterbringen musste, darunter Hedgefonds, Versicherungsunternehmen und Geldmarktfonds. Weil die Zahnräder des Finanzsystems ineinandergriffen, konnten radikale Reformen eines Bereichs unbeabsichtigte Konsequenzen auf andere Bereiche haben. Wenn man zum Beispiel Geldmarktfonds dazu verpflichtete, teures Kapital zu halten, dann mussten sie ihre Renditen senken. Investoren würden sie meiden, was die Fonds dazu zwingen würde, ihre Käufe kurzfristiger Schuldtitel einzuschränken. Daher konnte eine Reform der Regulierung von Geldmarktfonds negative Auswirkungen auf den Markt kurzfristiger Schuldtitel haben und die Funktion des gesamten Finanzsystems beeinträchtigen.

Auf ähnliche Weise verkomplizierte die Existenz vieler verschiedener derivativer Finanzinstrumente die Bemühungen, ihren Handel auf die Clearing-Stellen und die Börsen zu verlagern. Auf einfache Weise strukturierte Wertpapiere würden solche Anforderungen überstehen, andere aber wohl nicht. Der Unterschied war nicht klar, und es war auch fraglich, ob diejenigen, die überlebten, hauptsächlich von Farmern eingesetzt wurden, um Risiken zu begrenzen, oder von Spekulanten, die die Preise manipulieren wollten.

Und Derivate wurden nicht nur in den USA, sondern international gehandelt. In den 1930er-Jahren, also in einer Welt, in der Kapitalströme kontrolliert werden konnten, agierten staatliche Behörden noch unilateral. Aber jetzt folgten andere Länder nicht dem Beispiel der USA, führten keine strengeren Regeln ein. Daher verlagerten sich die Transaktionen und die Institute, die sie durchführten, einfach ins Ausland, so wie es AIG Financial Products vor dem Ausbruch der Krise getan hatte. Die Tradingverluste in Höhe von 6,2 Milliarden Dollar, die JPMorgans führende Investmentabteilung 2012 verzeichnete, wurden im Ausland der USA verbucht. Wie es der frühere Senator Ted Kaufman formulierte, der kein Freund der Finanzdienstleistungsbranche war, wurde Bruno Iksil, der Trader von JPMorgan, der unmittelbar für die Verluste verantwortlich war, nicht der »Wal von London« genannt, weil er in Philadelphia arbeitete.[629]

Der regulatorische Apparat war entsprechend komplizierter. In den USA gab es nicht weniger als sieben eigenständige Bankenregulierer, von denen jeder sein eigenes Gebiet bearbeitete. Die Lobbyarbeit der Regulierer und der von ihnen regulierten Institute machte eine radikale Reform, wie die Einsetzung einer einzigen Behörde zur Überwachung der Banken, unerreichbar. Außerdem gab es nun internationale Standards für Kapital und Liquidität, das Baseler Abkommen, dem die USA entsprechen mussten. Im Vergleich zu 1933 gab es einfach mehr Fakten, die man beachten musste. Eine Reform in aufeinanderfolgenden Stufen war immer noch möglich, aber radikale Reformen wurden von allen Seiten eingeschränkt.

1933 hatte es im Kongress zwei angesehene Führungspersonen gegeben, Carter Glass und Henry Steagall, aber jetzt, 2009, gab es zwei gleichermaßen effektive Anführer: das Kongressmitglied Barney Frank und den Senator Christopher Dodd. Frank, der Chef des House Financial Services Committee, hatte selbst für ein Kongressmitglied ein übermäßig ausgeprägtes Ego. Er neigte zu starken Sprüchen und schlechten Scherzen, und weil er wusste, dass er als der Intelligenteste im Repräsentantenhaus galt, scheute er nicht davor zurück, seine Gegner herabzusetzen. Aber er konnte komplexe technische Themen verstehen und hatte ein Talent dafür, kontroverse Gesetzesanträge durch das Komitee zu führen. Dodd, Chef des Bankenkomitees im Senat, war 2008 mit katastrophalem Misserfolg als Präsidentschaftskandidat angetreten. Als »Freund von Angelo« erhielt er von Countrywide Financial Hypothekenkredite für seine Häuser in Washington, D. C., und Connecticut. Aber er war verpflichtet, einen Konsens zu finden, und als »Lahme-Ente«-Senator, der schon verkündet hatte, nicht zur Wiederwahl 2010 anzutreten, betrachtete er eine erfolgreiche Gesetzgebung für eine Finanzreform als sein Vermächtnis.

Das Ergebnis war der später nach Dodd und Frank benannte Wall Street Reform and Consumer Protection Act von 2010, der das System eher stärken als aufheben wollte. In seinem Zentrum standen Maßnahmen, die Anforderungen an Kapital und Liquidität zu erhöhen, eine für die Systemstabilität zuständige Regulierungsbehörde zu gründen und die Konsumenten zu schützen. Der Dodd-Frank Act verwendete Kapitalanforderungen, die auf dem Niveau der Bankenholdings ansetzten und nicht bei deren Geschäftsbank-Töchtern, um Verschiebungsmaßnahmen der Holdings zu begrenzen. Er schrieb Banken, die Finanzderivate hielten, strengere Kapitalanforderungen vor und verlangte allgemein mehr Kapital.

Nach längeren Beratungen erließen die Regulierer Regeln, die diese Direktiven umsetzen sollten. Die Banken mussten Eigenkapital in Höhe von 7 Prozent ihrer risikogewichteten Assets halten.[630] Um ihre Möglichkeiten zu begrenzen, das Ausmaß ihrer Risiken zu manipulieren und Assets aus der Bilanz auszulagern, wurde den großen, international tätigen Banken eine Eigenkapitalquote von 5 Prozent inklusive der aus der Bilanz ausgelagerten Anlagen auferlegt. Bei den acht größten Banken waren es sogar 6 Prozent. Den Großbanken wurde mitgeteilt, dass man von ihnen Kapitalzuschläge fordern würde, deren Ausmaß später noch festgelegt werden sollte.[631]

Das war zwar ein Schritt in die richtige Richtung, aber immer noch weniger Kapital und mehr Hebelwirkung, als viele für ratsam hielten. Aber bei der Erhöhung der Kapitalanforderungen wurden Fed, FDIC und der Präsident der Bankenaufsichtsbehörde durch den Widerstand der kommunalen Banken behindert, die warnten, viel höhere Kapitalanforderungen könnten sie in die Pleite treiben. Und wenn sie den größten Banken höhere Kapital- und Liquiditätsanforderungen auferlegten, wurden sie von Warnungen beeinflusst, dies könnte den US-Banken im internationalen Wettbewerb schaden. Alle diese Fragen waren extrem komplex, was es der Öffentlichkeit schwer machte, den Lobbyisten Widerstand zu leisten.

Es war auch leichter gesagt als getan, eine Regulierungsbehörde zu schaffen, die nicht nur für die Gesundheit der Finanzinstitute, sondern auch für die Stabilität des Systems verantwortlich war. Obwohl es nahelag, diese Funktion der Fed zu übertragen, war sie nicht gerade die beliebteste Behörde. Das Thema wurde im März 2009 aufgenommen, als bekannt wurde, dass die kürzlich gerettete AIG Financial Products 73 wichtigen Mitarbeitern Boni von bis zu 6,4 Millionen Dollar zahlte, um sie zum Bleiben zu bewegen. Die Fed hatte das Geld zur Rettung von AIG zur Verfügung gestellt. Sie behauptete dann, sie habe zwar von den Bonuszahlungen gewusst, sie aber nicht verhindern können. Später kam heraus, dass AIG die Erlaubnis hatte, mit den Rettungsgeldern Verpflichtungen gegenüber Goldman Sachs zu 100 Prozent zu begleichen. Das wusste die Fed nicht nur, sondern sie instruierte AIGs Anwälte, der SEC keine internen Memos zur Verfügung zu stellen, die die Erlaubnis für diese Zahlungen dokumentierten.

Ob diese Entscheidung nun gut oder schlecht war, es wäre jedenfalls unter diesen Umständen ein politischer Reinfall gewesen, die Fed mit zusätzlichen Befugnissen zu belohnen. Dem Finanzministerium diese Macht zu übertragen war allerdings auch nicht populärer. Mit Sheila Bairs Unterstützung votierte Frank für ein Komitee als Weg des geringsten Widerstands. Das Financial Stability Oversight Council, wie das Komitee dann hieß, beinhaltete die Fed und acht andere Regulierer, zudem den amtierenden Finanzminister.[632]

Komitees bewegen sich langsam und entschiedenes Handeln kann ihnen schwerfallen. Das Oversight Council brauchte fast drei Jahre, um zwei Finanzunternehmen, die nicht aus dem Bankenbereich stammten, nämlich AIG und General Electric Capital, für systemisch wichtig zu erklären und sie damit der konsolidierten Überwachung zu unterziehen.[633] Die Entscheidung für ein Komitee statt für einen einzelnen systemischen Regulierer war in dieser Hinsicht unglücklich. Dieses Ergebnis zeigte wieder einmal, dass zufällige Ereignisse, wie das Timing der Bonuszahlungen bei AIG, langfristige Folgen haben können.

Als politischer Gewinner sprach Chris Dodd sich schnell für die Idee einer Kommission zur Überwachung der Sicherheit von Finanzprodukten für Privatanleger aus. Frank und das Weiße Haus sahen dies ähnlich, nämlich etwas für die Öffentlichkeit zu tun, zumindest symbolisch. Die Schaffung des später sogenannten Consumer Financial Protection Bureau wurde von Elizabeth Warren geleitet, der unermüdlichen Juraprofessorin in Harvard, die aus Oklahoma stammte und sich auf Privatinsolvenzrecht spezialisiert hatte. Ihre Kampagne war so effektiv, dass ihre Ernennung zur Chefin der neuen Behörde von Republikanern blockiert wurde, die gegen Deregulierung waren. Die Ereignisse nahmen eine ironische Wendung, als diese Zurückweisung Warren dazu veranlasste, 2012 als progressive Demokratin erfolgreich für einen Sitz im Senat zu kandidieren.

Die neue Behörde hatte den Auftrag, räuberische und missbräuchliche Praktiken auszumerzen, wie die undurchdringliche Dokumentation von Hypotheken und Vorabgebühren für Erleichterungen der Schuldenlast, die dann nie zustande kamen. Wieder leisteten die kommunalen Banken Widerstand, weil sie nie solche Praktiken angewendet hatten und die Einmischung der Behörde ihr Leben komplizierter machen würde. Aber die Welle der Unterstützung war unwiderstehlich. Bald beklagte die Lobby der Finanzdienstleister, dass Behörden in ihren Untersuchungsteams Anwälte einsetzten und den Instituten abverlangten, interne Compliance-Unterlagen auszuhändigen; auch solche, die durch das Privileg der Beziehung zwischen Anwalt und Klient geschützt waren. Dies ist ein Anzeichen für einen schnellen Start der Behörde.

Die Regulierung von Derivaten war das andere große Thema auf der Agenda. Die Regierung musste AIG retten, weil AIG bilateral regulierte Credit Default Swaps im Volumen von 446 Milliarden Dollar hielt. Wären diese geplatzt, hätte das auch für die Kontrahenten das Ende bedeuten können. Die Reformer schlugen nun vor, die Transaktionen solcher Instrumente an die Börsen zu verlagern, wo sie elektronisch abgewickelt und abgerechnet werden konnten, was die offenen Positionen der Trader begrenzte. Zu den führenden Vertretern dieser Meinung gehörte Gary Gensler. Das war derselbe Gary Gensler, der als Jüngster aller Zeiten Partner bei Goldman Sachs wurde und den Commodity Futures Trading Act angeführt hatte, der das Trading von Credit Default Swaps deregulierte, während er unter Clinton an führender Position im Finanzministerium tätig war. Aber die Krise hatte ihm die Augen geöffnet und als Chef von Obamas Commodities Futures Trading Commission drängte er nun darauf, den Derivatehandel an die elektronischen Börsen zu verlagern.

Aber der Handel an den Börsen hätte für die Banken geringere Gebühren bedeutet. Das hätte erfordert, die Derivate zu standardisieren, und das Geschäft mit maßgeschneiderten Produkten eliminiert. Der wenig befriedigende Kompromiss war, die Abwicklung von Derivate-Transaktionen nicht an die Börsen, sondern zu Clearing-Instituten zu verlagern. Die selbst organisierten, von Finanzinstituten betriebenen Clearing-Häuser waren vor der Gründung der Federal Reserve diejenigen Banken, die Zahlungen abwickelten und sich mit Zahlungsausfällen befassten. Nach diesem Modell konnte man von allen Instituten, die Derivate über ein Clearing-Haus verkauften oder kauften, die Zahlung einer Sicherheitsmarge verlangen. Diese Zahlungen konnten dann dazu verwendet werden, die anderen Kontrahenten zu entschädigen, falls ein Marktteilnehmer zahlungsunfähig wurde.

Das Problem war, dass Clearing-Häuser, die auf diese Weise Risiken verteilen, sie auch konzentrieren. Wenn mehrere Mitglieder gleichzeitig ausfielen, konnte das Clearing-Institut selbst insolvent werden und musste gerettet werden. Diese Reform, so wie sie ist, schafft am Ende vielleicht noch mehr Institute, die zu groß sind, um scheitern zu dürfen. Ob das ein Schritt nach vorn ist, muss die Zukunft zeigen.

Die anderen Veränderungen konzentrierten sich darauf, die in der Krise aufgedeckten regulatorischen Lücken zu schließen. Der Dodd-Frank Act schuf das Federal Insurance Office im Finanzministerium. Es sollte die Versicherungsbranche überwachen und in Zukunft hoffentlich Fälle wie AIG verhindern. Er schuf auch ein Office of Credit Ratings in der SEC zur Aufsicht über die Ratingagenturen.[634] Er verpflichtete die Federal Reserve, Banken-Holdingunternehmen mit Assets im Wert von mindestens 50 Milliarden Dollar einem jährlichen Belastungstest zu unterziehen.[635] Er verpflichtete Hedgefonds, sich bei der SEC zu registrieren, und schuf die Ausnahmeregelung für Anlageberater mit weniger als 15 Kunden ab.[636] Das waren zwar nützliche Schritte, aber revolutionär waren sie bei Weitem nicht.

Und dann gibt es noch das, was der Dodd-Frank Act nicht tat. Er eliminierte nicht das Problem der Banken, die zu groß waren, um scheitern zu können. Weder zerlegte er die Banken noch verbot er ihnen riskante Geschäfte, wie der Glass-Steagall Act es getan hatte.[637] Stattdessen wurde zugelassen, dass die sechs größten Banken – JPMorgan, Goldman Sachs, Bank of America, Citigroup, Wells Fargo und Morgan Stanley – bis Ende 2013 im Vergleich zum Höhepunkt der Krise 2008 und 2009 um 37 Prozent wuchsen. Der Dodd-Frank Act gab dem FDIC zwar die Vollmacht zur ordentlichen Liquidation – also die Macht, den Aktionären und Kreditgebern einer gescheiterten Institution Verluste aufzuerlegen –, aber die Ausstattung mit dieser Macht bedeutete nicht, dass eine Behörde auch bereit gewesen wäre, sie anzuwenden, vor allem wenn das Ergebnis Erschütterungen des Markts und die Ansteckung anderer Finanzinstitute war. Die Tatsache, dass große Finanzinstitute grenzübergreifend operieren, bedeutet, dass eine ordnungsgemäße Auflösung eine enge Kooperation zwischen Gerichten und Regulatoren in mehreren Ländern erforderte, um einen ungeordneten Wettlauf um Assets wie nach der Pleite von Lehman Brothers zu vermeiden.

Eine damit verbundene Vorschrift des Dodd-Frank Act verlangt von 100 großen Finanzinstituten, den Regulierern ein »Testament zu Lebzeiten« zukommen zu lassen, das beschreibt, wie ihre Geschäfte im Fall einer Pleite abgewickelt werden sollen. In den ersten dieser Testamente, die 2012 eingereicht wurden, beschrieben die Banken hoffnungsvoll, wie ihre verschiedenen Abteilungen kontrolliert an Wettbewerber verkauft werden sollten. Aber diese Pläne sagten nichts darüber aus, wer in einer Krise die Operationen einer gescheiterten Megabank kaufen sollte. Sie vermittelten wenig Vertrauen, dass die Regulierer willens wären, eine Großbank untergehen zu lassen – wegen der Unsicherheit über die Folgen. Die Offiziellen sprachen darüber, zu verhindern dass ein Finanzinstitut zu groß sein könnte, um scheitern zu können. Aber die Realität sah anders aus.

Die Alternative wären Institute gewesen, die zu sicher waren, um scheitern zu können. Banken mit Kundeneinlagen konnte man zu »eingeschränkten Banken« machen, die nur sichere und liquide Investitionen vornehmen durften. Man hätte eine strenge Version des Glass-Steagall Act einführen können, wofür sich Warren aussprach. Aber auch hier war eine radikale Reform nicht in Reichweite. Stattdessen gab sich die Obama-Administration mit dem zufrieden, was später als Volcker-Regel bekannt wurde. Angeführt wurde dies vom früheren Fed-Chairman Paul Volcker. Ihr Ziel war lediglich das Verbot der Tradings von Banken für die eigenen Bücher statt für ihre Kunden oder als Möglichkeit, Risiken abzusichern. Das war für die Administration ein Weg, so auszusehen, als greife sie hart durch. Scott Browns überraschender Wahlsieg als Nachfolger des Senators Edward Kennedy im Januar 2010 machte ihn zum ersten republikanischen Senator von Massachusetts seit vier Jahrzehnten. Das war für den Präsidenten Grund genug, eine populistischere, gegen die Banken gerichtete Position einzunehmen.[638] Die Volcker-Regel diente diesem Zweck.

Aber ihre Wirksamkeit war zweifelhaft, ebenso wie bei der Behörde zur ordentlichen Abwicklung und den Testamenten zu Lebzeiten. Die Volcker-Regel wurde abgeschwächt, um den Gegenstimmen aus der Finanzbranche zu begegnen und um die 60. Stimme von keinem anderen als Senator Brown zu bekommen.[639] Statt den Eigenhandel zu verbieten, durften die Banken immer noch bis zu 3 Prozent ihres Eigenkapitals in solche Trades investieren. Jedenfalls war unklar, wo man die Trennlinie zwischen legitimem Hedging und Trades als Market Maker auf der einen und spekulativem Trading für die eigenen Bücher der Bank auf der anderen Seite ziehen sollte. Die 6,2 Milliarden Dollar Verlust, die JPMorgan durch Wetten des Londoner Wals erlitten hatte, illustrierten, wie unsicher diese Unterscheidung war. JPMorgan beschrieb diese Geschäfte als »legitime Operationen zur Absicherung des Portfolios«, die mit der Volcker-Regel vereinbar waren, während ein Inspektor des Chefs der Bankenaufsichtsbehörde sie als Voodoo-Hedging bezeichnete.[640]

Die Erfahrung aus den 1930er-Jahren legt nahe, dass radikale Reformen nur kurz nach einer außergewöhnlichen Krise möglich sind. Ohne diese Krise gehen die Geschäfte weiter wie gewohnt und radikale Reformen, die solche Geschäfte zu stören drohen, werden ausgeschlossen. Eine außergewöhnliche Krise stoppt solche Geschäfte für gewisse Zeit. Das Problem ab 2009 war, wenn man es ein Problem nennen kann, dass es die Politiker gerade noch schafften, eine Krise wie in den 1930er-Jahren zu verhindern. Immer noch liefen die Geschäfte wie gewohnt weiter. Radikale Reformen, die den üblichen Praktiken der Banken im Weg standen, konnte man als Gefährdung der Erholung kritisieren, die langsam begann. Man konnte das existierende System also nur stärken, statt es zu ersetzen. Als die neuen Regeln des Dodd-Frank Act von den Regulierern beantragt wurden, entwickelte sich langsam ein Reformprozess. Weil dies nur schrittweise geschah, hatten Interessenvertreter vor allem der Banken-Lobby die Möglichkeit, sich neu zu formieren und Widerstand zu mobilisieren.

Eine radikale Reform im Stil der 1930er-Jahre wäre im Prinzip sinnvoll gewesen, aber in der Praxis war sie nicht durchführbar.

Kapitel 23
Normalisierung in einer abnormalen Wirtschaft

1936 hatte sich Franklin Roosevelt wegen eines Haushaltsdefizits gesorgt, das sich zu nie zuvor da gewesenen 4,3 Milliarden Dollar aufblähte. Unter dem Druck seiner Administration hatte der Kongress zugestimmt, die Steuern für Haushalte mit mehr als 100.000 Dollar Jahreseinkommen und auf Unternehmen mit nicht ausgeschütteten Gewinnen zu erhöhen. 2011 sorgte sich Barack Obama über ein Haushaltsdefizit, das im dritten Jahr nacheinander über 1,2 Billionen Dollar lag. Als Reaktion darauf verhandelte Obama Anfang 2013 über eine Übereinkunft mit dem Kongress, dem einen Prozent der Spitzenverdiener mit Einkommen von mehr als 400.000 Dollar höhere Steuern abzuverlangen. Die Vereinbarung ermöglichte auch, dass frühere Senkungen der Einkommensteuer ausliefen, was die Steuer für Arbeiter von 4,2 auf 6,2 Prozent erhöhte und das Nettoeinkommen einer Familie mit einem Jahreseinkommen von 50.000 Dollar um 1000 Dollar senkte. Diese Schritte wurden mit einer »Beschlagnahme« kombiniert, durch die das Militärbudget und die Ausgaben für nicht militärische Zwecke um 8,5 Prozent gekürzt wurden.[641]

Roosevelts Steuererhöhungen waren nicht der einzige und nicht einmal der wichtigste Grund gewesen, warum die Verlangsamung der Wirtschaft Ende der 1937 in eine Rezession mündete. Wie wir in Kapitel 18 gesehen haben, hatte es einen wichtigeren Grund gegeben, nämlich das Scheitern der Geldpolitiker, die widersprüchlichen Effekte auszuschalten. Die Haushaltsmaßnahmen der Obama-Administration und des Kongresses gingen mit einem Rückgang der staatlichen Ausgaben einher, als der Stimulus von 2009 bis 2011 an Wirkung verlor. Dennoch liefern sie keine vollständige Erklärung für die enttäuschende Erholung von der großen Rezession. Wichtig war auch, dass die Federal Reserve nicht mehr tat, um dem negativen Impuls entgegenzutreten und stattdessen über eine strengere Geldpolitik zu reden begann.

Aber in beiden Fällen war der Wunsch, die normale Fiskal- und Geldpolitik wiederherzustellen, bevor die Wirtschaftslage wieder zur Normalität zurückgekehrt war, in hohem Maß für den enttäuschenden Zustand der Wirtschaft verantwortlich. Als in Europa der Zweite Weltkrieg ausbrach, lag die Arbeitslosenquote in den USA noch immer über 17 Prozent. Ohne die doppelte Rezession 1937 und 1938 wäre sie um 5 Prozent tiefer gelegen.[642] Mit 7,4 Prozent lag die Arbeitslosenquote 2013 niedriger, was die politischen Initiativen von 2009 bis 2011 zum Ausdruck brachte. Trotzdem verlief die Erholung fast in jeder Hinsicht enttäuschend. Zwischen 2011 und 2013 lag das jährliche Wachstum bei kaum 2 Prozent, weniger als die Hälfte der typischen Expansion nach dem Zweiten Weltkrieg. Das Sinken der Arbeitslosigkeit wurde weniger von verbesserten Bedingungen am Arbeitsmarkt angetrieben als dadurch, dass entmutigte Arbeiter sich vom Arbeitsmarkt zurückzogen.

Es gibt gute Gründe, warum die Erholung nach einem von einer Finanzkrise verursachten Einbruch langsamer verläuft als eine normale Erholung.[643] Finanzkrisen folgen auf Zeiten, in denen sich Haushalte in ihrem Überschwang massiv verschulden. Der folgende Prozess, in dem eben diese Haushalte, die nun mit der Realität konfrontiert sind, ihre Schulden abzubauen versuchen, hält während der Erholung an und schränkt das Konsumverhalten ein. Und die Banken, die immer damit beschäftigt sind, ihr Kapital wieder aufzustocken und ihre Bilanzen zu reparieren, geizen mit Krediten.

Das bedeutet aber nicht, dass die enttäuschende Erholung nach der Finanzkrise 2008 und 2009 unvermeidlich war. Wenn der private Sektor weniger ausgibt, um seine Schulden abzubauen, kann der öffentliche Sektor mehr ausgeben. Wenn die Geschäftsbanken weniger Kredite vergeben, kann die Zentralbank mehr verleihen. Die staatlichen Stellen können das fortsetzen, bis der Privatsektor sich wieder erholt hat. Die Präsenz von nicht verwendeten Ressourcen kurz nach einer Krise bedeutet, dass die Wirtschaft Spielraum hat, sich noch kräftiger zu erholen als nach einer typischen Rezession.

Die Erholung in der Roosevelt-Ära illustriert diesen Punkt. Zwischen 1933 und 1937 war das reale BIP trotz ausgeglichenem Haushalt jährlich um mehr als 8 Prozent gestiegen, obwohl das Finanzsystem noch immer schwer geschädigt war. Das soll nicht heißen, die USA hätten dieses beeindruckende Wirtschaftswachstum auch ab 2009 erreichen können. Aber sie hätten besser abschneiden können.

Roosevelt hatte die Notwendigkeit zusätzlicher Staatsausgaben verstanden, um die ausgetrockneten Ausgaben des Privatsektors zu ersetzen. 1936 hatte er es sehr direkt ausgedrückt: »Niemand belastet leichtfertig das Einkommen einer Nation. Aber dieser Teufelskreis eines sinkenden Volkseinkommens musste einfach durchbrochen werden (...). Wir haben die letztliche Verantwortung der Regierung akzeptiert, nachdem alles andere gescheitert war, Geld auszugeben, als niemand sonst mehr Geld zum Ausgeben hatte.«[644]

Gleichzeitig hatte Roosevelt seine Beschäftigung mit der fiskalischen Gesundheit und seine Vorliebe für die Analogie zwischen dem Haushaltsbudget und dem Regierungsbudget nie ganz aufgegeben. Die landesweite Relation zwischen Verschuldung und BIP hatte 1936 nur bei 40 Prozent gelegen, weniger als die Hälfte der 90 Prozent von 2010, aber die Größe der Regierung und ihre Steuererhebung, mit der der Schuldendienst finanziert werden musste, waren ebenfalls niedriger. Dieses Problem nicht anzugehen hätte nach der Meinung des Präsidenten und seiner Berater das Vertrauen gefährdet.

Dann hatte es auch noch andere Gründe für Steuererhöhungen gegeben.[645] Die Reichen hatten während der Depression nicht so schlimm leiden müssen wie die Normalbürger. Es war nur gerecht, so hatten es Roosevelt und seine Demokraten gesehen, wenn die Wohlhabenden nun ihren Anteil dazu beitrugen, die Programme des New Deal zu finanzieren, um solche Ungerechtigkeiten zu beseitigen.

Und nicht zuletzt hatte es auch politische Erwägungen gegeben. Roosevelt war 1932 mit dem Versprechen in den Wahlkampf gezogen, den Haushalt auszugleichen. Als die nächste Wahl näher gekommen war, hatte er sich Sorgen gemacht, sein Scheitern, das Versprechen zu erfüllen, hätte von seinen Gegnern zu einer politischen Belastung gemacht werden können.[646]

Als Barack Obama sein Amt antrat, teilte er diese drei Motive. Das moralische Argument war, dass das oberste Prozent in den 15 Jahren vor der großen Rezession seinen Anteil am Nationaleinkommen massiv gesteigert hatte. Die Reichen hatten während des Absturzes vielleicht Kapitalverluste erlitten, aber während der Erholung von 2009 bis 2011 waren die Einkommen des obersten Prozents erneut überdurchschnittlich gestiegen. In den Jahrzehnten vor 2011 war das Realeinkommen des obersten Prozents um mehr als 57 Prozent gewachsen, das Einkommen aller anderen im Schnitt um 6 Prozent. Das oberste Prozent hatte sich praktisch zwei Drittel aller Einkommenssteigerungen gesichert.[647] Es war nur fair und gerecht, dass diese Bürger ihren angemessenen Teil am Steuereinkommen zahlen sollten.

Die Berater Obamas hatten ebenfalls das Gefühl, dass der Haushalt zu einer politischen Verpflichtung geworden war. Die Gewinne der Tea Party bei der Wahl in der Mitte der Legislaturperiode unterstrichen die Gefahr. Nach der Ansicht von Rahm Emanuel, Obamas Stabschef, und seinem politischen Chefberater David Axelrod musste zu erkennen sein, dass sich der Präsident mit dem Defizit beschäftigte. Ihre Haltung stimmte mit Obamas eigenen vorsichtigen fiskalischen Instinkten und mit seiner Meinung überein, die Regierung sei aufgebläht und ineffizient.[648] Das stärkte seine Neigung, Ausgabenkürzungen zu akzeptieren, falls die Republikaner mit Steuererhöhungen einverstanden waren. Leider antizipierte der Präsident nicht die Bereitschaft der Republikaner, sein Angebot zu akzeptieren, ohne ihrerseits etwas zu geben, oder ihre Bereitwilligkeit, die Wirtschaft über die Klippe stürzen zu lassen.

Und schließlich gab es noch ökonomische Argumente. Große Defizite, die zu unhaltbaren Schulden führten, konnten das Vertrauen der Unternehmen zerstören. Im Juni 2010 zeigte die betont zurückhaltende Projektion des Congressional Budget Office, dass die Steigerung des Defizits nach 2014 das Ergebnis höherer Ausgaben sein würde. Sie zeigte, dass die Staatsverschuldung im Verhältnis zum BIP (also die Schuldenquote) massiv anstieg. Man musste nun etwas tun, um die Probleme zu bewältigen, die in nicht allzu ferner Zukunft drohten. Jedenfalls war das die Argumentation der Concord Coalition, des Committee for a Responsible Federal Budget und der *Fiscal Times*, sämtlich gegründet von Peter G. Peterson. Er war unter Richard Nixon Handelsminister, stand früher an der Spitze von Lehman Brothers und war Mitbegründer der Private-Equity-Gruppe Blackstone. Eine dauerhafte Lösung dieses Problems erforderte Unterstützung von beiden Seiten. Und um das Einverständnis der Republikaner für einen mittelfristigen Plan zu erhalten, so argumentierten die Berater des Präsidenten, müsse man sich den Sorgen der Opposition über das unmittelbare Defizit widmen.

Aber sich der Verantwortung der Regierung zu entziehen, »Geld auszugeben, wenn sonst niemand mehr Geld zum Ausgeben hat«, bedeutete das Risiko, die Erholung abzuwürgen und die Wirtschaft wieder in die Rezession abstürzen zu lassen. Hier begrenzte die Möglichkeit einer Gesundheitsreform und einer Senkung der Ausgaben die Hoffnung auf eine Quadratur des Kreises. Geringere Staatsausgaben und Defizite ab, sagen wir mal, 2014 bedeuten weniger Staatsverschuldung und niedrigere Zinsen ab diesem Zeitpunkt. Und der Abwärtsdruck auf die zukünftigen Zinsen würde schon jetzt Druck auf die Zinsen ausüben, weil Investoren nach vorn blicken. Investoren, die mit höheren Kursen von Staatsanleihen rechneten, würden heute schon zu kaufen beginnen, was die aktuellen Renditen nach unten drückte. Daher würden alle negativen Auswirkungen auf die Erholung durch die aktuellen Ausgabenkürzungen ausgeglichen werden, teilweise durch die positiven Auswirkungen zukünftiger Ausgabenkürzungen in Form niedrigerer Zinsen.

Dieser Mechanismus war ein entscheidender Faktor während der Erholung von der Rezession 1991 und 1992. Präsident Clintons Hinwendung zu fiskalischer Konsolidierung unter Anleitung von Robert Robin, dem Direktor des National Economic Council, löste eine solche durch niedrigere Zinsen unterstützte Erholung aus. Die Konsolidierung, die Abwärtsdruck auf die Zinsen ausübte, half bei der Stimulierung von Investitionen und Wachstum. Die Ehemaligen aus der Clinton-Administration, die nun unter Obama das Weiße Haus bevölkerten, blickten mit nostalgischen Gefühlen auf diese Episode zurück.

Der Fehler in ihrer Logik war, und das hätte eigentlich jedem klar sein müssen, dass die Zinsen schon so weit gedrückt waren, dass es nicht mehr weiter nach unten gehen konnte. Die Rezession, die man mit der Krise 2008 und 2009 in Verbindung bringt, unterschied sich fundamental von der Rezession, von der sich die USA 1993 erholten. Die Wirtschaft war nun in eine Liquiditätsfalle getappt. Auch mit dem Versprechen niedriger Defizite in der Zukunft konnte man die Zinsen nicht noch weiter drücken. Und sogar wenn sie mit einer glaubhaften Verpflichtung verbunden war, die Defizite in Zukunft zu reduzieren, konnte eine gegenwärtige Reduzierung der Defizite der Erholung nur im Weg stehen.[649]

Im Rückblick sind diese Zusammenhänge klar. Die Frage lautet, warum man dies damals nicht erkannte.

Schon Anfang 2009 – während man noch über die Einzelheiten des fiskalischen Stimulus zur Bekämpfung der großen Rezession diskutierte – drängten einflussreiche Personen innerhalb der Administration den Präsidenten, seine Entschlossenheit zur Beendigung der Defizite zu signalisieren. Schon während der Übergangsphase sprach sich der designierte Finanzminister für eine Planung aus, das Defizit bis zum Ende der ersten Amtszeit des Präsidenten auf 3 Prozent zu reduzieren. Drei Prozent waren die magische Schwelle der fiskalischen Klugheit. Die Europäer hatten sie in ihrer Weisheit im Vertrag von Maastricht, der ihre ökonomische und fiskalische Einheit besiegelte, verewigt.

Aber weil Geithner mit den Banken und ihren Belastungstests völlig ausgelastet war, fiel die Rolle des führenden Konsolidierers Peter Orszag zu, dem in Princeton und an der London School of Economics ausgebildeten Wirtschaftswissenschaftler, der unter Clinton als Assistent Rubins gearbeitet hatte. In einer 2004 veröffentlichten Studie argumentierten Orszag, Rubin und der Ökonom Allen Sinai, dass sich die schädlichen Auswirkungen von Haushaltsdefiziten und folglich auch die Vorteile zukünftiger fiskalischer Konsolidierung hauptsächlich auf das allgemeine Vertrauen auswirkten. Mit anderen Worten: Selbst in einem Umfeld von Zinsen nahe null, wenn das Versprechen zukünftiger Ausgabenkürzungen die Zinsen nicht noch weiter drücken konnte, konnte es dennoch positive Auswirkungen auf die Investitionen von Unternehmen haben, wie in den Clinton-Jahren, weil es den Investoren mehr Vertrauen und Sicherheit vermittelte. Orszag, Rubin und Sinai schrieben dies schon vor der Nullzins-Ära, aber die Implikationen sind klar. »In unkonventioneller Sichtweise« schrieben sie:

> »Ständige Haushaltsdefizite verringern die nationale Sparquote, was inländische Investitionen reduziert und die Kreditaufnahme aus dem Ausland erhöht. Die Zinsen spielen bei der Anpassung der Wirtschaft eine entscheidende Rolle. Der Rückgang der Sparquote im Inland erhöht die inländischen Zinsen, was Investitionen dämpft und Kapital aus dem Ausland anzieht. (...) Die nachteiligen Folgen dauerhafter Haushaltsdefizite können allerdings viel stärker sein und plötzlicher auftreten, als es die traditionelle Analyse besagt. Substanzielle und weit in die Zukunft projizierte Defizite können eine grundlegende Veränderung der Markterwartungen und einen entsprechenden Vertrauensverlust im Inland und im Ausland auslösen. Die unangenehmen dynamischen Auswirkungen, die darauf folgen könnten, sind größtenteils, wenn nicht vollständig, von der konventionellen Analyse von Haushaltsdefiziten ausgeschlossen.«[650]

In seinem Office of Management and Budget im Weißen Haus argumentierte Orszag nun, dass ein solcher Vertrauenseffekt nötig sei, um Investitionen anzuregen. Dazu waren Zahlungen zur fiskalischen Konsolidierung erforderlich, die damit begannen, dass jedes Ministerium aufgefordert wurde, 100 Millionen Dollar seines Budgets einzusparen.

Dieser Glaube an schwer zu definierende vertrauensbildende Maßnahmen wäre bei Henry Morgenthau auf offene Ohren gestoßen, aber nicht alle ökonomischen Berater Obamas teilten diese Meinung. Das galt vor allem für Lawrence Summers, den Chef von Obamas National Economic Council, und für Christina Romer, die Vorsitzende seines Council of Economic Advisors. Summers betonte, dass Investitionen und Wachstum nicht nur vom Vertrauen auf die Zukunft abhängig waren, sondern auch von der jeweils aktuellen Lage. Romer warnte vor einer überstürzten fiskalischen Konsolidierung, die dazu beigetragen hatte, die Rezession von 1937 und 1938 auszulösen.[651]

Aber Orszags nüchterne Analyse gefiel Obama Er beauftragte ihn im Mai 2009, ein Memo zu verfassen, das die mittelfristigen fiskalischen Optionen darlegen sollte. Keine von diesen Optionen wurde unmittelbar umgesetzt, aber das Eintreten des OMB-Direktors für eine mittelfristige Konsolidierung war ein Hindernis für einen zweiten Stimulus, als im Lauf des Jahres klar wurde, dass die Arbeitslosigkeit schneller als erwartet anstieg. Und Orszags Betonung einer mittelfristigen Konsolidierung bildete 2011 die Grundlage für die unglücklichen Verhandlungen zwischen dem Weißen Haus und der Führung des Kongresses über die Eingrenzung des Haushaltsdefizits.

Emanuel und Axelrod machten sich im Frühjahr 2009 ebenfalls Sorgen, dass die Defizite eine politische Belastung waren. Ihre Sorgen wurden im Herbst größer, als die Demokraten die Kontrolle über die Parlamente in New Jersey und Virginia verloren. Offensichtlich stieß die Rhetorik der Republikaner gegen eine übermächtige Regierung bei unabhängigen Wählern auf offene Ohren. Es gab eine Gegenreaktion gegen die Maßnahmen der Regierung zur Krisenbewältigung, auch gegen den Stimulus, ausgelöst durch die Beobachtung, dass die Finanzbranche nicht zur Kasse gebeten wurde. Die Banken waren gerettet worden. Weiterhin wurden Boni gezahlt und nur selten wurde juristisch gegen Schurken vorgegangen.

Und dann lieferte der Stimulus nicht all das, was man versprochen hatte. Der Hauptgrund für den von Romer und Jared Bernstein prognostizierten

Anstieg der Arbeitslosenquote über 8 Prozent war vielleicht, dass die Wirtschaft schon stärker schrumpfte, als man es 2008 eingeschätzt hatte, und nicht, dass der Stimulus selbst wirkungslos war. Aber für Laien war das schwer zu verstehen und für Ökonomen schwer zu erklären. Weil die Arbeitslosigkeit stärker stieg, als es Obamas Berater für den Fall des Ausbleibens des Stimulus vorhergesagt hatten, konnten die Kritiker behaupten, dass die Defizitausgaben nicht nur wirkungslos, sondern kontraproduktiv waren. Dieses Argument war ökonomisch schlecht, aber politisch gut.

Außerdem gab es 2010 Anzeichen, dass sich die Wirtschaft zu erholen begann. Obwohl die Arbeitslosigkeit mit über 9 Prozent hoch blieb, wuchs zumindest das BIP. Im ersten Quartal stieg es um 3,9 Prozent, was für die Expansionsphase eines Konjunkturzyklus nicht untypisch ist. Das erweckte den Eindruck, der Übergang zur fiskalischen Konsolidierung könne sich sicher fortsetzen. Allerdings verschlechterte sich die Lage in Europa, wo man weniger als in den USA dafür getan hatte, die Probleme des Bankensektors zu lösen und wo die neue griechische Regierung unter George Papandreou gerade erst erklärt hatte, dass die fiskalische und finanzielle Situation noch schlechter war, als zuvor geschildert.[652] Aber die Tatsache, dass sich die strukturellen und politischen Probleme Griechenlands als klaffendes, zuvor nicht aufgedecktes Haushaltsloch erwiesen, bestärkte die Annahme, dass die reale und gegenwärtige Gefahr fiskalische Verschwendung war. Als sich die Offiziellen aus den USA und Europa Anfang 2010 beim Gipfel in Iqaluit versammelten, waren beide gleichermaßen an fiskalischer Konsolidierung interessiert.

Und letztlich kann man das Argument nicht ganz zurückweisen, dass Präsident Obamas mangelnde Erfahrung als Taktiker die Verschiebung hin zur Austerität unangemessen beschleunigte.[653] Obama nahm an, er und die Führung des Abgeordnetenhauses könnten eine Vereinbarung erreichen, bei der sein Angebot moderater Haushaltskürzungen die Zustimmung der Republikaner zu moderaten Steuererhöhungen auslösen würde. Auf dieser Basis könnten dann beide Seiten einen mittelfristigen fiskalischen Plan entwerfen. Aber diese Methode passte nicht zum Aufstieg der Tea Party oder des republikanischen Anführers John Boehner, der sich verpflichtet fühlte, den Mitgliedern seiner Partei etwas zu liefern. Bei den Verhandlungen im Winter und im Frühjahr 2011 verweigerte Boehner nicht nur sämtliche Steuererhöhungen, sondern forderte auch immer höhere Ausgabenkürzungen und drohte mit der Handlungsunfähigkeit der Regierung, sollte man nicht zu einer Einigung gelangen. So erlaubte es das Weiße Haus den Republikanern im Abgeordnetenhaus, die Debatte zu prägen, in welchem Ausmaß die Ausgaben gekürzt werden sollten.

Der Höhepunkt war der Haushaltsentwurf des Abgeordneten Paul Ryan aus Wisconsin im April 2011. Er war Vorsitzender des Haushaltskomitees im Abgeordnetenhaus und hatte früher Reden für den Kongressabgeordneten Jack Kemp geschrieben. Jetzt wollte er sich als führender Haushaltsspezialist im Abgeordnetenhaus einen Namen machen. Sein Budget mit der Überschrift »Der Weg zum Wohlstand« sah im Lauf von zehn Jahren weitere Ausgabenkürzungen in Höhe von 6,2 Billionen Dollar vor. Die Art dieser Kürzungen ließ er weitgehend offen. Spezifiziert war allerdings eine Kürzung der Ausgaben durch die Übertragung der Kosten für das Gesundheitswesen auf Privatpersonen und die Bundesstaaten. Diese Idee war ein politischer Rohrkrepierer. Das verhinderte aber nicht, dass Ryans Entwurf den politischen Wettbewerb definierte, wer die Ausgaben am stärksten kürzen konnte.

Somit war im Sommer 2011 der Boden bereitet für Verhandlungen über die Obergrenze der Schulden und des Werts der Anleihen, die das Finanzministerium emittieren durfte. In der Praxis autorisierte die Schuldenbegrenzung das Ministerium einfach dazu, Rechnungen zu bezahlen, zu deren Begleichung sich die Regierung schon verpflichtet hatte. Aber sie gab den Republikanern eine weitere Möglichkeit, Druck auszuüben. Die Obergrenze nicht anzuheben würde dazu führen, dass die Regierung einige ihrer Verpflichtungen nicht erfüllen konnte. Das Ministerium müsste sich entscheiden, wem es zahlen sollte und wem nicht. Es könnte sich dafür entscheiden, bevorzugt die Anleihenbesitzer zu bedienen und nicht die Beauftragten der Regierung. Und das würde wahrscheinlich nicht einmal die Anleihenbesitzer beruhigen. Wenn es einen Zusammenhang gab, in dem die Argumente im Stil Orszags über die Bedeutung des Vertrauens eine Rolle spielen, dann war es dieser.

Die Mitglieder der Tea Party waren mehr als glücklich darüber, einen technischen Zahlungsausfall erzwingen zu können. Ein Zahlungsausfall war eine Garantie für schrumpfende Staatsausgaben. Und für die Tea Party war dies das einzig Wichtige, weil es der Führung der Republikaner einen weiteren Vorteil bei den Verhandlungen verschaffte. Die Position der Republikaner war, dass jede Anhebung der Schuldenobergrenze Dollar für Dollar mit Ausgabenkürzungen in der Zukunft ausgeglichen werden musste.

Das Weiße Haus kapitulierte. Diese Kapitulation kam in der Form einer vom Repräsentantenhaus und der Führung des Senats organisierten Vereinbarung, die staatlichen Ausgaben innerhalb von zehn Jahren um 1,2 Billionen Dollar zu reduzieren.[654] Das Weiße Haus stimmte der Gründung eines »Superkomitees« zu, formell des Joint Select Committee on Deficit Reduction, das zwölf Kongressmitglieder umfasste, um dem Kongress Ausgabenkürzungen im Umfang von weiteren 1,2 Billionen Dollar vorzuschlagen. Wenn das Superkomitee es nicht schaffen würde, bis Ende September eine Vereinbarung zu schließen, sollten ab 2013 allgemeine Ausgabenkürzungen beginnen, von denen nur Sozialleistungen und die Gehälter der Armeeangehörigen ausgenommen waren,.

Die Idee dahinter war, die Kürzungen so schmerzhaft und wirkungslos zu machen, dass das Superkomitee unwiderstehlichem Druck ausgesetzt war, ihnen zuzustimmen. Aber ganz so unwiderstehlich war der Druck dann doch nicht. Die Drohung, mit der Wirtschaft russisches Roulette zu spielen, war wirkungslos, zumal es einen populistischen Flügel der republikanischen Partei gab, der absolut dazu bereit war, auf eine leere Patronenkammer zu wetten. Es war nicht wirklich überraschend, dass ein Komitee zu keiner Einigung gelangte, das so verschiedene Mitglieder umfasste wie den Abgeordneten Chris Van Hollen aus Maryland. Er war ein enger Verbündeter von Nancy Pelosi, der Anführerin der Mehrheit im Repräsentantenhaus, und ein standhafter Verfechter von sozialen Programmen. Und Pat Toomey aus Pennsylvania, ein früherer Devisenswaptrader bei Morgan, Grenfell & Co. Er war Sprecher der Tea Party und stand einer Anhebung der Schuldenobergrenze strikt ablehnend gegenüber. Und so wurden ab dem 1. März 2013 zivile und militärische Ausgaben um jeweils 8,5 Prozent gekürzt.

Das soll nicht heißen, dass das Weiße Haus, wie die Bourbonen, nicht dazulernte. Ende 2012, als die von der Bush-Administration verordneten Steuersenkungen ausliefen, zog es einen Schlussstrich, als es darum ging, sie auf das oberste Prozent der Spitzenverdiener auszudehnen. Gleichzeitig willigte es aber ein, die Einkommensteuer zu erhöhen, wofür diejenigen plädierten, die sich um die langfristige Zahlungsfähigkeit des Systems der sozialen Sicherheit Sorgen machten.

Das strukturelle Defizit (das Defizit ohne die Auswirkungen des Konjunkturzyklus) verengte sich um 1,75 Prozent des BIP, als der Stimulus 2012 an Wirkung verlor, und dann 2013 um 2,5 Prozent des BIP, weil die

Steuern erhöht worden waren. Der IWF, der normalerweise kein Verfechter von Staatsausgaben ist, kritisierte das Tempo der Defizitreduzierung als exzessiv und warnte, dass sie das Wirtschaftswachstum in den USA 2013 um einen Betrag zwischen 1,33 und 1,75 Prozent senkte.[655] Wenn die Erholung von der Finanzkrise weiterhin enttäuschend verlief, lag das nicht daran, dass eine enttäuschende Erholung unvermeidlich war. Zumindest lautet so die Schlussfolgerung, wenn man glaubt, dass nicht funktionierende politische Maßnahmen nicht das unvermeidliche Resultat von Finanzkrisen sind.

Normalerweise hätte man erwartet, dass die Fed, die sich der immer größer werdenden Widersprüche der Fiskalpolitik bewusst war, Schritte unternahm, um die Auswirkungen auszugleichen oder zu dämpfen. Das Federal Reserve Board war sich dieses Problems sicherlich bewusst, denn es hatte es ja 2013 in seinem »Report on Monetary Policy« betont, der im Juli dem Kongress übermittelt wurde.[656]

Aber 2013 waren die Umstände nicht normal. Die Federal Funds Rate, die man schon auf null bis 0,25 Prozent reduziert hatte, konnte nicht mehr tiefer sinken. Das FOMC zeigte seine Absicht an, sie so lange auf diesem Niveau zu belassen, wie die Arbeitslosigkeit über 6,5 Prozent lag und die Inflation im Lauf der folgenden ein bis zwei Jahre voraussichtlich nicht um mehr als einen halben Prozentpunkt steigen würde. Das FOMC setzte auch sein Programm von Asset-Käufen im großen Stil fort, kaufte pro Monat hypothekengesicherte Wertpapiere im Volumen von 40 Milliarden Dollar und langfristige Staatsanleihen im Umfang von 45 Milliarden Dollar. Zusätzlich reinvestierte es die Tilgungserlöse in weitere Staatsanleihen. Es signalisierte, dass es diese Politik fortsetzen werde, bis sich die Aussichten am Arbeitsmarkt verbesserten. Die Fed leistete bereits viel. Tatsächlich kritisierten konservative Kreise, sie leiste zu viel.

Dennoch hätte die Zentralbank mehr tun können. Sie hätte ihre Käufe von hypothekengesicherten Wertpapiere und Staatsanleihen aufstocken können. Sie hätte den Toleranzbereich um das Inflationsziel von 2 Prozent um mehr als ein halbes Prozent ausweiten können. Sie hätte auch das Ziel anheben können. Das wäre eine Abweichung von monetären Konventionen gewesen. Aber es gab gute Argumente für unkonventionelle Handlungen in einer Zeit, als die Arbeitslosigkeit hartnäckig hoch blieb, das Wachstum weiterhin enttäuschte und die fiskalische Konsolidierung großen Druck auf die Wirtschaft ausübte. Höhere Wertpapierkäufe oder ein

Inflationsziel von 3 Prozent waren nicht so radikal wie Roosevelts Entscheidung, den Goldstandard zu verlassen und im großen Stil Gold zu kaufen. Den Goldstandard aufzugeben und von den Bürgern zu verlangen, ihr Gold gegen Papiergeld einzutauschen, war eine revolutionäre Veränderung der Geldpolitik. Im Vergleich dazu wären zusätzliche Wertpapierkäufe und sogar ein höheres Inflationsziel eine Kleinigkeit gewesen.

Differenzen in den Prozessen zur Entscheidungsfindung erklären zum Teil die unterschiedlichen Ergebnisse. 1933 konnte ein einzelner Mann, der Präsident, den Goldstandard suspendieren, weil seine Partei beide Häuser des Kongresses kontrollierte, die darauf vorbereitet waren, seine Anordnungen umzusetzen. Ab Oktober konnte er die Vollmacht der Reconstruction Finance Corporation dazu nutzen, so viel Gold zu kaufen, wie er wollte, und dabei konsultierte er nur die Berater seines Vertrauens, Henry Morgenthau und Jesse Jones. Morgenthau konnte in all seiner Weisheit anhand des Gold-Sterilisierungsprogramms des Finanzministeriums die Geldmenge nach Belieben gestalten. Nur wenige Kongressmitglieder beklagten, die Exekutive habe Vollmachten usurpiert, die rechtmäßig der Zentralbank zustanden. Im Gegenteil drängten einflussreiche Personen, wie Elmer Thomas, den Präsidenten, mit allen notwendigen Mitteln eine noch expansivere Politik zu verfolgen. Die katastrophalen Fehlentscheidungen der Fed hatten ihren Ruf nicht gerade aufpoliert oder die öffentliche und politische Unterstützung für ihre unabhängige Geldpolitik gestärkt. 2013 warnten einflussreiche Stimmen, die Fed habe mit unkonventionellen Maßnahmen – zum Beispiel mit Käufen hypothekengesicherter Wertpapiere, die den Häusermarkt stützen sollten – ihr Mandat zur Wahrung der Preisstabilität überzogen. Diese Kritik führte wiederum zu Fragen über ihre Unabhängigkeit. Diese Episode von vor 80 Jahren erinnert daran, dass die Unabhängigkeit der Zentralbank gefährdet sein kann, wenn sie, explizit oder implizit, ihr Mandat zur Sicherung einer hohen Beschäftigtenquote nicht erfüllt.

Im Gegensatz zu 1933 wurde die Geldpolitik 2013 von Komitees bestimmt, vor allem von einem Komitee, das sieben Governors der Federal Reserve und fünf Chefs von Reservebanken umfasste. Komitees bewegen sich naturgemäß langsam und auf das Federal Open Market Committee traf dies in besonderem Maß zu. Das FOMC legt großen Wert auf Konsens. Die Mitglieder mögen unterschiedliche Meinungen vertreten, aber sie wissen, dass zu viele Meinungsverschiedenheiten Fragen über die Kohärenz der

Politik aufwerfen können. Das alles führt dazu, dass Kompromisse angestrebt werden. Ob das gut ist oder schlecht, bleibt offen, aber Veränderungen der Geldpolitik sind heute eher marginal als radikal.

Im Sommer 2013 gingen diese Veränderungen in die Richtung einer geringeren statt einer stärkeren Anpassung. Chairman Bernanke deutete vor dem Wirtschaftskomitee des Kongresses im Mai und bei einer Pressekonferenz nach einer FOMC-Sitzung im Juni an, die Zentralbank könnte ihre Wertpapierkäufe einschränken und sie möglicherweise in der Mitte des Jahrs 2014 ganz einstellen, obwohl es keinen offensichtlichen Inflationsdruck gab und das Wachstum weiterhin schleppend verlief. Obwohl es noch keine wirklichen Kürzungen der Wertpapierkäufe gab, spürte man sofort den einschränkenden Effekt der restriktiveren zukünftigen Geldpolitik, die Bernanke angekündigt hatte.[657] Die Renditen zehnjähriger Staatsanleihen stiegen in den folgenden beiden Monaten von 2,3 auf 2,9 Prozent, was die Zinsen 30-jähriger Hypotheken von 4,0 auf 4,5 Prozent steigen ließ und die Erholung des Häusermarkts verzögerte.

Es war eine Kombination verschiedener Faktoren, die diese Verschiebung des politischen Ausblicks verursachte. Beobachter machten sich Sorgen, die niedrigen Renditen der Staatsanleihen könnten Investoren dazu veranlassen, zusätzliche Risiken einzugehen. Sie sorgten sich auch, dass Käufe hypothekengesicherter Wertpapiere eine weitere Runde von Exzessen am Häusermarkt auslösen könnten. Diese Warnungen kamen nicht von den ständigen Kritikern der Zentralbank, sondern von den Chefs der Reservebanken, die mit den Auswirkungen der Geldpolitik auf die gesamte Wirtschaft manchmal weniger vertraut waren, obwohl sie ihre Finger am Puls der lokalen Häuser- und Bankenmärkte hatten. Aber sogar Chairman Bernanke reagierte im Rahmen einer Rede bei der Federal Reserve Bank of Chicago im Mai 2013 auf ihre Bedenken, als er anmerkte, die Zentralbank achte »besonders aufmerksam auf Anzeichen, dass die Anleger hohe Renditen anstreben«. Letztes bedeutete, dass die Anleger riskantere Investitionen tätigten, um höhere Renditen zu erzielen, und umfasste auch andere Formen des Eingehens exzessiver Risiken.[658]

Auch bei den FOMC-Mitgliedern gab es Zweifel über die Wirksamkeit monetärer Anreize. Jeffrey Lacker, Chef der Reservebank von Richmond, argumentierte, ein weiterer Rückgang der Renditen von Staatsanleihen und der Hypothekenzinsen um 50 Basispunkte würde wenig dazu beitragen, schnelleres Wachstum in einer Volkswirtschaft auszulösen, die von einer alternden Bevölkerung und belastenden Regulierungen gebremst wird. Obwohl inzwischen wieder Wachstum eingesetzt hatte, sagte er im Mai 2013: »Es sieht so aus, als sei das Wachstum größtenteils wegen struktureller Faktoren begrenzt, welche die Geldpolitik nicht überwinden kann. In dieser Situation sehen mit einem weiteren monetären Stimulus verbundene Zugeständnisse nicht besonders vielversprechend aus.« Richard Fisher von der Fed in Dallas, war kein stimmberechtigtes Mitglied des FOMC, entgegnete diesem Nachteil aber dennoch mit einem Redeschwall und argumentierte, das Vertrauen könne verloren gehen, wenn es keinen glaubwürdigen mittelfristigen Fiskalplan gab, und bis der erreicht wäre, werde »die Fed bestenfalls an einem Strang ziehen und im schlechtesten Fall die Spekulation fördern und eine massive Inflation auslösen«.[659] Solche Diagnosen waren dubios, aber die lautstarken Meinungsverschiedenheiten machten es für die Zentralbank schwierig, ihren Kurs beizubehalten.

Im Vordergrund stand etwas anderes: Weil die Fed, zusammen mit anderen politischen Akteuren, eine weitere große Depression abgewendet hatte, wollte sie dann nicht noch mehr tun. Die Mitglieder des FOMC konnten sich mit der Tatsache trösten, dass sich der Häusermarkt erholte. Sie konnten sich beruhigt fühlen, weil sich die Finanzen der staatlichen und lokalen Regierungen verbesserten. Sie konnten auf die Tatsche verweisen, dass es keinen Zusammenbruch der Wirtschaftstätigkeit wie 1929 bis 1933 gegeben hatte. Das erlaubte ihnen, den Kritikern des Aktivismus der Zentralbank zuzuhören und deren Wunsch zu genießen, zu einer konventionelleren Geldpolitik zurückzukehren, ob die Situation der Wirtschaft nun konventionell war oder nicht. Die Politik der USA von 2008 und 2009 verhinderte das Schlimmste, wie die Politiker stolz feststellten. Aber ironischerweise führte genau dieses Resultat die Politik nun in eine weniger positive Richtung.

Kapital 24
Wie man die Dinge möglichst schwierig macht

Wenn schon die Innenpolitik Gegenwind für die Erholung in den USA schuf, dann waren die Ereignisse andernorts, in Europa, erst recht nicht hilfreich. Die Euro-Krise brach 2010 aus, noch bevor die fiskalische und monetäre Politik in den USA sich in Richtung Sparsamkeit verlagerte. Die Folgen waren katastrophal, vor allem für die Mitglieder der Europäischen Union. Sie belasteten aber auch die Entwicklung anderer Volkswirtschaften, auch der amerikanischen, die immer noch darum kämpften, sich von der schlimmsten Rezession seit 80 Jahren zu erholen.

Die Europäer hatten lange daran gearbeitet, die Dinge so schwierig wie möglich zu machen. Sie vernachlässigten die Probleme ihrer Banken. Sie vernachlässigten den Verlust an Wettbewerbsfähigkeit in ganz Südeuropa. Sie vernachlässigten die chronischen Finanzprobleme Griechenlands, dem sie in all ihrer Weisheit 2001 den Beitritt zur Eurozone erlaubt hatten.

Und durch die Schaffung des Euro versperrten sie alle Möglichkeiten, diese Probleme zu lösen. Es gab keine Möglichkeit mehr, eine Landeswährung abzuwerten, weil es keine nationalen Währungen mehr gab. Es gab auch keine Aussicht darauf, die Option einer Abwertung wiederzuerlangen, weil ein Austritt aus der Eurozone nicht vorgesehen war. Keine Bankenunion begleitete die monetäre Union. Wegen des Fehlens einer gemeinsamen Bankenaufsichtsbehörde und eines Mechanismus zur Abwicklung schlechter Banken war es nicht möglich, die nationalen Aufsichtsbehörden dazu zu zwingen, insolvente Finanzinstitute mit frischem Kapital auszustatten oder zu liquidieren. Es gab keine Prozedur zur Restrukturierung der Schulden in Not geratener Regierungen – kein gemeinsames Insolvenzrecht. Es gab keinen Mechanismus, Regierungen im Notfall zu unterstützen, oder einen Konsens, wie die damit verbundenen politischen Bedingungen aussehen sollten. Es gab nicht einmal eine

Vereinbarung, dass die EZB als Kreditgeber letzter Hand auftreten und Kredite vergeben sollte, um das Finanzsystem zu stabilisieren.

Die letztgenannte Tatsache hielt die EZB nicht davon ab, aktiv zur Krise beizutragen. Sie bemerkte den Sturm nicht, der sich gerade zusammenbraute, und erhöhte im Juli 2008 ihren wichtigsten Leitzins um 25 Basispunkte auf 4,25 Prozent. Diese Entscheidung war außergewöhnlich zerstörerisch. Die USA befanden sich schon seit Ende 2007 in einer Rezession und es war nicht plausibel, dass Europa gegen die Auswirkungen immun bleiben würde. Bei IKB und BNP Paribas waren schon Probleme zutage getreten, die durch ihre Spekulationen am amerikanischen Subprime-Markt verursacht worden waren.[660] Die Immobilienpreise in Irland und Spanien befanden sich bereits auf einem Hoch. Es war vorhersehbar, dass die Banken in diesen Ländern Probleme bekommen würden, auch wenn die EZB das nicht vorhersah. Das Wachstum von Geldmengen und Krediten in der ganzen Euro-Zone verlangsamte sich deutlich. Das Wachstum der Geldmenge M3 kam Anfang 2008 zum Stillstand und entwickelte sich dann beständig nach unten, was eine bevorstehende Verknappung von Bankkrediten an den Privatsektor und eine Verlangsamung des Wirtschaftswachstums ankündigte.

Das war nicht der richtige Zeitpunkt, die monetären Zügel anzuziehen. Über die Motive der EZB gibt es aber keinen Zweifel. Die Inflationsrate lag über 3 Prozent, also deutlich höher als die 2 Prozent, die die Offiziellen der EZB als zulässige Obergrenze sahen. Ihr Fehler war, dass sie sich auf die falschen Faktoren konzentrierten. In der ersten Jahreshälfte 2008 stieg die Inflation wegen stark steigender Rohstoff- und Energiepreise, angefacht durch starke Nachfrage aus China und anderen energiehungrigen, schnell wachsenden Schwellenländern. Aber Rohstoff- und Energiepreise sind volatil. Sie sinken ebenso schnell, wie sie steigen, und wegen der Flaute der Weltwirtschaft sanken sie nun. Am Ende überstieg die monatlich ermittelte Kerninflation – die um die vorübergehenden Auswirkungen der volatilen Rohstoff- und Energiepreise bereinigte Inflation – 2007 und 2008 nie die EZB-Schwelle von 2 Prozent.

Im Gegensatz zur Federal Reserve hatte die EZB immer auf die Inflation einschließlich der Rohstoffe und der Energie geachtet. Ihr Präsident Jean-Claude Trichet betonte 2005 die Wichtigkeit, eben diesen Maßstab zu bevorzugen. In den USA mit ihren flexiblen und dezentralisierten Arbeitsmärkten konnten die Gaspreise steigen oder fallen, ohne sich merklich auf die Lohnvereinbarungen auszuwirken. Aber in Europa, so erklärte Trichet, führten höhere Nahrungs- und Treibstoffkosten schnell zu höheren Löhnen bei den jährlichen Tarifverhandlungen, weil es in den einzelnen Ländern starke und zentralisierte Gewerkschaften gab. Das machte die »Headline«-Inflation zum relevanten Maßstab für die Prognose zukünftigen Preisdrucks. »Das Ausmaß der Kerninflation hinkte, zumindest in der Vergangenheit, den Entwicklungen der Headline-Inflation hinterher, statt ihnen vorauszulaufen«, sagte Trichet 2005. »Es scheint unangemessen, die Energie aus dem Preisindex auszuschließen«, meinte er, »und gleichzeitig andere Faktoren beizubehalten (...)«.[661]

Dieses Argument mag 2005 plausibel gewesen sein, aber 2008 traf das nicht mehr zu. Das Wachstum verlangsamte sich. Die Arbeitslosigkeit stieg. Unter diesen Umständen war es unglaubwürdig, dass es eine Explosion der Lohnforderungen geben würde.

Wenn die Unterscheidung zwischen der Headline- und der Kerninflation für die Politiker zu subtil war, dann lag das daran, dass sie auch für die Öffentlichkeit zu subtil war. Die Öffentlichkeit brachte den Euro mit höheren Preisen für so essenzielle Lebensmittel wie Brot und Kaffee in Verbindung. Bäcker und Baristas wurden beschuldigt, ihre Preise aufzurunden, als es zur letzten Runde des Übergangs von Franc und Lira zum Euro kam. Der Euro, so das Fazit der Öffentlichkeit, war eine Währung, die zur Inflation neigte. Genau dann, als Trichet seine schicksalhafte Verteidigungsrede der Headline-Inflation hielt, musste er in *Paris Match* lesen, dass »die Europäer den Euro für einen Inflationsfaktor halten, nachdem sie gesehen haben, dass der Preis für einen Laib Brot von fünf Francs auf einen Euro, für einen Espresso von fünf Francs auf einen Euro und für ein Rubbellos von zehn Francs auf zwei Euro gestiegen ist«. Er bestand zwar darauf, diese Bemerkung sei übertrieben, aber dennoch gestand Trichet ein: »Die Vorstellung, der Euro sei inflationär, bleibt im kollektiven Bewusstsein verwurzelt, weil zum Zeitpunkt des Übergangs zur Einheitswährung einige wenige Preise überproportional stiegen.«[662] Angesichts dieses Bewusstseins waren diese wenigen Preise zu bedeutend, um sie ignorieren zu können.

In Deutschland, wo die Aversion gegen Inflation tief verwurzelt war, wurde die Unterscheidung zwischen Headline- und Kerninflation abgewiesen. Das verpflichtete Trichet, Finanzdiplomat und erster französischer EZB-Präsident, darzulegen, dass er in monetärer Hinsicht so teutonisch war wie ein Deutscher. Er nahm sogar Deutschunterricht. Er bevorzugte das Konzept der Headline-Inflation und konzentrierte sich darauf, sie unterhalb von 2 Prozent zu halten, unabhängig davon, welche Probleme sich im Bankensystem oder in der Wirtschaft auch entwickeln mochten.

Nach der Pleite von Lehman Brothers änderte sich diese Position. Trotz ihrer veranlagungsbedingten Abneigung gegen politischen Aktivismus fühlte sich sogar die EZB nun zum Handeln gezwungen. Dabei war es hilfreich, dass die Headline-Inflation unter dem Druck der Krise nun in Richtung des Ziels von 2 Prozent sank. Der EZB-Rat senkte den wichtigsten Zinssatz der Bank im Oktober 2008 auf 3,75, im November auf 3,25 und dann im Dezember auf 2,50 Prozent. Er erweiterte die Liste der Assets, die bei Kreditgeschäften als Sicherheiten akzeptabel waren. Er signalisierte seine Bereitschaft, so viel Liquidität zur Verfügung zu stellen, wie die Finanzinstitute benötigten.[663] Die Zinsen lagen, anders als in den USA, noch immer deutlich über null Prozent. Die Initiativen der EZB waren bescheidener als die erste Runde des Quantitative Easing der Fed ab November. Aber immerhin war das besser als nichts.

Aber der Schaden, den die frühere Politik angerichtet hatte, war nicht leicht zu reparieren. Ökonomen können den zeitlichen Abstand zwischen dem Wachstum der Geldmenge und der Produktion nicht präzise einschätzen, aber nur wenige von ihnen bezweifeln, dass es mehrere Quartale dauert, bis die vollen Auswirkungen eines monetären Impulses spürbar werden.[664] Während das BIP der Eurozone in der zweiten Jahreshälfte 2008 nur leicht sank, fiel es später deutlich, und zwar mit einer Jahresrate von 2,2 Prozent im ersten Halbjahr 2009, was die Auswirkungen der verschärften monetären Bedingungen ein Jahr zuvor zum Ausdruck brachte. Die Rezession in Europa war nun im Gang, was die Probleme der Banken, der Immobilienentwickler und der Regierungen zusammenfasste, vor allem in Europa selbst, aber auch in anderen Ländern wie den USA.

Weil die EZB sich nicht schneller bewegte, landete das Problem der Stabilisierung der Produktion direkt bei den Regierungen. Wenn die Zentralbanken nicht mehr taten, dann mussten es die Regierungen für sie tun, wobei »es« einen fiskalischen Stimulus nach amerikanischem Vorbild bedeutete. Aber ein Stimulus in einem Land war für ein anderes Land ebenso wenig machbar wie der Sozialismus. Die ökonomischen Auswirkungen von Steuersenkungen würden sich wegen der Tendenz, für Importe ebenso Geld auszugeben wie für heimische Güter, auch auf andere Länder auswirken.

Wenn ein Land mit einem fiskalischen Stimulus voranschritt, musste es die gesamten Kosten in Form von höheren Schulden und Zinsen tragen, konnte aber nur einen Bruchteil der Vorteile genießen. Das war überall ein Problem, vor allem aber in Europa, wo die Volkswirtschaften klein und als Folge der europäischen Integration in hohem Maß voneinander abhängig waren.

Das Bewusstsein dieses Problems fiel 2009 zeitlich damit zusammen, dass das Vereinigte Königreich den Vorsitz der G20 übernahm. Das führte zu Gordon Browns Entscheidung, eine konzertierte fiskalische Reaktion zum Mittelpunkt des G20-Gipfels in London zu machen. Brown hatte als Politiker eine erfolgreiche Karriere gemacht, indem er seinen Mangel an Charisma durch einen scharfen analytischen Verstand kompensierte, den auch seine Kritiker anerkannten. Er hatte an der Edinburgh University Geschichte studiert. Er informierte sich intensiv über die unglückliche Wirtschaftskonferenz in London 1933 und wollte sein Vermächtnis zementieren – oder, besser gesagt, es reparieren, nachdem er 2008 die britischen Anti-Terrorismusgesetze gegen Island eingesetzt hatte und nach dem Fiasko um Northern Rock.

Ob es an seiner Erfahrung als Historiker oder an anderen Gründen lag, Brown war jedenfalls der einzige nationale politische Führer, der das volle Ausmaß der Krise und die Notwendigkeit einer internationalen konzertierten Reaktion klar erkannte. Insofern war es günstig, dass er Anfang 2009 den G20-Gipfel in London leitete, bei dem auch historisch gebildete Fachleute, wie Bernanke, als Chefs wichtiger Zentralbanken anwesend waren. Im Vorfeld des Gipfels reiste Brown durch Europa, die USA und Lateinamerika. Beim Dinner in der Downing Street erinnerte er die Vertreter der G20 an das Scheitern der Konferenz von 1933 und daran, wie »dieses Scheitern alle anderen schrecklichen Ereignisse in diesem und dem folgenden Jahrzehnt schon ahnen ließ«. Diese Anmerkungen sollten wahrscheinlich den Widerstand der deutschen Kanzlerin Angela Merkel gegen einen finanziellen Stimulus überwinden.[665]

Die Konferenz von 1933 hatte im Geologischen Museum stattgefunden, wo angeblich nichts, was passierte, die Fossilien aus der Ruhe brachte. Der Gipfel 2009 wurde im ExCeL Center in den Londoner Docklands abgehalten, einem Gebiet, das früher als »City« oder Finanzdistrikt von London floriert hatte und sich nach Osten erstreckte. Jetzt aber nicht mehr. Das ExCeL Center war, ein Zeichen der Zeit, kurz zuvor von der National Exhibitions Company aus Abu Dhabi gekauft worden. Die an diesem nicht gerade glücklich gewählten Veranstaltungsort versammelten Politiker fanden es schwierig, zu einer Einigung zu gelangen. Wie Merkel wies auch Nicolas Sarkozy der finanziellen Neuregulierung und dem Vorgehen gegen Steuerparadiese in Übersee eine höhere Priorität zu als sofortigen Maßnahmen zur Stabilisierung der Wirtschaft. Weder die USA noch China schätzten es, dass die Europäer, die ihre eigenen finanziellen Probleme hatten, ihnen Vorlesungen über regulatorische Reformen hielten.

Am Ende konnten die Teilnehmer zumindest den Anschein einer einheitlichen Front erwecken. Sie einigten sich darauf, dem IWF zusätzliche Ressourcen zur Verfügung zu stellen, was ihn in die Lage versetzte, Ländern größere Kredite zu geben, die das nötig hatten. (Bald stellte sich heraus, dass die Europäer das selbst nötig hatten.) Die Kontroverse um die Veröffentlichung einer Liste von Steuerparadiesen, die von den Franzosen verlangt wurde, lösten sie, indem sie das Thema aus dem G20-Communiqué strichen und diese Aufgabe auf die Organization for Economic Cooperation and Development übertrugen, die praktischerweise ihren Sitz in Paris hatte.

Am folgenreichsten war, dass die Politiker ihre Versprechen fiskalischer Anreize kombinierten und noch weitere hinzufügten. Sie versprachen, den IWF und die Weltbank zu unterstützen, was die schlagzeilenträchtige Gesamtsumme von einer Billion Dollar ergab. Brown bezeichnete dies später als den »Eine-Billion-Dollar-Plan« und behauptete, dies sei der entscheidende Schritt gewesen, um den Absturz der Weltwirtschaft zu stoppen.[666] Colin Bradford und Johannes Linn, die über den ersten Jahrestag des Londoner Gipfels schrieben, teilten die Einschätzung und lobten die G20-Veranstaltung in London als »das erfolgreichste Gipfeltreffen der Geschichte.«[667]

Es ist fraglich, ob zukünftige Historiker, mit dem Vorteil einer größeren Distanz, diese günstige Einschätzung teilen werden. Der fiskalische Stimulus 2009 war willkürlich: Höhere Staatsausgaben wurden von gering verschuldeten Ländern initiiert, aber auch von Ländern mit geringem fiskalischen Spielraum, die dafür einen hohen Preis bezahlten. Der Stimulus wurde von Ländern mit eigener Währung wie dem Vereinigten Königreich eingeführt, deren Zentralbanken den Markt der Staatsanleihen schützen und die Zinsen niedrig halten konnten. Er wurde aber auch von Ländern eingeführt, die keine eigene Währung und keine nationale Notenbank mehr hatten, was sie der Gnade der EZB unterwarf. Den – gemessen am BIP – größten Stimulus eines Landes aus der Eurozone gab es in Spanien, einem Land, das mit großen Problemen im Bankenwesen und am Immobilienmarkt zu kämpfen hatte. Wenig später zweifelten die Investoren an der Fähigkeit Spaniens, seine Schulden zu bedienen, und Madrid bedauerte nun seine fiskalischen Ambitionen. Griechenland kündigte kein neues Stimulusprogramm an, sah sein Haushaltsgleichgewicht aber um weitere 5 Prozent sinken, weil Steuereinnahmen ausfielen und eine Erhöhung der Staatsausgaben schon geplant war. In Portugal war die Situation ähnlich.[668] Es wäre sinnvoller gewesen, wenn Länder mit größerem fiskalischen Spielraum, wie Deutschland, mehr und Länder mit Schuldenproblemen weniger getan hätten. Im Rückblick wird klar, dass diese Unterscheidung nötig gewesen wäre.

Aber die Idee, dass zusätzliche Ausgaben einen Weg aus der Krise bahnen könnten, kam bei der deutschen Öffentlichkeit nicht gut an. Und das begrenzte das Ausmaß des Stimulus, das Merkel im Bundestag durchsetzen konnte. Andererseits neigten südeuropäische Regierungen dazu, mehr auszugeben. Sie hatten schon ehrgeizige Programme für öffentliche Ausgaben vorbereitet. Manche Länder, wie Spanien, leugneten das Ausmaß ihrer Probleme der Banken und Finanzen und den Druck, den diese auf ihre Staatsanleihen ausüben würden. Weil es aber keinen stärkeren Koordinationsmechanismus auf dem Niveau der G20 oder der Europäischen Union gab, war es der Weg des geringsten Widerstands, aus dem Muster der Verleugnung Nutzen zu ziehen – was letztlich bedeutete, nicht die Stärken, sondern die Schwächen Europas auszunutzen.

Das Ergebnis ähnelte der Weltwirtschaftskonferenz 1933 stärker, als es die Offiziellen wahrhaben wollten. So wie Frankreich darauf hinweisen konnte, dass es nicht zum Zusammenbruch des internationalen Geld- und Finanzsystems beigetragen hatte und keine Opfer bringen musste, um zu dessen Wiederbelebung beizutragen, konnte auch Deutschland sagen, dass es nicht für die Krise von 2008 und 2009 verantwortlich war und sich daher auch nicht schwerer verschulden sollte, um sie zu überwinden. Das Ergebnis war weniger Kooperation, als die Öffentlichkeit annahm. Leute wie Premierminister Brown, die das große Bild sahen, scheiterten daran, es in den angemessenen Grautönen zu malen.

Natürlich verdrängten nicht nur die Offiziellen die Realität. Auch die Investoren ließen zu, dass die Regierungen ganz nach Wunsch agieren konnten. In jedem Land der Euro-Zone, außer Irland und Griechenland, blieben im September die Renditen zehnjähriger Staatsanleihen niedriger als vor dem Ausbruch der globalen Kreditkrise. Und sogar in diesen beiden Ländern lagen sie kaum über dem Niveau von Anfang 2008, volle eineinhalb Jahre später. Früher hatten Analysten, die sich schon auf die Einführung des Euro freuten, argumentiert, dass Marktdisziplin in Form höherer Anleihenrenditen rücksichtsloses fiskalisches Verhalten in der Währungsunion verhindern würde.[669] Aber jetzt standen zum ersten Mal seit der Euro-Einführung Schulden und Defizite kurz davor, zu einem ernsten Problem zu werden. Und die erwähnte Disziplin glänzte durch Abwesenheit. Den südeuropäischen Regierungen wurde erlaubt, ihre verantwortungslose Politik fortzusetzen.

Vor allem akzeptierten die Märkte weiterhin die Fiktion, Probleme durch Staatsverschuldung seien in einer Währungsunion nicht möglich. Die Kreation von hartem Geld, indem man den südeuropäischen Regierungen den Zugang zur Notenpresse verweigerte, eliminierte auf gewisse Weise nicht nur das Risiko einer Abwertung, sondern auch das Risiko eines Staatsbankrotts. Das glaubten jedenfalls die Investoren. Es ist nicht so, dass Deutschland oder eine größere Gruppe von Volkswirtschaften aus der Euro-Zone die Verantwortung für die Schulden der problembeladenen Länder übernehmen wollte. Im Rückblick fällt allerdings auf, dass die Investoren sich der Krise nicht bewusst waren, die sie schon bald umschließen würde.

Griechenland war ein Weckruf. Es war keine Neuigkeit, dass das Land fiskalische Probleme hatte. Erst im März 2009 hatte der Rat der Europäischen Union Athen wegen fiskalischen Verzugs gerügt. Er warnte, dass die Regierung nach einem Haushaltsdefizit 2008, das über den erlaubten 3 Prozent lag, und mit einem Defizitziel von 3,7 Prozent des BIP 2009 gegen den Stabilitäts- und Wachstumspakt verstieß, also gegen den fiskalischen Überwachungsmechanismus der EU. Griechenland riskierte, einer Schuldenüberprüfung durch die EU und einer erniedrigenden Aufsicht durch die Europäische Kommission unterworfen zu werden.

Das Defizit von nur 3,7 Prozent war natürlich realitätsfern. ELSTAT, die Buchführungsabteilung der griechischen Regierung, hatte schon seit langer Zeit ihre Bücher frisiert. Schon 2004 hatte Eurostat, die Statistikbehörde der EU, Zweifel an der Qualität der griechischen Zahlen geäußert. Von da an wurde die Situation nur noch schlechter. 2009 fanden Parlamentswahlen statt und die Parlamentarier nutzten die dank des Euro niedrigen Zinsen, um im Rahmen eines erbitterten Kampfs um Stimmen ihre Wähler mit fiskalischen Wohltaten zu überschütten.

Die Wahlen im Oktober endeten mit dem Sieg der Panhellenischen Sozialistischen Bewegung (PASOK) und die Regierung unter George Papandreou kam an die Macht. Papandreou kam aus dem griechischen Äquivalent des Kennedy-Clans amerikanischer Politiker. Sein Großvater väterlicherseits war dreimal Premierminister. Sein Vater Andreas gründete nach der Wiederherstellung der Demokratie 1974 die PASOK. Es sah so aus, als sei Griechenland in guten Händen.

Aber Papandreou war nicht die geeignete Person, das Land in diesen schwierigen Zeiten zu führen. Er wurde nicht in Griechenland geboren, sondern in St. Paul, Minnesota, wo sein Vater Universitätsprofessor für Wirtschaftswissenschaften war. Seine prägenden Jahre verbrachte er in Berkeley, Kalifornien, wo Andreas als Fakultätsvorsitzender tätig war. Der Sohn sprach Englisch wie ein Muttersprachler, aber Griechisch wie ein Ausländer. Und das beeindruckte die Männer in den Tavernen nicht. Es war nicht hilfreich, dass Papandreou, der Master-Abschlüsse vom Amherst College und von der London School of Economics vorweisen konnte und in der Forschung gearbeitet hatte, eine Ausstrahlung hatte, die Beobachter weniger an einen Kennedy, sondern an, sagen wir, Jimmy Carter erinnerte (obwohl er Soziologie und nicht Nuklearingenieurwesen studiert hatte). Papandreou nahm eine nicht traditionelle Vorgehensweise gegenüber dem öffentlichen Dienst an, insbesondere eine amerikanisch geprägte Entschlossenheit und den Glauben, Korruption und finanzielle Exzesse ausrotten zu können. Das passte nicht recht zu Griechenland und, wie manche sagen würden, auch nicht zur PASOK. Seine größten Stärken als Politiker waren ein freundliches Auftreten und ein gelassenes Temperament. Entschlossenheit und die Fähigkeit, hart zu handeln, zählten dagegen nicht zu seinen Stärken.

Im September 2009, vor den Wahlen im Oktober, besuchte Giorgos Provopoulos, der Gouverneur der griechischen Zentralbank, sowohl Papandreou als auch seinen stärksten Rivalen, Premierminister Kostas Karamanlis. Provopoulos warnte die Politiker, die bargeldbasierten Finanzdaten der Bank deuteten darauf hin, dass das Haushaltsdefizit in Wirklichkeit 1 Prozent im Monat oder mehr als 12 Prozent pro Jahr betrug. Sofort nach den Wahlen traf sich Gouverneur Provopoulos dann mit Papandreou und seinem soeben ernannten Finanzminister George Papaconstantinou, der an der London School of Economics Wirtschaftswissenschaften studiert hatte. Er warnte sie, dass die Daten der Bank, die Transfers von und auf die Konten der Regierung dokumentierten, zeigten, dass das Defizit in den ersten neun Monaten schon bei 10 Prozent des BIP lag. Daraus folgte, dass das Defizit für das Kalenderjahr enorme 13 Prozent des BIP erreichen konnte. Am nächsten Tag traf sich Provopoulos noch einmal mit Papaconstantinou, um die Dringlichkeit der Situation zu unterstreichen. Die Vorgängerregierung war vielleicht für die Verschwendung vor den Wahlen verantwortlich, aber die neue Regierung war gewarnt.

Wäre Papandreou entschlossen gewesen, dann hätte er bei seinem Amtsantritt als Premierminister dieses Problem anerkennen können. Er hätte die Schuld daran der früheren konservativen Karamanlis-Regierung zuweisen und sich als ein neuer Besen positionieren können, der besser kehrt. Aber man zögerte, die Dinge offenzulegen, und es gab die Versuchung, nach der Tradition früherer griechischer Regierungen die Realität zu verleugnen. PASOK hatte den Wählern viel versprochen und nun gab es Druck, diese Versprechen einzulösen. Ein ungewöhnlich willensstarker und entschiedener Premierminister wäre erforderlich gewesen, um den Wählern zu sagen, dass es nicht in ihrem Interesse war, die Wahlversprechen zu halten, weil sich die Umstände geändert hatten. Papandreou war aber kein solcher politischer Führer. Hinsichtlich Temperament und Intellekt ähnelte er Édouard Herriot, der mit einer ähnlichen, von der vorherigen französischen Regierung initiierten fiskalischen Täuschung konfrontiert war, als er 1924 sein Amt antrat. Papandreou zögerte wie Herriot vor ihm, die Politik zu ändern – mit, wie sich erweisen sollte, katastrophalen Folgen.

Daher waren die fiskalischen Anpassungen der von der PASOK geführten Regierung beständig zu gering und kamen zu spät. Jede Woche gab es eine neue ELSTAT-Veröffentlichung, weil die Behörde tiefer in die Bücher staatlicher Krankenhäuser und ähnlicher Einrichtungen vordrang und aufdeckte, dass das Defizit noch höher war als befürchtet. Ab Anfang Oktober wurde anerkannt, dass das Defizit 7,8 Prozent des BIP erreichte – mehr als das Doppelte der früher angekündigten 3,7 Prozent. Im Lauf späterer Revisionen stieg das Defizit dann auf 9,8, 11 und schließlich 12,7 Prozent des Nationaleinkommens, also fast genau auf das Niveau, das die Berechnungen der Zentralbank schon Monate zuvor ergeben hatten. Nach jeder Veröffentlichung gab es eine Stellungnahme Papandreous, wie die Regierung auf diese Nachrichten reagieren wollte. Jede Reaktion fiel zu gering aus, um das grundlegende Problem anzugehen oder es gar zu lösen.

Die Investoren zogen das naheliegende Fazit. Wenn sie die neuen ELSTAT-Schätzungen zu den vorherigen Zahlen der akkumulierten Staatsverschuldung addierten, erkannten sie, dass die Verschuldung tatsächlich bei mehr als 110 Prozent des BIP lag. Plötzlich konnte man sich das Unvorstellbare vorstellen – dass ein Land der Eurozone in den Staatsbankrott abgleiten könnte.[670] Fitch wertete griechische Staatsanleihen Anfang September auf BBB+ ab. Dass Griechenland zuvor ein AAA-Rating genossen hatte und diese Anpassung bis Dezember dauerte, sagt einiges darüber aus, wie genau diese sogenannten Experten aus dem privaten Sektor die Entwicklung beobachteten.

In Reaktion darauf stiegen die Renditen zehnjähriger Anleihen von 4,99 auf 5,3 Prozent. Papandreou und sein Kabinett betonten immer wieder, dass sie die Sache im Griff hätten. Wir werden das Defizit reduzieren, wir werden die Verschuldung kontrollieren und es wird kein Bedürfnis nach Rettungsmaßnahmen geben, betonte Papaconstantinou. »Wir sind nicht Island.« Darauf sollten später noch weitere demütigende Vergleiche mit anderen Ländern folgen und bald zu einem Kennzeichen der Krise werden.[671]

Am 24. Dezember 2009 verabschiedete das griechische Parlament ein sogenanntes Austeritätsbudget. Man beugte sich damit starken Gewerkschaften mit engen Verbindungen zur PASOK; denn Gehaltskürzungen im öffentlichen Sektor waren nicht vorgesehen. Der neue Haushalt versprach nur, das Defizit auf 9,4 Prozent des BIP zu senken. Das war immer noch mehr als das Dreifache dessen, was die EU und nun plötzlich aufmerksame Investoren für sinnvoll hielten. Zudem blieb unklar, wie Papandreou den Unterschied finanzieren wollte.

An diesem Punkt schwang sich die Europäische Kommission zur Tat auf, wenn auch zu spät. Kurz nach Neujahr veröffentlichte sie einen Bericht über das griechische Staatsdefizit und die Schuldenstatistiken und ließ keinen Zweifel daran, dass sie schockiert war, herauszufinden, dass die fehlerhaften Informationen seitens Griechenlands weitergingen. Sie konzedierte, dass Griechenland einen Überbrückungskredit brauchen würde angesichts der Schwierigkeiten, das Defizit zu schließen, sogar in dem Ausmaß, wie die Regierung es im Dezember vorgeschlagen hatte. Das führte wiederum zu der Frage, wer die Finanzmittel bereitstellen würde. Würden Deutschland und andere Länder mit tiefen Taschen einspringen oder sollten die Griechen gezwungen werden, in dem von ihnen selbst gemachten Bett zu schlafen, und ihren Gläubigern Verluste aufladen? Das Thema, wer Griechenland und eventuell auch andere Krisenstaaten retten sollte, wirkte sich später zunehmend schädlich auf die europäische Politik aus. Der üble Geruch sollte jahrelang nicht weichen.

Das Zögern der Kreditgeber zeugte nicht ganz grundlos vom Zweifel an den reformistischen Absichten der griechischen Regierung. Natürlich würden die Kredite mit Bedingungen verknüpft sein. »Keine Garantien ohne Kontrolle«, so drückte es Merkel auf ihre charmante Weise aus.[672] Weniger klar war, wer diese Bedingungen aufstellen und kontrollieren sollte. Die EU-Kommission, in der jedes Land einen Vertreter hatte, stand nicht über der Politik. Die Regierungen von Schuldnerländern konnte man kaum bitten, diese sensible politische Funktion zu übernehmen. Deutschland hatte Griechenland im Zweiten Weltkrieg besetzt und Anwendung politischer Konditionalität durch Berlin würde unweigerlich als eine weitere deutsche Invasion bezeichnet werden. Anfang 2010 gab es in Athen noch keine Plakate von Merkel in SS-Uniform. Aber das sollte noch kommen.

Also schluckten die Europäer ihren Stolz hinunter und wandten sich an den IWF. Der Fonds hatte Erfahrung bei der Aushandlung von Kreditkonditionen. Sein Mann in Athen, Poul Thomsen, hatte in anderen Ländern der Region schon ähnliche Arbeiten erledigt.[673] Der IWF hatte einen ehrgeizigen Generaldirektor, Dominique Strauss-Kahn, der als Präsident Frankreichs kandidieren wollte und gern als jemand gesehen werden wollte, der den Europäern half. Nicht zuletzt waren die Finanzmittel des Fonds gerade erst von den G20 aufgestockt worden, was den haushaltsbewussten Europäern entgegenkam.

So fiel im März 2010 die Entscheidung, die Verhandlungen über die Bedingungen auf den IWF zu übertragen. Zumindest hatte es den Anschein. Die Realität sah anders aus, weil die Europäer nicht zögerten, sich Bedingungen zu widersetzen, die ihnen nicht gefielen und Strauss-Kahn darauf aus war, ihnen zu gefallen. Der IWF würde ein Drittel der Rettungsmaßnahmen finanzieren. Die anderen zwei Drittel würde ein neu gegründeter EU-Rettungsfonds zur Verfügung stellen, der später Europäischer Stabilitätsmechanismus oder ESM heißen sollte. Die Mitgliedstaaten würden je nach ihrer Größe und Stärke Mittel zur Verfügung stellen, was bedeutete, dass Deutschland den Löwenanteil beitragen würde. Der IWF, die EU-Kommission und die EZB, jetzt zusammenfassend Troika genannt, sollten überwachen, ob Griechenland sich an die Vereinbarung hielt.

Die erste Troika-Mission landete am 21. April 2010 in Athen. Die Renditen der zehnjährigen Anleihen stiegen weiterhin, weil die Investoren nun offen bezweifelten, dass die Regierung ihre Schulden bedienen konnte. Am 9. Mai wurden Staatsanleihen im Volumen von neun Milliarden Euro fällig und es gab Zweifel, ob Athen neue Anleihen am Markt platzieren konnte, die das Land brauchte, um die alten zu ersetzen. Sollte dies scheitern, würde der Regierung das Geld ausgehen und die Notenbank, die nun Mitglied im Europäischen Zentralbankensystem war, konnte kein Geld mehr drucken. Die Regierung müsste vielleicht die Bedienung ihrer Schulden einstellen. Der Anleihenmarkt würde zusammenbrechen. Die ganze Angelegenheit, so sagte Papaconstantinou, »könnte uns ins Gesicht fliegen«.[674]

Sollte es so kommen, wären die Folgen nicht auf Griechenland beschränkt. Schließlich musste irgendjemand dem Land all dieses Geld geliehen haben. Die deutschen Banken, allen voran die geplagte Commerzbank, hielten griechische Staatsanleihen im Volumen von etwa 17 Milliarden Euro.[675] Das Engagement des deutschen Privatsektors, einschließlich Pensionsfonds, Versicherungsunternehmen und wohlhabende Bürger, die hohe Renditen anstrebten, summierte sich auf 25 Milliarden Euro, was einem beträchtlichen Anteil der griechischen Gesamtverschuldung entsprach.[676] Mit anderen Worten: Nicht nur die Zahlungsfähigkeit der griechischen Regierung stand auf dem Spiel, sondern auch die Stabilität des deutschen Finanzsystems.

Der 9. Mai, als griechische Bonds im Wert von neun Milliarden Euro fällig waren, war auch der Tag, an dem in Deutschland Regionalwahlen anstanden. Da sie wusste, wie ihr Brot gebuttert wurde, brauchte Kanzlerin Merkel nur wenige Tage, um sich für die Unterstützung eines griechischen Hilfspakets auszusprechen, wie immer unter dem Vorbehalt, dass »angemessene Bedingungen erfüllt werden«. Diese Bedingungen wurden in einem Report der Troika festgesetzt und gingen über die Fiskalpolitik hinaus. Sie umfassten auch »Arbeitsmarktreformen, Produktmarktreformen, Reformen des Finanzsektors (und) der Statistiken«. Die Eurogruppe der Finanzminister kam hinzu und half bei der Zusammenstellung eines gemeinsamen Finanzierungspakets der Eurozone und des IWF in Höhe von 110 Milliarden Euro. Die erste Tranche in Höhe von 20 Milliarden Euro sollte im Mai ausbezahlt werden.

Das war eine ungewöhnlich schnelle Aktion, geboren aus einer Kombination von Eigeninteresse und Panik. Sie brachte keinerlei Ergebnisse. Die

Vereinbarung mit der griechischen Regierung im Mai 2010 konzentrierte sich darauf, die Ausgabensteigerungen vor den Wahlen rückgängig zu machen, ohne sich mit den langfristigen Exzessen des griechischen Staats zu beschäftigen. Zusätzliche Kürzungen der Staatsausgaben konzentrierten sich auf öffentliche Investitionen und bauten eher ökonomische Muskeln als Fett ab. Man verließ sich in höchstem Maß auf Steuererhöhungen zur Finanzierung von Sozialleistungen und Pfründen, was griechischen Unternehmen das Leben erschwerte, die wegen der kollabierenden Nachfrage zu kämpfen hatten.

Und was strukturelle Reformen betraf, konzentrierte sich das Programm vom Mai auf die Verabschiedung von Maßnahmen statt auf deren Umsetzung. Seit Mitte der 1990er-Jahre hatte das griechische Parlament fünf verschiedene Gesetze verabschiedet, die das Rauchen in den Tavernen untersagten, aber die Griechen rauchten dort weiterhin. Maßnahmen, die Strukturreformen anordneten, liefen ebenso ab. Indem sie sich auf die Annahme von Statuten statt auf deren Umsetzung konzentrierte, stärkte die Troika nur die schlechtesten Instinkte der Griechen. Die Griechen haben vielleicht nicht genug getan, um auf die Krise zu reagieren, aber sie hatten auch nicht genug Hilfe.

Hinzu kam: Weil die Troika die Auswirkungen des Anpassungsprogramms hochrechnete, vernachlässigte sie den fiskalischen Multiplikator. Die Griechen mussten die Europäische Kommission und den IWF daran erinnern, dass die Auswirkungen von Ausgabenkürzungen der Regierung auf die inländischen Produzenten ungewöhnlich stark waren, weil ihre Wirtschaft relativ geschlossen war und nur minimal von Importen und Exporten abhing. Anfang 2012 publizierte Provopoulos, der Gouverneur der griechischen Zentralbank, einen Artikel in der *Financial Times*, in dem er auf diesen Punkt hinwies.[677] Die gleichen Implikationen hatte die Tatsache, dass das Land keine nationale Zentralbank hatte, welche die Zinsen senken konnte, um die Auswirkungen der aggregierten Nachfrage auf Kürzungen der Staatsausgaben abzumildern. Ab 2011 warnten die griechischen Behörden die Troika mehrmals vor diesem Effekt. Aber die ausländischen Behörden, die auf ihre Ansichten vertrauten, beachteten die Warnungen nicht.

Daher unterschätzte die Troika, wie hart Griechenland durch die Budgetkürzungen getroffen wurde, den Vertrauensverlust der Investoren und das sich verschlechternde externe Umfeld. Die Prognosen des IWF besagten, die griechische Wirtschaft werde 2010 um 4 und 2011 um weitere 2,6 Prozent schrumpfen, ehe sie sich stabilisieren und 2012 wieder wachsen würde. Der tatsächliche Rückgang betrug 4,9 Prozent 2010 und 7,1 Prozent 2011, gefolgt von einem weiteren Schrumpfen um 6,4 Prozent 2012 und um 4,2 Prozent 2013. Alles in allem schrumpfte die Wirtschaft volle drei Mal so schnell, wie die Troika es vorhergesagt hatte, und so stark wie die amerikanische während der großen Depression. Die Arbeitslosigkeit stieg auf sozial verheerende 27 Prozent und war höher als die in den USA in den 1930er-Jahren.

Die Hinweise, dass die bittere Medizin der Troika nicht wirkte, machten es entsprechend schwerer, in Athen Unterstützung für weitere Dosierungen zu finden. Das führte zu einer weiteren Schwächung des Anlegervertrauens, was wiederum die Krise verstärkte. Der Bericht der Troika sprach von Umsetzungsrisiken und stellte leidenschaftslos fest, dass »politische Maßnahmen zur Unterstützung der Vereinbarung sehr ambitioniert und die damit verbundenen sozialen Kosten signifikant sind«.[678] Die Troika hatte keine Ahnung.

Die Katastrophe war nicht gerade zum Lachen. Lächerlich war nur die Prognose der Troika, die Relation der Verschuldung zum BIP werde bei 150 Prozent ihr Hoch erreichen und dann nach unten tendieren. Dieses Szenario ließ keinen Spielraum für das Nichterreichen der Wachstumsziele, für einen Rückgang der Einnahmen oder für Verzögerungen der Pensionsreform. Der IWF erkannte mit seiner einfachen Analyse einer nachhaltigen Entwicklung der Verschuldung das Ausmaß der Probleme Griechenlands nicht. In seinem letzten Bericht vor der Krise wies er auf halbherzige Reformen und eine unangemessene Anpassung der Politik hin, prognostizierte aber wegen der globalen Finanzkrise für 2009 einen Wirtschaftsrückgang von nur 1 bis 2 Prozent und dann, ab 2010, einen Beginn der Erholung.[679]

Es schien fast so, als produzierten die Prognosen der Troika über das Wachstum der griechischen Wirtschaft nun eher Input als Output für ihre einfache Analyse einer nachhaltigen Entwicklung der Verschuldung. Die Regeln des IWF erlaubten der Institution die Vergabe hoher Kredite nur dann, wenn sie urteilte, dass sich die Verschuldung eines Landes »mittelfristig« nachhaltig entwickelte.[680] Die Zahlen für das Wachstum Griechenlands waren so, wie man sie brauchte, damit die Verschuldung 2012 oder 2013 ihren Höhepunkt erreichte, wie die Politiker versprachen. Die

Alternative wäre ein Schuldenerlass für Athen und ein Kapitalschnitt für die Anleihenbesitzer gewesen. Man konnte das Problem lösen und Griechenland einen Neuanfang ermöglichen.

Aber niemand war bereit, diesen Weg zu gehen. Eine Restrukturierung der Schulden konnte hässlich und störend sein. Der IWF hatte wegen dieser unsicheren Folgen eine lange Tradition des Zögerns, kriselnden Ländern Restrukturierungen zu empfehlen. Die Europäer waren noch zögerlicher, weil es keinen Zweifel gab, welche Folgen das für deutsche und französische Banken hätte, die griechische Staatsanleihen hielten. Die französische Finanzministerin Christine Lagarde war besonders hartnäckig in ihrem Widerstand gegen Restrukturierungen.[681] Lagarde war bewusst, dass französische Banken fast ebenso viele griechische Anleihen in ihren Büchern hatten wie ihre deutschen Wettbewerber.

Und nicht nur deutsche und französische Banken. Auch die EZB selbst hatte französischen und anderen Geschäftsbanken griechische Staatsanleihen in großem Umfang abgekauft, als das griechische Programm angekündigt wurde, was Trichet zu einem strikten Gegner jeglicher Abschreibungen machte. Mit einem Statement nach dem anderen versicherten die europäischen Offiziellen, dass die Restrukturierung eine rote Linie war, die man nicht überschreiten durfte. An dem Freitag, als das griechische Programm angekündigt wurde, war der österreichische Finanzminister Josef Pröll an der Reihe, den Refrain zu wiederholen. Als man ihn fragte, ob die griechischen Schulden restrukturiert werden sollten, versicherte er: »Mit größter Sicherheit nicht. Wir stellen 100 Milliarden Euro an Krediten zur Verfügung. Griechenland muss sich jetzt selbst helfen.«[682]

2012 wurden griechische Staatsanleihen in Privatbesitz dann um 75 Prozent abgeschrieben, weil klar wurde, dass die frühere Arithmetik zur nachhaltigen Verschuldungsentwicklung trügerisch war. 2013 blickte der IWF melancholisch auf das griechische Programm zurück und erkannte an, dass »eine frühere Schuldenrestrukturierung besser für Griechenland gewesen wäre, obwohl das für die Euro-Partner nicht akzeptabel war«.[683] Im Rückblick trifft das absolut zu.

Kapitel 25
Männer in Schwarz

Auf diese Weise gelang es der Troika, aus der griechischen Krise eine existenzielle Krise für den Euro und die EU zu machen. Das stellt einen ganz bestimmten Schnitzer in den Vordergrund – aber Ehre, wem Ehre gebührt. Man lud Griechenland neben den Schulden gegenüber privaten Kreditgebern auch noch Schulden gegenüber der Troika auf, was eine enorme Belastung bedeutete. Das Auferlegen schmerzhafter Bedingungen wurde später bedauert; umso mehr, als klar wurde, dass das Programm nicht zu einer schnellen Wiederaufnahme des Wachstums führen würde. Wenn die Unterstützung für die Reformen bröckelte, hätte die Troika die Reißleine ziehen können. Es war nicht mehr unvorstellbar, dass die griechische Regierung den Euro aufgeben und beginnen würde, Geld zu drucken. Die Vorstellung, der Euro sei irreversibel, fiel dieser Serie falscher Maßnahmen zum Opfer. Es sollte Jahre dauern, diesen Schaden zu reparieren.

Ein zweites Opfer war die Glaubwürdigkeit eines Europas, dessen Pläne zur Eindämmung der Krise sich als unglaubwürdig erwiesen hatten. Nachdem sie gesehen hatten, wie die Europäische Kommission und die EZB mit Billigung des IWF nicht plausible politische Maßnahmen durchgeführt hatten, bezweifelten sie nun deren Kompetenz. Es dauerte nicht lange, bis die Öffentlichkeit allgemein das Vertrauen in die Technokraten in Brüssel und Frankfurt verlor.

Hinzu kam: Dass die Gläubiger Griechenlands ungeschoren davongekommen waren (denn das war die Folge der ausgebliebenen Schuldenrestrukturierung), beleidigte das Empfinden der Steuerzahler, die schon für teure Bankenrettungen geradestehen mussten. Und wenn Wähler beleidigt waren, mussten ihre politischen Führer angemessene Empörung demonstrieren. Kanzlerin Merkel und Präsident Sarkozy vereinbarten bei einem bilateralen Treffen im französischen Seebad Deauville im Oktober 2010, dass die Investoren sich die Kosten zukünftiger Krisen teilen sollten, statt die Steuerzahler haftbar zu machen. In Zukunft würde man von einer Regierung, die eine Krise durchlebt, verlangen, ihren Anleihengläubigern ein Angebot zu machen, das sie annehmen oder abweisen konnten. Man würde sie auffordern, ihre existierenden Bonds gegen neue zu tauschen, die vielleicht nur 50 Prozent der alten wert waren, und das zur Bedingung für offizielle Hilfen zu machen. Mit dem vollen Gewicht der Europäischen Union hinter der betreffenden Regierung hätten die Gläubiger gar keine andere Wahl, als das Angebot zu akzeptieren.

Merkels und Sarkozys Statement war eine Reaktion auf den politischen Rückschlag, der ausgelöst worden war, weil das griechische Programm den Privatinvestoren keinerlei Lasten auferlegte.[684] Aber diese unqualifizierte Äußerung, es würde immer dann zu einer Restrukturierung kommen, wenn ein Land in Schwierigkeiten geriet, ließ bei den Investoren die Alarmglocken läuten. Die Renditen irischer, spanischer und portugiesischer Anleihen schossen nach oben. Als Folge von Merkels und Sarkozys Spaziergang am Strand wurden die Zweifel über europäische Anleihen verallgemeinert. Ein geplagtes Land nach dem anderen verlor den Zugang zu den Kapitalmärkten. Jean-Claude Trichet war wie vom Schlag getroffen. Bei einem Treffen mit den Finanzministern und anderen hohen EU-Offiziellen rief er angeblich mehrmals: »Sie werden den Euro zerstören!« (Auf Französisch – so viel zu den viel gepriesenen Deutsch-Lektionen.)

Wären die europäischen Führer vorsätzlich darauf aus gewesen, eine fiskalische Krise und eine Finanzkrise auszulösen, sie hätten es nicht besser machen können. Verschreckt ruderten Merkel und Sarkozy von ihren Äußerungen in Deauville zurück. Die Schulden waren unantastbar, erklärten sie, und sie würden letztlich doch nicht restrukturiert werden. Aber der Schaden war schon angerichtet. Das Tabu der Restrukturierung war gebrochen.

In Wirklichkeit aber war ein gewisses Maß an Restrukturierung unabdingbar. Nicht alle Schulden waren nachhaltig, wie Griechenland schon bald demonstrieren würde. Ob es so war oder nicht, musste von Fall zu Fall entschieden werden. Zu sagen, Restrukturierung käme nie infrage, war nicht sinnvoller, als zu sagen, man werde sie in jedem Fall anwenden. Aber mit dem Versuch, das Tabu wieder einzuführen, betonten die europäischen Führer ihre eigene Unbeständigkeit und wie sehr sie den Kontakt zur Realität verloren hatten.

Diese Fehltritte hatte eine Reihe weiterer Folgen und keine davon war angenehm. Zunächst vollzog Europa noch früher als die USA eine harte Wende nach rechts von fiskalischen Anreizen hin zur Austerität – bevor der Obama-Stimulus 2012 auslief und 2013 die Beschlagnahmungen einsetzten. Wenn Schulden nicht restrukturiert wurden, mussten sie zurückgezahlt werden. Und sie konnten nur durch eine Kombination von Steuererhöhungen und Kürzungen der Staatsaugaben zurückgezahlt werden. Im Fall Griechenlands wurde das ignoriert und das verlieh dieser Idee besondere Bedeutung. Mit verschwenderischen 14 Monatsgehältern im öffentlichen Dienst (es gab nicht nur Weihnachtsgeld, sondern noch ein weiteres Monatsgehalt als Bonus) gab Athen zu viel aus. Die Regierung erlaubte Ärzten, steuerlich relevante Einkommen von manchmal nur 1000 Euro im Monat zu deklarieren, und schaffte es nicht, Steuerbetrug zu bekämpfen oder glaubwürdige Anstrengungen zu unternehmen, staatliche Programme zu finanzieren. Einige Steuererhöhungen und die Kürzung der Staatsausgaben waren eindeutig erforderlich, obwohl auf einem anderen Blatt stand, ob Austerität im von der Troika verordneten Ausmaß sinnvoll war.

Nun meinte man, andere Länder mit Haushaltsdefiziten bräuchten ebenfalls eine Dosis dieser Medizin, vor allem wenn sie wie in der Zeit nach Deauville den Zugang zu den Kapitalmärkten verloren hatten. Es spielte kaum eine Rolle, dass nicht alle dieselben Probleme hatten wie Griechenland. Es machte auch keinen Unterschied, dass ihre Haushaltsdefizite größtenteils eine Folge der Krise waren; Spanien und Irland zum Beispiel hatten bis 2008 Haushaltsüberschüsse erzielt. Aber wenn Regierungen sich keine Kredite mehr beschaffen konnten und die EZB als einzige Institution, die das tun konnte, auch keine Kredite vergeben wollte, dann hatten sie keine andere Chance, als Ausgaben zu kürzen. Das Beispiel Griechenlands förderte die Vorstellung, südeuropäische Regierungen seien verschwenderisch. Das spielte der Annahme Deutschlands in die Hände, dass Ausgabenkürzungen, unabhängig von den Umständen, immer das Mittel der Wahl waren. Keynes' Doktrin, ob auf dem Niveau der formalen Theorie oder einfach in Form von Roosevelts instinktivem Verständnis, dass die Regierung »Geld ausgeben muss, wenn sonst niemand mehr Geld zum Ausgeben hat«, konnte in Deutschland nie Fuß fassen. Deficit-Spending in den 1920er-Jahren war gleichbedeutend mit Inflation. Die erste wirkliche Erfahrung Deutschlands mit etwas, das Keynes' Fiskalpolitik in den 1930er-Jahren ähnelte, assoziierte man mit

Wiederbewaffnung, Hitler und Schlimmerem. Und wenn die deutschen Steuerzahler eines verstanden, dann war es, dass die einzige Alternative zu Haushaltskürzungen ein noch höheres Maß an Notfallfinanzierung war, von der sie den größten Teil schultern mussten.

Daher war die Verschiebung zur Austerität ein allgemeiner Trend, angetrieben durch eine Kombination von politischem Eigeninteresse und einer tief verwurzelten Ideologie. Steuererhöhungen und Ausgabenkürzungen senkten den am BIP gemessenen Wert der Netto-Staatsausgaben 2011 um fast 1,5 Prozent und 2012 um weitere 2 Prozent. Olli Rehn, EU-Kommissar für wirtschaftliche und monetäre Angelegenheiten, sprach hoffnungsvoll davon, wie Haushaltskürzungen »das Vertrauen wiederherstellen« und Investitionen fördern würden, aber es kam zu keiner Steigerung der Investitionen.[685]

Andere wiesen wehmütig darauf hin, dass man die durch die Kürzungen der Ausgaben im Inland frei gewordenen Kapazitäten für die Förderung der Exporte einsetzen könnte. Aber das berücksichtigte nicht die Tatsache, dass die Ausgabenkürzungen in der ganzen Euro-Zone stattfanden. Wenn sich sogar Deutschland im Sparsamkeitsmodus befand, gab es kein Land mehr, das zusätzliche spanische und italienische Exporte aufnehmen konnte. Es berücksichtigte auch nicht das lethargische Wachstum in den hoch entwickelten Ländern kurz nach der Finanzkrise. Zudem ignorierte es die Stärke des Euro, die das Zögern der EZB erkennen ließ, so aggressiv wie die Fed die Zinsen zu senken und ihre Bilanz zu erweitern.

Die oben zitierte Arbeit Olivier Blanchards vom IWF implizierte, dass diese Kürzungen der Staatsausgaben das Wachstum der Euro-Zone 2011 um 2 Prozent und 2012 um 3 Prozent einschränken würden.[686] Also war der Rückgang um 2 Prozent 2010, 1,5 Prozent 2011 und -0,6 Prozent 2012 ausschließlich hausgemacht. Genauer gesagt wurde er in Brüssel gemacht, dem Sitz der Kommission, und in Europas Hauptstädten. Im Gegensatz zu den USA hatte Europa 1937 und 1938 eine doppelte Rezession vermieden. Nach drei Jahren massiver Rückgänge zwischen 1929 und 1932 begann sich die Industrieproduktion zu erholen, wie wir gesehen haben. 1935 lag sie nur noch knapp 10 Prozent unter dem alten Hoch. Diesmal dauerte der anfängliche Rückgang nur ein Jahr und die Erholung 2010 war kräftig. Aber dann, mit der Wende zur Austerität, sank die Industrieproduktion wieder. 2013 lag sie um *mehr* als 10 Prozent unter dem

Hoch von 2008. Mit anderen Worten: Europa schnitt noch schlechter ab als während der Großen Depression.

Die Folgen waren ironisch, zumindest für diejenigen, die durch den Schleier ihrer Tränen die Ironie erkennen konnten. Es gab die Ironie, dass der IWF, der normalerweise kein Verfechter des Deficit-Spending war, den europäischen Ländern empfahl, ihre fiskalische Konsolidierung zu bremsen. Es gab die Ironie, dass die Ausgabenkürzungen und die Steuererhöhungen nicht einmal ihr unmittelbares Ziel erreichten, die Nachhaltigkeit der Verschuldung zu erhöhen. Weil die Eurozone immer noch den Rückwärtsgang eingelegt hatte, stieg die Relation zwischen Schulden und BIP weiterhin und erreichte im zweiten Quartal 2013 93,4 Prozent. Wenn es das Ziel war, die fiskalische Solvenz wiederherzustellen, dann war diese Vorgehensweise nicht die richtige.

Eine zweite Implikation war der Verlust der europäischen Solidarität und ein Schaden für die Europäische Union. Die EU hatte mehr als 50 Jahre als vertrauensbildender Mechanismus funktioniert. Sie schuf einen Rahmen, innerhalb dessen die europäischen Länder friedlich zusammenarbeiteten und in dem Deutschland seine ökonomischen Muskeln spielen lassen konnte, ohne die Nachbarn einzuschüchtern. Das war eine Möglichkeit für die Bürger verschiedener Länder, die verschiedene Sprachen verwendeten und ihre eigenen nationalen Traditionen hatten, eine gemeinsame europäische Identität zu entwickeln. Der Euro als gemeinsame Währung sollte die Krönung dieses Prozesses sein.

Aber so, wie die Euro-Krise ab 2009 gehandhabt wurde, sollte dies nicht gelingen. Statt Solidarität zu fördern, führte das Krisenmanagement der Kommission und der EZB zu einer Spaltung zwischen Nord- und Südeuropa. Das deutsche Massenblatt BILD schrieb, dass die »stolzen, betrügerischen und verschwenderischen Griechen«, welche die deutschen Steuerzahler ausplündern wollten, aus der Eurozone geworfen werden sollten. Die griechische Presse antwortete mit einer Fotomontage der Siegessäule in Berlin, gekrönt von einem riesigen Hakenkreuz, und grub das längst beigelegte Thema aus, dass Deutschland nach dem Zweiten Weltkrieg keine Reparationen bezahlt habe.

Die traditionelle Reaktion auf solche Krisen war früher immer ein Mehr an Europa gewesen. Wenn eine einzelne Währung und ein einzelner Finanzmarkt nahelegten, dass es einen Bankenaufseher auf dem Niveau der EU geben sollte, dann setzte man eben einen ein. Wenn Schuldenprobleme den Bedarf nach einer fiskalischen Union und diese wiederum den Bedarf nach einer politischen Union nahelegten, dann lautete die Antwort wiederum, sich in Richtung einer fiskalischen und politischen Union zu bewegen. So war es mehr als 50 Jahre lang gewesen.

Aber jetzt traute man den Institutionen und den Personen nicht mehr, welche die Richtung vorgaben. In einer Umfrage vom Frühjahr 2013, durchgeführt im Auftrag der Europäischen Union, kam heraus, dass 60 Prozent der Befragten der EU nicht vertrauten. Das waren doppelt so viele wie 2007.[687] Die Veränderung zeigte den drastischen Anstieg der Anzahl derjenigen, die ein negatives Bild von der EU hatten und die Zukunft der Union pessimistisch sahen, sowie Skepsis über die Wirksamkeit der Einheitswährung. Die Argumente für die Ergänzung der monetären Union durch eine Bankenunion, eine fiskalische Union und eine politische Union waren zwingend. Aber die katastrophale Art, wie die Krise gehandhabt wurde, machte es schwieriger, dieses Ziel zu erreichen.

Andererseits versprach ein Schritt zurück zu den Landeswährungen nur Chaos. Wenn ein Land, zum Beispiel Griechenland, den Euro aufgäbe, würde das sofort entsprechende Vermutungen über die anderen Länder wecken – und die Investoren würden die Flucht ergreifen. Wenn die Kunden auf ihre Banken einstürmten, müssten die Regierungen mit Kontensperrungen und Kapitalkontrollen reagieren. Es erschien unwahrscheinlich, dass der gemeinsame Finanzmarkt der EU und folglich auch die EU selbst solche Ereignisse überleben könnten. Ein Schritt zurück war keine Lösung. Offenbar steckte Europa fest.

Die Krise Europas war vor allem eine Bankenkrise. Seine Banken waren zu stark verschuldet, hatten zu wenig Eigenkapital und hatten zu stark in den Immobilienmarkt investiert. Ihre Probleme hatten sich schon seit Jahren zusammengebraut. Aber jetzt schafften es die Politiker, die Bankenkrise zu einer Finanzkrise, einer Wachstumskrise und einer politischen Krise zu machen.

Irland ist das beste Beispiel. Wenn Griechenland nicht wettbewerbsfähig war und zu Defiziten neigte, dann traf auf Irland das Gegenteil zu. Nach zwei Jahrzehnten rapiden Wachstums hatte es das Image als Armenhaus Europas überwunden und war nun die am besten funktionierende Volkswirtschaft Europas. Mit einer gut ausgebildeten Arbeiterschaft, einem effizienten Umfeld für Unternehmen und firmenfreundlichen Körperschaftsteuern war es ein Magnet für Investitionen aus dem Ausland.

Irland hatte seit 2003 Haushaltsüberschüsse erzielt. Kurz vor dem Herbst 2006 erreichte der Überschuss beeindruckende 3 Prozent des BIP. Die Staatsverschuldung sank 2007 von bereits moderaten 34 Prozent des BIP 2000 auf nur 25 Prozent.

Die Ausnahme von dieser Generalisierung waren die Banken. Irland hatte einen außerordentlichen Banken- und Finanzboom erlebt. (»Was ist der Unterschied zwischen Island und Irland?«, fragte man später. Antwort: »Ein Buchstabe und sechs Monate.«) Ab der Jahrhundertwende wuchsen die Assets der Banken mit einer jährlichen Rate von 25 Prozent; fünfmal so stark wie die Wirtschaft und doppelt so stark wie im Durchschnitt der Euro-Zone. Inländische Kredite an den privaten Sektor außerhalb des Finanzbereichs stiegen von 80 Prozent des BIP Ende 2002 auf fast 180 Prozent im September 2008. Die irischen Banken finanzierten sich im Ausland, indem sie Einlagen von renditehungrigen deutschen Haushalten und hohe Kredite von ausländischen Banken und Anleihenbesitzern anzogen. Die Aufnahme ausländischer Kredite durch das irische Bankensystem verdreifachte sich zwischen 2002 und 2008. Die Kredite entsprachen fast dem Doppelten der Einlagen vor der Krise, was anzeigte, wie sehr sich die Banken auf die Finanzierung durch sogenannte Großkunden verließen. Das Geld wurde dann an Immobilienentwickler und Hauskäufer weitergeleitet. 2001 hatten Hypotheken- und Immobilienkredite noch etwas mehr als ein Drittel aller Bankenkredite ausgemacht, 2005 waren es fast 60 Prozent.

Dennoch reichten die massiven Kredite an Immobilienentwickler und der Bauboom, den sie auslösten – 2006/2007 entfielen auf die Baubranche volle 9 Prozent des irischen BIP – nicht, um den Anstieg der Häuserpreise zu bremsen, die sich in den Jahren bis 2005 vervierfachten.[688] Die Banken verlangten kaum Anzahlungen. 2006 lag bei einem vollen Drittel aller Hypotheken an erstmalige Hauskäufer die Kreditsumme bei 100 Prozent des Hauswerts. Bequemerweise boten die Banken Kredite, die zunächst nur verzinst werden mussten, um es überforderten Hauskäufern zu ermöglichen, ihre monatlichen Verpflichtungen zu erfüllen.

Dennoch konnte sich nicht jeder eine Hypothek leisten. Die Häuserpreise konnten nicht endlos um 15 Prozent pro Jahr steigen, was dem Dreifachen der Einkommenssteigerungen entsprach.[689] Man scheint sich bewusst gewesen zu sein, dass Preise irgendwann nicht mehr steigen und vielleicht sogar fallen würden. Aber ebenso wie in den USA, wo die

Politiker bekanntlich prognostizierten, man könne die Folgen der Subprime-Krise in den Griff bekommen, gab es keine Vorahnung der Folgen. In einer zeitlich perfekt geplanten Einschätzung des Finanzsektors, die im August 2006 veröffentlicht wurde, kam ein IWF-Team zu dem Fazit, dass »das Finanzsystem gut aufgestellt ist, um die Auswirkungen einer Abwärtsbewegung der Häuserpreise oder des allgemeinen Wachstums absorbieren zu können«.[690] Das kann man nicht besser erfinden.

Es gibt Kontroversen darüber, wie stark die Nichtbeachtung dieser Exzesse ein Ausdruck von Naivität war. Im Fall des IWF ist das plausibel, nicht aber, was den Eigenhandel der Banker und der Immobilienentwickler betraf. Die Bankmanager wurden ermutigt, bei ihren eigenen Banken Kredite aufzunehmen, was einigen von ihnen erlaubte, »beträchtliche Immobilienportfolios zu erwerben«.[691] Eine Bank, wie Anglo Irish, eindeutig die wichtigste Quelle von Verlusten der Steuerzahler, »betreute eine relativ begrenzte Zahl von Kunden, von denen viele Immobilienentwickler waren«.[692] Die Manager gewährten Freunden aus dem Immobilienbereich sofort Kredite, die danach vom Kreditkomittee der Bank abgesegnet wurden. Erst in der Spätphase des Booms wurden die Entscheidungen des Kreditkomitees von Anglo Irish überhaupt dokumentiert. Viele Kredite waren nicht durch Cashflow oder Sicherheiten abgesichert, sondern durch einfache persönliche Garantien.[693] Diese Praktiken wurden, als man die Unternehmensstrategie beschrieb, als »Beziehungsbanking« bezeichnet. Anglos CEO und damaliger Verwaltungsratschef Seán FitzPatrick stellte stolz fest: »Wenn man mit Anglo Irish Bank verhandelt, dann verhandelt man nicht mit der Bank, sondern mit einem Menschen (...) mit dem, der letztlich die Entscheidung trifft.«[694] Rückblickend betrachtet war das kein Vorteil.

Im Fall von Anglo war der andere große Kreditnehmer das Management selbst. Letztlich kam heraus, dass sich FitzPatrick mehr als 150 Millionen Euro geliehen hatte; 121 Millionen allein 2007. Er verwendete seine Aktien als Sicherheiten, bunkerte seine Kredite allerdings bei der Irish Nationwide Building Society, einem Unternehmen also, das sichtlich nichts mit Anglo zu tun hatte. So konnte er sie vor Anglos Wirtschaftsprüfer Ernst & Young und vor den Lesern des Jahresberichts von Anglo verstecken.[695] In seiner Weisheit scheint FitzPatrick einen großen Teil der Kredite in zusätzliche Anglo-Aktien investiert zu haben. Nach Anglos Zusammenbruch 2010 meldete er Insolvenz an. Später wurde er im Zusammenhang mit einer Untersuchung über »finanzielle Unregelmäßigkeiten in einem

Finanzinstitut« verhaftet. Zudem verlängerte Anglo Kredite an den wohlhabenden irischen Geschäftsmann Sean Quinn, um dessen Aktienkäufe auf Kredit zu finanzieren. Als die Anglo-Aktie nach der Rettung von Bear Stearns zu sinken begann, wuchsen diese Kredite in beängstigendem Maß an, was die Anglo-Aktie noch weiter nach unten zog und Quinn mit Margin-Calls konfrontierte.[696]

Man fragt sich, wer die Regulierer und ihre politischen Chefs waren, bevor das alles passierte. Die Antwort ist nicht schwer zu finden: Zusätzlich zu den engen Kontakten zwischen Bankern und Immobilienentwicklern gab es auch vertraute Verbindungen zu den Politikern, was in einer kleinen Volkswirtschaft wohl unvermeidlich ist. Kurz vor der Krise spielte FitzPatrick mit dem Taoiseach (dem irischen Regierungschef) Brian Cowen eine achtstündige Golfrunde, gefolgt von einem spontanen Dinner im Clubhotel. FitzPatricks Nachfolger als CEO von Anglo, David Drumm, wurde beim Ausbruch der Krise mehrmals über die Strategie der Regierung gegenüber der Bank informiert. Diese Verbindung zwischen Bankern, Entwicklern und Politikern war eine krasse Ausnahme von der irischen Regel effizienter Regulierung und makellosen Managements.

Es ist nicht überraschend, dass die Turbulenzen nach der Lehman-Pleite Fragen über die Fähigkeiten Anglos und anderer irischer Banken aufwarfen, die sich Anglo zum Vorbild genommen hatten, ihren Verpflichtungen nachzukommen. Und es ist auch nicht überraschend, dass diese Feststellung einen dramatischen Absturz der Bankenaktien und Angst bei den Konteninhabern auslöste. Bemerkenswert ist die Geschwindigkeit, mit der die irischen Anführer, mit Unterstützung aus Brüssel und Frankfurt, diese einfache Bankenkrise zu einem nationalen Unglück machten.

Der Auslöser des Desasters war die Bankgarantie. Wie erwähnt hatte Irland seine Einlagensicherung schon auf 100.000 Dollar aufgestockt. Die USA waren sogar entschlossen ihre Einlagensicherung auf 250.000 Dollar zu erhöhen. Aber niemand ahnte, dass Cowen eine Decke über alle Verbindlichkeiten der Banken werfen würde; nicht nur über ihre großen Kredite von Anleihenbesitzern und anderen.

Wie genau diese Entscheidung das Ergebnis von Cowens mysteriöser Sitzung am 29 September war, die die ganze Nacht dauerte, ist umstritten.[697] Bei einer normalen Bankenpleite, falls es so etwas gibt, werden Kleinanleger geschützt. Andere Gläubiger verlieren ihren Einsatz. Wenn die Bank noch einen Restwert hatte, wurden ihre Ansprüche in Aktien des überlebenden Instituts umgewandelt. Dieses Modell wandten die EU-Autoritäten 2013 ein wenig ungeschickt bei der Abwicklung der geplagten zypriotischen Kreditbank Laiki Bank an. Aber im Fall Irlands wurden die Anleihenbesitzer, von denen viele erfahrene institutionelle Investoren aus dem Ausland waren, die wahrscheinlich die Risiken kannten, die sie eingingen, vollständig entschädigt. Sie wurden von den irischen Steuerzahlern entschädigt, denen die Regierung die Rechnung aufhalste.

Da sich die Verbindlichkeiten des irischen Bankensystems auf ein Vielfaches des Nationaleinkommens beliefen, würde die Rechnung schon enorm ausfallen, wenn die Verluste der Anleihen nur gering ausfielen. Die Politiker behaupteten, sie seien von den Anglo-Managern in die Irre geführt worden. Sie hätten die Geldsumme, die nötig war, um die Gläubiger auszuzahlen, zu niedrig dargestellt, aber sie hätten es besser wissen müssen. Anglo brauchte nicht die zunächst anforderten sieben Milliarden Euro für vorübergehende Hilfen, sondern am Ende 30 Milliarden Euro, von denen nichts jemals zurückgezahlt wurde. Die Auszahlungen an die Gläubiger aller sechs irischen Geschäftsbanken kosteten die Steuerzahler am Ende 64 Milliarden Euro, also etwa 14.000 Euro für jeden Mann, jede Frau und jedes Kind in Irland. Ob die irischen Bürger tatsächlich bereit waren, eine derart schwere Last zu schultern, um die Gläubiger der Banken zu entschädigen, war unsicher. Diese Unsicherheit warf wiederum einen langen und störenden Schatten auf die irische Wirtschaft.

Die kolossale Rechnung begann 2009, fällig zu werden, und explodierte 2010, als das Defizit auf mehr als 30 Prozent des BIP stieg (Sie lesen richtig).[698] Die Staatsverschuldung, die drei Jahre zuvor bewundernswert niedrig war, stieg nun auf 100 Prozent des nationalen Einkommens. Als Preis für die ständige Zuführung von Liquidität verlangte die EZB, dass die irische Regierung die Banken sofort mit frischem Kapital ausstattete. Eine schnelle Rekapitalisierung von Banken hat ihre Vorteile, aber nicht dann, wenn sie droht, den Staat in die Pleite zu führen. Und es ging nicht nur um die Kosten für die Rekapitalisierung der Banken. Zudem schrumpfte der Nenner der Relation zwischen Schulden und BIP, weil Irland als erstes europäisches Land in eine Rezession geriet. Es war durch das Ende des Immobilienbooms erschüttert und sah, wie die Regierung auf die fiskalischen Bremsen trat.[699] Die Wirtschaft schrumpfte 2009 um alarmierende 9,8 Prozent und 2010 um weitere 3,2 Prozent in realen Zahlen, die für die Fähigkeit eines Landes relevant waren, die nominale Verschuldung zu bedienen.

Was eine Bankenkrise war, wurde zu einer Finanzkrise, weil die Investoren die Fähigkeit des irischen Staats bezweifelten, seine Schulden zu bedienen, und sich Sorgen über eine Restrukturierung ihrer Anleihen machten. Nach der Erklärung von Deauville schossen die Renditen in ganz Südeuropa nach oben, aber nirgends so dramatisch wie in Irland. (Das war die Zeit, als Irland seinen ehrenvollen Status als südeuropäischer Staat erhielt.) Anfang November 2010 lag die Renditedifferenz zwischen zehnjährigen irischen Bonds und deutschen Bundesanleihen bei 6,65 Prozent.

Solche Zinsen konnte sich der irische Staat nicht leisten. Und so wurde das Land in die Arme der Troika getrieben. Der Verlust der fiskalischen Souveränität – denn dies war die Folge der Haushaltsanforderungen des IWF, der Kommission und der EZB – war eine Katastrophe für das Land, das erst 1922 in langen blutigen Schlachten seine Unabhängigkeit erkämpft hatte. Enda Kenny, der Führer der Mitte-Rechts-Opposition, beschuldigte die Cowen-Regierung, die Republik zu einem fiskalischen Protektorat zu machen. »Dies ist eine Demokratie und Menschen sind auf den Straßen dafür gestorben«, stellte er klar. »Sie wird nicht an Inkompetenz scheitern.«

Das war natürlich viel Lärm und Zorn, bedeutete aber nichts. Weder Cowen noch Kenny konnte Ressourcen aus der Luft greifen. Irland brauchte unbedingt Geld und die Troika war die einzige Quelle dafür. Aber weder der IWF noch die EU-Kommission wollten Kredite ohne Sicherheiten vergeben. Wie zu erwarten, nahm dies die Form des jetzigen Standardprogramms an und es blieb nur noch wenig Druck, das Bankensystem schrumpfen zu lassen. Wie im Dezember 2010 vereinbart, erhielt Irland 67,5 Milliarden Euro. Ein großer Teil davon wurde zur Rekapitalisierung der Banken und zur Veränderung ihrer Finanzstruktur verwendet. Zudem deckte man damit die Kosten der National Asset Management Agency, der »Bad Bank«, die man gegründet hatte, um gefährdete Kredite an Immobilienentwickler zu kaufen und sie später um jeden Preis zu verkaufen.[700]

Wichtig ist, dass es keine Anstrengungen gab, die Bankenschuldner zu stützen. Die zweijährige Garantie vom September 2008 war gerade abgelaufen, als das Programm vereinbart wurde. Es wäre möglich gewesen, den Wert der ausstehenden Anleihen abzuschreiben, um die Kosten für die Reparatur der Bankbilanzen zu begrenzen. Aber die europäischen

Offziellen machten sich Sorgen um die Stabilität der Banken in anderen Ländern. Eine Revision der irischen Garantie hätte Fragen über die Sicherheit der irischen Wertpapiere aufgeworfen und ihre Besitzer verunsichert. Deswegen wollte die Troika auch nicht neu verhandeln. Die Cowen-Regierung hatte ihr Bett gemacht und musste nun darin schlafen.

Die von Kenny angeführte Fine Gael-Labour Koalition, die nach dem Wahlsieg im Februar 2011 darauf folgte, konnte andere Optionen haben. Der neue Finanzminister Michael Noonan wandte sich fast sofort an die Troika und schlug vor, Abschreibungen auf bereits ausgegebene Anleihen von Anglo Irish und Irish National Building Society vorzunehmen. (Irish Nationwide, FitzPatricks Partnerin, hatte fast ebenso viele Hypotheken am Immobilienmarkt ausgereicht und ebenso katastrophale Verluste erlitten.) Aber die EZB war ein vollwertiges Mitglied der Troika und ihr Präsident Jean-Claude Trichet bestand darauf, dass jeder Versuch, die Schulden der Banken bei den Anleihenbesitzern abzuladen, dem Vertrauen schaden und die Fähigkeit der Banken schwächen würde, sich Kapital zu besorgen; nicht nur in Irland, sondern in der ganzen Euro-Zone. In jedem Fall würden die Schulden gegenüber den Inhabern der Bankenanleihen im irischen Haushalt nun durch Schulden gegenüber der Troika ersetzt. Wenn die Anleihenbesitzer nicht mehr ausreichend sicher waren, Verlusten zu entkommen, wer konnte dann sagen, dass dies nicht auch auf die offiziellen Kreditgeber zutreffen würde? Mit anderen Worten: Jede Veränderung des Programms, das die Bankgarantien anerkannte, war eine schlechte Idee, die seitens der Europäischen Union aber noch kommen konnte.[701] Angesichts der Abhängigkeit Irlands vom Troika-Kapital blieb es nicht aus, dass die neue Regierung schnell zustimmte.[702]

Weil ein so großer Teil der Rettungsmittel in die Reparatur der Banken und die Befriedigung ihrer Gläubiger floss, hatte die irische Regierung keine andere Wahl, als sonstige Ausgaben zu kürzen. Man hoffte, diese Einschränkungen seien limitiert, weil sich die Wirtschaft stabilisierte und erholte. Die Illusion, die Dublin, Brüssel, Frankfurt und Washington gleichermaßen infizierte, lautete, das Wachstum werde 2011 wieder einsetzen. Das Memorandum der Vereinbarung zwischen der EU-Kommission und dem IWF lautete: »Nach zwei Jahren des starken Produktionsrückgangs erwartet man von der irischen Regierung eine Stabilisierung auf breiter Front, bevor 2011 bis 2014 eine Expansion einsetzt.« Die Troika erklärte dann weiter ihre Logik. »Wenn die inländischen Ungleichgewichte der Boomjahre repariert werden, wird die Erholung zumindest am Anfang hauptsächlich vom Export angetrieben. Wir prognostizieren, dass das BIP-Wachstum im Lauf der Zeit stärker werden wird. Die Exporte werden sich auf Investitionen und Konsum auswirken. Dann kommt das Vertrauen zurück und die Bedingungen am Arbeitsmarkt werden sich verbessern.«

Was sich nicht bemerkbar machte, war, dass es wegen der allgemeinen Sparmaßnahmen keine Länder mehr gab, in die man exportieren konnte. Man begriff zudem nicht, dass wegen der großen Schnitzer der europäischen Politiker die Spreads in anderen geplagten Ländern explodierten. Auch sie standen knapp davor, den Zugang zum Markt zu verlieren, und so würden auch sie in die Arme der Troika getrieben.[703]

Es dauerte fast drei Jahre, nicht drei Monate, bis die Erholung begann. In der Zwischenzeit stieg die Arbeitslosigkeit auf 15,1 Prozent. Die Einwohner Irlands reagierten so, wie sie es auch bei der Großen Hungersnot getan hatte: Sie emigrierten. Zwischen 2008 und Mitte 2013 verließen fast 400.000 Menschen die Republik. Entweder zogen sie in englischsprachige Länder oder, wenn sie Neuankömmlinge waren, zurück in ihre Herkunftsländer. Viele der Emigranten zählten zu den Besten und Klügsten. Dieser Schaden war schwer zu reparieren.[704]

Wie schon in der Einführung erwähnt, war jedes unglückliche europäische Land auf seine Weise unglücklich. Portugal hatte zum Beispiel weder die hohe Staatsverschuldung Griechenlands noch die Häuser- und Bankenprobleme Irlands. Aber seine Politiker, die Sozialdemokraten unter José Manuel Barroso (der nach seinem Rücktritt vom Amt durch die Ernennung zum Präsidenten der Europäischen Kommission belohnt wurde) und die Sozialisten unter José Sócrates hatten wenig geleistet, um das Land auf die Herausforderungen des 21. Jahrhunderts vorzubereiten. Was man für moderne Industrie hielt, zum Beispiel Textilien und Schuhe, war schon lange dem Druck aus China ausgesetzt. Einige portugiesische Unternehmen nahmen Kredite auf, um zu expandieren. Aber es handelte sich meist um kleine Firmen aus dem Dienstleistungsbereich mit geringer Produktivität, die nichts dazu beitrugen, die internationale Wettbewerbsfähigkeit zu steigern. Zwischen 2000 und 2008 stieg das Pro-Kopf-BIP kumuliert um magere 5 Prozent. Als die Rezession 2010 schon auf dem Weg war, sank es wieder auf das Niveau von zehn Jahren zuvor.

Statt in Fähigkeiten und Ausbildung zu investieren, verwendete Lissabon die Ersparnisse bei den Zinskosten für Autobahnen und Kreisverkehre, die mit der Rezession beeindruckend frei von Verkehr waren. Portugal erhöhte die Steuern, um seine Versprechen bezüglich höherer Renten und Pensionen halten zu können. Steuern zu erhöhen, vor allen die Steuern auf Arbeit, verhinderte eine Explosion der Staatsverschulung, machte aber die Modernisierung für portugiesische Firmen noch schwieriger.

Portugal war also schlecht vorbereitet, als die Krise zuschlug. Die Strategie der Regierung lief auf den Versuch hinaus, unter dem Radar zu fliegen. Die geringe Größe des Landes und das Fehlen so großer Probleme wie in Griechenland oder Irland, so hoffte man, würde es dem Markt erlauben, die Schwächen zu übersehen. Aber jetzt, da die Investoren hoch alarmiert waren, verfing diese Methode nicht mehr. Im Frühjahr 2011 verlor die Regierung den Zugang zum Markt und musste ein Troika-Programm von 78 Milliarden Dollar akzeptieren. Ausgabenkürzungen, Steuererhöhungen, das Einfrieren der Gehälter im öffentlichen Dienst und eine tiefe Rezession folgten. Die Arbeitslosigkeit stieg auf 18 Prozent, die Jugendarbeitslosigkeit war doppelt so hoch.

Spanien war nicht Portugal, woran die spanischen Politiker immer wieder jeden in Hörweite erinnerten. Seine Großbanken, Banco Bilbao Vizcaya Argentaria (BBVA) und Grupo Santander, erzielten einen großen Teil ihrer Umsätze mit profitablen Operationen in Lateinamerika. Die Staatsverschuldung lag nur bei 36 Prozent des BIP.[705] Das Land hatte eine ganze Anzahl international wettbewerbsfähiger Firmen, von Telefónica im Telekommunikationsbereich bis zu dem Windturbinenhersteller Gamesa und Inditex, Eigentümer der Modekette Zara, die zahlreiche Filialen besaß und Outlets in mehr als 100 Ländern betrieb. Spanien litt nicht an einem dramatischen Rückgang von Marktanteilen im Export während der Dekade nach der Euro-Einführung, weil die Unternehmen ihre Produktivität steigerten.[706] Ein großer Inlandsmarkt bedeutete, dass in dem Land große multinationale Firmen wie Ford und Volkswagen tätig waren, die ihre Produktion nun auf den Export ausrichteten.

Aber so sehr die spanischen Offiziellen es auch versuchten, sie konnten die Investoren nicht vom kollabierenden Immobilienmarkt ablenken, der drohte, das Bankensystem zusammenbrechen zu lassen. Am unmittelbarsten bedroht waren die Cajas, halböffentliche Sparkassen, die aggressiv Kredite an Hauskäufer und Immobilienfirmen ausgegeben hatten. Früher, in den 1960er-Jahren, entfielen kaum 10 Prozent der spanischen Finanz-Assets auf die Cajas. Aber die Deregulierung, verbunden mit der Annahme, die spanischen Autoritäten stünden hinter ihnen, ermöglichte ihnen, ihre Bilanzen auszudehnen. Jetzt entfielen fast 50 Prozent des Finanzsystems auf sie.

Wegen des Beispiels Irland wussten die Investoren, dass die Autoritäten nicht untätig bleiben konnten, wenn die Sparkassen, auf die immer noch ein großer Teil des Finanzsystems entfiel, in faulen Anleihen ertranken. Aber sie wussten auch, dass ihre Rettung zum Staatsbankrott führen konnte. Wie bei allen Bankenkrisen war die Unsicherheit groß, welches Ausmaß die Bankenverluste annehmen würden. Und solange es diese Unsicherheit gab, warf sie einen Schatten auf die Zahlungsfähigkeit des spanischen Staats und folglich auch auf die Zukunft des Euro.

Zunächst versuchte die Regierung von José Luis Rodríguez Zapatero, das Problem mit einer Reihe halbherziger Maßnahmen zu lösen. Sie gründete einen Bankenrestrukturierungsfonds, den Fondo Reestructuracíon Ordenada Bancaria oder FROB, um die Banken mit frischem Kapital auszustatten, zögerte aber, ihn anzuwenden, weil sie Angst hatte, damit die öffentlichen Finanzen zu schädigen. Der FROB war zwar autorisiert, 99 Milliarden Euro zu verleihen, aber als 2012 die Bankenkrise ihren Höhepunkt erreichte, hatte er erst 14 Milliarden gewährt.

Dann versuchte die Regierung, die Cajas durch Brokering und eine Reihe von Fusionen zu stärken, weil sie hoffte, die Kürzung der Ausgabenkapazitäten und der Abbau redundanten Personals könnten ihre finanzielle Position stärken. Aber das leistete nichts, was die faulen Immobilienkredite betraf, die ihre Bücher belasteten, sondern konzentrierte sie nur auf einige wenige Institute. Die wichtigste Fusion war die zwischen dem Schwergewicht Caja Madrid und sechs kleineren Sparkassen. Das Nachfolgeinstitut, Bankia, war nun der größte Inhaber von Immobilien-Assets und wurde im Juli 2011 fröhlich an der spanischen Börse notiert. Nur zehn Monate später, Bankia schwamm immer noch in faulen Krediten, musste die Regierung sie übernehmen und weitere 23,5 Milliarden Aktienkapital hineinstecken, was die Staatsfinanzen noch weiter belastete.[707] Nach dieser Nachricht stiegen die Renditen zehnjähriger Staatsanleihen auf 7 Prozent und dieses Niveau war natürlich nicht haltbar.

So begann das gegenseitige Umwerben zwischen der spanischen Regierung und ihren Partnern aus der Euro-Zone. Die Banken brauchten Hilfe, die die Regierung offensichtlich nicht gewährleisten konnte. Aber der Kredit der Troika an die Regierung zur Bankenrettung verwandelte lediglich wie in Irland die Bankenkrise in eine Krise der Staatsverschuldung. Im Prinzip konnte der Europäische Rettungsfonds der EU Kredite direkt an die Banken verleihen, im Gegensatz zum IWF, der Finanzmittel nur an Regierungen verleihen konnte. Aber wenn das geschah, war die spanische Regierung aus dem Schneider und die Anteilseigner des ESM, allen voran die deutsche Regierung, müssten dann am Ende vielleicht die Schulden begleichen. Und dann war da noch der Wunsch der neuen Mitte-Rechts-Regierung unter Mariano Rajoy, die seit Ende 2011 im Amt war, die Demütigung eines EU-IWF-Programms zu vermeiden. Nachdem er im Wahlkampf betont hatte, Spanien teile nur wenige der Probleme Griechenlands, Irlands und Portugals, wollte Rajoy Besuche der »Männer in Schwarz« der Troika verständlicherweise mit allen Mitteln verhindern.

Der daraus resultierende Kompromiss war mit Absicht zweideutig gehalten. Am 9. Juni 2012 erklärte sich die Eurogroup dazu bereit, für die Rekapitalisierung der Banken 100 Milliarden Dollar zur Verfügung zu stellen. Der Kredit würde nicht an die spanische Regierung gehen, sondern an den FROB. Und obwohl die Regierung in der Sprache der Vereinbarungen »verantwortlich« war, sollte der FROB die Mittel nicht zurückzahlen können. Das schuf zahlreiche Fonds, die hoffentlich ausreichen würden, um den unmittelbaren Kapitalbedarf zu decken. Und einige Unsicherheit, ob die Regierung oder der FROB zuständig waren, die Hoffnung aufrechtzuerhalten, dass im schlimmsten Fall, wenn der Topf geleert wurde, der Staatshaushalt davon verschont bleiben würde. Das betreffende Kapital stammte vollständig vom ESM; im Gegensatz zu Griechenland, Irland und Portugal kam nicht ein Drittel vom IWF. So vermied es Rajoy, sich der Peinlichkeit eines IWF-Programms unterziehen zu müssen. Die Rolle des Fonds war darauf beschränkt, Reformen im Bankensektor zu überwachen. Die Kommission wendete ihre üblichen Prozeduren an, denen alle Mitglieder unterworfen waren, um sicherzustellen, dass die Regierung sich an ihre Zusicherungen hielt. Es gab vielleicht keine Männer in Schwarz. Aber es gab Männer in Grau.

Abgesehen von den anderen Unsicherheiten schuf der ESM-Kredit zumindest die Gewissheit, dass 100 Milliarden Dollar zur Rekapitalisierung der Banken zur Verfügung standen. Die nächste Aufgabe war, die Märkte davon zu überzeugen, dass dies genug war. Dazu nahm sich Rajoy ein Beispiel an Geithner und unterzog die wichtigsten Finanzinstitute einem Belastungstest. Wie in den USA sollte diese Maßnahme streng und unpolitisch verlaufen. Die Regierung delegierte sie an außenstehende Experten der Finanzberatungsfirma Oliver Wyman. Es war nicht völlig beruhigend, dass dieses Unternehmen 2007 in seinem Report über den Zustand der Finanzbranche

Anglo Irish als beste Bank der Welt ausgewählt hatte. Rajoy setzte vermutlich darauf, dass das Gedächtnis der Märkte kurz ist. Immerhin war das besser, als wenn die Regierung den Test selbst durchgeführt hätte.

Die Berater hatten das gleiche Luxusproblem wie die Stresstester in den USA 2009. Der geschätzte Mangel an Kapital konnte nicht so gering sein, als dass man ihn als unrealistisch hätte abtun können, aber auch nicht so alarmierend, um die Befürchtungen über die Zahlungsfähigkeit des Bankensystems und des Staats zu nähren. Zum Glück gab es noch einen variablen Kapitalpuffer, letztlich eine Annahme darüber, wie viele von ihren verbliebenen Assets die Banken verkaufen könnten.[708] Der geschätzte Kapitalmangel von knapp 60 Milliarden Euro lag in der Mitte zwischen den viel niedrigeren Zahlen, die spanische Regulierer angegeben hatten, und der Obergrenze des ESM-Kredits von 100 Milliarden Euro. Die Diskussion war falsch, aber das Ergebnis war nicht völlig unvereinbar mit den Fakten. Spaniens EU-Partner waren beruhigt, zu wissen, dass ihr Geld nicht in ein schwarzes Loch floss, und die Investoren darüber, dass die Kreditlinie von 100 Milliarden Dollar ausreichen würde.

Es gibt eine offensichtliche Parallele zu den Erfahrungen in den USA 1933 und 2009. Alle diese Episoden zeigen, dass die Linie zwischen Illiquidität und Insolvenz eines Bankensystems oder einer Regierung nur schwer zu ziehen ist. Eine aus der Panik geborene Liquiditätskrise kann ein Bankensystem, das reale, aber beherrschbare Probleme hat, in die Insolvenz abstürzen lassen. Das trifft vor allem dann zu, wenn die Informationen über den Zustand der Banken unvollständig sind, was dazu führen kann, dass die Panik sich selbst nährt. Andererseits können zusätzliche Informationen über den Zustand der Banken, auch wenn sie unvollständig sind, zusammen mit einem Kreditgeber letzter Hand dazu ausreichen, die Panik abzuwenden. Das vermeidet ein wildes Drängen nach den Ausgängen, das den Banken nur noch mehr schadet.

1933 war dies die Formel, die im Bank Holiday and Emergency Act zum Ausdruck kam. 2009 begrenzte die Kombination der Belastungstests des Finanzministeriums und der Bereitschaft der Fed, als Kreditgeber letzter Hand zur Verfügung zu stehen, die akute Phase der Finanzkrise. Jetzt, 2012, vertrieben der Report von Oliver Wyman und die 100 Milliarden Euro an ESM-Mitteln das Schreckgespenst einer voll ausgeprägten Bankenkrise.[709] Das bedeutete nicht, dass die Rezession in Spanien oder gar in Europa vorbei war. Aber es verschaffte den Politikern Zeit, über ihre nächsten Schritte nachzudenken.

Kapitel 26
Euro oder nicht

Das Vereinigte Königreich erlebte ebenso wie die USA, Irland und Spanien einen phänomenalen Immobilienboom, der schließlich platzte.[710] Es hatte einen übermäßig angewachsenen Finanzsektor, auf den 10 Prozent des Bruttowachstums und mehr als ein Viertel aller Gewerbesteuerzahlungen entfielen, der aber nun zum Rückzug gezwungen war. Bei einer Volkswirtschaft mit diesen Eigenschaften stand eine Rezession von einigem Umfang fest.

Aber keine Rezession dieser Größe und Dauer. Das Vereinigte Königreich brauchte bis 2014, um das BIP-Niveau von 2008 wieder zu erreichen; länger als jedes andere G7-Land mit Ausnahme Italiens.[711] Diese Aspekte des britischen Einbruchs waren Produkte der Politik. Ab 2010 verwandelte sich die finanzielle Haltung der Briten stark zum Widersprüchlichen. Bei den Parlamentswahlen im Mai 2010 wurde die Labour-Regierung Gordon Browns abgewählt; es bildete sich eine konservativ-liberale Koalition unter der Führung von David Cameron. Die neue Regierung neigte dazu, das Defizit mit allen Mitteln zu eliminieren. Zu diesem Zweck legte Finanzminister George Osborne seine eigene Version eines Notfallhaushalts für 2010 vor, die Ausgabenkürzungen und eine Erhöhung der Mehrwertsteuer vorsah.

Die daraus resultierende fiskalische Konsolidierung war die schwerwiegendste, die in einer der großen, hoch entwickelten Volkswirtschaften vorgenommen wurde: mehr als 5 Prozent des BIP zwischen 2009 und 2012. Die Auswirkungen waren unmittelbar und schwerwiegend. Die britische Wirtschaft hatte zunächst Ende 2009 aufgehört zu schrumpfen. Das BIP-Wachstum erholte sich auf 0,5 Prozent in der ersten Jahreshälfte 2010 und auf 1 Prozent im dritten Quartal. An diesem Punkt machten sich allerdings die Auswirkungen von Osbornes Haushalt bemerkbar. Im vierten Quartal 2010 schrumpfte die Wirtschaft wieder um 0,2 Prozent. 2011 änderte sich nicht viel. Im ersten und im dritten Quartal gab es geringfügiges

Wachstum, das im zweiten und vierten Quartal wieder dahinschrumpfte. Das Office of Budget Responsibility, das unabhängige Beratergremium im Vereinigten Königreich, schätzte, das Wirtschaftswachstum wäre ohne diese Politik im Fiskaljahr 2010/2011 um mehr als 1 Prozent höher ausgefallen. Weil die ursprünglichen Auswirkungen früherer politischer Maßnahmen allmählich an Wirkung verloren, lag das Wachstum 2011/2012 um 0,7 und 2012/2013 um 0,3 Prozent niedriger.[712]

Die Reaktion der Koalition war, den Kurs zu halten. Das führte zu der außergewöhnlichen Situation, dass der IWF empfahl, die öffentlichen Ausgaben auf Themen zu verlagern, die mehr zu einer kurzfristigen Nachfragesteigerung beitragen konnten. Zudem empfahl er der Regierung, darüber nachzudenken, die fiskalischen Zügel nicht mehr so hart anzuziehen, weil es keine Anzeichen für eine Erholung gab.[713]

Diese Wende hin zur Austerität war auch deshalb außergewöhnlich, weil das Land im Vergleich zu anderen europäischen Nationen weniger eingeschränkt war. Die Staatsschulden waren vielleicht zu hoch, um bequem zu sein, aber sie lagen immer noch bei weniger als 70 Prozent des BIP, als die Koalition 2010 ins Amt kam. Das UK war nicht Griechenland, um eine vertraute Phrase aufzugreifen. Die Kosten der Kredite und Kapitalspritzen an Royal Bank of Scotland, Lloyds, Northern Rock und Bradford & Bingley beliefen sich auf kaum 8 Prozent des BIP und waren bereits verdaut.[714] Mit anderen Worten: Großbritannien war auch nicht Irland.

Der wichtigste Faktor: Das Vereinigte Königreich war kein Mitglied der Euro-Zone. Es hatte eine Zentralbank mit der Macht, Geld zu drucken und den Markt für Staatsanleihen zu beeinflussen. Das gab der Regierung mehr fiskalischen Spielraum als einem vergleichbar verschuldeten Land aus der Euro-Zone. Man konnte die fiskalische Konsolidierung verschieben. Sie konnte warten, bis die Wirtschaft stark genug war, um damit umgehen zu können.

All dies macht die Besessenheit der Koalition bezüglich der Austerität recht schwer verständlich. Camerons Finanzminister Osborne hatte ebenso Geschichte studiert wie Blairs Finanzminister Brown, Letzterer in Oxford. Das hielt ihn aber nicht davon ab, die Geschichte der 1930er-Jahre außer Acht zu lassen oder sich für die Rolle des Finanzministeriums in der Fiskalpolitik stark zu machen. 1929 wurde die Sichtweise des Ministeriums, dass »jede Erhöhung der Staatsausgaben notwendigerweise einen ebenso hohen Betrag an privaten Ausgaben oder Investitionen ausgrenzt und daher keinen Einfluss auf die Wirtschaftstätigkeit hat«, in den Worten Winston Churchills als Widerstand gegen eine Erhöhung des Defizits verwendet.[715] Minister Osborne und andere im Ministerium waren nicht bereit, so weit zu gehen, zu behaupten, dass eine fiskalische Konsolidierung wahrscheinlich keine Auswirkungen auf das Wirtschaftswachstum haben würde, sondern sie argumentierten, die Effekte wären wahrscheinlich nicht sehr groß. Sie argumentierten weiter, dass es nachteilige Folgen haben würde, die Konsolidierung nicht fortzusetzen. Wenn das Land das Defizit nicht reduzierte, könnte es zu einer Vertrauenskrise kommen, die Griechenland, Irland und Spanien bereits betraf und Investitionen und Wachstum bremste.

Das brachte natürlich die Situation eines Landes wie das Vereinigte Königreich mit einer Relation von Schulden zum BIP von 70 Prozent mit einem Land wie Griechenland durcheinander, wo diese Relation bei etwa 170 Prozent lag. Es brachte auch die Situation einiger Eurozonen-Länder, die keine Zentralbanken mehr hatten, die den Markt für Staatsanleihen beeinflussen konnten, mit der Situation eines Landes durcheinander, das noch eine eigene Zentralbank hatte. Nachdem es weise genug gewesen war, der fehlerbehafteten Europäischen Währungsunion fern zu bleiben, wandte Großbritannien nun die falsche Logik an, sich wie ein Mitglied der Währungsunion verhalten zu müssen.

Cameron und Osborne, das muss hier festgehalten werden, glaubten unerschütterlich an die konservative Doktrin vom eingeschränkten Staatseinfluss. Und wann konnte man diesen besser einschränken als während einer vermuteten Krise der fiskalischen Nachhaltigkeit, in der, wenn man nicht früh eingriff, die Relation zwischen Schulden und BIP die rote Linie von 90 Prozent des BIP überschreiten würde?[716] Im Oktober 2010 gab die Regierung als Teil ihrer Bemühungen hinsichtlich einer fiskalischen Konsolidierung eine Liste von 192 öffentlichen Behörden heraus, die man abschaffen oder denen man die Finanzierung entziehen wollte. Das reichte von der Infrastructure Planning Commission bis zur Health Protection Agency, die Informationen über neue oder aufkommende Gesundheitsgefahren den Beschäftigten im Gesundheitsbereich und der Bevölkerung vermittelte, und der British Educational Communications and Technology Agency, die für die Verbreitung der Informationstechnologie im Schulwesen eintrat. Viele von diesen Behörden waren damit beschäftigt, Ressourcen für Infrastruktur, Ausbildung und Forschung zu mobilisieren.[717] Aus konservativer Sicht war es besser, diese Mobilisierung dem Markt zu überlassen und den Markt dabei aus dem Spiel zu lassen. Andere Behörden, die abgeschafft wurden, wie das UK Film Council und das Farm Animal Welfare Council, waren Symbole für den Ehrgeiz der Regierung, dass die von den Konservativen geführte Koalition jetzt tief greifende Veränderungen durchsetzen wollte. Wenn eine kurze Rezession – und mit einer solchen rechnete die Koalition – der Preis für die Eliminierung dieser Verschwendung und der aufdringlichen Regierungsbehörden war, dann musste er eben bezahlt werden. Jeremy Warner vom konservativ orientierten *Daily Telegraph* formulierte es so: »Am Ende ist man Vertreter eines mächtigen oder eines zurückhaltenden Staats. Was die Erstgenannten an Sparmaßnahmen hassen, ist, dass sie hauptsächlich dazu dienen, das Ausmaß der Staatsausgaben zu reduzieren. Letztlich kann man nur während einer Wirtschaftskrise bedeutende Veränderungen an der Rolle des Staats vornehmen. Das mag prozyklisch sein, aber in guten Zeiten gibt es kein Bedürfnis danach; sie können nur in schlechten Zeiten durchgeführt werden.«[718]

Und letztlich kann man nicht leugnen, dass auch ein Element der politischen Zweckdienlichkeit involviert war. So wie Obamas Stimulus hatte auch das Notfallbudget der Labour-Regierung nichts von dem bewirkt, was man sich versprochen hatte. Daher bekämpften die Konservativen und die Liberalen die Defizitwirtschaft, als sie Wahlkampf gegen die gescheiterte Labour-Politik führten. Wie in den USA kamen ihre Argumente gut bei den Wählern an, die instinktiv die Analogie zwischen dem Haushaltsbudget und dem Regierungsbudget sahen und ein Ventil für ihren Zorn über die Krise und die steigenden Rettungsmaßnahmen von Finanzinstitutionen suchten, die vom Staat finanziert wurden. Die Fortsetzung der fiskalischen Konsolidierung erlaubte es der Koalition, Labour als Partei der Defizite zu brandmarken. Eine geteilte US-Regierung brauchte mehrere Jahre, um sich auf Steuererhöhungen um 1 Prozent zu einigen. Im britischen System, in dem keine geteilte Regierung möglich war, war der Übergang zur Austerität unmittelbar und schwerwiegend.

Wenn das Vereinigte Königreich eine bedeutende fiskalische Konsolidierung in der Größenordnung von 5 Prozent des BIP unternahm, war das nichts im Vergleich zu dem, was in Griechenland erforderlich war. Das Troika-Programm schrieb Ausgabenkürzungen und Steuererhöhungen von vollen 11 Prozent des BIP über drei Jahre vor. Das war mehr, als die griechische oder irgendeine andere Gesellschaft ertragen konnte, und machte einen gewissen Verzug unvermeidlich. Drastische Ausgabenkürzungen führten zwangsläufig zu einer tiefen Rezession, trotz allen Geredes über eine expansive fiskalische Konsolidierung. Wie bereits erwähnt, war die Rezession signifikant tiefer, als von der Troika vorhergesagt. Und je tiefer die griechische Wirtschaft sank, desto stärker lagen die Steuereinnahmen unter den Prognosen und desto höher wurde die Relation zwischen der Verschuldung und dem BIP.

Der IWF unter Dominique Strauss-Kahn war begierig darauf, die Europäer bei ihren Plänen zu unterstützen. Aber im Mai 2011 war Strauss-Kahn draußen, zum Rücktritt gezwungen, weil man ihn angeklagt hatte, ein Zimmermädchen im New Yorker Sofitel Hotel sexuell belästigt zu haben.[719] Der IWF durfte nur Kredite vergeben, wenn begründete Aussichten auf Rückzahlung bestanden. Er durfte einem Land »außergewöhnlichen Zugang« gewähren, ihm also mehr als das Sechsfache der üblichen Quote leihen, wenn er zu dem Fazit gelangte, dass dessen Verschuldung nachhaltig war. Schon im Mai 2010 sahen sich die Analysten des Fonds nicht in der Lage, zu garantieren, dass die griechischen Staatsschulden »mit hoher Wahrscheinlichkeit nachhaltig« waren. Das führte zu einer Ausnahmeregelung, weil eine Verweigerung von Krediten zu einer schrecklichen Ansteckung anderer Länder geführt hätte. Aber je länger die griechische Krise dauerte, desto schwieriger wurde es für den IWF, unter diesen Umständen weitere Kredite zu vergeben. Spezielle Regeln für europäische Ländern weckten den Zorn der Direktoren, die Lateinamerika vertraten, das während seiner Schuldenkrisen keine solchen Privilegien genoss. Zudem war die Idee eine Illusion, Griechenland könne 2012 wieder an die Märkte zurückkehren und Staatsanleihen an Privatanleger verkaufen.

Es musste etwas geschehen. Eine Option für die EU-Partner des Landes war, es weiterhin mit Geld zu überschütten. Aber an diesem Punkt war die Rettung Griechenlands politisch toxisch; nicht nur in Deutschland, sondern auch in den Niederlanden, in Finnland und anderen nordeuropäischen Ländern. Durch den Prozess der Eliminierung wurden die Offiziellen dazu gebracht: Man würde die Verschuldung restrukturieren müssen.

Abgesehen vom Spaziergang am Strand von Deauville hatten die europäischen Führer eineinhalb Jahre lang geleugnet, dass eine Schuldenrestrukturierung durchführbar sei. Die Aussicht auf eine Restrukturierung mit signifikanten Verlusten für die Anleihenbesitzer würde für ein Chaos an den Finanzmärkten sorgen. Institutionelle Investoren würden pleitegehen. Sie würden die Anleihen anderer geplagter Länder aus der Eurozone auf den Markt werfen. Griechenland wäre jahrelang in Gerichtsprozesse verwickelt. Jürgen Stark, der deutsche Vertreter im Verwaltungsrat der EZB, warnte, Griechenlands Restrukturierung werde zu einer »Katastrophe« führen. Sein Kollege Lorenzo Bini Smaghi, früher Generaldirektor im italienischen Finanzministerium, warnte die griechische Regierung, eine Restrukturierung sei »politischer Selbstmord« und jeder Schritt in diese Richtung »setzt ganz Europa aufs Spiel«.[720]

Die Realität war natürlich das exakte Gegenteil. Es sollte sich erweisen, dass Griechenland seine Schulden restrukturieren und signifikante Erleichterung mit einem Minimum an Unsicherheit und einem Maximum an Teilnahme der Investoren erhalten konnte. Man konnte Geld beiseitelegen, um die Banken zu restrukturieren, und andernorts konnten sich die Banken auf das Unvermeidliche vorbereiten. Mit Unterstützung der Institutionen der EU konnte man andere Länder vor Folgeschäden schützen. Aber ein Kurswechsel wäre ein Schlag für die Glaubwürdigkeit europäischer Offizieller wie Stark und Bini Smaghi gewesen, die gewarnt hatten, eine Restrukturierung sei so etwas wie ein Weltuntergang. Schon bald würden sie nur noch ehemalige Offizielle sein.

Das Resultat war ein weiteres Jahr des Geschwafels und der Verzögerungen. Der deutsche Finanzminister Wolfgang Schäuble schlug zunächst vor, IWF und EZB sollten einen »freiwilligen« Schuldentausch organisieren, in dem die Investoren Bonds mit längerer Laufzeit akzeptierten, aber keine Kapitalreduktion hinnehmen mussten. Welchen Vorteil das für die griechische Regierung haben sollte, wurde nie klar. Dann legte ein Komitee französischer Banken einen Vorschlag auf den Tisch, der ebenfalls keine nominale Schuldenreduktion vorsah. Das Institute of International Finance, eine Verbindung großer institutioneller Investoren, schlug vor, die umlaufenden Anleihen durch vier neue Bonds mit unterschiedlichen Laufzeiten und Coupons zu ersetzen. Die neuen Bonds würden Griechenland bei seinen unmittelbaren Finanzierungsproblemen helfen, indem sie Bargeld einbrachten. Aber der Plan erforderte nur minimale Zugeständnisse der Investoren und erhöhte perverserweise sogar noch die Schuldenlast der griechischen Regierung.[721]

Es kann nicht überraschen, dass die Banken ein Abkommen präferierten, das ihre Renditen maximierte. Aber für die ökonomischen und finanziellen Probleme der griechischen Regierung war es nicht hilfreich. Das war ein klarer Führungsfehler des IWF und der EU, die den Banken erlaubten, die Musik auszuwählen, nach der die Griechen tanzen sollten. Wenn die Offiziellen bewusst versucht hätten, die Märkte zu verängstigen, dann hätten sie es exakt so machen müssen.

Nach drei weiteren Monaten des Grübelns bemerkten die europäischen Führer schließlich, dass die Lage desto schlechter wurde, je länger sie warteten. Bei ihrem Gipfeltreffen am 26. Oktober 2011 luden sie alle Parteien schließlich ein, eine Anleihenbörse zu entwickeln, die den Wert der griechischen Schulden gegenüber Privatanlegern um 50 Prozent reduzieren würde. Nach vier Monaten weiterer Diskussionen machte die griechische Regierung den Anlegern schließlich ein Angebot, das sie annehmen konnten oder auch nicht. Es stellte sich heraus, dass sie das Angebot nicht ablehnen konnten. Am Ende der Frist im April 2012 stimmten mehr als 97 Prozent der Privatanleger zu. Der Nominalwert ihrer Anleihen wurde um mehr als die Hälfte reduziert und die neuen Bonds wiesen niedrigere Zinscoupons auf als ihre Vorgänger. Mehr als 100 Milliarden Dollar an griechischen Staatsschulden hatten sich in Luft aufgelöst.

Das war also die ordentliche Restrukturierung, die europäische Offizielle als Mythos angekündigt hatten. Es war die größte Schuldenumwandlung in Europa seit dem Zweiten Weltkrieg. Es war die größte Schuldenumwandlung der Geschichte.

Wie wurde sie möglich?

Erstens wurden 60 Prozent der griechischen Anleihen von Banken und anderen Investoren gehalten, die es sich nicht mit ihren Regierungen verderben wollten. Diese Regierungen sahen eine erfolgreiche Restrukturierung jetzt, da sie schon im Gang war, als sinnvoll im öffentlichen Interesse und sparten nicht mit deutlichen Hinweisen auf die ungünstigen Folgen, sollte man diesen Weg nicht weiter verfolgen.

Zweitens war hilfreich, dass 86 Prozent aller griechischen Staatsanleihen nach griechischem Recht emittiert worden waren. Ihre Vorgaben konnten daher durch einen einfachen Beschluss des griechischen Parlaments geändert werden. (Der Rest lief unter englischem Recht, daher waren britische Gerichte dafür zuständig.) Das Parlament nutzte dies zum Beschluss einer Maßnahme, die die Restrukturierung der nach griechischem Recht emittierten Anleihen erlaubte, wenn eine qualifizierte Mehrheit der Bondbesitzer damit einverstanden war.[722] Potenziellen Blockierern, die nun der Mehrheitsregel unterlagen, bot sich keine legale Zuflucht, wie sie schnell feststellten. Positiver aus Sicht der Anleihenbesitzer war, dass die Papiere nun englischem Recht unterlagen und Schutzregeln beinhalteten, die den nach griechischem Recht emittierten Papieren fehlten.

Endlich gab es Fortschritt. Leider dauerte es bis dahin fast zweieinhalb Jahre; in dieser Zeit litten die Griechen unter einer drückenden Last und auf allen Seiten litt die Glaubwürdigkeit. Zudem reichte die den Griechen gewährte Schuldenentlastung offensichtlich nicht aus. Die Bonds im Wert von 42 Milliarden Euro im Besitz der EZB und die 13 Milliarden in den Händen der nationalen Zentralbanken wurden nicht restrukturiert. Die Staatsverschuldung lag noch immer bei erdrückenden 150 Prozent des BIP.

Es gab keine Feierlichkeiten in Athen. Die Rezession verschärfte sich. Immer mehr stellte sich die Frage, wann die nächste Restrukturierung kommen würde, und zwar diesmal unter Beteiligung des offiziellen Sektors.

Die EZB widerstand immer noch standhaft jeder Form der Schuldenrestrukturierung. Der gesamte EZB-Rat mit Jean-Claude Trichet an der Spitze lehnte diese Idee ab. Diesen Persönlichkeiten war klar, dass die EZB erhebliche Mengen südeuropäischer Bonds hielt. Wenn sich die Logik der Restrukturierung auswirken durfte, würde die EZB-Bilanz einen Schaden erleiden. Sie machten sich Sorgen, die EZB müsse mit weiteren Anleihenkäufen intervenieren, um die Regierungen und andere Banken vor den Folgeschäden zu schützen.

Voreingenommenheit wegen der eigenen Gewinn- und Verlust-Rechnung erwartet man eigentlich nicht von einer Institution, deren Aufgabe es ist, die Stabilität der Finanzmärkte und der Wirtschaft sicherzustellen. Die EZB-Offiziellen war sich natürlich der Tatsache bewusst, dass es den Politikern, vor allem den deutschen, nicht gefallen würde, sollte die EZB mit ihrem Portfolio Verluste erzielen. Allerdings waren diese Offiziellen dafür verantwortlich, die Diskussion zu prägen und die Aufmerksamkeit auf die höheren Verpflichtungen der Zentralbank zu richten. Dies geschah, als die Präsidentschaft der Zentralbank von Trichet auf Mario Draghi übergegangen war, den früheren italienischen Finanzminister und Ökonomen bei Goldman Sachs. Vor allem als Draghi im Sommer 2012 gelobt hatte, die EZB würde alles Nötige tun, um die Euro-Zone zu bewahren und zu verteidigen. Besser spät als nie.

Auch auf anderen Gebieten verschlimmerte die EZB die Notlage der Euro-Zone. 2010 kam sie irrtümlich zu dem Fazit, eine Erholung sei auf dem Weg, und begann mit ungewöhnlichen monetären Maßnahmen.[723] Sie blieb auf die Headline-Inflation fixiert und erhöhte im Frühjahr und im Sommer 2011 die Zinsen, als Reaktion auf eine vorübergehende Steigerung der Preise für Nahrungsmittel und Energie. Weil die deutsche Wirtschaft immer noch wuchs, muss man zwangsläufig annehmen, dass die Aktion der EZB mehr mit deutschen als mit EU-weiten Besorgnissen zu tun hatte. Die Zinserhöhung zu diesem Zeitpunkt zog für finanziell klamme Banken und Firmen die Daumenschrauben an und machte den Regierungen das Leben schwerer. Die Zinsen spanischer und italienischer Anleihen schossen nach oben, was die nächste und schlimmere Phase der Krise einleitete.

Die Offiziellen der EZB zögerten, mehr für die Unterstützung des Wachstums zu tun, weil sie befürchteten, mehr zu tun, könnte den Reformdruck von den südeuropäischen Regierungen nehmen. Niedrigere Zinsen und stärkere Wertpapierkäufe, die zum Wachstum der südeuropäischen Volkswirtschaften beitrugen, würden eine fiskalische Konsolidierung weniger dringlich machen. Sie würden den Druck mindern, politisch schwierige Reformen durchzuführen.

Das resultierende Muster wurde vorhersagbar. Immer wenn die Lage wirklich bedrohlich wurde, würde die EZB gerade genug tun, um die Dinge zusammenzuhalten. Sie würde ihr Securities Market Program (SMP) aktivieren, Anleihen südeuropäischer Länder kaufen, die mit stark steigenden Finanzierungskosten konfrontiert waren, und europäischen Banken helfen, die sie verkaufen wollten.[724] Sie würde die Vorschriften der Longer-Term Refinancing Operations (LTROs) lockern, mit denen sie den Banken Liquidität lieferte.[725] Aber sobald der Patient sich stabilisierte, wurde die medizinische Versorgung gekürzt. Das SMP wurde aufgegeben.[726] Die an die LTROs geknüpften Bedingungen wurden verschärft. Dann verschlechterte sich, wie vorauszusehen war, die ökonomische Situation, was Befürchtungen bezüglich des Überlebens des Euro auslöste. Die EZB reagierte mit der Reaktivierung des SMP und einer Liberalisierung der LTROs.

Das Ergebnis war eine Stop-and-go-Politik, zunächst unter Trichet und dann unter Draghi, die der europäischen Wirtschaft ungleiche Unterstützung gab. Die Geldmenge M3 wuchs 2010 um katastrophal niedrige 0,6 Prozent und 2011 um nur 1,5 Prozent. Wenn eine Wirtschaft um 1 bis 2 Prozent wachsen kann und die Zentralbank ein Inflationsziel von 2 Prozent hat, hätte man M3 gern um mindestens 4 Prozent wachsen sehen. Nach den beiden verfrühten Zinserhöhungen Ende 2011 sank die Kreditvergabe der Banken an den privaten Sektor schon wieder. 2012 sank sie dann beständig.[727] Die Unbeständigkeit der Zentralbank drehte mehrmals den Wasserhahn auf, damit das Thema nicht austrocknete, und drehte ihn dann wieder zu, um nicht zu schnell eine Oase entstehen zu lassen. Das trug viel zu den ökonomischen Problemen Europas bei.

Die unvermeidliche Diskussion ist, dass die EZB, so wie die Fed in den 1920er-Jahren, ihre Mission nicht verstand. Die wichtigste Verantwortung der Fed war damals nicht, Großbritannien wieder in den Goldstandard zu helfen oder die Luft aus der Spekulationsblase an der Wall Street zu lassen, sondern die Geld- und Kreditversorgung den Bedürfnissen der US-Wirtschaft anzupassen. Und nun war es nicht die wichtigste Aufgabe der EZB, den Druck zur Durchführung fiskalischer und struktureller Reformen zu erhöhen, sondern die Geldpolitik dafür einzusetzen, eine respektable M3-Wachstumsrate zu erhalten und ansonsten die finanzielle Stabilität und das Wachstum zu stützen. Die Fed lernte während der Großen Depression ihre Lektion auf die harte Tour. Man sollte beachten, dass die EZB 2012 erst 13 Jahre alt war, als die Folgen dieser Fehler klar wurden – ebenso alt wie die Fed 1926, als die Immobilienblase in Florida platzte –, aber das reicht nicht als Ausrede.

Im Sommer 2012 war die Situation kritisch. Europa steckte wieder in der Rezession. Staatsanleihen waren von den Ratingagenturen erneut abgewertet worden. Die Renditen zehnjähriger spanischer und italienischer Bonds lagen um 500 Basispunkte höher als die zehnjähriger deutscher Bundesanleihen. Konteninhaber flohen aus südeuropäischen Banken. Die Regierungen der Niederlande und Griechenlands revoltierten gegen eine Ausdehnung der finanziellen Hilfsmaßnahmen. Die Absichten der neuen griechischen Regierung, die nach den Wahlen im Mai und im Juni gebildet worden war, blieben unklar. Die Möglichkeit, Griechenland könnte den Euro aufgeben, wurde allgemein diskutiert.[728] Das, so befürchtete man, würde einem weiteren Kollaps der Euro-Zone Tür und Tor öffnen. Wenn es das Ziel der EZB-Offiziellen war, den Druck auf die südeuropäischen Länder aufrechtzuerhalten, dann hatten sie wenigstens damit Erfolg.

Aber indem sie das Überleben der Euro-Zone aufs Spiel setzten, gingen sie zu weit. Diese Erkenntnis löste Draghis Erklärung bei einer Investorenkonferenz am 26. Juli 2012 aus, als er sagte: »Die EZB ist bereit, alles Nötige zu tun, um den Euro zu bewahren. Und glauben Sie mir, es wird genug sein.«[729]

Auf Draghis Ankündigung folgte die Entscheidung, ein Programm der Outright Monetary Transactions aufzustellen. OMT, wie es bald benannt wurde, war ein Mechanismus zum Kauf von Anleihen europäischer Länder, die in Schwierigkeiten steckten. Es ähnelte seinem Vorgänger, dem Wertpapiermarktprogramm, allerdings mit zwei Ausnahmen. Erstens gab es keine Deckelung der Käufe und kein Ablaufdatum. Zweitens: Anleihenkäufe der EZB am Sekundärmarkt hingen davon ab, ob die Regierung des betreffenden Landes ein Anpassungsprogramm mit dem Europäischen Stabilitätsmechanismus aushandelte, also mit dem Rettungsfonds der EU. Mit diesem Programm konnte die EZB so viel Unterstützung bieten, wie die Regierung und die Banken brauchten. Sie konnte alles tun, was nötig war.[730]

Die Krise erteilte den USA einige harte Lektionen über die Unangemessenheit finanzieller Regulierung, obwohl es leichter gesagt als getan war, diese Lektionen zu befolgen. Sie erteilte auch Europa ein paar schmerzliche Lektionen über die Mängel seiner Währungsunion. Die fiskalische Disziplin war unzureichend. Die Überwachung durch die EU-Kommission ignorierte regelmäßig andere Entwicklungen, die die Stabilität der Union betrafen; zum Beispiel die Kapitalströme, die zuließen, dass sich die Wettbewerbsfähigkeit im Süden allmählich auflöste. Europa fehlte eine einheitliche Aufsichtsbehörde, die in der Lage war, die Banken unter Kontrolle zu halten, über die diese grenzübergreifenden Kapitalströme flossen. Es gab keinen Mechanismus für Transfers von Haushaltsmitteln von Ländern mit hoher zu solchen mit niedrigerer Arbeitslosigkeit. Europa erlernte, unter beträchtlichen Kosten, die Probleme, die resultieren, wenn man eine Währungsunion hat, ohne eine Banken- und eine fiskalische Union zu haben.

In den USA war es extrem kompliziert, eine Einigung der Exekutive und der Legislative bezüglich der Reformen zu erreichen. Das war allerdings noch gar nichts im Vergleich zum Problem, 17 Länder aus der Euro-Zone zu einer Einigung zu bewegen, ganz zu schweigen von den 27 Ländern, wenn die Reformen nicht nur die Euro-Zone, sondern die gesamte Europäische Union betrafen. Ständig stand in irgendeinem Mitgliedstaat eine Wahl vor der Tür und der Reformprozess blieb in den politischen Maßnahmen hängen. Das deutsche Bundesverfassungsgericht konnte die letzte Direktive der Kommission oder eine politische Maßnahme der EZB als nach deutschem Recht verfassungswidrig erklären.[731] Weitreichende Reformen konnten Veränderungen der Europäischen Verträge erfordern. Aber das drohte die Büchse der Pandora zu öffnen, was die wichtigsten Regelungen in Europa betraf. Einige Regierungen waren dazu verpflichtet, Vertragsänderungen einer öffentlichen Abstimmung zu unterziehen, und das Ergebnis war unsicher. Und wenn die europäischen Führer etwas gelernt hatten, dann war es das: Die Märkte reagieren nicht gut auf Unsicherheit.

Zudem bauschte die dominante Darstellung des enthaltsamen Deutschen und des verschwenderischen Griechen, oder allgemeiner der sparsamen Nordeuropäer im Gegensatz zu den prassenden Südeuropäern, die verteilungstechnischen Aspekte der Krise auf. Sie betonte die gegensätzlichen Interessen der Beteiligten, was Reformen betraf. Das alles machte Fortschritte nicht einfach.

Daher verlief die Reform zögerlich. Zunächst konzentrierten sich die Anstrengungen auf die Haushaltspolitik, um die deutsche Öffentlichkeit zu beruhigen. Die Reaktion kam in Form von sechs neuen EU-Regulierungen und -Direktiven, die später »Sixpack« genannt wurden, vielleicht, um den Bier liebenden Deutschen zu gefallen.[732] Diese Veränderungen sollten den Stabilitäts- und Wachstumspakt stärken, in dem sich die Regierungen dazu verpflichtet hatten, Haushaltsdefizite von weniger als 3 Prozent des BIP und eine Staatsverschuldung von höchstens 60 Prozent zuzulassen oder zumindest Fortschritte hinsichtlich dieser Ziele anzustreben. Das Sixpack lieferte eine konkrete Definition, wie eine »signifikante Abweichung« von diesem Fortschritt aussah. Es ermöglichte Sanktionen und Strafen gegenüber einem Land, das keine genügenden Anstrengungen unternahm, seine Staatsverschuldung in Richtung 60 Prozent zu drücken, und nicht nur gegen Länder mit Haushaltsdefiziten von mehr als 3 Prozent. Die Länder mussten ein strukturelles Defizit anpeilen, das, unter Vernachlässigung der zyklischen Effekte, nicht mehr als 0,5 Prozent des BIP betrug.[733]

Diese neuen Regeln sollten glaubwürdiger und durchsetzungsfähiger werden, weil sie eine qualifizierte Mehrheit der EU-Mitgliedstaaten erforderten, die die Anwendung von Aktionen ablehnen konnten, statt eine qualifizierte Mehrheit zu gewinnen, die für ihre Anwendung stimmte.[734] Die neuen Regeln mussten nun von den einzelnen Mitgliedstaaten in nationales Recht umgesetzt werden. Die Einhaltung der Gesetze oder der verfassungsmäßigen Bestimmungen wurde von einer unabhängigen nationalen Behörde überwacht, die dem US Congressional Budget Office ähnelte. Der Europäische Gerichtshof war ermächtigt, Sanktionen gegen Länder zu verhängen, die diese Gesetze und Verfassungsergänzungen nicht anwendeten.

Mehr als zehn Jahre lang hatten die europäischen Länder großen Eifer gezeigt, den Stabilitäts- und Wachstumspakt zu ignorieren. Die Regierungen versuchten ohne viel Erfolg gemeinsame Anstrengungen. Ob diese verstärkten Beschränkungen besser funktionieren würden, konnte nur die Zeit erweisen.

Der zweite Punkt auf der Reformagenda war die Bankenunion. Im Prinzip bedeutete dies, dass eine einzige Instanz für die Aufsicht der Bankgeschäfte in der ganzen Euro-Zone oder der Europäischen Union verantwortlich war, sodass die Folgen von deren Aktivitäten nicht nur im Inland, sondern grenzübergreifend angemessen berücksichtigt wurden. Es bedeutete auch ein einziges Einlagensicherungsschema, um Veränderungen nach dem Motto »Bettle deinen Nachbarn an« wie 2008 in Irland zu vermeiden. Zudem handelte es sich um einen Mechanismus zur Abwicklung insolventer Banken, gestützt durch einen Fonds, der dem Fonds entsprach, den das FDIC in den USA verwaltete.

Auch das war wieder leichter gesagt als getan. Die nationalen Aufsichtsbehörden zögerten, ihre Vorrechte abzugeben. Keine Institution der EU hatte die Kompetenz, mehr als 6000 Banken in 17 Ländern zu überwachen, und es war nicht klar, wie schnell man sich diese Kompetenz beschaffen könnte. Es gab auch keine Übereinkunft, wo die Aufsichtsbehörde ihren Sitz haben sollte. In der EZB, wo man Informationen mit dem Kreditgeber letzter Hand teilen konnte, oder in einer eigenständigen Behörde, um so die Konflikte mit dem Mandat der Zentralbank zur Preisstabilisierung zu minimieren. Ein gemeinsamer Einlagensicherungsplan und ein Hilfsmechanismus wurden in Deutschland abgelehnt, weil die deutschen Banken und Steuerzahler letztlich die Rechnung für das Chaos begleichen müssten, das Banken in anderen Ländern angerichtet hatten. Es war fraglich, ob solche Befürchtungen berechtigt waren, weil die deutschen Banken ebenso mit Fremdkapital überfrachtet, schlecht gemanagt und problembeladen waren wie alle anderen auch. Aber die vorherrschende Vorstellung, dass der sparsame Deutsche die verschwenderischen Griechen und Spanier retten musste, prägte nach wie vor die Wahrnehmung und behinderte Reformanstrengungen.

Mit einem Jahr Verspätung einigte sich man sich 2013 darauf, die EZB als einzige Aufsichtsinstanz einzusetzen und eine chinesische Mauer zwischen ihren monetären Funktionen und ihren Aufsichtsfunktionen zu errichten. Mehrere Behörden würden dies überwachen. 130 große Institutionen, die grenzübergreifend tätig waren, sollten nun der Aufsicht durch die EZB unterstehen, während alle anderen weiterhin von ihren nationalen Behörden überwacht wurden, »Unter der Oberaufsicht der EZB«, was immer auch das bedeuten sollte. Nach weiteren sechs Monaten der Verhandlungen einigte man sich auf einen gemeinsamen Lösungsplan, der zunächst aber von den Behörden der einzelnen Länder und nicht von der Euro-Zone finanziert werden sollte. Diese Vereinbarung trug folglich nichts dazu bei, den Teufelskreis zwischen der Banken- und der Schuldenkrise aufzulösen.[735]

Die härteste Nuss waren fiskalische Transaktionen zwischen boomenden und gedrückten Nationen. Francois Hollande, der Chef der Sozialistischen Partei, wurde Mitte 2012 zum französischen Staatspräsidenten gewählt, und zwar in einem Umfeld, in dem die Wähler ihre Unzufriedenheit mit Nicolas Sarkozys Umgang mit der Krise sehr deutlich artikuliert hatten. Er legte einen Gesetzesentwurf zur gemeinsamen Finanzierung eines europaweiten Arbeitslosigkeitsversicherungsfonds vor. Er landete mit einem dumpfen Aufprall in Berlin. Gleiches galt für Pläne von Eurobonds, für die alle Länder der Euro-Zone gemeinsam haften müssten. Für Deutschland und einige andere Länder im Norden Europas ging das einen Schritt zu weit.

Die Aufgabe, das monetäre Haus Europas zu errichten, ähnelt in dieser Hinsicht einem unendlichen Renovierungsprojekt.

In Europa und in den USA reichten die politischen Initiativen in Reaktion auf die Krise gerade so eben aus, um den Zusammenbruch der monetären Vereinbarungen und der Finanzsysteme zu verhindern. Sie waren knapp stark genug, um einen Konjunktureinbruch im Ausmaß der Großen Depression abzuwenden. In Athen oder in Stockton, Kalifornien, fühlte sich das vielleicht nicht so an, aber die Schlussfolgerung steht. Die Zentralbanken waren bereit, das Nötige zu tun, wie Mario Draghi sagte. Die Sichtweise der Regierungen über eine angemessene Reaktion war ebenfalls durch die Erfahrungen in den 1930er-Jahren beeinflusst. Sie zeigten sich auf ähnliche Weise dazu bereit, die Fiskalpolitik zur Stabilisierung der Nachfrage einzusetzen und einen Konjunktureinbruch im Ausmaß der Großen Depression zu vermeiden.

Aber ihr Erfolg machte nachdenklich. Es war unvermeidlich, dass ein Teil der Hilfsmaßnahmen der Zentralbanken und Ministerien an Banken und an Finanzinstitutionen aus dem Nichtbankenbereich fließen würde, weil Kredite der Lebensnerv des Marktsystems sind. Als aber der Zorn auf die Finanzinstitute anschwoll, die mit der Krise zu tun hatten, löste dies eine Gegenreaktion gegen die Zentralbanken und fiskalischen Behörden aus, die ihnen zu Hilfe gekommen waren. Zudem versprachen die Politiker mehr, als sie halten konnten, wozu Politiker ja neigen. Als eine schwere Rezession folgte, betrachtete man ihre politischen Maßnahmen als gescheitert, auch wenn diese Rezession nicht so ernst war wie die Große Depression. Riesige Defizite und eine noch nie da gewesene Ausweitung der Zentralbankbilanz lösten Inflationsängste aus und machten den Politikern das Leben schwer. Es war schwierig, der Öffentlichkeit die Differenz zwischen dem Haushalt und dem Budget der Regierung zu vermitteln oder die positiven Folgen einer monetären Expansion, wenn sich die Wirtschaft in einer Liquiditätsfalle befand.

Folglich wurden in der ersten Runde der Wahlen nach der Krise die Defizite und die Aktivitäten der Zentralbank zu einer politischen Belastung. Die Amtsinhaber, die ihre Mehrheiten bewahren wollten und wussten, woher der Wind wehte, sprachen sich für Austerität aus. Die Zentralbanken begrenzten ihre Interventionen, weil sie befürchteten, dass größere Aktivitäten Kritik auslösen und ihre Unabhängigkeit aufs Spiel setzen könnten. Wenn die ursprüngliche Reaktion einen Einbruch im Ausmaß der Großen Depression verhinderte, dann verhinderte die Wendung zur fiskalischen Austerität nun auch eine Erholung im Stil der 1930er-Jahre.

Das traf auch auf die Finanzreformen zu. Die Anstrengungen zur Stärkung der Regulierung waren weniger weitreichend als die nach der Großen Depression. Es gab keinen Zweifel daran, dass das vorherrschende System der Regulierung katastrophal gescheitert war, was Forderungen nach grundlegenden Veränderungen auslöste. Aber diesmal wurden die ökonomischen Folgen dieses Scheiterns mit mehr Erfolg im Zaum gehalten. Gleiches galt für die finanziellen Folgen: Während der Standard & Poor's Index zwischen seinem Hoch im September 1929 und dem Tief im Juli 1932 um mehr als 85 Prozent fiel, waren es in den 17 Monaten nach dem Hoch vom 9. Oktober 2007 »nur« 57 Prozent, und auch die Erholung verlief schneller.[736] Folglich schienen fundamentale Reformen weniger dringlich zu sein. Die Architekten des vorherrschenden Systems kamen vielleicht nicht ohne Rufschädigung aus der Krise heraus, aber sie waren auch nicht derart diskreditiert wie in den 1930er-Jahren. So konnten sie die Architekten der Reform werden.

Das alles hatten die USA und Europa gemeinsam. Zusätzlich hatte Europa eine unvollendete Währungsunion, die man weder auflösen noch komplettieren konnte. Als es sich in den 1930er-Jahren als unmöglich erwies, ein internationales Abkommen über reflationäre politische Maßnahmen zu vereinbaren, bewegten sich die einzelnen Länder unabhängig voneinander, gaben den Goldstandard auf und führten für sich Maßnahmen der Reflationierung durch. Unilateralismus war teuer. Der internationale Handel und das Einvernehmen litten darunter. Aber immerhin tat sich damit die Möglichkeit einer Erholung problembeladener Volkswirtschaften auf.

Nach dieser Erfahrung prognostizierten die Experten rasch, dass Griechenland, eventuell begleitet von den anderen Krisenländern Europas, die Eurozone verlassen werde. Aber der Euro war widerstandsfähiger als der Goldstandard. Die Wiedereinführung einer nationalen Währung, die nicht mehr existierte, war schwieriger als die Abwertung einer existierenden Einheit. Die Mitglieder der Europäischen Union hatten in den Euro noch mehr investiert, als die Regierungen in den 1930er-Jahren in den Goldstandard investiert hatten. Neben der Währungsunion gab es einen gemeinsamen Markt und schon seit 50 Jahren politische Vereinbarungen. Dass diese durch eine Auflösung der Euro-Zone gefährdet werden konnten, wäre die Folge des Ausstiegs eines einzigen Landes.

Die Griechen waren verständlicherweise nicht glücklich über die erniedrigenden Inspektionen durch die Troika und die endlose Rezession. Die Deutschen waren wütend, weil sie ständig ihre verschwenderischen Nachbarn retten sollten und dafür auch noch als brutale Zahlmeister angefeindet wurden. Aber letztlich waren beide Seiten bereit, gerade genug zu tun, um die Euro-Zone zusammenzuhalten. Deutschland und seine Partner in der Europäischen Union stellten Notfallkredite zur Verfügung, nicht nur einmal, sondern mehrmals. Griechenland musste schwer schlucken und akzeptierte tiefe Einschnitte bei den Gehältern im öffentlichen Sektor und in den Sozialprogrammen. Nicht nur einmal, sondern über mehrere Jahre. In keinem Fall wandten sich die Wähler Anti-Euro-Parteien zu in einer Größenordnung, wie es in den 1930er-Jahren der Fall war. Die Griechen hatten nicht den Wunsch, als die Parias in die Geschichte einzugehen, die den Euro und die Europäische Union zerstört hatten. Die Deutschen, die von diesen Vereinbarungen profitierten, verstanden schließlich, dass sie Opfer bringen mussten, damit sie funktionierten.

An diesem Punkt ist die Geschichte der 1930er-Jahre keine perfekte Anleitung zu den politischen Ergebnissen. Die Krise in den 1930er-Jahren führte zum Zusammenbruch des Goldstandards, die aktuelle Krise führte nicht zum Zusammenbruch der Euro-Zone. Zumindest noch nicht.

Schlussfolgerung

Die Vergangenheit ist eine reiche Quelle von Analogien, die Wahrnehmungen prägen und politische Entscheidungsfindung beeinflussen. Besonders wirkungsvoll sind diese Analogien in Krisen, wenn keine Zeit zum Nachdenken bleibt. Vor allem wirken sie, wenn sogenannte Experten nicht in der Lage sind, sich über die Rahmenbedingungen sorgfältigen analytischen Denkens zu einigen. Sie wiegen am schwersten, wenn es einen engen Zusammenhang zwischen aktuellen Ereignissen und einer früheren historischen Episode gibt. Und sie finden den stärksten Widerhall, wenn diese Episode ein prägendes Ereignis für ein Land und eine Gesellschaft war.

Für Präsident Harry S. Truman war München dieser historische Moment, als er eine Entscheidung über eine Intervention in Korea treffen musste. Für Politiker, die 2008 und 2009 mit der schlimmsten Finanzkrise seit 80 Jahren konfrontiert waren, war die Große Depression dieser Moment. Wegen des engen Zusammenhangs zwischen den Ereignissen 2008/2009 und denen in den 1930er-Jahren prägte die frühere Episode – oder besser gesagt: die Lehren, die Ökonomen und Historiker daraus gezogen hatten – die Wahrnehmung und die Reaktionen ganz entscheidend.

Dieser Sichtweise zufolge sollten Politiker schnell und energisch auf bevorstehende finanzielle Probleme reagieren. Das bedeutet die Injektion von Liquidität in Finanzmärkte, um eine weitere Ausbreitung der Probleme zu verhindern. Es bedeutet auch, insolvente und illiquide Banken voneinander zu trennen, den Letztgenannten weiterhin Notfall-Liquidität zur Verfügung zu stellen, die Erstgenannten aber zu schließen oder zu rekapitalisieren, um das Vertrauen wiederherzustellen und das Funktionieren des Finanzsystems zu gewährleisten.

Aber auch wenn diese geld- und finanzpolitischen Maßnahmen verhindern, dass sich finanzielle Probleme ausbreiten, reparieren sie doch nicht den bereits angerichteten Schaden. Was die Erschütterung der Finanzmärkte betrifft, wird es nicht ausreichen, eine ernsthafte Rezession zu verhindern. Es ist nicht genug, die Wirtschaft wieder in Gang zu bringen, wenn gesteigerte Risikoaversion zu einer Abneigung führt, Kredite zu gewähren oder in Anspruch zu nehmen. Unter diesen Umständen ist es notwendig, die staatlichen Ausgaben zu erhöhen, um den Rückgang der privaten Ausgaben auszugleichen. Diese Notfallreaktion sollte kraftvoll ausfallen, aber nur vorübergehend sein. Man sollte sie beenden, wenn sich die privaten Ausgaben erholen, um zu verhindern, dass die Verschuldung außer Kontrolle gerät.

In der Zwischenzeit sollte man den Arbeitslosen als den Opfern der Krise helfen, indem Arbeitslosengeld für längere Zeit gewährt, die Versorgung mit Essensmarken erhöht und der Zugang zu sozialen Dienstleistungen erweitert werden. Den weniger vom Glück gesegneten Mitgliedern der Gesellschaft zu helfen ist nur fair und gerecht, weil ihr Leid das Ergebnis der Fehlfunktion eines Systems ist, das überproportional auf den Vorteil anderer Bevölkerungsschichten ausgerichtet ist. Zudem braucht man diese Hilfe auch, um eine breite Unterstützung der vorherrschenden ökonomischen und politischen Prozesse zu sichern.

Und nicht zuletzt gilt: Die fehlerhafte Geld-, Fiskal- und Sozialpolitik, die überhaupt erst zur Entwicklung der Krise geführt hat, sollte durch umfassende Reformen revidiert werden, ehe das Gefühl der Dringlichkeit schwindet.

Das waren die Lehren, die gelehrte Ökonomen und Historiker aus der Großen Depression gezogen hatten. Milton Friedman und Anna Schwartz setzten sich für kraftvolle Maßnahmen der Zentralbanken ein, um Bankenkrisen, Deflation und Depression zu verhindern. Ihr Buch gilt als eines der wichtigsten Werke zur Wirtschaftsgeschichte des 20. Jahrhunderts. John Maynard Keynes setzte sich für staatliche Ausgaben ein, um gedrückten ökonomischen Bedingungen entgegenzutreten. Sein Buch gilt als eines der einflussreichsten ökonomischen Werke, die je geschrieben wurden. Karl Polanyi setzte sich 1944 in seinem mit Begeisterung aufgenommenen Buch für soziale und regulatorische Reformen ein.[737] Die Entscheidungsträger von 2007 und 2008 kannten nicht alle diese Autoren aus erster Hand. Aber sie kannten deren Argumente, weil diese über Generationen weitergegeben worden und zu einer gängigen historischen Überlieferung geworden waren.

Die Politiker in den USA und in anderen Ländern waren geprägt von diesen Einflüssen und reagierten schnell und entschlossen auf die Ereignisse. Die Zentralbanken senkten die Zinsen und überfluteten die Finanzmärkte mit Liquidität. Die Regierungen beschäftigten sich mit finanziellen Stimulierungsprogrammen. Die Anstrengungen zur Rekapitalisierung der Banken waren zwar zurückhaltend, aber erfolgreich. Der Zusammenbruch des Geld- und Finanzsystems wurde verhindert. Die Unterstützung für die Demokratie und die Marktwirtschaft bröckelte nicht ab. Zumindest war das keine Große Depression.

Paradox ist aber, dass die führenden Industriestaaten nicht besser abgeschnitten haben. Die Arbeitslosigkeit in den führenden Industriestaaten stieg immer noch bis auf ein zweistelliges Niveau. Das war nicht so hoch wie in der Großen Depression, aber höher als in normalen Rezessionen. Und es war auch höher als das, was diejenigen antizipiert hatten, denen man beigebracht hatte, die Wirtschaftswissenschaften hätten das Problem gelöst, einen depressionsähnlichen Einbruch zu vermeiden. Die finanziellen Probleme waren akuter als diejenigen erwartet hatten, denen man beigebracht hatte, die Zentralbanken und die Regulierer hätten gelernt, eine Krise wie in den 1930er-Jahren zu verhindern. Die Erholung wurde durch langsames Wachstum, hohe Arbeitslosigkeit und eine schrumpfende Arbeiterschaft gebremst. Sie verlief länger schleppend, als eigentlich zu erklären war, weil Firmen und Haushalte ihre exzessiven Schulden abarbeiten und die Banken ihre beschädigten Bilanzen reparieren mussten.

Man könnte argumentieren, dass hohe Arbeitslosigkeit und tiefe Rezession unmittelbar nach einer Finanzkrise unvermeidlich sind, ganz abgesehen von einer angemessenen politischen Reaktion. Diese Beobachtung mag durchaus zutreffen, aber sie schiebt das Problem nur um eine Stufe zurück. Das Paradoxe ist dann, dass die führenden Industriestaaten es nicht geschafft haben, die Möglichkeit einer Krise zu antizipieren oder sich gar darauf vorzubereiten.

Ironischerweise lagen die Wurzeln dieses Versagens in eben dieser fortschrittlichen Deutung der Großen Depression. Vollständig korrigierbare Fehler der kollektiven Entscheidungsfindung, so erklärte die Legende, waren für die Unfähigkeit der Zeitgenossen verantwortlich, die Stabilitätsrisiken in den 1920er-Jahren richtig einzuschätzen, und auch für ihr Scheitern bei dem Bestreben in den 1930er-Jahren, angemessen mit den Folgen umzugehen. Die modernen Politiker haben aus den Fehlern ihrer Vorgänger gelernt. Ein wissenschaftlich ausgerichtetes Zentralbankwesen mit einem rigorosen Inflationsziel reduzierte die ökonomische und die finanzielle Volatilität und verhinderte ernsthafte Ungleichgewichte.

Fortschritte der Aufsicht und der Regulierung begrenzten finanzielle Auswüchse. Die Einlagensicherung verhinderte Kundenanstürme auf die Banken und finanzielle Panikattacken. Die Große Depression war nach herrschender Meinung durch vermeidbare politische Fehler verursacht worden. Dies führte zu dem festen Glauben, dass diese Fehler vermeidbar waren und auch korrigiert worden waren. Daraus zog man die Schlussfolgerung, dass eine vergleichbare Krise nun nicht mehr möglich war.

Wie wir heute wissen, war diese Überzeugung fürchterlich irreführend. Die ökonomische und die finanzielle Instabilität der 1920er- und der 1930er-Jahre hatte vielleicht viel mit Inflation und Deflation zu tun. Mit Problemen also, die mit dem von Friedman und Schwartz beschriebenen Inflationsziel und dem stabilen Wachstum der Geldmenge eigentlich als gelöst gelten konnten. Das bedeutete aber nicht, dass andere Stabilitätsrisiken eliminiert waren. Im Gegenteil: Der lange Zeitraum der ökonomischen Stabilität, der großen Mäßigung, ermutigte Investoren, zusätzliche Risiken einzugehen. Die 80 Jahre seit einer ähnlich ernsthaften Krise erlaubten den Investoren, die Konsequenzen zu ignorieren. Die Zeit schwächte das Bewusstsein, dass Finanzmärkte instabil sind. Die Marktteilnehmer suchen ständig nach Innovationen, um ihren Kunden einen besseren Service bieten zu können oder um Regulierungen aus dem Weg zu gehen, die wegen früherer Probleme erlassen worden sind. Die Bluthunde der Regulierungsbehörden sind nicht schnell genug, um mit den gut trainierten Windhunden des privaten Sektors Schritt halten zu können. Folglich ergibt sich eine immer größere Lücke zwischen der tatsächlichen Regulierung und dem, was man im Rückblick als bestmögliche Regulierung betrachten könnte. Das alles legt nahe, dass die Risiken desto größer sind, je länger die Stabilitätsphase dauert. Aber das wird nicht bemerkt, solange die Party im Gang ist.

Hinzu kommt: Ein langer Zeitraum der Stabilität, sei er durch gute Politik oder einfach durch Glück verursacht, liefert denjenigen Munition, die die Regulierungsmaßnahmen für zu streng halten. Eine regulatorische Reaktion auf die Große Depression, die ein eng geregeltes Finanzsystem und eine lange Phase der Stabilität einläutete, trug, so gesehen, den Samen der eigenen Zerstörung schon in sich. Die Finanziers konnten argumentieren, sie hätten nun gelernt, Risiken besser zu managen, und daher könne man die Kapital- und Liquiditätsanforderungen an Finanzinstitutionen lockern. Die Einschränkungen der Überkreuz-Verkäufe von

Finanzprodukten könne man abschaffen. Man könne die Regulierungsmaßnahmen der 1930er-Jahre durch eine Politik der leichteren Hand ersetzen. Die Instabilität der Finanzmärkte und die Gefahren der lockeren Regulierung hätten eine weitere Lehre aus der Großen Depression sein können, herausgefiltert von gelehrten Ökonomen und Historikern. Auch diese Sichtweise gab es, aber es war eher eine Außenseitermeinung.

Warum das so war, ist des Nachdenkens wert. Wenn gründliche Lektionen, wie Politiker auf eine Krise reagieren sollten, im Gedächtnis blieben, wie konnten dann ähnlich gründliche Lektionen über die Entstehung dieser Krisen vergessen werden?

Ein Teil der Antwort lautet: Historiker waren schon immer besser in der Beschreibung schicksalhafter Entscheidungen, die die Rezession von 1929 zur Großen Depression der 1930er-Jahre machten, als darin, die Ursprünge der Rezession selbst zu verstehen. Erklärungen des Beginns der Krise waren der am wenigsten systematische und befriedigende Teil der historischen Überlieferung. Die Lektionen darüber, was eine Krise verursachen und wie man sie vermeiden kann, waren weniger überzeugend, weil die dazugehörige Geschichtsschreibung weniger entwickelt und die Geschichte nicht so effektiv erforscht war.

Zusätzlich ermahnen uns die jüngsten Erfahrungen, dass die Ursachen der Krisen nicht so einfach sind und sich folglich auch nicht so leicht identifizieren und vermeiden lassen. Fehlerhafte Rahmenkonzepte und schlechte Politik gab es im Überfluss, aber die Große Depression umfasste mehr. Heute können wir einschätzen, wie Politiker in den 1920er- und 1930er-Jahren gezwungen waren, Entscheidungen auf der Basis unvollständiger Informationen über den Zustand der Wirtschaft treffen zu müssen, ebenso wie die Fed Ende 2007 nicht wusste, wie schnell sich die Lage verschlechterte, und so wie Präsident Obamas Ökonomen 2009 nicht wussten, wie schnell die Wirtschaft schrumpfte. Das Problem war nicht einfach, dass sie nicht wussten, wie sie auf bestimmte Bedingungen reagieren mussten, sondern dass sie diese Bedingungen nicht kannten. Eine Krise ist ein Zeitraum, in dem sich das Tempo der Ereignisse zu beschleunigen scheint und die Informationen besonders unvollständig sind. Da wir 2008 und 2009 so etwas erlebt haben, können wir ermessen, wie sich ein ähnlicher Moment 1929 angefühlt haben muss.

Dies ist nur ein Beispiel dafür, wie die große Rezession unser Verständnis der Großen Depression verändern wird. Wir verstehen die Tendenz jetzt besser, sich das Verdienst für eine lange Phase der Stabilität zuzuschreiben, diese Stabilität in die Zukunft fortzuschreiben und die Wachsamkeit zu verlieren. Wir verstehen auch die Neigung besser, im Nachhinein Rechtfertigungen für große und nicht nachhaltige Kreditströme zu verbreiten. Wir verstehen die Versuchung besser, die Kunst der Wirtschaftspolitik auf eine simple Regel zu reduzieren. Sei es die Konzentration der Zentralbank auf ein Inflationsziel von 2 Prozent oder die Begrenzung der Kreditvergabe auf die legitimen Bedürfnisse der Unternehmen. Wir verstehen auch den Zorn besser, den die Rettung hoch bezahlter Banker auslöst und wie das die öffentliche Unterstützung problembeladener Banken verkompliziert. Wir wissen besser zu schätzen, wie die Sicht der Zukunft durch die Brille der Vergangenheit ebenso verzerren wie erleuchten kann – wie Europäer ab 2010 auf die Risiken im Stil der 1920er-Jahre fixiert bleiben konnten, obwohl Deflation die reale und präsente Gefahr war, oder wie US-Politiker weiterhin von den extremen Risiken nach 1929 voreingenommen sein konnten, als in Wirklichkeit ein Mangel an Risikofreudigkeit die Wirtschaft bremste. Wir verstehen die Zurückhaltung der Zentralbanker besser, die empfindlich auf politische Kritik reagieren, mehr zu tun, um eine Erholung zu fördern. Und wir verstehen auch die Instinkte besser, die Regierungen mitten in einer Krise dazu veranlasst haben, ihre Ausgaben vorzeitig zu kürzen.

Und schließlich verstehen wir auch besser, dass ökonomische Analyse und Beratung nicht alles sind. Politik muss immer noch umgesetzt werden. Und hier stehen tief verwurzelte politische Ideologien und Agenden im Weg. Das sind beileibe keine neuen Themen, was die Geschichte der Großen Depression betrifft. Aber die jüngsten Ereignisse stellen sie in ein bedeutenderes Licht.

Die moderne Ansicht – dass Fortschritte im Risikomanagement und der Regulierung die Gefahr einer Finanzkrise wie in den 1930er-Jahren eliminiert hatten – galt in ähnlicher Form auch für eine bestimmte historische Sichtweise der Risiken. Laut der üblichen Überlieferung war die Krise der 1930er-Jahre das Resultat von Anstürmen auf die Banken, für deren Verhinderung die Regierungen und die Zentralbanken nicht genug getan hatten und deren Auswirkungen sie nicht im Griff hatten. Aber diese Konzentration auf die Banken verleitete die Politiker des 21. Jahrhunderts dazu, die wachsende Bedeutung des Nichtbanken-Finanzsektors der Hedgefonds, der Geldmarktfonds und der Zweckgesellschaften (SPVs) kaum zu beachten. Das führte dazu, dass sie die Bedeutung von Derivaten und anderen finanziellen Ansprüchen aus dem Nichtbankenbereich verpassten. Diese Vernachlässigung war in den USA besonders folgenreich, wo die Nichtbanken im frühen 21. Jahrhundert mehr als zwei Drittel der Kredite an den privaten Nichtbankensektor aufbrachten. Aber die Sache hatte noch weitere Folgen.

Diese Verschiebung hatte wichtige, wenn auch unwillkommene Konsequenzen. Die staatliche Einlagensicherung leistete nichts zur Steigerung des Vertrauens in Geldmarktfonds, deren Anteilseigner nun ebenso zu Bankenruns neigten wie die Konteninhaber in den 1930er-Jahren. Die Kapitalanforderungen an die Banken leisteten nichts, um extreme Risiken zu verhindern oder einen Schutz gegen Verluste zu gewähren, als die riskanten Assets von Auslandstöchtern der Versicherungsunternehmen wie AIG Financial Products gehalten wurden. Aber die auf die Banken konzentrierte Krise der 1930er-Jahre und der anhaltende Einfluss dieser Überlieferung führten dazu, dass die Politiker die Veränderung der Verortung der Risiken übersahen.

In Europa war die Lage anders. Dort trug der Nichtbanken-Finanzsektor nur 30 Prozent zu den Krediten an Haushalte und Firmen bei. Hier waren immer noch die Banken das Thema. Das Finanzsystem in Europa basierte schon lange viel stärker auf den Banken als das in den USA. Nun, da die Erinnerungen an die Bankenkrisen der 1930er-Jahren verblassten und deregulatorische Kräfte an Einfluss gewannen, waren es die Banken, die in einem Land nach dem anderen überproportional profitierten. Die Krise der Creditanstalt hätte als mahnende Erinnerung dienen können. Es war die Pleite einer Bank, die die Hälfte aller Kredite an die österreichische Wirtschaft vergab. Das löste schließlich den Kollaps des Finanzsystems in Mitteleuropa aus. Aber solche Geschichten gab es nicht in allen Ländern Europas. Und zudem wurde Bankenpolitik nun auf europäischem Niveau betrieben. Selbst in Ländern, wo es ähnliche Erfahrungen gab, schwanden die Erinnerungen daran allmählich, überwältigt von Argumenten über die Effizienzvorteile der Megabanken und der Fortschritte des wissenschaftlichen Risikomanagements.

Zudem waren sich einige Länder, wie Großbritannien, der Notwendigkeit nicht bewusst, dass die Zentralbank notfalls als Kreditgeber letzter Hand auftreten musste. Sie hatten das Glück gehabt, von der Bankenkrise der 1930er-Jahre verschont geblieben zu sein. Sie hatten darüber hinaus seit 150 Jahren keinen Run auf die Banken mehr erlebt und gewährten nur eine begrenzte Einlagensicherung. Das Ergebnis war der erste Bankenansturm seit 150 Jahren.

Der größte Fehler, die richtigen Lehren aus historischen Erfahrungen zu ziehen, war mit Sicherheit die Entscheidung, den Euro einzuführen. Nichts illustrierte die 1920er- und 1930er-Jahre besser als die Gefahren, mehrere verschiedene Länder einer gemeinsamen Geldpolitik zu unterwerfen. Die Erfahrungen mit dem Goldstandard zwischen den Weltkriegen zeigten die Tendenz, dass große Kapitalmengen aus Ländern mit niedrigen Zinsen in solche mit hohen Zinsen flossen – und die destabilisierenden Folgen, wenn diese Kapitalströme zum Stillstand kamen. Das zeigte die ökonomischen Schmerzen und die politischen Turbulenzen, die daraus folgen mussten, wenn Austerität die einzig mögliche Reaktion war. Diese Erfahrungen hätten den europäischen Politikern zu denken geben sollen, ehe sie den Euro vorantrieben.

Dieses Scheitern erinnert daran, dass nicht nur eine einzige historische Überlieferung existierte, sondern mehrere. Die Geschichte ist umstritten. Die eine Theorie stellte die fixen Wechselkurse im Rahmen des Goldstandards der 1920er-Jahre als das Problem dar. Eine andere nannte die instabilen Wechselkurse der 1930er-Jahre als Quelle einer Politik, die auf das Anbetteln der Nachbarn hinauslief.[738] Diese zweite Interpretation stimmte mit den jüngsten Erfahrungen der Europäer überein. Störende Veränderungen der Wechselkurse 1992 und 1993 hatten die europäische Integration gebremst. Vielleicht werden nun viele argumentieren, dies sei eine fragwürdige Interpretation der 1930er-Jahre. In diesem Fall führte das zur fragwürdigen Entscheidung, sich dem Euro zuzuwenden – mit fraglos katastrophalen Folgen.

Am Ende taten die Europäer gerade genug, um den Zusammenbruch ihres monetären Systems zu verhindern. Ebenso wie die Amerikaner leisteten sie gerade genug, um eine weitere große Depression zu verhindern. Aber ihre Errungenschaft schwächte den Anreiz, mehr zu tun. Radikale Reformen waren nicht so dringend, weil das monetäre und das finanzielle System nicht so vollständig zusammengebrochen waren wie in den 1930er-Jahren und die ökonomischen Folgen weniger schwerwiegend waren. Die finanziellen Interessen wiesen nicht die Schäden wie in den 1930er-Jahren auf und ließen sich besser gegen radikale Reformen mobilisieren. Die Gläubigerländer konnten sich gegen Vorschläge wenden, die Schulden der Währungsunion zusammenzufassen und eine

Bankenunion anzustreben. Die Reform der Sozialpolitik war ebenfalls weniger weitreichend, weil die sozialen Probleme geringer waren.

Zudem ermöglichte dieser politische Erfolg den Regierungen und Zentralbanken, zu ihrer normalen Politik zurückzukehren, sobald die Notlage vorbei war. Leider kehrte man zur normalen Politik zurück, noch bevor wieder normale Bedingungen herrschten. Unter normalen Bedingungen hätte die Ausweitung der Zentralbankbilanzen die Inflation gesteigert. Die hohen Haushaltsdefizite der amerikanischen und der britischen Regierung hätten zu steigenden Zinsen geführt. Dass es nicht zu diesen Folgen kam, hätte klarstellen sollen, dass die ökonomische Situation noch immer alles andere als normal war. Aber das änderte nichts daran, dass die Staaten ihre Haushalte eher früher als später ins Gleichgewicht bringen mussten.

Als die Regierungen ihre Ausgaben reduzierten, fühlten sich die Zentralbanker, besorgt wegen der allgemeinen Schwäche der Wirtschaft, dazu verpflichtet, mehr zu tun. Aber wenn von niemandem gewählte Technokraten mit beschränkten Mandaten das eine waren, dann waren von niemandem gewählte Technokraten mit umfassenden Machtbefugnissen etwas ganz anderes. Sogar die Zentralbanker selbst fürchteten sich vor noch nie da gewesenen Interventionen. Die politischen Maßnahmen waren unkonventionell und die Zentralbanker waren nichts, wenn nicht konventionell. Die Abneigung gegen Inflation, das am tiefsten verwurzelte aller Gefühle, machte die Idee überflüssig, das Inflationsziel anzuheben, um in diesem außergewöhnlichen Abschwung die Kreditkosten zu senken. Erinnerungen an die 1970er-Jahre, als die Inflation außer Kontrolle geriet, waren für viele der Zentralbanker im FOMC präsenter als vage Erinnerungen an die Deflation der 1930er-Jahre. Diese unmittelbareren Erinnerungen ließen sie zögern, sich unkonventionellen politischen Maßnahmen zuzuwenden, als die Deflation zu einer unmittelbaren Bedrohung wurde.

Hinzu kam: Je länger die unkonventionellen politischen Maßnahmen andauerten, desto stärkere Kritik seitens der Politik riefen sie hervor. Zentralbanker, die ihre Unabhängigkeit bewahren wollten, drängten auf die Rückkehr zu konventionellen politischen Maßnahmen. Das Zögern der Zentralbanken des 21. Jahrhunderts, mehr zu tun, brachte eine weitere Lektion der Großen Depression ans Licht, nämlich dass die Zentralbanken zu wenig taten, um das Wirtschaftswachstum zu stützen. Aber vor den jüngsten Erfahrungen, die dieses Risiko erkennen ließen, war diese Beobachtung kein Teil der konventionellen Überlieferung.

Dann gab es noch die Sorge, die niedrigen Zinsen könnten die Investoren dazu veranlassen, sich riskanteren Assets zuzuwenden. In dieser Sichtweise bereitete die Politik nur einer weiteren Spekulationsblase und einem weiteren Crash die Bühne. Natürlich war das genau die Furcht, die die Behörden davon abgehalten hatte, in den 1930er-Jahren energischer einzugreifen. Die Politiker sahen die Welt durch die Brille der Geschichte und daher waren sie nicht in der Lage, zu erkennen, dass in den 1930er-Jahren eher Deflation als Inflation ein Problem war. Man ging nicht zu hohe, sondern zu geringe Risiken ein. Fünf Jahre nach Lehman Brothers waren die Parallelen nicht zu verkennen.

Das moralische Problem war real, wenn auch für manche Politiker realer als für andere. Sie sorgten sich über die Folgen, wenn sie die Erwartung weckten, jeder werde im Notfall gerettet. Aber das war auch ein politisches Problem. Bankenrettungen waren politisch umstritten. Kritik förderte den Wunsch, eine Bank zu finden, an der man ein Exempel statuieren konnte, wie Lehman Brothers 2008 oder Union Guardian Trust 1933.

Die europäische Version dieses Themas war, dass eine zu starke Unterstützung der Zentralbanken für die Kurse der Staatsanleihen und sogar für wirtschaftliches Wachstum den Druck auf die Regierungen abschwächen könnte. Politiker und ihre Wähler mussten Schmerzen spüren, um die Dringlichkeit struktureller Reformen und einer fiskalischen Konsolidierung einschätzen zu können. Es handelte sich um ein moralisches Problem. Aus Frankfurter und Berliner Sicht war die Euro-Krise von unfähigen Südeuropäern ausgelöst worden. Die Subprime-Krise, die Europa so verwundbar machte, wurde von gewissenlosen Amerikanern verursacht. Die Schurken mussten leiden, um sich zu bessern. Die Instinkte, die Andrew Mellons Liquidierungspolitik anleiteten, sind leicht zu kritisieren und sie wurden auch hart kritisiert. Unsere eigene Erfahrung lehrt, dass es sich hier um universelle menschliche Instinkte handelt. Sie sind nicht leicht zu unterdrücken.

Diese Tendenz der moralischen Beurteilung der Krise machte das gemeinsame Vorgehen gegen diese Krise nicht einfacher. Die historische Überlieferung, dass Regierungen und Zentralbanken, weil sie nicht einig waren, die Situation in den 1930er-Jahren noch verschlimmerten, inspirierte 2008 und 2009 die Bemühungen, die Geld- und die Fiskalpolitik zu koordinieren und protektionistische Reaktionen abzulehnen. Aber sobald die Notfallsituation vorbei war, wurde es schwieriger, die Kooperation zu gewährleisten. Nach einer gewissen Zeit ging man zu gegenseitigen Schuldzuweisungen über.

Der deutsche Finanzminister Wolfgang Schäuble kritisierte die Federal Reserve dafür, den Dollarkurs nach unten gedrückt zu haben, und bezeichnete deren Politik als »ahnungslos«. Präsident Obama kritisierte die Europäer dafür, nicht mehr für die Sanierung ihrer Banken zu tun. In diesem Licht wird das Scheitern der Regierungen und der Zentralbanken leichter verständlich, zu einer gemeinsamen Reaktion auf die europäische Finanzkrise 1931 und dann auf die weltweite Finanzkrise 1933 zu gelangen.

Die gegenseitigen Beschuldigungen waren diesmal nirgends schlimmer als in Europa. Die fleißigen Deutschen standen im Gegensatz zu den verschwenderischen Griechen. In Südeuropa aber standen die armen, unglücklichen Griechen den gefühllosen Deutschen gegenüber. Diese Rahmenbedingungen machten es nicht leicht, Hilfe aus dem Ausland zu erhalten oder sie anzunehmen. Einer Regulierung der bestehenden Verschuldung war das nicht zuträglich. Eine ausgewogene Analyse hätte ergeben, dass auf jeden gewissenlosen Schuldner ein gewissenloser Gläubiger kommt. Sie hätte auch erkannt, dass es für ein bestimmtes Land leichter war, seine Probleme durch Exporte zu lösen, als es dies für jedes südeuropäische Land war. Es war leichter, ein Exportwunder mit der Unterstützung einer begleitenden Geldpolitik und eines schwachen Euro heraufzubeschwören, wie in Deutschland kurz nach der Jahrtausendwende, als jetzt, da die gegenteiligen Bedingungen vorherrschten. Dies war auch eine Schlussfolgerung aus dem Unterschied zwischen den 1920er-Jahren, als Frankreich mit seiner unterbewerteten Währung einen Exportboom genoss, und den 1930er-Jahren, als ein niedergedrücktes Europa nicht in der Lage war, sich mit Exporten gemeinsam vom wirtschaftlichen Einbruch zu befreien. Aber angesichts der Rahmenbedingungen der Krise bezogen sich die Folgen nun auf die französische und vor allem auf die deutsche Regierung.

Diese ausgewogenere Analyse wäre auch zu dem Ergebnis gelangt, dass kein Land dazu bereit ist, einen problembeladenen Nachbarn zu retten, ohne die Mechanismen der Rückzahlung festzulegen. Aber eine moralistische Sichtweise der Krise mit einer Abgrenzung der Anständigen gegen die Prinzipienlosen trug nichts zu einer ausgewogenen Interpretation bei. Sie führte nicht dazu, dass die Kreditgeber vernünftige Bedingungen vorschlugen oder die Kreditnehmer sie akzeptierten. Erfolgreiche Länder konnten der Schlussfolgerung nicht widerstehen, dass ihr Erfolg das Ergebnis ihrer Tugend war und dass andere Länder, wenn sie Erfolg haben wollten, lediglich eine ähnliche Einstellung entwickeln mussten. Und erfolglose Länder neigten zu der Auffassung, dass ihre erfolgreicheren Nachbarn aus ihrer Notlage Befriedigung zogen.

Und schließlich: Dass die Politiker gerade eben genug taten, um eine weitere große Depression zu verhindern, schwächte den Anreiz, gründlich über die Ursachen nachzudenken. Nachdem man den finanziellen Zusammenbruch verhindert hatte, war es immer noch möglich, das amerikanische Banken- und Finanzsystem und die Europäische Währungsunion als die schlechtesten Alternativen mit Ausnahme aller anderen darzustellen (um den Spruch Churchills über Demokratie zu paraphrasieren). Folglich gab es kaum Diskussionen über Kompensationsmaßnahmen im Finanzsektor und ganz allgemein über die Folgen für die finanzielle Stabilität. Kurz nach der Krise gab es die kurzlebige Occupy-Bewegung, die das internationale Finanzwesen kritisierte und vor wachsender Ungerechtigkeit warnte. Aber es gab keine grundlegende Diskussion über die Wurzeln dieser Phänomene oder ihre Konsequenzen.[739] Die Ungleichheit ließ das Scheitern der Gesellschaft erkennen, die Mehrheit der Bevölkerung mit der Ausbildung zu versorgen, die in einer von globalem Wettbewerb geprägten Welt erforderlich war. Sie verdeutlichte technologische Veränderungen, die es einfacher machten, Arbeiter durch Roboter zu ersetzen. Die Bereitwilligkeit war gering, diese Probleme anzugehen oder anzuerkennen, dass die enttäuschende Erholung von der Krise nicht nur dem Gegenwind durch den Abbau von Fremdkapital geschuldet war, sondern auch einer langen Phase zu geringer Investitionen in Infrastruktur, Grundlagenforschung und Bildung.

Die Beschäftigung mit diesen Problemen hätte keinen schnellen und vorübergehenden Stimulus erfordert, sondern dauerhafte nationale und internationale Strategien des Investierens in Infrastruktur, Bildung und Forschung. Man hätte die erforderlichen Ressourcen mobilisieren müssen. Man hätte gründlich darüber nachdenken müssen, wie man sicherstellen konnte, dass die auf diese Weise mobilisierten Ressourcen produktiv eingesetzt wurden. Man hätte auch überlegen müssen, welche Art von Finanzpolitik erforderlich war, um das Wachstum des nicht finanziellen Sektors der Wirtschaft zu stützen, und wie man zu diesem Zweck die Regulierung strukturieren sollte.

In vielen Fällen hätte die Bewältigung dieser Probleme mehr und nicht weniger Aktivitäten seitens der Regierung erfordert. Das war die Reaktion auf die Große Depression, aber jetzt war eine solche Reaktion nicht angemessen. Die Ironie war, dass die Politiker angestrengtes Nachdenken über die Rolle der Regierung verhinderten, indem sie die Art von Depression abbremsten, die später zum New Deal führte.

Die Tatsache, dass die Politiker gerade genug taten, um eine weitere große Depression zu verhindern, bedeutete, dass zu wenig getan wurde, um die Welt zu einem finanziell sichereren Ort zu machen. Heute sind die Banken zwar geringfügig höheren Kapital- und Liquiditätsanforderungen ausgesetzt, aber *geringfügig* ist dabei das entscheidende Wort. Die Großbanken sind verpflichtet, Testamente zu Lebzeiten zu verfassen, und der Dodd-Frank Act in den USA beinhaltet eine Prozedur der ordentlichen Liquidierung großer Finanzinstitute. Es ist aber unklar, ob diese Testamente und Liquidationsprozeduren angesichts der Furcht, die Märkte zu beunruhigen, tatsächlich angewendet werden. Was Institute betrifft, die zu groß sind, um zu scheitern, ist bislang wenig Bedeutendes geschehen. Dass eine weitere große Depression verhindert wurde, schwächte die Argumente für radikalere Veränderungen und erlaubte den Banken eine Neuaufstellung.

Dass man das Schlimmste abgewendet hatte, erlaubte Geldmarktfonds und Versicherungsunternehmen, ihre Lobbyisten zu mobilisieren. Die Versicherungen, abgesehen von Prudential Financial und der inzwischen verrufenen AIG, konnten es vermeiden, vom Financial Stability Oversight Council als systemrelevant eingestuft zu werden. Die Ratingagenturen entkamen signifikanter Regulierung und Reformen.

Obwohl es nun die Volcker-Regel gibt, die den Eigenhandel von Geschäftsbanken limitiert, enthält sie zahlreiche Ausnahmebestimmungen. Die Banken, denen eine Krise wie in den 1930er-Jahren erspart blieb, neigten nicht dazu, ihr Wertpapiergeschäft abzugeben. Transaktionen derivativer Wertpapiere werden heute von Clearing-Häusern abgewickelt, aber das bedeutet eher eine Konzentration als eine Eliminierung der Risiken. Die Europäer, die ihre eigene große Depression vermieden haben, finden es schwierig, die politischen Hindernisse zu überwinden und eine bedeutende Bankenunion zu gründen. Es fällt ihnen schwer, Bedingungen zuzustimmen, unter denen ihr Notfall-Rettungsfonds Kredite vergeben und die Zentralbank die Finanzmärkte kontrollieren kann. Die Krise schuf eine Atmosphäre der Dringlichkeit, aber diese Dringlichkeit reichte nicht aus, um diese Probleme zu überwinden.

Genau der Erfolg, mit dem die Politiker den Schaden der schlimmsten Finanzkrise in 80 Jahren abwendeten, bedeutet, dass wir wahrscheinlich in weniger als 80 Jahren eine weitere solche Krise erleben werden.

Dramatis Personae – Die handelnden Personen

Konrad Adenauer Kanzler der Bundesrepublik Deutschland 1949–1963. Er spielte eine wichtige Rolle bei der europäischen Integration nach dem Zweiten Weltkrieg.

Nelson W. Aldrich US-Senator (Republikaner, Rhode Island) 1881–1911. Vorsitzender der National Monetary Commission (1909–1912), half beim Entwurf des Federal Reserve Act.

Winthrop Aldrich Banker und Musiker, Sohn von Nelson W. Aldrich. Chairman der Chase National Bank 1930–1953.

Phil Angelides Immobilienentwickler, Finanzverwalter Kaliforniens 1999–2007 und Vorsitzender der Financial Crisis Inquiry Commission 2009–2010.

James Anthony Banker, dessen Kette Manley-Anthony in den 1920er-Jahren in die Immobilienspekulation in Florida verwickelt war. Er half bei der Finanzierung von George Merricks Coral-Gables-Projekt.

Adam Applegarth Chairman der britischen Baugesellschaft und Bank Northern Rock 2001–2007. Nach der Pleite und der Verstaatlichung der Bank verlor er seinen Posten.

Albert Aupetit Generalsekretär der Banque de France während der Inflation der 1920er-Jahre. Er war daran beteiligt, dass die Bank bei der Erhöhung der Geldmenge gegen ihre Statuten verstieß.

Vincent Auriol Französischer Politiker. Finanzpolitischer Sprecher der Sozialisten in den 1920er- und 1930er-Jahren. Vertreter Frankreichs bei der internationalen Geld- und Finanzkonferenz in Bretton Woods 1944.

David Axelrod Kolumnist der *Chicago Tribune*, politischer Berater des Präsidenten Barack Obama 2009–2011.

Roger Babson Finanztheoretiker und Anhänger Sir Isaac Newtons. Bekannt für seine Warnungen vor einem Aktiencrash Ende der 1920er-Jahre.

Sheila Bair Vorsitzende der US Federal Deposit Insurance Commission 2005–2011. Bekannt für regulatorische Reformen, um das Problem des »zu groß, um zu scheitern« anzugehen.

Arthur Ballantine Amerikanischer Jurist und hoher Beamter. Stellvertretender Finanzminister der Hoover-Administration 1931–1933.

José Manuel Barroso Portugiesischer Politiker (Sozialdemokrat). Premierminister Portugals 2002–2004, Präsident der Europäischen Kommission 2004–2014.

Bruce Bent Mitbegründer des ersten Geldmarktfonds 1971, später als Primary Reserve Fund bekannt, als der Wert seiner Aktie 2008 unter den Nennwert von einem Dollar fiel.

Adolph Berle Professor für Unternehmensrecht an der Columbia University. Gründungsmitglied von Roosevelts Beraterstab, der betonte, dass die Regierung gegen die Marktmacht der Großunternehmen vorgehen muss.

Ben S. Bernanke Ökonom, Professor an den Universitäten Stanford und Princeton und Spezialist für die Geschichte der Großen Depression. Governor (2002–2005) und Chairman (2006–2014) des Federal Reserve Board.

Jared Bernstein Mitglied des Obama-Biden-Übergangsteams, Berater von Vizepräsident Joe Biden 2009–2011.

Gerald Lee Bevan Finanzier und Schriftsteller. Geschäftliche Verbindungen mit Clarence Hatry in den 1920er-Jahren. Wegen Bilanzfälschung angeklagt und inhaftiert.

Lorenzo Bini Smaghi Ökonom mit Abschlüssen der katholischen Universität Louvain und der University of Chicago. Mitglied der italienischen Regierung und des Exekutivausschusses der EZB 2005–2011.

Hugo Black US-Senator (Demokrat, Alabama) 1927–1937 und Unterstützer des New Deal. Bekannt wegen seines Eintretens für Arbeitsteilung und einen landesweiten Mindestlohn. Er wurde 1937 an den Obersten Gerichtshof der USA berufen, dem er bis 1971 angehörte.

Tony Blair Britischer Politiker (Labour Party). Britischer Premierminister 1997–2007. Er sicherte die Unabhängigkeit der Bank of England und schuf die Financial Services Authority.

Léon Blum Französischer Politiker, Absolvent der École Normale Supérieure, verbunden mit der Sozialistischen Partei und Mitglied des Abgeordnetenhauses seit 1929. Premierminister während der Franc-Abwertung 1936.

John Boehner Mitglied des US-Repräsentantenhauses (Republikaner, Ohio), ab 1991. Sprecher der Mehrheitsfraktion 2006–2007 und der Minderheitsfraktion 2007–2011. Ab 2011 Sprecher des Repräsentantenhauses.

Brooksley Born Amerikanischer Jurist und hoher Beamter. Vorsitzender der Commodity Futures Trading Commission 1996–1999. Er wurde bekannt, weil er mit Offiziellen der Clinton-Administration über die Regulierung von Derivate-Transaktionen stritt.

Louis Brandeis Richter am US Supreme Court 1916–1939. Progressiver Gegner von Monopolen und des Einflusses von Unternehmen. Seine Anhänger prägten die Roosevelt-Administration ab 1933.

Willy Brandt Deutscher Politiker. Vorsitzender der SPD. Deutscher Bundeskanzler 1969–1974 und Vertreter der europäischen Integration.

Aristide Briand Elf Mal französischer Premierminister 1909–1929. Seine versöhnliche Methode, mit Deutschland eine Einigung über die Reparationszahlungen zu erreichen, hatte keinen Erfolg.

Joseph A. Broderick Amerikanischer Banker und Bankeninspekteur. Chef der Bankenaufsicht in New York während der Pleite der Bank of United States 1930. Governor des Federal Reserve System 1936–1937.

Gordon Brown Britischer Politiker. Schatzkanzler in der Blair-Regierung 1997–2007. Premierminister 2007–2010. Organisierte den G20-Gipfel in London 2009.

Harry Brown Mitbegründer des ersten Geldmarktfonds 1971, später als Primary Reserve Fund bekannt, als der Wert seiner Aktie 2008 unter den Nennwert von einem Dollar fiel.

Scott Brown Senator aus Massachusetts, der nach dem Tod Edward Kennedys 2010 in den Senat gewählt wurde. Dort war er der erste Republikaner aus seinem Staat seit 1972.

Heinrich Brüning Politiker der Zentrumspartei (konservativ), Mitglied des Deutschen Reichtags seit 1924. Anführer der Regierung, die ab 1930 eine Politik der Sparmaßnahmen durchführte.

William Jennings Bryan Mitglied des US-Repräsentantenhauses (Demokrat, Nebraska) 1891–1895. Gegner des Goldstandards. Demokratischer Präsidentschaftskandidat 1896 und 1900. US-Staatssekretär 1913–1915. Immobilienpromoter in Florida.

Warren Buffett Amerikanischer Geschäftsmann und Investor. Wichtigster Aktionär der Holding Berkshire Hathaway, die am Höhepunkt der Finanzkrise 2008 fünf Milliarden Dollar in Goldman Sachs investierte.

Karl Buresch Österreichischer Politiker (Christlich Soziale Partei); österreichischer Kanzler 1931–1932.

George H. W. Bush 41. Präsident der USA 1989–1993.

George W. Bush 43. Präsident der USA 2001–2009.

William Calder US-Senator (Republikaner, New York) 1917–1923. Chef des Calder-Komitees, das die Wohnungsnot nach dem Ersten Weltkrieg untersuchte.

Rogers Caldwell Geschäftsmann und Bankier aus Tennessee, dessen Firmen und Banken im Zentrum der Finanzkrise von 1930 standen.

David Cameron Britischer Politiker (Konservative Partei). Premierminister ab 2010.

Joseph Cassano Finanzvorstand und Chef von AIG Financial Products, deren Engagement in Credit Default Swaps 2008 zur Pleite des Versicherungsriesen führten.

Gustav Cassell Schwedischer Ökonom und Professor an der Universität Stockholm 1903–1936. Vertreter einer Geldpolitik mit dem Ziel, die Preise zu stabilisieren.

James Cayne CEO von Bear Stearns 1993–2008. Als seine beiden Subprime-Hedgefonds kollabierten, nahm er gerade an einem Bridge-Turnier in Nashville teil.

Anton Cermak Amerikanischer Politiker (Demokrat). 44. Bürgermeister von Chicago 1931–1933. Schwer verwundet bei einem Attentat auf den soeben gewählten Präsidenten Roosevelt am 15. Februar 1933.

Neville Chamberlain Britischer Politiker (Konservative Partei). Finanzminister 1923–1924 und 1931–1937, Premierminister 1937–1940. Als Finanzminister war er für geschicktes Finanzmanagement bekannt, als Premierminister für eine Politik der Beschwichtigung.

Roy Chapin Pionier der Autoindustrie (Mitbegründer der Hudson Motor Car Company). Handelsminister in den letzten Monaten der Hoover-Administration 1932–1933.

Walter Chrysler Manager aus der Autoindustrie, der sich in den 1920er-Jahren an Billy Durants Investmentpools beteiligte.

Winston Churchill Britischer Politiker (Konservative Partei). Finanzminister 1924–1929. Er traf 1925 die Entscheidung, zum Goldstandard der Vorkriegs-Parität zurückzukehren.

William Clinton 42. Präsident der USA 1993–2001.

William Cornstock Amerikanischer Politiker (Demokrat). 33.Gouverneur von Michigan (1933–1935), der 1933 die Bankenschließung anordnete.

Calvin Coolidge 30. Präsident der USA 1923–1929.

Charles Coughlin Römisch-katholischer Priester, Radio-Prediger, zunächst Unterstützer, später Gegner Roosevelts.

James Couzens US-Senator (Republikaner, Michigan) 1922–1936. Geschäftspartner und später Rivale Henry Fords.

Brian Cowen Irischer Politiker (Fianna Fáil Party). Taoiseach (Regierungschef) während der Finanzkrise 2008–2011.

Christopher Cox 28. Chairman der Securities and Exchange Commission (SEC), 2005–2008.

James Cox Amerikanischer Publizist und Politiker (Demokrat). 46. und 48. Gouverneur von Ohio 1913–1915 und 1917–1921. Mitglied der US-Delegation bei der Weltwirtschaftskonferenz 1933.

Daniel Crissinger Amerikanischer Jurist und Banker. Präsident der US-Bankenaufsichtsbehörde 1921–1923 und Chairman des Federal Reserve Board 1923–1927.

Bronson Cutting US-Senator (Republikaner, New Mexico) Sprach sich 1933 für die Verstaatlichung der Banken und für eine strenge Regulierung aus.

Édouard Daladier Französischer Politiker. Mitglied der Radikalen (Mitte-liberalen) Partei. Drei Mal französischer Premierminister, auch während der großen Depression (Januar–Oktober 1933 und dann während der Stavisky-Affäre Januar bis Februar 1934).

Alisdair Darling Britischer Politiker (Labour Party). Finanzminister der Regierung Gordon Browns 2007–2010.

Raoul Dautry Französischer Geschäftsmann, Ingenieur und Politiker. Generaldirektor der staatlichen französischen Eisenbahn. Mitglied von Pierre Lavals Beraterstab, als Laval 1935 wieder an die Macht kam.

Charles Dawes Geschäftsmann, Banker und Musiker aus Chicago. Leitete 1924 die US-Verhandlungen über die deutschen Reparationszahlungen, was ihm 1925 den Friedensnobelpreis einbrachte. Vizepräsident der USA 1925–1929. Leiter der Reconstruction Finance Corporation 1932. Er war 1932 involviert in die Rettung der Reconstruction Finance Corporation (»Dawes-Bank«).

Jean-Luc Dehaene Belgischer Politiker (Christlich Demokratische Partei). Als Sohn belgischer Eltern 1940 im französischen Montpellier geboren, wohin seine Familie vor den deutschen Truppen geflohen war. Vertreter der europäischen Integration. Belgischer Premierminister 1992–1999. Seine Amtszeit hatte ihren Höhepunkt, als der Euro eingeführt wurde.

Edward DeMarco Amerikanischer Ökonom und Offizieller. Insolvenzverwalter Fannie Maes und Freddie Macs 2009–2014. In dieser Funktion widersetzte er sich politischen Initiativen, die Schulden der Hauseigentümer zu kürzen.

Francois de Wendel Französischer Industrieller. Ratsmitglied der Banque de France. 1925 drohte sein Rücktritt wegen der Fälschung der Bilanz der Zentralbank.

Jamie Dimon Amerikanischer Bankier. Abschlüsse an den Universitäten Tufts und Harvard, Chairman, Präsident und CEO von JPMorgan Chase seit Mitte der 2000er-Jahre. Entscheidender Akteur bei der Rettung von Bear Stearns 2008.

Christopher Dodd US-Senator (Demokrat, Connecticut) 1981–2011. Vorsitzender des Senate Banking, Housing and Urban Affairs Committee, als nach der Krise Finanzreformen umgesetzt wurden. Von Countrywide Financial erhielt er Hypotheken auf seinen persönlichen Immobilienbesitz.

William Donaldson 27. Chairman der Securities and Exchange Commission (SEC) 2003–2005. Während seiner Amtszeit fanden kaum Regulierungen des Derivate-Bereichs statt.

William Donovan Jurist und Mitarbeiter des Geheimdiensts. Leiter des US Office of Strategic Services im Zweiten Weltkrieg, als er mit Cornelius Vander Starr von AIG zusammenarbeitete.

Lewis Douglas Amerikanischer Politiker. Mitglied des US-Repräsentantenhauses (Demokrat, Arizona) 1927–1933. Direktor des Haushaltsausschusses der Roosevelt-Administration. In dieser Funktion war er ein Verfechter des Goldstandards und der fiskalischen Verantwortung.

Gaston Doumergue Französischer Politiker. Mitglied der Radikalen Partei. Premierminister 1913–1914 und 1934, als seine konservative Einheitsregierung nicht aus der großen Depression herauskam.

Mario Draghi Italienischer Ökonom und Politiker. Angestellter von Goldman Sachs und des italienischen Finanzministeriums. Gouverneur der italienischen Zentralbank ab 2006. Präsident der EZB ab 2011.

David Drumm CEO von Anglo-Irish Bank zur Zeit ihrer Rettung. Rücktritt im Dezember 2008. Insolvenzantrag 2010.

Billy Durant Pionier der Autoindustrie. Präsident von General Motors 1916–1920. Aktienspekulant und Organisator von Investorenpools in den 1920er-Jahren.

Marriner Eccles Geschäftsmann und Banker, der 1935 beim Entwurf des Banking Act mitwirkte. Chairman des Federal Reserve Board 1934 – 1948.

Dwight Eisenhower Diente unter General Douglas MacArthur, als die US-Truppen die Demonstration der »Bonus-Armee« der arbeitslosen Veteranen in Anacostia 1932 auflösten. 34. Präsident der USA, 1953–1961.

Rahm Emanuel Amerikanischer Politiker (Demokrat). Politischer Berater und Personalchef im Weißen Haus unter Präsident Barack Obama 2009–2010. Bürgermeister von Chicago ab 2011.

Otto Ender Österreichischer Politiker (Christlich-Sozialistische Partei). Österreichischer Bundeskanzler während der Creditanstalt-Krise 1930–1931.

Eugene Fama Ökonom, Nobelpreisträger (2013) und Professor an der University of Chicago. Vater der Theorie der effizienten Märkte.

Andrew Fenwick Nachkomme der britischen Kaufhausdynastie. Direktor von Northern Rock 2008.

Joschka Fischer Deutscher Politiker (Grüne), der bei den Studentenunruhen in den 1960er-Jahren aktiv war. Deutscher Vizekanzler und Außenminister 1998–2005. Advokat der europäischen Integration und Kritiker der Krisenbewältigung von Bundeskanzlerin Angela Merkel.

Irving Fisher Ökonom, Professor an der Yale University und informeller Berater Roosevelts. Bekannt für seine Theorie der Schuldendeflation und dafür, dass er 1929 von einem »permanent hohen Niveau« des Aktienmarkts sprach.

Richard Fisher Amerikanischer Finanzier, Berater und Regierungsbeamter. Präsident der Federal Reserve Bank of Dallas ab 2005, bekannt für seine anti-inflationäre Sichtweise.

Seán FitzPatrick Irischer Banker und Geschäftsmann, CEO und später Chairman der Anglo-Irish Bank 1996–2008. Er trat Ende 2008 wegen des Verdachts versteckter Kredite an seine persönlichen Konten zurück.

Henry Flagler Amerikanischer Industrieller, Immobilienentwickler und Gründer der Standard Oil Company. Er entwickelte die Florida East Coast Railway und förderte Anfang des 20. Jahrhunderts die Städte Miami und Palm Beach.

Pierre-Étienne Flandin Konservativer französischer Politiker (Demokratisch-Republikanische Allianz). Premierminister (1934–1935) einer Regierung, die es nicht schaffte, der Großen Depression entgegenzutreten.

Edsel Ford Sohn Henry Fords. Präsident der Ford Motor Co. 1919–1943. Direktor und Hauptinvestor der Union Guardian-Bankengruppe, die 1933 insolvent wurde, weil sie keine Hilfe von der Reconstruction Finance Corporation erhielt.

Henry Ford Pionier der Autoindustrie mit Beteiligungen an Finanzinstituten im Raum Detroit, die 1933 insolvent wurden.

Barney Frank Mitglied des US-Repräsentantenhauses (Demokrat, Massachusetts) 1981–2013. Mitbegründer der Börsenreform nach Dodd-Frank und des Consumer Protection Act von 2010.

Felix Frankfurter Anhänger von Louis Brandeis, dem Richter am Obersten Gerichtshof der USA (1916–1939). Er war ein liberaler und progressiver Professor an der Harvard Law School; seine Studenten waren an der Ausgestaltung von Roosevelts New Deal beteiligt. Beisitzender Richter am Supreme Court 1939–1962.

Milton Friedman Ökonom, Professor an der University of Chicago und Nobelpreisträger (1976). Er ist bekannt für seine Theorie des stabilen Geldmengenwachstums und für sein zusammen mit Anna Schwartz verfasstes Buch *Monetary History of the United States.*

A. P. Frierson Banker und Präsident der Knoxville Clearing House Association während der Bankenkrise 1930.

Eigo Fukai Japanischer Geschäftsmann und Banker. Assistent Korekiyo Takahashis, als dieser 1904 und 1905 die japanischen Kriegskredite aushandelte. Stellvertretender Gouverneur (1928 – 1935) und Gouverneur (1935–1937) der japanischen Notenbank. Er vertrat Japan bei der Weltwirtschaftskonferenz 1933.

Richard Fuld Amerikanischer Geschäftsmann und Banker. Wirkte als CEO und später Chairman von Lehman Brothers von 1994 bis zu seinem Rückzug 2008.

Timothy Geithner Beamter mit verschiedenen Führungsfunktionen im Finanzministerium während der Clinton-Administration. Er arbeitete mit Robert Rubin und Lawrence Summers zusammen. Geithner war von 2003 bis 2009 Präsident der Federal Reserve Bank of New York und später 75. Finanzminister von 2009 bis 2013.

Gary Gensler Amerikanischer Banker und hoher Beamter. Partner bei Goldman Sachs. Stellvertretender Finanzminister während der Clinton-Administration

1999–2001. Elfter Chairman der US Commodity Futures Trading Commission 2009–2014.

John Gialdini Mitarbeiter von Clarence Hatry, verwickelt in die betrügerischen Aktivitäten im Rahmen von Hatrys Versuch, 1929 United Steel Companies aufzukaufen. Er wurde in Italien verhaftet, verurteilt und inhaftiert.

Claude-Joseph Gignoux Französischer Ökonom und Zeitungsverleger. Mitglied von Pierre Lavals Beraterstab, als Laval 1935 wieder an die Macht kam.

S. Parker Gilbert Amerikanischer Anwalt, Banker und Politiker. 1924 wurde er als Nachfolger Owen Youngs zum Generalbevollmächtigten für Reparationsfragen ernannt. Er war Teilhaber bei J. P. Morgan, nachdem die Position des Generalbevollmächtigten 1930 abgeschafft worden war.

Hannes Hólmsteinn Gissurarson Politikwissenschaftler, Professor an der Universität von Island und Mitglied der Mont Pelerin Society. Spezialist für das Fischereiwesen, der dafür eintrat, Island zu einem Finanzzentrum zu machen.

Carter Glass Finanzminister unter Woodrow Wilson 1918–1920. US-Senator (Demokrat, Virginia) 1920–1946. Chairman des Appropriations Committee 1933–1946 und Mitbegründer des Glass-Steagall Act zur Liberalisierung des Goldstandards (1932) sowie des Glass-Steagall Act von 1933, der zur Trennung von Geschäftsbanken und Investmentbanken führte.

Phil Gramm Amerikanischer Ökonom und Politiker. US-Senator (Republikaner, Texas) 1982–2002. Als Chairman des Senate Committee on Banking, Housing, and Urban Affairs wirkte er am Gramm-Leach-Bliley-Act von 1999 mit, der die letzten Reste des Glass-Steagall Act beseitigte.

Hank Greenberg Chef der American International Group von 1962 bis 2005, als er wegen des Vorwurfs betrügerischer Geschäftspraktiken zurücktrat, die später aufgegeben wurden. Er verklagte die US-Regierung wegen der Bestimmungen der Rettung von AIG 2008 und der Behandlung der Aktionäre.

Alan Greenspan Ökonom und Regierungsbeamter. Vorsitzender des Board of Governors des Federal Reserve System 1987 – 2005.

Ragnar Grímsson Isländischer Politiker (Volksallianz). Präsident Islands ab 1996.

Ricardo Giulino Italienischer Industrieller und Finanzier. Er machte sein Vermögen in der Viskosebranche nach dem Ersten Weltkrieg. Er stand in Verbindungen mit dem französischen Banker Albert Oustric, dessen Geschäfte 1930 kollabierten.

Geir Haarde Isländischer Politiker (Unabhängigkeitspartei). Premierminister 2006–2009. Vernachlässigte die Einberufung von Kabinettssitzungen während der Krise 2008.

Peter Haig-Thomas Partner der englischen Finanzspekulanten Gerald Lee Bevin und Clarence Hatry. Er ruderte 1902 für Cambridge und wurde später Rudertrainer in Cambridge und Oxford.

Mohammed Bin Kalifa Bin Hamad Al Thani Sechster Sohn des ehemaligen Emirs von Katar. Kapitän des Reiterteams seines Landes. Involviert in kontroverse private Aktientransaktionen mit der isländischen Kaupthing-Bank 2008.

Osachi Hamaguchi Japanischer Politiker (Minseitō-Partei). 1929–1931 Premierminister einer Regierung, die Japan zum Goldstandard zurückführte und eine orthodoxe Wirtschaftspolitik verfolgte.

George Harrison Zweiter Gouverneur der Federal Reserve Bank of New York, 1928–1941; Nachfolger Benjamin Strongs.

Clarence Hatry Englischer Geschäftsmann und Investor, dessen Investitionen 1929 kollabierten.

Rudolph Havenstein Deutscher Jurist und Regierungsmitglied. Präsident der Reichsbank während der Hyperinflation 1922 – 1923.

Willis Hawley Mitglied des US-Repräsententenhauses (Republikaner, Oregon). Mitarbeit an der Smoot-Hawley Gesetzesinitiative 1929–1930.

Ralph Hawtrey Britischer Ökonom. Handelszyklen-Theoretiker und Regierungsbeamter. Diente von 1904 bis 1945 auf verschiedenen Posten im Finanzministerium.

Eli Heckscher Schwedischer Ökonom und Wirtschaftshistoriker. Professor an der Stockholm School of Economics 1909–1945. Bekannt für seine Beiträge zur Theorie des internationalen Handels.

Édouard Herriot Französischer Politiker. Mitglied der Radikalen Partei, verbunden mit dem sogenannten Cartel des Gauches. Drei Mal Premierminister, 1924–1925, 1926 und 1932–1933.

Adolf Hitler Deutscher Reichskanzler 1933–1945.

Herbert Hoover 31. Präsident der USA 1929–1933.

Harry Hopkins Unter Gouverneur Franklin Roosevelt Direktor der New York State's Temporary Emergency Relief Administration. Einer der Architekten des New Deal; unter anderem überwachte er die Works Progress Administration. Roosevelts persönlicher Gesandter an Winston Churchill und Josef Stalin im Zweiten Weltkrieg.

Henry Hollis Horton Amerikanischer Politiker (Demokrat) Gouverneur von Tennessee 1927–1933. Verwickelt in den Skandal um den Kollaps von Caldwell & Co. und der Pleite der Bank of Tennessee 1930. Trat 1932 nicht zur Wiederwahl an.

Cordell Hull US-Politiker und Regierungsbeamter (Demokrat). Staatssekretär der Roosevelt-Administration 1933–1944. Vertreter des Freihandels und des Goldstandards. Chef der US-Delegation bei der Weltwirtschaftskonferenz 1933.

Bruno Iksil Bekannt als »Londoner Wal« wegen seiner Positionen als Trader im Londoner Büro von JPMorgan Chase, die 2012 zu Verlusten von zwei Milliarden Dollar führten.

Junnosuke Inoue Japanischer Geschäftsmann und Banker. Er war Gouverneur der japanischen Zentralbank 1919–1923 und 1927–1928. Er wurde 1932 ermordet.

Samuel Insull In Großbritannien geborener Geschäftsmann, der von Thomas Edisons persönlichem Berater zum Kontrolleur der Elektrizitätsversorgung im Großraum Chicago aufstieg. Der Bankrott seiner Firmen beschleunigte den Zusammenbruch von Central Republic Trust (die »Dawes-Bank«) 1932.

Tsuyoshi Inukai Japanischer Politiker (Seiyūkai-Partei), Premierminister 1931–1932. Er ernannte Korekiyo Takahashi zum Finanzminister und wurde am 15. Mai 1932 von jungen Marineoffizieren ermordet.

Jesse Jones Sohn eines Tabakfarmers aus Tennessee, der vom Verwalter eines Holzlagers zum Eigentümer eines Banken-, Zeitungs- und Immobilienentwicklungsimperiums aufstieg. Er wurde 1932 zum Verwaltungsratsmitglied und 1933 zum Chairman der Reconstruction Finance Corporation gewählt und war ein enger Vertrauter und Berater Roosevelts.

Konstantinos Karamanlis Griechischer Politiker (Neue Demokratische Partei). Premierminister 2004–2009. Die großen Haushaltsdefizite, die der griechischen Krise vorangingen, fielen in seine Amtszeit.

Ted Kaufman US-Senator (Demokrat, Delaware), 2009 zum Nachfolger des Vizepräsidenten Joe Biden ernannt. Kritiker der Theorie des »zu groß, um zu scheitern« und der Finanzmarktmanipulation. Trat 2010 nicht zur Wahl an.

Enda Kenny Irischer Politiker (Fine Gael Party). Taoiseach (Regierungschef) ab 2011.

John Maynard Keynes Britischer Ökonom, öffentliche Figur, zeitweise im öffentlichen Dienst. Einflussreich wegen seines Eintretens für Staatsausgaben während einer Wirtschaftsflaute.

Mervyn King Britischer Ökonom. Nach einer Reihe akademischer Positionen diente er als Chefökonom, Direktor, stellvertretender Gouverneur und Gouverneur (2003–2013) der Bank of England.

Helmut Kohl Deutscher Politiker (CDU). Sechster deutscher Bundeskanzler 1982–1998. Vertreter der europäischen Integration und des Euro als Gegenleistung für die deutsche Wiedervereinigung.

Donald Kohn Ökonom. Langjähriges Mitglied des Federal Reserve Board. Mitglied des Board of Governors ab 2002 und stellvertretender Vorsitzender 2006–2010.

David Komansky CEO von Merrill Lynch 1996–2002. Betrieb in den 1990er-Jahren Lobbyarbeit zur Eliminierung des Glass-Steagall Act.

Ivar Kreuger Schwedischer Wirtschaftsmagnat, der sich im Gegenzug zu Krediten an Regierungen Streichholzmonopole sicherte. Der Kollaps seines Imperiums 1931 bedrohte die Stabilität des schwedischen Bankensystems. Er starb 1932 unter mysteriösen Umständen.

Paul Krugman Ökonom. Nobelpreisträger (2008), Professor an der Princeton University zur Zeit der Finanzkrise. Trat 2009 für die Verstaatlichung der Banken ein.

Robert La Follette, Jr. US-Senator (Republikaner, Wisconsin) 1925–1947. Sprach sich 1933 für die Verstaatlichung der Banken aus. Unterstützer der Gesetzgebung des New Deal.

Jeffrey Lacker Ökonom. Präsident der Federal Reserve Bank of Richmond ab 2004. Bekannt für seine anti-inflationären Ansichten.

Christine Lagarde Französische Antitrust-Anwältin. Firmenberaterin und Offizielle im öffentlichen Dienst. Finanzministerin in der Regierung Nicolas Sarkozys 2007–2011. Direktorin des IWF, Nachfolgerin Dominique Strauss-Kahns ab 2011.

Thomas Lamont Amerikanischer Banker. Seit 1911 Partner bei J. P. Morgan & Co. Mitglied der amerikanischen Delegation bei der Pariser Friedenskonferenz 1919. Beeinflusste als Berater der Präsidenten Wilson, Hoover und Roosevelt die auswärtige Finanzpolitik der 1920er- und 1930er-Jahre.

Alf Landon Amerikanischer Politiker (Republikaner). 26. Gouverneur von Kansas, 1933–1937. Republikanischer Präsidentschaftskandidat 1936, verlor die Wahl gegen Roosevelt.

Pierre Laval Französischer Politiker (unabhängig) und Eigentümer eines Zeitungsverlags. Vier Mal Premierminister, 1931–1932, 1935–1936, 1940 und 1942–1944. Nach dem Zweiten Weltkrieg als Kollaborateur verurteilt und hingerichtet.

Luke Lea Amerikanischer Politiker und Zeitungsherausgeber. US-Senator (Demokrat, Tennessee) 1911–1917. Gründer und Herausgeber des Nashville Tennessean. Verurteilt wegen seiner Rolle beim Zusammenbruch von Caldwell & Co. und der damit verbundenen Banken 1930.

Herbert Lehman Amerikanischer Banker und Politiker (Demokrat). Partner bei Lehman Brothers 1908–1929. 45. Gouverneur des Staates New York 1933–1942. In dieser Funktion erklärte er 1933 die Schließung der Banken.

Carl Levin US-Senator (Demokrat, Michigan) 1979. Vizevorsitzender des Levin-Coburn-Subkommittee des US-Senats, das die Finanzkrise von 2008–2009 untersuchte.

Ken Lewis CEO, Präsident und Chairman der Bank of America 2001–2009. Während seiner Amtszeit kaufte die Bank Countrywide Financial und Merrill Lynch und suchte staatliche Nothilfe.

Edward Liddy CEO von Allstate Insurance 1994–1999 und Präsident bis 2005. Mitglied des Verwaltungsrats von Goldman Sachs. Chairman und CEO von AIG 2008–2009.

Maurice Lippens Chairman des belgischen Finanzkonglomerats Fortis 1990–2008. In seiner Amtszeit führte die Bank aggressive Akquisitionen durch und investierte in mit Subprime-Produkten verbundene Wertpapiere.

David Lloyd George Britischer Politiker (liberal). Premierminister 1918–1922. Vertrat Großbritannien bei den Friedensverhandlungen in Versailles 1919. Er war gegen die französischen Reparationsforderungen, die er für zu hoch hielt, wurde aber auch von Keynes für seine anti-deutsche Haltung kritisiert.

David Loeb Immobilienentwickler und Versicherungsprofi. Mitbegründer von Countrywide Financial, wo er von 1969 bis 2000 Präsident und CEO war.

Huey Long Amerikanischer Politiker. 40. Gouverneur von Lousiana von 1928 bis 1932 und US-Senator (Demokrat, Lousiana) von 1932 bis zu seiner Ermordung 1935. Populist, der die Banken kritisierte, für die Umverteilung des Wohlstands eintrat und drohte, im Wahlkampf 1936 gegen Roosevelt anzutreten.

Hans Luther Deutscher Politiker. Reichsminister für Ernährung und Landwirtschaft 1922–1925. Kurzfristig Reichskanzler 1925–1926. Präsident der Reichsbank 1930–1933. Sein Vorgänger und Nachfolger war Hjalmar Schacht.

Douglas MacArthur Amerikanischer Soldat und Staatsmann. Er ging über seine Befehle hinaus, als er die Demonstration der »Bonus-Armee« der Veteranen des Ersten Weltkriegs in Anacostioa 1932 auflöste.

Ramsay MacDonald Britischer Politiker (Labour). Premierminister der ersten Labour-Regierung (1929), der zweiten Labour-Regierung (1929–1931) und der nationalen Regierung (1931 – 1935). Seine zweite Labour-Regierung kämpfte ineffektiv mit der Depression und verlor bei der Parlamentswahl 1931 die meisten ihrer Sitze an die Konservativen.

Bernard Madoff Amerikanischer Geschäftsmann und Finanzier, der seine Investoren im Boom vor der großen Rezession betrog. Er wurde im Dezember 2008 verhaftet. Im März 2009 bekannte er sich in elf Betrugsfällen für schuldig und wurde zu einer Haftstrafe von 150 Jahren verurteilt.

Wesley Manley Er führte die Bankers Trust Company of Atlanta und die Anthony-Manley-Kette von mehr als 60 Banken in Florida und Georgia. Er war in den Immobilienboom in Florida in den 1920er-Jahren verwickelt und half bei der Finanzierung von George Merricks Coral Gables-Projekt.

Guido Mantega Brasilianischer Ökonom und Politiker (Arbeiterpartei). Finanzminister ab 2006. Beklagte sich ab 2011 über die Auswirkungen des Quantitative Easing und der Nullzinspolitik der Federal Reserve auf sein Land.

Bernard Marcus Sohn von Joseph Marcus. Wurde 1928 Präsident der Bank of United States, was ihn für kurze Zeit zum jüngsten Bankenchef des Landes machte.

Joseph Marcus Amerikanischer Geschäftsmann und Banker. Er immigrierte mit 17 Jahren in die USA und arbeitete in der Textilbranche. Gründete 1906 die Public Bank und 1913 die Bank of United States.

John Wellborn Martin Amerikanischer Politiker (Demokrat). Bürgermeister von Jacksonville 1917–1923 und Gouverneur von Florida 1925–1929. Energischer Immobilienentwickler und Promoter.

Árni Mathiessen Isländischer Politiker (Unabhängigkeitspartei) mit Erfahrung als Tierarzt und im Fischereiwesen. Minister für Fischerei 1999–2005 und Premierminister 2005–2009 während der Finanzkrise.

George May Britischer Geschäftsmann und Beamter. Langjähriger Angestellter der Prudential Assurance Company. 1931 ging er in den Ruhestand. Vorsitzender des Committee on National Expenditure, das 1931 auf die Notwenigkeit von Haushaltsmaßnahmen hinwies.

John McCain US-Senator (Republikaner, Arizona) seit 1987. Präsidentschaftskandidat der Republikaner 2008. Er unterlag bei der Wahl Barack Obama.

James McDougal Erster Gouverneur der Federal Reserve Bank of Chicago; eine Position, die er bis 1934 innehatte. Zuvor war als Banker und Bankenprüfer tätig. Er hatte Auseinandersetzungen mit der New Yorker Fed über die Zins- und Geldpolitik.

William McKinley 25. Präsident der USA, 1897–1901.

Andrew Mellon Banker, Geschäftsmann und Industrieller, in den frühen 1920er-Jahren einer der reichsten Menschen in den USA. Finanzminister unter den Präsidenten Harding, Coolidge und Hoover, 1921–1932. Er war bekannt für seine rigide Sparpolitik und für die Überzeugung, dass Rezession die notwendige Folge von Zeiten wirtschaftlichen Booms ist.

Angela Merkel Deutsche Politikerin (CDU). Deutsche Bundeskanzlerin seit 2005 und am Höhepunkt der Euro-Krise.

George Merrick Sohn eines kongregationalistischen Priesters und Plantagenbesitzers. Immobilienpromoter in Florida in den 1920er-Jahren. Entwickler von Coral Gables.

Robert Merton Ökonom. Professor am MIT und in Harvard. Nobelpreisträger (1997) und Pionier der Preisbeurteilung von Optionen und Derivaten.

Eugene Meyer Amerikanischer Geschäftsmann und Finanzier. Anführer der War Finance Corporation im Ersten Weltkrieg, Chairman des Federal Reserve Board und Chef der Reconstruction Finance Corporation 1930–1933. Später kaufte er die *Washington Post* und diente als erster Präsident der Weltbank.

Adolph Miller Ökonom. Professor in Cornell, Chicago und Berkeley. Gründungsmitglied des Federal Reserve Board, wo er bis 1936 diente.

Charles Miller Amerikanischer Anwalt und Banker. Präsident der Reconstruction Finance Corporation 1932, als der Kredit an Central Republic vergeben wurde.

Ogden Mills Amerikanischer Finanzier und Beschäftigter im öffentlichen Dienst. Stellvertretender Finanzminister in den Amtszeiten von Coolidge und Hoover 1927–1932 und Finanzminister unter Hoover 1932–1933. Vehementer Kritiker des New Deal.

Charles Mitchell Amerikanischer Banker. Präsident und später Chairman der National City Bank von 1921 bis zu seinem Rücktritt 1933, als er mit Beschuldigungen wegen Steuerhinterziehung zu tun hatte.

Addison Mizner Exzentrischer High-Society-Architekt, der in den 1920er-Jahren für den mediterranen und spanischen Kolonialstil stand. Sein Projekt in Boca Raton in Florida wurde 1926 insolvent.

Raymond Moley Akademiker, Juraprofessor an der Columbia University, Berater von Roosevelt. Er behauptete, er sei der geistige Vater vieler Ideen des New Deal.

Émile Moreau Gouverneur der Banque de France 1926–1930. Man kritisierte seine Politik dafür, Goldzuflüsse zu absorbieren und die Wirtschaft nach dem Ersten Weltkrieg der Deflation zuzuführen.

Clément Moret Französischer Ökonom und Beamter. Stellvertretender Gouverneur (1929–1930) und Gouverneur der Banque de France (1930–1935), der einen orthodoxen Goldstandard favorisierte.

Jack Morgan Amerikanischer Banker. Sohn von John Pierpont Morgan. Er leitete nach dem Tod seines Vaters 1913 J. P. Morgan & Co.

John Pierpont Morgan Amerikanischer Finanzier und Industrieller. Man kannte sein Unternehmen seit 1895 als J. P. Morgan & Co. Er spielte eine wichtige Rolle bei der Organisation der Banker-Koalition, die die Finanzkrise von 1907 beendete.

Henry Morgenthau Amerikanischer Jurist und Geschäftsmann. Freund und Nachbar Roosevelts im Hudson Valley. 52. Finanzminister 1934–1935.

Bubbi Morthens Isländische Pop-Sängerin, die während der Krise 2008 mit ihren Investments in die Glitnir Bank hohe Verluste erlitt.

Angelo Mozilo Amerikanischer Banker und Geschäftsmann. Er wurde aus bescheidenen Anfängen zum Chef von Countrywide Financial, einer führenden Hypothekenbank in den USA. Er trat 2008 im Rahmen mit Subprime-Geschäften verbundener Verluste zurück. Er wurde von der SEC wegen Insiderhandels angeklagt. 2010 erreichte er einen Vergleich im Volumen von 67,5 Millionen Dollar.

Benito Mussolini Italienischer Journalist, Politiker und Premierminister 1922–1943.

Michael Noonan Irischer Politiker (Fine Gael Party). Finanzminister ab 2011. In seiner Amtszeit versuchte er, die Regierungsgarantien für die Verpflichtungen der Banken neu zu verhandeln.

Montagu Norman Britischer Banker. Gouverneur der Bank of England 1920–1944.

George Norris Gouverneur der Federal Reserve Bank of Philadelphia 1920–1936. Zuvor war er Direktor der Bank und Kommissar des Federal Farm Loan Board.

Barack Obama 44. Präsident der USA seit 2009.

David Obey Amerikanischer Politiker. Mitglied des US-Repräsentantenhauses (Demokrat, Wisconsin) 1969–2011. Vorsitzender des House Appropriations Committee, als das Stimulus-Paket Obamas verabschiedet wurde.

Davið Oddsson Isländischer Politiker (Unabhängigkeitspartei) und Mitglied einer Gruppe libertärer Denker, die in den frühen 1990er-Jahren ins Amt kam. Premierminister von 1991 bis 2004. Mitglied des Vorstands der isländischen Zentralbank 2005–2009.

Bertil Ohlin Schwedischer Ökonom. Professor an der Stockholm School of Economics 1929–1965. Er ist bekannt wegen seiner Debatten mit Keynes über die deutschen Reparationen, seiner Beiträge zur Theorie des internationalen Handels und seines Eintretens für staatliche Ausgaben während der Depression.

Peter Orszag Ökonom in der Clinton-Administration (1995–1998) und enger Mitarbeiter Präsident Obamas (2009–2010), wo er für fiskalische Konsolidierung eintrat. Er verließ dann die Obama-Administration und arbeitete für die Citigroup.

Stefan Ortseifen Vorstandsvorsitzender der IKB (Deutsche Industriekreditbank) 2004–2007. Im Juli 2007 wurde er wegen der mit Subprime-Krediten verbundenen Verluste entlassen. 2009 wurde er angeklagt und 2010 der Marktmanipulation für schuldig befunden. Er war damit der erste Deutsche, der wegen Subprime-Klagen verurteilt wurde.

George Osborne Britischer Politiker (Konservative Partei). Universitätsabschluss in Neuerer Geschichte in Oxford. Finanzminister in der Koalitionsregierung David Camerons ab 2010.

Albert Oustric Französischer Geschäftsmann und Finanzier. Er machte sein Vermögen in den 1920er-Jahren mit Aktienemissionen, Fusionen und Akquisitionen. Die Pleite seiner Banque Adam führte zum Scheitern der französischen Regierung und führte zu seiner Verurteilung wegen Betrug und Veruntreuung.

George Papaconstantinou Griechischer Ökonom mit Abschlüssen der New York University und der London School of Economics, Finanzminister in der Regierung George Papandreous 2009–2011.

George Papandreou Griechischer Politiker (Panhellenische Sozialistische Bewegung, PASOK). Premierminister 2009–2011. Er erbte die griechische Schuldenkrise.

George Patton Diente unter General Douglas MacArthur, als US-Truppen die »Bonus-Armee« von arbeitslosen Veteranen des Zweiten Weltkriegs in Anacostia 1932 auflösten. Er war Kommandant der 3. und der 7. US-Armee im Zweiten Weltkrieg.

Ron Paul Amerikanischer Politiker. Mitglied des US-Repräsentantenhauses (Republikaner, Texas) 1997–2013. Libertärer Wortführer, Autor und Kritiker des Federal Reserve System.

Henry Paulet Englischer Landbesitzer, Soldat und Sportler. 16. Marquess von Winchester, der 1929 in den Hatry-Skandal verwickelt wurde. Er erklärte sich 1930 für insolvent und verbrachte den Rest seines Lebens in Monte Carlo.

Henry Paulson Amerikanischer Finanzier und Beamter. CEO von Goldman Sachs 1999–2006, wo er schon seit 1974 arbeitete. 74. US-Finanzminister in der Amtszeit von George W. Bush 2006–2009.

John Paulson Fusions- und Akquisitionsspezialist bei Bear Stearns. Er gründete einen Hedgefonds, der auf notleidende Kredite spezialisiert war. Ab 2006 platzierte er umfangreiche Wetten gegen den US-Immobilienmarkt.

Ferdinand Pecora Amerikanischer Anwalt und Jurist. Stellvertretender Distriktanwalt in New York 1922–1929. Chefberater des US Senate Committee on Banking and Currency, das 1933 die Praktiken an der Wall Street untersuchte.

Peter Peterson Handelsminister unter Präsident Richard Nixon, 1972–1973. Chairman und CEO von Lehman Brothers 1973–1984 und Mitbegründer der Private-Equity-Gruppe Blackstone. Setzte sich für einen ausgeglichenen Staatshaushalt ein.

Harvey Pitt 26. Chairman der Securities and Exchange Commission (SEC) der USA, 2001–2003. Der Enron-Derivateskandal ereignete sich während seiner Amtszeit.

Key Pittman US-Senator (Demokrat, Nevada) 1913–1940. Als Chairman des Committee on Foreign Relations war er Mitglied der US-Delegation bei der Weltwirtschaftskonferenz 1933.

Raymond Poincaré Französischer Politiker (Demokratisch-Republikanische Allianz). Drei Mal Premierminister, 1912–1913, 1922–1924 und 1926–1929. Zu seinen Leistungen gehörte sie Stabilisierung des Franc 1926.

Karl Polanyi Ökonom und Wirtschaftshistoriker ungarischer Herkunft, der in UK und in den USA lehrte. In seinem Buch *The Great Transformation* (1944) setzte er sich für einen gemanagten Kapitalismus ein, der von sozialen und kulturellen Werten geprägt war.

Charles Ponzi Italienisch-amerikanischer Finanzier und Promoter von Immobilien in Florida. In den 1920er-Jahren war er wegen seines betrügerischen »Ponzi-Schemas« berüchtigt.

William Potter Präsident der Guaranty Trust Company of New York. Er versuchte, nach dem großen Crash 1929 Unterstützung für den Aktienmarkt zu organisieren.

Charles Prince CEO (ab 2003) und Chairman (ab 2006) der Citigroup als Nachfolger von Sanford Weill. Wegen der Subprime-Verluste der Firma trat er im November 2007 zurück.

Romano Prodi Italienischer Akademiker, Ökonom und Politiker. Premierminister 1996–1998 und 2006–2008. Präsident der Europäischen Kommission 1999–2004.

Josef Pröll Österreichischer Politiker (ÖVP). Vizekanzler und Finanzminister 2008–2011.

Seward Prosser Präsident und Chairman der Bankers Trust Company of New York. Er versuchte, die Emotionen und die finanzielle Unterstützung des Aktienmarkts nach dem großen Crash 1929 zu kontrollieren.

Baudouin Prot Französischer Banker und Beamter. CEO von BNP Paribas seit 2003, einschließlich 2009, als die Verluste der beiden mit Subprime-Produkten überladenen Hedgefonds verkündet worden.

Giorgos Provopoulos Griechischer Ökonom. Professor an der Athener Universität. Gouverneur der griechischen Notenbank 2008–2014.

Franklin Delano Raines Amerikanischer Banker und Finanzier und Offizieller. Er arbeitete unter Nixon und Carter im Weißen Haus. Er war Partner der Investmentfirma Lazard Frères 1980–1991. CEO von Fannie Mae 1999–2004. Rücktritt 2004 wegen des Vorwurfs der Bilanzfälschung.

Mariano Rajoy Spanischer Politiker (Volkspartei). Spanischer Premierminister ab Ende 2011.

Basil Ramsey Präsident der Holston-Union National Bank und der Holston Trust Company, die in die Bankenkrise 1930 verwickelt waren. Er wurde angeklagt, staatliche Gelder für den Bau von Fernstraßen für die Abzahlung anderer Verbindlichkeiten verwendet zu haben.

Sam Rayburn Amerikanischer Politiker. Mitglied des US-Repräsentantenhauses (Demokrat, Texas) 1913–1961. Er war drei Mal Sprecher des Hauses (1940–1947, 1949–1953 und 1955–1961).

Ronald Reagan 40. Präsident der USA, 1981–1989.

John Reed Chairman und CEO von Citigroup während der Fusion mit Travelers Group 1998.

Olli Rehn Finnischer Politiker (Zentrumspartei). Europäischer Kommissar für ökonomische und monetäre Angelegenheiten 2010–2014.

Paul Reynaud Französischer Jurist, Statistiker und Finanzminister. Als Mitglied des Abgeordnetenhauses sprach er sich 1934 für eine Abwertung der Währung und für Reflation aus.

David Ricardo Britischer politischer Ökonom 1772–1823. Finanzspekulant, Wirtschaftstheoretiker und Parlamentsmitglied.

Matthew Ridley Journalist, libertärer Philosoph und populärer Wissenschaftsautor; Chairman des Verwaltungsrats von Northern Rock 2008.

Charles Rist Französischer Ökonom, Professor für Wirtschaftswissenschaften und Jura in Montpellier und Paris. Bekannt für seine Schriften über Gold und Deflation. Stellvertretender Gouverneur der Banque de France ab 1926. Teilnehmer des Treffens der Zentralbanker in Long Island 1927.

Georges Robineau Jurist, Journalist und Bankeninspektor. Seit seiner Kindheit ein Freund Raymond Poincarés. Gouverneur der Banque de France 1920–1926.

James Harvey Rogers Ökonom, Professor an der Yale University und monetärer Berater Roosevelts. Kritiker des Goldstandards und Fürsprecher einer kontrollierten Inflation.

Will Rogers Amerikanischer Humorist und Sozialkommentator. War in den 1920er-Jahren auf einer landesweiten Vortragstour unterwegs.

Christina Romer Ökonomin, Professorin an der University of California in Berkely. Studierte intensiv die Große Depression. Vorsitzende von Präsident Barack Obamas Wirtschaftsberatungskomitee 2009–2010.

Mitt Romney Amerikanischer Geschäftsmann und Politiker (Republikaner). Präsidentschaftskandidat 2012, Niederlage gegen Barack Obama.

Franklin Delano Roosevelt 32. Präsident der USA, 1933–1945.

Nouriel Roubini Ökonom und Professor an der New York University. Er deutete vor der Subprime-Krise und der großen Rezession die Möglichkeit eines Dollar-Crashs an.

Robert Rubin Partner bei Goldman Sachs. Direktor des National Economic Council (1993–1995) und Finanzminister (1995–1999) der Clinton-Administration. Verließ 1999 die Politik, um im Verwaltungsrat der Citigroup zu arbeiten.

Jacques Rueff Französischer Ökonom und Offizieller der Banque de France. Verfechter des freien Markts und Mitglied der Mont Pelerin Society. Vertreter des Goldstandards und der europäischen Integration.

Paul Ryan Amerikanischer Politiker. Abschluss in Wirtschafts- und Politikwissenschaften an der Miami University of Ohio. Mitglied des US-Repräsentantenhauses (Republikaner, Wisconsin) ab 1999. Mitglied des Haushaltskomitees ab 2007 und dessen Vorsitzender ab 2011.

Frederic Sackett Amerikanischer Jurist und Geschäftsmann. US-Senator (Republikaner, Kentucky) 1925 – 1930 und amerikanischer Botschafter in Deutschland 1930–1933.

Paul Samuelson Ökonom, Professor am MIT, Nobelpreisträger (1970), Wirtschafts- und Finanztheoretiker.

Nicolas Sarkozy Französischer Politiker. Chef der Union pour un mouvement populaire, UMP (dt.: Union für eine Volksbewegung). Französischer Staatspräsident 2007–2012.

Robert Schmidt Deutscher Politiker (SPD), Journalist und Klavierfabrikant, Wirtschaftsminister 1921–1922.

Eric Schneiderman Amerikanischer Jurist und Beamter. 65. Generalstaatsanwalt von New York ab 2011. In dieser Eigenschaft verfolgte er JPMorgan Chase wegen betrügerischen Verkaufs von Wertpapieren an Investoren durch die 2008 gekaufte Tochter Bear Stearns.

Gerhard Schröder Deutscher Politiker (SPD). Siebter deutscher Bundeskanzler 1998–2005. Bekannt für seine bewegte Jugend und seine Arbeitsmarktreformen.

Alan Schwartz Letzter Chairman und CEO von Bear Stearns. Er arbeitete seit 1976 für dieses Unternehmen.

Anna Schwartz Ökonomin. Schrieb mit Milton Friedman *Monetary History of the United States*. Dieses Buch prägte die moderne Sichtweise der Großen Depression.

Robert Shiller Ökonom, Professor an der Yale University, Nobelpreisträger (2013) und Historiker der Immobilien- und Finanzmärkte. Er deutete schon vor 2007 die mögliche Existenz einer Spekulationsblase am Häusermarkt an.

Allen Sinai Ökonom bei Data Resources 1971–1983, Lehman Brothers 1983–1996 und Decision Economics (von ihm selbst gegründet) ab 1996.

Saul Singer Russisch-amerikanischer Textilarbeiter; Präsident der Cloak, Suit and Skirt Manufacturer's Protective Association. Unternehmer und Immobilienentwickler. Vizepräsident der Bank of United States, die in der Bankenkrise 1930 insolvent wurde.

Alfred P. Sloan Elektroingenieur und Manager. Chef von General Motors von 1923 bis zu seinem Rücktritt 1956.

Reed Smoot US-Senator (Republikaner, Utah) 1903–1933. Mitbegründer des Smoot-Hawley Tariff Act von 1930. Unterlag im Wahlkampf 1932.

Gene Sperling Jurist. Vertreter der Demokratischen Partei und Beamter. Direktor des National Economic Council unter Präsident Bill Clinton 1996–2001 und Präsident Barack Obama 2011–2014. Er war an der Durchsetzung des Gramm-Leach-Bliley Act beteiligt, der 1999 den Glass-Steagall Act ablöste.

Eliot Spitzer Jurist, Beamter, Offizieller und politischer Kommentator. Generalstaatsanwalt von New York 1999–2006. Er wandte den Martin Act von 1921 an, um Untersuchungen in der Finanzindustrie durchzuführen.

Jürgen Stark Deutscher Ökonom. Mitglied des EZB-Rats 2006–2011. Er trat wegen seines Widerstands gegen die Krisenmanagementpolitik der EZB zurück.

Cornelius Vander Starr Gründer von American Asiatic Underwriters, der Firma, aus der später AIG wurde.

Henry Steagall Mitglied des US-Repräsentantenhauses (Demokrat, Alabama) 1915–1943. Chairman des House Banking Committee und Mitbegründer der beiden Glass-Steagall Acts, die die Sicherheiten bezüglich des Goldstandards lockerten (1932) und die Trennung von Geschäftsbanken und Investmentbanken (1933) festschrieben.

Joseph Stiglitz Ökonom, Professor an der Columbia University und Nobelpreisträger (2001). 2009 Verfechter einer Verstaatlichung der Banken.

Henry Stimson Amerikanischer Jurist und Offizieller. Staatssekretär in der Hoover-Administration 1929–1933. Kriegsminister im Ersten und im Zweiten Weltkrieg.

Hugo Stinnes Deutscher Geschäftsmann und Industrieller mit Interessen im Rheinland und in Westfalen. Zeitungsverleger, Publizist und Politiker. 1920 in den Reichstag gewählt, wo er als Sprecher der deutschen Industrie agierte.

Dominique Strauss-Kahn Französischer Ökonom, Anwalt und Politiker (Sozialistische Partei). Wirtschaftsprofessor und Wirtschafts- und Finanzminister in der Regierung von Lionel Jospin (1997–1999). Direktor des IWF 2007–2011, bis zu seinem Rücktritt wegen des Vorwurfs sexueller Vergehen.

Benjamin Strong Vizepräsident der Bankers Trust Company of New York während der Finanzkrise 1907. Mitarbeit am Aldrich-Plan zur Vorbereitung des Federal Reserve System. Gründungsgouverneur der Federal Reserve Bank of New York. Er behielt dieses Amt bis zu seinem Tod 1928.

Lawrence Summers Ökonom. Professor und Präsident der Harvard University. Stellvertretender Finanzminister (1995–1999) und Finanzminister (1999–2001) während der Clinton-Administration. Direktor des National Economic Council während der Obama-Administration (2009–2010).

David Swenson Ökonom. Absolvent der Yale University und Manager der Stiftung der Universität. Pionier alternativer Investmentstrategien.

Korekiyo Takahashi Japanischer Offizieller. Er handelte die Kredite aus, mit denen 1904 und 1905 der Krieg gegen Russland finanziert wurde. Er war fünfmal Finanzminister, auch 1931, nach Japans Abschied vom Goldstandard, als er auf aggressive Weise für eine expansive Politik eintrat.

Jean-Claude Tannery Gouverneur der Banque de France 1935–1936. Wegen seiner Verbindungen mit deflationärer Politik wurde er seines Amts enthoben, als Léon Blum 1936 an die Macht gelangte.

André Tardieu Französischer Zeitungsverleger und Politiker (Mitte-rechts; Demokratisch-Republikanische Allianz). Drei Mal Premierminister; 1929–1930, 1930 und 1932. Seine Regierung stürzte 1930 über den Oustric-Bankskandal.

Frederick Winslow Taylor Amerikanischer Ingenieur; Pionier der naturwissenschaftlichen Managementpraktiken im späten 19. und im frühen 20. Jahrhundert.

John Taylor Ökonom. Professor an der Stanford University, Offizieller in der Administration George W. Bushs 2001–2005. Bekannt für seine Taylor-Regel der Zentralbankzinsen.

Margaret Thatcher Britische Politikerin (Konservative Partei). Als Premierministerin 1979–1990 berühmt für ihre Orientierung an freien Märkten und die Politik der finanziellen Deregulierung.

Elmer Thomas US-Senator (Demokrat, Oklahoma) 1927–1951. Trat während der großen Depression für Silber als Münzmetall und Reflationierung ein. Sein Thomas-Amendement (Änderungsantrag) zum Gesetzesentwurf, der schließlich zum Agricultural Adjustment Act von 1933 wurde, erlaubte es dem Präsidenten, den Goldgehalt des Dollars um bis zu 50 Prozent zu reduzieren.

Patrick Toomey Amerikanischer Politiker. Devisenhändler für Chemical Bank und Morgan, Grenfell & Co. Mitglied des US-Repräsentantenhauses (Republikaner, Pennsylvania) 1999–2005 und des US-Senats (ab 2011). Mitglied des aus zwölf Personen bestehenden »Superkomitees« zur Defizitreduktion, das 2011 ernannt wurde.

Fabrice Tourre Trader bei Goldman Sachs, der in den Abacus-Deal verwickelt war. 2010 wegen Wertpapierbetrug von der SEC angeklagt.

Melvyn Traylor Präsident der First National Trust and Savings Bank of Chicago zur Zeit der Krise von Central Republic Trust 1932. 1930 Mitglied der US-Delegation bei der Konferenz, die zur Gründung der Bank für Internationalen Zahlungsausgleich führte.

Jean-Claude Trichet Französischer Beamter und Offizieller der Europäischen Union. Gouverneur der Banque de France (1993–2003) und Präsident der Europäischen Zentralbank (2003–2011).

Harry Truman 33. Präsident der USA, 1945 – 1953.

Rexford Tugwell Agrarökonom. Professor an der Columbia University und Gründungsmitglied von Roosevelts Beraterstab. Verfechter der ökonomischen Planung. Involviert in New-Deal-Initiativen wie der Agricultural Adjustment Administration.

Arthur Vandenberg US-Senator (Republikaner, Michigan) 1928–1951. Hartnäckiger Gegner des New Deal.

Frank Vanderlip Amerikanischer Banker und Offizieller. Stellvertretender Finanzminister 1897–1901, als er half, einen 200-Millionen-Dollar-Kredit der National City Bank an die Bundesregierung der USA auszuhandeln. Von 1909 bis 1919 Vizepräsident und dann Präsident der National City Bank, der Vorgängerin der Citibank. Er war beteiligt am Entwurf des Aldrich-Plans, der das Federal Reserve System prägte.

Chris Van Hollen Seit 2003 Mitglied des Repräsentantenhauses (Demokrat, Maryland). Seit 2010 demokratisches Mitglied des Haushaltskomitees. Mitglied des zwölf Personen umfassenden Superkomitees zur Defizitreduktion, das 2011 ernannt wurde.

Herman Verwilst Belgischer Ökonom, Banker und Politiker. 2008 Interims-CEO von Fortis, des belgischen Finanzkonglomerats.

Gérard Vissering Niederländischer Banker. Chef der de Nederlandsche Bank (also der niederländischen Zentralbank) 1912–1931. Er trat nach Vorwürfen zurück, die Zentralbank habe wegen der Pfund-Abwertung Verluste erlitten.

Paul Volcker Amerikanischer Offizieller. Chairman des Federal Reserve Board 1979–1987. Widersetzte sich der Abschwächung des Glass-Steagall Act. Sein Vorschlag, den Eigenhandel der Banken zu beschränken, wurde nach der Finanzkrise 2008 und 2009 von Präsident Obama aufgenommen.

Paul von Hindenburg Deutscher Soldat und Staatsmann. Deutscher Reichspräsident 1925–1934, der Hitler 1933 zum Reichskanzler ernannte.

Robert Wagner US-Senator (Demokrat, New York) 1927–1949. Unterstützer des New Deal und Verfechter der Rechte von Arbeitnehmern.

Henry A. Wallace Farmer, Entwickler von Hybridsamen und Roosevelts erster Landwirtschaftsminister (1933–1940). Später Vizepräsident (1941–1945) und Handelsminister (1945–1946), ehe er 1948 als Kandidat der Progressiven Partei für das Amt des Präsidenten kandidierte.

James Warburg Amerikanischer Banker. Sohn von Paul Warburg. Finanzberater Roosevelts. Mitglied der US-Delegation bei der Weltwirtschaftskonferenz 1933. Sprach sich am Ende gegen den New Deal aus.

Paul Warburg Deutsch-amerikanischer Finanzier. Beteiligt am Entwurf des Aldrich-Plans, der den Federal Reserve Act vorbereitete. Mitglied und später Vizegouverneur des Federal Reserve Board 1914–1918.

Elisabeth Warren Jura-Professorin in Harvard und Verfechterin der Verbraucherrechte. US-Senatorin (Demokratin, Massachusetts) seit 2013.

George Warren Agrarökonom, Professor an der Cornell University und Berater Roosevelts, als dieser noch Gouverneur von New York war. Am Beginn der Roosevelt-Administration sprach er sich für eine Steigerung der Rohstoffpreise durch eine Erhöhung des Goldpreises aus.

Sanford Weill Amerikanischer Banker und Finanzier. CEO von Travelers Group und später von Citicorp von 1995–2003. Er half bei der Fusion von Citigroup und Travelers Insurance Group. Er kämpfte unermüdlich für die Beseitigung der letzten Spuren des Glass-Steagall Act.

Knut Wicksell Schwedischer Ökonom. Professor für Jura und Wirtschaftswissenschaften an der Universität Lund 1889–1926 und Berater der schwedischen Regierung. Er argumentierte, die Preisstabilität sei wichtiger als die Stabilität der Wechselkurse.

Albert Wiggin Amerikanischer Banker. Präsident der Chase National Bank ab 1911 und Chairman ab 1918. Die Ermittlungen der Pecora-Kommission ergaben, dass er 1929 Aktien seiner Bank leerverkauft hatte.

Robert Willumstad Manager der Citigroup. Arbeitete für Sanford Weill bei der Vorbereitung der Fusion zwischen Citigroup und Travelers 1998. Chairman (ab 2006) und CEO (ab Juni 2008) von American International Group. Sein Rücktritt war eine Bedingung bei der Rettung von AIG.

M. L. Wilson Agrarökonom. Professor am Montana State College, dann Assistent und stellvertretender Landwirtschaftsminister 1937–1940. Bekannt für seinen Plan, die landwirtschaftliche Produktion in den 1920er-Jahren einzuschränken.

Woodrow Wilson 28. Präsident der USA 1913–1921.

William Woodin Geschäftsmann, Industrieller, Musiker und Münzensammler. Direktor der Federal Reserve Bank of New York von 1927–1932. Mit der Republikanischen Partei verbunden, trug aber 1932 zu Roosevelts Wahlkampf bei. Finanzminister 1933.

Janet Yellen Amerikanische Ökonomin. Professorin an der University of California in Berkeley, stellvertretende Vorsitzende (2010–2014) und Vorsitzende (seit 2014) des Federal Reserve Board.

Owen D. Young Amerikanischer Jurist und Geschäftsmann. Chairman der General Electric Corp., involviert in die Pläne von Dawes und Young zur Restrukturierung der deutschen Reparationszahlungen 1924 und 1929. Direktor und später Chairman der Federal Reserve Bank of New York 1923–1940.

Danksagungen

Meine erste Vorlesung über die Große Depression hielt ich an der University of California in Berkeley am 19. Oktober 1987. Die älteren Leser werden sich erinnern, dass dies noch vor dem Zeitalter des World Wide Web war. Da es mein erstes Semester an dieser Universität war, verbrachte ich den Vormittag mit der Vorbereitung der Vorlesung oder, genauer gesagt, mit den Overhead-Projektionen, bei denen der große Crash von 1929 im Mittelpunkt stand. Als wir den Hörsaal verließen, sagte mein neuer Kollege und Co-Instruktor Jan deVries: »Ein schöner Vortrag. Haben Sie mitbekommen, dass der Dow Jones heute um 508 Punkte gefallen ist?« Nach den Maßstäben von 1987 waren das 23 Prozent; der höchste Tagesverlust in der Geschichte des Aktienmarkts und dieser Rekord gilt bis heute, so ungern ich das auch schreibe. Der 28. Oktober 1929, eines der Themen meiner Vorlesung, lag mit einem Minus von 13 Prozent mit weitem Abstand auf Platz zwei.

Was nun folgte – eine schnelle und reichliche Versorgung mit Liquidität durch die Federal Reserve, angeführt vom frisch ernannten Chairman Alan Greenspan – wendete erfolgreich eine ernsthafte Rezession ab und verhinderte eine bedeutende Wirtschaftskrise. Das schien in der Tat eine zentrale These meiner Vorlesung zu bestätigen, nämlich dass dank der Lehren aus dieser historischen Episode, die Leute wie Chairman Greenspan gezogen hatten, nichts mehr möglich war, das auch nur im Entferntesten der Großen Depression ähnelte. Auch wegen anderer Veränderungen der Wirtschaft im Lauf des 20. Jahrhunderts war nichts mehr möglich, das der großen Depression ähnelte; zum Beispiel die Verschiebung von einer recht volatilen Industrie zu einer stabileren Dienstleistungsbranche, das Wachstum der Verwaltung und der automatischen fiskalischen Stabilisatoren – und natürlich dank der Fortschritte des Finanzmanagements.

Die große Rezession 2008 und 2009 erinnerte endgültig daran, dass dieses konventionelle Wissen, das man Generationen von Studenten eingebläut hatte, sowohl richtig als auch falsch war. Es war richtig in dem Sinn, dass die Zentralbanker tatsächlich aus der Geschichte ihre

Lektionen gelernt hatten, wie man auf finanzielle Probleme reagieren muss, was sie dazu befähigte, nach dem Aktiencrash 1987 eine Rezession zu verhindern. Aber es war insofern falsch, als andere Veränderungen der Wirtschaft das Risiko eines Ereignisses wie einer großen Depression nicht eliminiert hatten, denn die Ursachen umfassten wesentlich mehr als das Auf und Ab am Aktienmarkt. Man übersah, wie die Finanzmärkte und die Institutionen früher auf Veränderungen der finanziellen Regulierung reagiert hatten. Zudem wurde übersehen, wie die Investoren sich der langen Periode der wirtschaftlichen Stabilität angepasst hatten, die Alan Greenspan neben anderen in die Wege geleitet hatte. Man beachtete die Möglichkeit nicht, dass die Politiker trotz der Zuführung von Liquidität an die Finanzmärkte auch noch andere Schritte tätigen konnten, die das Risiko einer wirtschaftlichen und finanziellen Katastrophe erhöhten. Vor allem aber verkannte diese Einstellung das Primat der Politik und die Tendenz, wichtige Entscheidungen auf der Basis politischer Erwägungen statt der ökonomischen Logik zu treffen – eine Lektion aus der Zeit der Großen Depression, an die man sich nun zweifellos besser erinnern wird. Die seither verstrichene Zeit überzeugte uns alle, man solle die Große Depression als einen Teil der Geschichte betrachten. Aber die jüngsten Erfahrungen haben gezeigt, dass diese Geschichte noch sehr lebendig ist.

Geschichte ist auch, dass ich, sei es nun gut oder schlecht, seit vielen Jahren darüber schreibe. Die hier vorliegende Darstellung unterscheidet sich von meinem 1992 erschienenen Buch dadurch, dass ich mich gleichermaßen auf die USA und auf Europa konzentriert habe. Also auf die hoch entwickelten Volkswirtschaften, in denen sich die Große Depression und mehr noch die jüngste Krise abspielten, während mein früheres Buch hauptsächlich von Europa handelte. Dieses Buch unterscheidet sich dadurch, dass es Individuen und Institutionen als Vertreter von Ideen und als Macher der Politik in den Vordergrund stellt. Der offensichtlichste Unterschied ist die Betonung der Parallelen und, wo nötig, der Unterschiede zwischen den Perioden von 1929 bis 1933 und 2008 bis 2009, die Erklärung, wie das gereifte Wissen über die Große Depression die Wahrnehmung und die Reaktionen auf die große Rezession geprägt haben und wie die Erfahrung der großen Rezession unser Denken über die Große Depression verändern wird.

Jeder Autor weiß, dass die Produktion eines Buchs eine kollektive Anstrengung ist, und ich bin all denen zutiefst dankbar, die beim Entstehen dieses Buchs mitgeholfen haben. Viel verdanke ich meinen Kollegen in

Berkeley, mit denen ich über viele Jahre das Seminar über Wirtschaftsgeschichte gehalten habe: Jan deVries, Christina Romer und Brad DeLong. Auch gilt mein Dank den Kollegen, mit denen ich über verschiedene Aspekte der Großen Depression geschrieben habe. Olivier Accominotti, Muge Adalet, Miguel Almuna, Michael Bordo, Alec Cairncross, Marc Flandreau, Richard Grossman, Tim Hatton, Doug Irwin, Kris Mitchener, Kevin O'Rourke, Richard Portes, Gisela Rua, Jeffrey Sachs, Peter Temin und Charles Wyplosz. Manche Teile dieser Zusammenarbeit währen schon seit mehr als 35 Jahren, andere sind so neu, dass sie noch nie publiziert wurden. Einige dieser Autoren haben sich inzwischen besseren und größeren Dingen gewidmet, andere, wie ich, bleiben noch immer der Großen Depression verhaftet. Sie alle haben mein Denken stark beeinflusst.

Für Kommentare zu Teilen des Manuskripts und Hilfe bei den Quellen danke ich Alan Blinder, Paul Blustein, Sigrun Davíðsdóttir, Sebastian Edwards, Price Fishback, Mariko Hatase, Hilmar Hilmarsson, Philip Lane, Ashoka Mody, Kenneth Mouré, Kevin O'Rourke, Jonathan Portes, Richard Portes, Jonathan Rose, Kenneth Snowden, Shinji Takagi und Eugene White. Wenn die Große Depression und die Krise 2008 und 2009 einen positiven Aspekt hatten, dann war es die Schaffung dieses hingebungsvollen Kreises von Gelehrten, die sich mit den beiden Perioden und den sich daraus ergebenden Fragen beschäftigen. In Berkeley lieferte Erik Johnson unentbehrliche Hilfe bei der Überprüfung von Namen, Daten, Fakten, Zahlen und vor allem dadurch, dass er meine Interpretationen infrage stellte. Alle verbleibenden Probleme sind natürlich meine, nicht seine oder die irgendeiner anderen Person. Die Verleger versprachen mir einen außergewöhnlichen Lektor und in Person von Thomas Finnegan bekam ich ihn auch. Die unersetzliche Cheryl Applewood half ebenfalls bei der Buchproduktion, hielt mein Büro am Laufen und meine geistige Gesundheit mehr oder weniger intakt.

Von meinem unvergleichlichen Lektor Dave McBride bei Oxford University Press habe ich enorm profitiert, auch von meinem ebenso unvergleichlichen Agenten Andrew Wylie. Das war nicht die erste Zusammenarbeit von uns dreien und hoffentlich wird es auch nicht die letzte sein.

Auch dieses Buch widme ich Michelle.

Berkeley
April 2014

Endnoten

1 Das Baseler Abkommen wurde vom Baseler Bankenaufsichtskomitee ausgehandelt. Das Komitee besteht aus Repräsentanten der Zentralbanken und Finanzregulierern führender Länder, sein Sekretariat ist bei der Bank für internationalen Zahlungsausgleich in Basel ansässig. Das erste Abkommen, »Basel I«, wurde 1988 beschlossen, das zweite, »Basel II«, 2004.

2 Diese Sorge wurde durch die Terminologie verstärkt, was die Empfindung intensivierte, dass Moral oder Ethik involviert war. Wie Dembe und Boden (2000) erklären, verwendeten die Mathematiker des 18. Jahrhunderts, die dabei halfen, diesen Terminus zu schaffen, »moralisch« im Sinne von subjektiv oder intuitiv, nicht von tugendhaft oder aufrecht.

3 Das war die Schlussfolgerung, die von Reinhart und Rogoff (2009a) berühmt gemacht wurde.

4 Die genannten Kürzungen wurden über zehn Jahre vorgenommen.

5 Im Fall eines dauerhaften Anstiegs des Deficit Spending reduzieren die Haushalte nach und nach ihre Ausgaben. Die Literatur bezeichnet diese Modelle als »Ricardo-Äquivalenz« (in der die Staatsdefizite und -überschüsse und die Überschüsse und Defizite des privaten Sektors äquivalent sind und einander ausgleichen), eine Idee, die auf den politischen Ökonomen David Ricardo zurückgeht, der im späten 18. und im frühen 19. Jahrhundert lebte.

6 In einem Ricardo-Modell wird ein permanenter Anstieg der staatlichen Ausgaben durch entsprechende Steuererhöhungen im Lauf der Zeit und durch eine 1 : 1-Reduktion der privaten Ausgaben ausgeglichen. Aber ein vorübergehender Anstieg der Staatsausgaben wird in jeder Periode geringere Steuererhöhungen erfordern, um die Schulden zu bedienen und zu tilgen – und somit auch weniger als eine 1 : 1-Reduzierung der privaten Ausgaben, wenn der Stimulus einsetzt.

7 Das war die Sichtweise der sogenannten ordoliberalen Schule, die sich nach dem Zweiten Weltkrieg entwickelte (Dullien und Guérot 2012).

8 Siehe Reinhart und Rogoff (2009b). Später schürten andere Studien wie die des Internationalen Währungsfonds Zweifel an der Existenz dieser Schwelle (siehe Pescatori, Sabdri und Simon 2014).

9 Siehe Alesina und Ardagna (2010). Der IWF reagierte ebenfalls mit einer Kritik an der Allgemeingültigkeit dieser Ergebnisse (IWF 2010).

10 Im Dezember 2013 wurde ein Übereinkommen erreicht, einen einzigen Lösungsmechanismus zu schaffen. Aber auch das war wieder nur eine halbe Sache. Die EU erklärte sich einverstanden, dass sie sich für eine gewisse Zeit weiterhin auf die nationalen Behörden verlassen und ihren Beschlussmechanismus erst nach einer Übergangsphase von zehn Jahren voll finanzieren würde.

11 Der Hintergrund des Exposés wird von Harris (2010) beschrieben.

12 Diesmal versuchte Ponzi zu entkommen, indem er seinen Selbstmord vortäuschte und auf einem italienischen Frachtschiff anheuerte, wo er als Kellner und Tellerwäscher arbeitete. Er konnte aber nicht anders, als über seine Leistungen zu plaudern. So verriet er sich und wurde verhaftet, als das Schiff in New Orleans anlegte. Obwohl er an Präsident Calvin Coolidge und an den italienischen Premierminister Benito Mussolini appellierte, wurde er an Massachusetts ausgeliefert, um seine Haftstrafe abzusitzen. Nach seiner Entlassung 1934 wurde er nach Italien deportiert. Ponzi starb in Brasilien, nachdem er dorthin gezogen war, um für eine örtliche Airline zu arbeiten, und angeblich in einen Schmugglerring verwickelt war.

13 Klein (2001), S. 89.

14 »Und heute ist der Bagger das Nationalemblem Floridas«, fuhr Rogers (1925, S. 88) fort.

15 Die Zinsen häufen sich an, weil jede Reservebank ihren eigenen Diskontsatz bestimmt, abhängig von der Zustimmung des Federal Reserve Board.

16 So sagte Strong bei den Anhörungen zur »Stabilisierung« vor dem House Committee on Banking and Currency 1926 aus. 69. Kongress, 1. Sitzung, H. R. 7895 (Washington, D. C., 1927), S. 507.

17 Jahresbericht des Federal Reserve Board für 1925, S. 188 f. Oder, wie Charles Evans Hughes, Präsident Hardings Staatssekretär, es ausdrückte: »Die Prosperität der USA hängt zu einem großen Teil von den wirtschaftlichen Vereinbarungen in Europa ab.« Zitiert in: Pusey (1951), S. 579.

18 Die zitierte Passage stammt aus einem Memo, das er 1925 schrieb, zitiert in: Clarke (1967), S. 74.

19 Wells (1933), S. 85f. Zu den Dingen, die Wells richtig voraussagte, gehörte die Entstehung von Wikipedia (wie man aus dem Beitrag über *The Shape of the Things to Come* auf Wikipedia nachlesen kann).

20 Strong arbeitete auch mit einem Bankensyndikat zusammen, das von J. P. Morgan geführt wurde, um eine Kreditlinie im Volumen von 300 Millionen Dollar für die Bank of England und die britische Regierung zu verlängern. Die Federal Reserve stellte der Bank of England 200 Millionen Dollar zur Verfügung, während das von J. P. Morgan geführte Syndikat der britischen Regierung 100 Millionen Dollar lieh.

21 Siehe Moggridge (1969), S. 71 bis 75.

22 Clarke (1967), S. 76f.

23 Norris (1937), S. 202f.

24 Zu Miller und der Doktrin vom wahren Geld siehe Timberlake (2005, 2008) und Wells (2004).

25 Wueschner (1999), S. XIV.

26 Ebd., S. 27.

27 Parks (2006), S. 23.

28 Dieser Verfassungszusatz hatte den zusätzlichen Effekt, dass staatlich zugelassene Banken von der Unternehmensbesteuerung ausgenommen wurden. Das hilft bei der Erklärung, warum er bei der Abstimmung durchfiel (Vickers 1994).

29 Als der Boom an Schwung gewann, akzeptierten Immobilienentwickler, wie vielleicht vorauszusehen war, immer niedrigere Anzahlungen.

30 Entwickler wie Carl Fisher boten den Käufern eine Direktfinanzierung an und akzeptierten gelegentlich Anzahlungen von, sagen wir, 25 Prozent. Später kamen weitere Ausnahmen; siehe die Dlskussion über die Bau- und Kreditvereinigungen weiter unten.

31 Redford (1970), S. 151.

32 Simpson (1933), S. 164.

33 Der Unterschied zwischen einer B & L und einer Sparkasse war, dass die Mitglieder einer B & L eher Aktien zeichneten, als Einlagen vorzunehmen. Die Mitglieder akkumulierten Aktien, indem sie wöchentliche oder monatliche Zahlungen in Höhe der Summe leisteten, die sie zu benötigen glaubten, um ihre Wohnhäuser zu finanzieren. Zumindest war dies das Prinzip, wenn auch nicht immer die Praxis (Rose und Snowden 2013).

34 Der regulierte Hypothekenvergabesektor war in den 1920er-Jahren relativ klein. Er bestand aus den Sparkassen, den staatlichen Geschäftsbanken und den Staatsbanken, die erst seit 1913 berechtigt waren, Hypothekenkredite zu vergeben.

35 Obwohl nicht alle B & Ls von einem Bankansturm betroffen waren, konnten sie durch weitverbreitete Ausfälle bei den Aktienerwerbsprogrammen insolvent werden, wie es in den 1930er-Jahren geschah.

36 Mit den Worten von Snowden und James (2001, S. 5): »Viele B&Ls wurden als Teilzeitgeschäfte von Büros im zweiten Stock aus geführt, meist als Anhang des Immobilien- oder Versicherungsgeschäfts ihres Managers.«

37 Als sich der Boom entwickelte und die Banken sich Sorgen wegen Zahlungsausfallsrisiken machten, sprangen der Bau und die Kreditinstitute in die Bresche, indem sie erst- und zweitrangige Hypotheken anboten. Diese gepaarten Hypotheken waren als gesplittete Kredite bekannt; eine Terminologie und eine Praxis, die 80 Jahre später den Häusermarkt wiederum belasten sollte.

38 Titel- und Hypothekengarantiefirmen waren laut der Gesetzgebung des Staats New York erforderlich (dort waren auch viele von ihnen ansässig), um einen Reservefonds gegen diese Eventualitäten zu halten, aber die Mindestreserve wurde als Teil des Kapitals und des Überschusses festgelegt, nicht als Anteil der ausstehenden Obligationen (White 2013).

39 Das ist die Schlussfolgerung der Marktstudie Goetzmanns und Newmans (2010).

40 Der Boom in Detroit war ein weiterer Beweis für die Bedeutung des Autos für dieses Jahrzehnt. Florida wurde erneut nicht ausgelassen; populäre Zeitschriften wie *The Atlantic Monthly* publizierten Annoncen von Anleihenemittenten wie Filer-Cleveland, die Privatanlegern Anleihen mit einem Zinscoupon von 8 Prozent anboten. Für die damalige Zeit war das ein sehr hohes Niveau, abgesichert durch erstrangige Hypotheken auf Gewerbeimmobilien in Miami.

41 Das Zitat stammt von George (1986), S. 34. Die Flagler Street war nach Henry Flagler benannt, einer Berühmtheit von Standard Oil, der die treibende Kraft beim Bau von Floridas Eisenbahnen war und sie, nicht zufällig, bis nach Miami ausdehnte.

42 Dass viele Einwohner Neuankömmlinge waren, hilft wahrscheinlich bei der Erklärung, warum sie unzureichend vorbereitet waren und wie es dann zu den vielen Opfern kam.

43 Die Durchsetzbarkeit dieser Maßnahmen steht auf einem anderen Blatt. Siehe Kapitel 16 zur Effektivität der Gesetze in diesem Zeitraum.

44 Sessa (1961) S. 141 bis 143.

45 Diese Zahlen gelten für den Zeitraum zwischen März und Dezember 1926.

46 Im Kettenbankensystem kauft eine einzige Gruppe von Eigentümern mehrere Banken auf, um Gesetze zum Verbot der Gründung von Filialen zu umgehen. Dieses System spielte in der Bankenkrise 1930 und somit auch in Kapitel 8 eine wichtige Rolle. Wie von Vickers (1994) beschrieben, hatte die Manley-Anthony-Kette nicht nur für Merricks Coral Gables-Projekt viele Kredite vergeben, sondern auch für das noch ambitioniertere Projekt des Ponzi-ähnlichen Addison Mizner. Es gibt Hinweise, dass die Kette schon insolvent war, bevor die Immobilienblase platzte, was an Insider-Krediten an Manley's und Anthony's Autohandel und anderen Unternehmungen lag. Die betrieb aber weiterhin ihre Geschäfte, dank der Nachsicht der Regulierer, die aber letztlich wegen des Einbruchs des Immobilienmarkts unhaltbar wurde. Nach dem Kollaps des Immobilienbooms wurde Mizners Entwicklungsfirma von der Central Equities Corporation of Chicago übernommen, die dem Vizepräsidenten Charles Cawes und seinen Brüdern gehörte. Central Equities entzog der Entwicklungsfirma und ihrem Hauptkreditgeber Palm Beach National Bank sämtliche Assets und übergab sie dem Insolvenzgericht zur Verwahrung. Eben dieser Charles Dawes spielte bei der finanziellen Rehabilitierung Europas ab 1924 und der Bankenkrise von 1932 eine Rolle (Kapitel 3 und 10).

47 Zur Politik des direkten Drucks siehe Kapitel 3.

48 Brooks (1969), S. 65 f.

49 In Übereinstimmung mit dieser Beobachtung datierte Galbraith (1954) ebenso wie Allen (1931) den Beginn der Spekulationsblase auf den März 1928.

50 Rein technisch ging die Kontrolle über General Motors auf Pierre du Pont über, einen weiteren MIT-Absolventen. Der aber ernannte Sloan rasch zu seiner rechten Hand.

51 Sloans PR-Offensive wird von Marchand (1991) beschrieben.

52 Siehe Kapitel 3 zu weiteren Informationen über den Dawes-Plan.

53 Das abschließende Protokoll über die Reparationsrechnungen wurde 1921 unterzeichnet. Diese und andere relevante Zahlen basieren auf Berechnungen in Webb (1988).

54 Das war das »Transferproblem«, über dessen Lösung Keynes und Bertil Ohlin sich in den 1920er-Jahren stritten (Keynes 1929, Ohlin 1929).

55 Lloyd George (1932) S. 67.

56 Spätere Schilderungen bestätigten den Eindruck Poincarés als »kalt, distanziert und emotionslos« (Wright, 1942, S. 24), beschreiben den Mann und seine Politik aber als weniger krass deutschlandfeindlich. Eine Geschichte besagt, Lloyd habe es ganz allein sich selbst zuzuschreiben, dass Poincaré im Januar 1922 wieder an die Macht kam, und das erkläre, warum er wegen dieser Tatsache so verbittert war. Der britische Premierminister hatte seinen französischen Kollegen Aristide Briand zu einer Golfrunde eingeladen. Dieser Hinweis darauf, dass er mit einem führenden britischen Politiker befreundet war, genügte, dass Briand nach Paris zurückgerufen und durch Poincaré ersetzt wurde (Keiger 1997).

57 Insbesondere bedeutete dies, dass sie die Notfallwährung, als »Notgeld« bekannt, nicht mehr akzeptieren würde, die große Unternehmen an ihre Arbeiter auszahlten, wenn mit Geldmangel zu rechnen war. Es war eine der Ironien der Hyperinflation, dass die Zentralbanken mit der Nachfrage nach Geld nicht Schritt halten konnten, was große Unternehmen dazu zwang, ihre Arbeiter mit privatem Geld zu bezahlen. Dies war das Notgeld, das die Reichsbank jetzt nicht mehr diskontieren wollte.

58 Hawtrey (1962), S. 3.

59 Dies mit annualisiert gemessener Inflationsrate. Die gesamte Inflation, die den scharfen Verfall des Franc-Wechselkurses widerspiegelte, stieg auf ein katastrophales Niveau von mehr als 80 Prozent.

60 Die französischen Behörden verwendeten die ausländischen Kredite auch, um »die Bären zu zerquetschen«, Francs zu kaufen, ihren Wert in die Höhe zu treiben, um Spekulanten Verluste zuzufügen, die den Franc leerverkauft hatten. Ob diese Operationen tatsächlich die Spekulanten vom Markt vertrieben oder nur psychologische Implikationen hatten, ist unklar.

61 Wie andere Politiker zwischen den Kriegen blieb auch er bei seiner Affinität zur Musik (siehe Charles Dawes und William Woodin in den Kapiteln 3 und 15) und war der Biograf Beethovens.

62 Dies ist die Schlussfolgerung Blanchetons (2012) auf Basis seines intensiven Studiums der Archivliteratur.

63 Mouré (2002), S. 106.

64 Die klassische Referenz in diesem Kontext sind Sargent und Wallace (1981).

65 Siehe Kapitel 26.

66 Moreau (1991), S. 225.

67 Smith (1916), S. 197, 201.

68 Miller (1935), S. 449.

69 Lewis (1938); S. 336.

70 Im Gegensatz zum Ableugnen Großbritanniens gab es tatsächlich noch Kriegsmaterialien, wie es Mullaly (2009) beschrieben hat.

71 Die Brüder Dawes und ihre finanziellen Aktivitäten wurden schon im Zusammenhang mit dem Immobilienboom in Florida erwähnt; siehe Kapitel 1.

72 Timmons (1953), S. 218.

73 Das Wissen, dass jede weitere Reduzierung der gesamten Reparationslasten automatisch Appelle der Europäer auslösen würden, eine entsprechende Reduktion der den USA geschuldeten Kriegsschulden vorzunehmen, verstärkte diese Neigung.

74 Das war die gleiche Strategie, die der führende US-Unterhändler anwendete, als die geplatzten Schulden lateinamerikanischer Staaten in den 1980er- und 1990er-Jahren restrukturiert wurden. Siehe Rhodes (2011).

75 Costigliola (1976), S. 595.

76 Zusätzlich waren private Kredite, dem Dawes-Plan entsprechend, gegenüber den Reparationszahlungen effektiv nachrangig. Letztere genossen das, was man »Transferschutz« nannte oder den ersten Zugriff auf die begrenzten Devisenreserven der Reichsbank. Das ermutigte ausländische Investoren, deutsche Anleihen zu kaufen, und zudem motivierte es deutsche Politiker, deutschen Unternehmen und Kommunen zu empfehlen, Anleihen zu emittieren, um die tatsächlichen Reparationszahlungen zu minimieren und ihre Position bei Nachverhandlungen zu stärken.

77 1926 war ein recht schwieriges Jahr, um in den USA ausländische Anleihen zu platzieren, denn damals herrschten in Frankreich turbulente finanzielle Bedingungen und in Großbritannien der Streik der Kohlebergleute (siehe Kapitel 2).

78 Flandreau, Gaillard und Panizza (2010) zeigen, dass das Risiko eines Kredits und die Wahrscheinlichkeit eines Zahlungsausfalls weniger eine Funktion dessen waren, was von einer Investment- oder Geschäftsbank garantiert wurde, sondern das, was man als das »Prestige« des Instituts bezeichnet – also die Frage, wie sehr sich der Emittent um die Bewahrung seiner Reputation bemühte, was wiederum davon abhing, wie lange er schon existierte und über welche Kapitalausstattung er verfügte.

79 Winkler (1933), S. 87.

80 Lewis (1938), S. 377.

81 Zitiert ebd., S. 380.

82 Viele dieser dubiosen Praktiken kamen nach den Anhörungen der Pecora-Kommission ans Licht, die 1993 sensationell die finanziellen Exzesse der 1920er-Jahre erforschte (Kapitel 16).

83 White (1990b), S. 147.

84 Collateral Debt Obligations (CDOs) wurden in den Jahren vor 2008 in anderen CDOs verpackt. Siehe Kapitel 5.

85 Einzig (1931), S.53.

86 Costigliola (1976), S. 495.

87 Das war ein Grund, warum Schacht seinen Umtausch von Pfund-Reserven in Gold beschleunigte. Er hoffte, dies werde die Bank of England unter Druck setzen, Die Zinsen zu erhöhen und die Kapitalzuflüsse in ihre Richtung umzuleiten.

88 Gilberts Memorandum ist in Hearings, S. 25, nachzulesen.

89 Das erhöhte die Zahl um die Hälfte.

90 Klein (2001), S. 147.

91 Das Volumen der Bankkredite war 1927 um 8 Prozent gestiegen. Wertpapierkredite wuchsen dabei am schnellsten. Meltzer (2003), S. 228.

92 Dies ist der sogenannte Leverage-Zyklus, über den John Geanokoplos schrieb, inspiriert von der jüngsten Krise (2010).

93 Das tat er schließlich sechs Monate später (siehe Kapitel 7).

94 Miller (1935), S. 453.

95 Zudem könnten die Prioritäten der New Yorker Bank auch durch die Tatsache beeinflusst worden sein, dass George Harrison Benjamin Strong 1928 als Chef der Bank nachfolgte. Strong hatte wiederholt gewarnt, eine Einmischung in die Spekulationen am Aktienmarkt durch eine Zinserhöhung könnte der Wirtschaft schaden (Friedman und Schwartz 1963, S.254ff). Aber 1929 war er nicht mehr da und konnte diese Sichtweise nicht mehr mit seiner Autorität stützen.

96 Zum Beispiel setzte die Reserve Bank of New Zealand, die sowohl die Zentralbank als auch der Regulierer des Landes ist, Ende 2013 eine Obergrenze für Kredit-zu-Wert-Relationen fest, um den Aktienmarkt abzukühlen. Zu den Sorgen über die Effektivität dieser Maßnahme gehörte das Ausmaß, in dem Kredite von Nichtbanken am Hypothekenmarkt von Bankenkrediten ersetzt werden konnten. Siehe Reserve Bank of New Zealand (2013).

97 Friedman und Schwartz (1963), S. 266, bezeichnen die Politik des direkten Drucks auf ähnliche Weise als Fehler, aber sie sind unsicher, was die Fed stattdessen hätte tun sollen, denn sie sehen die Auswirkungen der Zinssteigerungen Mitte 1929 zu kritisch.

98 Loew gewährleistete zunächst Emissionsdienstleistungen für die Partnerschaft in New York, zog dann aber nach Südkalifornien um, als die Firma wuchs.

99 Diese Ermächtigung lieferte der Emergency Home Finance Act von 1970.

100 Mehr Informationen über die regulatorische Reaktion auf die Finanzkrise der 1930er-Jahre finden Sie in Kapitel 15.

101 Die zeitgenössische Wahrnehmung war, dass der exzessive Wettbewerb um Finanzmittel seitens der Geschäftsbanken die Kosten für die Werbung für Einlagen nach oben trieben und die Banken dazu ermutigte, riskante Investitionen zu wagen, was zur Bankenkrise beitrug. Außerdem sah man Regulation Q als Maßnahme, die kommunalen Banken dazu zu befähigen, in den Wettbewerb um Einlagen einzutreten und Kredite an die betreffenden Gemeinden zu vergeben.

102 Mehr über ihn später.

103 Weber (2008), S. B5.

104 Das geschah ab 1966.

105 Siehe Rogers »Remarks on Signing the Garn-St. Germain Depository Institutions Act of 1982"; http://www.reagan.utexas.edu/archives/speeches/1982/101582b.htm.

106 Für die Geschäftsbanken war es keine große Erleichterung, dass die S & L-Branche durch die Kombination aus hohen Zinsen und niedrigen Häuserpreisen bereits in die Krise abgestürzt war. Die Bausparkassen reagierten auf ihre Probleme, indem sie um Tilgung kämpften und noch aggressiver auf das Gebiet der Geschäftsbanken vordrangen.

107 Diese Trends werden von Wilmarth (2002) beschrieben.

108 Weill und Kraushaar (2006), S. 364.

109 Weill und Kraushaar (2006), S. 265 – 266.

110 Beschrieben wird dies von Brooker (2010). Weills Schuldeingeständnis wird am 26. Juli 2012, S. C12, in der Kolumne »Heard on the Street« des *Wall Street Journal* geschildert. Das soll nicht heißen, dass die Abschaffung des Glass-Steagall Act die Finanzkrise verursacht hat. Aber man kann ihre Rolle auch nicht völlig vernachlässigen, wie es Sorkin (2012) versucht hat. Der entscheidende Punkt ist, dass die fortschreitende Schwächung und schließlich Abschaffung der Glass-Steagall-Beschränkungen zunächst nur ein Teil eines breiter gefassten Prozesses war, für den sie erst später bezeichnend war, ohne den man aber die Finanzkrise nicht verstehen kann.

111 Im Fall Irlands war dies teilweise Offshore-Banking: Ausländische Banken vergaben ihre Kredite über ihre irischen Tochterunternehmen an andere Länder, um die vorteilhafte steuerliche Behandlung zu nutzen, die die Republik Irland ihnen gewährte. Wie dem auch sei – die Relation zwischen den Forderungen an Banken und dem BIP in Belgien, den Niederlanden und in einigen anderen europäischen Ländern war fast ebenso hoch.

112 Der Fall Zypern ist insofern besonders, als viele Verbindlichkeiten gegenüber großen Konteninhabern außerhalb der EU bestanden; vor allem an russische Oligarchen, nicht so sehr gegenüber nordeuropäischen Banken. Aber das ändert nichts an der Tatsache, dass Zypern zum Musterbeispiel eines Bankensystems wurde, das mit zu viel Fremdkapital arbeitete und unterkapitalisiert war.

113 Es ist eine andere Frage, ob es tatsächliche Hinweise darauf gibt, dass große, diversifizierte Banken effizienter waren und Dienstleistungen für ihre Kunden zu niedrigeren Preisen anboten. Skeptische zeitgenössische Analysen stammen von Rhodes (1994), Pilloff (1996), Peristiani (1997) und DeLong (1998).

114 Mehr darüber finden Sie bei Barth, Brumbaugh und Wilcox (2000).

115 Suarez und Kolodny (2011), S. 79.

116 Dies wurde von Philippon (2008) dokumentiert.

117 Wie es beim Aufschwung ab 2001 der Fall war, dokumentierte ein Punkt die einzelnen Bankdaten von Kalemli-Ozcan, Sorensen und Yesiltas (2012).

118 Ebd., Abbildung 4, insbesondere die regulatorischen Veränderungen, die diese Entwicklungen erleichterten (unten).

119 »Diese Verluste realisieren« ist eine andere Art, zu sagen »die Assets den Märkten anpassen«. Nach dem Enron-Skandal, der 2001 ans Licht kam, wurden Finanz- ebenso wie Nichtfinanzunternehmen, vor allem durch die Vorschriften des Sarbanes-Oxley Act von 2002, zunehmend dazu gezwungen.

120 Dies ist die Erklärung von Gordon und Souleles (2007), warum in schlechten Zeiten das Sponsoring von Banken deren SPVs wieder zurück in die Bilanzen bringt.

121 Es war exakt dieser Mechanismus, mit dem 2001 Enrons Todesspirale begann. Enron hatte sich stark auf SPVs verlassen. Aber das verlangsamte die Ausbreitung dieser Praxis nicht.

122 Morgensen und Rosner (2001) argumentieren, dass die Antwort auf diese Frage darin besteht, zu verstehen, dass die Banken es so haben wollten und dass die Federal Reserve als Regulierer es zuließ. Die alternative Hypothese ist Ignoranz.

123 Siehe ISDA (2010).

124 Details finden Sie bei Ranciere und Tornell (2009), Abbildung 1. Genauer gesagt vergleicht diese Abbildung die privaten inländischen Hypothekenschulden beim nicht finanziellen Sektor mit anderen (nicht mit Hypotheken zusammenhängenden) privaten und inländischen Schulden beim nicht finanziellen Sektor.

125 Die Daten sind von Shiller (2006), aktualisiert und online einsehbar unter http://www.econ.yale.edu/~shiller/data.htm.

126 Der Neubau von Wohnhäusern reagierte wie erwartet: Der Baubeginn von Einfamilienhäusern stieg 2005 landesweit von den üblichen 1,2 Millionen auf 1,7 Millionen Einheiten.

127 Die Details in diesem Abschnitt stammen von Mian und Sufi (2009)

128 Brian Clarksen, als Co-COO von Mondy's Investor Service zuständig für die Bereiche global strukturierte Finanzen und öffentliche Finanzen in den USA, gab in einer internen E-Mail 2004 zu: »Offen gesagt könnte der Emittent seine Geschäfte auch anderswo machen, wenn die Ratingagentur ihm kein höheres Rating zubilligt.« Tabbi (2013) sowie Becker und Milbourn (2011) sehen das Eintreten einer dritten Ratingagentur, Finch, in den Wettbewerb mit Moody's und Standard & Poor's als »natürliches Experiment«. Sie zeigen, dass diese größere Auswahl, sich ein passendes Rating zu suchen, zu weniger informativen und stärker aufgeblähten Ratings führte.

129 »Passen Sie auf/Am Häusermarkt sinken die Preise/Abkühlung/Ein starker Markt ist jetzt viel schwächer/Subprime kocht über/Das Haus abreißen.« Sogar George Merrick (Kapitel 1) hätte es besser machen können.

130 US Department of Justice (2013), S. 73, 74 und 78.

131 Weitere Argumente hierzu finden Sie bei Bolton, Freixas und Shapiro (2012).

132 Diese Kreditgeber aus dem Nichtbankenbereich waren in unverhältnismäßiger Weise die Quelle von Subprime-Krediten, die später zu Zahlungsausfällen führten. Dies ist bei Dagher und Fu (2012) dokumentiert.

133 Dass Countrywide letztlich als Folge der Subprime-Kredite, die faul wurden und später in die Zahlungsunfähigkeit abrutschten, in finanzielle Schwierigkeiten geriet und zum Übernahmeziel für die Bank of America wurde, machte die früheren Operationen für Mozilo persönlich nicht weniger profitabel. Das Eingreifen der Justiz tat das aber sehr wohl. 2009 wurde Mozilo von der SEC des Insidertradings und des Wertpapierbetrugs angeklagt, weil er die Aktie – unter Verschweigen grundlegender Probleme des Unternehmens – nach oben gelobt hatte, während er selbst sie verkaufte. 2010 schloss er einen Vergleich mit der SEC und akzeptierte eine Geldstrafe von 67,5 Millionen Dollar. 20 Millionen davon bezahlte Countrywide, weil sein Arbeitsvertrag es so vorsah.

134 Der Bericht wurde im Februar veröffentlicht (Center for Responsible Lending, 2008).

135 Siehe Jacobson (2009). Jacobson führte 2012 einen Prozess gegen Wells Fargo und klagte die Bank an, dass sie Vergeltung gesucht hätte, indem sie ihre Kreditzahlungen zurücknahm und kündigte.

136 Jacobsons eidesstattliche Erklärung klagte Wells Fargo an, dasselbe zu tun. Diese Praxis änderte sich offensichtlich Ende 2006, als die Hausbau- und Hypothekenbranche genauer beobachtet wurde (Morgenson 2007).

137 Diese Margen werden in internen Firmendokumenten beschrieben, wie Morgenson (2007) berichtete. Washington Mutual, eine weitere führende Kraft im Subprime-Geschäft, schätzte auf ähnliche Weise, dass Subprime-Hypotheken und Options-ARMs sechs- bis zehnmal so profitabel waren wie traditionelle Hypothekenprodukte (Bair 2012, S. 76).

138 Siehe Federal Reserve Board (2009).

139 Freddies ursprüngliches Mandat war, einen sekundären Hypothekenmarkt zu schaffen. Das bedeutete in der Praxis, Hypotheken in Kalifornien zu kaufen, sie zu garantieren und sie an Banken in anderen Staaten zu verkaufen, um die bestehenden Einschränkungen des Bankings über Staatsgrenzen hinweg zu umgehen und am rapiden Wachstum Kaliforniens teilzuhaben.

140 In Angelides (2011).

141 Zusätzlich zum Kauf von Verbriefungen konnten Fannie und Freddie Hypotheken auch direkt kaufen. Sie taten das weiterhin, aber zu Zinsen, die keinen Beitrag dazu leisteten, nach 2003 das Bild ihrer nachlassenden Bedeutung für den Hypothekenmarkt zu verändern.

142 Das Office of Federal Housing Enterprise Oversight verklagte Raines 2006 auf Rückzahlung eines Teils der Boni, die er erhalten hatte und die auf zu hoch angegebenen Gewinnen basierten. Zivilklagen wurden gegen Raines und zwei andere Offizielle von Fannie angestrengt. 2008 wurden sie beigelegt, Raines und die anderen Manager erklärten sich bereit, einen Teil der Zahlungen zu erstatten, die sie erhalten hatten.

143 Auf monatlicher Basis fiel die Fed Funds Rate von 6,4 Prozent im Dezember 2000 auf 1,8 Prozent im Dezember 2001.

144 Siehe zum Beispiel Bernanke (2000).

145 Das Zitat im Text stammt von Bernanke (2002a).

146 Mitschrift der FOMC-Sitzung (November 2002), S. 83, http://www.federalreserve.gov/monetarypolicy/files/FOMC20021106meeting.pdf.

147 Das war Bernanke völlig klar, weil er von Mitte 2000 bis zu seiner Berufung ins Board of Governors 2002 für das Business Cycle Dating Committee des NBER gearbeitet hatte.

148 Dokko et al. (2011), Abbildung 3.

149 Siehe Taylor (2007). Es gibt so viele Möglichkeiten, die Taylor-Regel umzusetzen, wie es Möglichkeiten gibt, die Inflation und die Output-Lücke zu messen. Taylors eigene retrospektive Schätzungen schufen eine größere Lücke zwischen den tatsächlichen und den erforderlichen Zinsen als viele ihrer Alternativen. Bernankes eigene Schätzungen 2010, die auf den damals verfügbaren Daten basierten, deuten auf eine geringere Diskrepanz hin.

150 Das war die Schlussfolgerung von Taylors Artikel in der vorherigen Notiz.

151 Die erwähnte Studie mit der Anspielung auf »häuserspezifische Schocks« stammt von Dokko et al. (2001).

152 Eine gute Formulierung dieser Sichtweise liefert Kohn (2009).

153 Die vollständige Schlussfolgerung der empirischen Analysen dieser Frage war, dass gute Politik hauptsächlich für die Moderation der Inflation verantwortlich war, dass aber die Moderation der Produktionsfluktuationen eher dem Glück zu verdanken war. Siehe Stock und Watson (2003).

154 Die Zahlen stammen von der Federal Reserve Bank von St. Louis (Federal Reserve Economic Data-Webseite).

155 Die Zinsen auf konventionelle Hypotheken fielen von 6,3 auf 5,6 Prozent; http://research.stlouisfed.org/fred2/data/GS10.txt.

156 Dies ist ein Zitat aus Greenspans Widerlegung (2009) von Taylors Anklage, dass die lockere Politik der Fed von 2003 bis 2005 die Blase am Häusermarkt verursacht hatte.

157 Es ist nicht richtig, die Last der globalen Ungleichgewichte allein auf Asien abzuladen. Wie bereits erwähnt, verzeichneten Ölexporteure wie Saudi-Arabien, die vom starken Wachstum Chinas und hohen Ölpreisen profitierten, hohe externe Überschüsse und recycelten ihre Ersparnisse am Markt für US-Staatsanleihen. Im Lauf der Zeit erreichte auch Deutschland einen wachsenden Handelsüberschuss.

158 Nach Angaben der Ökonomen Nouriel Roubini und Brad Setser zirkulierte dies während des Herbsts 2004 in den Zeitungen. Spätere Schätzungen fielen tendenziell geringer aus, deuteten aber in dieselbe Richtung. Die Rede, die den Ausdruck »globale Ersparnisschwemme« berühmt machte, hielt Bernanke (2005).

159 Die Zahlen variieren in Abhängigkeit davon, wie sie zusammengesetzt wurden. Diese hier basieren auf den jährlichen Durchschnittswerten des S & P/Case Shiller National Composite Index (US) und des Index der Europäischen Zentralbank über existierende Wohnhäuser in Irland und Spanien.

160 Obwohl Spanien mit weitem Rückstand startete und 2005 bemerkenswerte Anstrengungen unternahm, um aufzuholen.

161 Der Vorgänger der Letztgenannten war die Europäische Montanunion. Sie wurde 1951 gegründet und übte multilaterale Aufsicht über Deutschlands Kohle- und Stahlindustrie aus. Aus ihr ging später die Europäische Wirtschaftsgemeinschaft (EWG) hervor.

162 Beide zitiert in Szaz (1999), S. 216.

163 Die Bedeutung fiskalischer Transfers für die problemlose Einrichtung einer Währungsunion geht auf die Arbeiten von Peter Kenen (1969) zurück. Die Notwenigkeit einer Bankenunion zur Begleitung einer monetären Union wurde allgemein vielleicht weniger verstanden, selbst in den 1990er-Jahren, obwohl die grenzüberschreitenden Aktivitäten der europäischen Banken immer noch in einem frühen Stadium waren. Aber »allgemein weniger verstanden« bedeutet nicht, dass die Sache nicht gewürdigt wurde. Siehe unter anderem Eichengreen (1993).

164 Zitiert im *Guardian* (13. Januar 1999), http://www.theguardian.com/world/1999/jan/13/martinwalker.

165 Stichproben solcher Argumente aus der Politikwissenschaft finden sich bei McKay (1996) und Jones (2002).

166 Das war zwischen 1994 und 1998, als die Entscheidung über die Gründung der Mitgliedschaft fiel.

167 Zusätzlich zur Tatsache, dass die Politik der EU im Konsens vereinbart wurde, verletzte Deutschland als wichtigstes Land der Währungsunion 1997 und 1998 marginal das Maastricht-Kriterium der Obergrenze der Staatsverschuldung von 60 Prozent des BIP, als die Entscheidung getroffen wurde. Wenn man Deutschland eine, wenn auch nur leichte, Verletzung dieses Kriteriums durchgehen ließ, dann war es entsprechend schwerer, sie gegenüber anderen Ländern durchzusetzen.

168 Zu Details siehe Story, Thomas und Schwartz (2010).

169 Die Renditen irischer Staatsanleihen waren auch höher gewesen als die der deutschen Bundesanleihen, wenn auch nicht viel höher. Das war dem überdurchschnittlichen Wachstum des BIPs in Irland in der Zeit von 1995 bis 2007 von durchschnittlich 6 Prozent geschuldet, was dem Land die Bezeichnung »keltischer Tiger« einbrachte.

170 Wenn man bedenkt, in welchem Maß diese Annahmen von Geldmanagern begrüßt wurden und wie schnell die Zinsen in der ganzen Eurozone konvergierten, muss man sich an die Skepsis der Ökonomen erinnern, dass die Marktteilnehmer auf diese Weise reagieren würden. Bishop (1992) sah voraus, dass die Marktteilnehmer zwischen potentiellen Schuldnern streng differenzieren würden, je nach deren Schuldenlast und der daraus folgenden Kreditwürdigkeit. Buiter, Corsetti und Roubini (1993) sagten auf ähnliche Weise voraus, dass hohe Zahlungsausfallprämien auch in Zukunft die hoch verschuldeten europäischen Länder von anderen unterscheiden würden.

171 Die EZB förderte weiterhin die Konvergenz der Zinsen, indem sie dieselben »Haircuts« oder Diskontierungen vornahm wie auf die »Repos« der Staatsanleihen von Ländern aus der Eurozone. Das heißt: Sie wandte eine identische Diskontierung auf die Staatsanleihen an, wenn sie diese als Sicherheit bei Rückkaufsoperationen mit Geschäftsbanken akzeptierte. Das wiederum animierte die Banken, in gleicher Höhe in, sagen wir, griechische und deutsche Staatsanleihen zu investieren, weil man sie zum selben Preis bei der EZB einreichen konnte. Das trieb die Kurse der ursprünglich billigeren griechischen Staatsanleihen bis auf das deutsche Niveau. Die damit verbundenen Gefahren wurden schon früh von Buiter und Sibert (2005) beschrieben. In der Praxis kaufte die EZB hauptsächlich sehr kurzfristige Obligationen zurück (darunter auch zehnjährige Staatsanleihen kurz vor dem Tilgungstermin). Daher kann dieser Mechanismus nicht die alleinige Erklärung dafür liefern, warum es im gesamten Spektrum der Staatsanleihen eine derart starke Konvergenz der Zinsen gab.

172 Quantitativ war Irland weniger stark betroffen, obwohl das qualitative Phänomen dasselbe war.

173 Diese Reformen erhöhten den Anreiz, zu arbeiten, und daher auch für die Gewerkschaften den Anreiz, relativ geringe Lohnerhöhungen durchzusetzen, in Kombination mit Arbeitslosenunterstützung und Wohlfahrtszahlungen und der Einrichtung einer Obergrenze für diese Kombination.

174 Dies wurde von Lane und Pels (2012) dokumentiert.

175 Wie auch immer: Diese Arten von Druck gehörten alle zum selben Prozess. Deutschland trat vielleicht nicht in direkten Wettbewerb mit südeuropäischen Ländern, die sich auf die Produktion von Konsumgütern spezialisiert hatten. Aber es erhöhte seine Exporte von Kapitalgütern nach China, dessen Produzenten sie verwendeten, um ihre Kapazitäten zu erhöhen, Konsumgüter nach Europa zu exportieren. Die Auswirkungen auf die problembeladenen südeuropäischen Produzenten waren die gleichen.

176 Je höher die Kapitalzuflüsse sind, desto höher liegt der kumulative Zuwachs der realen Immobilienpreise und desto stärker fällt die Steigerung der Bauaktivitäten aus, wie Obstfeld und Rogoff dokumentiert haben (2010).

177 Kapital bezieht sich hier auf die Summe des Kapitals von Ebene 1 (Eigenkapital) und Ebene 2 (anderes Kapital, wie nicht aufgedeckte Reserven, Provisionen, hybride Instrumente und untergeordnete Schulden).

178 Und das kurz vor der Krise.

179 Verkäuferfinanzierung bedeutet, dass eine Firma einem Schuldner Geld leiht, damit dieser die Produkte oder Immobilien des Verkäufers erwerben kann.

180 Die Idee der »Bankenschwemme« wurde von Shin (2012) entwickelt.

181 Siehe zum Beispiel Saurina (2009).

182 Curcio (2000), S. 452.

183 Klein (2001), S. 181.

184 *New York Times* (6. Oktober 1929), S. N11

185 *New York Times* (28. Oktober 1929), S. 1

186 In einem am 26. Oktober in der New York Times veröffentlichten Brief.

187 *Wall Street Journal* (23. November 1929), S. 2

188 Klein (2001), S. 209.

189 1926 und 1928 gab es jeweils im August die höchsten Verkäufe motorisierter Fahrzeuge. 1927 war das anders wegen Henry Fords Unterbrechung der Produktion zum Umbau für das A-Modell (siehe Kapitel 1).

190 Als Höhepunkt der Textilproduktion nannten sie den Juli, bei Papier den September. Aber der Höhepunkt im Bereich Autos und Transport lag nach ihren Berechnungen schon im Februar. Burns und Mitchell (1946), S. 69.

191 Zitiert in Friedman und Schwartz (1963), S. 264.

192 Norman gab dies nur ungern zu, zum Beispiel bei seiner Aussage vor dem Macmillan-Komitee 1930, aber zwischen den Zeilen wurde seine Motivation klar. Normans Bemerkungen, die oft überarbeitet wurden, erschienen 1931 (Committee on Finance and Industry, 1931).

193 Der gemeinsame Nenner zwischen Lee Bevan und Haig-Thomas war die Universität Cambridge. Haig-Thomas kam aus einer reichen Familie von Kohleminenbesitzern und war hauptsächlich deshalb bekannt, weil er 1902 für Cambridge gerudert hatte. Später wurde er ein erfolgreicher, wenn auch umstrittener Rudertrainer, zunächst in Cambridge, dann in Oxford.

194 Bevan kam 1928 aus dem Gefängnis und ging nach Havanna, um der stets aufmerksamen britischen Presse aus dem Weg zu gehen. Neben einigen anderen teilte er mit George Merrick eine Vorliebe für Poesie und

veröffentlichte 1929 auf eigene Kosten einen Gedichtband. Vander Weyer (2011) hat eine Bevan-Biografie veröffentlicht.

195 Zitat aus *The Economist* (15. April 1924), S. 733. Jute Industries zahlte keine weiteren Dividenden und die Aktien schnitten schlecht ab. Allerdings überlebte die Firma bis nach dem Zweiten Weltkrieg. Nicht so British Glass Industries. Zur Schaffung der Firma hatte Hatry eine große Zahl von Firmen miteinander verschmolzen, die Glühbirnen, Lampenglas für wissenschaftliche und industrielle Zwecke und Kristallgeschirr herstellten.

196 Siehe Anmerkung 5.

197 Manley (1976), S. 56.

198 Die Episode über die Bank of United States wird in Kapitel 8 geschildert, das Scheitern der Banque Adam in Kapitel 9 und die Islandkrise in Kapitel 14.

199 Nach zwei Jahren Zwangsarbeit wurde Hatry ins Maidstone-Gefängnis nach Kent verlegt, wo er als Gefängnisbibliothekar arbeitete. Bevan war einer seiner Vorgänger in dieser Position. Nach seiner Freilassung 1939 mietete er ein Büro in der Nähe der Fleet Street und baute sich eine blühende Buchhandelsfirma auf. Im Zweiten Weltkrieg kaufte er Buchhandlungen, eine Druckerei, ein Verlagshaus, zwei Zeitschriften und gab bald ein Angebot für Wyman & Sons ab, eine der größten britischen Buchhandelsketten. Am Ende waren auch diese Unternehmungen erfolglos. In den 1950er-Jahren arbeitete er für Hatchards, eine bekannte Londoner Buchhandlung, und für eine Reihe von Bars im Westend. Der Marquess of Winchester war bankrott und verbrachte den Rest seines Lebens in Monte Carlo.

200 Der gesamte finanzielle Schaden war um ein Mehrfaches höher, was auch an Zahlungsverpflichtungen zwischen Hatrys verschiedenen Firman lag.

201 *Wall Street Journal* (15. Januar 1930), S. 15.

202 Chandler (1990), S. 329.

203 Commercial Papers sind kurzfristige Schuldtitel. Sie dokumentieren Zahlungen, die Banken später von ihren Geschäftskunden erhalten. Das Zitat stammt aus: Friedman und Schwartz (1963), S. 339. Die Daten über Wertpapierkäufe stammen vom Federal Reserve Bulletin.

204 *New York Times* (26. Oktober 1929), S. 16.

205 Meltzer (2003), S. 288.

206 Dies entspricht der saisonal adjustierten Darstellung des Board of Governors. Spätere Studien zur Rekonstruierung des Nationaleinkommens auf Quartalsbasis (Balke und Gordon, 1968) zeigten, dass das reale BIP in letzten drei Monaten des Jahrs auf annualisierter Basis um alarmierende 20 Prozent fiel.

207 Die Krise 2008 und 2009 zeigte auch ein starkes Absinken des Welthandels und es gab einen Streit darüber, ob der Hauptgrund die Vorwegnahme einer schwachen Endnachfrage oder finanzielle Störungen waren.

208 Im letzteren Fall war der Grund nicht nur schwache Nachfrage, sondern auch eine Rekordernte.

209 Das war die Diagnose der Kliniker des Economist (31. Mai 1930), S. 1205.

210 Das Board of Governors ermächtigte die New Yorker Bank auch dazu, Regierungspapiere im Volumen von 50 Millionen Dollar zu kaufen.

211 »The State of Trade at Home and Abroad«, Econonomist Monthly Supplement (31. Mai 1930), S. 33.

212 In anderen Ländern war der Rückgang nicht so stark, aber die Bewegung verlief in die gleiche Richtung. Das Absinken der Industrieproduktion betrug in Kanada 11 Prozent, in Schweden 8 Prozent und in Frankreich 7 Prozent. Im Vereinigten Königreich, wo das Board of Trade die Industrieproduktion quartalsweise darstellte, lag der Rückgang zwischen den Schlussquartalen 1929 und 1930 bei 13 Prozent.

213 »Ereignisse im Ausland« beziehen sich auf die in Deutschland, die weiter unten geschildert werden.

214 Mit anderen Worten: Sie fielen in einem Jahr um 14 Prozent. Man könnte argumentieren, dass die Großhandelspreise, die von der Lage an den Rohstoffmärkten hart getroffen waren, nicht der beste Maßstab für fundamentale Preistrends sind. Aber die Preise verarbeiteter Güter fielen ebenfalls, und zwar um 10 Prozent im Jahr.

215 Hamilton (1992), Tabelle 7. Cecchetti (1992) verwendete dieselbe Serie von Preisen und Zinsen, um ein Prognosemodell zu entwickeln, das ebenfalls zum Fazit kam, dass Anleger, die drei bis sechs Monate in die Zukunft blickten, Ende 1930 und möglicherweise auch schon Ende 1929 die Deflation hätten antizipieren können. Wie dem auch sei, die Mitglieder des Board of Governors waren nicht daran gewöhnt, zwischen realen und nominalen Zinsen zu unterscheiden. Auch wenn die Futures auf sinkende Preise hindeuteten, änderten sie

ihre Meinung nicht, dass Kredite billig waren. In der Praxis bezogen sich die Gouverneure so gut wie immer nur auf die Nominalzinsen. Melzer (2003) S. 295.

216 Die Renditen der Anleihen hoher Bonität verharrten bei über 4,5 Prozent. Die Spanne zwischen mit AAA und Baa bewerteten Bonds wurde größer. Ein Hinweis darauf, dass Firmen mit schlechter Bonität aus den Finanzmärkten verdrängt wurden.

217 Miller sagte dies 1928 vor dem Committee on Banking and Currency des US-Repräsentantenhauses aus, http://www.scribd.com/doc/175280593/housta 28.

218 Friedman und Schwartz (1963), S. 368.

219 Neben der Tatsache, dass der Tarif wenig leistete, um die Probleme der Farmer zu lösen, trug Hawley schwer daran, dass er, im Gegensatz zu seinem Hauptkonkurrenten, im vorletzten Jahr der Prohibition weiterhin für das Alkoholverbot eintrat.

220 Zum Vergleich: Der Fordney-McCumber-Tarif von 1922 hatte die Zinsen um 13 Prozent nach oben gebracht. Irwin (2011), S. 105–107.

221 Ebd., S. 140.

222 *New York Times* (11. November 1929), S. 2.

223 Siehe Archibald und Feldman (1998).

224 Wie von Carey (1999) beschrieben.

225 Zitat aus Burner (2005), S. 298.

226 New York Times (22. November 1929), S. 1.

227 Das alles hat Hamilton (1985) beschrieben.

228 Dies ist zum Beispiel das Fazit von Temin (1976) und Wicker (1996).

229 Wie von McFerrin beschrieben, war mit Caldwells Anleihentransaktionen eine Vereinbarung verbunden, dass die Erlöse aus den Verkäufen bei der Bank of Tennessee verbleiben sollten, bis sie für Baukosten benötigt wurden.

230 Siehe Kapitel 1.

231 Lea war der Urenkel des zweimaligen Kongressabgeordneten und US-Senators von 1911 bis 1917.

232 Dieser Aspekt wurde auch von Richardson und Troost (2009) und von Jalil (2012) dokumentiert.

233 Diese Episode verursachte eine Untersuchung durch das Federal Reserve Board, die ergab, dass vier Mitglieder der Gruppe aus Atlanta, darunter der stellvertretende Gouverneur, schon betrunken auf das Schiff gekommen waren. Die eigene Untersuchung der Fed von Atlanta kam hingegen zu dem Fazit, dass sich alle Mitglieder der Gruppe vorbildlich verhalten hatten. Letztlich überwog die Meinung des Boards und der stellvertretende Gouverneur trat zurück. Siehe auch Gamble (1989), Richardson und Toorst (2009) und Jalil (2012).

234 New York Times (14. November 1930), S. 19.

235 Washington Post (14. November 1930), S. 2.

236 Dies ist eine interessante Ausnahme von Friedmans und Schwartzs Beobachtungen, dass die Schaffung des Federal Reserve System die frühere Praxis abgeschafft hatte, Bargeldzahlungen zur Eindämmung von Finanzkrisen zu unterbinden. Die Bank aus Arkansas hatte keine Wahl. Leider hatte sie ihren Sitz im Distrikt der Federal Reserve von St. Louis, und diese lehnte jede Hilfe ab. Siehe Richardson und Troost (2009).

237 New York Times (20. Dezember 1930), S. 1.

238 Nach Joseph H. Zweeres, dem staatlichen Bankenkontrolleur, der im Sommer 1929 die Bank of United States prüfte. New York Times (5. Juni 1932), S. 3.

239 Trescott (1992), S. 391–392. Frühe Intervention oder nicht: Joseph A. Broderick, Chef der New Yorker Bankenaufsichtsbehörde, wurde später vor Gericht zitiert. Man warf ihm die Verletzung der Pflicht vor, angemessenen Maßnahmen ergriffen zu haben, um die Pleite der Bank of United States zu verhindern. Am Ende wurde er freigesprochen.

240 Siehe Kapitel 12.

241 Dies ist die Meinung von Friedman und Schwartz (1963). Siehe hierzu aber auch O'Brien (1992) zur Begrenztheit ihrer Beweise.

242 Letztlich war die Lage der Bank of United States nicht so schlecht wie befürchtet. Den Gläubigern wurden je Dollar 84 Cent ausgezahlt, was für die Maßstäbe einer Bankenpleite nicht schlecht ist. Später erholten sich die Immobilienbestände der Bank. Die letzten von ihnen wurden erst 1944 liquidiert. Lehmans Insolvenzverwalter hätte auch so gut abschneiden sollen.

243 Siehe Kapitel 14.

244 Die Details stammen aus Bonin (1996).

245 Ein repräsentatives Kompendium der britischen Kommentare ist das Royal Institute of International Affairs (1931).

246 *New York Times* (10. Juli 1931), S. 21.

247 Die EZB erklärte sich nur bereit, Anleihen an den Sekundärmärkten zu kaufen, weil ihre Statuten untersagten, Neuemissionen zu erwerben. Sie kaufte auch nur Anleihen von Ländern, die ein Rettungsprogramm der EU unterzeichnet hatten.

248 Dies bezieht sich auf das Kapital und die Reserven von 1929, zitiert nach Adalet (2009), S. 8. Auch andere Daten in diesem Absatz stammen aus dieser Studie. Die Kapitalrelationen erhöhten sich nicht auf das vor der Inflation übliche Niveau. Das führt zu der Frage, warum die Banken sich nicht früher bewegten, um Kapital aufzubringen. Ein Teil der Erklärung ist, dass dies teuer war. Die Konkurrenz zwischen Sparkassen, Hypothekenbanken und Geschäftsbanken brachte sie alle dazu, Kosten einzusparen, darunter auch die Kapitalkosten.

249 Am Höhepunkt 1929 betrug der Anteil von Bargeld und Reserven an den gesamten Einlagen bei der Zentralbank nur noch 3,8 Prozent. Das entsprach in etwa der Hälfte des Niveaus vor dem Ersten Weltkrieg.

250 1930 gab es einen Notfallkredit der Bostoner Bank Lee, Higginson & Co., mithilfe des schwedischen Streichholzmagnaten Ivar Kreuger, der bald zweifelhafte Berühmtheit erlangen sollte; aber dieser Kredit wurde nicht wiederholt. Kreuger begann seine Karriere als Ingenieur und Co-Manager des Bauunternehmens Kreuger & Toll Byggnads AB, das für seine innovativen Techniken bekannt war. Dann trat er ins Finanzwesen ein und begann angesichts Schwedens riesiger Holzvorräte mit der Produktion von Streichhölzern. Von den Regierungen erwarb Kreuger Konzessionen, die ihm nationale Monopole für die Produktion und den Verkauf von Streichhölzern einräumten. Er finanzierte dies, indem er die erwarteten Renditen zukünftiger Konzessionen als Wertpapiere verbriefte. Dem Schock der großen Depression widerstand Kreugers Finanzpyramide nicht. Im März 1932 fand man ihn tot in seiner Pariser Wohnung, was die Krise der Skandinaviska Kreditaktiebolaget auslöste. Eine recht neue Kreuger-Biografie stammt von Partnoy (2009). Als Kreugers Imperium 1932 zusammenbrach, wurde auch Lee, Higginson & Co. getroffen und erholte sich nie vollständig davon.

251 Siehe Ferguson und Temin (2003).

252 Dieses Argument stammt von Borchardt (1991).

253 Um genau zu sein: mehr als 50 Prozent dieser Assets. Es gab auch eine Reihe von kleinen Privatbanken, deren Assets nicht in diese Berechnung aufgenommen wurden.

254 Noch deutlicher in Deutschland. Das Eigenkapital der Creditanstalt betrug nach den Berechnungen von Teichova (1994) 1925 nur noch ein knappes Fünftel des Niveaus von 1913.

255 Die Erwartung war nicht unbegründet: Schon vor der Krise im Frühjahr 1931 hatte die Österreichische Zentralbank in Zusammenarbeit mit den Rothschilds in London und einigen anderen Banken ein System entwickelt, um der Creditanstalt billige Kredite zu gewähren, damit diese ihr Problem mit der Bodencreditanstalt bewältigen konnte (Aguado 2001).

256 Schubert (1991), S. 12.

257 Deutsche Banken waren bedeutende Kreditgeber der Creditanstalt und anderer österreichischer Banken. Österreichische Politiker hatten die wirtschaftliche Leistungsfähigkeit ihres kleinen Landes bezweifelt, seit sich das Habsburgerreich aufgelöst hatte, und sie sahen die Zollunion mit Deutschland als mögliche Lösung dieses Problems. Sie hofften, dass nach der Vollendung dieser Union Deutschland geneigter dazu sein könnte, anderen Ländern Hilfe zu leisten. Die Deutschen wiederum machten sich Sorgen darüber, dass Österreich stattdessen eine Zollunion mit südosteuropäischen Ländern bilden könnte, die früher zum Habsburgerreich gehört hatten, sollte Berlin kein besseres Angebot liefern. Zu diesen und anderen Themen siehe Mommsen und Forster (1998) und Orde (1980).

258 Die Regierung, die Österreichische Zentralbank, die Postsparkasse und einige andere öffentliche Institute besaßen nun volle 50 Prozent der Bank (Schubert 1991), S. 10.

259 Die Aktionen der Zentralbank wirkten sich noch übler aus, denn wie die Franzosen schönte sie ihre Bücher, um das Ausmaß zu verbergen, in dem sie Kontenabzüge der Ausländer aus der Creditanstalt finanziert hatte (Aguado (2001), S. 212.

260 Schubert (1991), S. 15.

261 Hodson (1932), S. 211.

262 Schacht (1955). S. 173. Schacht hatte während und nach dem Ersten Weltkrieg mit Goldschmidt für die Danatbank und zuvor für den Verwaltungsrat der Nationalbank für Deutschland zusammengearbeitet.

263 Dies ist das Argument von Ferguson und Temin (2003) und Pontzen (2009).

264 Brüning selbst hatte diese Idee in Gesprächen mit dem US-Botschafter Frederic Sackett angeregt. Zudem gab es die Tatsache, dass man infolge des Young-Plans den Reparationen effektiv Vorrang über private Verbindlichkeiten eingeräumt hatte (das Gegenteil dessen, was der Dawes-Plan vorgesehen hatte). Daher warben die Banker, zum Beispiel Thomas Lamont von J. P. Morgan, bei Hoover um ein Moratorium der Reparationszahlungen.

265 Zu Meyers Beteiligung bei der Reconstruction Finance Corporation siehe Kapitel 10.

266 Pusey (1974), S. 209.

267 Lavals Klage steht bei Warner (1968), S. 32. Hoovers Antwort steht bei Burner (2005), S. 302. Nach drei Wochen lautstarker Proteste akzeptierte die französische Regierung widerwillig den Vorschlag des Moratoriums.

268 Der Kanzler war höchstens bereit, privat zu versichern, dass er kein drittes gepanzertes Kriegsschiff finanzieren wollte.

269 Die Bank wurde dann Treuhändern übertragen, die eine ordnungsgemäße Liquidation ihrer Assets durchführen sollten. Schacht wurde als früherer Teilhaber gebeten, dem Komitee der Treuhänder vorzusitzen, lehnte aber ab.

270 Die Brüder Lahusen wurden nach der Wiedereröffnung der Banken verhaftet und Nordwolle erklärte sich sofort für zahlungsunfähig. Das faktische Einfrieren deutscher Zahlungen an ausländische Gläubiger wurde offiziell durch das Stillstandsabkommen anerkannt, das am 20. Juli 1931 in London verhandelt und im September unterzeichnet wurde.

271 Bei seiner Rückkehr musste der Gouverneur angeblich lange auf die Fahrt von Liverpool nach London warten, um dort vollständig informiert zu werden. Sein erster Arbeitstag nach der Rückkehr war der 28. September 1931, eine Woche nach der Pfund-Abwertung.

272 Nach dem 30. Juli 1931 gab es nicht einmal eine symbolische Erhöhung des Diskontsatzes. Zuvor hatte es zwei Erhöhungen gegeben, am 23. Juli und eine Woche später, jeweils um einen Prozentpunkt.

273 Hawtrey (1938), S. 143.

274 Es war ein unglücklicher Zufall, dass der Bericht des Komitees Mitte Juli veröffentlicht wurde. Siehe Committee on Finance and Industry (1931), vor allem die Anhänge I und IV.

275 Accominotti (2012), S. 17. Ob sie dadurch insolvent wurden oder nicht, hing davon ab, ob sie letztlich dazu in der Lage waren, einen Teil der erwähnten Schulden zurückzubekommen.

276 Insgesamt kaufte sie Titel im Volumen von etwa 30 Millionen Pfund, um die Märkte mit Liquidität zu versorgen.

277 Investoren, die diese Position einnahmen, gewannen 20 Prozent in zwei Monaten. Wenn sie Fremdkapital einsetzten, erzielten sie noch höhere Gewinne.

278 Sullivan (1936), S. 1.

279 Federal Reserve Bank of New York (1932), S. 13.

280 Mit Ausnahme der Reservebanken von Atlanta und Minneapolis, die bereits höhere Zinsen anwendeten als die anderen Banken im System.

281 Eine umfangreiche Schilderung dieser Ereignisse bietet Wicker (1996).

282 Friedman und Schwartz (1963), S. 382.

283 Zu Kreuger siehe Kapitel 9.

284 Diese Schuldscheine wurden als Clearingstellen-Zertifikate bekannt, weil sie von allen Mitgliedern des Clearing-Instituts anerkannt wurden, also der Einrichtung, über die Banken gegenseitige Zahlungen und Geschäfte abwickelten. Ihre Rolle und die Geschichte der Krise von 1907 beschrieben Bruner und Carr (2007).

285 Barber (1985), S. 227.

286 Zu diesem Zweck verlangten die starken Banken, dass die NCC ihre Sicherheiten zum Marktwert einstufte – also zu Schlussverkaufspreisen –, dass sie Ihre Kredite mit 30 Prozent des Marktwerts bewertete und Immobilien nicht berücksichtigte. Olson (1977), S. 29.

287 Siehe Kapitel 19.

288 Hoover hatte sich sogar für noch schnellere Aktionen eingesetzt, berücksichtigte dabei aber nicht die Weihnachtspause.

289 Dieser Glass-Steagall Act war anders als der von 1933, der die Geschäftsbanken und die Investmentbanken voneinander trennte.

290 Insull konnte sich 1931 auch zwei Millionen Dollar von der General Electric Corporation leihen, die Owen Young leitete. Vickers (2011) berichtet von einer Art Verschwörung zwischen Dawes, Young und Insull und den Problemen von Central Republic. Verschwörung oder nicht – die enge Verbindung zwischen den drei Männern lässt sich nicht leugnen.

291 Um genau zu sein: 15 Prozent des Aktienkapitals und des »Überschusses« (der nicht zugeteilten Finanzmittel).

292 Vickers (2011), S. 56–57.

293 Als er im Oktober in Cook County wegen des Vorwurfs der Veruntreuung angeklagt wurde, floh Insull aus Paris nach Mailand und mietete dann ein kleines Flugzeug, um nach Griechenland zu reisen, das bequemerweise kein Auslieferungsabkommen mit den USA hatte. Von dort aus reiste er per Schiff nach Istanbul. Obwohl auch die Türkei kein Auslieferungsabkommen mit den USA unterzeichnet hatte, wurde er verhaftet und in die USA gebracht. Dort wurde er zwar nicht verurteilt, war aber bis zu seinem Tod 1938 in Gerichtsverfahren verwickelt.

294 Zur Rettung von Bear Stearns siehe Kapitel 12.

295 Die am 23. August 1932 veröffentlichte Bankenliste umfasste nur zehn Tage, aber jeder wusste, dass mehr veröffentlicht werden würde. In der Tat waren die späteren Listen umfangreicher. Dies alles wird von Butkiewicz (1995) beschrieben.

296 Kennedy (1973), S. 84–85.

297 Diese Bedrohung wurde von Francis Gloyd Awalt beschrieben (Awalt, 1969), S. 352.

298 In einer Gerichtsverhandlung zur Affäre Union Guardian wurde Couzens angeklagt, kurz vor der Schließung der Bank Geld abgezogen zu haben, weil er über Insider-Informationen verfügte und somit zum Ansturm auf die Bank beigetragen haben könnte. Sein Biograf argumentiert, die Beschuldigung sei unbegründet gewesen. Barnard (1958), S. 277–278.

299 Lumley (2009), S. 85

300 Die Daten des Verbands der US-Immobilienhändler nennen als Höhepunkt das vierte Quartal 2005. Andere Häuserpreisindizes von Case-Shiller und Zillow sehen ihn ein, zwei Quartale später, aber das ändert nichts am Kern der Geschichte.

301 Siehe Zuckerman (2009) und Lewis (2010).

302 MacDonald und Robinson (2009), S. 268–269.

303 Der Verkauf durch Hypotheken abgesicherter CDOs, die man nach früheren Geschäften in die Bilanz aufgenommen hatte, bot den zusätzlichen Vorteil, Goldmans direkte Risiken bei einem Rückgang der Häuserpreise zu reduzieren. Im genannten Fall fiel es der Firma schwer, diese Wertpapiere zu schaffen. 2001 kam das Untersuchungskomitee des US-Senats zu dem Fazit, Goldman habe die Investoren, an die diese Wertpapiere verkauft wurden, in die Irre geführt, indem man behauptete, die mit diesen Titeln verbundenen Interessen der Firma seien deckungsgleich mit denen der Investoren. Das Justizministerium war anderer Ansicht oder hatte zumindest nicht genügend Beweise für eine Anklage. So wurde im August 2012 beschlossen, keine Klage gegen Goldman und seine Angestellten zu erheben. Allerdings zahlte Goldman Sachs 550 Millionen Dollar, um eine Zivilklage der SEC beizulegen.

304 Die Zahlen im Text beziehen sich auf die Veränderung im Jahresvergleich. Auch hier hängen die exakten Daten vom jeweiligen Häuserpreisindex ab, aber die Größenordnungen sind die gleichen.

305 Siehe Kapitel 4.

306 Bernanke (2007), S. 1.

307 Reuters (2007).

308 Die Analyse der ökonomischen Trends beim Treffen des FOMC vom 30. bis zum 31. Januar 2007 lautete: »Die Einschränkung durch den Häusermarkt wird sich in diesem Jahr vermindern, und sein Beitrag zum BIP wird in diesem Jahr leicht positiv sein« (Board of Governors 2013, 30. bis 31. Januar 2007, Protokoll S. 13.) Auch bei der FOMC-Sitzung im März vertraten einige Zentralbankpräsidenten eine ähnliche Meinung über die Auswirkungen der Schwäche am Häusermarkt, obwohl Charles Plosser von der Federal Reserve Bank of Philadelphia auch zugab, dass es nun größere Unsicherheit bezüglich dieser Prognose gab.

309 CNBC Squawk Box (1. Juli 2005).

310 Zu den Anmerkungen des Ministers über diesen Effekt am 20. April 2007 siehe Zhou (2007).

311 Protokoll des FOMC (20.–21. März 2007), http://www.federalreserve.gov/fomc/minutes/20070321.htm.

312 Bernanke (2002b).

313 Siehe Greenspan (2005)

314 Sechs Jahre später verklagten die Liquidatoren der beiden Fonds von Bear Stearns die Ratingagenturen in New York, wissentlich irreführende Ratings veröffentlicht zu haben, um Gebühren zu erzielen.

315 Der Ansturm auf Sicherheiten sollte sich als derart krass erweisen, dass die Gläubiger, zu denen Citigroup, JPMorgan Chase, Bank of America und Merrill Lynch gehörten, nicht in der Lage waren, viele dieser Assets zu verkaufen, egal zu welchem Preis.

316 Nur der Fonds mit Wertpapieren hoher Bonität wurde gestützt, der andere nicht.

317 Nach der Fusion mit der Deutschen Industriebank wurde aus IKB die IKB Deutsche Industriebank.

318 Zu den ironischen Aspekten des Deals gehört, dass der größte ACA-Aktionär, mit drei Sitzen im Verwaltungsrat, kein anderer als Bear Stearns war. Bear hatte 2004 Kapital in das problembelastete Unternehmen investiert.

319 Die bei ACA für dieses Geschäft verantwortliche Managerin sagte später aus, sie habe nicht gewusst, dass Paulson nur ein kurzfristiger Investor war. Financial Crisis Inquiry Commission (2001), S. 193. Die Ratingagenturen waren offensichtlich auch nicht besser informiert. Der für das Rating von Abacus zuständige Analyst von Moody's sagte aus, er habe nichts über Paulsons Beteiligung gewusst. Er habe auch nicht gewusst, dass das Programm dazu angelegt war, die Wahrscheinlichkeit des Scheiterns zu maximieren. Wie auch immer: Sowie Moody's als auch S&P gaben der höchstbewerteten Abacus-Tranche ein AAA-Rating.

320 Zitat aus Financial Crisis Inquiry Commission (2011), S. 247.

321 US District Court, Southern District of New York (2010), para. 58 et seq. Hier handelt es sich um die in Anmerkung 303 erwähnte Aktion der SEC. Investoren, die, wie King County aus Kalifornien, an Rhinebridge Kredite vergeben hatten, indem sie mit Assets abgesicherte, kurzfristige Schuldverschreibungen kauften, schnitten kaum besser ab. Rhinebridge war ein weiteres IKB-Spezialvehikel, das mit AAA bewertet wurde, weil es mit angeblich hochwertigen Assets besichert war. Siehe hierzu McLean und Nocera (2019), S. 280–281. Später wurde man durch Transaktionen mit ABN AMRO einige Kreditrisiken los, die mit dem Abacus-Deal verbunden waren. Aber damit nicht genug: ACA wurde selbst insolvent, als sein Kreditrating im Dezember 2007 auf CCC gesenkt wurde, was das Unternehmen dazu zwang, weitere Sicherheiten für seine CDS aufzubringen. Danach wurde ACA unter der Aufsicht der Maryland Insurance Administration restrukturiert. Auch ABN AMRO erlitt Verluste und wurde Ende 2007 von einem Bankenkonsortium unter der Führung der Royal Bank of Scotland übernommen.

322 *New York Times* (31. Juli 2007), S. B2.

323 Die beiden Fonds von Bear Stearns hatten nur wenige Tage vor der BNP-Ankündigung einen formellen Insolvenzantrag gestellt.

324 Kreditnehmer bevorzugen generell den Interbankenmarkt, um dem Stigma zu entgehen, Geld von der Zentralbank aufzunehmen, was oft als Anzeichen finanzieller Probleme gewertet wird.

325 Diese Liquidität wurde zum Refinanzierungszinssatz der EZB vergeben, also zu dem Zins, zu dem sie Banken Kredite gewährt.

326 Die Gesamtsumme liegt im Bereich von zwei Billionen Dollar, wenn man bedenkt, dass Schuldverschreibungen aller Art etwa das doppelte Volumen kurzfristiger Staatsanleihen erreichten.

327 Wenn das noch nicht besorgniserregend genug war, dann bemerkten die Investoren nun, dass Haushalte, die Probleme hatten, ihre Hypothekenzahlungen zu leisten, das gleiche Problem auch mit ihren Kreditkarten, Auto- und Studienkrediten haben könnten.

328 Zu den Details siehe Covitz, Liang und Suarez (2009) sowie Kacperczyk und Schnabl (2010).

329 Schlimmstenfalls war das destruktiv, weil die Absicherung von Bankeinlagen Investoren einen Anreiz lieferte, Schuldverschreibungen abzustoßen und ihr Geld auf gesicherte Bankkonten einzuzahlen.

330 Typisch für zwei Jahre, nach denen die meisten Kreditnehmer ihre Kredite refinanzierten. Aber angesichts der finanziellen Situation Mitte der 2000er-Jahre waren zwei Jahre eine sehr lange Zeit.

331 Rocks letzte Verbriefung fand im Mai 2007 statt. Die nächste war erst für September vorgesehen.

332 Lloyds war damals der Konsens-Kandidat.

333 Anfang September deutete Lloyds an, für die Transaktion seien 30 Millionen Pfund erforderlich, denn 30 Millionen Pfund der Finanzierung von Northern Rock wurden 2009 fällig. Das Problem: Die Bank of England war ohne eine Garantie der Regierung nicht in der Lage, eine Zahlungsverpflichtung dieser Größenordnung in ihre Bilanz aufzunehmen, und die Regierung konnte diese Garantie ohne die Genehmigung der Europäischen Kommission nicht bieten.

334 Irwin (2013), S. 6–7; House of Commons Treasury Committee (2008), S. 39. Das folgende Zitat stammt aus dieser zweiten Quelle.

335 Gorton und Metrick (2012), S. 14. Die Gründung des Reserve Primary Fund wird in Kapitel 4 geschildert. Mehr dazu später in diesem Kapitel.

336 Das erwähnte AAA- oder AA-Rating musste von mindestens zwei landesweit anerkannten Rating-Agenturen erteilt werden. Fonds war es untersagt, mehr als 5 Prozent ihrer Assets in Wertpapiere eines einzelnen Emittenten anzulegen.

337 »Breaking the buck«: Der Wert einer Aktie fällt unter ihren Nennwert (oder Nettoinventarwert bzw. Net Asset Value, NAV) von einem Dollar (buck). Siehe Gorton und Metrick (2012), S. 13 und McCabe (2010), S. 28–29.

338 Siehe Kapitel 9.

339 Siehe zum Beispiel Clarke (1967).

340 Die Swaps waren ursprünglich auf recht bescheidene 24 Milliarden Dollar beschränkt. Diese Beschränkung wurde bald aufgegeben und auf weitere Zentralbanken ausgeweitet.

341 Die Kritik kam später, Paul (2008).

342 Siehe Bullard (2013). Beachten Sie allerdings, dass die eigene Prognose des Federal Reserve Board letztlich negativ wurde, weil man in der Krise von Bear Stearns im April 2008 die Realität der Rezession erkannte.

343 Mitschrift des FOMC-Treffens vom 5. August 2008, S. 67. Board of Governors of the Federal Reserve (2014), S. 67.

344 Auch dieses Zitat stammt von James Bullard, dem Präsidenten der Fed von St. Louis, 2014, S. 35, obwohl er mit seiner Meinung alles andere als allein war.

345 Siehe den Bericht von Timothy Geithner, Präsident der New Yorker Fed, (2014), S. 143–144.

346 Diese Zitate stammen aus den Mitschriften des FOMC-Meetings vom 29. und 30. April 2008.

347 Manche Autoren (z. B. Sahm, Shapiro und Slemrod, 2009) argumentieren zudem, dass 50 Prozent wahrscheinlich die Obergrenze der von den Haushalten ausgegebenen Rückzahlungsschecks waren.

348 Siehe Kapitel 8.

349 Stephens war lange Zeit Professor für Geschichte an der University of California in Berkeley und Dekan des College für Kunst und Wissenschaften. Siehe Stephens (1916).

350 Dies bezieht sich, wie üblich, auf die saisonal angepassten Daten.

351 Dies bezieht sich auf das Abrutschen Anfang März 2008 – also noch vor der Rettung von Bear Stearns.

352 Wessel (2009), S. 159.

353 Paulson (2010), S. 95 – 96; Financial Crisis Inquiry Commission (2001), S. 283.

354 Den betreffenden Markt nennt man Drei-Parteien-Repo-Markt. Von einem Repo (Repurchase Agreement) spricht man, wenn eine Partei ein Wertpapier an eine andere verkauft, verbunden mit der Vereinbarung, es später zurückzukaufen. Die Differenz zwischen dem niedrigeren Verkaufspreis und dem höheren Rückkaufspreis ist der Zins, den der Käufer dafür erhält, dem Verkäufer Liquidität zur Verfügung zu stellen. Bei einem solchen Geschäft mit drei Parteien steht ein vermittelnder Treuhänder zwischen Käufer und Verkäufer. Diese Rolle spielte JPMorgan Chase für Bear Stearns.

355 Siehe Fettig (2002).

356 Paulson (2010), S. 100 - 104.

357 Letztlich entdeckte Paulson, dass das Finanzministerium nicht die Macht hatte, ohne die Zustimmung des Kongresses die Fed abzusichern, und sandte statt der expliziten Garantie einen persönlichen Brief. Siehe Geithner (2014), S. 156.

358 Nachdem JPMorgan die Trades von Bear Stearns garantiert hatte, wollte die Bank die Kontrolle so schnell wie möglich zurückgewinnen. Für einen langen Streit mit zornigen Aktionären fehlte dem Unternehmen der Mut.

359 Und dann war da noch die Tatsache, dass JPMorgan Chase in erheblichem Maß Absicherungen gegen eine Insolvenz von Bear Stearns verkauft hatte. Der Kauf von Bear Stearns machte es unnötig, diese Verträge auszuzahlen.

360 JPMorgan Chase (2009), S. 9.

361 Das Zitat stammt von Reuters (2012).

362 Siehe Kapitel 10.

363 Das Zitat stammt von Bernanke (2008).

364 Das erklärt zum Teil auch, warum Fuld das Kapital nicht erhöhen wollte, denn das hätte das bestehende Aktienkapital verwässert - auch sein eigenes.

365 Plath wird am 1. Juli 2012 im Wall Street Journal zitiert, online.wsj.com, aktualisiert um 15.52 Uhr.

366 Die Details des Kaufs von Merrill Lynch durch die Bank of America hat Farrell (2010) beschrieben. Das unmittelbare Resultat für das stolze Mutterunternehmen war ein zusätzlicher Verlust von 22 Milliarden Dollar, der im Januar 2009 bekannt gegeben wurde, was die weiter unten beschriebene zweite Rettung der Bank of America stark beschleunigte.

367 Suskind (2011), S. 43, Hervorhebung im Original.

368 Letztlich war Paulson vielleicht sogar dazu bereit, den Pragmatismus zu demonstrieren, für den er bekannt war. Vielleicht war er bereit, zum Kauf der Bank of America beizutragen, aber als erfahrener Verhandler wollte er nicht zu viel bezahlen. Er hielt sich für eine Weile zurück und stärkte somit seine Verhandlungsposition. Aber als sein Generalsstabschef seine Position so beschrieb, Geld von der Regierung gebe es nur über seine Leiche, wurde der Minister in die Ecke getrieben; Wessel (2009), S. 15. Paulson war vielleicht intellektuell flexibel und pragmatisch, aber er konnte keine Grenzlinie ziehen und sie dann sofort überschreiten. Mitten in der Krise war es unwesentlich, ob die Aussage von ihm selbst oder von seinem Generalstabschef stammte.

369 Ein Anzeichen ist die Mitschrift des FOMC-Treffens im Juni (Board of Governors 2014), S. 4.

370 Financial Crisis Inquiry Commission (2011), S. 325–330.

371 Bernanke und Paulson wiesen in einer Besprechung mit Barney Frank auf die Dringlichkeit stärkerer Entscheidungsbefugnisse hin, aber auf dem Capitol Hill wollte man sich nicht mit diesem Thema befassen (Geithner 2014), S. 164.

372 Nach Lehmans Bankrott konnte Barclays einsteigen und deren Investmentbankgeschäft in Nordamerika für vergleichsweise bescheidene 250 Millionen Dollar übernehmen - ohne das Portfolio toxischer Wertpapiere.

373 Die Märkte in Japan, Hongkong und Südkorea waren feiertagsbedingt geschlossen.

374 Es war nicht hilfreich, dass Lehmans Insolvenzverwalter im Vereinigten Königreich die von den britischen Zweigstellen der Bank gehaltenen Sicherheiten einfror, um zu verhindern, dass diese Gelder aus dem Land abgezogen wurden. Am Ende erhielten Hedgefonds und andere, die über Lehmans Niederlassung in London getradet hatten, ihr Geld zurück. Aber nicht gleich. Zunächst waren sie dazu gezwungen, andere Assets zu verkaufen, um sich Liquidität zu verschaffen, was wiederum weitere Probleme für andere Investoren verursachte.

375 Starr leitete das Unternehmen noch bis in die 1960er-Jahre. Unter anderem stiftete er die C. V. Starr East Asian Library an der University of California in Berkeley. Der umfassendste Bericht über Starrs Unternehmungen findet sich bei Shelp und Ehrbar (2006). Siehe auch Stafford (1999) und Waller (2011).

376 Diese Geschichte wird von Tett (2009) erzählt.

377 Dieser Abschnitt bezieht sich auf Morgenson (2008).

378 Boyd (2011), S. 16.

379 US House of Representatives (2009), S. 32.

380 Die Aktivitäten von AIG Financial Products standen nur dann unter der Aufsicht europäischer Behörden, wenn es sich um die Geschäfte des französischen Tochterunternehmens Banque AIG handelte. Ansonsten delegierten die Europäer in ihrer Weisheit die Regulierung des Holdingunternehmens an das OTS.

381 Siehe Kapitel 12.

382 2009 verklagte die SEC die Bents wegen Betrug. Sie warf ihnen vor, ihre Investoren, die Regulierungsbehörden und die Treuhänder nicht korrekt über die Probleme des Fonds informiert und sie zu der Annahme geführt zu haben, sie beabsichtigten, zusätzliches Geld zuzuschießen. 2012 wurde der jüngere Bent für schuldig befunden, in einem Fall seine Pflichten nicht erfüllt zu haben, aber vom Vorwurf des Betrugs wurden er und sein Vater freigesprochen. Das sah man allgemein als Niederlage für die SEC an.

383 Zitiert in Shifrin (2008).

384 Dies berichten McCabe, Ciriani, Holscher und Martin (2012) auf der Grundlage vertraulicher Daten.

385 Ursprünge und Grund von Regulation Q wurden in Kapitel 4 und Anmerkung 379 zu diesem Kapitel beschrieben.

386 Nicht zum ersten Mal wendete das Finanzministerium den ESF bis zum Extrem an. Während der mexikanischen Finanzkrise 1994 und 1995 hatte es dem Land mit Währungs-Swaps und Garantien geholfen (Schwartz 1997). Der Kongress reagierte darauf mit Einschränkungen der Anwendung, um zu verhindern, dass ESF dazu verwendet wurde, ein anderes Land finanziell zu retten. Später wurde die Anwendung erneut eingeschränkt, um den Spielraum des Finanzministers zu begrenzen.

387 Bloomberg News bezog sich letztlich auf das Gesetz zur Informationsfreiheit, um an die nötigen Daten zu gelangen, mit denen das berichtete Einkommen von State Street dann verglichen wurde; siehe Condon (2011).

388 US House of Representatives (2009), S. 51, 62.

389 Das spielte auch bei der Rettung von Bear Stearns eine Rolle, weil Bear die einzige Bank war, die sich geweigert hatte, zur Rettung von LTCM beizutragen (Kapitel 12).

390 Später war es erforderlich, den Versicherer mit zusätzlichen Finanzmitteln auszustatten, was den Anteil der Regierung auf 92 Prozent erhöhte.

391 Diese Vereinbarung wurde später als nicht streng genug kritisiert, weil die staatlichen Gelder AIG ermöglichten, andere Banken wie Société Générale vollständig auszuzahlen. Andererseits wurde sie auch als zu streng kritisiert, weil den Aktionären nur 20 Prozent ihrer früheren Anteile am Unternehmen verblieben. Hank Greenberg verklagte die Regierung mit dem Vorwurf, verfassungswidrig gehandelt zu haben, indem sie die Aktionäre, vor allem ihn selbst, ohne einen angemessenen Prozess oder eine gerechte Entschädigung enteignet hatte. Seine Klage wurde 2012 abgewiesen.

392 Beim Verkauf ihrer Aktien und Optionsscheine von AIG konnte die Regierung einen Gewinn von 23 Milliarden Dollar melden. Dagegen standen Verluste des öffentlichen Sektors von etwa 18 Milliarden Dollar; das Resultat einer Steuerregelung, die AIG ermöglichte, mit operativen Nettoverlusten die zukünftigen Steuerzahlungen zu reduzieren.

393 Paulson (2010), S. 323.

394 Wenn vier weitere Governors nicht anwesend waren, konnte man mit dem einstimmigen Votum der anderen fortfahren.

395 Siehe auch Kapitel 6.

396 Genauer gesagt, war es ohne die Hilfe der Fed nicht möglich.

397 Eigentlich kaufte Fortis nur ABN AMROs Retailgeschäft in den Benelux-Ländern, aber das ändert nichts am Kern der Sache. Der Rest wurde von der Royal Bank of Scotland und der Banco Santander übernommen. Die Royal Bank of Scotland übernahm ABN AMROs Massengeschäft und die Operationen in Asien, Santander die Geschäfte in Brasilien und Italien.

398 Greywolf verklagte Fortis wegen der Pleite, was zu einer Gegenklage führte, die aufdeckte, dass bei dem Deal Verluste von 400 Millionen Dollar entstanden waren.

399 Mehr über die Bankenkrise in Irland finden Sie in Kapitel 25.

400 Auch Kunden im Vereinigten Königreich, in Belgien, Norwegen, Deutschland, Finnland, Schweden, Österreich und der Schweiz konnten Kaupthing-Edge-Konten eröffnen.

401 Das trifft gleichermaßen auf einheimische wie auf ausländische Kommentatoren zu. Siehe Lewis (2009), Boyes (2009) und Jónsson (2009).

402 Grímsson (2005) S. 1 und 4.

403 Details bei Dwyer (2011).

404 Siehe hierzu Kapitel 4.

405 Diese Verdoppelung fand zwischen September 2007 und März 2008 statt.

406 Die in diesem Abschnitt beschriebenen Transaktionen werden von Baldursson und Portes (2013) beschrieben, aus deren Studie hier zitiert wurde. Die Autoren argumentieren letztlich, bei den isländischen Banken sei alles in Ordnung gewesen, bis sie von der Krise überrollt wurden und die Banker riskante Geschäfte eingingen, um die Unternehmen zu retten. Das scheint eine Unterschätzung der Hinweise auf vorangegangene Exzesse zu sein.

407 Baldursson und Portes (2013), S. 10.

408 Das vorhandene Aktienkapital wurde zu 85 Prozent abgeschrieben. Der Staatsanteil stieg somit auf 75 Prozent (siehe unten sowie Anmerkung 412).

409 Die Abstufung bezog sich auch noch auf ein viertes Finanzinstitut, die Straumur Burduras Investment Bank.

410 Zugunsten der EZB ist zu erwähnen, dass sie später einige Forderungen weiterer Sicherheiten an Glitnir und Landsbanki verschob.

411 Während diese Maßnahme vorbereitet wurde, beschlossen Oddsson und Premierminister Geir Haarde, Oddssons Nachfolger als Parteivorsitzender, in einem Telefongespräch, Kaupting einen Kredit von 500 Millionen Euro zu gewähren. Der geplante 600-Millionen-Euro-Kredit an Glitnir wurde nie ausgezahlt, aber dieser schon. Das Motiv hinter dem Kaupthing-Kredit wurde nie völlig aufgeklärt. Siehe hierzu Sigrún Davíðsdóttir, The only secret from October 6 2008: a CBI loan of € 500m to Kaupting – updated again. http//uti.is/2013/03/the-only-secret-from-october-6-2008-a-cbi-loan-of-e500m-to-kaupthing/.

412 Die britische Einlagensicherung deckte dann den Rest ab, bis zu einem Maximum von 50.000 Pfund. Zum Zeitpunkt der Pleite von Landsbanki lagen Verbindlichkeiten von etwa 800 Millionen Pfund über diesem Limit. Die britischen Behörden beschlossen rasch, auch diese Ansprüche zu erfüllen, um ein Zerbröckeln des Vertrauens zu verhindern. Nachdem man die britischen und niederländischen Einlageninhaber entschädigt hatte, versuchten beide Länder, sich das Geld aus Island zurückzuholen. Zwei Gesetzesanträge wurden dem isländischen Parlament vorgelegt, welche die Regierung ermächtigten, die Rückzahlung bis zum EU-Maximum zu garantieren. Beide wurden abgelehnt. Im Januar 2009 entschied der Gerichtshof der Europäischen Freihandelszone, die Regierung Islands sei nicht dazu verpflichtet, die beiden anderen Regierungen zu entschädigen. 2014 verklagten Großbritannien und die Niederlande dennoch den isländischen Einlagensicherungsfonds, und eben nicht die Regierung Islands, noch einmal, um ihre Kosten erstattet zu bekommen. Das alles erinnert an die Abenteuer von Don Quichote, denn inklusive Zinsen beliefen sich die Forderungen auf etwa neun Milliarden Dollar, was ungefähr 60 Prozent des BIP Islands entsprach, und der Einlagensicherungsfonds verfügte nur über 300 Millionen Dollar.

413 Zitat aus einem Interview im *Wall Street Journal* (2008).

414 Die einzelnen Merkmale variierten, aber die Botschaft war im Allgemeinen die gleiche.

415 Oliver und Marion (2010), S. 95.

416 Die Krise in Chicago wurde durch einen Streit der Association of Real Estate Taxpayers verschärft, der die Erhebung von Grundsteuern verzögerte. Dieser Verband gab sich den Anschein, als vertrete er leidende Hausbesitzer aus der Arbeiterklasse, war aber in Wirklichkeit eine Ansammlung von Großgrundbesitzern. Die Unfähigkeit der Stadt, Zinsen auf ihre Kommunalobligationen zu zahlen, von denen viele von ortsansässigen Banken gehalten wurden, trug wiederum zur Bankenkrise bei, die in Kapitel 10 beschrieben wird. Cermaks Reaktion bestand darin, die Banken, einschließlich Carles Dawes' Central Republic Trust, zum Kauf zusätzlicher Anleihen zu zwingen und das RFC zu bitten, diese als Sicherheiten für Kredite zu akzeptieren.

417 Die Zahlen variieren, weil einige Staaten die Banken mehr als einmal schlossen. Zudem blieben manche Banken aus eigenem Antrieb für eine Weile geschlossen, einige Schließungen waren eher lokal als landesweit und andere Schließungen beschränkten sich auf Teile einzelner Bundesstaaten.

418 Wie Hoover in einem handgeschriebenen Appell festhielt, der Roosevelt am 18. Februar während eines Banketts im Hotel Astor in New York von einem Geheimagenten zugestellt wurde, hatte er schon zuvor versucht, Roosevelt direkt zu kontaktieren, hatte aber erfahren, dass Roosevelt sich bei einem Angelausflug auf Mr. Astors Yacht aufhielt. Roosevelt behauptete später, er habe wegen eines Fehlers in seinem Sekretariat nicht vor dem 1. März geantwortet.

419 Eine nützliche Zusammenfassung, wenn man die politischen Obertöne tolerieren kann, findet sich bei Best (1991). Eine subtilere Zusammenfassung bietet Moley (1966).

420 Siehe Kapitel 1. Der Kontrast zu 2009 und 2010, als die progressiven Kräfte sich eher auf die Aufspaltung von Großbanken als auf die von großen Industrieunternehmen konzentrierten, macht deutlich, dass die Banken 1933, obwohl sie manchmal groß und oft suspekt waren, durch das Verbot der Filialbildung eingeschränkt waren. Das änderte sich, als der Glass-Steagall Act in Kraft trat.

421 Das machte es nur noch bemerkenswerter, dass der Oberste Gerichtshof unter Brandeis' Führung zwei Jahre später den NIRA als verfassungswidrig ablehnte (siehe unten).

422 *New York Times*, 31. Dezember 1933, S. 2. Keynes formulierte es so: «Der NRA, der im Prinzip einer Reform entspricht und einer Erholung wahrscheinlich im Weg steht, wurde zu hastig umgesetzt, weil man irrtümlich annahm, er gehöre zur Technik der Erholung.« Roosevelt antwortete in seiner jährlichen Botschaft an den Kongress im Januar 1935 : »Der Versuch, zwischen Erholung und Reform zu unterscheiden, ist ein engstirniges Bemühen, die Realität durch den Anschein der Realität zu ersetzen. Wenn sich ein Mensch von einer Krankheit erholt, gebietet die Weisheit, nicht nur die Symptome zu heilen, sondern (auch) ihre Ursachen zu beseitigen.« Franklin D. Roosevelt, »Annual Message to Congress«, 4. Januar 1935, online bei Gerhard Peters und John T. Woolley, The American Presidency Project, http://www.presidency.ucsb.edu/wsindex.php?pid=14890.

423 Galbraith (1952) hat das später ganz ähnlich ausgedrückt.

424 Woodin hatte wie Barack Obamas erster Finanzminister zuvor im Board der Federal Reserve Bank of New York gearbeitet. Dass das Bankenkomitee des Senats Woodins Namen später auf einer Liste der bevorzugten Kunden von J. P. Morgan fand und nachwies, dass er Optionen auf Vorzugsaktien erhalten hatte, wofür er von Huey Long kritisiert wurde, mag seinen Abgang beschleunigt haben (siehe unten), ebenso wie Roosevelts Entscheidung, den Goldstandard zu verlassen.

425 Fishers berühmter Artikel über Verschuldung und Inflation erschien 1933. Zur Lösung dieses Problems schlug er einen kompensierten Dollar vor. Die Regierung sollte den Goldpreis in Dollar jeweils um 1 Prozent anheben, wenn das Preisniveau um 1 Prozent sank. Das lieferte intellektuelle Rückendeckung für das im Oktober initiierte Goldkaufprogramm. Der Plan des kompensierten Dollars war vom Präsidentschaftswahlkampf William Jennings Bryans inspiriert, wie es von Fisher (1911) beschrieben wurde. Obwohl er nicht zu den Beratern Roosevelts zählte, arbeitete Fisher mit dem Committee for the Nation zusammen, einer von Frank Vanderlip organisierten Gruppe von Bankern und Geschäftsleuten. Vanderlip war früher Präsident der National City Bank gewesen, die Lobbyarbeit für die Stabilisierung der Preise leistete (Bratter, 1941). Als Berater des Komitees hatte Warren Kontakt zu Fishers Ideen.

426 Das leistete auch eine Gruppe von Ökonomen an der University of Chicago, deren »Chicago-Plan« im März dem Landwirtschaftsminister Henry Wallace vorgelegt wurde. Er schlug vor, Banken nach der Schließung unter der Kontrolle durch die Federal Reserve die Wiedereröffnung zu gestatten. Danach sollten sie in Banken umgewandelt werden, die nur in sichere Assets investieren durften. Ein Gegenstück für die Zeit nach der Großen Depression findet sich bei Kotlikoff (2010). Alter (2010) beschreibt ein privates Abendessen im Weißen Haus im April 2009, bei dem sich Krugman und Stiglitz für Verstaatlichung aussprachen.

427 Das Zitat stammt aus Roosevelts Ansprache bei seinem ersten Amtsantritt; verfügbar unter http://www.inaugural.senate.gov/swearing-in/address-by-franklin-d-roosevelt-1933.

428 Mills war Republikaner, aber auch ein Kommilitone Roosevelts in Harvard. Arthur Ballantine – wie in Kapitel 10 erwähnt – war ebenfalls ein Kommilitone Roosevelts.

429 Das hatte Roosevelt auch gegenüber Rene Leon empfohlen, ein Berater des House Banking and Currency Committee. Dann schickte Roosevelt Tugwell nach Washington, wo er das einzige noch existierende Exemplar des Gesetzentwurfs zur Accounts and Deposits Division des Finanzministeriums aufspürte. Er fand heraus, dass der relevante Absatz rot unterstrichen war, was anzeigte, dass schon Hoover über diese Option nachgedacht hatte (Hitzik 2011, S. 39).

430 Es waren eher sieben Seiten als drei. Henry Steagall, Chef des House Banking Committee, verlas sie. Carter Glass präsentierte dem Senat dann eine gekürzte Fassung, obwohl die Druckerei der Regierung in der Zwischenzeit zahlreiche Exemplare zur Verfügung gestellt hatte.

431 Siehe Moley (1966), S. 144; Henry (1960), S. 347 bis 348.

432 Das Finanzministerium wollte, dass die Fed die wieder geöffneten Banken bestätigte, während die Fed wollte, dass das Finanzministerium diese Verantwortung übernahm. Am Ende teilte man sich die Differenz. Die

Reservebanken und andere Regulierer lieferten Empfehlungen und solvente Banken wurden dann wieder eröffnet, nachdem das Finanzministerium sie zertifiziert hatte.

433 *New York Times* (14. März 1933, S. 1).

434 Moley (1939), S. 155.

435 Die Banken zögerten weiterhin, die Regierung um Hilfe zu bitten, weil sie sich an die Peinlichkeit erinnerten, als im Januar eine Liste der vom RFC unterstützten Institute veröffentlicht wurde. Jones' Reaktion auf die Sorge, dass Banken, die Staatshilfen akzeptierten, an den Pranger gestellt würden, war das Bestehen darauf, dass sich alle Banken um RFC-Hilfen bemühen sollten. Bei einer Rede vor der American Bankers Association in Chicago ermahnte er die Banker, sich um RFC-Mittel zu bewerben. Das erinnert an das Zögern führender US-Banken, TARP-Mittel in Anspruch zu nehmen, sowie an die Drohgebärden des Finanzministers Paulson und Geithners, der Chef der New Yorker Fed war. Jetzt taten sie es, angeführt von Manufacturers Trust. Bis Mitte 1935 hatte das RFC von fast 7000 Banken Aktien und andere Wertpapiere im Umfang von drei Milliarden Dollar gekauft.

436 Beard und Smith (1940), S. 78.

437 Norris (1937), S. 232 bis 233.

438 Nadler und Bogen (1933), S. 174; Silber (2009), S. 25.

439 Paul de Grauwe ist der Hauptvertreter der Ansicht, dass die Explosion der Spreads in Europa 2011 und 2012 durch Panik verursacht war, parallel zum Ansturm auf die US-Banken 1933. Siehe De Grauwe und Ji (2013). OMT wird in Kapitel 26 beschrieben.

440 Das ist die Ansicht von Eggertsson (2008).

441 Franklin D. Roosevelt, »Message to Congress on Economies in Government«, 10. März 1933, online bei Gerhard Peters und John T. Woolley, The American Presidency Project, http://www.Presidency.ucsb.edu/ws/index.php?pid=14496.

442 Siehe Kapitel 23.

443 Das Douglas-Zitat stammt aus einem Artikel zu seiner Ernennung in der *New York Times* vom 19. März 1933, S. SM3. Derselbe Lewis Douglas erklärte einen Monat später, als Roosevelt seine Absicht verkündet hatte, den Goldstandard zu verlassen, dies sei das Ende der westlichen Zivilisation.

444 Abgesehen von 150 Millionen neuer Einnahmen aus Steuern auf Bier und Wein, deren Eintreibung einige Zeit in Anspruch nahm.

445 Beachten Sie die Parallele zu den Kürzungen um 8,5 Prozent unter der sogenannten Beschlagnahmung 2013.

446 MacArthur ging über seine Befehle hinaus. Hoover hatte ihn nur instruiert, die Protestierenden aus dem Hauptgeschäftsbezirk von Washington, D. C., zu entfernen. Hoover rügte MacArthur nur unter vier Augen und die Presse gab dem Präsidenten die Schuld an dem Vorfall.

447 Roosevelts Defizite in den Fiskaljahren 1934 und 1936 waren schließlich höher als die von Hoover 1932 und 1933. Aber diese Defizite waren nur geringfügig höher; der Anstieg der Steuereinnahmen und die Erholung der Wirtschaft begrenzten ihr Wachstum. Und weil die Prohibition nun Geschichte war, trugen die Steuern auf Alkohol jetzt 15 Prozent zu den Einnahmen bei.

448 Franklin D. Roosevelt, »Annual Message to Congress«, 4. Januar 1935, online bei Gerhard Peters und John T. Woolley, The American Presidency Project, http://www.presidency.ucsb.edu/ws/index.php?pid=14890.

449 Roosevelt hatte schon einmal sein Veto gegen einen Gesetzesentwurf zur Auszahlung des Bonus eingelegt. Der Kongress überstimmte sein zweites Veto im Januar 1936.

450 Ökonomen verschiedener Denkschulen sind zu diesem Fazit gelangt (Brown 1956), Peppers 1973, Romer 1992). Wegen Professor Romers späterer Position in der Obama-Administration hatte diese Analyse einigen Einfluss auf den Stimulus von 2009 (Kapitel 20).

451 *New York Times* (6. März 1933, S. 1). Woodin sammelte auch Goldmünzen, was erklärt, warum er, als er einen Monat später instruiert wurde, eine Order herauszugeben, dass Goldmünzen, Barren und Zertifikate der Regierung übergeben werden mussten, seltene und ungewöhnliche Münzen davon ausnahm.

452 McKenney (1939), zitiert in Leuchtenburg (1968), S. 21.

453 Entsprechend dem Index des Federal Reserve Board.

454 Siehe Kapitel 10.

455 *New York Times* (20. April 1933, S. 1). In der Zwischenzeit sank der Dollar um 11,5 Prozent gegenüber den Währungen, die noch immer an Gold gebunden waren, weil man erwartete, dass die Preise in den USA steigen würden.

456 Barnard (1958), S. 272 bis 273.

457 Warburg (1964), S. 128. James Warburg, Sohn des deutsch-amerikanischen Finanziers Paul Warburg, der manchmal als Vater des Federal Reserve System bezeichnet wird, war als Finanzberater der US-Delegation in London.

458 Siehe Kapitel 10.

459 Siehe zum Beispiel die Berichterstattung in BBC News bei Schifferes (2009). Der britische Premierminister Gordon Brown beschreibt in seinen Memoiren (Brown 2010), wie seine Bemühungen, eine international koordinierte Reaktion auf die große Rezession zu organisieren (Großbritannien hatte damals den G20-Vorsitz), vom Zusammenbruch der Konferenz 1933 beeinflusst waren. H. G. Wells, der der Versuchung nicht widerstehen konnte, sich über Montagu Norman lustig zu machen, fand in der Londoner Konferenz ein weiteres Ziel für seinen Spott und fragte in The Shape of Things to Come: »Wie können Männer, die zu Volksvertretern gewählt wurden, eine Ballung nationaler Interessen akzeptieren? Sie waren tatsächlich vollständig dazu bereit, die Situation der Welt zu revolutionieren, die Not in Hoffnung, Wohlstand und Ordnung zu verwandeln, aber nur unter der unmöglichen Bedingung, dass sie sich nicht ändern mussten und dass sich auch an ihrer Bedeutung nichts Wesentliches änderte.« (S. 131)

460 Roosevelt bot Herriot während dessen Besuchs in Washington, D. C., ein internationales Abkommen an. Es sollte festlegen, dass die Regierungen ihre Zinsen stabil halten und gemeinsam eine Politik der Reflationierung betreiben sollten. Die Franzosen lehnten das Angebot ab, weil sie meinten, ein solches Abkommen würde die Inflation fördern und dem Vertrauen schaden. (Nichols 1951)

461 Dass diese Vorgehensweise die Kooperation auf anderen Gebieten erschwerte, war unglücklich, aber unvermeidlich. Kennedy argumentiert im Sinne Hoovers, Hitler habe aus dem Scheitern der Konferenz die Schlussfolgerung gezogen, dass die USA nicht darauf vorbereitet waren, in Europa eine Rolle zu spielen, und dass »die Westmächte (…) angesichts einer Gefahr zu einem gemeinsamen Vorgehen kaum in der Lage waren«, weshalb er eigentlich tun konnte, was er wollte, ohne sich vor Vergeltungsmaßnahmen der USA fürchten zu müssen (Kennedy 1999, S. 155).

462 Jones (1951), S. 249.

463 Keynes bot noch eine dritte Option an: Eine Vereinbarung mit anderen Staaten zur Stabilisierung der Zinsen, die auch ein Agreement über gemeinsame Maßnahmen zur Stabilisierung der Preise enthielt. Das war allerdings nicht praktikabel, weil wichtige Akteure, wie Frankreich, noch am Goldstandard festhielten (siehe unten) und wegen des bitteren Nachgeschmacks, den das Scheitern der Weltwirtschaftskonferenz hinterlassen hatte.

464 Am 15. Januar beantragte die Administration im Kongress die Ermächtigung des Präsidenten, den Goldgehalt des Dollar auf 50 bis 60 Prozent des bisherigen Niveaus zu reduzieren. Am 16. Januar übernahm die Federal Reserve die Verantwortung, das Goldkaufprogramm des RFC durchzuführen. Am 30. Januar gewährte der Kongress dem Präsidenten die gewünschte Vollmacht. Am folgenden Tag nutzt Roosevelt sie, um den Goldpreis auf 35 Dollar je Unze festzulegen.

465 Manche Beobachter kritisierten diese Taktik und auch die Strategie. Sie stellten die Frage, ob die Abwertung des Dollar und die Erhöhung des Goldpreises das Preisniveau stabilisieren konnten. (Das erinnert an die Skepsis gegenüber der Effektivität des Quantitative Easing als Reaktion auf die große Rezession.) Sie wiesen auf die Tatsache hin, dass die Rohstoffpreise nicht im Verhältnis von 1 : 1 auf Veränderungen der Preise von Goldkäufen reagierten (siehe Kennedy 1999). Nachdem die Rohstoffpreise im April stark angestiegen waren, sanken sie Ende 1933. Aber Standardmodelle legen nahe, dass sich die Preise eher in Erwartung zukünftiger Politik als in Reaktion auf tatsächliche Maßnahmen ändern. Sie zeigen zudem: Wenn die Rohstoffpreise flexibel, die Löhne aber fix sind, werden die flexiblen Preise zunächst überschießen und dann wieder nachgeben (Frankel 1986). Die Erfahrungen in den USA 1933 decken sich mit dieser Sichtweise (Temin und Wigmore 1990).

466 Der französische Premierminister Charles de Gaulle oder, genauer gesagt, sein Finanzminister Valéry Giscard d'Estaing prägte diesen Ausdruck in den 1960er-Jahren, als er die asymmetrische Rolle des Dollar im Bretton Woods-System nach dem Zweiten Weltkrieg kritisierte.

467 Wallace sah hierin keine Alternative. Zusätzlich zu technischem Fortschritt und Flächenstilllegungen sprach er sich für monetäre Maßnahmen in Reaktion auf die Probleme der Farmer aus (Shapsmeier und Shapsmeier

1968). Die Einzelheiten des Stilllegungsprogramms waren stark vom »Zuteilungsplan« des Professors M. L. Wilson vom Montana State College geprägt. Wilson war in den 1920er-Jahren ein Verfechter von Anreizen zur Erhöhung der Effizienz, aber in Reaktion auf das langsame Tempo der Effizienzsteigerungen tendierte er immer mehr zum Zuteilungsplan (Rowley 1969). Rex Tugwell entdeckte Wilson während des Wahlkampfs 1932, als er als Delegierter an einer Konferenz teilnahm, die von der Giannini Foundation for Agricultural Economics finanziert wurde.

468 Wie wir in Kapitel 1 gesehen haben, blieb dies auch in den 1930er-Jahren so (siehe Field 2011).

469 »Message to Congress Recommending Enactment of the National Recovery Act«, 17. Mai 1933, online bei Gerhard Peters und John T. Woolley, The American Presidency Project, http://www.Presidency.ucsb.edu/ws/index.php?pid=14646.

470 Die betreffende Arbeit stammt von Berle und Means (1933).

471 Manche Historiker nennen das Beispiel von Henry Ford und dem Tageslohn von fünf Dollar und behaupten, höhere Löhne könnten dabei helfen, die Konsumausgaben anzuregen. Aber es ist schwierig, ein konsistentes Modell zu entwerfen, in dem dieser positive NIRA-Effekt die negativen Effekte überwog. Ford selbst war ein erklärter Gegner dieses Gesetzes.

472 Das alles wird detaillierter in Sumner (1990) beschrieben.

473 Siehe Weinstein (1980); Friedman und Schwartz (1963), S. 495, wo Rose (1954) zitiert wird, sowie Cole und Ohanian (2004).

474 Mehr dazu in Wecter (1948).

475 Dies bezieht sich auf Anderson (2000).

476 *Chicago Tribune* (29. Mai 1935, S. 12).

477 Das Gesetz kombinierte die Eisenbahnpensionen zu einem einzigen gepoolten Fonds. Das Gericht lehnte dies ab, weil einige Eisenbahnen zuvor mehr in ihre Pensionspläne eingezahlt hatten als andere.

478 So verzögerte das Gericht den Fair Labor Standards Act im Verfahren Vereinigte Staaten gegen Darby Lumber & Co. und ein Mindestlohngesetz im Bundesstaat Washington. Ebenso widerrief es eine frühere Entscheidung bezüglich des Mindestlohns im Staat New York.

479 Diese neue Einheit hieß ursprünglich Federal Bank Deposit Insurance Corporation oder FBDIC, aber der Name wurde schnell auf FDIC verkürzt. Glass-Steagall erlaubte auch die Filialbildung innerhalb eines Staates, außer in denjenigen, wo dies ausdrücklich verboten war. Zuvor hatten das nur zwölf Bundesstaaten erlaubt und vier von ihnen erlaubten es in Antizipation des Glass-Steagall Act. Ein weiteres Dutzend Staaten erlaubte eine begrenzte Filialbildung. Glass, dessen Sichtweise von den Erfahrungen in den 1920er-Jahren geprägt war, kam zu dem Schluss, dass eine Vereinzelung der Banken mit finanzieller Stabilität nicht vereinbar war. Es ist interessant, dass 1933 die Fragmentierung als Bedrohung der Stabilität betrachtet wurde. Ganz im Gegensatz zu 2010, als die Konzentration und die Größe – zu groß, um zu scheitern, und zu komplex, um gemanagt werden zu können – die überwiegenden Probleme waren.

480 *New York Times* (16. Juni 1933, S. 14). Auch nach der Ratifizierung ging die Kampagne weiter. Am 27. Juni, beim jährlichen Treffen am Lake George in New York, verurteilte die State Bankers' Association die Vorschriften des Glass-Steagall Act, welche die staatsweite Filialbildung erleichterten. Man beschloss eine Resolution, gegen das Gesetz Einspruch zu erheben oder es zu modifizieren.

481 Das Komitee hatte seit April 1932 unter zwei wenig effektiven Chefberatern den Aktiencrash und seine Begleitumstände untersucht, ehe Pecora im Januar 1933 sein Amt übernahm.

482 Zu Paulson, siehe Kapitel 11. Das »Freunde von Angelo«-Programm wird in US House of Representatives (2009) beschrieben.

483 Aldrich war der Sohn von Nelson Aldrich, des Senators von Rhode Island (1881 bis 1911), der zur Gründung des Federal Reserve Systems beigetragen hatte.

484 Zudem verstanden die Banken, die Lobbyarbeit für eine landesweite Einlagensicherung leisteten, dass die Erweiterung der Einlagengarantien unwahrscheinlich war, solange man die Meinung vertrat, dass mit den versicherten Guthaben die riskanten Aktivitäten der Investmentbanken finanziert wurden. Die Aufteilung des Finanzsystems in »riskante« Investmentbanken und relativ »sichere« Geschäftsbanken war daher eine Möglichkeit, die Argumentation für eine Einlagensicherung zu stärken (mehr dazu weiter unten).

485 Katznelson (2013), S. 124.

486 Letztlich wurde behauptet, der Glass-Steagall Act sei ein faustischer Pakt zwischen den großen und den kleinen Banken. Die Großbanken erhielten die Erlaubnis zur Filialbildung und die kleinen Banken, die lange Zeit wegen der regionalen und ökonomischen Konzentration ihrer Portfolios Vertrauensprobleme erlebt hatten, erhielten Einlagengarantien. In vielen Fällen waren ihre Verbände gegensätzlicher Meinung. Auch die Heterogenität der Ansichten unter den kleinen Banken auf dem Land wird von Keeton (1990) betont.

487 Bei Calomiris und White (1994) ist dies letztlich die Erklärung für die Annahme der Einlagensicherung.

488 Diese Maßnahmen nannte man Luftschlossgesetze, weil man beklagte, dass unehrliche Finanzpromoter Wertpapiere verkauft hatten, »die durch nichts abgesichert waren als durch den blauen Himmel.«

489 In der Folgezeit wurde die Anwendung des Martin Act verstärkt. Eliot Spitzer wendete ihn an, um Hank Greenberg zu stürzen, den CEO von AIG. Sein Nachfolger Eric Schneiderman wendete ihn an, um JPMorgan wegen des Betrugs von Käufern hypothekengesicherter Wertpapiere von Bear Stearns gerichtlich zu verfolgen – das waren diese Prozesse, die von Jamie Dimon so bitter beklagt wurden (siehe Kapitel 12).

490 Seligman (1982), S. 49.

491 Brandeis (1914), S. 62.

492 Zunächst war diese Behörde die Federal Trade Commission, was an dem Ausmaß lag, mit dem die Luftschlossgesetze durch staatenübergreifende Verkäufe per Post umgangen wurden. Schon zuvor hatte Samuel Untermeyer, ein langjähriger Kreuzritter an den Wertpapiermärkten und Berater des Pujo-Komitees, des Vorgängers der Pecora-Kommission vor dem Ersten Weltkrieg, empfohlen, diese Befugnisse auf die Post zu übertragen (weil die Postsendungen, wie erwähnt, dazu verwendet wurden, die Luftschlossgesetze zu umgehen). Erst 1934 eignete man sich darauf, eine eigenständige Behörde zu gründen, die Securities and Exchange Commission.

493 Die Zahlen für 2005 und 2010 beziehen sich auf Einfamilienhäuser und stammen von der National Association of Home Builders.

494 Calders Eintreten für staatliche Beihilfen für den Hausbau, das den Befürwortern der »Ziele des erschwinglichen Hausbaus« der Bundesregierung (der USA) 80 Jahre später gut gefallen hätte, verhinderte seine Wahlniederlage 1922 allerdings nicht.

495 Mit weiteren Zugeständnissen an die harten Zeiten gaben sie Schuldnern die Option, nur für die ersten drei Jahre Zinsen zu zahlen. In den 1920er-Jahren hatten Hypotheken in der Regel eine Laufzeit von nur fünf Jahren. Die Schuldner mussten nur Zinsen zahlen und das ganze Kreditvolumen am Ende der Laufzeit tilgen. Manche Kreditbanken boten auch Aktienkaufverträge an, die sich mit der Zeit amortisierten und eine Laufzeit von zehn oder zwölf Jahren hatten, aber das traf nur auf eine Minderheit der Hypotheken zu (Fishback, Rose und Snowden 2013). HOLC-Hypotheken amortisierten sich dagegen während der Laufzeit des Kredits, was die Volltilgung am Ende überflüssig machte.

496 Wenn die Bewertungen viel niedriger waren als die Schulden, wurde eine Reduzierung der Kreditsumme angeboten, aber nur, falls der Kreditgeber damit einverstanden war, einen entsprechenden Verlust zu akzeptieren, wenn er die Zahlungen der HOLC erhielt. Rose (2011) zeigt, dass es nur bei wenigen Gelegenheiten zu einer solchen Reduzierung der Kreditsumme kam; im Schnitt in 8 Prozent aller Fälle. In der Praxis wurden die Bewertungen oft zu hoch angesetzt, um die Kreditgeber zur Teilnahme zu bewegen.

497 Um sich für einen HOLC-Kredit zu qualifizieren, mussten die Schuldner zunächst nachweisen, dass sie in der Lage waren, die Anforderungen zu erfüllen. Zudem mussten sie nachweisen, dass sie nicht in der Lage gewesen waren, mit einer privaten Kreditbank eine Refinanzierung durchzuführen. Dennoch gab es bei manchen Schuldnern Zahlungsausfälle, was dazu führte, dass die HOLC 20 Prozent ihrer Kredite kündigen musste. Aber weil die Häuserpreise in der zweiten Hälfte der 1930er-Jahre kaum sanken, waren die HOLC-Kredite effektiv übermäßig abgesichert, was die Verluste des Unternehmens begrenzte. Die Verluste wurden nicht völlig eliminiert: Fishback et al. (2011) berichten, dass die HOLC bei jedem gekündigten Kredit im Durchschnitt einen Verlust von 33 Prozent erlitt.

498 Die Tatsache, dass der Anteil der Hypothekenschulden größer war als der Anteil der Hypotheken, sagt uns, dass die HOLC Hausbesitzer aus der Mittel- und Oberschicht überproportional bevorzugte.

499 Siehe Courtmanche und Snowden (2011) und Fishback, Flores-Lagunes, Horrace, Kantor und Treber (2011). Die Mehrheit der US-Bundesstaaten verhängte in den 1930er-Jahren Moratorien über die Kündigungen, aber solche Moratorien wirkten nur temporär; insofern war es unwahrscheinlich, dass sie viel zur Förderung der Bautätigkeit beitrugen.

500 Fishback et al. (2011) untersuchten die Gewinne, die von der HOLC an das Finanzministerium abgeführt wurden, die Kosten der Versorgung der HOLC für das Ministerium sowie das Bilanzwachstum des Unternehmens. Sie kommen zu dem Fazit, dass die Kosten in der Größenordnung von 100 Millionen Dollar lagen. In Dollars von 1951 – in diesem Jahr wurde die HOLC abgewickelt – entsprechen 100 Millionen Dollar einer Milliarde Dollar in heutiger Kaufkraft. Zum Vergleich: Der Staatshaushalt 2009 betrug 3,1 Billionen Dollar.

501 Fishback, Rose und Snowden (2013) ziehen das Fazit, dass die Häuserpreise in einer typischen kleinen Gemeinde durch die Intervention der HOLC um 16 Prozent höher waren, als sie sonst gewesen wären.

502 Wie in Kapitel 2 beschrieben.

503 Eine gute Schilderung der neuen monetären Rahmenbedingungen findet sich bei Bernanke, Laubach, Mishkin und Posen (1999).

504 Siehe Kapitel 12.

505 Die Bank of Taiwan war eine japanische Bank mit Verantwortung für die Regierung Taiwans.

506 Politiker hatten über diese Möglichkeit 1923 und dann noch einmal 1927 debattiert, aber bei beiden Gelegenheiten standen andere Notwendigkeiten im Vordergrund.

507 Nicht zufällig war Inoue ein früherer Gouverneur der Bank.

508 Wie in Kapitel 10 erwähnt.

509 Die Liste der Banken, die an vorderster Front gegen den Yen spekulierten, stammt von Takahashis Biograf Smethurst (2007), S. 251.

510 Er tat dies an seinem ersten Tag im Amt. Dann dauerte es drei Tage, bis der geheime Staatsrat, der den neuen Premierminister Tsuyoshi Inukai beriet, seine Entscheidung rechtskräftig machte.

511 Details bei Shima (1983).

512 Diese anderen Zentralbanker antizipierten, dass die Bank schließlich Staatsanleihen am Markt verkaufen und diese Operationen am offenen Markt dazu nutzen konnte, um den Anstieg der Geldmenge zu schlucken. Letztlich beteiligte sich die Zentralbank an einigen dieser Verkäufe, obwohl die Verkäufe kaum mit den Käufen Schritt halten konnten. (Siehe Ide (2002)

513 Smethurst (2007), S. 250.

514 Siehe Kapitel 15.

515 Es steckt eine gewisse Ironie in der Tatsache, dass Takahashi, der gegen die militärischen Abenteuer des Landes in Übersee war, am Ende von Armeeoffizieren ermordet wurde (siehe unten). Der junge Takahashi wollte seine Studien mithilfe eines amerikanischen Geschäftsmanns in den USA fortsetzen, der versprach, ihm bei seinem Aufenthalt in Kalifornien zu helfen. Nach seiner Ankunft bemerkte er, dass er letztlich ein Hausdiener war und die Kosten für seine Reise abarbeiten sollte. Man kann sich vorstellen, dass diese Erfahrungen dennoch positive Auswirkungen auf seine Englischkenntnisse hatten.

516 Nanto und Takagi (1985), S. 372.

517 Nach einer Rezession 1934 setzte sich das eindrucksvolle Wirtschaftswachstum fort und hielt bis zum Ende der 1930er-Jahre an. Die hier genannten Zahlen stammen aus der Maddison-Datenbank (http://www.ggdc.net/maddison/maddison-project/home.htm).

518 Als klar wurde, dass es zu keiner solchen Vereinbarung kommen würde, drängte er auf die Bildung eines Währungsblocks mit dem Commonwealth, dessen gemeinsamer Wechselkurs gegenüber Gold zwar fixiert, aber anpassungsfähig sein sollte. Howson (1975) S. 84 bis 85; Morrison (2013), S. 33 bis 34. Schließlich entstand ein Pfund-Block, weil die Mitglieder des Commonwealth gegenüber dem Dollar dem Weg des Pfunds nach unten folgten und dann, auf diesem niedrigeren Niveau, ihre Währungen an das Pfund koppelten.

519 Der neue Kanzler überwachte auch die Einsetzung des angeblichen Allheilmittels der Familie Chamberlain, eines allgemeinen Zolls von 33 Prozent auf Importe.

520 Rock (1969), S. 86

521 Howson (1980), S. 48.

522 Diese Daten zur Geldmenge M3 stammen von Capie und Weber (1985). [Anmerkung des Verlags: »Geldmenge M3« umfasst nach der Definition der Fed: M3 = M1 (= Bargeldumlauf, Reiseschecks, Sichteinlagen) + M2 (= Wertpapierpensionsgeschäfte, Eurodollarguthaben, Geldmarktkonten, Spareinlagen, Termineinlagen unter 100.000 Dollar, Anteile an Geldmarktfonds) + Termineinlagen über 100.000 Dollar, befristete Wertpapierpen-

sionsgeschäfte mit Geschäftsbanken und Thrifts (Sparkassen), Termineinlagen am Euromarkt, institutionelle Anteile an Geldmarktfonds; nach: Schäfer, Wilhelm. (2004). Wirtschaftswörterbuch. München: Vahlen, Bd. 1, S. 588, Stichwort: money supply (Quelle: Federal Reserve Bulletin, July, 1985)].

523 Das Vereinigte Königreich stabilisierte diese Errungenschaft 1932 durch eine groß angelegte Umwandlung seiner Kriegsschulden. Es wandelte seine früheren hochverzinslichen Anleihen in neue Titel mit einer Verzinsung von 2 Prozent um. Was auf Großbritannien zutraf, traf ebenso auf andere Mitglieder des Commonwealth und der Pfund-Region zu, die wie Großbritannien Abschied vom Goldstandard nahmen (wie unten beschrieben). Crafts (2013) schätzt, dass diese Gruppe von Ländern die reale Verzinsung ihrer Schulden von mehr als 5 Prozent Ende der 1920er-Jahre auf nur noch 2 Prozent Anfang 1930 senken konnte. Der Kontrast zur Politik der Regierung unter Cameron ab 2010 und in der ganzen Eurozone (siehe Kapitel 24 und 26) – und zu der weniger unterstützenden Politik der EZB – ist offensichtlich.

524 Diese Bemerkung stammt von Urban (2009). Ragnar Nurkse (1944) kommentiert in seiner klassischen Schilderung der Währungsgeschichte zwischen den Kriegen die Stabilität der Wechselkurse innerhalb der Pfund-Zone und die Bereitschaft der Regierungen, ihre monetäre Autonomie wegen dieses scheinbar höheren Ziels aufzugeben, ganz ähnlich.

525 Wicksell präsentierte diesen Effekt erstmals 1898 bei der Schwedischen Wirtschaftsvereinigung. Ein Bericht über den Einfluss dieser Ökonomen findet sich bei Berg und Jonung (1998).

526 Zur Kreuger-Krise siehe Kapitel 9. Die Kursdifferenz gegenüber dem Pfund war 1929 tatsächlich sehr gering, etwa 6 Prozent.

527 Dieses Argument stammt von Straumann und Woitek (2009). Die moderne Forschung ging nicht freundlich mit der Bemerkung um, die schwedischen Politiker hätten schon vor Keynes eine keynesianische Fiskalpolitik angewendet (wie von Thomas 1937 behauptet).

528 Venezuela war das einzige Land, das seinen Wechselkurs während dieses ganzen Zeitraums frei schwanken ließ, weil seine Wirtschaft und seine Währung durch hohe Ölexporte gestärkt wurden (McBeth 1983).

529 Argentinien, das für seine Rindfleischexporte immer noch stark von Großbritannien abhängig war, bildete eine Ausnahme. Es bediente daher seine Schulden weiterhin, koppelte den Peso an das Pfund und handelte eine Vereinbarung aus, um sich den Zugang zum britischen Markt zu sichern (den Roca-Runciman-Vertrag, benannt nach dem argentinischen Vizepräsidenten und dem Präsidenten der britischen Handelskammer). Siehe Diaz-Alejandro (1970).

530 Das ist ein Teil der Erklärung, warum die lateinamerikanischen Länder schon 1932 bis 1933 das Produktionsniveau von 1929 wieder erreichten (die landwirtschaftliche Produktion blieb während der Depression stabil), obwohl man nicht leugnen kann, dass die hier beschriebene Wahl der politischen Maßnahmen ebenfalls eine Rolle spielte (siehe hierzu Campa 1990).

531 Fishlow (1972) ist die klassische Schilderung der Importsubstitutionen in Lateinamerika während dieses Zeitraums.

532 Das traf auch auf andere Länder in Mittel- und Osteuropa zu, die zuvor eine hohe Inflation erlitten hatten und nun Devisenkontrollen einführten. Sie zögerten weiterhin, ihre neue monetäre Freiheit für Manöver zu nutzen, um ihre Geldmengen auszudehnen und Deflation zu bekämpfen (Mitchener und Wandschneider 2013).

533 Zitiert in Ritschl (2000), S.1. Weil Ausgaben für den militärisch-industriellen Komplex kapitalintensiv waren, schufen sie noch weniger Arbeitsplätze als sonst. Der Bau der Autobahn war arbeitsintensiv, leistete aber nur 1935 einen signifikanten Beitrag.

534 Man sollte sich der Vergleichbarkeit wegen daran erinnern, dass das Defizit der (deutschen) Bundesregierung von 3 Prozent 2008 auf 10 Prozent 2009 stieg.

535 Kindleberger (1989) S. 179.

536 Sogar Länder, die sich vom Goldstandard verabschiedeten, nahmen Zuflucht zu Einfuhrzöllen, als sich die Erholung als enttäuschend erwies.

537 Eine Einführung in die Literatur über Zölle und die langfristige ökonomische Performance liefern Broadberry und Crafts (2010). Tatsächlich sehen manche die Ursprünge der heutigen EU im Handelsblock, der in den 1930er-Jahren von Deutschland begründet worden war und sich im Zweiten Weltkrieg stabilisierte. Das ist jedenfalls die umstrittene Schlussfolgerung von Wolf und Ritschl (2011).

538 Später konnte das Dritte Reich eine verbesserte Version des Systems anwenden, um Rohmaterialien und industrielle Ressourcen aus den mittel- und westeuropäischen Ländern abzuziehen, die es im Krieg unter seine Kontrolle gebracht hatte.

539 Dies ist die Veränderung des realen BIP zwischen dem zweiten Quartal 1933 und dem zweiten Quartal 1937, nach Balke und Gordon (1986), S. 804. Die Daten über die Industrieproduktion stammen von Miron und Romer (1990).

540 Die Zahl beträgt 9 Prozent, wenn man Menschen, die staatliche Unterstützung erhielten, als Beschäftigte mitzählt.

541 Zitiert in Warren (1996), S. 66.

542 Senator Huey Long, wahrscheinlich ein noch stärkerer populistischer Herausforderer, wurde im September 1935 ermordet. Coughlins Union Party nominierte schließlich William Lemke als Präsidentschaftskandidaten, ein unscheinbares Kongressmitglied aus North Dakota, auf den am Ende nur ein Bruchteil der Wählerstimmen entfiel. Mehr über Coughlin: siehe Kapitel 10.

543 Hinweise auf dieses Verhalten finden sich bei Calomiris und Hubbard (1995). Das Argument für Investitionsprojekte mit hohen Renditen stammt von Field (2011); siehe auch Kapitel 1.

544 Eccles war auch an einigen anderen daraus folgenden Initiativen während dieses Zeitraums beteiligt. Zum Beispiel war sein Brief an Senator Parton Harrison aus Mississippi die Grundlage der Idee der Besteuerung nicht ausgeschütteter Gewinne.

545 Zuvor konnte das Board die Anforderungen an die Reserven nur ändern, wenn es einen Notfall ausrief und der Präsident einverstanden war.

546 Roosevelt nominierte Eccles im November 1934, vor dem Banking Act von 1935, aber Eccles machte Roosevelts Unterstützung der Gesetzgebung zur Bedingung, die Nominierung zu akzeptieren (Hyman 1976, S. 159). Dann nominierte ihn der Präsident erneut als Vorsitzenden des reorganisierten Board of Governors, als der Banking Act im Februar 1936 in Kraft trat.

547 Eccles (1951), S. 56 bis 61. Entweder das, oder Eccles stellte seinen Bericht über die Ereignisse 1931 nach denen im Film zusammen.

548 Der Gold Reserve Act von 1934 war verabschiedet worden, nachdem Roosevelt den Goldpreis stabilisiert hatte. Er begründete einen Fonds zur Stabilisierung der Währung im Volumen von zwei Milliarden Dollar. Man verwendete dafür die Gewinne aus der Abwertung (der Währung) und autorisierte den Finanzminister, der mit Billigung des Präsidenten agierte, den Fonds zu nutzen, um am Markt Staatsanleihen zu kaufen und zu verkaufen. Es war diese Macht, gegen die Politik der Zentralbank zu arbeiten, die die Fed nun überwinden wollte. Das war eben die ESF, die das US-Finanzministerium unter Henry Paulson im September 2008 verwendete, um die Konten bei Geldmarktfonds zu garantieren (Kapitel 13).

549 Friedman und Schwartz (1963), S. 526.

550 Siehe Cargill und Mayer (2006). Eine spätere Studie von Park und Van Horn (2013), die nicht aggregierte Daten verwendet, kommt zum selben Fazit.

551 Siehe Calomiris, Mason und Wheelock (2011).

552 Hyman (1976), S. 216. Eccles schrieb 1951 rückblickend: »Diese Entscheidung war eine vorbeugende Maßnahme. In keiner Weise revidierte sie die Politik des billigen Geldes und der billigen Kredite durch das Board. (...) Dass die 1.790.000.000 Dollar an überschüssigen Reserven, die nun abflossen, nur das eliminierten, was für die Bedürfnisse von Handel, Industrie und Landwirtschaft nicht nötig war, wurde durch die folgenden Ereignissen bewiesen. Die Reserven waren immer noch so hoch und umfangreich, dass fast alle Mitgliedsbanken der Anordnung am 15. August nachkamen, indem sie ihre überschüssigen Reserven bei den Reservebanken verwendeten oder ihre überschüssigen Guthaben bei unseren Partnerbanken abzogen. Zudem hatte die Veränderung keine Auswirkungen auf die Kreditsituation.« Eccles (1951), S. 290.

553 Die übliche Praxis war, die Goldkäufe zu bezahlen, indem man Goldzertifikate druckte, die dem Wert des Kaufs entsprachen, und sie bei der Federal Reserve zu hinterlegen, wo sie als Bankreserven verwendet werden konnten. Stattdessen hielt das Finanzministerium die Zertifikate in einem Passivkonto, wo sie nicht zur Stützung einer Kreditexpansion verwendet werden konnten.

554 Die monetäre Basis war 1937 um volle 10 Prozent niedriger, als sie ohne den Abschwung gewesen wäre. Siehe Irwin (2012), worauf sich diese Diskussion bezieht.

555 Ab diesem Punkt wurde im Jahr zuvor gekauftes Gold genutzt, um zusätzliche Geld- und Kreditinjektionen zu finanzieren.

556 Siehe zu den beiden Fällen Romer (2009b) und Crafts und Fearon (2010).

557 Zuvor hatte der Kandidat provokativ versichert, er freue sich schon auf den Hass der Geschäftswelt. Dieser Kommentar fiel am 31. Oktober während einer Rede im Madison Square Garden, mit der er den zweiten New Deal ankündigte (http://docs.fdrlibrary.marist.edu/od2ndst.html). Der Ausdruck »ökonomische Royalisten« fiel in seiner Rede zum Amtsantritt 1937.

558 Siehe Higgs (1997), verbreitet von Boudreaux (2011).

559 Higgs (1997), S. 577. Die erwähnte Umfrage wurde im Frühjahr 1939 durchgeführt.

560 Hier schreibt Higgs (1997, S. 584) wie die Zeitgenossen, zum Beispiel wie Ogden Mills, der sich 1936 beklagte, dass »wir keine vollständige Erholung haben können, solange die Administration versucht, Amerika zu einem kollektivistischen Staat zu machen« (Mills 1936, S. 65).

561 Ökonomen bezeichnen dies als steiler werdende Zinsstrukturkurve (wenn die Langfristzinsen relativ zu den Kurzfristzinsen steigen) oder als inverse Zinsstrukturkurve (wenn die Langfristzinsen unter die Kurzfristzinsen sinken), was eine Rezession ankündigt.

562 Obwohl die Zahl der Jobs ebenfalls stieg, war der Anstieg als Prozentsatz aller Arbeitsplätze proportional nur wenig geringer (8,5 Prozent gegenüber 15,1 Prozent). Siehe Mayer (2004) Anhang, Tabelle A1.

563 1938 waren die Verkäufe dann wieder niedriger. Die Geografie ist ebenfalls zutreffend, wie Hausman zeigt: Den größten proportionalen Rückgang von Arbeitsplätzen in der Industrie gab es im oberen Mittleren Westen. Von allen Staaten erlitt Michigan den stärksten Rückgang. Hausman (2012) ist die Quelle dieser Information.

564 Wie Mouré (1991, S. 197) beschreibt, behauptete Reynaud später, dass seine Konversion schon 1933 stattfand, aber diesbezüglich gibt es kaum Hinweise. Mouré zeigt auch, dass Reynauds Behauptung, sein Eintreten für die Abwertung des Franc sei etwas völlig Neues gewesen, ebenfalls eine Übertreibung war.

565 Reynaud wurde zu einem Ausgestoßenen in der Politik, ehe ihn spätere Ereignisse rehabilitierten. 1938 wurde er Edouard Daladiers Finanzminister – also nach der Abwertung des Franc, die seine Ansichten rechtfertigte. Nachdem er sich 1940 geweigert hatte, Mitglied der Vichy-Regierung zu werden, wurde Reynaud verhaftet, nach Deutschland gebracht und wie sein Landsmann Léon Blum bis zum Ende des Zweiten Weltkriegs dort festgehalten.

566 Im Jahresbericht der Bank von 1938.

567 Zudem zahlte die Banque de France hauptsächlich Goldbarren aus, keine Münzen, und der Wert eines Barrens betrug 216.000 Francs. Das hielt Kleinsparer von einem Ansturm auf die Reserven der Bank ab, obwohl es Berichte über Händler gab, die ihr Geld zusammenlegten, einen Barren kauften und ihn dann zerschnitten.

568 Wegen dieses Sicherheitsnetzes tat Frankreich weniger als Großbritannien, um eine Arbeitslosenversicherung und öffentlich organisierte Arbeit zu gewährleisten. Man führte nicht einmal umfassende Statistiken über die Arbeitslosigkeit.

569 Das war am 17. Juli 1933. Laval gründete auch einen Ausschuss, der ihn auf dem Gebiet der Wirtschaftspolitik informieren sollte. Er bestand aus Raoul Dautry, dem Direktor der staatlichen Eisenbahnen, Claude-Joseph Gignoux, dem Herausgeber von La Journée Industrielle, und Jacques Rueff, dem ultraorthodoxen Ökonomen, der von Raymond Poincaré bis Charles de Gaulle jeden französischen Premierminister beriet (Jackson 1985, S. 105).

570 Übersetzt von Warner (1968), S. 90.

571 Zuvor hatten sie einen »Pakt der vereinigten Aktion« unterzeichnet, um eine einige Front gegen die rechtsradikalen antiparlamentarischen Kräfte zu formen, die ab 1934 berühmt wurde.

572 Wie Roosevelt drei Jahre zuvor sprachen sich Blum und seine Verbündeten zudem für eine Reduzierung der wöchentlichen Arbeitszeit, steigende Preise für Agrarprodukte zur Unterstützung notleidender Landwirte und eine Steuerreform aus, die die Fortschrittlichkeit des Steuersystems steigern sollte.

573 Zitiert in Lacouture (1982), S. 362.

574 Shamir (1989), S. 219 bis 222. Emmanuel Mönick, der französische Finanzattaché in London, spielte eine wichtige Rolle dabei, Blum davon zu überzeugen, dass Devisenkontrollen Frankreich auf den »deutschen Weg« führen würden, was die Kooperation mit anderen demokratischen Regierungen erschwerte.

575 Details bei Roselli (2006).

576 Zwischen 1929 und 1932 war der Absturz in den entwickelten Ländern und in der ganzen Welt fast gleich stark. Die Daten kommen von der Maddison-Datenbank (http://www.ggdc.net/maddison/maddison-project/home.htm). Sie zeigen, dass das BIP in den hoch entwickelten Ländern zwischen 1929 und 1932 um insgesamt einen Prozentpunkt weniger stark fiel als das globale BIP. Das globale BIP sank 2008 und 2009 um 0,4 Prozent.

So besagt es die April-Ausgabe 2004 der Datenbank des IWF bezüglich der Aussichten der Weltwirtschaft (http://www.imf.org/external/pubs/ft/wen/2014/01/wendata/index.aspx).

577 Die WTO gab es seit 1995. Ihr Einfluss wurde durch das Wachstum der multinationalen Unternehmen und globale Versorgungsketten verstärkt, was dazu führte, dass die Unternehmen starkes Interesse an freiem und offenem Handel hatten. Manche würden sagen, dass ihr gesamter Einfluss darauf beruht.

578 http://blogs.wsj.com/economics/2010/11/15/open-letter-to-ben-bernanke/.

579 Siehe Kapitel 26.

580 Die Demokraten übernahmen 2006 die Kontrolle über beide Kammern im Kongress, sahen sich aber mit einem von den Republikanern kontrollierten Weißen Haus gegenüber. Zusätzlich zur Sicherung des Weißen Hauses vergrößerten sie nun ihre Mehrheiten im Repräsentantenhaus und im Senat.

581 Diese 20 Milliarden Dollar waren die erste Verlusttranche. Sie sollte die Schuldner für die ersten 20 Milliarden Dollar ihrer Verluste entschädigen.

582 Ab 1937 und verstärkt während des Zweiten Weltkriegs wurde der Zinssatz in New York bis auf 1 Prozent gesenkt.

583 Siehe Kapitel 13.

584 Paulson (2010), S. 323.

585 Wessel (2009), S. 237 bis 240; Suskind (2011), S. 122 bis 123; Irwin (2013), S. 157.

586 Zusätzlich erhielt er Optionsscheine, die ihm erlaubten, zu einem Fixpreis von 115 Dollar weitere Stammaktien im Volumen von fünf Milliarden Dollar zu kaufen. Als die Optionsscheine Ende 2013 ausliefen, notierte die Goldman-Aktie bei etwa 150 Dollar.

587 Dem Beispiel Buffets folgend, verlangte auch das Finanzministerium Optionsscheine beim Kauf von Stammaktien der Banken, die dafür qualifiziert waren, im Umfang von 15 Prozent der gekauften Vorzugsaktien. Die Optionsscheine waren dafür gedacht, den Steuerzahlern einen Anteil an den Renditen zukommen zu lassen, wenn sich das Bankensystem letztlich erholte, aber dem Finanzministerium wurden keine Stimmrechte übertragen.

588 Zitiert in Zingales (2009), S. 73. Philip Swagel, Paulsons Chefökonom, spricht von der »chronischen Desorganisation« des Finanzministeriums und von einem »planlosen politischen Prozess innerhalb der Administration« (Swagel 2009, S. 5).

589 Der Kongress begrüßte diese Vorgehensweise zum Teil deshalb, weil sie bedeutete, dass ein signifikanter Anteil der von den Banken gehaltenen hypothekengesicherten Wertpapiere in den Händen der Regierung landen würde, was es leichter machte, die zugrunde liegenden Hypotheken zu restrukturieren.

590 Paulson (2010), S. 406 bis 408.

591 Ebd., S. 413.

592 Die Regierung erhielt weitere Vorzugsaktien im Volumen von sieben Milliarden Dollar als Gebühr für die Garantie, sowie zusätzlich Optionsscheine wie in der ersten Runde der Kapitalspritzen.

593 Swagel (2009), S. 3.

594 Letztlich erzielte die Regierung mit ihrem Investment eine positive Rendite (Congressional Budget Office 2009). Aber siehe hierzu auch Barofsky (2012), der bezweifelt, ob die TARP-Konten und folglich auch die auf ihnen basierenden CBO-Berichte die wahren Kosten für die Regierung vollständig und richtig darstellten.

595 Suskind (2011), S.212.

596 Siehe Kapitel 15, Anmerkung 427.

597 Im Fall der Bankkredite sah der Plan vor, dass die Federal Deposit Insurance Corporation den Teil des Programms überwachte, in dem Banken Bündel von Hypotheken an den Meistbietenden verkauften.

598 Der einzige Unterschied war, dass die Garantie implizit war: Obwohl das Finanzministerium bis zu 85 Prozent des Kaufpreises verlieh, deckte die Regierung nur den Restwert der Assets ab.

599 Zusätzlich gab es einen Ermessensspielraum, wenn es um die Entscheidung ging, wie viel zusätzliches Kapital oberhalb des festgelegten Minimums die Banken halten mussten. Bair (2012), S.160, bietet eine kritische Einschätzung.

600 Genauer gesagt: Kurz vor ihrer Veröffentlichung waren die wichtigsten Ergebnisse schon zu den Märkten durchgesickert.

601 In einer Rede in der Brookings Institution während des zweiten Monats von Obamas Amtszeit formulierte sie es so: »Eine entscheidende Lektion aus den 1930er-Jahren ist, dass eine geringe fiskalische Expansion auch nur geringe Auswirkungen hat.« Die erwähnte Forschungsarbeit stammt von Romer (1992), die Rede im März 2009 findet sich in Romer (2009a).

602 Die Formulierung stammt von Murray und Kane (2009).

603 In Wirklichkeit wählten sie einen Wert am oberen Ende der Spanne der geschätzten Multiplikatoren, weil die Fed Schritte unternehmen würde, einen Zinsanstieg zu verhindern und private Ausgaben zu verdrängen. Das wiederum hatte den Effekt, dass die Schätzung der nötigen Ausgaben für Anreize niedriger wurde.

604 Geithner (2014), S. 259.

605 Das CBO verwendete die Prognosemodelle der Federal Reserve und zweier Wirtschaftsberatungsfirmen, Macroeconomic Advisors und Global Insight. Das Büro merkte an, wie es »die übliche Formulierung des Modells verändert hatte, um das Ausmaß zu begrenzen, in dem Zinsen auf Produktionssteigerungen reagieren« – in Übereinstimmung mit Beweisen, dass die Zinsen nicht reagierten –, was stärkere Reaktionen auslöste als sonst (Congressional Budget Office 2010, S. 10).

606 Vergleichen Sie damit Obamas Erklärung in einer Rundfunkansprache zehn Tage vor seiner Amtseinführung, dass der Stimulus »drei oder vier Millionen Jobs retten oder neu schaffen« werde. Siehe http://www.presidency.ucsb.edu/ws/index.php?pid=85391 &st=jobs&stl=#axzzIOPNVsvHl. Drei bis vier Millionen Stellen ist eine stattliche Anzahl in einer Volkswirtschaft, in der es zu diesem Zeitpunkt etwa 140 Millionen Voll- oder Teilzeitbeschäftigte gab. Die Arbeitslosenquote lag nach Schätzungen des CBO um 0,7 bis 1,8 Prozent niedriger.

607 Siehe Blanchard und Leigh (2013). Ihre Übung bezog sich auf die Schwankungen der tatsächlichen und der prognostizierten Wachstumsraten sowie auf die Prognosen von Veränderungen der Fiskalpolitik europäischer Länder.

608 Die erste Studie stammt von Feyrer und Sacerdote (2011), die zweite von Chodorow-Reich, Feiveson, Liscow und Woolston (2012). Das Problem bei Vergleichen über Staatsgrenzen hinweg ist, dass die von der Rezession am schwersten betroffenen Staaten vielleicht unangemessene Summen an zusätzlicher Förderung durch die Landesregierung erhalten hatten. Wenn sie bessere Möglichkeiten hätten, sich später von der Krise zu erholen, würden einfache Korrelationen irrtümlich den Stimulus für diesen Effekt verantwortlich machen. Feyrer und Sacerdote berücksichtigen dies insofern, als sie nur den Teil der Förderung untersuchen, der sich durch die Dauer der Zugehörigkeit der Delegationen einzelner Staaten im Repräsentantenhaus erklären ließ (das lässt sich durch politische und nicht durch gleichzeitige ökonomische Ursachen erklären). Chodorow-Reich et al. untersuchen nur den Anstieg der Zuschüsse zur Krankenversorgung, der sich durch das Muster der Ausgaben für Krankenversorgung vor der Rezession erklären lässt.

609 Solche Stellungnahmen kannte man als Hinweise im Voraus oder »Offenmundoperationen«, im Unterschied zu den normalen Offenmarktoperationen der Zentralbank.

610 In Bernanke und Mishkin (1997) und Bernanke, Laubach, Mishkin und Posen (1999).

611 Andere schlugen vor, die Fed solle stattdessen einen fünfprozentigen Anstieg des nominalen BIP anstreben, was sie dazu verpflichten würde, mehr Inflation zu generieren, wenn das Wachstum schwach war, und weniger, wenn die Wirtschaft stark wuchs. Aber ein nominales BIP-Ziel wäre wohl nur schwer zu erklären. Es würde die Kommunikationsstrategie der Fed vor Probleme stellen.

612 Sogar nach 2012 gab es Fragen, welche Bedeutung die Offiziellen der Fed diesen zahlenmäßigen Selbstverpflichtungen beimaßen. Das Inflationsziel von 2 Prozent wurde mehrmals nicht erreicht. Die Warnung des Vorsitzenden Bernanke im Juni 2013, die Zentralbank werde ihre Wertpapierkäufe bald »einengen«, führte zu einem markanten Anstieg der Hypothekenzinsen und zu Zweifeln, ob die Zentralbank dazu entschlossen war, ihre aktuelle Politik der Erleichterungsmaßnahmen fortzuführen, bis die Wirtschaft signifikant stärker geworden war.

613 So beschrieben in der *New York Times* (29. Juli 2010). Bullard (2010) schildert seine Ansichten über die Gefahr einer Deflation.

614 Diese Auswertung der Fed entscheidet sich natürlich stark von der zeitgenössischer Beobachter, die von der Rhetorik der Offiziellen beeindruckt waren, sie seien bereit, alles Erforderliche zu tun, um Deflation zu vermeiden und eine stabile Erholung einzuleiten (siehe z. B. Wessel 2009 und Irwin 2013). Ökonomen wie Krippner (2012) haben den Ausdruck Zins»-struktur« zur Abschätzung verwendet, wie expansiv die Politik in diesem Zeitraum war. Obwohl die Fed die Kurzfristzinsen nicht unter null drücken konnte, konnten ihre Asset-Käufe die mittel- und langfristigen Zinsen beeinflussen, vor allem durch das Erwecken von Erwar-

tungen. Krippner setzt den Ausdruck »Struktur« mit anderen beobachtbaren ökonomischen Variablen in Zusammenhang und kommt zu dem Schluss, dass die um Asset-Käufe bereinigte »Schatten«-Fed Funds Rate Anfang 2009 bei etwa 1 Prozent lag, obwohl eine einfache Taylor-Regel, die das Fed Funds-Ziel mit der Produktionslücke und der Inflationsrate in Beziehung setzt, besagt, sie hätte viel niedriger sein sollen. Wu und Xia (2012) wendeten andere Methoden an, kamen aber zum selben Ergebnis. Eine größere Distanz – und eine systematischere ökonomische Analyse – legt daher nahe, dass die Politik der Fed bei Weitem nicht so expansiv war, wie es unter den gegebenen Umständen erforderlich gewesen wäre.

615 Mantega hatte die Währungskriegsflagge schon eine Woche zuvor mit einer Rede vor brasilianischen Industriellen gehisst und wiederholte diesen Ausdruck wenig später.

616 Siehe Gagnon, Raskin, Remache und Sack (2010).

617 Die Rendite der zehnjährigen Anleihen fiel um 156 Basispunkte, die der hypothekengesicherten Wertpapiere fiel um 113 Basispunkte – nach ihren Schätzungen. Die Zeitreihenanalyse monatlicher Daten von Januar 1985 bis Juni 2008, knapp vor der Finanzkrise, bestätigt diese Erkenntnisse, obwohl sie etwas geringere Ergebnisse liefert, wie zum Beispiel die Zeitreihenstudie von Canlin und Wei (2012).

618 Siehe Krishnamurthy und Vissing-Jorgensen (2011).

619 Gleichzeitig waren QE1 und QE2 komplizierte politische Maßnahmen. Daher reicht die Untersuchung der Minuten oder Stunden rund um ihre Ankündigung für Investoren wohl nicht aus, um sie auszuwerten. Ihre Auswirkungen zeigten sich erst später.

620 Die Fed nahm in diesem Programm keine direkten Käufe von Unternehmensanleihen vor, aber sie sind ein recht guter Ersatz für hypothekengesicherte Wertpapiere.

621 Siehe Yellen (2011).

622 Die Geschichte von der Rettung der Autohersteller würde den Rahmen dieses Buchs sprengen. Der Grund der Rettung war, dass Chrysler und General Motors in ihrer finanziellen Situation 2008 und 2009 nicht in der Lage gewesen wären, genug Kapital zur Fortführung ihrer Geschäfte aufzubringen. Das hätte zu ihrer Liquidierung geführt, für unnötige Störungen gesorgt und Arbeitsplätze gekostet, die man retten konnte. Dass die Unternehmen schnell aus der Reorganisierung herauskamen (Chrysler als Tochterunternehmen von Fiat) und wieder profitabel wurden, bestätigt diese Vorgehensweise. Die Regierung verlor etwa zehn Milliarden Dollar von ihren Rettungskrediten im Umfang von 80 Milliarden Dollar, weil ihre GM-Aktien die Kosten nicht deckten, als sie verkauft wurden. Diese Verluste hätte man wohl vermeiden können, wenn man die Firmen schneller durch das Insolvenzverfahren geführt hätte. (Es gab eine lange Verzögerung während des politischen Vakuums zwischen der Bush- und der Obama-Administration, ähnlich wie die Banken beim Amtsübergang von Hoover zu Roosevelt in einem Vakuum steckten.) Auch durch einen weniger hohen Kredit an GM hätte man Verluste minimieren können, weil das Unternehmen dann dazu gezwungen gewesen wäre, eine tiefere Restrukturierung seiner Verbindlichkeiten auszuhandeln. Siehe Rattner (2010).

623 Siehe Kapitel 16.

624 Einschließlich der Hypotheken auf Zweitwohnsitze. Einige Staaten hatten vor 1979, als die neue US-Insolvenzregelung in Kraft trat, ihren Richtern erlaubt, Hypotheken auf Hauptwohnsitze zu restrukturieren. In manchen Fällen konnten Richter sogar zweitrangige Hypotheken auf solche Häuser restrukturieren.

625 Kaiser (2013), S. 109–110.

626 Siehe zum Beispiel Kuttner (2013), S. 224.

627 Die Reduzierung des Darlehensbetrags war unter HAMP erlaubt, aber nicht erforderlich. eine Kürzung des Darlehensbetrags war in weniger als 5 Prozent aller Modifizierungen von Hypotheken enthalten. Dem widersetzte sich DeMarco in seiner Eigenschaft als geschäftsführender Direktor der Federal Housing Finance Agency und Konservator Fannie Maes und Freddie Macs, wie bereits erwähnt wurde. Daher hatten viele Hauseigentümer, deren Zinszahlungen reduziert wurden, noch immer einen Grund, sich zu verabschieden, was Zahlungsausfälle auf neue Kredite und eventuelle Zwangsversteigerungen wahrscheinlich machte.

628 Denken Sie daran, dass die Verfechter des Glass-Steagall Act diese Maßnahme teils deshalb durchsetzen konnten, weil die Großbanken bemerkten, dass ihre Wertpapiereinheiten bereits zerstört waren und nicht wieder aufgebaut werden konnten.

629 In Kaufman (2013).

630 Das beinhaltete 45 Prozent Kapital und einen »Kapitalschutzpuffer« von 25 Prozent.

631 Abschnitt 165 des Dodd-Frank Act forderte von den Regulierern, systemisch bedeutenden Finanzinstituten stringentere Kapitalstandards aufzuerlegen, während das Baseler Komitee zur Bankenaufsicht Rahmenbedingungen zur Festlegung von Kapitalzuschlägen für systemisch wichtige Banken entwickelte.

632 Genauer gesagt war das zehnte Mitglied kein Regulierer, sondern ein unabhängiges Mitglied mit Erfahrung im Versicherungsbereich. Die Regulierung der Versicherungen hatte man traditionell den einzelnen Bundesstaaten überlassen – mit den heute bekannten negativen Konsequenzen.

633 Im September 2013 wurde noch ein drittes Institut so bezeichnet, nämlich Prudential Financial. Aber sogar dann wurde nicht genau festgelegt, welche zusätzlichen Kapitalanforderungen diese systemisch wichtigen Institute erfüllen mussten.

634 Von jeder Behörde wurde verlangt, ihre Methoden untersuchen zu lassen. Behörden, deren Methoden als unzureichend bewertet wurden, schieden aus. Dennoch blieben die Auswirkungen gering.

635 Zudem verlangte man von kleineren Banken, die Ergebnisse ihrer eigenen internen Belastungstests zu veröffentlichen.

636 Dies wiederum veranlasste einige große Hedgefonds dazu, ihre außenstehenden Investoren auszuzahlen und sich zu »Home Offices« umzuwandeln. So waren sie keinen Registrierungsanforderungen unterworfen.

637 Der bereits erwähnte Ted Kaufman legte dem Senat einen Gesetzesantrag vor, demzufolge die nicht auf Einlagen bezogenen Zahlungsverpflichtungen einzelner Banken auf 2 Prozent des US-BIP begrenzt werden sollten. Kaufman hatte zum Glück nicht vor, sich 2010 einer Wiederwahl zu stellen. Der Antrag wurde mit einer Mehrheit von fast zwei Dritteln abgelehnt. Kaiser (2013, S. 304) kommt zum Fazit, dass »wie das Abgeordnetenhaus auch der Senat es vorzog, den Status quo zu verbessern, statt ihn zurückzuweisen«. Das Vereinigte Königreich ging nach den Erfahrungen mit mehreren großen Bankenpleiten und dem Befolgen der Ratschläge der Expertenkommission unter der Leitung von Sir John Vickers den anderen Weg und trieb die Regulierung der Investmentbankaktivitäten ihrer Finanzinstitute voran. Vor allem wurde eine Trennung von Geschäfts- und Investmentbanken vollzogen.

638 Kaiser (2013), S. 238 – 239.

639 Geithner (2014), S. 421, war hier nicht völlig neutral. Er beschreibt, wie Brown auf der Drei-Prozent-Ausnahmeregelung bestand, um Fidelity und State Street Corp. vor der Volcker-Regel zu schützen, zwei prominente Finanzinstitute aus seinem Heimatstaat. Brown erhielt Wahlkampfspenden von MassMutual, State Street und anderen Finanzdienstleistern während des Zeitraums, in dem die Drei-Prozent-Regel diskutiert wurde, wie Slack (2010) geschildert hat. Diese Entdeckung spielte bei seiner anschließenden Wahlniederlage gegen Warren 2012 keine geringe Rolle.

640 US-Senat (2013), S. 4

641 Die Beschlagnahme begann ein paar Monate später im April 2013.

642 Dies basiert auf einer Extrapolation des Trends von 1934 bis 1937. Denken Sie daran, dass die Arbeitslosigkeit in diesem Zeitraum im Schnitt um 2,5 Prozent pro Jahr sank. 1937 und 1938 stieg sie dann um etwa 5 Prozent.

643 Diese Anmerkung und die darauffolgenden Details stammen von Reinhart und Rogoff (2009b). Detaillierter in Reinhart und Rogoff (2014).

644 Diese Passage stammt aus Roosevelts Wahlkampfrede am 1. Oktober 1936 in Pittsburgh, abrufbar unter: http://www.presidency.ucsb.edu/ws/?pid=15149.

645 Thorndike (2008).

646 Details in Kapitel 18.

647 Diese Schätzungen stammen vom führenden Forscher im Bereich der Top-Einkommen, dem Ökonom Emmanuel Saez (2013).

648 Siehe Alter (2013), S. 160, und an verschiedenen anderen Stellen.

649 Es gab auch die Frage, ob eine gesetzliche Verpflichtung zur Begrenzung zukünftiger Defizite glaubhaft wäre, weil der Kongress sie später wieder revidieren konnte. In diesem Fall hätte sie sich noch weniger auf die Zinsen ausgewirkt.

650 Siehe Sinai, Orszag und Rubin (2014).

651 Scheiber (2011), S. 150; Romer (2009b).

652 Siehe unten, Kapitel 24.

653 Diese Position wird am entschiedensten von Alter (2013) vertreten. Siehe S. 166 und andere Textstellen.

654 Früher drängten die Republikaner in Verhandlungen im Abgeordnetenhaus unter der Führung von Vizepräsident Biden auf Kürzungen von 1,7 Milliarden Dollar. Später kam es dann zu einer Einigung mit der Administration.

655 Diese Einschätzung stand im Jahresbericht des IWF 2013 (Artikel IV). In einer zwei Monate zuvor publizierten Analyse schätzte das Congressional Budget Office (CBO) die Auswirkungen dieser fiskalischen Kontraktion auf ein Minus von 1,5 Prozent des US-Wachstums von 2013.

656 Das Thema wurde in einer Box mit dem Titel »Economic Effects of Federal Fiscal Policy« vorgestellt, beginnend auf Seite 10 des Berichts (Federal Reserve Board 2013).

657 Die wirkliche Zuspitzung begann später, im Dezember 2013.

658 Siehe Bernanke (2013).

659 Das erste Zitat stammt von Lacker (2013), das zweite von Robb (2013).

660 Siehe Kapitel 11. Wenn sie nicht einige Wochen zuvor öffentlich angekündigt wurden, waren sie den Regulierern bereits bekannt – oder hätten es sein sollen.

661 Die Zitate stammen aus einer Äußerung Trichets nach dem EZB-Meeting am 1. Dezember 2005 (EZB 2005).

662 Das Match-Interview ist auf der Website der EZB zugänglich: http://www.ecb.europa.eu/press/key/date/2005/html/sp051215.en.html.

663 Und sie deutete an, dass sie dies zu fixen Raten tun würde.

664 Eine klassische Studie dieser Frage findet sich bei Friedman und Schwartz (1982). Es gibt eine unüberschaubare Menge an Literatur hierzu.

665 Anmerkungen zitiert in Brown (2010), S. 121.

666 Der Kommentar stammt von Robert Zoellick, dem damaligen Präsidenten der Weltbank. Zitiert wird er bei Brown (2010), wo der »Eine Billion-Dollar-Plan« Titel von Kapitel 4 ist.

667 Siehe Bradford und Linn (2010).

668 Die Zahlen stammen von van Riet (2010). Seine Tabelle 4 auf Seite 25 listet fiskalische Anreizpakete für einzelne Länder der Euro-Zone auf und widmet sich auch anderen fiskalischen Komponenten (zum Beispiel den Einnahmeausfällen und dem eingebauten Momentum der Staatsausgaben).

669 Goldstein und Woglom (1992) hatten dieses optimistische Argument geäußert und gezeigt, dass die staatlichen und kommunalen Behörden in den USA mit relativ hohen Schulden höhere Zinsen zahlen mussten, wenn sie Kredite aufnehmen wollten. Im Lauf der Zeit wurde ihr Optimismus enttäuscht.

670 »Könnte ein Land pleitegehen, das Mitglied der Eurozone ist? Die Investoren gingen allgemein davon aus, dass das nicht möglich war. (…) Man kann sich nur schwer vorstellen, dass die Anführer der Europäischen Union oder die in Frankfurt ansässige EZB zulassen würden, dass ein Mitglied den Währungsblock unterminiert. Aber eine Abwertung des Kreditratings Griechenlands lässt auf den Weltmärkten die Alarmglocken läuten.« *New York Times* (9. Dezember 2009, S. B2). Die Tatsache, dass Dubai Ports World erst im November angekündigt hatte, es gebe Probleme, die wohl dazu führen würden, seine Verschuldung umstrukturieren zu müssen, war dabei wenig hilfreich.

671 *New York Times* (12. Dezember 2009, S. A4).

672 Das Zitat stammt aus einem Interview auf der Website der CDU: http://www.telegraph.co.ok/finance/financialcrisis/9408349/Angela-Merkel-unsure-European-project-will-work.html.

673 Thomsen hatte zuvor Erfahrungen mit Programmen in Serbien und Rumänien gemacht. Er war auch an den Verhandlungen mit Island beteiligt. Das alles beruhigte die IWF-Hierarchie mehr, als es Athen beruhigte.

674 Zitiert in Thomas und Castle (2011).

675 Die Commerzbank hatte die Dresdner Bank aufgekauft. So entstand nur wenige Tage vor der Pleite von Lehman Brothers die Kombination aus der zweitgrößten und der drittgrößten Bank Deutschlands. Das Timing dieser Transaktion hätte nicht schlechter sein können. Investitionen in hochrentierliche griechische Anleihen wurden für das Management zu einer attraktiven Methode, sich aus dem daraus resultierenden Finanzloch herauszuarbeiten – bis der Markt der griechischen Staatsanleihen abstürzte.

676 Dies entspricht einer Schätzung der Bank für Internationalen Zahlungsausgleich. Die Bestände französischer Banken waren nicht viel niedriger.

677 Dies bezieht sich auf Provopoulos (2012).

678 Europäische Kommission (2010), S. 29.

679 Die genannte Studie datiert von Mitte 2009. Später wurde behauptet, der IWF habe bereits erkannt, dass Griechenland insolvent war, dies aus Rücksicht auf die griechischen Behörden aber nicht offen zur Sprache gebracht habe. Siehe wiederum Thomas und Castle (2011).Dennoch lässt sich diese Schlussfolgerung nur schwer mit den rosigen Wachstumsprognosen des IWF vereinbaren.

680 »Große Kredite« bezeichnet Kredite, die mehr als sechsmal so hoch waren wie die Quote des betreffenden Landes. Der Kredit an Griechenland überstieg dieses Limit bei Weitem. Die Vertreter des IWF äußerten sich sehr reserviert über die Nachhaltigkeit der griechischen Staatsschulden. Hier machte der IWF eine Ausnahme, wegen der »hohen Risiken einer internationalen Ansteckung« und gab dem Verwaltungsrat des Fonds grünes Licht zur Kreditvergabe.

681 Olli Rehn, EU-Kommissar für wirtschaftliche und monetäre Angelegenheiten, zitiert in Taylor (2013).

682 Zitiert in Erlanger und Saltmarsh (2010).

683 IWF (2013b), S. 28. In diese Entscheidung involvierte EU-Offizielle, von Rehn bis Trichet, bestritten, dass es hauptsächlich der Widerstand der Europäer war und nicht der Fonds selbst, der einer Restrukturierung im Weg stand. Es gab in diesem Zusammenhang viele gegenseitige Schuldzuweisungen.

684 Die Gegenreaktion war vor allem in Deutschland stark. Die Ironie hier ist, dass es das Zögern der deutschen – und der französischen – Offiziellen war, angesichts der Schwäche ihrer Banken eine Restrukturierung zu überdenken. Insofern antizipierte die Erklärung von Deauville, dass eine Restrukturierung unumgänglich war, aber erst mit Beginn 2013. Es war ein klassischer Fall von Augustinischem Denken: »Oh Herr, rette mich, aber jetzt noch nicht.« Die Märkte waren nicht in der Lage, diese Unterscheidung zu treffen.

685 Ein Beispiel ist sein 2012 in der *Financial Times* veröffentlichter Artikel »Europe Must Stay the Austerity Course« (Rehn 2012).

686 Dies ist die Schätzung der kombinierten Effekte von Ausgabenkürzungen und Steuererhöhungen, in Verbindung mit einem fiskalischen Multiplikator von 1,7 (Blanchard und Leigh 2013, op. cit.).

687 Europäische Kommission (2013), S. 9.

688 Genauer gesagt, vervierfachten sich die Preise von Bestandsimmobilien, während sich die Preise von Neubauten verdreifachten. Das legte nahe, dass diese neuen Häuser in den Außenbezirken existierender Städte und auf dem Land nur ein unzureichender Ersatz für die bereits bestehenden Häuser waren.

689 Zwischen 2000 und 2007 war das reale BIP mit einem Jahresdurchschnitt von 5,7 Prozent gewachsen. Möglicherweise gab es eine Tendenz, dass die Zahlen die Realität übertrieben darstellten, weil die multinationalen Firmen es vorzogen, ihre Gewinne in Irland zu verbuchen, um die günstigen Unternehmenssteuern des Landes zu nutzen. Aber das Wachstum des Bruttosozialprodukts, das diese internationalen Transfers ausblendet, betrug in diesem Zeitraum beeindruckende 5,0 Prozent im Jahresdurchschnitt.

690 IWF (2006), S. 5. Die 2007 durchgeführten Belastungstests der irischen Zentralbank kamen ebenfalls zu dem Schluss, dass sogar bei einem drastischen Rückgang der Häuserpreise und einem starken Anstieg der Arbeitslosigkeit die Kapitalausstattung sämtlicher Banken ausreichend bleiben würde.

691 Donovan und Murphy (2013), S. 70.

692 Zitiert nach der Commission of Investigation into the Banking Sector in Ireland (2011). Diese auch als Nyberg-Komitee bekannte Behörde berichtete, dass auf die 20 wichtigsten Kunden, fast alle von ihnen Immobilienentwickler, fast 50 Prozent aller irischen Kredite der Bank entfielen.

693 Zitat aus dem Nyberg-Komitee (2011), S. 32.

694 Lyons und Carey (2011), S. 25.

695 Ebenda, S. 98.

696 Donovan und Murphy (2013), S. 187. Quinns Kredite wurden 2011 eingezogen. Das führte zu einer Reihe von Gerichtsverfahren und zu einem Aufenthalt des Angeklagten im Gefängnis von Mountjoy.

697 Wie Donovan und Murphy anmerken (ebd.), gibt es keine offiziellen schriftlichen Berichte über das entscheidende Meeting. Dadurch waren die Untersuchenden dazu gezwungen, sich auf Erinnerungen und mündliche Aussagen der Teilnehmer zu verlassen. Im September gab es Druck seitens der EZB, die die Liquiditätsversorgung des irischen Bankensystems kontrollierte. Mitte 2013 begann das irische Parlament, eine Untersuchung

über diese Entscheidung durchzuführen, in deren Verlauf der Prozess, der zu dieser katastrophalen Entscheidung führte, wahrscheinlich ans Licht kommen wird.

698 Um es genau zu sagen: 31,2 Prozent. Das Defizit betrug 11 Prozent des BIP, abgesehen von den Rekapitalisierungskosten der Banken.

699 Die Rezession begann schon 2008, wenn man sich an der Standard-Chronologie des Konjunkturzyklus orientiert. Die fiskalischen Einschränkungen von 2008 bis 2010 beliefen sich insgesamt auf 14,6 Milliarden Euro oder 9,3 Prozent des BIP von 2010. Der im November 2010 angekündigte und später mit der Troika vereinbarte Vierjahresplan von 2011 bis 2014 (siehe unten) erforderte weitere Kürzungen um 15 Milliarden Euro.

700 Dass die Summe des Troika-Kredits in etwa den endgültigen Kosten entsprach, die der Regierung durch die Bankenrettung entstanden, war kein Zufall. Es gab auch einen Beitrag von Irland selbst (von der Treasury and National Pension Reserve) in Höhe von 17,5 Milliarden Euro.

701 Nicht so der IWF, der seine Kredite wie üblich an erster Stelle und vollständig zurückbezahlt bekommt. Noonans Vorschlag soll demnach die Unterstützung des Fonds gefördert haben.

702 Eventuelle Schuldenkürzungen sollten den Besitzern nachrangiger Bankenanleihen aufgeladen werden. Einige dieser Schulden waren substanziell. Aber die Halter ungesicherter, erstrangiger Anleihen kamen ungeschoren davon – im Unterschied zu den irischen Steuerzahlern.

703 Wir wollen fair bleiben: Der betreffende Absatz ging folgendermaßen weiter: »Wir erkennen, dass die Risiken kurzfristig nach unten geneigt sind und dass insbesondere der Gegenwind der fiskalischen Konsolidierung auf die einheimische Nachfrage stärker sein könnte als erwartet. Auf lange Sicht könnten also fortgesetzte Anpassungen der Bilanzen im privaten und im öffentlichen Sektor, gemeinsam mit einem schwachen Bankensektor, die Erholung verzögern.« Siehe Europäische Kommission (2009).

704 Die Netto-Immigrationszahl war niedriger, aber das ändert nichts daran, dass es sich um eine kostspielige Form der Anpassung handelte.

705 Das bezieht sich auf Ende 2008.

706 Eine Analyse, die diese Faktoren betont, findet sich bei Antras, Segura-Caytuela und Rodriguez-Rodriguez (2010).

707 Die ersten 4,3 Milliarden Euro wurden zunächst als Kredite zur Verfügung gestellt und in Aktien umgetauscht, als klar wurde, dass die Bank diese Verbindlichkeiten nicht zurückzahlen konnte. Am Ende kündigte Bankia an, die Verluste für das Fiskaljahr 2012 würden 21 Milliarden Euro übersteigen. Der Vorsitzende Rodrigo Rato, Vorgänger Dominique Strauss-Kahns als Direktor des IWF, gehörte zu denen, gegen die wegen des Verdachts ermittelt wurde, die Bank habe Konten gefälscht und Aktienkurse manipuliert.

708 Siehe Oliver Wyman Group (2012), S. 58 ff.

709 Mario Draghis Ankündigung weniger als zwei Monate vor dem Bericht der Berater, die EZB werde »alles Nötige tun«, um den Euro zusammenzuhalten, wirkte in die gleiche Richtung. Damit versprach man implizit eine stärkere Unterstützung des Markts für spanische Staatsanleihen. Siehe Kapitel 26.

710 Die Preise stiegen zwischen 2000 und 2007 um mehr als 100 Prozent. Das sagt eigentlich alles.

711 Gemäß den Daten des Office of National Statistics vom März 2014.

712 Siehe Office for Budget Responsibility (2013), S. 55.

713 Diese Empfehlung kam im Article IV Report über die britische Wirtschaft (International Monetary Fund 2012). Auch die Daten über die fiskalische Konsolidierung im Vereinigten Königreich stammten aus dieser Quelle.

714 Laeven und Valencia schätzten die Gesamtkosten auf 8,8 Prozent des BIP, 7,8 Prozent nach der Erholung der Einkommen, die unter anderem dem Asset-Verkauf seitens der Regierung zu verdanken war. Noch immer gab es die Möglichkeit weiterer Verluste wegen Zahlungsverbindlichkeiten (zum Beispiel wegen Asset-Käufen), aber auch die Chance auf eine Erholung, obwohl dies für das große Bild kaum eine Rolle spielte.

715 Zitiert in Winch (1969), S. 118.

716 Osborne wies in seiner Rede am Vorabend der Wahl auf die Argumente von Reinhart und Rogoff (2009b) hin, dass die Verschuldung dann beginnt, »einen starken negativen Einfluss auf das langfristige Wachstum« auszuüben, wenn sie 90 Prozent des BIP übersteigt (Osborne 2010).

717 Als Ergebnis dieser und ähnlicher Maßnahmen sanken die Netto-Investitionen des öffentlichen Sektors deutlich unter das Budget der Koalition, von 3,5 Prozent des BIP im letzten Jahr der Labour-Regierung auf 2,5 Prozent von 2010 bis 2011, auf 1,75 Prozent 2011/2012 und kaum noch 1,5 Prozent 2012/2013. Und das

in einer Phase extrem niedriger Zinsen, in der die Regierung hätte Schulden aufnehmen können, um in die Zukunft zu investieren.

718 Warner (2013) auf http://blogs.telegraph.co.uk/finance/jeremywarner/100025496/oh-god-i-cannot-take-anymore-of-the-austerity-debate/.

719 Der Strafprozess brach später in sich zusammen, die Anklagen wurden fallen gelassen. Es folgten ein Zivilverfahren und eine Revision. Die Verfahren führten Ende 2012 zu einem finanziellen Vergleich, dessen genaue Vereinbarungen vertraulich blieben.

720 Zitiert in Sirletti (2011).

721 Das Institut verwendete einen sehr großzügigen Zinssatz von 9 Prozent zur Diskontierung zukünftiger Zins- und Tilgungszahlungen, was für die Investoren einen Nettoverlust von 21 Prozent bedeutete. Ein vernünftigerer Zinssatz, sagen wir 5 Prozent, wie ihn der IWF zur Berechnung der Nachhaltigkeit von Schulden anwendete, zeichnete ein ganz anderes Bild. Details hierzu bei Zettelmeyer, Trebesch und Gulati (2013).

722 Die Restrukturierung erforderte ein Quorum, das 50 Prozent des Nominalwerts der ausstehenden Anleihen entsprach, wobei die Anleihenbesitzer zwei Drittel des Nominalwerts der ausstehenden und vom privaten Sektor gehaltenen Bonds repräsentierten. Diese Anforderungen galten für sämtliche Anleihen; zwischen einzelnen Emissionen wurde kein Unterschied gemacht.

723 Siehe hierzu zum Beispiel den Jahresbericht der Bank für 2010 (Europäische Zentralbank 2011, Seite 20 und Seite 92). Die Zentralbank hielt die Zinsen das ganze Jahr über auf niedrigem Niveau.

724 2013 veröffentlichte die EZB Details darüber, was sie im Rahmen des SMP gekauft hatte. Der Hauptprofiteur war Italien. Fast die Hälfte der Käufe entfiel auf italienische Staatsanleihen. Darauf folgten Spanien und Griechenland.

725 Das hätte zum Beispiel die Kreditprogramme verlängert und die Banken – gegen entsprechende Sicherheiten – mit so viel Liquidität versorgt, wie sie brauchten. Das Problem dabei war natürlich, dass die Banken nicht dazu neigten, viel Liquidität von der EZB zu fordern, weil sie zögerten, Geld an den privaten Sektor zu verleihen.

726 Zum Beispiel im März 2011, kurz bevor die EZB die Leitzinsen erhöhte.

727 Ende 2011 senkte die EZB die Leitzinsen um 50 Basispunkte, aber der Schaden war bereits angerichtet.

728 Patrick Döring, der Generalsekretär der FDP und Mitglied der Regierungskoalition unter Angela Merkel, sagte am 24. Juli, es »könnte helfen, Vertrauen in die Märkte zu schaffen, wenn Griechenland nicht länger ein Teil der Euro-Zone wäre.« Diese Aussage erwies sich als wenig hilfreich. (Deutsche Börse Group, 2012)

729 *Daily Telegraph*, 26. Juni 2012. Abrufbar unter: http://www.telegraph.co.uk/finance/financialcrisis/9428894/Debt-crisis-Mario-Draghi-pledges-to-do-whatever-it-takes-to-save-euro.html.

730 Damals hatte die EZB tatsächlich nichts zu tun. OMT wurde in der zweiten Jahreshälfte 2012 und auch 2013 nicht aktiviert; allein das Versprechen reichte schon aus. Das erinnert daran, dass bereits die Gewährung neuer Vollmachten der FED, Banknoten, Wechsel und dergleichen zu diskontieren, genügte, um in der Krise 1933 die Inhaber von Bankkonten zu beruhigen (siehe Kapitel 15).

731 Im Februar 2014 erließ der Verfassungsgerichtshof eine etwas zweideutige Regelung, die einige OMT-Aspekte infrage stellte. Man verwies die Sache an den Europäischen Gerichtshof, behielt sich aber das Recht vor, weiterhin über die Verfassungsmäßigkeit von Maßnahmen der EZB zu urteilen. Das trug nicht dazu bei, die Konfusion zu klären.

732 Es gab auch ein »Zweierpack« weiterer Regulierungen, die darauf abzielten, die Überwachung der Haushaltsplanung zu stärken, und ein »europäisches Semester«, um das Timing der Haushaltsentscheidungen zwischen den Mitgliedstaaten zu harmonisieren.

733 Das Limit der strukturellen Defizite war großzügiger: ein Prozent des BIP für Länder mit Schuldenquoten von weniger als 60 Prozent.

734 Das hatte Deutschland und Frankreich erlaubt, ihre Meldung zu vermeiden, als sie Haushaltsrichtlinien der Währungsunion 2003 und 2004 verletzten. Das stärkte die Glaubwürdigkeit des Stabilitäts- und Wachstumspakts nicht gerade.

735 Die Vereinbarung sah vor, dass zwischen 2016 und 2016 ein Fonds im Volumen von 55 Milliarden Euro durch Abgaben der Banken gebildet werden sollte. In der Zwischenzeit sollten die Kosten von den Abgaben der Banken selbst, den Ressourcen der Staatsregierungen und ESM-Krediten an diese Regierungen gedeckt werden – in dieser Reihenfolge. Dieses Arrangement drohte die Probleme der einen Bank auf eine andere zu

übertragen – und dann auf den Staat. Zudem verfügte dieser Fonds nicht über eine Kreditlinie wie diejenige, die die US-Regierung dem FDIC zugestanden hatte, was wiederum Fragen über die Angemessenheit der Ressourcen aufwarf. Letztlich war das weit weniger als die erforderliche Bankenunion und verdeutlichte die politische Realität – und insbesondere die Zurückhaltung der Deutschen.

736 Dies ist ein Vergleich zwischen dem ab 1929 berechneten S&P 90 und dem S&P 500 ab 2007. Im August 2013 lag der S&P 500 wieder über seinem Hoch von 2007, während der S&P 90 fast drei Jahrzehnte brauchte, um sein Hoch von 1929 wieder zu erreichen. Die weltweiten Aktienindizes, untersucht von Eichengreen und O'Rourke (2010), zeigen das gleiche Ergebnis. Anfang 2010 hatten sie sich erholt und standen kaum noch 25 Prozent unter dem Niveau von 2008. Nach 1929 dagegen tendierten sie weiterhin abwärts. Sie erreichten ihr Tief im Juli 1932 und lagen damals um zwei Drittel tiefer als im Juni 1929.

737 Die Referenzen gelten natürlich Friedman und Schwartz (1963), Keynes (1936) und Polanyi (1944).

738 Die einflussreichste Stellungnahme zu dieser Alternative stammt wahrscheinlich von Nurkse (1944), zitiert in Kapitel 17.

739 Volle sechs Jahre nach der Krise erschien das Buch von Thomas Piketty (2014). Aber Piketty ignorierte die Auswirkungen der Krise auf die Ungleichheit. Er widmet nur eine Seite (S. 297) der Hypothese, die Ungleichheit habe dazu geführt, dass die Einkommen der Unter- und der Mittelschicht in den USA stagnierten, was die Haushalte dazu verleitete, zusätzliche Kredite aufzunehmen, um das Wachstum ihres Lebensstandards zu stützen – Kredite, die die Fragilität des Finanzsystems erhöhten. Eine systematische Analyse der Zusammenhänge zwischen der Ungleichheit und der Krise wurde noch nicht veröffentlicht.

Register

C

S

T

U

V

W

Y

Z